LE NOUVEAU TESTAMENT

TRADUCTION OFFICIELLE POUR LA LITURGIE

Avec guide de lecture

Présentation : Association des auteurs de Missels populaires

Fleurus

Textes litugiques © A.E.L.F, Paris.
© Groupe Fleurus, Paris.
Concordat cum originali
Le 17 juillet 1994
Père J.C. Hugues
Secrétaire général de la Commission Internationale
Francophone pour les traductions et la liturgie.
Dépôt légal : décembre 2003
ISBN : 2 2150 4526 4

LE NOUVEAU TESTAMENT

**TRADUCTION OFFICIELLE
POUR LA LITURGIE**

SOMMAIRE

Introduction à l'Ancien Testament	15
Introduction au Nouveau Testament	44
Évangile selon saint Matthieu	79
Évangile selon saint Marc	143
Évangile selon saint Luc	182
Actes des Apôtres	247
Évangile selon saint Jean	317
Présentation des épîtres et de l'Apocalypse . . .	367
Lettre aux Romains	375
Première lettre aux Corinthiens	406
Seconde lettre aux Corinthiens	437
Lettre aux Galates	457
Lettre aux Éphésiens	468
Lettre aux Philippiens	479
Lettre aux Colossiens	486
Première lettre aux Thessaloniciens	493
Deuxième lettre aux Thessaloniciens	500
Première lettre à Timothée	504
Deuxième lettre à Timothée	513
Lettre à Tite	519
Lettre à Philémon	523
Lettre aux Hébreux	525
Lettre de saint Jacques	549
Première lettre de saint Pierre	557
Seconde lettre de saint Pierre	566
Première lettre de saint Jean	571
Deuxième et troisième lettres de saint Jean . . .	584
Lettre de saint Jude	587
Apocalypse	590
Peuple des saints	643
Table des saints	705
Vocabulaire biblique	711
Pour se retrouver dans l'Évangile	725

Accueillir la parole de Dieu

Accueillir la parole de Dieu

Par une introduction à la Bible, suivie du texte complet du Nouveau Testament et d'une histoire des saints, cet ouvrage vous propose de découvrir les sources de la foi chrétienne et la vie des acteurs privilégiés de son développement historique.

Les introductions à l'Ancien et au Nouveau Testament *situent les différents livres bibliques dans l'histoire du peuple d'Israël et des premières communautés chrétiennes, permettant de comprendre ainsi la façon dont Dieu dévoile progressivement son amour pour l'humanité qu'il veut libre et heureuse.*
N'est-ce pas pour chacun un chemin vers la découverte de cet amour qui lui est personnellement offert ?

Le texte complet du Nouveau Testament*, assorti de documents pour faciliter la compréhension du texte (vocabulaire biblique) ou l'étude d'un thème (un index : pour se retrouver dans l'Évangile), vous est rendu facilement accessible.*
À sa lecture pourra surgir en vous la parole intérieure, écho de celle que vous lisez, et qui devient ainsi parole vivante de Dieu : ce que Dieu vous dit aujourd'hui.

ACCUEILLIR LA PAROLE DE DIEU

Depuis deux mille ans, cette parole, lue et méditée par la communauté croyante, a fait surgir des réponses personnelles innombrables. Certaines ont davantage marqué leur époque et l'histoire les a retenues. À la suite du Christ toujours vivant, des hommes et des femmes ont incarné l'Évangile de façon lumineuse, ils sont les saints et les saintes de notre Église, pour beaucoup inconnus, pour d'autres canonisés, donnés en exemple. L'évocation de leur vie offre une approche renouvelée de **l'histoire de l'Église** : histoire d'un peuple fraternel avant d'être histoire d'une institution.

À sa lecture vous pourrez reconnaître des frères et des sœurs qui vous lancent un appel à vivre l'Évangile à la fois dans la fidélité et dans l'invention : à chaque époque l'Église doit parler le langage de son temps, qui le fera sinon les chrétiens qui sont aujourd'hui cette Église ?

Nous souhaitons que ce livre, que vous pourrez garder dans votre poche ou votre sac à main, soit un compagnon de tous les jours, souvent ouvert, toujours « parlant » et, pourquoi pas ? un moyen de communiquer avec ceux qui cherchent une lumière sur leur route.

L'Église a de nombreux visages, les communautés sont différentes d'une culture à l'autre, d'une région à l'autre, mais tous se reconnaissent à leur fraternité en Christ.

L'Évangile lu et vécu est le livre de cette fraternité.

INTRODUCTION A L'ANCIEN TESTAMENT

UNE HISTOIRE ET DES ÉCRITS

Quand on ouvre la Bible, on peut être dérouté pour beaucoup de raisons. Les unes tiennent à l'histoire qui affleure dans ce livre : cela se passe en un temps et dans des pays dont nous ne connaissons quasi rien. De plus, on y trouve une variété de textes relevant de genres très divers et qui semblent assemblés de façon désordonnée.

Pourtant, ce livre est le souvenir écrit qu'Israël a retenu de son histoire : celui des grands moments où il a perçu quelque chose de la présence de Dieu et de sa Parole à travers certains événements.

Pourtant, aussi, ce livre est riche en densité de vie humaine et spirituelle. Il touche aux grandes questions de l'humanité de tous les temps : l'homme, la vie, l'amour, la mort... Même non initié, le chrétien y retrouve quelque chose de son histoire.

Il est donc important de ne pas se laisser rebuter par les difficultés de premier abord. Au contraire, il est avantageux d'acquérir le minimum de connaissances nécessaires pour accéder à ce bien précieux d'une Parole qui touche le lecteur d'aujourd'hui autant que celui d'hier, même si c'est différemment.

ANCIEN TESTAMENT

HISTOIRE

L'histoire du peuple d'Israël peut se résumer de façon relativement simple en deux grandes périodes.

Une première période, marquée par des réalisations matérielles et politiques : naissance d'un peuple, conquête d'une terre, formation d'une nation et d'un État, mise en place et histoire d'une monarchie.

Une deuxième période davantage marquée par l'activité religieuse et l'attente de quelque chose d'autre que dans la période précédente : une terre, mais autrement ; un peuple, mais plus universel, etc...

Entre les deux, un événement tournant : l'exil en Babylonie.

Une douzaine de dates suffisent largement pour avoir les points de repère de cette histoire.

I. — Naissance, installation,

Vers

1750 Migration d'un clan semi-nomade de Mésopotamie en Canaan (Palestine). — **ABRAHAM** *Les Patriarches*

1600 Immigration partielle en Égypte, puis esclavage.

1250 Sortie d'Égypte ; les Hébreux deviennent « Israël ». Au Sinaï, commence une Alliance avec Dieu. — **MOÏSE**

1230 Installation progressive et difficile sur la terre d'Abraham. — *Josué* *les « Juges »*

ÉCRITS

L'Ancien Testament comprend une cinquantaine de livres. Ils ne sont pas disposés suivant l'ordre chronologique et n'ont pas été rédigés au moment des événements dont ils parlent. Leur rédaction a été le fruit d'une lente élaboration. Pour certains, il est difficile de dire qui les a écrits car ils sont dus à des auteurs d'époques diverses. Pour d'autres, il y a eu un premier auteur connu, mais son texte a été amplifié et modifié par la suite.

A la première période de l'histoire, apparaissent des écrits encore très fragmentaires : c'est le temps où la langue hébraïque prend forme, on dispose de peu de moyens techniques. Mais on trouve des éléments des quatre principaux genres : des récits sur la Loi et l'Alliance, de l'histoire, des prédications de prophètes, des Psaumes et Proverbes.

A l'exil commence une activité littéraire plus intense.

A la deuxième période a lieu la rédaction définitive de la plus grande partie des textes bibliques.

croissance, chute d'Israël

On n'écrit pas,
on raconte et une tradition orale naît.

Quelques phrases écrites sur pierre : la « Loi ».

ANCIEN TESTAMENT

1000 Naissance de la monarchie ; à son apogée, elle devient héréditaire.

Saül
DAVID, Salomon

En
931 Scission du royaume en deux :
Nord (« Israël », cap. Samarie) ;
Sud (« Juda », cap. Jérusalem).

722 Déportation des habitants du Nord.

597/87 Chute de Jérusalem et déportation des habitants du Sud.

L'épreuve : exil

Organisation en communautés religieuses : on prend le nom de « Juifs ».

539 Prise de Babylone par les Perses.

Cyrus

II. — L'attente d'un

538 Retour partiel en Palestine : occupation pacifique par les Perses.
Reconstruction du Temple.

Esdras

333 Occupation par les Grecs : dispersion des Juifs dans le bassin méditerranéen.
Lutte pour l'indépendance.

Alexandre le Grand

les Maccabée

63 Occupation romaine :
trois courants religieux :
Pharisiens, Esséniens, Sadducéens.

Hérode le Grand

HISTOIRE ET ÉCRITS

La langue hébraïque, elle aussi, est à son apogée.

On se met à écrire des récits développés sur l'histoire du passé ju[sque aux]
événements récents ; des Proverbes, des Psaumes.

Les disciples des prophètes mettent leurs paroles par écrit sur tessons de terre cuite et des rouleaux de cuir.

---

en Babylonie
Les exilés réfléchissent sur toute l'histoire passée et complètent les écrits antérieurs : livres historiques, prophétiques.

Israël nouveau

Fin des Prophètes. Beaucoup de Psaumes.

Rédaction définitive, par des prêtres, des cinq premiers livres ou « Loi ».

Des Sages écrivent de nombreux livres de réflexion.

En Égypte, pour les Juifs hors de Palestine, la Bible est traduite en grec.
Dans l'épreuve, naissance de nouveaux livres : les « Apocalypses ».

Livre de la Sagesse.
Abondante littérature juive non retenue par les chrétiens comme parole de Dieu.

PREMIÈRE PÉRIODE : 1750-597/87 AV. J.-C.

Temps des origines

Toute origine garde quelque secret. Où faire commencer celle de la vie, celle de l'homme, celle d'une civilisation ? A partir d'un certain seuil, on y voit assez clair. Mais, au-delà, on ne peut que percevoir des indices, éclairés par la lumière ou les développements reçus par la suite. Dans un embryon, il y a déjà tout ce qui se développera, mais sans que cela se perçoive nettement.

Ainsi en va-t-il aussi de l'histoire d'Israël : à partir de l'installation sur la terre et de la mise en place de la monarchie avec David, on y voit clair ; mais auparavant, il est difficile de savoir les détails de l'histoire. Ce que fournissent les livres qui parlent des origines d'Israël est beaucoup plus la conscience très forte qu'il en a que des renseignements précis.

Derrière cette conscience très vive, on décèle deux temps : celui d'une libération d'Égypte, avec Moïse ; et celui d'un début d'histoire avec un lointain ancêtre : Abraham.

Quelques souvenirs historiques, seulement, remontent jusqu'à eux : ténus pour Abraham, et plus nets pour Moïse.

Vers 1750, tout a commencé avec un clan venu de Mésopotamie et de Syrie, implanté pour une part en Canaan (la future Palestine) et, pour une autre, en Égypte où il était plus facile de trouver subsistance. Des sanctuaires gardent le souvenir du passage des ancêtres, surtout du premier : Abraham.

Qu'a-t-il vécu, au juste ? Au fil du temps, et avec la foi de ses descendants, son histoire est devenue peu à peu celle que l'on trouve dans la GENÈSE, ce qu'elle est devenue ainsi l'emportant sur ce qui s'est passé et qui nous échappe. Cela ne la minimise en rien.

La méditation des siècles a fait de cet ancêtre une figure extraordinaire de « croyant », vérité spirituelle plus importante que la connaissance des détails réels de la vie de cet homme.

On voit en lui quelqu'un marqué par l'espérance d'une terre et d'une descendance à travers lesquelles rejaillit sur tous la bénédiction de Dieu *(Genèse 12, 1-4)*. Il est resté dans la mémoire de cette descendance comme un modèle de fidélité à travers les épreuves (*Lettre aux Hébreux* 11, *8-9*), et il est reconnu comme « père dans la foi », non seulement par les chrétiens mais aussi par les juifs et les musulmans. Son espérance devait trouver un jour son accomplissement dans la personne de Jésus (*Jean* 8, 56).

Vers 1250, avec Moïse, l'historicité se fait plus solide. Mais lui aussi est présenté dans la Bible davantage comme le personnage qu'il est devenu dans la foi d'Israël que par des renseignements précis sur les événements de son temps. Il est net qu'avec lui a eu lieu une libération : la « sortie » d'Égypte (ou exode) d'une population de travailleurs immigrés qui avaient fini par être traités en esclaves pour diverses raisons économiques et politiques. On les appelait du sobriquet méprisant de « apirou » : d'où le nom d' « hébreu ».

Pour sa mission, Moïse s'est appuyé sur la révélation qu'il a eue de Dieu, au Sinaï : un Dieu Unique, Vivant, dont le nom est YAHWEH, c'est-à-dire « CELUI QUI EST ET QUI FAIT ÊTRE ». Libérés, les Hébreux deviennent « Israël » (« fort contre Dieu », nom qui traduit l'Alliance avec Dieu à travers le combat de la foi). Moïse leur donne quelques lois inspirées par Dieu et qui accompagnent une Alliance appelée à bien des développements.

Telle est la base de la foi d'Israël. Dans toute la suite de son histoire, ce peuple ne peut se passer de ces convictions sur ses origines.

● *D'Abraham à Moïse, des récits circulent dans la tradition orale. Un siècle et demi avant Moïse, l'alphabet est inventé. Avec Moïse, on commence à garder sur des pierres la trace écrite de lois qu'il a transmises. En même temps, on répète des souvenirs, notamment des refrains* (voir Exode 15, 21).

La réussite glorieuse et éphémère

1250. *Josué, le successeur de Moïse ; Samuel, le dernier « juge » ; Saül, le premier roi.*

Ces trois noms peuvent être retenus pour cette période.

Après la grande aventure de la « libération », s'ouvre une période très difficile. Il faut s'installer dans le pays qui a déjà d'autres occupants. Certains clans sont formés de lointains descendants d'Abraham non descendus en Égypte. Avec eux, on va nouer des liens et se reconnaître membres d'un même peuple attaché au même Dieu. D'autres sont étrangers ou ennemis ; on essaiera de s'entendre avec eux ou bien on leur fera la guerre : il faut survivre et avoir son coin de terre.

Tout cela ne se passe pas sans violence, cruauté et même massacres d'un côté comme de l'autre : on n'en est pas encore à la morale de l'Évangile (on le voit en lisant les livres de **JOSUÉ** et des **JUGES**). Il faudra une longue éducation pour y parvenir. Si la Bible contient une telle histoire, ce n'est pas pour inviter à faire de même mais pour montrer que, lorsque aujourd'hui pareille situation se produit encore, Dieu ne désespère pas de voir les hommes changer, il n'est pas absent à cette histoire.

Les récits sur cette période parlent d'un premier chef successeur de Moïse : Josué, lequel fait traverser le Jourdain à son peuple. Puis vient un temps où chaque tribu vit de son côté, faisant appel aux autres en cas de danger. A ces moments-là, on voit surgir des chefs, souvent de simples paysans, qui prennent épisodiquement la tête des combats, puis retournent à leur travail de tous les jours : on les appelle les « Juges ».

Le dernier des Juges est Samuel : avec lui commence à apparaître le prophétisme (voir *1 Samuel* 3, *1-18*) et il consacre roi d'abord Saül puis David.

Ce temps de guerre et d'inquiétude est aussi un temps de grand changement de vie pour l'ensemble du peuple. Après avoir été nomades, puis travailleurs immigrés errant à la recherche d'une terre, ces hommes deviennent agriculteurs. Ils s'installent, bâtissent des villes (souvent de gros villages perchés sur les collines et entourés de remparts), s'habituent aux méthodes et aux rythmes des travaux de la terre. Cette période dure environ deux cents ans (1200 à 1000 avant Jésus Christ).

Elle montre un Israël dont la foi est éprouvée par la tentation du mélange avec les religions très liées à la fécondité de la terre, répandues dans le pays. C'est pour s'en défendre qu'Israël a souvent pratiqué la loi de la « guerre sainte » ! Cependant, il s'est déjà montré capable d'épargner certains païens. Par là, il amorce une lente découverte : dans son plan, Dieu veut faire leur place à tous les hommes et c'est Jésus qui dira jusqu'où cela doit aller *(Luc 10, 29-37).*

● *A l'époque des Juges, la guerre occupe trop et on dispose de trop peu de moyens techniques pour avoir la liberté d'écrire, mais la tradition orale s'amplifie et, en certains lieux, se forment des récits quasiment répétés par cœur : cantiques* (Josué *10,* 12 ; Juges *5), parabole* (Juges 9, 7-15), *souvenirs de célébration d'alliance* (Josué *24), de villes conquises, détruites, passées au fil de l'épée* (Josué 6, 21)...

1000. *David et Salomon*

Une étape nouvelle intervient avec l'arrivée d'ennemis maîtrisant le fer, donc ayant des armes redoutables (chars, flèches) : ce sont les Philistins. Ils viennent de la mer Égée et s'établissent sur la côte de la Palestine. Pour se défendre, il faut s'unir. C'en est fini du temps où chaque tribu vit pour elle-même. Israël va se donner un roi, un État, des frontières, une armée...

Cette mutation n'a pas été sans difficulté car, en adoptant un autre style de société que celui dans lequel ils avaient reçu la révélation au désert, certains craignaient de devenir un peuple comme les autres, laissant de côté la foi en même temps qu'ils lâchaient les structures dans lesquelles ils l'avaient reçue (voir des traces de l'antimonarchisme dans *Juges 9, 7-15 ; 1 Samuel 8, 10-22).* Ce problème de « fidélité » dans l' « adaptation » restera permanent dans l'histoire du peuple de Dieu. Aujourd'hui encore, il demeure d'une brûlante actualité.

Après l'essai malheureux de Saül, c'est David, petit paysan du village de Bethléem, qui va instaurer la royauté grâce à son courage, à son talent d'entraîneur, à son sens politique. Après une série de guerres victorieuses, il réussit à rassembler les tribus autour de Jérusalem, la capitale qu'il a conquise sur les dernières populations locales indépendantes. Bien plus, il annexe les petits peuples voisins ou leur impose des alliances qui les mettent sous sa dépendance.

Ainsi s'établit, sur le territoire actuel de la Syrie, du Liban, d'Israël et de la Jordanie, un véritable petit empire. Nous sommes vers l'an mille, c'est le sommet de l'histoire d'Israël. C'est aussi le moment où il entre vraiment dans l'histoire : on va maintenant parler de lui dans les écrits des peuples voisins.

A la mort de David, son fils Salomon hérite d'une situation enviable : pendant quarante ans, il régnera, avec prestige, sur un royaume pacifié. Mais, surtout, il hérite de la promesse faite par le prophète Nathan assurant qu'une alliance toute particulière lierait toujours à Dieu la dynastie de David *(2 Samuel 7, 1-17 ; Psaume 19)*.

Parmi ses descendants, on s'est mis peu à peu à en attendre un qui soit vraiment roi (ou « messie ») selon la volonté de Dieu. C'est ainsi qu'est né et s'est développé le messianisme. Jésus le réalisera mais autrement qu'on l'attendait, et il faudra auparavant passer par bien des épreuves pour purifier la conception politique qu'on s'en faisait.

● *A cette époque, la langue hébraïque a atteint l'apogée de sa forme. On n'en est plus au temps de la conquête, et l'État dispose de moyens pour développer une littérature qui contribue à unifier la nation. Se donner des structures entraîne des inconvénients, mais aussi quelques avantages. Ainsi, entre autres, on dispose de spécialistes pour écrire et de lieux pour garder les écrits. Des archives de la royauté voient le jour et constitueront une des sources utiles aux auteurs qui composeront les livres de* JOSUÉ, JUGES, SAMUEL, ROIS.

En permettant de prendre du recul sur les événements, cette période permet de faire l'histoire du passé et de forger ainsi l'identité d'Israël au milieu des autres nations.

— *Un auteur inconnu rédige une première histoire sainte qui comporte une rédaction des traditions sur les Patriarches, sur Moïse et l'exode, le tout préfacé par une évocation des origines depuis le premier homme. Cette histoire sainte se trouve actuellement dispersée dans les livres de la* GENÈSE, *de l'*EXODE *et des* NOMBRES. *On verra comment, plus tard, elle a été amplifiée et amalgamée avec d'autres histoires saintes traitant des mêmes sujets. Faute de savoir qui est l'auteur de ce premier grand texte, on l'appelle « Yahwiste » parce que, tout au long de son récit, il désigne Dieu par le nom de Yahweh qui, en fait, ne lui a été donné qu'à partir de Moïse. Dans leurs notes, les Bibles indiquent les textes qui reviennent à cet auteur.*

— *David compose des* PSAUMES. *Même si l'on n'en conserve plus guère remontant tels quels à lui, il en a inauguré le genre. Après lui la rédaction des psaumes se développera surtout au retour de l'exil.*

— *Salomon a introduit à sa cour des « sages » venant d'Égypte. Ce sont des humanistes, aux connaissances assez vastes, ayant voyagé, et qui sont attachés à scruter le sens de la vie de l'homme. Sans se mêler directement des événements comme le font les prophètes, ils ont cependant un certain rôle politique, car ils contribuent à l'éclat de la monarchie et de sa cour, tant que celle-ci subsiste. Ils commencent à composer des* PROVERBES *(chap. 10 à 22).*

La scission du Royaume en deux
931.

La période de gloire fut relativement courte. Salomon avait mené une politique de prestige coûtant fort cher et génératrice d'injustice sociale : faste de la cour, force de frappe avec mise en place d'une cavalerie, construction du Temple, etc. De plus, comme David, il dégrevait d'impôts les gens de sa région du Sud et faisait payer ceux du Nord. Aussi, à sa mort (en 931), la maladresse de son fils suffit à provoquer une cassure irrémédiable.

Salomon avait organisé le royaume en douze districts, leur donnant à chacun un nom correspondant, en général, à sa géographie. Pour montrer l'unité entre eux, les auteurs de la Bible ont fait d'eux les « douze fils de Jacob ». Et voilà que cette belle unité éclate en deux ! Au nord : « Israël » avec dix tribus, qui se donnera Samarie pour capitale ; au sud : « Juda », avec deux tribus au très petit territoire mais fort de deux éléments : les rois descendants de David considérés comme élus du Seigneur, et Jérusalem avec le Temple en un site protégé par sa difficulté d'accès.

La période des deux royaumes a été marquée par l'action des prophètes. Les prophètes sont des hommes bien insérés dans l'histoire de leur peuple et, par leur foi, à l'écoute du Dieu Unique. Non pas des animateurs d'un mouvement, mais des gens qui prennent position sur des faits de vie du peuple. Ce ne sont pas des devins qui annoncent l'avenir, mais des voyants qui percent le sens du présent et ouvrent ainsi l'avenir. On trouve chez eux une double dénonciation : celle de l'idolâtrie et celle du mépris des autres, particulièrement sous forme d'injustice. Quand tout va mal, ils annoncent l'espérance : tout repartira, même avec un simple petit reste et, quand on croit que tout va bien, ils annoncent des catastrophes. Une des caractéristiques de leur vie est de savoir accompagner leur parole de gestes symboliques percutants.

Mais, politiquement, c'est une période de déclin progressif. Les rois sont souvent médiocres. Les peuples soumis reprennent peu à peu leur indépendance. Et, surtout, un danger mortel vient de Mésopotamie. Là, en effet, se développe le puissant empire guerrier des Assyriens qui menace les deux royaumes, leur impose le paiement de lourds tributs, les envahit plusieurs fois et leur fait subir de cuisantes défaites.

En 722, le royaume du Nord disparaît, la plus grande partie de sa population est déportée et on n'entendra plus jamais parler d'elle.

● *N'héritant plus de l'histoire sainte transmise à Jérusalem, les gens du Nord s'en donnent une nouvelle, reprenant souvent les mêmes points que celle du « Yahwiste », mais sans l'évocation des origines. On la trouve donc également dans* **GENÈSE**, **EXODE**, **NOMBRES**, *amalgamée à la précédente. L'auteur étant lui aussi inconnu, on lui donne le nom de « Elohiste » car il commence par nommer Dieu « Elohim » (nom commun pour dire « dieu », dans la langue de l'époque) réservant de lui attribuer celui de Yahweh seulement à partir de la Révélation qu'en a eue Moïse.*

Cette histoire comporte moins de détails concrets et piquants que celle du « Yahwiste ». Elle fait preuve de plus d'érudition et de notes psychologiques. Surtout, elle reflète le courant qui se développe dans la foulée des prophètes, Élie et Élisée. C'est alors qu'apparaissent deux écrits : ceux des prophètes **AMOS** *et* **OSÉE**.

Amos, agriculteur originaire du Sud, dont l'activité se déroule au Nord, à Samarie, dénonce les infidélités à l'Alliance qui se traduisent par l'injustice sociale, la spéculation, le formalisme religieux et il annonce le changement qui va s'opérer.

Osée, du Nord, est marié à une femme qui l'abandonne pour fréquenter les cultes païens. Cette infidélité lui fait découvrir ce qu'est le cœur de Dieu face aux infidélités de son peuple Israël. Aussi, il chante l'amour de celui-ci : Dieu est comme un tendre époux, un père à la bonté maternelle.

A deux reprises, le petit royaume du Sud tente des réformes profondes. Durant une dizaine d'années (de 715 à 705) le roi Ezékias, soutenu par le prophète Isaïe et provoqué par la défaite du royaume de Samarie, au Nord, prend un certain nombre de mesures politiques et religieuses.

En 701, Jérusalem est assiégée; elle n'est pas prise, mais le royaume de Juda en sort très affaibli. A son tour, le jeune roi Josias lui redonne des forces pendant quelques années (622-609).

Le pouvoir en Mésopotamie passe aux mains d'un autre peuple, celui des Babyloniens qui poursuivent la même politique de conquête que les Assyriens. Jérusalem connaît une déportation en 597, puis de nouveau en 587 en étant détruite cette fois : saccage, massacres, il ne reste rien du royaume de Juda *(2 Rois 24, 10 à 25, 21)*.

● — *Une grande activité prophétique est déployée :* ISAÏE *(chap. 1 à 39),* MICHÉE, NAHOUM, SOPHONIE, JÉRÉMIE. *La vie et le message de ce dernier prophète sont marqués par l'adversité. Clairvoyant, il annonce la ruine du royaume et connaît le cachot, le carcan... en attendant de mourir en terre étrangère. C'est un pauvre qui a mis en relief l'importance du cœur jusqu'à annoncer une nouvelle alliance non pas écrite sur pierre mais dans le cœur, sans qu'il puisse encore savoir qu'elle se réaliserait avec Jésus (Jérémie 31, 31-34).*

Ce ne sont pas les prophètes eux-mêmes qui écrivent leurs livres, mais leurs disciples; c'est surtout pendant l'exil que d'autres mettront la dernière main à leurs œuvres en plaçant leurs paroles dans un ordre qui ne correspond pas à notre logique.

— *Des* PROVERBES, *plus développés qu'auparavant (chap. 22-24 et 25-29) sont recueillis ainsi que des* PSAUMES.

— *Après la chute de Samarie en 722, des Juifs pieux se replient sur Jérusalem avec leurs traditions : on amalgame le Yahwiste et l'Elohiste; en plus, éclairé par les événements, on rédige un long développement sur le passé présenté comme « Testament de Moïse » : c'est le* DEUTÉRONOME. *Ce livre est centré sur l'amour de Dieu, sa bonté par le don de la terre qu'il a fait à Israël malgré les infidélités de celui-ci, centré aussi sur la nécessité de ne plus avoir qu'un sanctuaire unique : Jérusalem. Cette œuvre est à l'origine du mouvement de réforme lancé par Josias.*

L'EXIL EN BABYLONIE : 597-87 à 538

597/87.

Quelques dizaines de milliers d'exilés sont emmenés en Babylonie, pris parmi les dignitaires, les notables, les ouvriers qualifiés. Les gens de la campagne ont été épargnés. Tout n'est pas perdu pour les exilés. Par chance, ils ont été groupés dans une région, ce qui a facilité le maintien de leur identité et de la cohésion entre eux. En outre, cette condition nouvelle libère leur étonnante vitalité : alors qu'ils paraissaient divisés, dévitalisés, les voilà qui se regroupent, qui créent des communautés de réflexion et de prière, qui approfondissent des textes de parole de Dieu emportés avec eux. Ils découvrent aussi leur talent pour le commerce et la finance.

L'espoir renaît, mais comment revenir au pays ? Du dehors, un élément rend ce retour possible : venu des plateaux d'Iran, un chef perse, Cyrus, défait l'empire babylonien et bâtit un immense État qui s'étend de l'actuelle Turquie aux frontières de l'Inde. Sa politique est neuve : rassurer les populations naguère opprimées et renvoyer chez eux les déportés en respectant leurs coutumes locales. Bref : établir son pouvoir par la pacification ; la Bible dit qu'il est un « messie » de Dieu sans le savoir *(Isaïe 45, 1-5)*.

539.

Cyrus fait tomber Babylone : c'est une explosion d'espoir chez les exilés.

● *Le temps de l'exil à Babylone est l'occasion d'approfondir, de compléter tous les écrits précédemment mentionnés ; surtout les livres historiques :* **JOSUÉ, JUGES, SAMUEL, ROIS** ; *et les prophètes :* **ISAÏE, MICHÉE, NAHOUM, SOPHONIE, JÉRÉMIE, HABACUC.**

— *A cela s'ajoutent des* **PSAUMES** *; par exemple :* 73, 78, 79, 105, 122... *et les* **LAMENTATIONS**, *trace des deuils liturgiques célébrés sur les ruines de Jérusalem.*

Ces livres montrent le peuple de Dieu s'efforçant de comprendre que ce qui arrive n'est pas une cassure dans son histoire, mais une épreuve pour envisager un nouvel avenir en continuité avec ce qui précède, en même temps qu'en progrès pour éviter les erreurs du passé.

— *Bref : un temps où l'on découvre mieux ce qu'est la sainteté de Dieu, sa grandeur et comment devenir saint à son tour en témoignant de lui : tel est l'essentiel du livre d'ÉZÉKIEL, rédigé à cette époque et tout tourné vers une résurrection d'Israël au terme de son exil.*

— Puis, à la fin de l'exil, apparaît le DEUXIÈME ISAÏE (chap. 40 à 55), livre d'espérance qui chante la grandeur de Dieu capable de maîtriser l'histoire en permettant le retour en Palestine. Ses pensées ne sont pas nos pensées et tous doivent le reconnaître comme Dieu Unique capable d'une tendresse plus grande que celle d'une mère.

DEUXIÈME PÉRIODE : 538 A JÉSUS CHRIST

Le retour de l'exil et la restauration religieuse en Judée
538.

La réinstallation fut moins brillante qu'on avait pu l'espérer. Bon nombre de Juifs préférèrent rester à Babylone. Quant aux rapatriés, ils trouvèrent à Jérusalem une situation difficile. Tout était à reconstruire ; des étrangers s'étaient installés sur place ; l'administration perse était finalement tracassière. Cependant, à force de démarches, de ténacité, de luttes de toutes sortes, ils arrivèrent à reprendre une vie à peu près normale.

Une aide considérable fut donnée par Néhémie et Esdras, deux Juifs qui avaient acquis une situation importante à la cour perse, et qui, l'un après l'autre, reçurent mission officielle et financement pour venir au pays prendre les affaires en mains.

Il fallut défaire des mariages avec des étrangères et n'admettre comme habitants de Jérusalem que des Juifs. Bref : se donner un peu comme une clôture pour préserver son identité au milieu de nombreux païens avec, comme contrepartie, le danger de repliement.

- *A cette époque on trouve :*

— Des petits prophètes : AGGÉE et ZACHARIE qui incitent à la reconstruction du Temple.

— De nombreux PSAUMES : les cantiques de pèlerinage à Jérusalem (119 à 133), des psaumes du règne de Dieu (46, 92, 95 à 97), des cantiques de Sion (45, 47, 75, 86), d'une façon générale : des chants de louange, de nombreuses supplications individuelles, des méditations de sages... Pratiquement, le psautier est ainsi achevé à la fin de cette période.

— *C'est aussi le moment où est rédigée définitivement une nouvelle histoire sainte commencée à la fin de l'exil et qui recouvre le même ensemble que les histoires « Yahwiste » et « Elohiste » : évocation des origines, vie des patriarches, exode avec Moïse, etc... Elle se trouve répartie actuellement dans les livres de* **GENÈSE, EXODE, LÉVITIQUE, NOMBRES.** *Faute d'en connaître les auteurs, on l'appelle « Histoire sacerdotale » car elle est une œuvre théologique des prêtres. Leur préoccupation est essentiellement liturgique : pour eux, le culte et les rites accompagnant la vie quotidienne ont une place primordiale car ils permettent de faire de tous les gestes une occasion de devenir saint comme Dieu est Saint. Cette histoire montre à quel point ces hommes ont étrangement le sens de la grandeur de Dieu. Leur peuple est tout petit, réduit à la simple province de Judée, et ils prétendent avoir pour Dieu le Maître du monde !*

— *Ces mêmes cercles de prêtres ont amalgamé les quatre histoires saintes dont le noyau remonte à Moïse : Yahwiste, Elohiste, Deutéronomiste, Sacerdotale. Ils les agencent en cinq livres (ou* **PENTATEUQUE**) : **GENÈSE, EXODE, LÉVITIQUE, NOMBRES, DEUTÉRONOME** *qui se trouvent clos autour de l'année 400. Les Juifs donnent le nom de Loi, ou Torah, à ces livres. Pour eux, ils constituent une partie de la Bible considérée comme normative de l'histoire du peuple tant par ses récits que par les lois qu'elle contient : elle dit ce qu'est Dieu pour son peuple et ce que celui-ci doit être pour son Dieu.*

— *Des sages achèvent le livre des* **PROVERBES** *(chap. 1 à 9), de même les livres de* **JONAS, RUTH,** *qui mettent en évidence la sainteté dont les païens sont capables, récits propres à élargir les horizons de certains Israélites tentés par le repliement.*

— *Un autre auteur, quelque peu philosophe, présente le saint païen* **JOB.** *Dans le livre qui porte ce nom, il pose la question fondamentale pour tous les hommes : celle de la souffrance qui survient alors qu'on n'y est pour rien. Sans avoir encore de réponse, il traduit l'aspiration à une rétribution autre que matérielle, aspiration à une vie avec Dieu pour toujours.*

— *C'est le moment des derniers petits prophètes :* **ABDIAS, MALACHIE, JOËL,** *et de la rédaction d'un* **TROISIÈME ISAÏE** *(chap. 56 à 66), orienté* *sur le rayonnement futur de Jérusalem avec la venue des temps messianiques. On ne sait ce que seront ceux-ci, mais on attend un salut de Dieu aux dimensions universalistes.*

Le choc de l'hellénisme

333.

Tout change. Jusque-là on ne s'était guère soucié de ce qui se passait à l'Ouest, au-delà de la mer. Or, voici qu'Alexandre, un jeune prince de vingt ans, qui avait hérité de son père le pouvoir sur toute la Grèce jusque-là divisée, décidait de conquérir l'Asie. Dans une avancée foudroyante, il conquiert l'empire perse, l'Égypte, une partie de l'Inde. Avec Alexandre, c'est la civilisation grecque qui envahit tout ce monde, y compris la Palestine. Après sa mort, des royaumes grecs s'implantent durablement, notamment en Égypte et en Syrie. Les Juifs sont sous une nouvelle domination qui, tour à tour, les déroute et les séduit.

175.

La confrontation tourne au tragique. Antiochus IV, roi de la partie syrienne de l'empire grec, poursuit une grande politique d'unification : tout le monde doit parler grec, vivre à la manière grecque, adopter les dieux grecs ; bref, on n'a plus le droit d'être Juif, de pratiquer la Loi, d'adorer le Dieu d'Israël. Certains se laissent séduire ; d'autres se soumettent par peur.

Mais un mouvement de résistance se lève : quelques-uns se font tuer plutôt que de renier leur foi ; c'est une grande période de martyrs. Autour de la famille des Maccabée, certains organisent une révolte armée en 167. La lutte est dure ; elle aboutit en 142 à la reconnaissance d'un État juif qui dure une centaine d'années, non sans difficultés ni luttes internes. La situation finit par attirer l'attention des Romains qui, peu à peu, prennent pied dans tout le monde méditerranéen.

- *Durant cette période, il n'y a plus que deux types d'écrits.*

— *Au plan historique, mais avec une interprétation théologique ; les livres des* **CHRONIQUES**, *d'***ESDRAS-NÉHÉMIE** *et des* **MARTYRS D'ISRAËL** (*ou* **MACCABÉE**).

— *Interviennent alors surtout des livres des sages.*

- Les uns sont des *réflexions sur la vie des croyants fidèles à Dieu*. Rédigés lors d'une période calme et de relative abondance, ils posent le problème du bonheur : les biens temporels ne suffisent pas à combler les désirs profonds de l'homme (ECCLÉSIASTE). La vie, en milieu païen, demande de tenir fidèlement à la piété que l'on doit vivre en famille et dans le mariage (TOBIE). Dieu a fait l'homme et la femme pour l'amour (CANTIQUE des CANTIQUES). La vie religieuse se maintient dans les communautés juives dispersées parmi le monde hellénistique (BARUC). BEN SIRAC, lui, fait le point de la tradition au moment où va se déclencher une persécution.

- D'autres livres sont *nés lors d'épreuves allant jusqu'à la persécution* : ils fournissent des réflexions sur le sens final de l'histoire. Là, les sages se font prophètes à leur manière et cela prend la forme de « l'apocalypse », c'est-à-dire de la révélation dernière de la victoire de Dieu sur les forces du Mal à l'œuvre dans le monde.
Ainsi apparaissent le DEUXIÈME ZACHARIE (chap. 9 à 14), les livres d'ESTHER, JUDITH et surtout DANIEL. Récit composite, rédigé lors du soulèvement des Maccabée contre la domination grecque, il est le témoin de la grande découverte provoquée par le martyre de tant de saints : « Dieu les ressuscitera ». On ne sait ni quand, ni comment, mais le terrain est assez préparé pour que Jésus arrive.

Le choc provoqué par la persécution a donné naissance à une littérature de défense et d'espérance tournée vers une victoire à venir et l'annonce de temps nouveaux. Parallèlement, la dispersion des Juifs dans les villes du bassin méditerranéen a fait surgir dans la littérature des essais pour dire la Révélation en utilisant des éléments de la culture grecque. On le voit dans JOB, ECCLÉSIASTE...

La diversification en courants religieux et sectes

63.

Le général romain Pompée entre à Jérusalem. La vie juive est désormais sous la « protection » de Rome. Dans ce cadre, en 37 avant Jésus Christ, arrive au pouvoir un demi-juif : Hérode le Grand, sous lequel naîtra Jésus.

---

1. Ce livre est appelé aussi Qohélet.

C'est le moment de la formation de trois grands courants religieux qui vont marquer la période de Jésus : pharisien, sadducéen, essénien (voir plus loin, pp. 49 et 50).

A cette époque, beaucoup de Juifs ont émigré un peu partout et ont créé des communautés souvent très nombreuses, surtout en Égypte, en particulier à Alexandrie. Au temps de Jésus, il y a des Juifs tout autour de la Méditerranée, jusqu'à Rome et même en Gaule et en Espagne. Ils sont plus nombreux à l'étranger qu'en Palestine, comme encore de nos jours.

● *Le passage à une nouvelle culture se poursuit. Il se voit dans le dernier livre de l'Ancien Testament : celui de la SAGESSE, rédigé en grec et produit dans la communauté juive d'Alexandrie. C'est un essai adressé à des Juifs hellénisés et, à travers eux, aux mondes égyptien et grec.*

Avec le livre de la SAGESSE, les textes de l'Ancien Testament sont achevés. Mais pour autant, à cette époque, les Juifs ne cessent pas d'écrire. On trouve de nombreux textes non retenus par les chrétiens, mais dont les spécialistes redécouvrent de plus en plus l'importance. Grâce à cette littérature, on comprend mieux dans quelle mentalité ont baigné les Évangiles quand ils ont été écrits...

LA RÉVÉLATION DE DIEU
DANS CETTE HISTOIRE ET CES ÉCRITS

Par sa réforme liturgique, le Concile Vatican II (1962-1965) a introduit à toutes les messes des dimanches, un grand nombre de textes bibliques, en les répartissant sur trois années. De même, des lectures ont été établies dans toutes les célébrations de sacrements.

Aussi, beaucoup de catholiques, peu initiés à la lecture de la Bible, se trouvent-ils confrontés à des difficultés : certains passages leur paraissent bien éloignés de leur vie actuelle. Pourtant, l'Ancien Testament présente de nombreuses richesses déjà en lui-même, mais davantage encore pour mieux connaître la personne de Jésus et comprendre les Évangiles.

RICHESSE DE L'ANCIEN TESTAMENT PAR LUI-MÊME
REFLET DE L'HISTOIRE D'UN PEUPLE

L'Ancien Testament, très différent en cela des écrits des autres religions, se présente comme un texte lié à la Révélation d'un Dieu présent à l'histoire d'un peuple. Durant mille ans (de David au Christ), à travers des avancées et des reculs, des crises d'adaptation et des attentes, ce peuple a manifesté un acharnement à garder le souvenir de ses découvertes.

Il a retenu, puis écrit et retouché à plusieurs reprises au cours des siècles, le récit des événements par lesquels il a perçu que Dieu lui parlait.

Ce sont des textes remplis de sagesse et d'humanité, de spiritualité et d'enseignement, de prières et de cris au sujet des questions de toujours qui occupent l'homme : la vie, l'amour, la souffrance, la mort, le bonheur et le mal...

La rédaction de ce livre s'échelonne sur mille ans. Malgré les situations et les hommes très variés dont il est le reflet ; malgré, aussi, la grande diversité des genres littéraires qu'il utilise, une unité le traverse. Elle est due à la révélation du Dieu Unique dont il parle, Dieu présent à son histoire et agissant toujours par le même Esprit.

Tout autre chose que l'œuvre d'un homme, l'Ancien Testament est le reflet de l'histoire de tout un peuple. Par contrecoup, il peut parler à chacun au cours de l'histoire de toute l'humanité.

FOI EN UN DIEU QUI PARLE

A longueur de temps, l'Ancien Testament répète que « Dieu parle ». Que signifie cette expression ? Pour les hommes du peuple d'Israël, Dieu parle par les événements et les écrits que la communauté aime retenir et utiliser dans ses liturgies.

Dieu parle par des événements

Une découverte intéressante attend le chrétien qui se met à fréquenter l'Ancien Testament : c'est de voir que, au niveau des événements, Dieu parle aujourd'hui comme il parlait déjà de ce temps-là. En effet, lorsque les auteurs disent « Dieu parle », il ne s'agit pas d'un mystérieux téléphone qui permettrait de communiquer directement avec lui d'une façon que nous ne connaîtrions plus. Il ne s'agit pas, non plus, d'une simple expérience psychologique due à des sentiments religieux, même profonds.

Pratiquement, lorsque la Bible dit « Dieu a parlé », ou « la parole de Dieu fut adressée à », ou tout autre expression semblable, c'est que l'auteur se trouve en présence de personnes dont la vie est marquée par un tournant qui n'a pas d'explication évidente : une force vive les a bouleversées, dévoilées à elles-mêmes, entraînées à prier et à se mettre davantage au service des autres, enfin à partager leur expérience avec d'autres. Par exemple : Abraham n'est pas le seul semi-nomade de son temps provoqué à migrer de Mésopotamie en Syrie ; mais, au lieu de se fixer dans son pays d'origine, il part plus loin, adore son Dieu en se confiant totalement à lui et rêve d'une terre ainsi que d'une descendance par lesquelles la bénédiction de ce Dieu puisse atteindre tous les autres.

La lecture attentive de la Bible montre que les personnes auxquelles Dieu parle sont engagées dans diverses solidarités. C'est dans leur conscience qu'il se révèle présent : il y devient « parlant » à l'occasion d'événements dont leur cœur de pauvre cherche le sens. Cette « parole de Dieu » ne suit pas forcément leur pente naturelle ; elle n'est pas, non plus, dans le prolongement automatique de leurs qualités humaines : elle les rejoint et les provoque à aller plus loin, ou autrement qu'elles n'auraient pensé.

La Bible utilise le vocabulaire de la « parole » et de « l'écoute » car il s'agit d'une expérience de foi, c'est-à-dire de communication avec un être réel mais invisible. Dans la vie courante, la voix est ce qui permet de communiquer même sans la présence visible du partenaire.

Si l'Écriture emploie le vocabulaire de la « parole », c'est donc toujours pour exprimer une communication non évidente, possible uniquement par la foi. Si cela peut rassurer, les hommes de la Bible n'ont pas habituellement été plus privilégiés que nous sur ce point.

Dieu parle par des écrits

Au cours de leur histoire, les hommes de la Bible ont aussi pris peu à peu conscience que Dieu parlait non seulement par les événements mais par le Livre qui a fini par se constituer dans le peuple auquel ils appartenaient.

Ceux qui l'ont écrit étaient des personnes comme les autres, avec leurs limites et leurs qualités. Certains ont écrit par eux-mêmes ou par l'intermédiaire de disciples, d'autres ont seulement repris, retouché, développé des textes rédigés avant eux. Ils sont ainsi des centaines et on ne connaît le nom que d'un petit nombre. Ils ont été comme des ouvriers ne sachant pas l'importance du chantier auquel ils travaillent. Juifs et chrétiens reconnaissent en eux des hommes « inspirés » *(2 Timothée 3, 16)*, c'est-à-dire que ce qu'ils ont écrit est bien leur parole d'hommes mais, en même temps, la parole de Dieu parlant à travers eux.

Arrêter la liste des livres reconnus ainsi comme inspirés a pris du temps. Les Juifs l'ont fixée vers 90 après Jésus Christ ; ils n'y ont pas retenu ceux qui ont été écrits ou transmis en grec. Pratiquement, les protestants suivent cette liste fixée par les Juifs.

Quant aux catholiques, ils ont confirmé la leur officiellement et de façon définitive au Concile de Trente (au XVIᵉ siècle) : elle comporte sept livres de plus et des portions de livres écrites en grec.
Pour nous, dans la vie de chacun, c'est bien encore par les événements que Dieu parle. Mais en tant que parole de Dieu écrite, la Révélation est close. Elle correspond à un temps qui ne se reproduira plus : celui du passage de Dieu dans l'histoire des hommes en la personne de Jésus ; elle est liée à l'Incarnation. Le critère qui a fait retenir ces livres, et non d'autres, réside dans l'action de l'Esprit à l'œuvre dans la communauté de l'Ancien Testament et celle de l'Église. C'est par son aide et avec le temps qu'elles sont parvenues à ce consensus.

DIEU SE RÉVÈLE EN « ALLIANCE » AVEC LES HOMMES

Une Alliance exprimée par plusieurs mots

L'Ancien Testament présente un Dieu « Unique ». A la différence de ce qu'étaient ceux des religions de l'époque, il s'agit d'un Dieu qui se révèle présent à l'histoire des hommes.
Son nom révélé à Moïse est YAHWEH, c'est-à-dire « CELUI QUI EST, QUI FAIT ÊTRE ». Pour se nommer, il dit aussi « JE SUIS AVEC ». Chaque fois que des hommes ont perçu sa présence à leur vie, ce fut pour découvrir en lui un Libérateur ou Sauveur.
Il est « LE VIVANT », celui dont la puissance ne dispense pas les hommes de traverser des épreuves, mais qui peut leur donner confiance quand ils sont affligés.
Son peuple a fait l'expérience de sa fidélité alors que lui-même était infidèle, et cette expérience lui a fait découvrir que Dieu est AMOUR. Pour traduire cette réalité, les auteurs de la Bible disent tour à tour qu'il est « Époux », « Père », « Mère », attendant qu'en retour les hommes lui répondent aussi par l'amour : « Tu aimeras le Seigneur ton Dieu de tout ton cœur, toute ton âme, toute ta force... » Ainsi, contrairement à une idée trop répandue, même parmi les chrétiens, à cause d'images guerrières mal comprises, la grande révélation que Dieu est Amour vient de l'Ancien Testament. Ce que Jésus est venu parfaire, c'est dire jusqu'où va cet Amour : aimer « comme » lui, en donnant sa vie pour tout homme sans distinction.

ANCIEN TESTAMENT

Une Alliance pour le bonheur de l'homme

Comme celui d'aujourd'hui, l'homme de l'Ancien Testament était habité par le désir profond de parvenir au bonheur. Mais sa vie était rude, marquée par la hantise de la survie. Pour échapper aux mauvaises années ou aux catastrophes, certains recouraient à l'idolâtrie.

Cette pratique ne peut être regardée avec légèreté car elle traduit une requête profonde de l'homme de toujours ; ne pas crouler sous la peur ou les épreuves. Requête qui se retrouve même dans le monde de consommation abondante et de progrès scientifique qu'est le nôtre face au danger atomique, à la pollution, la progression démographique, la violence, etc...

Dans la Bible, au début de son histoire, Israël attendait tout de Dieu, prenant le bonheur ou le malheur comme des sanctions de sa part. On pensait que la réussite ou la non-réussite matérielle était la sanction qu'il envoyait suivant la conduite qu'avait eue le peuple, pris collectivement.

A l'exil, Jérémie et Ezékiel ont fait franchir un pas en révélant que la rétribution n'était pas collective mais personnelle.

Au retour de l'exil, avec Job, puis l'Ecclésiaste, un nouveau pas est franchi : on découvre que le bonheur n'est pas dans une rétribution matérielle ; on relève qu'une personne juste peut être éprouvée, et réciproquement. Le vrai bonheur, c'est donc la vie avec Dieu, une vie de foi. Celle-ci ne dispense pas des épreuves mais elle apprend à les vivre habité par un bien beaucoup plus précieux : la présence de Dieu.

Enfin, avec les Maccabée (au 2e siècle avant J. C.), on découvre que cette vie avec Dieu commencée sur terre est appelée à un épanouissement par-delà la mort : ce sera le vrai bonheur définitif. Sur cette condition nouvelle, Jésus apportera une lumière décisive par sa résurrection personnelle.

Une Alliance qui humanise les hommes en assumant leurs espoirs

A longueur d'Ancien Testament, l'homme est présenté comme appelé à mener en partenaire de Dieu son histoire avec les autres.

A l'image de celui-ci, il est un être de communion; il lui faut se construire en apprenant à vivre avec Dieu. L'homme doit faire le lien entre les aspirations qui le poussent à avancer dans la vie et les exigences de l'Alliance avec son Dieu.

A six reprises, au cours de l'histoire d'Israël, les auteurs de l'Ancien Testament parlent d'Alliance entre Dieu et son peuple. Chacune de ces étapes correspond à une découverte sur Dieu et au franchissement d'un seuil d'humanisation. Non pas que le peuple devienne plus parfait, mais il fait l'expérience successive des diverses dimensions communes à tout homme: la différenciation sexuelle, la relation avec l'environnement cosmique, la solidarité avec un petit groupe, celle avec un peuple, celle avec des institutions politiques.

— Avec Adam et Ève, l'Alliance de Dieu s'exprime à l'égard d'une humanité créée avec l'attrait et la solidarité homme-femme pour accomplir sa mission dans le monde.

— Avec Noé, l'Alliance de Dieu est communiquée pour dire à l'homme sa vocation de gestionnaire de l'environnement cosmique: n'être ni esclave, ni déprédateur de la nature.

— Avec Abraham, c'est le stade de la découverte d'une Alliance avec Dieu à mener à travers les solidarités de petits groupes: famille, clan.

— Avec Moïse, l'Alliance donne naissance à l'expérience d'une solidarité de type collectif, avec tout un peuple.

— Avec David, c'est l'Alliance à travers une dynastie, c'est-à-dire englobant l'aspiration à la construction d'une société plus humaine en s'appuyant sur le bienfait d'une institution politique.

— Enfin, avec Jérémie, s'exprime l'aspiration à réaliser une nouvelle Alliance au plan de la dimension la plus profonde de l'homme: celle du cœur, c'est-à-dire ce qu'il y a de plus universel en lui. C'est elle que Jésus viendra réaliser: il invitera l'homme à s'humaniser au maximum en se faisant frère solidaire de tout homme, quel qu'il soit.

Une Alliance appelée à toucher tous les hommes

L'histoire de l'Ancien Testament se présente encore comme une lente éducation d'ouverture à l'universel.

Au tout début, aussitôt après Moïse, on voit Israël porté à défendre son identité « d'élu » de Dieu en se proposant d'éliminer tout peuple étranger à lui. Cependant, malgré ce réflexe de rejet, même du temps de Josué, on épargne certains clans païens. C'était l'amorce d'une découverte destinée à un grand développement : dans le plan de Dieu, tous les hommes sont appelés à avoir part au même salut. Si Israël est élu, ce n'est pas un privilège, mais c'est pour être témoin de ce Dieu au milieu des nations.

Ce sens de l'universel s'est développé au temps de la monarchie. Lorsque les nations étrangères ont infligé des défaites à Israël, les prophètes ont commencé à faire comprendre qu'elles avaient une place dans le plan de Dieu ; ils ont vu en elles des agents de Dieu pour corriger son peuple.

Avec la libération de l'exil, on a mieux réalisé que Dieu était Unique, donc Dieu de tous les hommes. Aussi, depuis ce temps-là, les auteurs de la Bible associent les païens au salut : « Les fils d'étrangers, je les conduirai à ma montagne sainte... ma maison s'appellera maison de prière pour tous les peuples » *(Isaïe 56, 6-7).*

Mais cet universalisme était conçu de façon centripète et hiérarchique : Israël sera premier et les autres se joindront à lui. L'ouverture n'était pas encore complète, mais elle était suffisante pour que Jésus n'ait plus qu'à renverser le mouvement en le rendant centrifuge et pour qu'il supprime toute discrimination ; c'est à ses disciples d'aller aux autres et le prochain n'est pas d'abord le Juif, mais tout homme sans distinction de race, de religion, de condition *(Luc 10, 29-37).*

INTÉRÊT DE L'ANCIEN TESTAMENT POUR LES CHRÉTIENS

Pour les chrétiens, ce qui compte le plus, c'est le Christ ; il a apporté du nouveau et du définitif. De là, certains se demandent : « Pourquoi lire l'Ancien Testament ? » Deux raisons, au moins, permettent de répondre à cette question :

— mieux comprendre la propre personnalité de Jésus en la situant dans son milieu, mieux voir ce qu'elle apporte de nouveau ; il n'est pas venu « abolir, mais accomplir » ;

— mieux comprendre les Évangiles, car, pour transmettre la tradition des Apôtres sur Jésus, les évangélistes ont constamment fait référence à l'Ancien Testament. Impossible donc de les lire de façon juste sans connaître celui-ci.

MIEUX COMPRENDRE LA PERSONNALITÉ DE JÉSUS

Jésus est Juif ; toute sa vie, il a partagé les coutumes du peuple juif, ses souvenirs, sa culture, sa prière, sa vie religieuse. Ses actions et ses paroles sont toutes marquées par cet enracinement.

Comment comprendre son attitude en face du sabbat, de la fête de la Pâque, de Jérusalem... si on ne sait pas ce que cela représentait pour un Juif de ce temps-là ? De même, pour la multiplication des pains, à la saison et dans le lieu désert où elle se passe ; de même, aussi, pour tous ses miracles, le fait de donner les principes de la Loi nouvelle sur une hauteur, etc...

Le sens de toutes ces actions ne se comprend bien qu'en les rapprochant de ce qui est dit dans l'Ancien Testament sur Moïse ou par les prophètes.

Les paroles de Jésus, elles aussi, renvoient à l'Ancien Testament. Ainsi, lorsqu'il parle de son Père, ce qu'il dit vient du fond de son cœur, mais cela vient également de tout ce qu'il a écouté, appris, lu, médité, sur Dieu dans l'Ancien Testament. De même, encore, lorsqu'il parle du « Messie », du « Royaume de Dieu », etc...

Si l'on veut être un de ses intimes, cela demande de faire tout ce qui est possible pour retrouver ce qui l'a marqué. Sans cela, comment comprendre ses allusions au serviteur souffrant, son emploi des psaumes, et toutes les citations de l'Écriture qu'il lance aux scribes ?

MIEUX COMPRENDRE LES ÉVANGILES

Lorsque les évangélistes ont reçu de la tradition apostolique les souvenirs des faits et paroles de Jésus, ils ont régulièrement cherché en quoi ceux-ci étaient « selon les Écritures ». Ce souci montre que, pour eux, même s'il fait rupture avec l'Ancien Testament sur un certain nombre de points, il est en même temps son accomplissement.

Aussi, pour un chrétien, la Bible forme un tout; l'Ancien Testament est éclairé par le Nouveau et le Nouveau par l'Ancien, Jésus faisant le lien. On ne peut donc aller à lui et bien le comprendre qu'en le prenant avec tout l'ensemble auquel il est lié.

Lorsque les évangélistes rapportent des faits ou des paroles de Jésus, ils le font à l'aide de références, d'allusions, de genres littéraires, de symboles empruntés à l'Ancien Testament. Comprendre ces auteurs suppose d'être familiarisé avec les textes dont ils sont pétris.

Par exemple : construire le récit des mages sur le mouvement d'une étoile, c'est renvoyer à « l'astre » dont parlait le livre des **NOMBRES**. Ou bien : ramasser la révélation de Dieu à Jésus lors de son baptême dans la formule « Celui-ci est mon Fils bien-aimé... il m'a plu de le choisir », c'est renvoyer au récit de la Genèse, avec Isaac *(Genèse 22, 2)* et au Psaume messianique (2, 7). Ou encore : « monter sur la montagne », c'est renvoyer à Moïse ainsi qu'au nouveau peuple qu'il instruit et rassemble, etc...

Prolonger l'histoire d'un peuple...

Aujourd'hui, le temps de la Révélation liée à l'Incarnation est clos. Mais l'histoire du peuple de la Bible se poursuit en Église. Dieu parle encore par son Esprit à la conscience de tout chrétien, membre de ce peuple. Il dit à chacun des paroles liées à sa situation particulière. Mais ce sont des paroles « selon » celles déjà dites dans la Bible.

Fréquenter l'Ancien Testament permet donc de mieux lire aujourd'hui la parole de Dieu dans notre vie. Bien que chrétiens, nous avons encore à progresser pour être fidèles à l'Alliance comme Adam, comme Noé, comme Abraham, comme Moïse, comme David ou comme Jérémie y aspiraient.

Nous n'en sommes pas tous au même stade de la Révélation et il est bon de se refaire constamment à la pédagogie progressive que Dieu a utilisée en tout premier avec le peuple d'Israël. En outre, cette fréquentation féconde notre vocabulaire pour dire notre foi.

Enfin, c'est ainsi que nous constituons un peuple plus signifiant dans son témoignage au milieu du monde.

...grâce à la vie liturgique

Entrer dans l'intelligence de l'Ancien Testament demande du temps et un minimum d'initiation. Le faire en se laissant conduire par le rythme hebdomadaire de la liturgie est précieux. Le rapprochement avec l'Évangile proposé en même temps que la lecture d'Ancien Testament aide à en saisir le sens. Une attention particulière peut, aussi, être portée aux psaumes. C'est pourquoi, dans ce missel, il leur est donné une place qui déborde le simple usage liturgique.

Pour aller plus loin, on peut entendre l'exhortation du Concile Vatican II : « Les livres de l'Ancien Testament permettent de connaître qui est Dieu et qui est l'homme... ils sont les témoins d'une véritable pédagogie divine... en eux se trouvent de sublimes enseignements sur Dieu, une bienfaisante sagesse sur la vie humaine, d'admirables trésors de prière... » (*Constitution sur la Révélation,* n° 15).

INTRODUCTION AU NOUVEAU TESTAMENT

**L'an 15 du règne de Tibère,
Ponce Pilate étant gouverneur de la Judée...**
Luc 3, 1.

L'empire romain

La vie de Jésus et la naissance du Nouveau Testament s'inscrivent dans l'histoire de *l'empire romain*. Les Romains s'étaient imposés progressivement à l'ensemble du bassin méditerranéen. Le domaine où s'exerce leur pouvoir est très étendu. En 63 avant Jésus Christ, ils atteignent Jérusalem avec Pompée et s'apprêtent, avec César, à vaincre la résistance des Gaulois. Les grandes conquêtes terminées, Rome peut faire régner sur le monde connu d'alors ce que l'on a appelé la « paix romaine ». La stabilité politique crée des conditions favorables au développement de l'économie et de la culture.

Le maintien de l'unité exige de *solides structures*. Des voies de communications bien aménagées relient les différentes parties de l'empire. Les missionnaires chrétiens les emprunteront. L'ordre romain est assuré par une armée efficace et renommée. Il fallait surveiller plus étroitement les territoires situés aux frontières de l'empire, comme la Palestine. La garnison est à Césarée, auprès du préfet; les Actes des Apôtres mettront en relief la conversion d'un centurion de la cohorte appelée « l'Italique », Corneille *(Actes 10 et 11)*. Les Romains disposaient d'une administration diversifiée, bien adaptée aux situations locales. On peut schématiser ainsi le statut politique des différents territoires.

A Rome : l'empereur et l'administration centrale

Des provinces sénatoriales :   l'Asie (Asie mineure)...
dirigées par un proconsul.

Des provinces impériales :   la Syrie...
dirigées par un gouverneur responsable devant l'empereur.
— des troupes y stationnent.

Des territoires à statut particulier :   la Judée avec la Samarie...
dirigés par un préfet représentant l'empereur.

Des protectorats :   la Galilée avec Hérode,
dirigés par des princes alliés.   l'Iturée et la Trachoni-
— l'administration locale reste en place.   tide avec Philippe, l'Abilène avec Lysanias.

La floraison des cités avait marqué la domination des Grecs ; le mouvement d'*urbanisation* est poursuivi : Corinthe, récemment reconstruite, compte plus d'un demi-million d'habitants, dont les deux tiers sont esclaves. La population d'Alexandrie en Égypte avoisine le million ; deux des cinq quartiers sont juifs. La Palestine n'échappe pas à ce mouvement : Hérode le Grand (37 - 4 av. J. C.) la dote de nombreuses constructions. On lui doit la ville de Césarée, où siégera l'administration romaine. Il y a plus d'un million d'habitants à Rome, alors que la population totale de l'empire s'élève à dix ou douze millions. Ce sont les grands centres influents que Paul et les premiers missionnaires chercheront d'abord à atteindre.

La *civilisation gréco-romaine* a laissé son empreinte sur notre monde occidental ; elle fournit le cadre culturel dans lequel l'Évangile a progressé. Elle est surtout vivante dans les grandes villes, à Rome notamment. Ses orateurs, ses poètes, ses historiens se sont mis à l'école des Grecs. Plusieurs écoles philosophiques nourrissent les débats sur les grands problèmes de l'existence. Les arts sont aussi prospères, et l'on peut toujours admirer les chefs-d'œuvre de la sculpture romaine. Grands constructeurs, les Romains ont laissé à Rome et à travers tout l'empire des traces de leur puissance créatrice. On peut encore visiter leurs théâtres, leurs

arènes, leurs thermes... Nîmes a conservé de nombreux monuments de l'époque romaine, les ruines gallo-romaines d'Arles sont parmi les plus belles et les mieux conservées du monde romain.
La *vie religieuse* intense s'orientait dans plusieurs directions. Les cultes orientaux étaient alors en vogue : on accueillait, avec leurs mythes et leurs légendes, des divinités de Syrie-Palestine, d'Égypte, d'Asie mineure. La puissance impériale tend à prendre de plus en plus un caractère religieux. Et les chrétiens seront vite affrontés au culte de l'empereur. Il était dangereux d'adorer un Dieu que l'on pouvait prendre pour un concurrent de César. C'est une époque où les mentalités évoluent : on découvre plus nettement la valeur du « moi » et le problème de la destinée individuelle. Les « religions à mystères » prennent en compte les inquiétudes des hommes de cette génération, qui recherchent un salut au-delà des insatisfactions de la vie présente. Les cultes y sont célébrés avec ferveur à l'intérieur de petits groupes d'initiés. Ils répondent beaucoup mieux aux aspirations profondes du cœur humain que les cultes officiels.

> ...les grands prêtres étant Anne et Caïphe...
> *Luc* 3, 2.

Les institutions juives

A l'intérieur de la communauté juive, l'autorité reste entre les mains du *grand prêtre*. Il exerce son sacerdoce de manière éminente lorsque, au Grand Jour des Expiations, il pénètre dans le Saint des Saints pour y accomplir le rite d'expiation (*Lévitique* 16, *Ben Sirac* 50). Il est assisté de chefs de prêtres et de prêtres ordinaires, tous astreints à des règles de pureté* stricte au moment où ils officient. Son rôle déborde le cadre liturgique. Ainsi il préside le Sanhédrin, le conseil suprême composé de chefs de prêtres, d'anciens et de scribes. Là sont réglées les questions internes du peuple juif que le droit romain ne s'est pas réservées. De bonnes relations avec les Romains ont pu maintenir l'influence de certaines familles pontificales, comme celle d'Anne. A l'époque du Nouveau Testament*, le prestige spirituel des grands prêtres était entamé. La lettre aux Hébreux opposera à cette institution le sacerdoce du Christ selon l'ordre de Melkisédek.
Jésus a connu dans toute sa splendeur le *Temple** reconstruit par Hérode le Grand. C'est le symbole qui rallie tous les Juifs, ceux de Palestine comme ceux de l'étranger (la Dispersion). Le Temple

HISTOIRE

marque tous les domaines de la vie des Juifs jusqu'à sa disparition en l'an 70 de notre ère, sous les coups de l'armée romaine.

Aux abords de l'ère chrétienne, la vie religieuse des Juifs s'équilibrait autour d'une autre institution, les *synagogues*. Plus proches des réalités locales, animées par d'autres hommes, elles allaient assurer l'avenir en faisant appel à des dynamismes nouveaux. Leur présence dans nos villes importantes atteste, aujourd'hui encore, la permanence et la vitalité du judaïsme.

Parce que ces deux institutions ont joué, chacune à leur manière, un rôle important dans la vie de Jésus et des premières communautés chrétiennes, il est utile de saisir leurs caractéristiques.

Le Temple, **centre d'attraction**		*La Synagogue,* *force de dissémination*
Lieu unique ; centre de ralliement.	1	*Présence démultipliée dans les villes et les villages et à Jérusalem même.*
Seul lieu où des sacrifices sont offerts.	2	*Maison de prière et célébration de la Parole.*
Institution gérée par les prêtres.	3	*Institution animée par les laïques.*
Puissance et précarité du Temple :	4	*Les chances de la Synagogue.*
• puissance économique et politique, force de symbole ; • appareil lourd ; danger de compromission ; • système de séparation.		• *activité des scribes, spécialistes de l'Écriture ;* • *plus adaptable ; respecte mieux les diversités, par ex. pour les langues ;* • *accueil plus large des non-Juifs (prosélytes, « craignants-Dieu »…).*
Jésus, les chrétiens et le Temple : • fréquentation et conflits ; • Jésus ressuscité rend caduc le culte du Temple.	♦	*Jésus, les chrétiens et la Synagogue :* • *lieu d'annonce de la Parole de Jésus et conflits ;* • *exclusion des chrétiens à la fin du Ier siècle.*

> ...La Parole de Dieu
> fut adressée à Jean...
> *Luc* 3, 2.

Le monde juif et sa diversité

Courants marginaux

Selon Luc, Jean le Baptiste entend la parole de Dieu à la manière des prophètes de l'Ancien Testament. Ni leader politique, ni chef d'une formation religieuse établie, il est l'un de ces acteurs qui ont marqué le milieu dans lequel Jésus a vécu et où sont nées les premières communautés chrétiennes. Ce n'est pas un isolé. Il fait partie d'un *courant baptiste* très vivace qui doit son nom à l'usage du rite du baptême comme signe de la conversion intérieure.

Ce mouvement est connu pour son ascétisme et, à des degrés divers, pour son refus des sacrifices et son opposition au Temple. Le discours d'Étienne est proche de ces positions (*Actes* 7). Selon l'évangile de Jean, les premiers disciples de Jésus viennent de l'entourage de Jean le Baptiste.

Les baptistes ne sont pas les seuls à vivre en marge de la société juive. Rompant avec le sacerdoce et le culte du Temple de Jérusalem les *Esséniens* s'étaient retirés au désert pour y former une sainte communauté sacerdotale, la communauté de la Nouvelle Alliance. Les manuscrits découverts au désert de Juda en 1947 ont révélé les ressorts profonds de cette congrégation religieuse : les Écritures qu'elle privilégie, les interprétations qu'elle en donne, son idéal communautaire, sa piété ; mais aussi son intransigeance, son sectarisme, sa discrimination tranchée entre les bons et les méchants, entre les « Fils de Lumière » et les « Fils des ténèbres ». Si pour certains historiens le christianisme est un essénisme qui a réussi, il n'en faut pas moins reconnaître que l'esprit de l'Évangile est bien différent.

Mouvements politico-religieux

Le Nouveau Testament nous fait connaître d'autres courants du monde juif. *Pharisiens* et *Sadducéens* y sont bien représentés ; les *Hérodiens* sont mentionnés ; on peut déceler quelques allusions aux *Zélotes*. La vie religieuse juive offrait ainsi des options très diversifiées avec des implications politiques plus ou moins déterminantes.

Le Nouveau Testament n'élabore pas une thèse sur chacun de ces mouvements, il en parle d'un point de vue engagé. Pour dialoguer avec eux, il faudrait avoir accès à leurs ouvrages ; malheureusement, hormis le cas des Pharisiens, il n'en reste que des bribes. Faire justice à leurs démarches, c'est se rendre capable de mieux percevoir les choix de Jésus et des premiers chrétiens. Le tableau de la page suivante aidera à les situer.

Implantation géographique et conditions sociales

Ces différents courants religieux ont leur implantation géographique en marge de la société (baptistes, esséniens), plus localisés à Jérusalem, autour du Temple (sadducéens), mieux représentés en Galilée (hérodiens, zélotes) ; ou, au contraire, répandus sur l'ensemble du territoire (pharisiens).

Les *Samaritains,* habitants de la province de Samarie, ont leur Pentateuque, leur lieu de culte au mont Garizim, leur Pâque... Les Juifs considèrent ces frères séparés comme des païens et n'entretiennent pas de relation avec eux *(Jean 4, 9).* C'est un cloisonnement que le christianisme naissant n'a pas accepté. Luc et Jean y mentionnent une activité missionnaire importante, fondée sur la pratique de Jésus.

Il y a tous les laissés pour compte, étrangers aux différents mouvements et parfois méprisés par eux : *le peuple inorganisé des pauvres,* des malades, des exclus, ceux qui sont étiquetés pécheurs comme les collecteurs d'impôts, les femmes dont la conduite défraie la chronique... L'insurrection qui monte crée un climat d'insécurité. Les conditions socio-économiques ne sont pas favorables. Le double appareil d'État, romain et juif, entraîne une politique fiscale très lourde, la fiscalité pouvant aller jusqu'à prélever la moitié des ressources. Le chômage aggrave encore la situation des pauvres : à Jérusalem, la fin des travaux du Temple a supprimé bien des emplois ; dans la campagne, des ouvriers attendent pour être embauchés à la journée pour un denier. Aussi bien dans l'agriculture que dans le commerce et l'artisanat, il n'y a pas de classe intermédiaire entre les riches et les pauvres. La prédication de Jésus allait rencontrer un écho favorable dans ce monde des pauvres, troupeau sans berger.

Les deux grands mouvements religieux représentés dans le Nouveau Testament

Pharisiens ——————— *Conflits* ——————— **Sadducéens**

Pharisiens	Sadducéens
Plus liés aux synagogues.	Plus proches du Temple et collusion avec lui.
Classes plus populaires. Ils constituent de véritables communautés.	Classe aristocratique. Gros propriétaires.
Au plan religieux : zélés pour la Loi et plus ouverts aux idées nouvelles.	Au plan religieux : conservateurs.
Au plan politique : non collaborateurs.	Au plan politique : collaborateurs des Romains.
Ils ont de l'ascendant sur les foules ; aussi voient-ils en Jésus un concurrent.	Mal vus par les pauvres, ils trouvent Jésus dangereux parce que troublant l'ordre établi.

Deux mouvements de type politique

Hérodiens	Zélotes
Surtout en Galilée, gouvernée par un roi, Hérode, dépendant des Romains.	Commencent seulement à se développer au temps de Jésus.
Collaborateurs des Romains.	Poussent le zèle de la Loi juive jusqu'à la résistance violente aux Romains.
Ils voudraient provoquer Jésus à se compromettre pour les Romains.	Ils voudraient provoquer Jésus à se compromettre contre les Romains.

Les Juifs sont très nombreux *hors de Palestine*. Ils représentent, sans doute, le dixième de la population de l'empire. Leurs colonies sont établies partout ; on en trouve à Rome même. Leur position influente est parfois jugée dangereuse et, à Alexandrie, on essaie d'y remédier. La culture juive se développe à partir de quelques centres rayonnants : en Babylonie, des maîtres font progresser l'interprétation de l'Écriture ; pour les besoins de leur prière et de leur culte et pour diffuser leurs idées, les Juifs d'Alexandrie ont depuis trois siècles traduit la Bible en grec. Les chrétiens adopteront largement cette Bible grecque. Hors de Palestine, il y a sans doute une autre approche des problèmes culturels, encore qu'il ne faille pas durcir les oppositions : Jérusalem compte des synagogues où l'on parle grec (*Actes* 6, 9) et on y accueille des maîtres qui viennent de Babylonie pour enseigner.

Il vient celui qui est plus puissant que moi...
Luc 3, 16.

L'événement Jésus

De la foule des personnes qui viennent se faire baptiser par Jean au Jourdain, émerge un homme appelé à jouer un rôle singulier dans la vie religieuse du pays et de l'humanité. Il se nomme Jésus et vient de Nazareth en Galilée où il a passé son enfance dans la maison très modeste de Marie, sa mère, et de Joseph le charpentier. Cette provenance ne le recommande pas pour un grand destin. La *Galilée* est un territoire cosmopolite ; la population y est très mélangée. Là, on écoute volontiers les appels à l'insurrection et les troubles ne sont pas rares. On se souvient de l'action d'un certain Judas le Galiléen aux origines du mouvement zélote. Au début de la guerre juive (66-70), les Romains soumettront la Galilée avant de mettre le siège devant Jérusalem. De surcroît, Nazareth est sans renommée : « Que peut-il en sortir de bon ? » (*Jean* 1, 46). Cet homme avait de bonnes chances d'éveiller les suspicions des cercles dirigeants de Jérusalem. Et, dans la capitale, on savait reconnaître un Galiléen à son parler (*Matthieu* 26, 73).

De retour en Galilée après son baptême et l'épreuve du désert, Jésus s'y montre de suite actif. Sa prédication suscite une immense espérance ; il annonce l'imminence du *règne* de Dieu* et prépare ses auditeurs à l'accueillir. Il produit les signes qui réalisent les promesses messianiques* : il rend la vue aux aveugles, fait entendre les sourds, guérit les malades, purifie les lépreux ; il réintègre les exclus et rend confiance à tous, spécialement aux pécheurs.

L'image de Dieu qu'il révèle est libératrice : Dieu est un Père miséricordieux ; s'il est exigeant, c'est pour le plus grand service de l'homme. L'amour qu'il prescrit est sans exclusive. La Loi se résume dans l'amour indissociable de Dieu et du prochain. Tour à tour, Jésus retrouve les accents véhéments des prophètes, la persuasion des maîtres de sagesse, l'à-propos des plus habiles débatteurs, un art de conteur qui ne le cède en rien aux rabbins qui enseignent dans les synagogues.

Jésus a délaissé Nazareth, car un prophète n'est jamais bien reçu dans sa patrie. Il a opté pour une cité des bords du lac, Capharnaüm, d'où il rayonne. Les foules se reconnaissent en lui ; elles l'écoutent et le suivent. Il a quelques amis qui le reçoivent à l'occasion, et des disciples qui recueillent son enseignement avec plus ou moins de profondeur. Douze d'entre eux sont plus étroitement associés à son œuvre. Représentant symboliquement les douze tribus d'Israël, ils constituent les bases du *nouveau peuple de Dieu*, encore en gestation. Cette petite troupe accompagne le Maître dans sa vie itinérante et partage son existence précaire. Dans les conditions socio-économiques de l'époque, les phénomènes de déracinement n'étaient pas rares.

Et pourtant l'avenir allait s'assombrir. Les foules, d'abord gagnées, sont vite déconcertées par ce Jésus dont les visées dépassent leurs propres aspirations. Par ses refus, il s'éloigne d'elles. Une *issue fatale* se laisse pressentir, d'autant plus que l'opposition des dirigeants de Jérusalem se précise. Il la sent monter quand il y séjourne pour les grandes fêtes. On l'interroge sur sa doctrine et ses agissements. En particulier le grand prêtre et son entourage ne lui pardonnent pas ses prétentions jugées exorbitantes et les positions qu'il prend vis-à-vis du Temple. C'est l'édifice politico-religieux qui est menacé. Dans le déroulement des festivités pascales, Jésus assume publiquement les risques de son existence. On ne lui volera pas sa propre mort. Avant d'être arrêté, au cours d'un repas d'adieu, il en dévoile le sens à ses disciples dans un geste symbolique sur le pain et le vin. Sa mort est le don d'un être souverainement libre qui se livre pour la vie du monde. Il est crucifié la veille de la Pâque à Jérusalem. Ceci se passe probablement le 7 avril 30 de notre ère. Son mouvement est dispersé...

> **La faiblesse de Dieu est plus forte que l'homme**
> 1re Corinthiens 1, 25.

La Résurrection* et la naissance de l'Église

Les femmes qui, au matin du premier jour de la semaine, se présentent au tombeau de Jésus pour embaumer son corps ou le pleurer sont décontenancées. En son lieu, retentit le *message de la résurrection* : « N'ayez pas peur. Vous cherchez Jésus de Nazareth, le Crucifié ! Il est ressuscité : il n'est pas ici... » *(Marc 16, 6)*. Les Onze, à qui Jésus se fait voir, n'en croient pas leurs yeux. Les doutes surmontés, ils reconnaissent Jésus présent, vivant à jamais. La Bonne Nouvelle doit être proclamée dans le monde entier. Un mouvement irréversible vient de naître. Le fondement en est la résurrection de Jésus, que l'on confesse dans des formules transmises avec soin : « Le Christ est mort pour nos péchés conformément aux Écritures et il a été mis au tombeau ; il est ressuscité le troisième jour, conformément aux Écritures, et il est apparu à Pierre... » *(1re Corinthiens 15, 3-5)*. C'est l'Évangile qu'il faut garder tel quel si l'on veut être sauvé.

Les disciples sont « retournés ». La peur est vaincue. *L'Évangile poursuit sa course* inexorablement. Les témoins ne peuvent pas ne pas parler. Les autorités du Temple réagissent sans succès, alors que le pharisien Gamaliel conseille la patience *(Actes 5, 34-39)*. Plus tard, pharisiens et sadducéens s'opposent à propos de cette nouvelle doctrine *(Actes 23, 7)*. Au milieu même des difficultés, le nombre des disciples ne cesse de croître. Ils sont habités par cette présence nouvelle et mystérieuse de leur Maître. Jésus leur envoie son Esprit par qui ils refont ses propres gestes, pénètrent le sens profond de ses paroles, relisent les Écritures dans un éclairage nouveau. Le message de la résurrection suscite une vie communautaire intense. La communauté des « derniers temps » est établie. Mais on ne rompt pas immédiatement avec le monde juif ; on se sent peut-être « plus Juif que les Juifs ». On continue à fréquenter le Temple *(Actes 3, 1)*, mais on tient aussi des réunions dans des maisons particulières *(Actes 12, 12)*. Des rites propres se dessinent. On est assidu à l'enseignement des Apôtres et à la fraction du pain ; on l'est aussi à la prière et on pratique le partage des biens *(Actes 2, 42-45)*. On célèbre le premier jour de la semaine en mémoire de la résurrection *(Actes 20, 7)*.

Dans ce « retournement » des disciples, c'est toute une *révolution de la religion* que le message pascal instaure. Dieu se révèle dans le paradoxe : la faiblesse de Dieu est sa propre force, la défaite de la croix est victoire sur la mort, l'abaissement du Serviteur * est son exaltation *(1ʳᵉ Corinthiens 1, 17-26 ; Philippiens 2,.6-11).* L'Ancien Testament établissait d'emblée que l'homme est créé à l'image de Dieu *(Genèse 1, 26-27).* En Jésus, « Dieu s'est fait homme pour que l'homme soit fait Dieu » (saint Irénée). Un Dieu à l'image de l'homme, voilà la grande nouveauté proposée à l'adhésion de notre foi. Dans le Nouveau Testament, traversé par la « subversion » du Magnificat et des Béatitudes, Jésus est la Révélation et de Dieu et de l'homme.

...allez, enseignez...
Matthieu 28, 19.

La formation du Nouveau Testament

Le Nouveau Testament, porteur de cette révélation, s'est formé entre les années 30 et 100 de notre ère, au sein des communautés qui, parties de Jérusalem, se sont répandues en Judée, en Samarie, en Galilée, en Syrie, en Asie mineure, en Grèce... et jusqu'à Rome même. Deux événements ont eu leurs répercussions sur le développement de ces communautés. La *ruine du Temple,* en 70, modifie considérablement la configuration du judaïsme ; l'épître aux Hébreux veut aider les chrétiens à surmonter cette crise. De plus, à la fin du siècle, les chrétiens sont *exclus de la Synagogue.* La rupture qui s'annonçait est consommée.

L'Église chrétienne s'est fortifiée à travers ses *épreuves* et ses *débats internes.* Une première persécution à Jérusalem, vers 36, favorise la mission en Samarie et en Galilée. Puis Antioche de Syrie devient un centre missionnaire dynamique *(Actes 11, 19-26 et 13, 1-3).* Un nouveau converti, Saul de Tarse, appelé aussi Paul, s'apprête à y jouer un rôle de premier plan. Vers l'an 50, au terme de discussions serrées, le « Concile de Jérusalem » entérine le principe de l'admission dans l'Église de païens qui ne sont pas passés par le judaïsme *(Actes 15).* Le tournant décisif est pris, la vie de l'Église en reste marquée aussi bien dans sa réflexion théorique que dans sa pratique. Désormais la voie est ouverte à Paul et à ses collaborateurs. Il introduit le christianisme en Europe et forme le projet d'aller en Espagne, avant d'être arrêté à Jérusalem. Il arrive en prisonnier à Rome, où la communauté chrétienne ne tarde pas à connaître l'épreuve. En 64, c'est l'incendie de Rome, et l'empereur Néron déclenche une persécution contre les chrétiens. Entre 64 et 67, Pierre et Paul donnent le témoignage suprême du martyre. Une deuxième génération chrétienne va prendre le relais.

Le grain tombé en terre a porté du fruit. La sève passe dans les sarments de plus en plus nombreux. Quand ils ne peuvent être présents, les Apôtres maintiennent le lien avec leurs communautés par des lettres de circonstance. La tradition des paroles et des actes de Jésus se développe, à la faveur des besoins des communautés. La pratique chrétienne et le don de l'Esprit sont les stimulateurs de ce travail d'approfondissement.

On crée dans la fidélité, on est fidèle dans la création. La croissance des communautés et de leurs écrits se réalise de manière organique, sous la responsabilité des Apôtres. Des collections de textes apparaissent. A la disparition des Apôtres, on jugera nécessaire de conserver par écrit des ensembles cohérents de leur témoignage sur Jésus.

LES ÉVANGILES
ET LES ACTES DES APÔTRES

L'Évangile est la Bonne Nouvelle de Jésus Christ mort et ressuscité pour nous, proclamée par les Apôtres après la résurrection. Des communautés chrétiennes sont nées de cette prédication. A leur tour, elles ont transmis l'Évangile reçu en l'approfondissant sous la conduite de l'Esprit. Elles comprenaient que la fidélité au message invitait à en montrer le contenu toujours actuel. Les années passaient, la Parole restait vivante comme aux premiers jours. Dans les trente dernières années du premier siècle, l'Évangile a pris la forme de quatre livrets nommés « évangiles ». Deux sont attribués à des Apôtres, Matthieu et Jean ; les deux autres à des chrétiens proches des Apôtres : Marc, l'interprète de Pierre, et Luc, l'un des collaborateurs de Paul.

Les évangiles de Matthieu, de Marc et de Luc sont appelés « synoptiques » parce qu'ils sont susceptibles d'être lus d'un seul regard. Le jeu des ressemblances et des différences indique les orientations particulières de chacun de ces textes. Mais on découvre de plus en plus les richesses d'une lecture continue de chaque évangile. Chacun d'eux a sa manière originale de transmettre et d'ordonner les matériaux reçus. Ce livre reproduit le texte intégral des évangiles ; nous replaçons ainsi dans leur contexte les passages particuliers découpés pour les besoins de la liturgie.

Notre présentation s'écarte sur deux points de l'ordre habituel des éditions du Nouveau Testament : nous commençons par l'évangile de Marc qui a été rédigé le premier ; nous joignons les Actes des Apôtres à l'évangile de Luc parce que ce sont les deux parties d'une même œuvre.

ÉVANGILE SELON SAINT MATTHIEU

Les premiers mots d'un récit en donnent habituellement le ton. Là où Marc parle d'« Évangile », Matthieu écrit « Bible », c'est-à-dire « Livre » (en grec « Biblos »). Ce livre a pour sujet Jésus Christ et manifeste toutes les caractéristiques d'un évangile. Il incorpore la plupart des matériaux de Marc. Il le suit dans sa progression géographique de la Galilée vers Jérusalem ; il reconnaît lui aussi qu'à Césarée-de-Philippe l'enseignement de Jésus a pris une orientation nouvelle (16, *21*)[1]. Pourtant le lecteur se trouve plongé dans une autre atmosphère, déjà repérable dans la composition d'ensemble.

PLAN DE L'ÉVANGILE

1 et 2	*Généalogie et récits d'enfance*
3 à 7	**Le Fils de Dieu donne la charte du Royaume.**
3, *1* à 4, *11*	*L'entrée en scène de Jésus, le Fils de Dieu.*
4, *12-25*	*La mise en scène de sa prédication.*
5-7	*Premier discours : le sermon sur la montagne.*
8 à 10	**Le Fils de Dieu prépare les moissonneurs pour le Royaume.**
8 et 9	*Dix miracles, groupés autour de trois thèmes catéchétiques : Jésus, la vocation, la foi.*
10	*Deuxième discours : le discours missionnaire.*
11 à 13	**Le Fils de Dieu et l'option pour ou contre le Royaume.**
11 et 12	*L'Envoyé de Dieu face à ceux qui refusent la lumière de l'Esprit, et à ceux qui font la volonté du Père.*
13, *1-52*	*Troisième discours : le discours en paraboles. La révélation des mystères du Royaume opère une discrimination entre les foules et les disciples.*
14 à 18	**Le Fils de Dieu jette les bases de sa communauté future, l'Église.** *Le récit du rejet de Jésus à Nazareth sert de charnière (13, 53-58).*
14, *1* à 16, *20*	*Jésus se fait reconnaître comme le Fils de Dieu.*
16, *21* à 17, *23*	*Jésus annonce sa Passion et sa résurrection.*

---

[1]. Les références sans indication renvoient à l'évangile de Matthieu.

17, 24 à 19, 1	*Quatrième discours : le discours communautaire. Libre par rapport au pouvoir, la communauté des disciples recherche une vie fraternelle.*
19 à 25	**Le Fils de Dieu et l'avènement du Royaume.**
19 et 20	*Jésus est en route vers Jérusalem.*
21 et 22	*A Jérusalem, Jésus agit, enseigne, débat avec ses adversaires.*
23	*Jésus dénonce les scribes et les pharisiens.*
24 et 25	*Cinquième discours, suivi de paraboles, sur l'avènement du Fils de l'homme et la fin du monde.*
26 et 27	**La Passion du Fils de Dieu.**
28	*Jésus ressuscité envoie ses disciples en mission et leur promet sa présence jusqu'à la fin des temps.*

L'originalité de Matthieu

L'originalité de Matthieu tient à la présence de matériaux qui lui sont propres et à sa manière personnelle de présenter les textes reçus. On lui doit de connaître nombre d'enseignements de Jésus, notamment des paraboles : l'ivraie (13, *24-30 et 36-43*), le débiteur impitoyable (18, *23-35*), les ouvriers de la onzième heure (20, *1-16*)... Sans lui, la célèbre scène du jugement dernier (25, *31-46*) ne nous serait pas parvenue. Avec Luc il reproduit les éléments puisés probablement à une même source ; ce sont en grande partie des paroles. Matthieu et Luc sont les seuls à transmettre les « Béatitudes » *(Matthieu 5, 1-12 et Luc 6, 20-26)* et le « Notre Père » *(Matthieu 6, 9-13 et Luc 11, 2-4)*, mais avec des différences sensibles.

Un évangile pédagogique et didactique

Matthieu se caractérise par son souci pédagogique. Son exposé prend volontiers une allure systématique. Outre les cinq grands discours, on trouve chez lui une série de dix miracles, de sept paraboles, trois séries de quatorze générations dans la généalogie, sept demandes dans le « Notre Père »... Ce procédé le rapproche des scribes juifs. Il conserve avec un soin particulier les sentences bien frappées, faciles à mémoriser. En bon pédagogue, il omet des détails secondaires pour centrer l'attention sur l'essentiel. Ainsi, dans le récit de la guérison de la belle-mère de Pierre, le projecteur est braqué sur Jésus seul (8, *14-15*). Il se préoccupe de savoir si l'enseignement a été bien compris (13, *51*).

Les cinq grands discours illustrent bien l'orientation didactique de cet Évangile. Comme dans un manuel, Matthieu classe et regroupe les instructions autour d'un thème général. La progression de la pensée d'un discours à l'autre fait songer à un parcours catéchétique. Alors que Marc invitait à ouvrir l'œil sur la pratique de vie de Jésus, Matthieu demande de tendre l'oreille vers l'enseignement du Maître, pour y conformer sa conduite. Pour Matthieu et sa communauté, Jésus est l'interprète autorisé de la Loi ancienne, celui qui la mène à son achèvement.

Une présentation originale du mystère de Jésus

Les conflits des premiers chrétiens avec les Juifs (voir p. 54) ne portaient pas uniquement sur l'interprétation de la Loi. La personne du Messie et sa mission étaient aussi en jeu. Les deux premiers chapitres, si typiques de l'évangile, témoignent de la réflexion chrétienne sur ce point fondamental. Matthieu dialogue avec les rabbins sur leur propre terrain. Il connaît les événements de l'Exode, les récits légendaires qui circulent sur la naissance et l'enfance des héros de la Bible, le texte des Écritures, dont il introduit la citation avec une formule qui lui est propre : « Ainsi s'accomplit... » (1, *22;* 2, *15*...). Il démontre que Jésus est bien le Messie attendu, le Roi des Juifs. Rejeté par Jérusalem, poursuivi par le pouvoir, il est reconnu par des Mages venus d'Orient, prémices de la mission chrétienne en terre païenne. L'évangile tient déjà tout entier dans ces deux chapitres d'introduction.

En présentant d'emblée le mystère du Christ, Matthieu ne veut pas insister comme Marc sur la lente manifestation de Jésus dans le secret. Dans le ministère de *Jésus de Nazareth*, il voit sans cesse agir *le Fils de Dieu*, et il ne craint pas de le dire (14, *33;* 16, *16*). La vision du Christ en gloire, investi de la puissance du Père, domine son Évangile (28, *16-20*) et donne tout son poids aux actes et aux paroles de Jésus. Cette image majestueuse, qui évoque des tympans de cathédrales, n'est pas pour autant figée. Jésus, « Emmanuel », « Dieu-avec-nous » (1, *23*) est présent aux siens jusqu'à la fin des temps (28, *20*), et sa présence est éminemment active. Il domine l'histoire du monde, en particulier celle d'Israël. Matthieu voit en lui celui qui accomplit les Écritures. Il ressent plus douloureusement que d'autres le refus des interprètes juifs des Écritures. Il s'est déjà tourné vers Jésus, l'enseignant par excellence à l'autorité incomparable. Dans la communauté des disciples, issue de la résurrection, son enseignement garde force impérative et valeur actuelle.

L'Église selon Matthieu

L'évangile de Matthieu, souvent appelé « évangile ecclésial », fait découvrir l'Église en même temps qu'il apprend à connaître Jésus. Matthieu est plus explicite que Marc sur la fondation de l'Église au sein de laquelle un rôle spécial est dévolu à Pierre (16, *17-19*). L'Église de Matthieu est une communauté de disciples réunie autour du seul qui puisse revendiquer le titre de « Maître » (23, *8*). Elle reçoit comme un don de Dieu le privilège de connaître les mystères du Royaume des cieux (13, *11*). Un programme exigeant de vie fraternelle prescrit le respect des « petits » et le pardon sans limites (18). Cette communauté fait l'expérience du mal, des défections, des égarements. Le Royaume des cieux n'est pas instauré définitivement et l'ivraie se mélange encore au bon grain (13, *36-43*). Très enracinée dans les traditions juives, l'Église de Matthieu a conscience d'être le véritable Israël, le peuple de Dieu qui portera du fruit. Elle n'a plus beaucoup d'avenir du côté de la Synagogue avec qui elle est en conflit, et elle voit s'ouvrir devant elle une moisson abondante auprès des païens (2, *1-12;* 28, *16-20*). Mais, pour éviter de chercher refuge dans son passé, elle a besoin d'être un peu bousculée. Les disciples doivent sortir de l'école pour entrer dans la vie active.

La vie sacramentelle
Matthieu connaît la valeur de la réunion de chrétiens au nom de Jésus (18, *20*). Comme celle de Marc, sa communauté vit l'Eucharistie ; c'est du moins ce que l'on peut déduire du récit de l'Institution (26, *26-29*) et de la section sur les pains. Dans un passage-clé de son Évangile, Matthieu rapporte l'ordre donné par Jésus ressuscité de baptiser « au nom du Père et du Fils et du Saint-Esprit » (28, *19*). La formule est trinitaire et elle dérive probablement de la pratique de l'Église. Il serait anachronique de parler de sacrement de la réconciliation ; mais l'Église de Matthieu vit une pratique de la réconciliation (18), qui est un jalon important pour entrer dans la perspective de ce sacrement.

La situation de la communauté
L'évangile de Matthieu donne une place importante à la Galilée, d'où le Ressuscité envoie ses disciples en mission (28, *16-20*) et où des écoles pharisiennes se sont installées après la chute de Jérusalem. Il a dû être rédigé autour de l'année 80, puisque la rupture avec le judaïsme n'est pas encore consommée. Il ne doit pas être né loin de la Galilée. On a pensé à la Syrie, peut-être Antioche.

Le drame juif qui sous-tend tout l'évangile de Matthieu reste d'actualité. Le lecteur voit aussi comment une communauté trop attachée à ses traditions est invitée à s'ouvrir à l'universel, et ceci n'est pas seulement une exigence passée.

ÉVANGILE SELON SAINT MARC

Marc est le plus bref des évangiles. Longtemps délaissé au profit des textes plus développés de Matthieu et de Luc, il est aujourd'hui très lu et étudié. Le lecteur moderne se reconnaît dans ce récit vivant et pittoresque, écrit dans un style simple et alerte. Marc est attentif au détail concret ; il saisit sur le vif les réactions et les sentiments. On perçoit mieux aujourd'hui que par le passé l'ordonnance de sa composition. L'évangile de Marc met en scène de manière cohérente un drame, celui de l'existence de Jésus, qui ne peut laisser neutre son lecteur. Ce drame se déroule en trois actes, précédés d'un prologue et suivis d'un épilogue.

PLAN DE L'ÉVANGILE

1, 1-13 — *Le Prologue*
Il anticipe pour les lecteurs les données majeures du drame.

1, 14 à 6, 13 — *Premier acte.*
En Galilée, le drame s'annonce.

1, *14-15* — *L'évangile du Royaume est proclamé.*

1, *16* à 3, 6 — *Jésus pose la question de son identité.*

3, 7 à 6, *13* — *Jésus provoque à prendre position.*

6, 14 à 10, 52 — *Deuxième acte.*
Hors des frontières, le dénouement se prépare.

6, *14* à 8, *30* — *A travers bien des incompréhensions, Jésus se fait reconnaître comme le Messie.*

8, *31* à 10, *52* — *Déroutés et stupéfaits, les disciples suivent Jésus sur son propre chemin.*

La structure fait ressortir un passage charnière, 8, 27 à 9, 13. Messie reconnu, Jésus annonce sa Passion, sa mort et sa résurrection. Entraînés à sa suite, les disciples sont tentés de reculer, quand ils entrevoient toutes les conséquences de leur engagement. C'est la clé de voûte de tout l'évangile.

11, 1 à 15, 47 — *Troisième acte.*
A Jérusalem, le drame éclate.

11, *1* à 13, 37 — *Jésus mène une action contre le Temple, dont il annonce la ruine, il polémique contre les autorités religieuses.*

14, *1* à 15, 47 — *Autorités juives et romaines s'entendent pour se débarrasser de lui. Marc accentue le destin tragique de Jésus, qui meurt abandonné de tous.*

16, 1-8	***L'Épilogue.***
	Il est en fait une ouverture. Un messager céleste proclame que le crucifié n'est plus dans le tombeau, il est ressuscité. Tout ne fait que commencer.
16, 9-20	***Annexe.***
	Un autre auteur a ajouté une finale.

La communauté de Marc

En présentant sa catéchèse dans le cadre d'une « vie de Jésus », Marc crée un genre littéraire nouveau, l'« évangile ». Les circonstances étaient favorables. Marc vit très probablement dans la communauté chrétienne de Rome aux abords de l'an 70. Les chrétiens sont secoués par la persécution de Néron et marqués par les martyres de Pierre et de Paul. Les témoins disparaissent, le témoignage doit demeurer. En Palestine, l'insurrection qui couvait depuis des années devient guerre ouverte. Au terme de quatre années de lutte, Jérusalem succombe et le Temple est détruit. Nous sommes en 70. L'année suivante, les Romains assistent au triomphe de Titus, le vainqueur de Jérusalem. L'avenir n'est plus dans la Ville Sainte. Paul s'était déjà tourné vers Rome, la capitale de l'empire. Marc et la communauté chrétienne de Rome se souviennent que la population cosmopolite de Galilée avait réservé à Jésus un accueil plus favorable que les dirigeants de Jérusalem. Le « concile de Jérusalem » *(Actes* 15) et l'apostolat de Paul avaient donné toutes leurs chances aux païens (voir p. 54). Jésus avait dépassé géographiquement et culturellement les frontières du judaïsme. A la mort de Jésus, la déchirure du voile du Temple présage la ruine de l'édifice politico-religieux et symbolise le libre accès à Dieu. C'est le moment où un païen, un officier de l'armée romaine, confesse que Jésus est le Fils de Dieu (15, *38-39*)[1]. Éprouvée par des difficultés internes et externes, la communauté chrétienne de Rome déchiffre dans les traditions sur Jésus le sens de son existence ; la vie de Jésus et de ses disciples éclaire sa marche laborieuse en avant. L'évangile de Marc est né de ce dialogue incessant.

---

[1]. Les références sans indication renvoient à l'évangile de Marc.

La personne de Jésus

Marc ne prend pas la parole de Dieu « avec des pincettes ». La personne qu'il fait rencontrer à son lecteur est un être déconcertant. Jésus étonne, libère, provoque les hommes à sortir des carcans où ils sont enfermés par des pouvoirs établis ou des idéologies figées. Jésus se manifeste autant par son comportement que par les titres qu'on lui attribue. Son regard perce les consciences, démasque les faux-semblants. Sans cesse il fait poser la question de son identité. Il la suggère par les actes de puissance qu'il accomplit. Jésus se révèle en donnant sa vie pour le service de tous. La puissance de Dieu éclate dans le scandale de la Croix. Tout le drame tient dans ce paradoxe.

La vie des disciples avec Jésus

Les disciples sont totalement solidaires de Jésus. A travers leur itinéraire, Marc montre à quel point il est difficile de partager le sort d'un tel Maître. Marc relève leur présence constante autour de lui. Jésus ne commence pas son action avant d'en avoir appelé quelques-uns (1, *16-20*). Ils l'accompagnent partout. Mais leur cœur est trop endurci pour qu'ils comprennent à temps son action et sa parole. Après l'annonce de la Passion, ils le suivent sur le chemin de Jérusalem dans la crainte et la frayeur (10, *32*).

Au moment décisif, tous prennent la fuite, comme le feront encore les femmes qui, au tombeau, viennent d'entendre le message de la résurrection (16, *8*). La pédagogie de Marc est sans complaisance. L'adhésion à Jésus, Fils de Dieu, ne survient qu'au terme d'un processus long et complexe. A celui qui accepte de mener selon l'Évangile une vie d'amour et de service, l'accès au royaume de Dieu est ouvert. Le renoncement donne la vraie liberté.

La vie avec Jésus par les sacrements

La communauté de Marc connaît une pratique liturgique et sacramentelle. On ne la saisit pas toujours à la première lecture. Le long passage appelé « section des pains » (6, *30 à 8, 21*) se présente comme une catéchèse sur l'Eucharistie. Les deux multiplications des pains, les gestes et les enseignements de Jésus éveillent à une intelligence dans la foi du mystère eucharistique, vie de Jésus offerte à tous les hommes. Faut-il admettre, comme on l'a proposé, que l'Évangile a été composé pour servir de lecture à la vigile pascale, là où on célébrait les baptêmes ? En tout cas, la démarche de l'Évangile fournit au nouveau baptisé tout ce qui est nécessaire pour approfondir sa profession de foi et le sens de son engagement.

La puissance de Dieu dans la croix du Christ

Jean répète que « Dieu est Amour ». Plus proche de Paul, Marc proclame que l'Évangile de Dieu est « Puissance » qui se révèle dans la Croix du Christ. Celui qui est venu servir et donner sa vie pour les hommes leur indique la vraie source du pouvoir. Aujourd'hui, des hommes et des femmes perçoivent les limites de la possession des biens, du savoir, du pouvoir. Ils trouvent chez Marc le ferment libérateur de l'Évangile en son commencement.

ÉVANGILE ET ACTES DES APÔTRES SELON SAINT LUC

Le troisième Évangile et les Actes des Apôtres sont les deux parties d'une même œuvre. Tous les deux sont l'annonce d'une même Bonne Nouvelle, qui se répand par étapes. Devenue réalité en Jésus, elle est portée par ses disciples de Jérusalem aux confins du monde entier. Le projet de Luc est original dans le Nouveau Testament. Le style et les procédés de composition sont au service de cette grande idée.

PLAN DE L'ÉVANGILE

1 et 2	***Ouverture.***
1, *1-4*	*Prologue rédigé à la manière des écrivains antiques.*
1, *5* à 2, *52*	*Naissance et enfance de Jean Baptiste et de Jésus. Luc annonce les grands thèmes de son œuvre.*
3, 1 à 9, 50	***Le ministère de Jésus en Galilée.***
3, *1* à 4, *30*	*Jésus présenté publiquement est investi par l'Esprit.*
4, *31* à 6, *11*	*Jésus se manifeste en actes et en paroles.*
6, *12* à 7, *50*	*Jésus prophète de l'amour sans mesure.*
8, *1* à 9, *50*	*Jésus, Messie, prophétise son « enlèvement ».*

9, 51 à 19, 28	***Sur le chemin de Jérusalem, Jésus instruit ses disciples.*** *Trois étapes sont introduites par trois mentions de la montée à Jérusalem (9, 51 ; 13, 22 ; 17, 11).*
9, *51* à 13, *21*	● *Première étape de la montée à Jérusalem.*
9, *57* à 10, *24*	Les disciples : vocation, mission, privilège.
10, *25* à 11, *13*	L'amour du prochain et la prière.
11, *14-54*	Jésus est contesté par ses adversaires.
12, *1-53*	Les disciples : abandon à la Providence et vigilance.
12, *54* à 13, *21*	L'accueil du Royaume : discernement et conversion.
13, *22* à 17, *10*	● *Deuxième étape de la montée.*
13, *23* à 14, *35*	Invités au repas, il ne faut pas rester dehors.
15, *1-32*	Jésus, signe de la miséricorde du Père.
16, *1-31*	L'argent ou le Royaume.
17, *1-10*	Avis aux disciples pour vivre en communauté chrétienne.
17, *11* à 19, *28*	● *Troisième étape de la montée.*
17, *12* à 18, *8*	La venue du Royaume et le Jour du Fils de l'homme.
18, *9-30*	Les conditions d'accueil du Royaume.
18, *31* à 19, *28*	Le roi investi vient instaurer le Royaume.
19, 29 à 24, 53	***A Jérusalem où le Salut doit se réaliser.***
19, *29* à 21, *38*	*Le Messie manifeste son autorité dans le Temple.*
22 et 23	*La passion et la mort de Jésus.*
24	*A Jérusalem, Jésus ressuscité prépare ses témoins.*

ÉCRITS

PLAN DES ACTES DES APÔTRES

1 et 2 — *Ouverture. La naissance de l'Église.*
1 — *Les préparations.*
2 — *L'Église naît à Jérusalem.*
Première Pentecôte (versets 1 à 13).

3 à 5 — *La communauté de Jérusalem.*
Les premières heures de l'Église et les grands traits de la vie communautaire.

6 à 8 — *L'Évangile en Judée et en Samarie.*
6 et 7 — *Les premières crises. L'Église renforce son organisation et élargit sa mission.*
8 — *L'Évangile atteint la Samarie et poursuit sa course.*
Deuxième Pentecôte (versets 14 à 17).

9, 1 à 11, 18 — *Les responsables s'ouvrent à la mission vers les païens.*
9, *1-31* — *Paul, l'apôtre des païens, entre dans l'Église.*
9, *32* à 11, *18* — *Activité missionnaire de Pierre. Premier baptême de païens : Corneille et sa famille.*
Troisième Pentecôte (10, 44-48)

11, 19 à 14, 28 — *Communautés en dehors du monde juif.*
11, *19-30* — *Les débuts de l'Église d'Antioche.*
12 — *La persécution d'Hérode atteint les Apôtres.*
13 et 14 — *L'Église d'Antioche envoie Paul et Barnabé fonder des communautés en Asie mineure.*

15, 1-35 — *Au concile de Jérusalem, l'Église s'ouvre définitivement à la mission aux païens.*

15, 36 à 28, 31 — *Les missions de Paul.*
15, *36* à 18, *22* — *Deuxième voyage missionnaire de Paul.*
A Athènes, il s'adresse aux philosophes.
18, *23* à 21, *16* — *Troisième voyage missionnaire de Paul.*
A Éphèse, quatrième Pentecôte (19, 1-7).
A Milet, Paul s'adresse aux responsables de l'Église d'Éphèse.

21, *17* à 23, *22*	*A Jérusalem, Paul comparaît devant le Sanhédrin.*
23, *23* à 26, *32*	*A Césarée, Paul comparaît devant les gouverneurs.*
27 et 28	*Paul à Rome. Le salut de Dieu a été envoyé aux païens.*

Les lignes directrices

Les deux livres s'intègrent dans un plan d'ensemble. Tout en gardant la progression de Marc et de Matthieu de la Galilée vers Jérusalem, Luc centre beaucoup plus nettement son premier livre sur Jérusalem, lieu unique des événements qui suivent la résurrection. Dans son deuxième livre, prenant acte qu'après 70 Jérusalem n'est plus le centre de l'Église chrétienne, il indique avec force un nouvel axe, le monde païen. Quand l'Évangile est prêché librement à Rome, capitale de l'empire, il peut quitter son lecteur. La structure fait ressortir les passages qui se répondent d'un livre à l'autre, *Luc* 1-2 et *Actes* 1-2, *Luc* 24 et *Actes* 1... D'une manière générale, Luc soigne ses introductions et ses conclusions, où il exprime plus clairement sa pensée, par exemple *Luc 24, 44-53*.

Les particularités de Luc

La fréquentation de Luc se révèle très enrichissante. Sur les toutes premières années du christianisme, il est notre source unique d'information. Nous lui devons quelques très belles pages qui n'ont cessé de nourrir la piété chrétienne : la pécheresse pardonnée *(Luc 7, 36-50)*, l'admirable chapitre des paraboles de la miséricorde *(Luc 15, 1-32)*, la rencontre avec Zachée *(Luc 19, 1-10)*... Les récits de l'enfance *(Luc* 1 *et* 2) jouent la même fonction que dans l'évangile de Matthieu, tout en apportant des éléments très neufs ; ils éclairent la personne de Jésus par celle de Jean Baptiste et mettent en lumière le rôle de Marie. Quand des matériaux n'entrent pas dans sa construction, il les omet ; on ne trouve pas chez lui l'incursion de Jésus en terre païenne *(Marc 6, 45 à 8, 30)*, car la mission aux païens appartient au temps de l'Église. La montée à Jérusalem *(Luc 9, 51 à 19, 28)* est une particularité de Luc ; il crée un cadre qui lui permet de rapporter les paroles de Jésus dans des situations concrètes. Moins systématique que Matthieu, il est plus soucieux de manifester le lien de l'enseignement avec la vie.

L'univers culturel

Le monde culturel de Luc n'est pas celui de ses prédécesseurs. Il est plus littéraire que Marc ; il manie avec finesse la langue grecque. Il n'est pas enraciné dans le terroir juif comme Matthieu. Par plus d'un trait, son œuvre fait penser aux productions des historiens du monde hellénistique. Comme eux, il expose son projet dans un prologue d'une écriture très classique. Pour faire progresser la narration et énoncer des idées qui lui sont chères, il place des discours sur les lèvres de ses personnages principaux : Jésus à la synagogue de Nazareth *(Luc 4)*, Pierre au jour de la Pentecôte *(Actes 2)*, Paul à Antioche de Pisidie *(Actes 13)*, à Athènes *(Actes 17)*, à Milet *(Actes 20)*. On compte vingt-quatre discours dans le seul livre des Actes. Ceux de Matthieu ne répondaient pas au même propos. Pour présenter leurs personnages, les écrivains hellénistiques les mettaient volontiers en parallèle. Luc rapproche ainsi Jésus et Jean Baptiste, Jésus et Étienne, Jésus et Paul, Pierre et Paul... Le parallélisme éclaire la personnalité de chacun, mais Luc a bien soin de montrer la supériorité de Jésus.

L'histoire du salut

L'histoire que Luc écrit n'est cependant pas celle des historiens profanes : c'est une histoire du salut. Il se veut d'abord à l'écoute des « serviteurs de la Parole » *(Luc 1, 2)*. Le Seigneur tarde à venir et l'Église doit apprendre à vivre dans le temps. Luc réfléchit sur le dessein de Dieu et voit le salut se réaliser par étapes.

L'Ancien Testament avait préparé les esprits à l'accueillir ; il en avait donné de multiples préfigurations, Élie, Élisée... *(Luc 4, 25-27)*.

Le temps de Jésus lui succède, délimité par le baptême de Jean et l'Ascension *(Actes 1, 22)*. Une année de grâce est offerte à Israël, à qui s'adresse en priorité l'invitation à la conversion. C'est à Jérusalem, là où il devait advenir, que le salut est accompli.

Le temps de l'Église est celui de l'effusion de l'Esprit. Luc avait particulièrement souligné la présence de l'Esprit dans le ministère de Jésus. Il saisit son action dans les événements de la vie de l'Église. C'est lui qui guide les Apôtres vers les païens *(Actes 10, 19-20)*. La lecture de Luc se recommande aux chrétiens qui veulent découvrir la Parole dans les événements de leur vie.

La personne de Jésus

Luc apporte sa touche personnelle au portrait de Jésus. Plus nettement que les autres évangélistes, il voit en lui le *Prophète* * et le *Sauveur* *. Jésus, sur qui l'Esprit repose en plénitude, porte la parole de vie. Nouvel Élie, il est puissant par ses actes et ses paroles. A ses contemporains en quête de salut (voir p. 46), Luc déclare qu'il n'en existe pas en dehors du Nom * de Jésus. L'enfant qui naît à Bethléem est le Sauveur, titre à forte résonance en milieu païen. Jésus libère de tous les égoïsmes et de tous les esclavages ; il redonne la santé et la vie. Attentif à la misère spirituelle des hommes, il remet les péchés et rétablit la relation avec Dieu le Père. Toute la délicatesse de Luc transparaît dans cette vision d'un Jésus plein de tendresse et de bonté, proche des petits et des pauvres, qui fait bon accueil aux pécheurs et aux publicains. Ce Jésus, si profondément humain, communique toute la puissance de Dieu, car le Sauveur qui apparaît sur la terre de Judée est le Messie, le Seigneur * *(Luc 2, 11)*. Le Seigneur, le Ressuscité, est le Vivant *(Luc 24, 5)*. Au langage de la résurrection, qui vient des Écritures juives, Luc ajoute celui de la vie, plus accessible à des Grecs.

Le rôle de l'Esprit

La venue de Jésus s'accompagne d'une manifestation de l'Esprit ; l'Esprit qui fait prophétiser Zacharie et pousse Siméon vers le Temple *(Luc 1, 67 ; 2, 25-27)* ; l'Esprit qui vient sur Marie *(Luc 1, 35)*. Luc insiste plus fortement sur le lien de Jésus à l'Esprit, dans les scènes inaugurales de son ministère *(Luc 3 et 4)*. Cet Esprit promis par le ressuscité, descend sur les disciples à la Pentecôte *(Actes 2)*. Il leur donne assurance et autorité pour annoncer la Bonne Nouvelle et guide la progression missionnaire de la jeune Église. Luc est l'évangéliste qui nous fait saisir le plus directement la présence de l'Esprit dans l'Église.

La vie liturgique et sacramentelle

Dans le bref résumé qui donne les grands traits de la communauté chrétienne, Luc fait une place à la prière et à l'Eucharistie. Il ne connaît pas qu'une seule forme de prière. Mais la louange, qu'il mentionne particulièrement, devait tenir une grande place dans les réunions des premières communautés chrétiennes. C'est l'Eucharistie qui en était le sommet. Plusieurs fois dans les Actes, il emploie l'expression « fraction du pain ». C'est à la fraction du pain que les disciples d'Emmaüs reconnaissent Jésus ressuscité, dans une scène qui semble bien construite sur le schéma d'une célébration liturgique *(Luc 24, 13-35)*. Le livre des Actes fournit des indications irremplaçables sur la pratique du baptême aux débuts de l'Église *(Actes 2, 38-41, etc.)*.

Un programme de vie chrétienne

Aux croyants, Luc propose un programme de vie chrétienne très dense. Le chrétien est celui qui a découvert en Jésus, Sauveur des hommes, la tendresse et la miséricorde du Père. Il vit dans un climat de joie, de prière, de louange, sous l'inspiration de l'Esprit. Son engagement n'en est pas moins exigeant. Luc est celui qui insiste le plus sur la radicalité de l'appel de Jésus : il faut prendre sa croix « chaque jour » *(Luc 9, 23)*. Chacun est invité à vérifier son rapport à l'argent et à faire le choix d'une pauvreté effective. La communion ecclésiale se vit dans les réalités matérielles *(Actes 4, 32 à 5, 11)*. C'est Luc qui réserve la plus grande place aux femmes et parle le plus de Marie, la mère de Jésus. Aucune catégorie n'est exclue du salut, pécheurs, publicains, Samaritains... L'Évangile s'adresse à tous les hommes.

La dimension universelle du salut

Luc a bien souligné la dimension universelle du salut. Lui seul prolonge la citation d'Isaïe (40) jusqu'à cette phrase : « tout homme verra le salut de Dieu » *(Luc 3, 6)*. Si Luc ne rapporte pas d'activité de Jésus en territoire païen, c'est parce que cette tâche est confiée aux Apôtres après la résurrection. Mais cette volonté universelle de salut est clairement indiquée dans l'Évangile ; le sermon à la synagogue de Nazareth l'atteste *(Luc 4, 16-30)*. L'attitude de Jésus vis-à-vis des Samaritains et des païens qu'il rencontrait disposait les esprits de ses disciples à une mission sans frontière. Le livre des Actes en entier est marqué par cette orientation universelle. Les étapes décisives de la progression de l'Évangile sont bien mises en relief *(Actes 1, 8 et 28, 28* ; voir les récits de la vocation de Paul, du baptême de Corneille, de l'assemblée de Jérusalem...).

La communauté de Luc

L'œuvre laisse pressentir quelques-uns des problèmes de la communauté de Luc. Invitée à durer, elle cherche à consolider ses structures. Les tensions internes ne doivent pas compromettre l'unité de la Pentecôte. Les ministères nouveaux, que des besoins nouveaux font naître, s'articulent autour du ministère apostolique. La foi chrétienne s'est affirmée dans des cultures nouvelles ; elle ne peut perdre sa solidité. Luc écrit pour des chrétiens ; il se préoccupe aussi de l'écho que rencontre l'Évangile chez ceux du dehors. Sa manière d'écrire, sa présentation du séjour de Paul à Athènes, la présence importante de responsables politiques ne laissent planer aucun doute : il veut laisser une impression favorable du christianisme aux élites intellectuelles et aux représentants du pouvoir impérial. Cette œuvre, qui vise un public de culture grecque, a sans doute été écrite entre 80 et 95, dans une communauté issue du paganisme, dont il est impossible de préciser le lieu exact (Asie mineure, Grèce, Rome ?).

Par la lecture de passages des Actes des Apôtres pendant le temps pascal, les chrétiens redécouvrent chaque année le dynamisme des premières communautés, mais aussi leurs difficultés. Venant d'un milieu et d'une culture qui ne sont plus ceux de Marc et de Matthieu, l'œuvre permet d'élargir la réflexion chrétienne. Pleinement inséré dans l'histoire des hommes, le message chrétien reste d'actualité pour les générations qui suivent les premiers témoins. Il n'est pas lié à un peuple et à une culture : c'est un ferment capable de féconder toutes les cultures, et tout homme de bonne volonté peut l'entendre.

ÉVANGILE SELON SAINT JEAN

Jean emprunte une voie originale pour dire le mystère de Jésus et définir l'existence croyante. L'évangéliste a eu accès à des traditions particulières, sur lesquelles les synoptiques gardent le silence. Là où il les rejoint, il transforme en profondeur les données qu'il reçoit.

PLAN DE L'ÉVANGILE

1, 1-18 — ***Le Prologue.*** *La Parole de Dieu faite homme, venant habiter dans le monde, face aux options contradictoires des hommes.*

1, 19 à 12, 50 — ***Le livre des signes.***

1, 19-51 — *L'identité de Jésus est donnée d'emblée; son procès devant le monde est ouvert.*

2 à 4 — *Du premier signe de Cana (les noces) au second (la guérison du fils du fonctionnaire royal), les premières manifestations de la gloire de Jésus en Galilée, en Judée et en Samarie suscitent des réponses variées.*

5 à 10 — *Jésus produit d'autres signes (guérisons du paralysé et de l'aveugle, multiplication des pains, marche sur les eaux). Il se proclame pain de vie, lumière du monde, bon pasteur. Une vive polémique s'engage autour de ses œuvres.*

11 et 12 — *Jésus ressuscite Lazare et voit venir l'heure de sa glorification. Son procès aboutira à la manifestation de la gloire de Dieu.*

13 à 20 — ***Le livre de la Glorification.***
Au cours du dernier repas avec ses disciples, Jésus leur laisse son testament. Son procès lui est fatal; il est condamné par les autorités juives et romaines. Mais, pour ceux qui croient en lui, Jésus, en remontant vers son Père, montre sa Gloire et communique l'Esprit de vie.

13, *1-30*	*Le dernier repas et le commandement nouveau.*
13, *31* à 14, *31*	*Premier discours. Le départ de Jésus et l'avenir des disciples.*
15 et 16	*Deuxième discours. L'avenir des disciples et leur rencontre avec le monde après le départ de Jésus. Avec la force de l'Esprit, ils témoigneront pour lui.*
17	*La grande prière de Jésus pour les siens.*
18 et 19	*La Passion de Jésus, témoignage rendu à la Vérité.*
20	*Jésus ressuscité donne l'Esprit à ses disciples pour la mission.*
21	***Épilogue.*** *Confirmation de la tâche pastorale de Pierre et du témoignage du disciple que Jésus aimait.*

Le cadre historique du ministère de Jésus

Le cadre dans lequel se déroule le ministère de Jésus est différent de celui des synoptiques. Il y a place pour trois célébrations de la fête de Pâques (2, *13;* 6, *4;* 11, *55*) , ce qui suggère une durée supérieure à deux ans. Renonçant à une montée unique à Jérusalem, Jean note plusieurs déplacements de Jésus entre la Galilée et Jérusalem. Ce cadre plus souple lui permet de rapporter une tradition qui lui est propre, la mission de Jésus en Samarie (4, *1-42*). L'évangéliste développe moins le ministère galiléen. Par contre, il campe avec plus de précision les activités de Jésus à Jérusalem et dans le Temple. Il connaît bien les fêtes juives : outre la Pâque, la fête des Tentes (7, *2*), la Dédicace (10, *22*). Elles remplissent une fonction importante dans la présentation du message. Souvent plus précis, Jean corrige ce qu'il pouvait y avoir de trop systématique chez les auteurs des synoptiques.

La dimension symbolique de l'Évangile

Attentif aux détails de l'histoire, Jean veut surtout aider le lecteur à saisir toute la signification des réalités qu'il présente. Dans son

---

1. Les références sans indication renvoient à l'évangile de Jean.

Évangile, en effet, le terme « signes » prend un relief particulier (2, *11;* 20, *30*). Il lui importe moins de multiplier les récits de miracles que de montrer comment un geste de Jésus est manifestation de la Gloire de Dieu et appel à la foi. Il n'en retient que sept, sans doute pour la valeur symbolique de ce chiffre : les deux signes de Cana (les noces 2, *1-11*) ; la guérison du serviteur (4, *46-54*) ; la guérison d'un paralytique (5, *1-9*) ; la multiplication et le partage des pains (6, *1-15*) ; la marche sur la mer (6, *16-21*) ; la guérison d'un aveugle de naissance (9, *1-41*) ; la résurrection de Lazare (11, *1-44*).

Au-delà de ces signes à déchiffrer, le quatrième évangile fourmille d'images et de symboles qui lui donnent sa coloration particulière. Il exploite la richesse des symboles de la création comme la lumière, l'eau... Il utilise la portée symbolique de certaines réalités familières de son époque, comme le berger et son troupeau, la vigne, le pain... La plupart de ces images et de ces symboles font partie de l'héritage de l'Ancien Testament, où il faudra souvent aller chercher des clés de lecture.

La personne de Jésus

On retrouve dans le portrait de Jésus les différentes caractéristiques de l'évangile. Jésus y apparaît comme un être très humain. Partageant la condition des hommes, il lui arrive de ressentir comme eux la fatigue (4, *6*), d'être éprouvé par la mort d'un ami (11, *33-38*). Son existence historique est le lieu de la rencontre de Dieu avec les hommes.

Les différentes symboles de l'évangile disent beaucoup plus. Jésus a déclaré : « Je suis le pain de vie... Je suis la lumière du monde... Je suis le bon pasteur... Je suis le Chemin, la Vérité et la Vie... Je suis la vigne... »

Lui seul peut dire de manière absolue « Je Suis », dans une formule qui évoque la révélation de Dieu à Moïse *(Exode* 3, *14)*. Jean reprend des titres déjà connus, Prophète *, Messie *, Fils * de l'homme. Mais il ne se lasse pas d'insister sur la relation unique du Fils au Père. Son regard de contemplatif le porte vers les sommets d'où il décrit la pénétration de la Parole de Dieu faite homme dans le monde. Sa pensée ne se perd pourtant pas dans l'abstraction : Jésus est le Sauveur du monde, l'Agneau* de Dieu, dont la mort sur la croix révèle l'amour de Dieu.

Le caractère dramatique de la révélation

Jésus est le Révélateur. Cette révélation prend dans l'évangile de Jean un caractère dramatique particulièrement intense. Les hommes dans leur ensemble ont préféré les ténèbres à la Lumière ; enfoncés dans le mensonge et le mal, ils ont tourné le dos à la Vérité. L'évangéliste est aux prises avec l'incroyance. Il la voit symbolisée dans le refus des « Juifs », terme qui, chez lui, désigne moins l'appartenance à un peuple qu'une catégorie spirituelle, un type de réaction à la révélation. De l'incroyance à la foi, les nuances sont multiples, et Jean les analyse avec finesse. Les disciples sont ceux qui ont vu en Jésus la manifestation de la Gloire de Dieu et qui ont cru en sa Parole.

L'image du procès exprime fort bien ce caractère dramatique de la révélation. Si la scène du procès juif est absente du quatrième évangile, le livre lui-même est comme une révision du procès de Jésus. Ceux qui n'ont pas reconnu Jésus le condamnent. Ceux qui ont entendu sa parole poursuivent l'œuvre de celui qui est venu rendre témoignage à la Vérité (18, *37*). Jésus ne les laisse pas orphelins ; il leur envoie, pour les guider, le Paraclet, l'Esprit de vérité (14, *16-17, 25-26* ; 15, *26-27* ; 16, *7-15*).

Le don de la vie aux croyants

Plus mystique que les synoptiques, Jean cherche moins à décrire l'organisation de l'Église qu'à montrer le lien intime des croyants avec Jésus. L'Église est le troupeau pour lequel le Bon Pasteur donne sa vie (10) ; ce sont les sarments qui portent du fruit en restant greffés à la vigne * (15). La mission de Jésus est de faire abonder une vie qui introduit une dimension d'éternité dans l'existence présente des croyants.

Cette vie divine est communiquée dans l'Église par les *sacrements*, spécialement le baptême et l'eucharistie. Jean ne dit pas comment on célébrait un baptême à son époque ; il ne rapporte pas le récit de l'institution de l'eucharistie. Mais, mieux que quiconque, il en a dévoilé les richesses symboliques, en soulignant aussi le lien essentiel qui unit les sacrements à la foi. Jean nous a laissé de longues catéchèses qui partent des quelques symboles de base comme l'eau, la lumière, le pain.

Elles insistent avec force sur la nécessité de la foi et peuvent déboucher sur une pratique sacramentelle. Jamais traité pour lui-même, l'aspect sacramentel est en un sens partout présent dans l'évangile.

L'unité des croyants dans l'amour

Jean se préoccupe moins de soumettre un programme détaillé de vie chrétienne que de répéter les orientations majeures qui doivent guider une communauté chrétienne.

Le quatrième évangile souligne l'unité de l'Église fondée sur un attachement sans faille à Jésus. Il faut qu'il n'y ait qu'un seul troupeau et qu'un seul pasteur. Cette unité est suggérée par quelques signes, comme la robe sans couture (19, *23-24*), le filet qui ne se rompt pas (21, *11*). C'est le testament que Jésus laisse à son Église dans sa grande prière pour ses disciples (17). Cette unité se fonde sur celle du Père et du Fils.

L'unité ne sera possible que si l'*amour* * règne au sein de la communauté. Dieu a donné son Fils unique par amour. Jésus a manifesté cet amour par le don de sa vie. En lavant les pieds de ses disciples, il a donné l'exemple du service par amour (13). « Aimez-vous les uns les autres comme je vous ai aimés » (13, *34;* 15, *12*), c'est le commandement que Jésus laisse à ses disciples. Il absorbe tous les autres. Mais il n'est possible que si le croyant demeure dans l'amour de Jésus.

La communauté de Jean

Dans sa forme définitive, l'évangile de Jean est le dernier en date des quatre évangiles. Le témoignage de Jean a subi au cours des années de nombreux développements. Il est rédigé à la fin du premier siècle. Les controverses avec les Juifs ont déjà abouti à l'exclusion des chrétiens des synagogues (9, *22*). La menace de persécution est présente (16, *2*). La communauté doit lutter contre des tendances qui réduisent la foi à une construction purement intellectuelle (« gnose ») et esquivent la réalité humaine de Jésus. L'insistance sur l'amour et l'unité laisse à penser que la communauté n'est pas exempte de querelles et de jalousies. L'évangéliste cherche à répondre à ces difficultés internes et externes.

Nos assemblées retrouvent chaque année l'évangile de Jean pendant le carême et le temps pascal. C'est l'évangile que l'Église propose pour la préparation immédiate des sacrements. Par la richesse de son symbolisme et l'élévation de sa mystique, Jean apporte à l'existence et à la réflexion chrétiennes des dimensions que ses prédécesseurs avaient moins perçues. Cet « évangile spirituel » n'en reste pas moins très enraciné dans la réalité humaine, parce que la Parole de Dieu s'est faite homme.

Évangile selon saint Matthieu

Préface :

Le mystère de Jésus, Fils de Dieu

Messie, fils de David

1 ▶ Voici la table des origines de Jésus Christ, fils de David, fils d'Abraham : ² Abraham engendra Isaac, Isaac engendra Jacob, Jacob engendra Juda et ses frères, ³ Juda, de son union avec Thamar, engendra Pharès et Zara, Pharès engendra Esrom, Esrom engendra Aram, ⁴ Aram engendra Aminadab, Aminadab engendra Naassone, Naassone engendra Salmone, ⁵ Salmone, de son union avec Rahab, engendra Booz, Booz, de son union avec Ruth, engendra Jobed, Jobed engendra Jessé, ⁶ Jessé engendra le roi David. David, de son union avec la femme d'Ourias, engendra Salomon, ⁷ Salomon engendra Roboam, Roboam engendra Abia, Abia engendra Asa, ⁸ Asa engendra Josaphat, Josaphat engendra Joram, Joram engendra Ozias, ⁹ Ozias engendra Joatham, Joatham engendra Acaz, Acaz engendra Ézékias, ¹⁰ Ézékias engendra Manassé, Manassé engendra Amone, Amone engendra Josias, ¹¹ Josias engendra Jéconias et ses frères à l'époque de l'exil à Babylone.
¹² Après l'exil à Babylone, Jéconias engendra Salathiel, Salathiel engendra Zorobabel, ¹³ Zorobabel engendra Abioud, Abioud engendra Éliakim, Éliakim engendra Azor, ¹⁴ Azor engendra

---

N.B. — Dans les textes des évangiles, les mots entre parenthèses rouges sont des mots ajoutés au texte pour rendre la traduction plus claire.

Sadok, Sadok engendra Akim, Akim engendra Élioud, ¹⁵ Élioud engendra Éléazar, Éléazar engendra Mattane, Mattane engendra Jacob, ▶ ¹⁶ Jacob engendra Joseph, l'époux de Marie, de laquelle fut engendré Jésus, que l'on appelle Christ (ou Messie*). ¹⁷ Le nombre total des générations est donc : quatorze d'Abraham jusqu'à David, quatorze de David jusqu'à l'exil à Babylone, quatorze de l'exil à Babylone jusqu'au Christ.

▶ ¹⁸ Voici quelle fut l'origine de Jésus Christ. Marie, la mère de Jésus, avait été accordée en mariage à Joseph ; or, avant qu'ils aient habité ensemble, elle fut enceinte par l'action de l'Esprit Saint. ¹⁹ Joseph, son époux, qui était un homme juste, ne voulait pas la dénoncer publiquement ; il décida de la répudier en secret. ²⁰ Il avait formé ce projet, lorsque l'Ange* du Seigneur lui apparut en songe et lui dit : « Joseph, fils de David, ne crains pas de prendre chez toi Marie, ton épouse : l'enfant qui est engendré en elle vient de l'Esprit Saint ; ²¹ elle mettra au monde un fils, auquel tu donneras le nom de Jésus (c'est-à-dire : « Le-Seigneur-sauve »), car c'est lui qui sauvera* son peuple de ses péchés. » ²² Tout cela arriva pour que s'accomplît la parole du Seigneur prononcée par le prophète : ²³ *Voici que la Vierge concevra et elle mettra au monde un fils, auquel on donnera le nom d'Emmanuel,* qui se traduit : « *Dieu-avec-nous* ». ²⁴ Quand Joseph se réveilla, il fit ce que l'Ange du Seigneur lui avait prescrit : il prit chez lui son épouse, ²⁵ mais il n'eut pas de rapports avec elle ; elle enfanta un fils, auquel il donna le nom de Jésus.

Manifesté aux païens, rejeté par son peuple

2 ▶ Jésus était né à Bethléem en Judée, au temps du roi Hérode (le Grand). Or, voici que des mages venus d'Orient arrivèrent à Jérusalem ² et demandèrent : « Où est le roi des Juifs qui vient de naître ? Nous avons vu se lever son étoile et nous sommes venus nous prosterner devant lui. »
³ En apprenant cela, le roi Hérode fut pris d'inquiétude, et tout Jérusalem avec lui. ⁴ Il réunit tous les chefs des prêtres et tous les scribes d'Israël, pour leur demander en quel lieu devait naître le

---

23. Isaïe **7**, 14 (d'après le grec).

Messie. Ils lui répondirent : ⁵ « A Bethléem en Judée, car voici ce qui est écrit* par le prophète : ⁶ *Et toi, Bethléem en Judée, tu n'es certes pas le dernier parmi les chefs-lieux de Judée ; car de toi sortira un chef, qui sera le berger d'Israël mon peuple* ». ⁷ Alors Hérode convoqua les mages en secret pour leur faire préciser à quelle date l'étoile était apparue ; ⁸ puis, il les envoya à Bethléem, en leur disant : « Allez vous renseigner avec précision sur l'enfant. Et quand vous l'aurez trouvé, avertissez-moi pour que j'aille, moi aussi, me prosterner devant lui. ».⁹ Sur ces paroles du roi, ils partirent.

Et voilà que l'étoile qu'ils avaient vue se lever les précédait ; elle vint s'arrêter au-dessus du lieu où se trouvait l'enfant. ¹⁰ Quand ils virent l'étoile, ils éprouvèrent une très grande joie. ¹¹ En entrant dans la maison, ils virent l'enfant avec Marie sa mère ; et, tombant à genoux, ils se prosternèrent devant lui. Ils ouvrirent leurs coffrets, et lui offrirent leurs présents : de l'or, de l'encens et de la myrrhe. ¹² Mais ensuite, avertis en songe de ne pas retourner chez Hérode, ils regagnèrent leur pays par un autre chemin.

▶ ¹³ Après le départ des mages, l'Ange du Seigneur apparaît en songe à Joseph et lui dit : « Lève-toi ; prends l'enfant et sa mère, et fuis en Égypte. Reste là-bas jusqu'à ce que je t'avertisse, car Hérode va rechercher l'enfant pour le faire périr. » ¹⁴ Joseph se leva ; dans la nuit, il prit l'enfant et sa mère, et se retira en Égypte, ¹⁵ où il resta jusqu'à la mort d'Hérode. Ainsi s'accomplit ce que le Seigneur avait dit par le prophète : *D'Égypte, j'ai appelé mon fils.*

¹⁶ Alors Hérode, voyant que les mages l'avaient trompé, entra dans une violente fureur. Il envoya tuer tous les enfants de moins de deux ans à Bethléem et dans toute la région, d'après la date qu'il s'était fait préciser par les mages. ¹⁷ Alors s'accomplit ce que le Seigneur avait dit par le prophète Jérémie : ¹⁸ *Un cri s'élève dans Rama, des pleurs et une longue plainte, c'est Rachel qui pleure ses enfants et ne veut pas qu'on la console, car ils ne sont plus.*

▶ ¹⁹ Après la mort d'Hérode, l'Ange du Seigneur apparaît en songe à Joseph en Égypte ²⁰ et lui dit : « Lève-toi ; prends l'enfant et sa

---

6. Michée 5, 1-3 — 15. Osée 11, 1 : le fils dont parle le prophète est le peuple d'Israël — 18. Jérémie 31, 15.

mère, et reviens au pays d'Israël, car ils sont morts, ceux qui en voulaient à la vie de l'enfant. » [21] Joseph se leva, prit l'enfant et sa mère et rentra au pays d'Israël. [22] Mais apprenant qu'Arkélaüs régnait sur la Judée, à la place de son père Hérode, il eut peur de s'y rendre. Averti en songe, il se retira dans la région de Galilée [23] et vint habiter dans une ville appelée Nazareth. Ainsi s'accomplit ce que le Seigneur avait dit par les prophètes : *Il sera appelé Nazaréen.*

Le Fils de Dieu donne la charte du Royaume

Entrée en scène de Jésus

Jean Baptiste

3 ▶ En ces jours-là, paraît Jean le Baptiste, qui proclame dans le désert de Judée : [2] « Convertissez-vous, car le Royaume * des cieux est tout proche. » [3] Jean est celui que désignait la parole transmise par le prophète Isaïe : *A travers le désert, une voix crie : Préparez le chemin du Seigneur, aplanissez sa route.* [4] Jean portait un vêtement de poils de chameau et une ceinture de cuir autour des reins ; il se nourrissait de sauterelles et de miel sauvage. [5] Alors Jérusalem, toute la Judée et toute la région du Jourdain venaient à lui ; [6] et ils se faisaient baptiser par lui dans le Jourdain en reconnaissant leurs péchés.

[7] Voyant des pharisiens * et des sadducéens * venir en grand nombre à ce baptême, il leur dit : « Engeance de vipères ! Qui vous a appris à fuir la colère * qui vient ? [8] Produisez donc un fruit qui exprime votre conversion *, [9] et n'allez pas dire en vous-mêmes : 'Nous avons Abraham pour père' ; car, je vous le dis : avec les pierres que voici, Dieu peut faire surgir des enfants à Abraham. [10] Déjà la cognée se trouve à la racine des arbres : tout arbre qui ne produit pas de bons fruits va être coupé et jeté au feu *. [11] Moi, je vous baptise dans l'eau *, pour vous amener à la conversion. Mais celui qui vient derrière moi est plus fort que moi ; et je ne suis pas

---

23. Référence inconnue. — 3. Isaïe, **40**, 3.

digne de lui retirer ses sandales. Lui vous baptisera dans l'Esprit Saint et dans le feu ; ¹² il tient la pelle à vanner dans sa main, il va nettoyer son aire à battre le blé, et il amassera le grain dans son grenier. Quant à la paille, il la brûlera dans un feu qui ne s'éteint pas. »

Baptême de Jésus

▶ ¹³ Alors Jésus, arrivant de Galilée, paraît sur les bords du Jourdain, et il vient à Jean pour se faire baptiser par lui. ¹⁴ Jean voulait l'en empêcher et disait : « C'est moi qui ai besoin de me faire baptiser par toi, et c'est toi qui viens à moi ! » ¹⁵ Mais Jésus lui répondit : « Pour le moment, laisse-moi faire ; c'est de cette façon que nous devons accomplir parfaitement ce qui est juste.* » Alors Jean le laisse faire.
¹⁶ Dès que Jésus fut baptisé, il sortit de l'eau ; voici que les cieux s'ouvrirent, et il vit l'Esprit de Dieu descendre comme une colombe et venir sur lui. ¹⁷ Et des cieux, une voix disait : « Celui-ci est mon Fils bien-aimé ; en lui, j'ai mis tout mon amour. »

Tentation de Jésus

4 ▶ Alors Jésus fut conduit au désert* par l'Esprit pour être tenté* par le démon. ² Après avoir jeûné quarante jours et quarante nuits, il eut faim. ³ Le tentateur s'approcha et lui dit : « Si tu es le Fils de Dieu, ordonne que ces pierres deviennent des pains. » ⁴ Mais Jésus répondit : « Il est écrit : *Ce n'est pas seulement de pain que l'homme doit vivre, mais de toute parole qui sort de la bouche de Dieu.* »
⁵ Alors le démon l'emmène à la ville sainte (à Jérusalem), le place au sommet du Temple ⁶ et lui dit : « Si tu es le Fils de Dieu, jette-toi en bas ; car il est écrit : *Il donnera pour toi des ordres à ses anges, et ils te porteront sur leurs mains, de peur que ton pied ne heurte une pierre.* » ⁷ Jésus lui déclara : « Il est encore écrit : *Tu ne mettras pas à l'épreuve le Seigneur ton Dieu.* »

---

4. Deutéronome **8**, 3. — 6. Psaume **90**, 11-12. — 7. Deutéronome **6**, 16.

⁸ Le démon l'emmène encore sur une très haute montagne et lui fait voir tous les royaumes du monde avec leur gloire. ⁹ Il lui dit : « Tout cela, je te le donnerai, si tu te prosternes pour m'adorer. » ¹⁰ Alors Jésus lui dit : « Arrière, Satan ! car il est écrit : *C'est devant le Seigneur ton Dieu que tu te prosterneras, et c'est lui seul que tu adoreras.* » ¹¹ Alors le démon le quitte. Voici que des anges s'approchèrent de lui, et ils le servaient.

Premiers actes de Jésus

En Galilée

▶ ¹² Quand Jésus apprit l'arrestation de Jean (Baptiste), il se retira en Galilée. ¹³ Il quitta Nazareth et vint habiter à Capharnaüm, ville située au bord du lac, dans les territoires de Zabulon et de Nephtali. ¹⁴ Ainsi s'accomplit ce que le Seigneur avait dit par le prophète Isaïe : ¹⁵ *Pays de Zabulon et pays de Nephtali, route de la mer et pays au-delà du Jourdain, Galilée, toi le carrefour des païens :* ¹⁶ *le peuple qui habitait dans les ténèbres* * *a vu se lever une grande lumière. Sur ceux qui habitaient dans le pays de l'ombre et de la mort, une lumière s'est levée.* ¹⁷ A partir de ce moment, Jésus se mit à proclamer : « Convertissez-vous, car le Royaume des cieux est tout proche. »

Avec des disciples

¹⁸ Comme il marchait au bord du lac de Galilée, il vit deux frères, Simon, appelé Pierre, et son frère André, qui jetaient leurs filets dans le lac : c'étaient des pêcheurs. ¹⁹ Jésus leur dit : « Venez derrière moi, et je vous ferai pêcheurs d'hommes. » ²⁰ Aussitôt, laissant leurs filets, ils le suivirent. ²¹ Plus loin, il vit deux autres frères, Jacques, fils de Zébédée et son frère Jean, qui étaient dans leur barque avec leur père, en train de préparer leurs filets. Il les appela. ²² Aussitôt, laissant leur barque et leur père, ils le suivirent.

---

10. Deutéronome **6**, 13-14. — 13 et 18. « Le lac » littéralement : « la mer ». — 15. Isaïe **8**, 23 à **9**, 1.

Attirant des foules

²³ Jésus, parcourant toute la Galilée, enseignait dans leurs synagogues * proclamait la Bonne Nouvelle du Royaume, guérissait toute maladie et toute infirmité dans le peuple. ²⁴ Sa renommée se répandit dans toute la Syrie et on lui amena tous ceux qui souffraient, atteints de maladies et de tourments de toutes sortes : possédés, épileptiques, paralysés ; et il les guérit. ²⁵ De grandes foules le suivirent, venues de la Galilée, de la Décapole, de Jérusalem, de la Judée et de la Transjordanie.

Le discours sur la montagne (1ᵉʳ discours)

5 ▶ Quand Jésus vit la foule, il gravit la montagne. Il s'assit, et ses disciples s'approchèrent.
² Alors, ouvrant la bouche, il se mit à les instruire. Il disait :

La loi nouvelle de Jésus

³ « Heureux les pauvres* de cœur :
le Royaume des cieux est à eux !
⁴ Heureux les doux :
ils obtiendront la terre (promise) !
⁵ Heureux ceux qui pleurent :
ils seront consolés !
⁶ Heureux ceux qui ont faim et soif de la justice :
ils seront rassasiés !
⁷ Heureux les miséricordieux :
ils obtiendront miséricorde !
⁸ Heureux les cœurs* purs :
ils verront* Dieu !
⁹ Heureux les artisans de paix :
ils seront appelés fils de Dieu !
¹⁰ Heureux ceux qui sont persécutés pour la justice* :
le Royaume des cieux est à eux !
¹¹ Heureux serez-vous si l'on vous insulte,
si l'on vous persécute
et si l'on dit faussement
toute sorte de mal contre vous
à cause de moi.

¹² Réjouissez-vous, soyez dans l'allégresse,
car votre récompense sera grande dans les cieux !
C'est ainsi qu'on a persécuté les prophètes qui vous ont précédés.

▶ ¹³ Vous êtes le sel de la terre. Si le sel se dénature, comment redeviendra-t-il du sel ? Il n'est plus bon à rien : on le jette dehors et les gens le piétinent. ¹⁴ Vous êtes la lumière* du monde. Une ville située sur une montagne ne peut être cachée. ¹⁵ Et l'on n'allume pas une lampe pour la mettre sous le boisseau ; on la met sur le lampadaire, et elle brille pour tous ceux qui sont dans la maison. ¹⁶ De même, que votre lumière brille devant les hommes : alors, en voyant ce que vous faites de bien, ils rendront gloire à votre Père qui est aux cieux.

▶ ¹⁷ Ne pensez pas que je suis venu abolir la Loi* ou les Prophètes : je ne suis pas venu abolir, mais accomplir. ¹⁸ Amen*, je vous le dis : Avant que le ciel et la terre disparaissent, pas une lettre, pas un seul petit trait ne disparaîtra de la Loi jusqu'à ce que tout se réalise. ¹⁹ Donc celui qui rejettera un seul de ces plus petits commandements et qui enseignera aux hommes à faire ainsi, sera déclaré le plus petit dans le Royaume des cieux. Mais celui qui les observera et les enseignera sera déclaré grand dans le Royaume des cieux.

²⁰ Je vous le dis en effet : Si votre justice ne surpasse pas celle des scribes* et des pharisiens, vous n'entrerez pas dans le Royaume des cieux.
²¹ Vous avez appris qu'il a été dit aux Anciens : *Tu ne commettras pas de meurtre, et si quelqu'un commet un meurtre, il en répondra au tribunal.* ²² Eh bien, moi, je vous dis : Tout homme qui se met en colère contre son frère en répondra au tribunal. Si quelqu'un insulte son frère, il en répondra au grand conseil. Si quelqu'un maudit son frère, il sera passible de la géhenne de feu. ²³ Donc, lorsque tu vas présenter ton offrande sur l'autel, si, là, tu te souviens que ton frère a quelque chose contre toi, ²⁴ laisse ton offrande là, devant l'autel, va d'abord te réconcilier avec ton frère, et ensuite viens présenter ton offrande. ²⁵ Accorde-toi vite avec ton adversaire

---

21. Exode **20**, 13. — 22. « Si quelqu'un insulte son frère », littéralement : « dit à son frère : 'raca' ». « Si quelqu'un maudit son frère », littéralement : « dit à son frère : 'fou' ».

pendant que tu es en chemin avec lui, pour éviter que ton adversaire ne te livre au juge, le juge au garde, et qu'on ne te jette en prison. ²⁶ Amen, je te le dis : tu n'en sortiras pas avant d'avoir payé jusqu'au dernier sou.

²⁷ Vous avez appris qu'il a été dit : *Tu ne commettras pas d'adultère.* ²⁸ Eh bien, moi je vous dis : Tout homme qui regarde une femme et la désire a déjà commis l'adultère avec elle dans son cœur. ²⁹ Si ton œil droit entraîne ta chute, arrache-le et jette-le loin de toi : car c'est ton intérêt de perdre un de tes membres, et que ton corps tout entier ne soit pas jeté dans la géhenne. ³⁰ Et si ta main droite entraîne ta chute, coupe-la et jette-la loin de toi : car c'est ton intérêt de perdre un de tes membres, et que ton corps tout entier ne s'en aille pas dans la géhenne.

³¹ Il a été dit encore : *Si quelqu'un renvoie sa femme, qu'il lui donne un acte de répudiation.* ³² Eh bien, moi, je vous dis : Tout homme qui renvoie sa femme, sauf en cas d'union illégitime, la pousse à l'adultère ; et si quelqu'un épouse une femme renvoyée, il est adultère.

³³ Vous avez encore appris qu'il a été dit aux Anciens : *Tu ne feras pas de faux serments, mais tu t'acquitteras de tes serments envers le Seigneur.* ³⁴ Eh bien, moi, je vous dis de ne faire aucun serment, ni par le ciel, car c'est le trône de Dieu, ³⁵ ni par la terre, car elle est son marchepied, ni par Jérusalem, car elle est la Cité du grand Roi. ³⁶ Et tu ne jureras pas non plus sur ta tête, parce que tu ne peux pas rendre un seul de tes cheveux blanc ou noir. ³⁷ Quand vous dites oui, que ce soit un oui, quand vous dites non, que ce soit un non. Tout ce qui est en plus vient du Mauvais.

▶ ³⁸ Vous avez appris qu'il a été dit : *Œil pour œil, dent pour dent.* ³⁹ Eh bien, moi, je vous dis de ne pas riposter au méchant ; mais si quelqu'un te gifle sur la joue droite, tends-lui encore l'autre. ⁴⁰ Et si quelqu'un veut te faire un procès et prendre ta tunique, laisse-lui encore ton manteau. ⁴¹ Et si quelqu'un te réquisitionne pour faire mille pas, fais-en deux mille avec lui. ⁴² Donne à qui te demande ; ne te détourne pas de celui qui veut t'emprunter.

---

27. Exode **20**, 14. — 31. Deutéronome **24**, 1. — 33. Exode **20**, 7. Deutéronome **23**, 22. — 38. Exode **21**, 24.

⁴³ Vous avez appris qu'il a été dit: *Tu aimeras ton prochain* et tu haïras ton ennemi. ⁴⁴ Eh bien, moi je vous dis: Aimez vos ennemis et priez pour ceux qui vous persécutent, ⁴⁵ afin d'être vraiment les fils de votre Père qui est dans les cieux; car il fait lever son soleil sur les méchants et sur les bons, et tomber la pluie sur les justes et sur les injustes. ⁴⁶ Si vous aimez ceux qui vous aiment, quelle récompense aurez-vous? Les publicains* eux-mêmes n'en font-ils pas autant? ⁴⁷ Et si vous ne saluez que vos frères, que faites-vous d'extraordinaire? Les païens eux-mêmes n'en font-ils pas autant?

⁴⁸ Vous donc, soyez parfaits comme votre Père céleste est parfait.

Une pratique qui vient du cœur

6 ▶ Si vous voulez vivre comme des justes, évitez d'agir devant les hommes pour vous faire remarquer. Autrement, il n'y a pas de récompense pour vous auprès de votre Père qui est aux cieux.

² Ainsi, quand tu fais l'aumône, ne fais pas sonner de la trompette devant toi, comme ceux qui se donnent en spectacle dans les synagogues et dans les rues, pour obtenir la gloire qui vient des hommes. Amen, je vous le déclare: ceux-là ont touché leur récompense. ³ Mais toi, quand tu fais l'aumône, que ta main gauche ignore ce que donne ta main droite, ⁴ afin que ton aumône reste dans le secret; ton Père voit ce que tu fais dans le secret: il te le revaudra.

⁵ Et quand vous priez, ne soyez pas comme ceux qui se donnent en spectacle: quand ils font leurs prières, ils aiment à se tenir debout dans les synagogues et les carrefours pour bien se montrer aux hommes. Amen, je vous le déclare: ceux-là ont touché leur récompense. ⁶ Mais toi, quand tu pries, retire-toi au fond de ta maison, ferme la porte, et prie ton Père qui est présent dans le secret; ton Père voit ce que tu fais dans le secret: il te le revaudra.

⁷ Lorsque vous priez, ne rabâchez pas comme les païens: ils s'imaginent qu'à force de paroles, ils seront exaucés. ⁸ Ne les imitez donc pas. Car votre Père sait de quoi vous avez besoin avant même que vous l'ayez demandé. ⁹ Vous, donc, priez ainsi:

---

43. Lévitique **19**, 18.

Notre Père, qui es aux cieux*,
que ton nom soit sanctifié,
¹⁰ que ton règne* vienne,
que ta volonté soit faite sur la terre comme au ciel.
¹¹ Donne-nous aujourd'hui notre pain de ce jour.
¹² Remets-nous nos dettes,
comme nous les avons remises nous-mêmes à ceux qui nous devaient.
¹³ Et ne nous soumets pas à la tentation*,
mais délivre-nous du Mal.
¹⁴ Car si vous pardonnez aux hommes leurs fautes, votre Père céleste vous pardonnera aussi. ¹⁵ Mais si vous ne pardonnez pas aux hommes, à vous non plus votre Père ne pardonnera pas vos fautes.

¹⁶ Et quand vous jeûnez, ne prenez pas un air abattu, comme ceux qui se donnent en spectacle : ils se composent une mine défaite pour bien montrer aux hommes qu'ils jeûnent. Amen, je vous le déclare : ceux-là ont touché leur récompense. ¹⁷ Mais toi, quand tu jeûnes, parfume-toi la tête et lave-toi le visage ; ¹⁸ ainsi, ton jeûne ne sera pas connu des hommes, mais seulement de ton Père qui est présent dans le secret ; ton Père voit ce que tu fais dans le secret : il te le revaudra.

Conseils divers aux disciples

¹⁹ Ne vous faites pas de trésors sur la terre, là où les mites et la rouille les dévorent, où les voleurs percent les murs pour voler. ²⁰ Mais faites-vous des trésors dans le ciel, là où les mites et la rouille ne dévorent pas, où les voleurs ne percent pas les murs pour voler. ²¹ Car là où est ton trésor, là aussi sera ton cœur.

²² La lampe du corps, c'est l'œil. Donc, si ton œil est vraiment clair, ton corps tout entier sera dans la lumière ; ²³ mais si ton œil est mauvais, ton corps tout entier sera plongé dans les ténèbres. Si donc la lumière qui est en toi est ténèbres, quelles ténèbres y aura-t-il !

▶ ²⁴ Aucun homme ne peut servir deux maîtres : ou bien il détestera l'un et aimera l'autre, ou bien il s'attachera à l'un et méprisera l'autre. Vous ne pouvez pas servir à la fois Dieu et l'Argent.

²⁵ C'est pourquoi je vous dis : ne vous faites pas tant de souci pour votre vie, au sujet de la nourriture, ni pour votre corps, au sujet des vêtements. La vie ne vaut-elle pas plus que la nourriture, et le corps plus que le vêtement ? ²⁶ Regardez les oiseaux du ciel : ils ne font ni semailles ni moissons, ils ne font pas de réserves dans des greniers, et votre Père céleste les nourrit. Ne valez-vous pas beaucoup plus qu'eux ? ²⁷ D'ailleurs, qui d'entre vous, à force de souci, peut prolonger tant soit peu son existence ? ²⁸ Et au sujet des vêtements, pourquoi se faire tant de souci ? Observez comment poussent les lis des champs : ils ne travaillent pas, ils ne filent pas. ²⁹ Or je vous dis que Salomon lui-même, dans toute sa gloire, n'était pas habillé comme l'un d'eux. ³⁰ Si Dieu habille ainsi l'herbe des champs, qui est là aujourd'hui, et qui demain sera jetée au feu, ne fera-t-il pas bien davantage pour vous, hommes de peu de foi ? ³¹ Ne vous faites donc pas tant de souci ; ne dites pas : 'Qu'allons-nous manger ?' ou bien : 'Qu'allons-nous boire ?' ou encore : 'Avec quoi nous habiller ?' ³² Tout cela, les païens le recherchent. Mais votre Père céleste sait que vous en avez besoin. ³³ Cherchez d'abord son Royaume et sa justice, et tout cela vous sera donné par-dessus le marché. ³⁴ Ne vous faites pas tant de souci pour demain : demain se souciera de lui-même ; à chaque jour suffit sa peine.

7 Ne jugez pas, pour ne pas être jugés ; ² le jugement que vous portez contre les autres sera porté aussi contre vous ; la mesure dont vous vous servez pour les autres servira aussi pour vous. ³ Qu'as-tu à regarder la paille dans l'œil de ton frère, alors que la poutre qui est dans ton œil, tu ne la remarques pas ? ⁴ Comment vas-tu dire à ton frère : 'Laisse-moi retirer la paille de ton œil', alors qu'il y a une poutre dans ton œil à toi ? ⁵ Esprit faux ! Enlève d'abord la poutre de ton œil, alors tu verras clair pour retirer la paille qui est dans l'œil de ton frère.

⁶ Ce qui est sacré, ne le donnez pas aux chiens ; vos perles, ne les jetez pas aux cochons, pour éviter qu'ils les piétinent, puis se retournent pour vous déchirer.

⁷ Demandez, vous obtiendrez ; cherchez, vous trouverez ; frappez, la porte vous sera ouverte. ⁸ Celui qui demande reçoit ; celui qui cherche trouve ; et pour celui qui frappe, la porte s'ouvrira. ⁹ Lequel d'entre vous donnerait une pierre à son fils qui lui demande du pain ?

¹⁰ ou un serpent, quand il lui demande un poisson?¹¹ Si donc, vous qui êtes mauvais, vous savez donner de bonnes choses à vos enfants, combien plus votre Père qui est aux cieux donnera-t-il de bonnes choses à ceux qui les lui demandent!

¹² Donc, tout ce que vous voudriez que les autres fassent pour vous, faites-le pour eux, vous aussi, voilà ce que dit (toute l'Écriture): la Loi et les Prophètes.

¹³ Entrez par la porte étroite. Elle est grande, la porte, il est large le chemin qui conduit à la perdition; et ils sont nombreux, ceux qui s'y engagent. ¹⁴ Mais elle est étroite, la porte, il est resserré, le chemin qui conduit à la vie* ; et ils sont peu nombreux, ceux qui le trouvent.

¹⁵ Méfiez-vous des faux prophètes qui viennent à vous déguisés en brebis, mais au-dedans ce sont des loups voraces. ¹⁶ C'est à leurs fruits que vous les reconnaîtrez. On ne cueille pas du raisin sur des épines, ni des figues sur des chardons. ¹⁷ C'est ainsi que tout arbre bon donne de beaux fruits, et que l'arbre mauvais donne des fruits détestables. ¹⁸ Un arbre bon ne peut pas porter des fruits détestables, ni un arbre mauvais porter de beaux fruits. ¹⁹ Tout arbre qui ne donne pas de beaux fruits est coupé et jeté au feu. ²⁰ C'est donc à leurs fruits que vous les reconnaîtrez. ▶ ²¹ Il ne suffit pas de me dire : 'Seigneur, Seigneur!' pour entrer dans le Royaume des cieux; mais il faut faire la volonté de mon Père qui est aux cieux. ²² Ce jour-là, beaucoup me diront: 'Seigneur, Seigneur, n'est-ce pas en ton nom que nous avons été prophètes, en ton nom que nous avons chassé les démons, en ton nom que nous avons fait beaucoup de miracles?' ²³ Alors je leur déclarerai: 'Je ne vous ai jamais connus. *Écartez-vous de moi, vous qui faites le mal!*'

Écouter et mettre en pratique

²⁴ Tout homme qui écoute ce que je vous dis là et le met en pratique est comparable à un homme prévoyant qui a bâti sa maison sur le roc. ²⁵ La pluie est tombée, les torrents ont dévalé, la tempête a soufflé et s'est abattue sur cette maison; la maison ne s'est pas

---

23. Psaume 6, 9.

écroulée, car elle était fondée sur le roc. ²⁶ Et tout homme qui écoute ce que je vous dis là sans le mettre en pratique est comparable à un homme insensé qui a bâti sa maison sur le sable. ²⁷ La pluie est tombée, les torrents ont dévalé, la tempête a soufflé, elle a secoué cette maison ; la maison s'est écroulée et son écroulement a été complet. »

²⁸ Jésus acheva ainsi son discours. Les foules étaient frappées par son enseignement, ²⁹ car il les instruisait en homme qui a autorité, et non pas comme leurs scribes.

Le Fils de Dieu prépare les ouvriers de la moisson

Des actes de création nouvelle

Victoire sur la maladie

8 Lorsque Jésus descendit de la montagne, de grandes foules se mirent à le suivre. ² Et voici qu'un lépreux s'approcha, se prosterna devant lui et dit : « Seigneur, si tu le veux, tu peux me purifier. » ³ Jésus étendit la main, le toucha et lui dit : « Je le veux, sois purifié. » Aussitôt il fut purifié de sa lèpre. ⁴ Jésus lui dit : « Attention, ne dis rien à personne, mais va te montrer au prêtre. Et donne l'offrande que Moïse a prescrite (dans la Loi) : (ta guérison) sera pour les gens un témoignage. »

⁵ Jésus était entré à Capharnaüm ; un centurion (de l'armée romaine) vint à lui et le supplia : ⁶ « Seigneur, mon serviteur est au lit, chez moi, paralysé, et il souffre terriblement. » ⁷ Jésus lui dit : « Je vais aller le guérir. » ⁸ Le centurion reprit : « Seigneur, je ne suis pas digne que tu entres sous mon toit, mais dis seulement une parole et mon serviteur sera guéri. ⁹ Ainsi, moi qui suis soumis à une autorité, j'ai des soldats sous mes ordres : je dis à l'un : 'Va', et il va ; à un autre : 'Viens', et il vient ; et à mon esclave : 'Fais ceci', et il le fait. » ¹⁰ A ces mots, Jésus fut dans l'admiration et dit à ceux qui le suivaient : « Amen, je vous le déclare, chez personne en Israël, je n'ai trouvé une telle foi. ¹¹ Aussi je vous le dis : Beaucoup viendront de l'orient et de l'occident et prendront place avec Abraham,

Isaac et Jacob au festin du Royaume des cieux, ¹² et les héritiers du Royaume seront jetés dehors dans les ténèbres ; là, il y aura des pleurs et des grincements de dents. » ¹³ Et Jésus dit au centurion : « Rentre chez toi, que tout se passe pour toi selon ta foi. » Et le serviteur fut guéri à cette heure même.

¹⁴ Comme Jésus entrait chez Pierre, il vit sa belle-mère couchée avec de la fièvre. ¹⁵ Il lui prit la main et la fièvre la quitta. Elle se leva, et elle le servait. ¹⁶ Le soir venu, on lui amena beaucoup de possédés, il chassa les esprits par sa parole et il guérit tous les malades. ¹⁷ Ainsi devait s'accomplir la parole prononcée par le prophète Isaïe : *Il a pris nos souffrances, il a porté nos maladies.*

Appel à suivre Jésus

¹⁸ Jésus, voyant la foule autour de lui, donna l'ordre de partir vers l'autre rive du lac. ¹⁹ Un scribe s'approcha et lui dit : « Maître, je te suivrai partout où tu iras. » ²⁰ Mais Jésus lui déclara : « Les renards ont des terriers, les oiseaux du ciel ont des nids ; mais le Fils de l'homme n'a pas d'endroit où reposer sa tête. » ²¹ Un autre de ses disciples lui dit : « Seigneur, permets-moi d'aller d'abord enterrer mon père. » ²² Jésus lui dit : « Suis-moi, et laisse les morts enterrer leurs morts. »

Victoire sur les forces du mal

²³ Comme Jésus montait dans la barque, ses disciples le suivirent. ²⁴ Et voilà que la mer s'agita violemment, au point que la barque était recouverte par les vagues. Mais lui dormait. ²⁵ Ses compagnons s'approchèrent et le réveillèrent en disant : « Seigneur, sauve-nous ! Nous sommes perdus. » ²⁶ Mais il leur dit : « Pourquoi avoir peur, hommes de peu de foi ? » Alors, debout, Jésus interpella vivement les vents et la mer, et il se fit un grand calme. ²⁷ Les gens furent saisis d'étonnement et disaient : « Quel est donc celui-ci, pour que même les vents et la mer lui obéissent ? »

---

17. Isaïe **53**, 4.

²⁸ Comme Jésus arrivait sur l'autre rive du lac, dans le pays des Gadaréniens, deux possédés sortirent du cimetière à sa rencontre; ils étaient si méchants que personne ne pouvait passer par ce chemin. ²⁹ Et voilà qu'ils se mirent à crier: « Que nous veux-tu, Fils de Dieu? Es-tu venu pour nous faire souffrir avant le moment fixé? » ³⁰ Or, il y avait au loin un grand troupeau de porcs qui cherchait sa nourriture. ³¹ Les démons suppliaient Jésus: « Si tu nous expulses, envoie-nous dans le troupeau de porcs. » ³² Il leur répondit: « Allez-y. » Ils sortirent et ils s'en allèrent dans les porcs; et voilà que, du haut de la falaise, tout le troupeau se précipita dans la mer, et les porcs moururent dans les flots. ³³ Les gardiens prirent la fuite et s'en allèrent en ville annoncer tout cela, avec l'affaire des possédés. ³⁴ Et voilà que toute la ville sortit à la rencontre de Jésus; et lorsqu'ils le virent, les gens le supplièrent de partir de leur région.

Appel à sortir du péché

9 Jésus monta en barque, traversa le lac, et alla dans sa ville (de Capharnaüm). ² Et voilà qu'on lui apportait un paralysé, couché sur une civière. Voyant leur foi, Jésus dit au paralysé: « Confiance, mon fils, tes péchés sont pardonnés. » ³ Or, quelques scribes se disaient: « Cet homme blasphème. » ⁴ Mais Jésus, connaissant leurs pensées, leur dit: « Pourquoi avez-vous en vous-mêmes des pensées mauvaises? ⁵ Qu'est-ce qui est le plus facile? de dire: 'Tes péchés sont pardonnés', ou bien de dire: 'Lève-toi et marche'? ⁶ Eh bien, pour que vous sachiez que le Fils* de l'homme a le pouvoir, sur la terre, de pardonner les péchés... », alors il dit au paralysé: « Lève-toi, prends ta civière et rentre chez toi. » ⁷ L'homme se leva et rentra chez lui. ⁸ En voyant cela, la foule fut saisie de crainte*, et elle rendit gloire à Dieu qui a donné un tel pouvoir aux hommes.

▶ ⁹ Jésus, sortant de Capharnaüm, vit un homme, du nom de Matthieu, assis à son bureau de publicain (collecteur d'impôts). Il lui dit: « Suis-moi. » L'homme se leva et le suivit. ¹⁰ Comme Jésus était à table à la maison, voici que beaucoup de publicains* et de pécheurs vinrent prendre place avec lui et ses disciples. ¹¹ Voyant cela, les pharisiens disaient aux disciples: « Pourquoi votre maître mange-t-il avec les publicains et les pécheurs? » ¹² Jésus, qui avait entendu, déclara: « Ce ne sont pas les gens bien-portants qui ont besoin du médecin, mais les malades. ¹³ Allez apprendre ce que veut dire (cette parole) : *C'est la miséricorde que je désire, et non les sacrifices.* Car je suis venu appeler non pas les justes, mais les pécheurs. »

¹⁴ Les disciples de Jean (Baptiste) s'approchent de Jésus en disant : « Pourquoi tes disciples ne jeûnent-ils pas, alors que nous et les pharisiens nous jeûnons ? » ¹⁵ Jésus leur répondit : « Les invités de la noce pourraient-ils donc faire pénitence pendant le temps où l'Époux est avec eux ? Mais un temps viendra où l'Époux leur sera enlevé, et alors ils jeûneront. ¹⁶ Et personne ne coud une pièce d'étoffe neuve sur un vieux vêtement ; car le morceau ajouté tire sur le vêtement et le déchire davantage. ¹⁷ Et on ne met pas du vin nouveau dans de vieilles outres ; autrement les outres éclatent, le vin se répand, et les outres sont perdues. Mais on met le vin nouveau dans des outres neuves, et le tout se conserve. »

Victoire sur les forces de mort

¹⁸ Tandis que Jésus leur parlait ainsi, voilà qu'un chef s'approcha ; il se prosternait devant lui, en disant : « Ma fille est morte à l'instant ; mais viens lui imposer la main, et elle vivra. » ¹⁹ Jésus se leva et se mit à le suivre, ainsi que ses disciples. ²⁰ Et voilà qu'une femme souffrant d'hémorragies depuis douze ans s'approcha par derrière et toucha la frange de son vêtement. ²¹ Car elle se disait en elle-même : « Si je parviens seulement à toucher son vêtement, je serai sauvée. » ²² Jésus se retourna, la vit et lui dit : « Confiance, ma fille ! Ta foi t'a sauvée. » Et la femme fut sauvée à l'heure même. ²³ Jésus, arrivé à la maison du chef, dit, en voyant les joueurs de flûte et l'agitation de la foule : ²⁴ « Retirez-vous. La jeune fille n'est pas morte : elle dort. » ²⁵ Mais on se moquait de lui. Quand il eut mis la foule dehors, il entra et saisit la main de la jeune fille, qui se leva. ²⁶ Et la nouvelle se répandit dans tout ce pays.

²⁷ Tandis que Jésus s'en allait, deux aveugles le suivirent, en criant : « Aie pitié de nous, fils de David ! » ²⁸ Quand il fut dans la maison, les aveugles l'abordèrent et Jésus leur dit : « Croyez-vous que je

---

13. Osée **6**, 6.

peux faire cela ? » Ils répondirent : « Oui, Seigneur. » ²⁹ Alors il leur toucha les yeux, en disant : « Que tout se fasse pour vous selon votre foi ! » ³⁰ Leurs yeux s'ouvrirent, et Jésus leur dit sévèrement : « Attention ! que personne ne le sache ! » ³¹ Mais, à peine sortis, ils parlèrent de lui dans toute la région.

³² On présenta à Jésus un possédé qui était muet. ³³ Lorsque le démon eut été expulsé, le muet se mit à parler. La foule fut dans l'admiration, et elle disait : « Jamais rien de pareil ne s'est vu en Israël ! » ³⁴ Mais les Pharisiens disaient : « C'est par le chef des démons qu'il expulse les démons. »

Appel à servir les foules

³⁵ Jésus parcourait toutes les villes et tous les villages, enseignant dans leurs synagogues, proclamant la Bonne Nouvelle du Royaume et guérissant toute maladie et toute infirmité.

▶ ³⁶ Voyant les foules, il eut pitié d'elles parce qu'elles étaient fatiguées et abattues comme des brebis sans berger. ³⁷ Il dit alors à ses disciples : « La moisson est abondante, et les ouvriers sont peu nombreux. ³⁸ Priez donc le maître de la moisson d'envoyer des ouvriers pour sa moisson. »

Discours de mission (2ᵉ discours)

Les Douze

10 Alors Jésus appela ses douze disciples et leur donna le pouvoir d'expulser les esprits mauvais et de guérir toute maladie et toute infirmité. ² Voici les noms des douze Apôtres : le premier, Simon, appelé Pierre, André son frère ; Jacques, fils de Zébédée, et Jean son frère ; ³ Philippe et Barthélemy ; Thomas et Matthieu le publicain ; Jacques, fils d'Alphée, et Thaddée ; ⁴ Simon le Zélote * et Judas Iscariote, celui-là même qui le livra.

Agir dans la pauvreté, comme Jésus

⁵ Ces Douze, Jésus les envoya en mission avec les instructions suivantes : « N'allez pas chez les païens et n'entrez dans aucune ville

des Samaritains. ⁶ Allez plutôt vers les brebis perdues de la maison d'Israël. ⁷ Sur votre route, proclamez que le Royaume des cieux est tout proche. ⁸ Guérissez les malades, ressuscitez les morts, purifiez les lépreux, chassez les démons. Vous avez reçu gratuitement : donnez gratuitement.

⁹ Ne vous procurez ni or ni argent, ni petite monnaie pour en garder sur vous, ¹⁰ ni sac pour la route, ni tunique de rechange, ni sandales, ni bâton. Car le travailleur mérite sa nourriture. ¹¹ Dans chaque ville ou village où vous entrerez, informez-vous pour savoir qui est digne (de vous accueillir) et restez chez lui jusqu'à votre départ. ¹² En entrant dans la maison, saluez ceux qui l'habitent. Si cette maison en est digne, que votre paix vienne sur elle. ¹³ Si elle n'en est pas digne, que votre paix retourne vers vous.

Ne pas craindre les obstacles, comme Jésus

¹⁴ Si l'on refuse de vous accueillir et d'écouter vos paroles, sortez de cette maison ou de cette ville, en secouant la poussière de vos pieds. ¹⁵ Amen, je vous le dis : au jour du Jugement, le pays de Sodome et Gomorrhe sera traité moins sévèrement que cette ville. ¹⁶ Voici que je vous envoie comme des brebis au milieu des loups. Soyez donc adroits comme les serpents, et candides comme les colombes.

¹⁷ Méfiez-vous des hommes : ils vous livreront aux tribunaux et vous flagelleront dans leurs synagogues. ¹⁸ Vous serez traînés devant des gouverneurs et des rois à cause de moi : il y aura là un témoignage *pour eux et pour les païens. ¹⁹ Quand on vous livrera, ne vous tourmentez pas pour savoir ce que vous direz, ni comment vous le direz : ce que vous aurez à dire vous sera donné à cette heure-là. ²⁰ Car ce n'est pas vous qui parlerez, c'est l'Esprit de votre Père qui parlera en vous. ²¹ Le frère livrera son frère à la mort, et le père, son enfant ; les enfants se dresseront contre leurs parents et les feront mettre à mort. ²² Vous serez détestés de tous à cause de mon nom ; mais celui qui aura persévéré jusqu'à la fin, celui-là sera sauvé. ²³ Quand on vous persécutera dans une ville, fuyez dans une autre. Amen, je vous le dis : vous n'aurez pas encore passé dans toutes les villes d'Israël quand le Fils de l'homme viendra. ²⁴ Le

---

15. Voir Genèse **19**, 24-25.

disciple n'est pas au-dessus de son maître, ni le serviteur au-dessus de son seigneur. ²⁵ Le disciple doit se contenter d'être comme son maître, et le serviteur d'être comme son seigneur. Si le maître de maison s'est fait traiter de Béelzéboul, ce sera bien pire pour les gens de la maison.

▶ ²⁶ Ne craignez pas les hommes ; tout ce qui est voilé sera dévoilé, tout ce qui est caché sera connu. ²⁷ Ce que je vous dis dans l'ombre, dites-le au grand jour ; ce que vous entendez dans le creux de l'oreille, proclamez-le sur les toits. ²⁸ Ne craignez pas ceux qui tuent le corps, mais ne peuvent pas tuer l'âme ; craignez plutôt celui qui peut faire périr dans la géhenne l'âme aussi bien que le corps. ²⁹ Est-ce qu'on ne vend pas deux moineaux pour un sou ? Or, pas un seul ne tombe à terre sans que votre Père le veuille. ³⁰ Quant à vous, même vos cheveux sont tous comptés. ³¹ Soyez donc sans crainte : vous valez bien plus que tous les moineaux du monde. ³² Celui qui se prononcera pour moi devant les hommes, moi aussi je me prononcerai pour lui devant mon Père qui est aux cieux. ³³ Mais celui qui me reniera devant les hommes, moi aussi je le renierai devant mon Père qui est aux cieux.
³⁴ Ne croyez pas que je sois venu apporter la paix sur la terre ; je ne suis pas venu apporter la paix, mais le glaive. ³⁵ Oui, je suis venu séparer l'homme de son père, la fille de sa mère, la belle-fille de sa belle-mère. ³⁶ On aura pour ennemis les gens de sa propre maison.
▶ ³⁷ Celui qui aime son père ou sa mère plus que moi n'est pas digne de moi ; celui qui aime son fils ou sa fille plus que moi n'est pas digne de moi : ³⁸ celui qui ne prend pas sa croix et ne me suit pas n'est pas digne de moi. ³⁹ Qui veut garder sa vie pour soi la perdra ; qui perdra sa vie à cause de moi la gardera.

Être accueillis, comme Jésus

⁴⁰ Qui vous accueille m'accueille ; et qui m'accueille accueille Celui qui m'a envoyé. ⁴¹ Qui accueille un prophète en sa qualité de prophète recevra une récompense de prophète ; qui accueille un homme juste en sa qualité d'homme juste recevra une récompense d'homme juste. ⁴² Et celui qui donnera à boire, même un simple verre d'eau fraîche, à l'un de ces petits en sa qualité de disciple, amen, je vous le dis : il ne perdra pas sa récompense. »

11 Jésus acheva ainsi de donner ses instructions aux douze disciples puis il partit de là pour enseigner et prêcher dans les villes du pays.

Le Fils de Dieu appelle à opter

Pour ou contre le Royaume

Refus des foules

▶ [2] Jean (le Baptiste), dans sa prison, avait appris ce que faisait le Christ. Il lui envoya demander par ses disciples : [3] « Es-tu celui qui doit venir, ou devons-nous en attendre un autre ? » [4] Jésus leur répondit : « Allez rapporter à Jean ce que vous entendez et voyez : [5] Les aveugles voient, les boiteux marchent, les lépreux sont purifiés, les sourds entendent, les morts ressuscitent, et la Bonne Nouvelle est annoncée aux pauvres. [6] Heureux celui qui ne tombera pas à cause de moi ! »

[7] Tandis que les envoyés (de Jean) se retiraient, Jésus se mit à dire aux foules à propos de Jean : « Qu'êtes-vous allés voir au désert ? un roseau agité par le vent ?... [8] Alors, qu'êtes-vous donc allés voir ? un homme aux vêtements luxueux ? Mais ceux qui portent de tels vêtements vivent dans les palais des rois. [9] Qu'êtes-vous donc allés voir ? un prophète ? Oui, je vous le dis, et bien plus qu'un prophète. [10] C'est de lui qu'il est écrit : *Voici que j'envoie mon messager en avant de toi, pour qu'il prépare le chemin devant toi.* [11] Amen, je vous le dis : Parmi les hommes, il n'en a pas existé de plus grand que Jean Baptiste ; et cependant le plus petit dans le Royaume des cieux est plus grand que lui.

[12] Depuis le temps de Jean Baptiste jusqu'à présent, le Royaume des cieux subit la violence, et des violents cherchent à s'en emparer. [13] Tous les prophètes, ainsi que la Loi, ont parlé jusqu'à Jean. [14] Et, si vous voulez bien comprendre, (le prophète) Élie qui doit venir, c'est lui. [15] Celui qui a des oreilles, qu'il entende !

---

1. « Villes du Pays », littéralement : « leurs villes ». — 5. Voir Isaïe **35**, 5-6 ; **26**, 19 ; **61**,1. — 10. Malachie **3**, 1.

¹⁶ A qui vais-je comparer cette génération ? Elle ressemble à des gamins assis sur les places, qui en interpellent d'autres : ¹⁷ 'Nous avons joué de la flûte, et vous n'avez pas dansé. Nous avons entonné des chants de deuil, et vous ne vous êtes pas frappé la poitrine.' ¹⁸ Jean (Baptiste) est venu, en effet ; il ne mange pas, il ne boit pas, et l'on dit : 'C'est un possédé !' ¹⁹ Le Fils de l'homme est venu ; il mange et il boit, et l'on dit : 'C'est un glouton et un ivrogne, un ami des publicains et des pécheurs.' Mais la sagesse (de Dieu) se révèle juste à travers ce qu'elle fait. »

²⁰ Jésus se mit à faire des reproches aux villes où avaient eu lieu la plupart de ses miracles, parce qu'elles ne s'étaient pas converties : ²¹ « Malheureuse es-tu, Corazine ! Malheureuse es-tu, Bethsaïde ! Car, si les miracles qui ont eu lieu chez vous avaient eu lieu à Tyr et à Sidon, il y a longtemps que les gens y auraient pris le vêtement de deuil et la cendre en signe de pénitence. ²² En tout cas, je vous le déclare : Tyr et Sidon seront traitées moins sévèrement que vous, au jour du Jugement. ²³ Et toi, Capharnaüm, seras-tu donc élevée jusqu'au ciel ? Non, tu descendras jusqu'au séjour des morts ! Car, si les miracles qui ont eu lieu chez toi avaient eu lieu à Sodome, cette ville subsisterait encore aujourd'hui. ²⁴ En tout cas, je vous le déclare : le pays de Sodome sera traité moins sévèrement que toi, au jour du Jugement. »

Accueil des petits

▶ ²⁵ En ce temps-là, Jésus prit la parole : « Père, Seigneur du ciel et de la terre, je proclame ta louange : ce que tu as caché aux sages et aux savants, tu l'as révélé aux tout-petits. ²⁶ Oui, Père, tu l'as voulu ainsi dans ta bonté. ²⁷ Tout m'a été confié par mon Père ; personne ne connaît* le Fils, sinon le Père, et personne ne connaît le Père, sinon le Fils, et celui à qui le Fils veut le révéler.
²⁸ Venez à moi, vous tous qui peinez sous le poids du fardeau, et moi, je vous procurerai le repos. ²⁹ Prenez sur vous mon joug, devenez mes disciples, car je suis doux et humble de cœur, et vous trouverez le repos. ³⁰ Oui, mon joug est facile à porter et mon fardeau léger. »

Refus des pharisiens

12 En ce temps-là, Jésus passait, un jour de sabbat*, à travers les champs de blé, et ses disciples eurent faim ; ils se mirent à arracher des épis et à les manger. ² En voyant cela, les pharisiens lui dirent : « Voilà que tes disciples font ce qu'il n'est pas permis de faire le jour du sabbat ! » ³ Mais il leur répondit : « N'avez-vous pas lu ce que fit David, quand il eut faim ainsi que ses compagnons ? ⁴ Il entra dans la maison de Dieu et ils mangèrent les pains de l'offrande ; or, cela n'était permis ni à lui ni à ses compagnons, mais aux prêtres seulement. ⁵ Ou bien encore, n'avez-vous pas lu dans la Loi que le jour du sabbat, les prêtres, dans le Temple, manquent au repos du sabbat sans commettre aucune faute ? ⁶ Or, je vous le dis : il y a ici plus grand que le Temple. ⁷ Si vous aviez compris ce que veut dire cette parole : *C'est la miséricorde que je désire, et non les sacrifices,* ⁸ vous n'auriez pas condamné ceux qui n'ont commis aucune faute. Car le Fils de l'homme est maître du sabbat.

⁹ Il partit de là pour aller à la synagogue des Juifs. ¹⁰ Or il s'y trouvait un homme qui avait une main paralysée. Et l'on demanda à Jésus : « Est-il permis de faire une guérison le jour du sabbat ? » (C'était afin de pouvoir l'accuser.) ¹¹ Mais il leur dit : « Si l'un d'entre vous possède une seule brebis, et qu'elle tombe dans un trou le jour du sabbat, ne va-t-il pas la saisir et la faire remonter ? ¹² Or, un homme vaut tellement plus qu'une brebis ! Il est donc permis de faire le bien le jour du sabbat. » ¹³ Alors Jésus dit à l'homme : « Étends ta main. » L'homme l'étendit, et elle redevint normale et saine comme l'autre.

¹⁴ Les pharisiens se réunirent contre Jésus pour voir comment le faire périr.

Accueil des foules étrangères

¹⁵ Jésus, l'ayant appris, quitta cet endroit ; beaucoup de gens le suivirent, et il les guérit tous. ¹⁶ Mais Jésus leur défendit vivement de le faire connaître. ¹⁷ Ainsi devait s'accomplir la parole prononcée par le prophète Isaïe : ¹⁸ *Voici mon serviteur que j'ai choisi, mon bien-*

---

3. Voir 1ᵉʳ Samuel **21**, 1-7. — 5. Voir Nombres **28**, 9. — 7. Voir Matthieu **9**, 13.

aimé en qui j'ai mis toute ma joie. Je ferai reposer sur lui mon Esprit, aux nations il fera connaître le jugement. ¹⁹ *Il ne protestera pas, il ne criera pas, on n'entendra pas sa voix sur les places publiques.* ²⁰ *Il n'écrasera pas le roseau froissé, il n'éteindra pas la mèche qui faiblit, jusqu'à ce qu'il ait fait triompher le jugement.* ²¹ *Les nations païennes mettent leur espoir en son nom.*

²² Alors on lui présenta un possédé qui était aveugle et muet, Jésus le guérit, si bien qu'il parlait et voyait. ²³ Tout le monde était dans la stupéfaction et disait : « Cet homme serait-il donc le fils de David ? »

Refus obstiné des pharisiens et des scribes

²⁴ En entendant cela, les pharisiens disaient : « Cet homme n'expulse les démons que par Béelzéboul, le chef des démons. » ²⁵ Connaissant leurs pensées, Jésus leur dit : « Tout royaume qui se divise devient un désert ; toute ville ou maison qui se divise sera incapable de se maintenir. ²⁶ Si Satan expulse Satan, c'est donc qu'il s'est divisé ; comment son royaume se maintiendra-t-il ? ²⁷ Et si c'est par Béelzéboul que moi j'expulse les démons, vos disciples, par qui les expulsent-ils ? C'est pourquoi ils seront eux-mêmes vos juges. ²⁸ Mais si c'est par l'Esprit de Dieu que moi j'expulse les démons, c'est donc que le règne de Dieu est survenu pour vous. ²⁹ Ou bien, comment peut-on entrer dans la maison de l'homme fort et piller ses biens, sans avoir d'abord ligoté cet homme fort ? Alors seulement on pillera sa maison.

³⁰ Celui qui n'est pas avec moi est contre moi ; celui qui ne rassemble pas avec moi disperse.

³¹ C'est pourquoi je vous le dis : Dieu pardonnera aux hommes tout péché, tout blasphème, mais le blasphème contre l'Esprit ne sera pas pardonné. ³² Et si quelqu'un dit une parole contre le Fils de l'homme, cela lui sera pardonné, mais si quelqu'un parle contre l'Esprit Saint, cela ne lui sera pas pardonné, ni en ce monde-ci, ni dans le monde à venir.

³³ Prenez un bel arbre, son fruit sera beau ; prenez un arbre détestable, son fruit sera détestable, car c'est à son fruit qu'on reconnaît

---

18-21. Isaïe **42**, 1-4.

l'arbre. ³⁴ Engeance de vipères ! Comment pouvez-vous dire des paroles bonnes, vous qui êtes mauvais ? Car ce que dit la bouche, c'est ce qui déborde du cœur. ³⁵ L'homme bon, dans son trésor qui est bon, prend des choses bonnes ; l'homme mauvais, dans son trésor qui est mauvais, prend des choses mauvaises. ³⁶ Je vous le dis : toute parole creuse que prononceront les hommes, ils devront en rendre compte au jour du Jugement. ³⁷ Sur tes paroles, en effet, tu seras déclaré juste ; sur tes paroles, tu seras condamné. »

³⁸ Quelques-uns des scribes et des pharisiens lui adressèrent la parole : « Maître, nous voudrions voir un signe venant de toi. » ³⁹ Il leur répondit : « Cette génération mauvaise et adultère * réclame un signe, mais, en fait de signe, il ne lui sera donné que celui du prophète Jonas. ⁴⁰ Car Jonas est resté dans le ventre du monstre marin trois jours et trois nuits ; de même, le Fils de l'homme restera au cœur de la terre trois jours et trois nuits. ⁴¹ Lors du Jugement, les habitants de Ninive se lèveront en même temps que cette génération, et ils la condamneront ; en effet, ils se sont convertis en réponse à la proclamation faite par Jonas, et il y a ici bien plus que Jonas. ⁴² Lors du Jugement, la reine de Saba se dressera en même temps que cette génération, et elle la condamnera ; en effet, elle est venue de l'extrémité du monde pour écouter la sagesse de Salomon, et il y a ici bien plus que Salomon.

⁴³ Quand l'esprit mauvais est sorti d'un homme, il parcourt les terres desséchées en cherchant un lieu de repos, et il n'en trouve pas. ⁴⁴ Alors il se dit : 'Je vais retourner dans ma maison, d'où je suis sorti.' En arrivant, il la trouve disponible, balayée et bien rangée. ⁴⁵ Alors il s'en va, il prend avec lui sept autres esprits, encore plus mauvais que lui, ils y entrent et s'y installent. Ainsi, l'état de cet homme est pire à la fin qu'au début. Voilà ce qui arrivera à cette génération mauvaise. »

Accueil des disciples

⁴⁶ Comme Jésus parlait encore à la foule, voici que sa mère et ses frères se tenaient au-dehors, cherchant à lui parler. ⁴⁷ Quelqu'un lui dit : « Ta mère et tes frères sont là dehors, qui cherchent à te parler. » ⁴⁸ Jésus répondit à cet homme : « Qui est ma mère, et qui sont mes frères ? » ⁴⁹ Puis, tendant la main vers ses disciples, il dit : « Voici

ma mère et mes frères. ⁵⁰ Celui qui fait la volonté de mon Père qui est aux cieux, celui-là est pour moi un frère, une sœur et une mère. »

Discours en paraboles (3ᵉ discours)

13 ▸ Ce jour-là, Jésus était sorti de la maison, et il était assis au bord du lac. ² Une foule immense se rassembla auprès de lui, si bien qu'il monta dans une barque où il s'assit ; toute la foule se tenait sur le rivage.

Avec les foules : le semeur

³ Il leur dit beaucoup de choses en paraboles : « Voici que le semeur est sorti pour semer. ⁴ Comme il semait, des grains sont tombés au bord du chemin, et les oiseaux sont venus tout manger. ⁵ D'autres sont tombés sur le sol pierreux, où ils n'avaient pas beaucoup de terre ; ils ont levé aussitôt parce que la terre était peu profonde. ⁶ Le soleil s'étant levé, ils ont brûlé et, faute de racines, ils ont séché. ⁷ D'autres grains sont tombés dans les ronces ; les ronces ont poussé et les ont étouffés. ⁸ D'autres sont tombés sur la bonne terre, et ils ont donné du fruit à raison de cent ou soixante, ou trente pour un. ⁹ Celui qui a des oreilles, qu'il entende ! »

Avec les disciples : le mystère révélé

¹⁰ Les disciples s'approchèrent de Jésus et lui dirent : « Pourquoi leur parles-tu en paraboles ? » ¹¹ Il leur répondit : « A vous il est donné de connaître les mystères * du Royaume des cieux, mais à eux ce n'est pas donné. ¹² Celui qui a recevra encore, et il sera dans l'abondance ; mais celui qui n'a rien se fera enlever même ce qu'il a. ¹³ Si je leur parle en paraboles, c'est parce qu'ils regardent sans regarder, qu'ils écoutent sans écouter et sans comprendre. ¹⁴ Ainsi s'accomplit pour eux la prophétie d'Isaïe : *Vous aurez beau écouter, vous ne comprendrez pas. Vous aurez beau regarder, vous ne verrez pas.* ¹⁵ *Le cœur de ce peuple s'est alourdi : ils sont devenus durs d'oreille, ils se sont bouché les yeux, pour que leurs yeux ne voient*

14-15. Isaïe 6, 9-10.

pas, que leurs oreilles n'entendent pas, que leur cœur ne comprenne pas, et qu'ils ne se convertissent pas. Sinon, je les aurais guéris! ¹⁶ Mais vous, heureux vos yeux parce qu'ils voient, et vos oreilles parce qu'elles entendent ! ¹⁷ Amen, je vous le dis : beaucoup de prophètes et de justes ont désiré voir ce que vous voyez et ne l'ont pas vu, entendre ce que vous entendez et ne l'ont pas entendu.

¹⁸ Vous donc, écoutez ce que veut dire la parabole du semeur. ¹⁹ Quand l'homme entend la parole du Royaume sans la comprendre, le Mauvais survient et s'empare de ce qui est semé dans son cœur : cet homme, c'est le terrain ensemencé au bord du chemin. ²⁰ Celui qui a reçu la semence sur un sol pierreux, c'est l'homme qui entend la Parole et la reçoit aussitôt avec joie ; ²¹ mais il n'a pas de racines en lui, il est l'homme d'un moment : quand vient la détresse ou la persécution à cause de la Parole, il tombe aussitôt. ²² Celui qui a reçu la semence dans les ronces, c'est l'homme qui entend la Parole ; mais les soucis du monde et les séductions de la richesse étouffent la Parole, et il ne donne pas de fruit. ²³ Celui qui a reçu la semence dans la bonne terre, c'est l'homme qui entend la Parole et la comprend ; il porte du fruit à raison de cent, ou soixante, ou trente pour un. »

Avec les foules : l'ivraie, la graine de moutarde, le levain

▶ ²⁴ Il leur proposa une autre parabole : « Le Royaume* des cieux est comparable à un homme qui a semé du bon grain dans son champ. ²⁵ Or, pendant que les gens dormaient, son ennemi survint ; il sema de l'ivraie au milieu du blé et s'en alla. ²⁶ Quand la tige poussa et produisit l'épi, alors l'ivraie apparut aussi. ²⁷ Les serviteurs du maître vinrent lui dire : 'Seigneur, n'est-ce pas du bon grain que tu as semé dans ton champ ? D'où vient donc qu'il y a de l'ivraie ?' ²⁸ Il leur dit : 'C'est un ennemi qui a fait cela.' Les serviteurs lui disent : 'Alors, veux-tu que nous allions l'enlever ?' ²⁹ Il répond : 'Non, de peur qu'en enlevant l'ivraie, vous n'arrachiez le blé en même temps. ³⁰ Laissez-les pousser ensemble jusqu'à la moisson ; et au temps de la moisson, je dirai aux moissonneurs : Enlevez d'abord l'ivraie, liez-la en bottes pour la brûler ; quant au blé, rentrez-le dans mon grenier.' »

³¹ Il leur proposa une autre parabole : « Le Royaume des cieux est comparable à une graine de moutarde qu'un homme a semée dans son champ. ³² C'est la plus petite de toutes les semences, mais, quand elle a poussé, elle dépasse les autres plantes potagères et devient un arbre, si bien que les oiseaux du ciel font leurs nids dans ses branches. »

³³ Il leur dit une autre parabole : « Le Royaume des cieux est comparable à du levain qu'une femme enfouit dans trois grandes mesures de farine, jusqu'à ce que toute la pâte ait levé. »

³⁴ Tout cela, Jésus le dit à la foule en paraboles et il ne leur disait rien sans employer de paraboles, ³⁵ accomplissant ainsi la parole du prophète : *C'est en paraboles que je parlerai, je proclamerai des choses cachées depuis les origines.*

Avec les disciples : l'enjeu du mystère révélé

³⁶ Alors, laissant la foule, il vint à la maison. Ses disciples s'approchèrent et lui dirent : « Explique-nous clairement la parabole de l'ivraie dans le champ. » ³⁷ Il leur répondit : « Celui qui sème le bon grain, c'est le Fils de l'homme ; ³⁸ le champ, c'est le monde ; le bon grain, ce sont les fils du Royaume ; l'ivraie, ce sont les fils du Mauvais. ³⁹ L'ennemi qui l'a semée, c'est le démon ; la moisson *, c'est la fin du monde ; les moissonneurs, ce sont les anges. ⁴⁰ De même que l'on enlève l'ivraie pour la jeter au feu, ainsi en sera-t-il à la fin du monde. ⁴¹ Le Fils de l'homme enverra ses anges et ils enlèveront de son Royaume tous ceux qui font tomber les autres et ceux qui commettent le mal ; ⁴² et ils les jetteront dans la fournaise : là il y aura des pleurs et des grincements de dents. ⁴³ Alors les justes resplendiront comme le soleil dans le royaume de leur Père. Celui qui a des oreilles, qu'il entende !

▶ ⁴⁴ Le Royaume des cieux est comparable à un trésor caché dans un champ ; l'homme qui l'a découvert le cache de nouveau. Dans sa joie, il va vendre tout ce qu'il possède, et il achète ce champ.

---

35. Psaume 77, 2 (d'après le grec).

⁴⁵ Ou encore : Le Royaume des cieux est comparable à un négociant qui recherche des perles fines. ⁴⁶ Ayant trouvé une perle de grande valeur, il va vendre tout ce qu'il possède, et il achète la perle.

⁴⁷ Le Royaume des cieux est encore comparable à un filet qu'on jette dans la mer, et qui ramène toutes sortes de poissons. ⁴⁸ Quand il est plein, on le tire sur le rivage, on s'assied, on ramasse dans des paniers ce qui est bon, et on rejette ce qui ne vaut rien. ⁴⁹ Ainsi en sera-t-il à la fin du monde : les anges viendront séparer les méchants des justes ⁵⁰ et les jetteront dans la fournaise : là il y aura des pleurs et des grincements de dents.

⁵¹ Avez-vous compris tout cela ? — Oui », lui répondent-ils. ⁵² Jésus ajouta : « C'est ainsi que tout scribe devenu disciple du Royaume des cieux est comparable à un maître de maison qui tire de son trésor du neuf et de l'ancien. »
⁵³ Jésus acheva ainsi de proposer des paraboles, puis il s'éloigna de là.

Le Fils de Dieu
pose les fondations de sa communauté

Jésus se fait reconnaître comme Fils de Dieu

Jésus rejeté en Galilée comme Jean Baptiste

⁵⁴ Il alla dans son pays, et il enseignait les gens dans leur synagogue, de telle manière qu'ils étaient frappés d'étonnement et disaient : « D'où lui viennent cette sagesse et ces miracles ? ⁵⁵ N'est-il pas le fils du charpentier ? Sa mère ne s'appelle-t-elle pas Marie, et ses frères : Jacques, Joseph, Simon et Jude ? ⁵⁶ Et ses sœurs ne sont-elles pas toutes chez nous ? Alors, d'où lui vient tout cela ? » ⁵⁷ Et ils étaient profondément choqués à cause de lui. Jésus leur dit : « Un prophète n'est méprisé que dans sa patrie et dans sa propre maison. » ⁵⁸ Et il ne fit pas beaucoup de miracles à cet endroit-là à cause de leur manque de foi.

14 En ce temps-là, Hérode, prince (de Galilée), apprit la renommée de Jésus [2] et dit à ses serviteurs : « Cet homme, c'est Jean le Baptiste, il est ressuscité d'entre les morts, et voilà pourquoi il a le pouvoir de faire des miracles. » [3] Car Hérode avait fait arrêter Jean, l'avait fait enchaîner et mettre en prison à cause d'Hérodiade, la femme de son frère Philippe. [4] En effet, Jean lui avait dit : « Tu n'as pas le droit de vivre avec elle. » [5] Hérode cherchait à le mettre à mort, mais il eut peur de la foule qui le tenait pour un prophète. [6] Lorsque arriva l'anniversaire d'Hérode, la fille d'Hérodiade dansa devant tout le monde, et elle plut à Hérode. [7] Aussi s'engagea-t-il par serment à lui donner tout ce qu'elle demanderait. [8] Poussée par sa mère, elle dit : « Donne-moi ici, sur un plat, la tête de Jean le Baptiste. » [9] Le roi fut contrarié, mais, à cause de son serment et des convives, il commanda de la lui donner. [10] Il envoya décapiter Jean dans la prison. [11] La tête de celui-ci fut apportée sur un plat et donnée à la jeune fille, qui l'apporta à sa mère. [12] Les disciples de Jean arrivèrent pour prendre son corps, l'ensevelirent et allèrent en informer Jésus.

Jésus, à l'écart, reconnu par ses disciples

▶ [13] Quand Jésus apprit cela, il partit en barque pour un endroit désert, à l'écart. Les foules l'apprirent et, quittant leurs villes, elles suivirent à pied. [14] En débarquant, il vit une grande foule de gens ; il fut saisi de pitié envers eux et guérit les infirmes. [15] Le soir venu, les disciples s'approchèrent et lui dirent : « L'endroit est désert et il se fait tard. Renvoie donc la foule : qu'ils aillent dans les villages s'acheter à manger ! » [16] Mais Jésus leur dit : « Ils n'ont pas besoin de s'en aller. Donnez-leur vous-mêmes à manger. » [17] Alors ils lui disent : « Nous n'avons là que cinq pains et deux poissons. » [18] Jésus dit : « Apportez-les moi ici ». [19] Puis, ordonnant à la foule de s'asseoir sur l'herbe, il prit les cinq pains et les deux poissons et, levant les yeux au ciel, il prononça la bénédiction ; il rompit les pains, il les donna aux disciples, et les disciples les donnèrent à la foule. [20] Tous mangèrent à leur faim et, des morceaux qui restaient, on ramassa douze paniers pleins. [21] Ceux qui avaient mangé étaient environ cinq mille, sans compter les femmes et les enfants.

---

1. Hérode : voir Luc 3, 1.

▶ ²² Aussitôt Jésus obligea ses disciples à monter dans la barque et à le précéder sur l'autre rive, pendant qu'il renverrait les foules. ²³ Quand il les eut renvoyées, il se rendit dans la montagne, à l'écart, pour prier. Le soir venu, il était là, seul. ²⁴ La barque était déjà à une bonne distance de la terre, elle était battue par les vagues, car le vent était contraire. ²⁵ Vers la fin de la nuit, Jésus vint vers eux en marchant sur la mer*. ²⁶ En le voyant marcher sur la mer, les disciples furent bouleversés. Ils disaient : « C'est un fantôme », et la peur leur fit pousser des cris. ²⁷ Mais aussitôt Jésus leur parla : « Confiance ! C'est moi ; n'ayez pas peur ! » ²⁸ Pierre prit alors la parole : « Seigneur, si c'est bien toi, ordonne-moi de venir vers toi sur l'eau. » ²⁹ Jésus lui dit : « Viens ! » Pierre descendit de la barque et marcha sur les eaux pour aller vers Jésus. ³⁰ Mais, voyant qu'il y avait du vent, il eut peur ; et, comme il commençait à enfoncer, il cria : « Seigneur, sauve-moi ! » ³¹ Aussitôt Jésus étendit la main, le saisit et lui dit : « Homme de peu de foi, pourquoi as-tu douté ? » ³² Et quand ils furent montés dans la barque, le vent tomba. ³³ Alors ceux qui étaient dans la barque se prosternèrent devant lui, et ils lui dirent : « Vraiment, tu es le Fils de Dieu ! »
³⁴ Ayant traversé le lac, ils abordèrent à Génésareth. ³⁵ Les gens de cet endroit reconnurent Jésus ; ils firent avertir toute la région, et on lui amena tous les malades. ³⁶ Ils le suppliaient de leur laisser seulement toucher la frange de son manteau, et tous ceux qui la touchèrent furent sauvés.

Jésus, contesté par les pharisiens, conteste leur formalisme

15 Alors des pharisiens et des scribes venus de Jérusalem s'approchent de Jésus et lui disent : ² « Pourquoi tes disciples désobéissent-ils à la tradition des anciens ? En effet ils ne se lavent pas les mains avant de prendre leur repas. » ³ Jésus leur répondit : « Et vous, pourquoi désobéissez-vous au commandement de Dieu au nom de votre tradition ? ⁴ Car Dieu a dit : *Honore ton père et ta mère.* Et encore : *Celui qui maudit son père ou sa mère sera mis à mort.* ⁵ Et vous, vous dites : 'Supposons qu'un homme déclare à son père ou à sa mère : Les ressources qui m'auraient permis de t'aider sont une

---
4. Exode **20**, 12 ; Deutéronome **5**, 16 ; Exode **21**, 17.

offrande sacrée ; dans ce cas, il n'aura plus à honorer son père ou sa mère.' ⁶ Ainsi, vous avez annulé la parole de Dieu au nom de votre tradition ! ⁷ Esprits faux ! Isaïe a fait une bonne prophétie sur vous quand il a dit : ⁸ *Ce peuple m'honore des lèvres, mais son cœur est loin de moi.* ⁹ *Il est inutile, le culte qu'ils me rendent ; les doctrines qu'ils enseignent ne sont que des préceptes humains.* »

¹⁰ Jésus appela la foule et lui dit : « Écoutez et comprenez bien ! ¹¹ Ce n'est pas ce qui entre dans la bouche qui rend l'homme impur. Mais ce qui sort de la bouche, voilà ce qui rend l'homme impur *. »

¹² Alors les disciples s'avancèrent et lui dirent : « Sais-tu que les pharisiens ont été scandalisés en entendant cette parole ? » ¹³ Mais il répondit : « Toute plante que mon Père du ciel n'a pas plantée sera arrachée. ¹⁴ Laissez-les dire : ce sont des guides aveugles pour des aveugles. Si un aveugle guide un aveugle, ils tomberont tous les deux dans un trou. »

¹⁵ Pierre intervint pour lui dire : « Explique-nous cette parole énigmatique. » ¹⁶ Jésus répliqua : « Vous aussi, vous êtes encore incapables de comprendre ? ¹⁷ Ne voyez-vous pas que tout ce qui entre dans la bouche va dans le ventre pour être éliminé ? ¹⁸ Tandis que ce qui sort de la bouche provient du cœur, et c'est cela qui rend l'homme impur. ¹⁹ Car c'est du cœur que proviennent les pensées mauvaises : meurtres, adultères, inconduite, vols, faux témoignages, diffamations. ²⁰ C'est tout cela qui rend l'homme impur ; mais manger sans se laver les mains ne rend pas l'homme impur. »

Jésus accueilli avec foi à l'étranger

▶ ²¹ Jésus s'était retiré vers la région de Tyr et de Sidon. ²² Voici qu'une Cananéenne, venue de ces territoires, criait : « Aie pitié de moi, Seigneur, fils de David ! Ma fille est tourmentée par un démon. » ²³ Mais il ne lui répondit rien. Les disciples s'approchèrent pour lui demander : « Donne-lui satisfaction, car elle nous poursuit de ses cris ! » ²⁴ Jésus répondit : « Je n'ai été envoyé qu'aux brebis perdues d'Israël. » ²⁵ Mais elle vint se prosterner devant lui : « Seigneur, viens à mon secours ! » ²⁶ Il répondit : « Il n'est pas bien de prendre le pain des enfants pour le donner aux petits chiens. ²⁷ — C'est vrai, Seigneur, reprit-elle ; mais justement les petits

---

8. Isaïe **29**, 13.

chiens mangent les miettes qui tombent de la table de leurs maîtres. » ²⁸ Jésus répondit : « Femme, ta foi est grande, que tout se fasse pour toi comme tu le veux ! » Et, à l'heure même, sa fille fut guérie.

²⁹ Jésus gagna les bords du lac de Galilée, il gravit la montagne et s'assit. ³⁰ De grandes foules vinrent à lui, avec des boiteux, des aveugles, des estropiés, des muets, et beaucoup d'autres infirmes ; on les déposa à ses pieds et il les guérit. ³¹ Alors la foule était dans l'admiration en voyant des muets parler, des estropiés guérir, des boiteux marcher, des aveugles retrouver la vue ; et ils rendirent gloire au Dieu d'Israël.
³² Jésus appela ses disciples et leur dit : « J'ai pitié de cette foule : depuis trois jours déjà, ils sont avec moi et n'ont rien à manger. Je ne veux pas les renvoyer à jeun ; ils pourraient défaillir en route. » ³³ Les disciples lui disent : « Où trouverons-nous dans un désert assez de pain pour qu'une telle foule mange à sa faim ? » ³⁴ Jésus leur dit : « Combien de pains avez-vous ? » Ils dirent : « Sept, et quelques petits poissons. » ³⁵ Alors il ordonna à la foule de s'asseoir par terre. ³⁶ Il prit les sept pains et les poissons, il rendit grâce, les rompit, et il les donnait aux disciples, et les disciples aux foules. ³⁷ Tous mangèrent à leur faim ; et, des morceaux qui restaient, on ramassa sept corbeilles pleines. ³⁸ Or, ceux qui avaient mangé étaient quatre mille, sans compter les femmes et les enfants. ³⁹ Après avoir renvoyé la foule, Jésus monta dans la barque et alla dans le pays de Magadane.

Jésus, provoqué par les pharisiens, dénonce leur enseignement

16 Les pharisiens et les sadducéens s'approchèrent. Pour mettre Jésus à l'épreuve, ils lui demandèrent de leur faire voir un signe venant du ciel. ² Il leur répondit : « Quand vient le soir, vous dites : ' Voici le beau temps, car le ciel est rouge. ' ³ Et le matin, vous dites : ' Aujourd'hui, il fera mauvais, car le ciel est d'un rouge menaçant. ' Ainsi l'aspect du ciel, vous savez l'interpréter ; mais pour les signes des temps ∗, vous n'en êtes pas capables. ⁴ Cette génération mauvaise et adultère ∗ réclame un signe, mais en fait de signe, il ne lui sera donné que celui de Jonas. » Alors il les abandonna et partit.

⁵ En se rendant sur l'autre rive, les disciples avaient oublié de prendre du pain. ⁶ Jésus leur dit : « Attention ! Méfiez-vous du levain des pharisiens et des sadducéens. » ⁷ Ils discutaient entre eux en disant : « C'est parce que nous n'avons pas pris de pain. » ⁸ Mais Jésus s'en aperçut et leur dit : « Hommes de peu de foi, pourquoi discutez-vous entre vous sur ce manque de pain ? ⁹ Vous ne voyez pas encore ? Ne vous rappelez-vous pas les cinq pains pour cinq mille hommes, et le nombre de paniers que vous avez emportés ? ¹⁰ Les sept pains pour quatre mille hommes, et le nombre de corbeilles que vous avez emportées ? ¹¹ Comment ne voyez-vous pas que je ne parlais pas du pain ? Méfiez-vous donc du levain des pharisiens et des sadducéens. » ¹² Alors ils comprirent qu'il leur avait dit de se méfier non pas du levain pour le pain, mais de l'enseignement des pharisiens et des sadducéens.

Jésus, reconnu par Simon, le fait pierre de fondation

▶ ¹³ Jésus était venu dans la région de Césarée-de-Philippe, et il demandait à ses disciples : « Le Fils de l'homme, qui est-il, d'après ce que disent les hommes ? » ¹⁴ Ils répondirent : Pour les uns, il est Jean Baptiste ; pour d'autres, Élie ; pour d'autre encore, Jérémie ou l'un des prophètes. » ¹⁵ Jésus leur dit : « Et vous, que dites-vous ? Pour vous, qui suis-je ? » ¹⁶ Prenant la parole, Simon Pierre déclara : « Tu es le Messie*, le Fils du Dieu vivant ! » ¹⁷ Prenant la parole à son tour, Jésus lui déclara : « Heureux es-tu, Simon fils de Yonas : ce n'est pas la chair* et le sang qui t'ont révélé cela, mais mon Père qui est aux cieux. ¹⁸ Et moi, je te le déclare : Tu es Pierre, et sur cette pierre* je bâtirai mon Église* ; et la puissance de la Mort ne l'emportera pas sur elle. ¹⁹ Je te donnerai les clefs du Royaume des cieux : tout ce que tu auras lié sur la terre sera lié dans les cieux, et tout ce que tu auras délié sur la terre sera délié dans les cieux. » ²⁰ Alors il ordonna aux disciples de ne dire à personne qu'il était le Messie.

Jésus annonce sa Passion et sa Résurrection

Jésus appelle chacun à donner sa vie comme lui (première annonce de la Passion)

▶ ²¹ A partir de ce moment, Jésus le Christ commença à montrer à

---

14. Voir Malachie 3, 23-24.

ses disciples qu'il lui fallait partir pour Jérusalem, souffrir beaucoup de la part des anciens, des chefs des prêtres et des scribes, être tué, et le troisième jour, ressusciter. 22 Pierre, le prenant à part, se mit à lui faire de vifs reproches : « Dieu t'en garde, Seigneur ! cela ne t'arrivera pas. » 23 Mais lui, se retournant, dit à Pierre : « Passe derrière moi, Satan*, tu es un obstacle sur ma route ; tes pensées ne sont pas celles de Dieu, mais celles des hommes. »
24 Alors Jésus dit à ses disciples : « Si quelqu'un veut marcher derrière moi, qu'il renonce à lui-même, qu'il prenne sa croix et qu'il me suive. 25 Car celui qui veut sauver sa vie la perdra, mais qui perd sa vie à cause de moi la gardera. 26 Quel avantage en effet un homme aura-t-il à gagner le monde entier, s'il le paye de sa vie ? Et quelle somme pourra-t-il verser en échange de sa vie ? 27 Car le Fils de l'homme va venir avec ses anges dans la gloire de son Père ; alors il rendra à chacun selon sa conduite.
28 Amen, je vous le dis : parmi ceux qui sont ici, certains ne connaîtront pas la mort avant d'avoir vu le Fils de l'homme venir dans son Règne. »

Jésus transfiguré provoque la foi des disciples

17 ▶ Six jours après, Jésus prend avec lui Pierre, Jacques et Jean son frère, et il les emmène à l'écart, sur une haute montagne. 2 Il fut transfiguré devant eux ; son visage devint brillant comme le soleil, et ses vêtements, blancs comme la lumière. 3 Voici que leur apparurent Moïse et Élie, qui s'entretenaient avec lui. 4 Pierre alors prit la parole et dit à Jésus : « Seigneur, il est heureux que nous soyons ici ! Si tu le veux, je vais dresser ici trois tentes, une pour toi, une pour Moïse et une pour Élie. » 5 Il parlait encore, lorsqu'une nuée* lumineuse les couvrit de son ombre ; et de la nuée, une voix disait : « Celui-ci est mon Fils bien-aimé, en qui j'ai mis tout mon amour ; écoutez-le ! » 6 Entendant cela, les disciples tombèrent la face contre terre et furent saisis d'une grande frayeur. 7 Jésus s'approcha, les toucha et leur dit : « Relevez-vous et n'ayez pas peur ! » 8 Levant les yeux, ils ne virent plus que lui, Jésus, seul.
9 En descendant de la montagne, Jésus leur donna cet ordre : « Ne parlez de cette vision à personne, avant que le Fils de l'homme soit ressuscité d'entre les morts. »

¹⁰ Les disciples interrogèrent Jésus : « Pourquoi donc les scribes disent-ils que (le prophète) Élie doit venir d'abord ? » ¹¹ Jésus leur répondit : « Élie va venir pour remettre tout en place. ¹² Mais, je vous le déclare : Élie est déjà venu ; au lieu de le reconnaître, ils lui ont fait tout ce qu'ils ont voulu. Le Fils de l'homme, lui aussi, va souffrir par eux. » ¹³ Alors les disciples comprirent qu'il leur parlait de Jean le Baptiste.

¹⁴ Quand ils rejoignirent la foule, un homme s'approcha, ¹⁵ et tombant à genoux devant lui, il lui dit : « Seigneur, prends pitié de mon fils. Il a des crises d'épilepsie, il est bien malade. Souvent il tombe dans le feu et souvent aussi dans l'eau. ¹⁶ Je l'ai amené à tes disciples, mais ils n'ont pas pu le guérir. » ¹⁷ Jésus leur dit : « Génération incroyante et dévoyée, combien de temps devrai-je rester avec vous ? Combien de temps devrai-je vous supporter ? Amenez-le moi ici. » ¹⁸ Jésus l'interpella vivement, le démon sortit de lui et à l'heure même l'enfant fut guéri. ¹⁹ Alors les disciples s'approchèrent de Jésus et lui dirent en particulier : « Pour quelle raison est-ce que nous, nous n'avons pas pu l'expulser ? » ²⁰ Jésus leur répond : « C'est parce que vous avez trop peu de foi. Vraiment, je vous le dis : si vous avez de la foi gros comme une graine de moutarde, vous direz à cette montagne : 'Transporte-toi d'ici jusque là-bas', et elle se transportera ; rien ne vous sera impossible. » ²¹ ...

Jésus, en Galilée, insiste (deuxième annonce de la Passion)

²² Comme Jésus et les disciples étaient réunis en Galilée, il leur dit : « Le Fils de l'homme va être livré aux mains des hommes ; ²³ ils tueront et, le troisième jour, il ressuscitera. » Et ils furent profondément attristés.

Discours sur la vie en Église (4ᵉ discours)

Une communauté libre par rapport au pouvoir

²⁴ Comme ils arrivaient à Capharnaüm, ceux qui perçoivent les *deux drachmes* (pour le Temple) vinrent trouver Pierre et lui dirent : « Votre maître paye bien les deux drachmes, n'est-ce pas ? »

---

21. « Rien ne peut faire sortir cette espèce-là, sauf la prière et le jeûne. » Ce verset n'appartient pas au texte original de Matthieu.

²⁵ Il répondit : « Oui. » Quand Pierre entra dans la maison, Jésus prit la parole le premier : « Simon, quel est ton avis ? Les rois de la terre, sur qui perçoivent-ils les taxes ou l'impôt ? Sur leurs fils, ou sur les autres personnes ? » ²⁶ Pierre lui répondit : « Sur les autres. » Et Jésus reprit : « Donc, les fils sont libres. ²⁷ Mais il faut éviter d'être pour les gens une occasion de chute : va donc jusqu'au lac, jette l'hameçon, et saisis le premier poisson qui mordra ; ouvre-lui la bouche, et tu y trouveras une pièce de quatre drachmes. Prends-la, tu la donneras pour toi et pour moi. »

Propos sur les petits

18 Les disciples s'approchèrent de Jésus et lui dirent : « Qui donc est le plus grand dans le Royaume des cieux ? »
² Alors Jésus appela un petit enfant ; il le plaça au milieu d'eux ³ et il déclara : « Amen, je vous le dis, si vous ne changez pas pour devenir comme les petits enfants, vous n'entrerez point dans le Royaume des cieux. ⁴ Mais celui qui se fera petit comme cet enfant, c'est celui-là qui est le plus grand dans le Royaume des cieux. ⁵ Et celui qui accueillera un enfant comme celui-ci en mon nom, c'est moi qu'il accueille.
⁶ Celui qui entraînera la chute d'un seul de ces petits qui croient en moi, il est préférable pour lui qu'on lui accroche au cou une de ces meules que tournent les ânes, et qu'on l'engloutisse en pleine mer.
⁷ Malheureux le monde (qui entraîne au péché) par le scandale ! Il est fatal que le scandale arrive, mais malheureux celui par qui arrive le scandale ! ⁸ Si ta main ou ton pied t'entraîne au péché, coupe-le et jette-le loin de toi. Il vaut mieux pour toi entrer dans la vie éternelle manchot ou boiteux, que d'être jeté avec tes deux mains ou tes deux pieds dans le feu éternel. ⁹ Et si ton œil t'entraîne au péché, arrache-le et jette-le loin de toi. Il vaut mieux pour toi entrer borgne dans la vie éternelle, que d'être jeté avec tes deux yeux dans la géhenne de feu.
¹⁰ Gardez-vous de mépriser un seul de ces petits : car je vous le dis, leurs anges dans les cieux voient sans cesse la face de mon Père qui est aux cieux. ¹¹ ...

---

11. « Car le Fils de l'homme est venu sauver ce qui était perdu. » Ce verset n'appartient pas au texte original de Matthieu.

¹² Que pensez-vous de ceci ? Si un homme possède cent brebis et que l'une d'entre elles s'égare, ne laissera-t-il pas les quatre-vingt-dix-neuf autres dans la montagne pour partir à la recherche de la brebis égarée ? ¹³ Et, s'il parvient à la retrouver, amen, je vous le dis : il se réjouit pour elle plus que pour les quatre-vingt-dix-neuf qui ne se sont pas égarées. ¹⁴ Ainsi, votre Père qui est aux cieux ne veut pas qu'un seul de ces petits soit perdu.

Ce qui fait la communauté

▶ ¹⁵ Si ton frère a commis un péché, va lui parler seul à seul et montre-lui sa faute. S'il t'écoute, tu auras gagné ton frère. ¹⁶ S'il ne t'écoute pas, prends encore avec toi une ou deux personnes afin que toute l'affaire soit réglée sur la parole de deux ou trois témoins. ¹⁷ S'il refuse de les écouter, dis-le à (la communauté de) l'Église ; s'il refuse encore d'écouter l'Église, considère-le comme un païen et un publicain. ¹⁸ Amen, je vous le dis : tout ce que vous aurez lié sur la terre sera lié dans le ciel, et tout ce que vous aurez délié sur la terre sera délié dans le ciel.

¹⁹ Encore une fois, je vous le dis : si deux d'entre vous sur la terre se mettent d'accord pour demander quelque chose, ils l'obtiendront de mon Père qui est aux cieux. ²⁰ Quand deux ou trois sont réunis en mon nom, je suis là, au milieu d'eux. »

Le pardon entre frères

▶ ²¹ Pierre s'approcha de Jésus pour lui demander : « Seigneur, quand mon frère commettra des fautes contre moi, combien de fois dois-je lui pardonner ? Jusqu'à sept fois ? » ²² Jésus lui répondit : « Je ne te dis pas jusqu'à sept fois, mais jusqu'à soixante-dix fois sept fois.
²³ En effet, le Royaume des cieux est comparable à un roi qui voulut régler ses comptes avec ses serviteurs. ²⁴ Il commençait, quand on lui amena quelqu'un qui lui devait dix mille talents (c'est-à-dire soixante millions de pièces d'argent). ²⁵ Comme cet homme n'avait pas de quoi rembourser, le maître ordonna de le vendre, avec sa

---

16. Voir Deutéronome 19, 15.

femme, ses enfants et tous ses biens, en remboursement de sa dette.
²⁶ Alors, tombant à ses pieds, le serviteur demeurait prosterné et disait : 'Prends patience envers moi et je te rembourserai tout.'
²⁷ Saisi de pitié, le maître de ce serviteur le laissa partir et lui remit sa dette. ²⁸ Mais, en sortant, le serviteur trouva un de ses compagnons qui lui devait cent pièces d'argent. Il se jeta sur lui pour l'étrangler, en disant : 'Rembourse ta dette !' ²⁹ Alors, tombant à ses pieds, son compagnon le suppliait : 'Prends patience envers moi, et je te rembourserai.' ³⁰ Mais l'autre refusa et le fit jeter en prison jusqu'à ce qu'il ait remboursé. ³¹ Ses compagnons, en voyant cela, furent profondément attristés et allèrent tout raconter à leur maître. ³² Alors celui-ci le fit appeler et lui dit : 'Serviteur mauvais ! je t'avais remis toute cette dette parce que tu m'avais supplié. ³³ Ne devais-tu pas, à ton tour, avoir pitié de ton compagnon, comme moi-même j'avais eu pitié de toi ?' ³⁴ Dans sa colère, son maître le livra aux bourreaux jusqu'à ce qu'il eût tout remboursé.

³⁵ C'est ainsi que mon Père du ciel vous traitera, si chacun de vous ne pardonne pas à son frère de tout son cœur. »

Le Fils de Dieu et l'avenir du Royaume

Jésus en route vers Jérusalem

Quelques exigences fondamentales du Royaume : mariage et célibat, rapports en société, richesse et pauvreté

19 Jésus acheva ainsi son discours, puis il s'éloigna de la Galilée et se rendit en Judée au-delà du Jourdain. ² Une foule nombreuse le suivait, et là il les guérit.

³ Des pharisiens s'approchèrent de lui pour le mettre à l'épreuve ; ils lui demandèrent : « Est-il permis de renvoyer sa femme pour n'importe quel motif ? » ⁴ Il répondit : « N'avez-vous pas lu l'Écriture ? *Au commencement, le Créateur les fit homme et femme,* ⁵ et il leur dit : *Voilà pourquoi l'homme quittera son père et sa mère, il s'attachera à sa femme, et tous deux ne feront plus qu'un.* ⁶ A cause de cela, ils ne sont plus deux, mais un seul. Donc, ce que Dieu a uni,

---
4. Genèse 1, 27. — 5. Genèse 2, 24.

que l'homme ne le sépare pas!» 7 Les pharisiens lui répliquent: «Pourquoi donc Moïse a-t-il prescrit la remise d'un acte de divorce avant la séparation?» 8 Jésus leur répond: «C'est en raison de votre endurcissement que Moïse vous a concédé de renvoyer vos femmes. Mais au commencement, il n'en était pas ainsi. 9 Or je vous le dis: Si quelqu'un renvoie sa femme — sauf en cas d'union illégitime — pour en épouser une autre, il est adultère.» 10 Ses disciples lui disent: «Si telle est la situation de l'homme par rapport à sa femme, il n'y a pas intérêt à se marier.» 11 Il leur répondit: «Ce n'est pas tout le monde qui peut comprendre cette parole, mais ceux à qui Dieu l'a révélée. 12 Il y a des gens qui ne se marient pas, car, de naissance, ils en sont incapables; il y en a qui ne peuvent pas se marier, car ils ont été mutilés par les hommes; il y en a qui ont choisi de ne pas se marier à cause du Royaume des cieux. Celui qui peut comprendre, qu'il comprenne.»

13 Alors, on présenta des enfants à Jésus pour qu'il leur impose les mains en priant. Mais les disciples les écartaient vivement. 14 Jésus leur dit: «Laissez les enfants, ne les empêchez pas de venir à moi, car le Royaume des cieux est à ceux qui leur ressemblent.» 15 Il leur imposa les mains, puis il partit de là.

16 Quelqu'un s'approcha de Jésus et lui dit: «Maître, que dois-je faire de bon pour avoir la vie éternelle?» 17 Jésus lui dit: «Pourquoi m'interroges-tu sur ce qui est bon? Il n'y a qu'un seul être qui soit bon! Si tu veux entrer dans la vie, observe les commandements. 18 — Lesquels?», lui dit-il. Jésus reprit: «*Tu ne commettras pas de meurtre. Tu ne commettras pas d'adultère. Tu ne commettras pas de vol. Tu ne porteras pas de faux témoignage.* 19 Honore ton père et ta mère. Et aussi: *Tu aimeras ton prochain comme toi-même.*» 20 Le jeune homme lui dit: «Tout cela, je l'ai observé: que me manque-t-il encore?» 21 Jésus lui répondit: «Si tu veux être parfait, va, vends ce que tu possèdes, donne-le aux pauvres, et tu auras un trésor dans les cieux. Puis viens, suis-moi.» 22 A ces mots, le jeune homme s'en alla tout triste, car il avait de grands biens.

23 Et Jésus dit à ses disciples: «Amen, je vous le dis: un riche entrera difficilement dans le Royaume des cieux. 24 Je vous le répète: il est plus facile à un chameau de passer par un trou d'aiguille qu'à un riche d'entrer dans le Royaume des cieux.» 25 Enten-

---

7. Deutéronome **24**, 1-18-19; Exode **20**, 12-16; Lévitique **19**, 18.

dant ces paroles, les disciples furent profondément déconcertés, et ils disaient : « Qui donc peut être sauvé ? » ²⁶ Jésus les regarda et dit : « Pour les hommes, c'est impossible, mais pour Dieu tout est possible. »
²⁷ Alors Pierre prit la parole et dit à Jésus : « Voilà que nous avons tout quitté pour te suivre : alors, qu'est-ce qu'il y aura pour nous ? » ²⁸ Jésus leur déclara : « Amen, je vous le dis : quand viendra le monde nouveau, et que le Fils de l'homme siégera sur son trône de gloire, vous qui m'avez suivi, vous siégerez vous-mêmes sur douze trônes pour juger les douze tribus d'Israël. ²⁹ Et tout homme qui aura quitté à cause de mon nom des maisons, des frères, des sœurs, un père, une mère, des enfants, ou une terre, recevra beaucoup plus, et il aura en héritage la vie éternelle.

Dans le Royaume, l'amour surpasse la justice

³⁰ Beaucoup de premiers seront derniers, beaucoup de derniers seront premiers.
20 ▶ En effet le Royaume des cieux est comparable au maître d'un domaine qui sortit au petit jour afin d'embaucher des ouvriers pour sa vigne. ² Il se mit d'accord avec eux sur un salaire d'une pièce d'argent pour la journée, et il les envoya à sa vigne. ³ Sorti vers neuf heures, il en vit d'autres qui étaient là, sur la place, sans travail. ⁴ Il leur dit : 'Allez, vous aussi, à ma vigne, et je vous donnerai ce qui est juste.' ⁵ Ils y allèrent. Il sortit de nouveau vers midi, puis vers trois heures, et fit de même. ⁶ Vers cinq heures, il sortit encore, en trouva d'autres qui étaient là et leur dit : 'Pourquoi êtes-vous restés là, toute la journée, sans rien faire ?' ⁷ Ils lui répondirent : 'Parce que personne ne nous a embauchés.' Il leur dit : 'Allez, vous aussi, à ma vigne.' ⁸ Le soir venu, le maître de la vigne dit à son intendant : 'Appelle les ouvriers et distribue le salaire, en commençant par les derniers pour finir par les premiers.' ⁹ Ceux qui n'avaient commencé qu'à cinq heures s'avancèrent et reçurent chacun une pièce d'argent. ¹⁰ Quand vint le tour des premiers, ils pensaient recevoir davantage, mais ils reçurent, eux aussi, chacun une pièce d'argent. ¹¹ En la recevant, ils récriminaient contre le maître du domaine : ¹² 'Ces derniers venus n'ont fait qu'une heure, et tu les traites comme nous, qui avons enduré le poids du jour et de la chaleur !' ¹³ Mais le maître répondit à l'un d'entre eux : 'Mon ami, je ne te fais aucun tort. N'as-tu pas été d'accord avec moi pour

une pièce d'argent ? ¹⁴ Prends ce qui te revient, et va-t-en. Je veux donner à ce dernier autant qu'à toi : ¹⁵ n'ai-je pas le droit de faire ce que je veux de mon bien ? Vas-tu regarder avec un œil mauvais parce que moi, je suis bon ? '
¹⁶ Ainsi les derniers seront premiers, et les premiers seront derniers. »

Troisième annonce de la Passion et exigences pour les disciples

¹⁷ Au moment de monter à Jérusalem, Jésus prit à part les Douze et, pendant la route, il leur dit : ¹⁸ « Voici que nous montons à Jérusalem. Le Fils de l'homme sera livré aux chefs des prêtres et aux scribes, ¹⁹ ils le condamneront à mort et le livreront aux païens pour qu'ils se moquent de lui, le flagellent et le crucifient, et, le troisième jour, il ressuscitera. »
²⁰ Alors la mère de (Jacques et de Jean), fils de Zébédée, s'approcha de Jésus avec ses fils et se prosterna pour lui faire une demande. ²¹ Jésus lui dit : « Que veux-tu ? » Elle répondit : « Voilà mes deux fils : ordonne qu'ils siègent, l'un à ta droite et l'autre à ta gauche, dans ton Royaume. » ²² Jésus répondit : « Vous ne savez pas ce que vous demandez. Pouvez-vous boire à la coupe que je vais boire ? » Ils lui dirent : « Nous le pouvons. » ²³ Il leur dit : « Ma coupe, vous y boirez ; quant à siéger à ma droite et à ma gauche, il ne m'appartient pas de l'accorder ; il y a ceux pour qui ces places sont préparées par mon Père. » ²⁴ Les dix autres avaient entendu, et s'indignèrent contre les deux frères. ²⁵ Jésus les appela et leur dit : « Vous le savez : les chefs des nations païennes commandent en maîtres, et les grands font sentir leur pouvoir. ²⁶ Parmi vous, il ne doit pas en être ainsi ; celui qui veut devenir grand sera votre serviteur, ²⁷ et celui qui veut être le premier sera votre esclave. ²⁸ Ainsi, le Fils de l'homme n'est pas venu pour être servi, mais pour servir et donner sa vie en rançon* pour la multitude. »

Le fils de David apporte la lumière et entraîne à le suivre

²⁹ Tandis que Jésus avec ses disciples sortait de Jéricho, une foule nombreuse se mit à le suivre. ³⁰ Et voilà que deux aveugles, assis au bord de la route, apprenant que Jésus passait, crièrent : « Seigneur, aie pitié de nous, fils de David ! » ³¹ La foule les interpella vivement

pour les faire taire. Mais ils criaient encore plus fort : « Seigneur, aie pitié de nous, fils de David ! » [32] Jésus s'arrêta et les appela : « Que voulez-vous que je fasse pour vous ? » [33] Ils répondent : « Seigneur, que nos yeux s'ouvrent ! » [34] Saisi de pitié, Jésus leur toucha les yeux ; aussitôt ils se mirent à voir, et ils le suivirent.

Jésus à Jérusalem

Le fils de David, roi et prophète

21 ▶ Jésus et ses disciples, approchant de Jérusalem, arrivèrent à Bethphagé, sur les pentes du mont des Oliviers. Alors Jésus envoya deux disciples : [2] « Allez au village qui est en face de vous ; vous trouverez aussitôt une ânesse attachée et son petit avec elle. Détachez-les et amenez-les moi. [3] Et si l'on vous dit quelque chose, vous répondrez : 'Le Seigneur en a besoin, mais il les renverra aussitôt.' » [4] Cela s'est passé pour accomplir la parole transmise par le prophète : [5] *Dites à la fille de Sion* * : *Voici ton roi qui vient vers toi, humble, monté sur une ânesse et un petit âne, le petit d'une bête de somme.*

[6] Les disciples partirent et firent ce que Jésus leur avait ordonné. [7] Ils amenèrent l'ânesse et son petit, disposèrent sur eux leurs manteaux, et Jésus s'assit dessus. [8] Dans la foule, la plupart étendirent leurs manteaux sur le chemin ; d'autres coupaient des branches aux arbres et en jonchaient la route. [9] Les foules qui marchaient devant Jésus et celles qui suivaient criaient : « Hosanna * au fils de David ! *Béni soit celui qui vient au nom du Seigneur !* Hosanna au plus haut des cieux ! » [10] Comme Jésus entrait à Jérusalem, l'agitation gagna toute la ville ; on se demandait : « Qui est cet homme ? » [11] Et les foules répondaient : « C'est le prophète Jésus, de Nazareth en Galilée. » [12] Jésus entra dans le Temple, et il expulsa tous ceux qui vendaient et qui achetaient dans le Temple ; il renversa les comptoirs des changeurs et les sièges des marchands de colombes. [13] Il leur dit : « L'Écriture affirme : *Ma maison s'appellera maison de prière !* Or vous, vous en faites une *caverne de bandits.* » [14] Des aveugles et des boiteux s'approchèrent de lui dans le Temple, et il les guérit. [15] Les chefs des prêtres et les scribes s'indignèrent quand ils virent

---

5. Zacharie **9**, 9. — 9. Ps. **117**, 26. — 13. Isaïe **56**, 7 ; Jérémie 7, 11.

ses actions étonnantes, et les enfants qui criaient dans le Temple : « Hosanna au Fils de David ! » ¹⁶ Ils dirent à Jésus : « Tu entends ce qu'ils crient ? » Jésus leur répond : « Oui. Vous n'avez donc jamais lu dans l'Écriture : *De la bouche des enfants, des tout-petits, tu as fait monter la louange.* » ¹⁷ Alors il les quitta et sortit de la ville en direction de Béthanie, où il resta pour la nuit.

¹⁸ Le lendemain matin, en revenant vers la ville, il eut faim. ¹⁹ Voyant un figuier au bord de la route, il s'en approcha, mais il n'y trouva rien d'autre que des feuilles, et il lui dit : « Plus jamais aucun fruit ne viendra de toi. » Et à l'instant même, le figuier se dessécha. ²⁰ En voyant cela, les disciples s'étonnèrent et dirent : « Comment se fait-il que le figuier s'est desséché à l'instant même ? » ²¹ Alors Jésus déclara : « Amen, je vous le dis : Si vous avez la foi et si vous ne doutez pas, vous ne ferez pas seulement ce que j'ai fait au figuier ; vous pourrez même dire à cette montagne : 'Enlève-toi de là, et va te jeter dans la mer', et cela se produira ; ²² tout ce que vous demanderez dans votre prière avec foi, vous le recevrez. »

Conflits de Jésus avec ses adversaires (débats et paraboles)

²³ Jésus était entré dans le Temple, et pendant qu'il enseignait, les chefs des prêtres et les anciens du peuple l'abordèrent pour lui demander : « Par quelle autorité fais-tu cela, et qui t'a donné cette autorité ? » ²⁴ Jésus leur répliqua : « A mon tour, je vais vous poser une seule question ; et si vous me répondez, je vous dirai, moi aussi, par quelle autorité je fais cela : ²⁵ Le baptême de Jean, d'où venait-il, du ciel ou des hommes ? » Ils faisaient en eux-mêmes ce raisonnement : « Si nous disons : 'Du ciel', il va nous dire : 'Pourquoi donc n'avez-vous pas cru à sa parole ?' ²⁶ Si nous disons : 'Des hommes', nous devons redouter la foule, car tous tiennent Jean pour un prophète. » ²⁷ Ils répondirent donc à Jésus : « Nous ne savons pas ! » Il leur dit à son tour : « Moi non plus, je ne vous dirai pas par quelle autorité je fais cela.

▶ ²⁸ *Que pensez-vous de ceci ?* Un homme avait deux fils. Il vint trouver le premier et lui dit : 'Mon enfant, va travailler aujourd'hui à ma vigne.' ²⁹ Celui-ci répondit : 'Je ne veux pas.' Mais ensuite,

---

16. Ps. **8**, 3.

s'étant repenti, il y alla. ³⁰ Abordant le second, le père lui dit la même chose. Celui-ci répondit : 'Oui, Seigneur !' et il n'y alla pas. ³¹ Lequel des deux a fait la volonté du père ? » Ils lui répondent : « Le premier. »
Jésus leur dit : « Amen, je vous le déclare : les publicains et les prostituées vous précèdent dans le royaume de Dieu. ³² Car Jean (Baptiste) est venu à vous, vivant selon la justice, et vous n'avez pas cru à sa parole ; tandis que les publicains et les prostituées y ont cru. Mais vous, même après avoir vu cela, vous ne vous êtes pas repentis pour croire à sa parole.

▶ ³³ Écoutez une autre parabole : Un homme était propriétaire d'un domaine ; il planta une vigne*, l'entoura d'une clôture, y creusa un pressoir et y bâtit une tour de garde. Puis il la donna en fermage à des vignerons et partit en voyage. ³⁴ Quand arriva le moment de la vendange, il envoya ses serviteurs auprès des vignerons pour se faire remettre le produit de la vigne. ³⁵ Mais les vignerons se saisirent des serviteurs, frappèrent l'un, tuèrent l'autre, lapidèrent le troisième. ³⁶ De nouveau, le propriétaire envoya d'autres serviteurs plus nombreux que les premiers ; mais ils furent traités de la même façon. ³⁷ Finalement, il leur envoya son fils, en se disant : 'Ils respecteront mon fils.' ³⁸ Mais, voyant le fils, les vignerons se dirent entre eux : 'Voici l'héritier : allons-y ! tuons-le, nous aurons l'héritage !' ³⁹ Ils se saisirent de lui, le jetèrent hors de la vigne et le tuèrent. ⁴⁰ Eh bien, quand le maître de la vigne viendra, que fera-t-il à ces vignerons ? »
⁴¹ On lui répond : « Ces misérables, il les fera périr misérablement. Il donnera la vigne en fermage à d'autres vignerons qui en remettront le produit en temps voulu. » ⁴² Jésus leur dit : « N'avez-vous jamais lu dans les Écritures : *La pierre qu'ont rejetée les bâtisseurs est devenue la pierre angulaire. C'est là l'œuvre du Seigneur, une merveille sous nos yeux !* ⁴³ Aussi, je vous le dis : Le royaume de Dieu vous sera enlevé pour être donné à un peuple qui lui fera produire son fruit. ⁴⁴ Et tout homme qui tombera sur cette pierre sera brisé ; celui sur qui elle tombera, elle le pulvérisera. »
⁴⁵ Les chefs des prêtres et les pharisiens, en entendant ces paraboles,

---

42. Psaume 117, 22-23.

avaient bien compris que Jésus parlait d'eux. ⁴⁶ Tout en cherchant à l'arrêter, ils eurent peur de la foule, parce qu'elle le tenait pour un prophète.

22 ▶ Jésus se remit à parler en paraboles : ² « Le Royaume des cieux est comparable à un roi qui célébrait les noces* de son fils. ³ Il envoya ses serviteurs pour appeler à la noce les invités, mais ceux-ci ne voulaient pas venir. ⁴ Il envoya encore d'autres serviteurs dire aux invités : 'Voilà, mon repas est prêt, mes bœufs et mes bêtes grasses sont égorgés ; tout est prêt ; venez au repas de noce.' ⁵ Mais ils n'en tinrent aucun compte et s'en allèrent, l'un à son champ, l'autre à son commerce ; ⁶ les autres empoignèrent les serviteurs, les maltraitèrent et les tuèrent. ⁷ Le roi se mit en colère, il envoya ses troupes, fit périr les meurtriers et brûla leur ville. ⁸ Alors il dit à ses serviteurs : 'Le repas de noce est prêt, mais les invités n'en étaient pas dignes. ⁹ Allez donc aux croisées des chemins : tous ceux que vous rencontrerez, invitez-les au repas de noce.' ¹⁰ Les serviteurs allèrent sur les chemins, rassemblèrent tous ceux qu'ils rencontrèrent, les mauvais comme les bons, et la salle de noce fut remplie de convives.

¹¹ Le roi entra pour voir les convives. Il vit un homme qui ne portait pas le vêtement de noce, ¹² et lui dit : 'Mon ami, comment es-tu entré ici, sans avoir le vêtement de noce ?' L'autre garda le silence. ¹³ Alors le roi dit aux serviteurs : 'Jetez-le, pieds et poings liés, dehors dans les ténèbres ; là, il y aura des pleurs et des grincements de dents.' ¹⁴ Certes, la multitude des hommes est appelée, mais les élus sont peu nombreux. »

▶ ¹⁵ Alors les pharisiens se concertèrent pour voir comment prendre en faute Jésus en le faisant parler. ¹⁶ Ils lui envoient leurs disciples, accompagnés des partisans d'Hérode : « Maître, lui disent-ils, nous le savons : tu es toujours vrai et tu enseignes le vrai chemin de Dieu ; tu ne te laisses influencer par personne, car tu ne fais pas de différence entre les gens. ¹⁷ Donne-nous ton avis : est-il permis, oui ou non, de payer l'impôt à l'empereur ? » ¹⁸ Mais Jésus, connaissant leur perversité, riposta : « Hypocrites ! pourquoi voulez-vous me mettre à l'épreuve ? ¹⁹ Montrez-moi la monnaie de l'impôt. » Ils lui

---

17. « l'empereur », littéralement : César.

présentèrent une pièce d'argent. ²⁰ Il leur dit : « Cette effigie et cette légende, de qui sont-elles ? ²¹ — De (l'empereur) César », répondirent-ils. Alors il leur dit : « Rendez donc à César ce qui est à César et à Dieu ce qui est à Dieu. » ²² A ces mots, ils furent tout étonnés. Ils le laissèrent donc et s'en allèrent.

²³ Ce jour-là, des sadducéens — ceux qui affirment qu'il n'y a pas de résurrection — vinrent trouver Jésus et l'interrogèrent : ²⁴ « Maître, Moïse a dit : *Si un homme meurt sans avoir d'enfant, son frère épousera la veuve et donnera une descendance au défunt.* ²⁵ Il y avait chez nous sept frères : le premier, qui s'était marié, mourut ; et, comme il n'avait pas d'enfant, il laissa sa femme à son frère. ²⁶ De même le deuxième, puis le troisième, jusqu'au septième, ²⁷ et finalement, la femme mourut. ²⁸ Alors, à la résurrection, duquel des sept sera-t-elle l'épouse, puisqu'elle leur a appartenu à tous ? » ²⁹ Jésus leur répondit : « Vous êtes dans l'erreur, en méconnaissant les Écritures, et la puissance de Dieu. ³⁰ A la résurrection, en effet, on ne se marie pas, mais on est comme les anges dans le ciel. ³¹ Au sujet de la résurrection des morts, n'avez-vous pas lu ce que Dieu vous a dit : ³² Moi, je suis le Dieu d'Abraham, le Dieu d'Isaac, le Dieu de Jacob ? Il n'est pas le Dieu des morts, mais des vivants. » ³³ Les foules qui l'avaient entendu étaient frappées par son enseignement.

▶ ³⁴ Les pharisiens, apprenant qu'il avait fermé la bouche aux sadducéens, se réunirent, ³⁵ et l'un d'eux, un docteur de la Loi, posa une question à Jésus pour le mettre à l'épreuve : ³⁶ « Maître, dans la Loi, quel est le grand commandement ? » ³⁷ Jésus lui répondit : « *Tu aimeras le Seigneur ton Dieu de tout ton cœur, de toute ton âme et de tout ton esprit.* ³⁸ Voilà le grand, le premier commandement. ³⁹ Et voici le second qui lui est semblable : *Tu aimeras ton prochain comme toi-même.* ⁴⁰ Tout ce qu'il y a (dans l'Écriture) dans la Loi et les Prophètes dépend de ces deux commandements. »

Le fils de David Seigneur

⁴¹ Comme les pharisiens se trouvaient réunis, Jésus les interrogea : « Que pensez-vous au sujet du Messie ? De qui est-il le fils ? » ⁴² Ils

---

24. Deutéronome **25**, 5-6 ; « au défunt », littéralement : « à son frère ». — 32. Exode **3**, 6.
37. Deutéronome **6**, 5. — 39. Lévitique **19**, 18

lui répondent : « De David. » ⁴³ Jésus leur réplique : « Comment donc David, sous l'inspiration de l'Esprit, l'appelle-t-il Seigneur, en disant : ⁴⁴ Le Seigneur a dit à mon Seigneur : 'Siège à ma droite jusqu'à ce que j'aie mis tes ennemis sous tes pieds' ? ⁴⁵ Celui que David appelle Seigneur, comment peut-il être son fils ? » ⁴⁶ Personne ne pouvait lui répondre un mot et, à partir de ce jour-là, nul n'osa plus l'interroger.

Jésus dénonce les scribes et les pharisiens

Avertissement à la foule et aux disciples

23 ▶ Alors Jésus déclara à la foule et à ses disciples : ² « Les scribes et les pharisiens enseignent dans la chaire de Moïse. ³ Pratiquez donc et observez tout ce qu'ils peuvent vous dire. Mais n'agissez pas d'après leurs actes, car ils disent et ne font pas. ⁴ Ils lient de pesants fardeaux et en chargent les épaules des gens ; mais eux-mêmes ne veulent pas les remuer du doigt. ⁵ Ils agissent toujours pour être remarqués des hommes : ils portent sur eux des phylactères très larges et des franges très longues ; ⁶ ils aiment les places d'honneur dans les repas, les premiers rangs dans les synagogues, ⁷ les salutations sur les places publiques, ils aiment recevoir des gens le titre de Rabbi. ⁸ Pour vous, ne vous faites pas donner le titre de Rabbi, car vous n'avez qu'un seul enseignant, et vous êtes tous frères. ⁹ Ne donnez à personne sur terre le nom de père, car vous n'avez qu'un seul Père, celui qui est aux cieux. ¹⁰ Ne vous faites pas non plus appeler maître, car vous n'avez qu'un seul maître, le Christ. ¹¹ Le plus grand parmi vous sera votre serviteur. ¹² Qui s'élèvera sera abaissé, qui s'abaissera sera élevé.

Invectives contre les pharisiens

¹³ Malheureux êtes-vous, scribes et pharisiens hypocrites, parce que vous fermez à clé le Royaume des cieux devant les hommes ; vous-mêmes n'y entrez pas, et ceux qui essayent d'y entrer, vous ne leur permettez pas d'entrer ! ¹⁴ ...

---

44. Psaume 109, 1. — 14. Verset ajouté qui provient de Marc 12, 40.

¹⁵ Malheureux êtes-vous, scribes et pharisiens hypocrites, parce que vous parcourez la mer et la terre pour faire un seul converti, et quand vous y avez réussi, vous en faites un homme voué à la géhenne, deux fois pire que vous!

¹⁶ Malheureux êtes-vous, guides aveugles, vous qui dites : 'Si l'on fait un serment par le Temple, il est nul; mais si l'on fait un serment par l'or du Temple, on doit s'en acquitter.' ¹⁷ Insensés et aveugles! Qu'est-ce qui est le plus important : l'or? ou bien le Temple par lequel cet or devient sacré? ¹⁸ Vous dites encore : 'Si l'on fait un serment par l'autel, il est nul; mais si l'on fait un serment par l'offrande posée sur l'autel, on doit s'en acquitter.' ¹⁹ Aveugles! Qu'est-ce qui est le plus important : l'offrande? ou bien l'autel par lequel cette offrande devient sacrée? ²⁰ Celui qui fait un serment par l'autel fait donc un serment par l'autel et par tout ce qui est posé dessus; ²¹ et celui qui fait un serment par le Temple fait un serment par le Temple et par Celui qui l'habite; ²² et celui qui fait un serment par le ciel fait un serment par le trône divin et par Celui qui siège sur ce trône.

²³ Malheureux êtes-vous, scribes et pharisiens hypocrites, parce que vous payez la dîme sur la menthe, le fenouil et le cumin, mais vous avez négligé ce qu'il y a de plus grave dans la Loi : la justice, la miséricorde et la fidélité. Voilà ce qu'il fallait pratiquer sans négliger le reste. ²⁴ Guides aveugles! Vous enlevez le moucheron avec un filtre, et vous avalez le chameau!

²⁵ Malheureux êtes-vous, scribes et pharisiens hypocrites, parce que vous purifiez l'extérieur de la coupe et de l'assiette, mais l'intérieur est rempli de cupidité et d'intempérance! ²⁶ Pharisien aveugle, purifie d'abord l'intérieur de la coupe afin que l'extérieur aussi devienne pur.

²⁷ Malheureux êtes-vous, scribes et pharisiens hypocrites, parce que vous ressemblez à des tombeaux blanchis à la chaux : à l'extérieur ils ont une belle apparence, mais l'intérieur est rempli d'ossements et de toutes sortes de choses impures. ²⁸ C'est ainsi que vous, à l'extérieur, pour les gens, vous avez l'apparence d'hommes justes, mais à l'intérieur vous êtes pleins d'hypocrisie et de mal.

²⁹ Malheureux êtes-vous, scribes et pharisiens hypocrites, parce que vous bâtissez les tombeaux des prophètes, vous décorez les sépulcres des justes, ³⁰ et vous dites : 'Si nous avions vécu à l'époque de

nos pères, nous n'aurions pas été leurs complices pour verser le sang des prophètes.' ³¹Ainsi vous témoignez contre vous-mêmes : vous êtes bien les fils de ceux qui ont assassiné les prophètes. ³²Eh bien, vous, achevez donc ce que vos pères ont commencé !
³³Serpents, engeance de vipères, comment éviteriez-vous le châtiment de la géhenne ? ³⁴C'est pourquoi, voici que j'envoie vers vous des prophètes, des sages et des scribes ; vous tuerez et crucifierez les uns, vous en flagellerez d'autres dans vos synagogues, vous les poursuivrez de ville en ville ; ³⁵ainsi retombera sur vous tout le sang des justes qui a été versé sur la terre, depuis le sang d'Abel le juste jusqu'au sang de Zacharie, fils de Barachie, que vous avez assassiné entre le sanctuaire et l'autel. ³⁶Amen, je vous le dis : tout cela retombera sur cette génération.

Lamentation sur Jérusalem

³⁷Jérusalem, Jérusalem, toi qui tues les prophètes, toi qui lapides ceux qui te sont envoyés, combien de fois j'ai voulu rassembler tes enfants comme la poule rassemble ses poussins sous ses ailes, et vous n'avez pas voulu. ³⁸Maintenant, Dieu abandonne votre temple entre vos mains, et il restera désert. ³⁹En effet, je vous le déclare : vous ne me verrez plus jusqu'au jour où vous direz : *Béni soit celui qui vient au nom du Seigneur.* »

Discours sur l'avènement du Fils de l'homme et la fin du monde (5ᵉ discours)

La venue du Fils de l'homme et ses signes annonciateurs

24 Jésus était sorti du Temple et s'en allait, lorsque ses disciples s'approchèrent pour lui faire remarquer les constructions du Temple. ²Alors il leur déclara : « Vous voyez tout cela, n'est-ce pas ? Amen, je vous le dis : il ne restera pas ici pierre sur pierre ; tout sera détruit. » ³Puis, comme il s'était assis au mont des Oliviers, les disciples s'approchèrent de lui à l'écart pour lui demander : « Dis-

---

35. Voir Genèse 4, 1-8, et 2 Chroniques 24, 20-22. — 39. Psaume 117, 26.

nous quand cela arrivera, dis-nous quel sera le signe de ta venue et de la fin du monde. »

⁴ Jésus leur répondit : « Prenez garde que personne ne vous égare. ⁵ Car beaucoup viendront sous mon nom, en disant : 'C'est moi le Messie', et ils égareront bien des gens. ⁶ Vous allez entendre parler de guerres et de rumeurs de guerre. Attention ! ne vous laissez pas effrayer, car il faut que cela arrive, mais ce n'est pas encore la fin. ⁷ On se dressera nation contre nation, royaume contre royaume ; il y aura çà et là des famines et des tremblements de terre. ⁸ Or tout cela n'est que le début des douleurs de l'enfantement. ⁹ On vous livrera aux tourments, on vous tuera, vous serez détestés de toutes les nations à cause de mon Nom. ¹⁰ Alors beaucoup succomberont ; ils se livreront les uns les autres, se haïront les uns les autres. ¹¹ Quantité de faux prophètes se lèveront et ils égareront bien des gens. ¹² A cause de l'ampleur du mal, la charité de la plupart des hommes se refroidira. ¹³ Mais celui qui aura persévéré jusqu'à la fin, celui-là sera sauvé. ¹⁴ Et cette Bonne Nouvelle du Royaume sera proclamée dans le monde entier ; il y aura là un témoignage pour toutes les nations. Alors viendra la fin.

¹⁵ Lorsque vous verrez le Sacrilège Dévastateur, installé dans le Lieu Saint comme l'a dit le prophète Daniel — que le lecteur (de l'Écriture) comprenne ! — ¹⁶ alors, ceux qui seront en Judée, qu'ils s'enfuient dans la montagne ; ¹⁷ celui qui sera sur sa terrasse, qu'il n'en descende pas pour emporter ce qu'il y a dans sa maison ; ¹⁸ celui qui sera dans son champ, qu'il ne retourne pas en arrière pour emporter son manteau. ¹⁹ Malheureuses les femmes qui seront enceintes et celles qui allaiteront en ces jours-là ! ²⁰ Priez pour que votre fuite n'arrive pas en hiver ni un jour de sabbat, ²¹ car alors il y aura une grande détresse, comme il n'y en a jamais eu depuis le commencement du monde jusqu'à maintenant, et comme il n'y en aura jamais plus. ²² Et si le nombre de ces jours-là n'était pas abrégé, personne n'aurait la vie sauve ; mais à cause des élus *, ces jours-là seront abrégés.

---

15. Voir Daniel **9**, 27 ; **11**, 31 ; **12**, 11. — 18. Voir Genèse **19**, 26.

²³ Alors si quelqu'un vous dit : ʼVoilà le Messie ! Il est là !ʼ ou bien encore ʼIl est là !ʼ n'en croyez rien. ²⁴ Il surgira des faux messies et des faux prophètes, ils produiront des signes grandioses et des prodiges au point d'égarer même les élus, si c'était possible. ²⁵ Voilà que je vous ai tout dit à l'avance.
²⁶ Si l'on vous dit : ʼLe voilà dans le désertʼ, ne sortez pas. (Si l'on vous dit :) ʼLe voilà dans le fond de la maisonʼ, n'en croyez rien. ²⁷ En effet, comme l'éclair qui part de l'orient brille jusqu'à l'occident, ainsi se produira la venue du Fils de l'homme. ²⁸ (Selon le proverbe) : *Là où il y a un cadavre, là se rassembleront les vautours.*
²⁹ Aussitôt après la détresse de ces jours-là, le soleil s'obscurcira et la lune perdra son éclat. Les étoiles tomberont du ciel et les puissances célestes seront ébranlées. ³⁰ Alors paraîtra dans le ciel le signe du Fils de l'homme ; alors toutes les tribus de la terre se frapperont la poitrine et verront le Fils de l'homme venir sur les nuées* du ciel, avec grande puissance et grande gloire. ³¹ Il enverra ses anges au signal retentissant de la trompette, et ils rassembleront ses élus des quatre coins du monde, d'une extrémité des cieux jusqu'à l'autre.

³² Que la comparaison du figuier vous instruise. Dès que ses branches deviennent tendres et que sortent ses feuilles, vous savez que l'été est proche. ³³ De même, vous aussi, lorsque vous verrez tout cela, sachez que (le Fils de l'homme) est proche, à votre porte. ³⁴ Amen, je vous le dis : cette génération ne passera pas avant que tout cela n'arrive. ³⁵ Le ciel et la terre passeront, mes paroles ne passeront jamais.
³⁶ Quant à ce jour et à cette heure-là, nul ne les connaît, pas même les anges des cieux, pas même le Fils, mais le Père seul.

Paraboles de la vigilance active

▶ ³⁷ L'avènement du Fils de l'homme ressemblera à ce qui s'est passé à l'époque de Noé. ³⁸ A cette époque, avant le déluge, on mangeait, on buvait, on se mariait, jusqu'au jour où Noé entra

---

28. Voir Job **39**, 30. – 30. Voir Ap. **1**, 7 et Daniel **7**, 13-14. — 37. Voir Genèse **6**, 7.

dans l'arche. ³⁹ Les gens ne se sont doutés de rien, jusqu'au déluge qui les a tous engloutis : tel sera aussi l'avènement du Fils de l'homme. ⁴⁰ Deux hommes seront aux champs : l'un est pris, l'autre laissé. ⁴¹ Deux femmes seront au moulin : l'une est prise, l'autre laissée.
⁴² Veillez donc, car vous ne connaissez pas le jour où votre Seigneur viendra. ⁴³ Vous le savez bien : si le maître de maison avait su à quelle heure de la nuit le voleur viendrait, il aurait veillé et n'aurait pas laissé percer le mur de sa maison. ⁴⁴ Tenez-vous donc prêts, vous aussi : c'est à l'heure où vous n'y penserez pas, que le Fils de l'homme viendra.

⁴⁵ Quel est donc le serviteur fidèle et sensé à qui le maître de maison a confié la charge de son personnel pour lui donner la nourriture en temps voulu ? ⁴⁶ Heureux ce serviteur que son maître, en arrivant, trouvera à son travail ! ⁴⁷ Amen, je vous le déclare : il lui confiera la charge de tous ses biens. ⁴⁸ Mais si ce mauvais serviteur se dit : 'Mon maître s'attarde', ⁴⁹ et s'il se met à frapper ses compagnons, s'il mange et boit avec les ivrognes, ⁵⁰ son maître viendra le jour où il ne l'attend pas et à l'heure qu'il n'a pas prévue : ⁵¹ il se séparera de lui et le mettra parmi les hypocrites ; là il y aura des pleurs et des grincements de dents.

25 ▶ Alors le Royaume des cieux sera comparable à dix jeunes filles (invitées à des noces*), qui prirent leur lampe et s'en allèrent à la rencontre de l'époux. ² Cinq d'entre elles étaient insensées, et cinq étaient prévoyantes : ³ les insensées avaient pris leur lampe sans emporter d'huile, ⁴ tandis que les prévoyantes avaient pris, avec leur lampe, de l'huile en réserve. ⁵ Comme l'époux tardait, elles s'assoupirent toutes et s'endormirent. ⁶ Au milieu de la nuit, un cri se fit entendre : 'Voici l'époux ! Sortez à sa rencontre.' ⁷ Alors toutes ces jeunes filles se réveillèrent et préparèrent leur lampe. ⁸ Les insensées demandèrent aux prévoyantes : 'Donnez-nous de votre huile, car nos lampes s'éteignent.' ⁹ Les prévoyantes leur répondirent : 'Jamais cela ne suffira pour nous et pour vous ; allez plutôt vous en procurer chez les marchands.' ¹⁰ Pendant qu'elles allaient en acheter, l'époux arriva. Celles qui étaient prêtes entrèrent avec lui dans la salle des noces et l'on ferma la porte. ¹¹ Plus tard, les autres jeunes filles arrivent à leur tour et disent : 'Seigneur,

Seigneur, ouvre-nous ! ' ¹² Il leur répondit : 'Amen, je vous le dis : je ne vous connais pas.' ¹³ Veillez* donc, car vous ne savez ni le jour* ni l'heure*.

▶ ¹⁴ C'est comme un homme qui partait en voyage : il appela ses serviteurs et leur confia ses biens. ¹⁵ A l'un il donna une somme de cinq talents, à un autre deux talents, au troisième un seul, à chacun selon ses capacités. Puis il partit. ¹⁶ Aussitôt, celui qui avait reçu cinq talents s'occupa de les faire valoir et en gagna cinq autres. ¹⁷ De même, celui qui avait reçu deux talents en gagna deux autres. ¹⁸ Mais celui qui n'en avait reçu qu'un creusa la terre et enfouit l'argent de son maître.
¹⁹ Longtemps après, leur maître revient et il leur demande des comptes. ²⁰ Celui qui avait reçu les cinq talents s'avança en apportant cinq autres talents et dit : 'Seigneur, tu m'as confié cinq talents ; voilà, j'en ai gagné cinq autres. ²¹ — Très bien, serviteur bon et fidèle, tu as été fidèle pour peu de choses, je t'en confierai beaucoup ; entre dans la joie de ton maître.' ²² Celui qui avait reçu deux talents s'avança ensuite et dit : 'Seigneur, tu m'as confié deux talents ; voilà, j'en ai gagné deux autres. ²³ — Très bien, serviteur bon et fidèle, tu as été fidèle pour peu de choses, je t'en confierai beaucoup ; entre dans la joie de ton maître.' ²⁴ Celui qui avait reçu un seul talent s'avança ensuite et dit : 'Seigneur, je savais que tu es un homme dur ; tu moissonnes là où tu n'as pas semé, tu ramasses là où tu n'as pas répandu le grain. ²⁵ J'ai eu peur, et je suis allé enfouir ton talent dans la terre. Le voici. Tu as ce qui t'appartient.'
²⁶ Son maître lui répliqua : 'Serviteur mauvais et paresseux, tu savais que je moissonne là où je n'ai pas semé, que je ramasse le grain là où je ne l'ai pas répandu. ²⁷ Alors, il fallait placer mon argent à la banque ; et, à mon retour, je l'aurais retrouvé avec les intérêts. ²⁸ Enlevez-lui donc son talent et donnez-le à celui qui en a dix. ²⁹ Car celui qui a recevra encore, et il sera dans l'abondance. Mais celui qui n'a rien se fera enlever même ce qu'il a. ³⁰ Quant à ce serviteur bon à rien, jetez-le dehors dans les ténèbres ; là il y aura des pleurs et des grincements de dents !'

L'humanité entière jugée sur l'accueil des petits

▶ ³¹ Quand le Fils de l'homme viendra dans sa gloire, et tous les anges avec lui, alors il siégera sur son trône de gloire. ³² Toutes les

nations seront rassemblées devant lui ; il séparera les hommes les uns des autres, comme le berger sépare les brebis des chèvres : ³³ il placera les brebis à sa droite et les chèvres à sa gauche.
³⁴ Alors le Roi dira à ceux qui seront à sa droite : 'Venez, les bénis de mon Père, recevez en héritage * le Royaume préparé pour vous depuis la création du monde. ³⁵ Car j'avais faim, et vous m'avez donné à manger ; j'avais soif, et vous m'avez donné à boire ; j'étais un étranger, et vous m'avez accueilli ; ³⁶ j'étais nu, et vous m'avez habillé ; j'étais malade, et vous m'avez visité ; j'étais en prison, et vous êtes venus jusqu'à moi !' ³⁷ Alors les justes lui répondront : 'Seigneur, quand est-ce que nous t'avons vu...? tu avais donc faim, et nous t'avons nourri ? tu avais soif, et nous t'avons donné à boire ? ³⁸ tu étais un étranger, et nous t'avons accueilli ? tu étais nu, et nous t'avons habillé ? ³⁹ tu étais malade ou en prison... Quand sommes-nous venus jusqu'à toi ?' ⁴⁰ Et le Roi leur répondra : 'Amen, je vous le dis, chaque fois que vous l'avez fait à l'un de ces petits qui sont mes frères, c'est à moi que vous l'avez fait.'
⁴¹ Alors il dira à ceux qui seront à sa gauche : 'Allez-vous en loin de moi, maudits, dans le feu éternel préparé pour le démon et ses anges. ⁴² Car j'avais faim, et vous ne m'avez pas donné à manger ; j'avais soif, et vous ne m'avez pas donné à boire ; ⁴³ j'étais un étranger, et vous ne m'avez pas accueilli ; j'étais nu, et vous ne m'avez pas habillé ; j'étais malade et en prison, et vous ne m'avez pas visité.' ⁴⁴ Alors ils répondront, eux aussi : 'Seigneur, quand est-ce que nous t'avons vu avoir faim et soif, être nu, étranger, malade ou en prison, sans nous mettre à ton service ?' ⁴⁵ Il leur répondra : 'Amen, je vous le dis, chaque fois que vous ne l'avez pas fait à l'un de ces petits, à moi non plus vous ne l'avez pas fait.' ⁴⁶ Et ils s'en iront, ceux-ci au châtiment éternel, et les justes, à la vie éternelle. »

La Passion du Fils de Dieu

26 Jésus acheva ainsi tout son discours, puis il dit à ses disciples : ² « Vous savez que la Pâque arrive dans deux jours et que le Fils de l'homme va être livré pour être crucifié. »
³ Alors les chefs des prêtres et les anciens du peuple se réunirent dans le palais du grand prêtre, qui s'appelait Caïphe ; ⁴ ils tinrent conseil pour arrêter Jésus par ruse et le faire mourir. ⁵ Mais ils se

disaient : « Pas en pleine fête, afin qu'il n'y ait pas d'émeute dans le peuple. »
⁶ Comme Jésus se trouvait à Béthanie chez Simon le lépreux, ⁷ une femme s'approcha, avec un flacon d'albâtre contenant un parfum de grand prix. Elle le versait sur la tête de Jésus, qui était à table. ⁸ Voyant cela, les disciples s'indignèrent en disant : « A quoi bon ce gaspillage ? ⁹ On aurait pu vendre ce parfum pour beaucoup d'argent et en faire don à des pauvres. » ¹⁰ Jésus le comprit et leur dit : « Pourquoi tourmenter cette femme ? C'est une action charitable qu'elle a faite à mon égard. ¹¹ Des pauvres, vous en aurez toujours avec vous, mais moi, vous ne m'aurez pas toujours. ¹² Si elle a versé ce parfum sur mon corps, c'est en vue de mon ensevelissement. ¹³ Amen, je vous le dis : partout où cette Bonne Nouvelle sera proclamée, dans le monde entier, on racontera, en souvenir d'elle, ce qu'elle vient de faire. »

1. *La trahison de Judas*

▶ ¹⁴ Alors l'un des Douze, nommé Judas Iscariote, alla trouver les chefs des prêtres ¹⁵ et leur dit : « Que voulez-vous me donner si je vous le livre ? » Ils lui proposèrent trente pièces d'argent. ¹⁶ Dès lors, Judas cherchait une occasion favorable pour le livrer.

2. *Le repas d'adieu*

¹⁷ Le premier jour de la fête des pains sans levain, les disciples vinrent dire à Jésus : « Où veux-tu que nous fassions les préparatifs de ton repas pascal ? » ¹⁸ Il leur dit : « Allez à la ville chez un tel, et dites-lui : ' Le Maître te fait dire : Mon temps est proche ; c'est chez toi que je veux célébrer la Pâque avec mes disciples. ' » ¹⁹ Les disciples firent ce que Jésus leur avait prescrit et ils préparèrent la Pâque.
²⁰ Le soir venu, Jésus se trouvait à table avec les Douze. ²¹ Pendant le repas, il leur déclara : « Amen, je vous le dis : l'un de vous va me livrer. » ²² Profondément attristés, ils se mirent à lui demander, l'un après l'autre : « Serait-ce moi, Seigneur ? » ²³ Il leur répondit : « Celui qui vient de se servir en même temps que moi, celui-là va me livrer. ²⁴ Le Fils de l'homme s'en va, comme il est écrit à son sujet ; mais malheureux l'homme par qui le Fils de l'homme est

livré! Il vaudrait mieux que cet homme-là ne soit pas né! »
²⁵ Judas, celui qui le livrait, prit la parole : « Rabbi, serait-ce moi? »
Jésus lui répond : « C'est toi qui l'as dit! »

3. *Jésus institue l'Eucharistie*

²⁶ Pendant le repas, Jésus prit du pain, prononça la bénédiction, le rompit et le donna à ses disciples, en disant : « Prenez, mangez : ceci est mon corps. » ²⁷ Puis, prenant une coupe et rendant grâce, il la leur donna, en disant : « Buvez-en tous, ²⁸ car ceci est mon sang, le sang de l'Alliance, répandu pour la multitude en rémission des péchés. ²⁹ Je vous le dis, désormais je ne boirai plus de ce fruit de la vigne, jusqu'au jour où je boirai un vin nouveau avec vous dans le royaume de mon Père. »

4. *L'agonie à Gethsémani*

³⁰ Après avoir chanté les psaumes, ils partirent pour le mont des Oliviers. ³¹ Alors Jésus leur dit : « Cette nuit, je serai pour vous tous une occasion de chute ; car il est écrit : *Je frapperai le berger, et les brebis du troupeau seront dispersées.* ³² Mais après que je serai ressuscité, je vous précéderai en Galilée. » ³³ Pierre lui dit : « Si tous viennent à tomber à cause de toi, moi, je ne tomberai jamais. » ³⁴ Jésus reprit : « Amen, je te le dis : cette nuit même, avant que le coq chante, tu m'auras renié trois fois. » Pierre lui dit : ³⁵ « Même si je dois mourir avec toi, je ne te renierai pas. » Et tous les disciples en dirent autant.

³⁶ Alors Jésus parvient avec eux à un domaine appelé Gethsémani et leur dit : « Restez ici, pendant que je m'en vais là-bas pour prier. » ³⁷ Il emmena Pierre, ainsi que (Jacques et Jean,) les deux fils de Zébédée, et il commença à ressentir tristesse et angoisse. ³⁸ Il leur dit alors : « Mon âme est triste à en mourir. Demeurez ici et veillez * avec moi. » ³⁹ Il s'écarta un peu et tomba la face contre terre, en faisant cette prière : « Mon Père, s'il est possible, que cette coupe passe loin de moi! Cependant, non pas comme je veux, mais comme tu veux. » ⁴⁰ Puis il revient vers ses disciples et les trouve

---

28. Allusion à Exode 24, 8 : Moïse scelle dans le sang des taureaux apportés en sacrifice l'Alliance de Dieu avec son peuple. — 31. Voir Zacharie 13, 7.

endormis; il dit à Pierre : « Ainsi, vous n'avez pas eu la force de veiller une heure avec moi ? ⁴¹ Veillez et priez, pour ne pas entrer en tentation : l'esprit est ardent, mais la chair* est faible. » ⁴² Il retourna prier une deuxième fois : « Mon Père, si cette coupe ne peut passer sans que je la boive, que ta volonté soit faite ! » ⁴³ Revenu près des disciples, il les trouva endormis, car leurs yeux étaient lourds de sommeil. ⁴⁴ Il les laissa et retourna prier pour la troisième fois, répétant les mêmes paroles. ⁴⁵ Alors il revient vers les disciples et leur dit : « Désormais vous pouvez dormir et vous reposer ! La voici toute proche, l'heure * où le Fils de l'homme est livré aux mains des pécheurs. ⁴⁶ Levez-vous ! Allons ! Le voici tout proche, celui qui me livre. »

5. *L'arrestation de Jésus*

⁴⁷ Jésus parlait encore, lorsque Judas, l'un des Douze, arriva, avec une grande foule armée d'épées et de bâtons, envoyée par les chefs des prêtres et les anciens du peuple. ⁴⁸ Le traître leur avait donné un signe : « Celui que j'embrasserai, c'est lui ; arrêtez-le. » ⁴⁹ Aussitôt, s'approchant de Jésus, il lui dit : « Salut, Rabbi ! », et il l'embrassa. ⁵⁰ Jésus lui dit : « Mon ami, fais ta besogne. » Alors ils s'avancèrent, mirent la main sur Jésus et l'arrêtèrent. ⁵¹ Un de ceux qui étaient avec Jésus, portant la main à son épée, la tira, frappa le serviteur du grand prêtre, et lui trancha l'oreille. ⁵² Jésus lui dit : « Rentre ton épée, car tous ceux qui prennent l'épée périront par l'épée. ⁵³ Crois-tu que je ne puisse pas faire appel à mon Père, qui mettrait aussitôt à ma disposition plus de douze légions d'anges ? ⁵⁴ Mais alors, comment s'accompliraient les Écritures ? D'après elles, c'est ainsi que tout doit se passer. » ⁵⁵ A ce moment-là, Jésus dit aux foules : « Suis-je donc un bandit pour que vous soyez venus m'arrêter avec des épées et des bâtons ? Chaque jour, j'étais assis dans le Temple où j'enseignais, et vous ne m'avez pas arrêté. ⁵⁶ Mais tout cela est arrivé pour que s'accomplissent les écrits des prophètes. » Alors les disciples l'abandonnèrent tous et s'enfuirent.

6. *Le procès devant Caïphe*

⁵⁷ Ceux qui avaient arrêté Jésus l'amenèrent devant Caïphe, le grand prêtre, chez qui s'étaient réunis les scribes et les anciens.

⁵⁸ Quant à Pierre, il le suivait de loin, jusqu'au palais du grand prêtre ; il entra dans la cour et s'assit avec les serviteurs pour voir comment cela finirait. ⁵⁹ Les chefs des prêtres et tout le grand conseil cherchaient un faux témoignage contre Jésus pour le faire condamner à mort. ⁶⁰ Ils n'en trouvèrent pas ; pourtant beaucoup de faux témoins s'étaient présentés. Finalement il s'en présenta deux ⁶¹ qui déclarèrent : « Cet homme a dit : ' Je peux détruire le Temple * de Dieu et, en trois jours, le rebâtir '. » ⁶² Alors le grand prêtre se leva et lui dit : « Tu ne réponds rien à tous ces témoignages portés contre toi ? » ⁶³ Mais Jésus gardait le silence. Le grand prêtre lui dit : « Je t'adjure, par le Dieu vivant, de nous dire si tu es le Messie, le Fils de Dieu. » ⁶⁴ Jésus lui répond : « C'est toi qui l'as dit ; mais en tout cas, je vous le déclare : désormais vous verrez le *Fils de l'homme siéger à la droite du Tout-Puissant et venir sur les nuées du ciel.* » ⁶⁵ Alors le grand prêtre déchira ses vêtements, en disant : « Il a blasphémé ! Pourquoi nous faut-il encore des témoins ? Vous venez d'entendre le blasphème ! ⁶⁶ Quel est votre avis ? » Ils répondirent : « Il mérite la mort. » ⁶⁷ Alors ils lui crachèrent au visage et le rouèrent de coups ; d'autres le giflèrent ⁶⁸ en disant : « Fais-nous le prophète. Messie ! qui est-ce qui t'a frappé ? »

7. *La trahison et le repentir de Pierre*

⁶⁹ Quant à Pierre, il était assis dehors dans la cour. Une servante s'approcha de lui : « Toi aussi, tu étais avec Jésus le Galiléen ! » ⁷⁰ Mais il nia devant tout le monde : « Je ne sais pas ce que tu veux dire. » ⁷¹ Comme il se retirait vers le portail, une autre le vit et dit aux gens qui étaient là : « Celui-ci était avec Jésus de Nazareth. » ⁷² De nouveau, Pierre le nia : « Je jure que je ne connais pas cet homme. » ⁷³ Peu après, ceux qui se tenaient là s'approchèrent de Pierre : « Sûrement, toi aussi, tu fais partie de ces gens-là ; d'ailleurs ton accent te trahit. » ⁷⁴ Alors, il se mit à protester violemment et à jurer : « Je ne connais pas cet homme. » Aussitôt un coq chanta. ⁷⁵ Et Pierre se rappela ce que Jésus lui avait dit : ' Avant que le coq chante, tu m'auras renié trois fois. ' Il sortit et pleura amèrement.

---

64. Voir Daniel 7, 13. — 75. Voir Matthieu 26, 34.

8. Le désespoir de Judas

27 Le matin venu, tous les chefs des prêtres et les anciens du peuple tinrent conseil contre Jésus pour le faire condamner à mort. ² Après l'avoir ligoté, ils l'emmenèrent pour le livrer à Pilate, le gouverneur.
³ Alors Judas, le traître, fut pris de remords en le voyant condamné ; il rapporta les trente pièces d'argent aux chefs des prêtres et aux anciens. ⁴ Il leur dit : « J'ai péché en livrant à la mort un innocent. » Ils répliquèrent : « Qu'est-ce que cela nous fait ? Cela te regarde ! » ⁵ Jetant alors les pièces d'argent dans le Temple, il se retira et alla se pendre. ⁶ Les chefs des prêtres ramassèrent l'argent et se dirent : « Il n'est pas permis de le verser dans le trésor, puisque c'est le prix du sang. » ⁷ Après avoir tenu conseil, ils achetèrent avec cette somme le Champ-du-Potier pour y enterrer les étrangers. ⁸ Voilà pourquoi ce champ a été appelé jusqu'à ce jour le Champ-du-Sang. ⁹ Alors s'est accomplie la parole transmise par le prophète Jérémie : *Ils prirent les trente pièces d'argent, le prix de celui qui fut mis à prix par les enfants d'Israël,* ¹⁰ *et ils les donnèrent pour le champ du potier, comme le Seigneur me l'avait ordonné.*

9. Le procès devant Pilate

¹¹ On fit comparaître Jésus devant (Pilate) le gouverneur, qui l'interrogea : « Es-tu le roi des Juifs ? » Jésus déclara : « C'est toi qui le dis. » ¹² Mais, tandis que les chefs des prêtres et les anciens l'accusaient, il ne répondit rien. ¹³ Alors Pilate lui dit : « Tu n'entends pas tous les témoignages portés contre toi ? » ¹⁴ Mais Jésus ne lui répondit plus un mot, si bien que le gouverneur était très étonné. ¹⁵ Or, à chaque fête, celui-ci avait coutume de relâcher un prisonnier, celui que la foule demandait. ¹⁶ Il y avait alors un prisonnier bien connu, nommé Barabbas. ¹⁷ La foule s'étant donc rassemblée, Pilate leur dit : « Qui voulez-vous que je vous relâche : Barabbas ? ou Jésus qu'on appelle le Messie ? » ¹⁸ Il savait en effet que c'était par jalousie qu'on l'avait livré. ¹⁹ Tandis qu'il siégeait au tribunal, sa femme lui fit dire : « Ne te mêle pas de l'affaire de ce juste, car

---

9-10. Zacharie 11, 12-13 ; Jérémie 32, 6-9

aujourd'hui j'ai beaucoup souffert en songe à cause de lui. » ²⁰ Les chefs des prêtres et les anciens poussèrent les foules à réclamer Barabbas et à faire périr Jésus. ²¹ Le gouverneur reprit : « Lequel des deux voulez-vous que je vous relâche ? » Ils répondirent : « Barabbas ! » ²² Il reprit : « Que ferai-je donc de Jésus, celui qu'on appelle le Messie ? » Ils répondirent tous : « Qu'on le crucifie ! » ²³ Il poursuivit : « Quel mal a-t-il donc fait ? » Ils criaient encore plus fort : « Qu'on le crucifie ! » ²⁴ Pilate vit que ses efforts ne servaient à rien, sinon à augmenter le désordre ; alors il prit de l'eau et se lava les mains devant la foule, en disant : « Je ne suis pas responsable du sang de cet homme : cela vous regarde ! » ²⁵ Tout le peuple répondit : « Son sang, qu'il soit sur nous et sur nos enfants ! »
²⁶ Il leur relâcha donc Barabbas ; quant à Jésus, il le fit flageller et le leur livra pour qu'il soit crucifié.

10. *Jésus insulté et bafoué*

²⁷ Alors les soldats du gouverneur emmenèrent Jésus dans le prétoire et rassemblèrent autour de lui toute la garde. ²⁸ Ils lui enlevèrent ses vêtements et le couvrirent d'un manteau rouge. ²⁹ Puis, avec des épines, ils tressèrent une couronne, et la posèrent sur sa tête ; ils lui mirent un roseau dans la main droite et, pour se moquer de lui, ils s'agenouillaient en lui disant : « Salut, roi des Juifs ! » ³⁰ Et, crachant sur lui, ils prirent le roseau, et ils le frappaient à la tête. ³¹ Quant ils se furent bien moqués de lui, ils lui enlevèrent le manteau, lui remirent ses vêtements, et l'emmenèrent pour le crucifier.

11. *Le chemin de la croix*

³² En sortant, ils trouvèrent un nommé Simon, originaire de Cyrène, et ils le réquisitionnèrent pour porter la croix. ³³ Arrivés à l'endroit appelé Golgotha, c'est-à-dire : Lieu-du-Crâne ou Calvaire, ³⁴ ils donnèrent à boire à Jésus du vin mêlé de fiel ; il en goûta, mais ne voulut pas boire. ³⁵ Après l'avoir crucifié, ils se partagèrent ses vêtements en tirant au sort ; ³⁶ et ils restaient là, assis, à le garder.

---

34. Voir Psaume **68**. 22.

³⁷ Au-dessus de sa tête on inscrivit le motif de sa condamnation : 'Celui-ci est Jésus, le roi des Juifs.' ³⁸ En même temps, on crucifie avec lui deux bandits, l'un à droite et l'autre à gauche.
³⁹ Les passants l'injuriaient en hochant la tête : ⁴⁰ « Toi qui détruis le Temple et le rebâtis en trois jours, sauve-toi toi-même, si tu es Fils de Dieu, et descends de la croix ! » ⁴¹ De même, les chefs des prêtres se moquaient de lui avec les scribes et les anciens en disant : ⁴² « Il en a sauvé d'autres, et il ne peut pas se sauver lui-même ! C'est le roi d'Israël : qu'il descende maintenant de la croix et nous croirons en lui ! ⁴³ Il a mis sa confiance en Dieu : que Dieu le délivre maintenant, s'il l'aime ! car il a dit : 'Je suis Fils de Dieu'. » ⁴⁴ Les bandits crucifiés avec lui l'insultaient de la même manière.

12. *Jésus meurt en croix*

⁴⁵ A partir de midi, l'obscurité se fit sur toute la terre jusqu'à trois heures. ⁴⁶ Vers trois heures, Jésus cria d'une voix forte : « *Éli, Éli, lama sabactani* », ce qui veut dire : « *Mon Dieu, mon Dieu, pourquoi m'as-tu abandonné ?* » ⁴⁷ Quelques-uns de ceux qui étaient là disaient en l'entendant : « Le voilà qui appelle (le prophète) Élie ! » ⁴⁸ Aussitôt l'un d'eux courut prendre une éponge qu'il trempa dans une boisson vinaigrée ; il la mit au bout d'un roseau et il lui donnait à boire. ⁴⁹ Les autres dirent : « Attends ! nous verrons bien si Élie va venir le sauver. » ⁵⁰ Mais Jésus, poussant de nouveau un grand cri, rendit l'esprit.

⁵¹ Et voici que le rideau du Temple se déchira en deux, du haut en bas ; la terre trembla et les rochers se fendirent. ⁵² Les tombeaux s'ouvrirent ; les corps de nombreux saints qui étaient morts ressuscitèrent, ⁵³ et, sortant des tombeaux après la résurrection de Jésus, ils entrèrent dans la ville sainte, et se montrèrent à un grand nombre de gens. ⁵⁴ A la vue du tremblement de terre et de tous ces événements, le centurion et ceux qui, avec lui, gardaient Jésus, furent saisis d'une grande crainte et dirent : « Vraiment, celui-ci était le Fils de Dieu ! »

⁵⁵ Il y avait là plusieurs femmes qui regardaient à distance : elles avaient suivi Jésus depuis la Galilée pour le servir. ⁵⁶ Parmi elles se

---

46. Psaume 21, 2.

trouvaient Marie Madeleine, Marie, mère de Jacques et de Joseph, et la mère des fils de Zébédée.

13. *Jésus est mis au tombeau*

⁵⁷ Le soir venu, arriva un homme riche, originaire d'Arimathie, qui s'appelait Joseph, et qui était devenu lui aussi disciple de Jésus. ⁵⁸ Il alla trouver Pilate pour demander le corps de Jésus. Alors Pilate ordonna de le lui remettre. ⁵⁹ Prenant le corps, Joseph l'enveloppa dans un linceul neuf, ⁶⁰ et le déposa dans le tombeau qu'il venait de se faire tailler dans le roc. Puis il roula une grande pierre à l'entrée du tombeau et s'en alla. ⁶¹ Cependant Marie Madeleine et l'autre Marie étaient là, assises en face du tombeau.

14. *Les gardes au tombeau*

⁶² Quand la journée des préparatifs de la fête fut achevée, les chefs des prêtres et les pharisiens s'assemblèrent chez Pilate, ⁶³ en disant : « Seigneur, nous nous sommes rappelé que cet imposteur a dit, de son vivant ; 'Trois jours après, je ressusciterai'. ⁶⁴ Donne donc l'ordre que le tombeau soit étroitement surveillé jusqu'au troisième jour, de peur que ses disciples ne viennent voler le corps et ne disent au peuple : 'Il est ressuscité d'entre les morts.' Cette dernière imposture serait pire que la première. » ⁶⁵ Pilate leur déclara : « Je vous donne une garde ; allez, organisez la surveillance comme vous l'entendez. » ⁶⁶ Ils partirent donc et assurèrent la surveillance du tombeau en mettant les scellés sur la pierre et en y plaçant la garde.

Le Fils de Dieu ressuscité présent à son Église

28 ▸ Après le sabbat, à l'heure où commençait le premier jour de la semaine, Marie Madeleine et l'autre Marie vinrent faire leur visite au tombeau de Jésus. ² Et voilà qu'il y eut un grand tremblement de terre ; l'Ange du Seigneur descendit du ciel, vint rouler la pierre et s'assit dessus. ³ Il avait l'aspect de l'éclair et son vêtement était blanc comme la neige. ⁴ Les gardes, dans la crainte qu'ils éprouvèrent, furent bouleversés et devinrent comme morts. ⁵ Or l'Ange,

s'adressant aux femmes, leur dit : « Vous, soyez sans crainte ! je sais que vous cherchez Jésus le Crucifié. ⁶ Il n'est pas ici, car il est ressuscité, comme il l'avait dit. Venez voir l'endroit où il reposait.
⁷ Puis, vite, allez dire à ses disciples : ' Il est ressuscité d'entre les morts ; il vous précède en Galilée : là, vous le verrez ! ' Voilà ce que j'avais à vous dire. » ⁸ Vite, elles quittèrent le tombeau, tremblantes et toutes joyeuses, et elles coururent porter la nouvelle aux disciples.
⁹ Et voici que Jésus vint à leur rencontre et leur dit : « Je vous salue. » Elles s'approchèrent et, lui saisissant les pieds, elles se prosternèrent devant lui. ¹⁰ Alors Jésus leur dit : « Soyez sans crainte, allez annoncer à mes frères qu'ils doivent se rendre en Galilée : c'est là qu'ils me verront. »

¹¹ Tandis qu'elles étaient en chemin, quelques-uns des hommes chargés de garder le tombeau allèrent en ville annoncer aux chefs des prêtres tout ce qui s'était passé. ¹² Ceux-ci, après s'être réunis avec les anciens et avoir tenu conseil, donnèrent aux soldats une forte somme ¹³ en leur disant : « Voilà ce que vous raconterez : ' Ses disciples sont venus voler le corps, la nuit pendant que nous dormions. ' ¹⁴ Et si tout cela vient aux oreilles du gouverneur, nous lui expliquerons la chose, et nous vous éviterons tout ennui. » ¹⁵ Les soldats prirent l'argent et suivirent la leçon. Et cette explication s'est propagée chez les Juifs jusqu'à ce jour.

▶ ¹⁶ Les onze disciples s'en allèrent en Galilée, à la montagne où Jésus leur avait ordonné de se rendre. ¹⁷ Quand ils le virent, ils se prosternèrent, mais certains eurent des doutes. ¹⁸ Jésus s'approcha d'eux et leur adressa ces paroles : « Tout pouvoir m'a été donné au ciel et sur la terre. ¹⁹ Allez donc ! De toutes les nations faites des disciples, baptisez-les au nom du Père, et du Fils, et du Saint-Esprit ; ²⁰ et apprenez-leur à garder tous les commandements que je vous ai donnés. Et moi, je suis avec vous tous les jours jusqu'à la fin du monde. »

Évangile selon saint Marc

1 ▶ Commencement de la Bonne Nouvelle de Jésus Christ, le Fils de Dieu.

Prélude

Jean Baptiste

² Il était écrit* dans (le livre) du prophète Isaïe : *Voici que j'envoie mon messager devant toi, pour préparer ta route.* ³ *A travers le désert, une voix crie : Préparez le chemin du Seigneur, aplanissez sa route.*
⁴ Et Jean le Baptiste parut dans le désert. Il proclamait un baptême de conversion pour le pardon des péchés.
⁵ Toute la Judée, tout Jérusalem, venait à lui. Tous se faisaient baptiser par lui dans les eaux du Jourdain, en reconnaissant leurs péchés.
⁶ Jean était vêtu de poil de chameau avec une ceinture de cuir autour des reins, et il se nourrissait de sauterelles et de miel sauvage. ▶ ⁷ Il proclamait : « Voici venir derrière moi celui qui est plus puissant que moi. Je ne suis pas digne de me courber à ses pieds pour défaire la courroie de ses sandales. ⁸ Moi, je vous ai baptisés dans l'eau*, lui vous baptisera dans l'Esprit Saint. »

Entrée en scène de Jésus

⁹ Or, à cette époque, Jésus vint de Nazareth, ville de Galilée, et se fit baptiser par Jean dans le Jourdain. ¹⁰ Au moment où il sortait

---

2. Malachie 3, 1. — 3. Isaïe **40**, 3.

de l'eau, Jésus vit le ciel se déchirer et l'Esprit descendre sur lui comme une colombe. ¹¹ Du ciel une voix se fit entendre : « C'est toi mon Fils bien-aimé ; en toi j'ai mis tout mon amour. »

▶ ¹² Aussitôt l'Esprit pousse Jésus au désert. ¹³ Et dans le désert* il resta quarante jours, tenté* par Satan. Il vivait parmi les bêtes sauvages, et les anges le servaient.

En Galilée : le drame s'annonce

Des temps nouveaux commencent

▶ ¹⁴ Après l'arrestation de Jean Baptiste, Jésus partit pour la Galilée proclamer la Bonne Nouvelle de Dieu ; il disait : ¹⁵ « Les temps* sont accomplis : le règne* de Dieu est tout proche. Convertissez-vous* et croyez à la Bonne Nouvelle. »

Jésus fait question

Appel des premiers disciples

¹⁶ Passant au bord du lac de Galilée, il vit Simon et son frère André en train de jeter leurs filets : c'étaient des pêcheurs. ¹⁷ Jésus leur dit : « Venez derrière moi. Je ferai de vous des pêcheurs d'hommes. » ¹⁸ Aussitôt, laissant là leurs filets, ils le suivirent.
¹⁹ Un peu plus loin, Jésus vit Jacques, fils de Zébédée et son frère Jean, qui étaient aussi dans leur barque et préparaient leurs filets. ²⁰ Jésus les appela aussitôt. Alors, laissant dans la barque leur père avec ses ouvriers, ils partirent derrière lui.

Des hommes et des femmes libérés par Jésus

▶ ²¹ Jésus, accompagné de ses disciples, arrive à Capharnaüm. Aussitôt, le jour du sabbat, il se rendit à la synagogue*, et là, il enseignait. ²² On était frappé par son enseignement, car il enseignait en

---

21. Littéralement : ils arrivent à Capharnaüm.

homme qui a autorité, et non pas comme les scribes. ²³ Or, il y avait dans leur synagogue un homme tourmenté par un esprit mauvais, qui se mit à crier : ²⁴ « Que nous veux-tu, Jésus de Nazareth ? Es-tu venu pour nous perdre ? Je sais fort bien qui tu es : le Saint*, le Saint de Dieu. » ²⁵ Jésus l'interpella vivement : « Silence ! Sors de cet homme. » ²⁶ L'esprit mauvais le secoua avec violence et sortit de lui en poussant un grand cri. ²⁷ Saisis de frayeur, tous s'interrogeaient : « Qu'est-ce que cela veut dire ? Voilà un enseignement nouveau, proclamé avec autorité ! Il commande même aux esprits mauvais, et ils lui obéissent. » ²⁸ Dès lors, sa renommée se répandit dans toute la région de la Galilée.

▶ ²⁹ En quittant la synagogue, Jésus, accompagné de Jacques et de Jean, alla chez Simon et André. ³⁰ Or, la belle-mère de Simon était au lit avec de la fièvre. Sans plus attendre, on parle à Jésus de la malade. ³¹ Jésus s'approcha d'elle, la prit par la main, et il la fit lever. La fièvre la quitta, et elle les servait.

³² Le soir venu, après le coucher du soleil, on lui amenait tous les malades et ceux qui étaient possédés par des esprits mauvais. ³³ La ville entière se pressait à la porte. ³⁴ Il guérit toutes sortes de malades, il chassa beaucoup d'esprits mauvais et il les empêchait de parler, parce qu'ils savaient, eux, qui il était.

³⁵ Le lendemain, bien avant l'aube, Jésus se leva. Il sortit et alla dans un endroit désert, et là il priait. ³⁶ Simon et ses compagnons se mirent à sa recherche. ³⁷ Quand ils l'ont trouvé, ils lui disent : « Tout le monde te cherche. » ³⁸ Mais Jésus leur répond : « Partons ailleurs, dans les villages voisins, afin que là aussi je proclame (la Bonne Nouvelle) ; car c'est pour cela que je suis sorti. »

³⁹ Il parcourut donc toute la Galilée, proclamant (la Bonne Nouvelle) dans leurs synagogues, et chassant les esprits mauvais.
▶ ⁴⁰ Un lépreux vient trouver Jésus ; il tombe à ses genoux et le supplie : « Si tu le veux, tu peux me purifier. » ⁴¹ Pris de pitié devant cet homme, Jésus étendit la main, le toucha et lui dit : « Je le veux, sois purifié. » ⁴² A l'instant même, sa lèpre le quitta et il fut purifié. ⁴³ Aussitôt Jésus le renvoya avec cet avertissement sévère : ⁴⁴ « Attention, ne dis rien à personne, mais va te montrer au prêtre. Et donne pour ta purification ce que Moïse prescrit dans la Loi : ta guérison sera pour les gens un témoignage. » ⁴⁵ Une fois parti, cet

homme se mit à proclamer et à répandre la nouvelle, de sorte qu'il n'était plus possible à Jésus d'entrer ouvertement dans une ville. Il était obligé d'éviter les lieux habités, mais de partout on venait à lui.

2 ▶ Jésus était de retour à Capharnaüm, et la nouvelle se répandit qu'il était à la maison. ² Tant de monde s'y rassembla qu'il n'y avait plus de place, même devant la porte. Il leur annonçait la Parole. ³ Arrivent des gens qui lui amènent un paralysé, porté par quatre hommes. ⁴ Comme ils ne peuvent l'approcher à cause de la foule, ils découvrent le toit au-dessus de lui, font une ouverture et descendent le brancard sur lequel était couché le paralysé. ⁵ Voyant leur foi, Jésus dit au paralysé : « Mon fils, tes péchés sont pardonnés. » ⁶ Or, il y avait dans l'assistance quelques scribes qui raisonnaient en eux-mêmes : ⁷ « Pourquoi cet homme parle-t-il ainsi ? Il blasphème. Qui donc peut pardonner les péchés, sinon Dieu seul ? » ⁸ Saisissant aussitôt dans son esprit les raisonnements qu'ils faisaient, Jésus leur dit : « Pourquoi tenir de tels raisonnements ? ⁹ Qu'est-ce qui est le plus facile ? de dire au paralysé : 'Tes péchés sont pardonnés', ou bien de dire : 'Lève-toi, prends ton brancard et marche' ? ¹⁰ Eh bien ! Pour que vous sachiez que le Fils * de l'homme a le pouvoir de pardonner les péchés sur la terre, ¹¹ je te l'ordonne, dit-il au paralysé : Lève-toi, prends ton brancard et rentre chez toi. » ¹² L'homme se leva, prit aussitôt son brancard, et sortit devant tout le monde. Tous étaient stupéfaits et rendaient gloire à Dieu, en disant : « Nous n'avons jamais rien vu de pareil. »

Appel d'un nouveau disciple

¹³ Jésus sortit de nouveau sur le rivage du lac ; toute la foule venait à lui, et il les instruisait. ¹⁴ En passant, il aperçut Lévi, fils d'Alphée, assis à son bureau de publicain (collecteur d'impôts). Il lui dit : « Suis-moi. » L'homme se leva et le suivit.

Affrontements

¹⁵ Comme il était à table dans sa maison, beaucoup de publicains et de pécheurs vinrent prendre place avec Jésus et ses disciples, car il y avait beaucoup de monde. ¹⁶ Même les scribes * du parti des phari-

siens *le suivaient aussi, et, voyant qu'il mangeait avec les pécheurs et les publicains, ils disaient à ses disciples : « Il mange avec les publicains et les pécheurs ! » [17] Jésus, qui avait entendu, leur déclara : « Ce ne sont pas les gens bien-portants qui ont besoin du médecin, mais les malades. Je suis venu appeler non pas les justes, mais les pécheurs. »

▶ [18] Comme les disciples de Jean Baptiste et les pharisiens jeûnaient, on vient demander à Jésus : « Pourquoi tes disciples ne jeûnent-ils pas, comme les disciples de Jean et ceux des pharisiens ? » [19] Jésus répond : « Les invités de la noce pourraient-ils donc jeûner, pendant que l'Époux est avec eux ? Tant qu'ils ont l'Époux avec eux, ils ne peuvent pas jeûner. [20] Mais un temps viendra où l'Époux leur sera enlevé : ce jour-là ils jeûneront. [21] Personne ne raccommode un vieux vêtement avec une pièce d'étoffe neuve ; autrement la pièce neuve tire sur le vieux tissu et le déchire davantage. [22] Ou encore, personne ne met du vin nouveau dans de vieilles outres ; autrement la fermentation fait éclater les outres, et l'on perd à la fois le vin et les outres. A vin nouveau, outres neuves. »

▶ [23] Un jour de sabbat*, Jésus marchait à travers les champs de blé ; et ses disciples, chemin faisant, se mirent à arracher des épis. [24] Les pharisiens lui disaient : « Regarde ce qu'ils font le jour du sabbat ! Cela n'est pas permis. » [25] Jésus leur répond : « N'avez-vous jamais lu ce que fit David, lorsqu'il fut dans le besoin et qu'il eut faim, lui et ses compagnons ? [26] Au temps du grand prêtre Abiathar, il entra dans la maison de Dieu et mangea les pains de l'offrande que seuls les prêtres peuvent manger, et il en donna aussi à ses compagnons. » [27] Il leur disait encore : « Le sabbat a été fait pour l'homme, et non pas l'homme pour le sabbat. [28] Voilà pourquoi le Fils de l'homme est maître, même du sabbat. »

3 Une autre fois, Jésus entra dans une synagogue ; il y avait là un homme dont la main était paralysée. [2] On observait Jésus pour voir s'il le guérirait le jour du sabbat ; on pourrait ainsi l'accuser. [3] Il dit à l'homme qui avait la main paralysée : « Viens te mettre là devant tout le monde. » Et s'adressant aux autres : [4] « Est-il permis, le jour

---

25-26. Voir 1 Samuel 21, 2-7. « Les pains de l'offrande », voir Lévitique 24, 5-9.

du sabbat, de faire le bien, ou de faire le mal? de sauver une vie, ou de tuer?» Mais ils se taisaient. ⁵ Alors, promenant sur eux un regard de colère, navré de l'endurcissement de leurs cœurs, il dit à l'homme : «Étends la main.» Il l'étendit et sa main redevint normale. ⁶ Une fois sortis, les pharisiens se réunirent, avec les partisans d'Hérode contre Jésus, pour voir comment le faire périr.

Jésus provoque à prendre position

Préambule

⁷ Jésus se retira avec ses disciples au bord du lac; et beaucoup de gens, venus de la Galilée, le suivirent; ⁸ et aussi beaucoup de gens de Judée, de Jérusalem, d'Idumée, de Transjordanie et de la région de Tyr et de Sidon avaient appris tout ce qu'il faisait, et ils vinrent à lui. ⁹ Il dit à ses disciples de tenir une barque à sa disposition pour qu'il ne soit pas écrasé par la foule. ¹⁰ Car il avait fait beaucoup de guérisons, si bien que tous ceux qui souffraient de quelque mal se précipitaient sur lui pour le toucher. ¹¹ Et lorsque les esprits mauvais le voyaient, ils se prosternaient devant lui et criaient : «Tu es le Fils de Dieu!» ¹² Mais il leur défendait vivement de le faire connaître.

Institution des Douze

¹³ Jésus gravit la montagne, et il appela ceux qu'il voulait. Ils vinrent auprès de lui, ¹⁴ et il en institua douze pour qu'ils soient avec lui, et pour les envoyer prêcher ¹⁵ avec le pouvoir de chasser les esprits mauvais. ¹⁶ Donc, il institua les Douze: Pierre* (c'est le nom qu'il donna à Simon), ¹⁷ Jacques, fils de Zébédée, et Jean, le frère de Jacques (il leur donna le nom de «Boanerguès», c'est-à-dire : «Fils du tonnerre»), ¹⁸ André, Philippe, Barthélemy, Matthieu, Thomas, Jacques fils d'Alphée, Thaddée, Simon le Zélote*, ¹⁹ et Judas Iscariote, celui-là même qui le livra.

Famille de Satan ou famille de Jésus

▶ ²⁰ Jésus entre dans une maison, où de nouveau la foule se rassemble, si bien qu'il n'était pas possible de manger. ²¹ Sa famille, l'apprenant, vint pour se saisir de lui, car ils affirmaient : « Il a perdu la tête ».

²² Les scribes, qui étaient descendus de Jérusalem, disaient : « Il est possédé par Béelzéboul ; c'est par le chef des démons qu'il expulse les démons. » ²³ Les appelant près de lui, Jésus disait en parabole : « Comment Satan* peut-il expulser Satan ? ²⁴ Si un royaume se divise, ce royaume ne peut pas tenir. ²⁵ Si une famille se divise, cette famille ne pourra pas tenir. ²⁶ Si Satan s'est dressé contre lui-même, s'il s'est divisé, il ne peut pas tenir ; c'en est fini de lui. ²⁷ Mais personne ne peut entrer dans la maison d'un homme fort et piller ses biens, s'il ne l'a d'abord ligoté. Alors seulement il pillera sa maison. ²⁸ Amen*, je vous le dis : Dieu pardonnera tout aux enfants des hommes, tous les péchés et tous les blasphèmes qu'ils auront faits. ²⁹ Mais si quelqu'un blasphème contre l'Esprit Saint, il n'obtiendra jamais le pardon. Il est coupable d'un péché pour toujours. » ³⁰ Jésus parla ainsi parce qu'ils avaient dit : « Il est possédé par un esprit impur. »

³¹ Alors arrivent sa mère et ses frères. Restant au-dehors, ils le font demander. ³² Beaucoup de gens étaient assis autour de lui ; et on lui dit : « Ta mère et tes frères sont là dehors, qui te cherchent. » ³³ Mais il leur répond : « Qui est ma mère ? qui sont mes frères ? » ³⁴ Et parcourant du regard ceux qui étaient assis en cercle autour de lui, il dit : « Voici ma mère et mes frères. ³⁵ Celui qui fait la volonté de Dieu, celui-là est mon frère, ma sœur, ma mère. »

Le Royaume présenté en paraboles

4 Jésus s'est mis une fois de plus à enseigner au bord du lac, et une foule très nombreuse se rassemble auprès de lui, si bien qu'il monte dans une barque où il s'assoit. Il était sur le lac et toute la foule était au bord du lac, sur le rivage. ² Il leur enseignait beaucoup de choses en paraboles, et il leur disait, dans son enseignement : ³ « Écoutez ! Voici que le semeur est sorti pour semer. ⁴ Comme il semait, il est arrivé que du grain est tombé au bord du chemin, et les oiseaux sont venus et ils ont tout mangé. ⁵ Du grain est tombé aussi sur du sol pierreux, où il n'avait pas beaucoup de terre ; il a levé aussitôt, parce que la terre était peu profonde ; ⁶ et lorsque le soleil s'est levé, ce grain a brûlé et, faute de racines il a séché. ⁷ Du grain est tombé aussi dans les ronces, les ronces ont poussé, l'ont étouffé, et il n'a pas donné de fruit. ⁸ Mais d'autres grains sont tombés sur la bonne terre ; ils ont produit trente, soixante, cent pour un. » ⁹ Et Jésus disait : « Celui qui a des oreilles pour entendre, qu'il entende ! »

¹⁰ Quand il resta seul, ses compagnons, ainsi que les Douze, l'interrogeaient sur les paraboles. ¹¹ Il leur disait : « C'est à vous qu'est donné le mystère* du royaume de Dieu ; mais à ceux qui sont dehors, tout se présente sous l'énigme des paraboles, ¹² afin que se réalise la prophétie : *Ils pourront bien regarder de tous leurs yeux, mais ils ne verront pas ; ils pourront bien écouter de toutes leurs oreilles, mais ils ne comprendront pas ; sinon ils se convertiraient et recevraient le pardon.* » ¹³ Il leur dit encore : « Vous ne saisissez pas cette parabole ? Alors, comment comprendrez-vous toutes les paraboles ?

¹⁴ Le semeur sème la Parole. ¹⁵ Ceux qui sont au bord du chemin où la Parole est semée, quand ils l'entendent, Satan survient aussitôt et enlève la Parole semée en eux. ¹⁶ Et de même, ceux qui ont reçu la semence dans les endroits pierreux : ceux-là, quand ils entendent la Parole, ils la reçoivent aussitôt avec joie ; ¹⁷ mais ils n'ont pas en eux de racine, ce sont les hommes d'un moment ; quand vient la détresse ou la persécution à cause de la Parole, ils tombent aussitôt. ¹⁸ Et il y en a d'autres qui ont reçu la semence dans les ronces : ceux-ci entendent la Parole, ¹⁹ mais les soucis du monde, les séductions de la richesse et tous les autres désirs les envahissent et étouffent la Parole, qui ne donne pas de fruit. ²⁰ Et il y a ceux qui ont reçu la semence dans la bonne terre : ceux-là entendent la Parole, ils l'accueillent, et ils portent du fruit : trente, soixante, cent pour un. »

²¹ Jésus disait encore : « Est-ce que la lampe vient pour être mise sous le boisseau ou sous le lit ? N'est-ce pas pour être mise sur le lampadaire ? ²² Car rien n'est caché, sinon pour être manifesté ; rien n'a été gardé secret, sinon pour venir au grand jour. ²³ Si quelqu'un a des oreilles pour entendre, qu'il entende ! »

²⁴ Il leur disait encore : « Faites attention à ce que vous entendez ! La mesure dont vous vous servez servira aussi pour vous, et vous

---

12. Isaïe 6, 9-10

aurez encore plus. ²⁵ Car celui qui a recevra encore ; mais celui qui n'a rien se fera enlever même ce qu'il a. »

▶ ²⁶ Il disait : « Il en est du règne* de Dieu comme d'un homme qui jette le grain dans son champ : ²⁷ nuit et jour, qu'il dorme ou qu'il se lève, la semence germe et grandit, il ne sait comment. ²⁸ D'elle-même, la terre produit d'abord l'herbe, puis l'épi, enfin du blé plein l'épi. ²⁹ Et dès que le grain le permet, on y met la faucille, car c'est le temps de la moisson. »

³⁰ Il disait encore : « A quoi pouvons-nous comparer le règne de Dieu ? Par quelle parabole allons-nous le représenter ? ³¹ Il est comme une graine de moutarde : quand on la sème en terre, elle est la plus petite de toutes les semences du monde. ³² Mais quand on l'a semée, elle grandit et dépasse toutes les plantes potagères ; et elle étend de longues branches, si bien que les oiseaux du ciel peuvent faire leur nid à son ombre. »

³³ Par de nombreuses paraboles semblables, Jésus leur annonçait la Parole, dans la mesure où ils étaient capables de la comprendre. ³⁴ Il ne leur disait rien sans employer de paraboles, mais en particulier, il expliquait tout à ses disciples.

Dans les régions de mort, des hommes et des femmes sauvés par la foi

▶ ³⁵ Ce jour-là, le soir venu, il dit à ses disciples : « Passons sur l'autre rive. » ³⁶ Quittant la foule, il emmènent Jésus, dans la barque, comme il était ; et d'autres barques le suivaient. ³⁷ Survient une violente tempête. Les vagues se jetaient sur la barque, si bien que déjà elle se remplissait d'eau. ³⁸ Lui dormait sur le coussin à l'arrière. Ses compagnons le réveillent et lui crient : « Maître, nous sommes perdus ; cela ne te fait rien ? » ³⁹ Réveillé, il interpelle le vent avec vivacité et dit à la mer* : « Silence, tais-toi. » Le vent tomba, et il se fit un grand calme. ⁴⁰ Jésus leur dit : « Pourquoi avoir peur ? Comment se fait-il que vous n'ayez pas la foi ? » ⁴¹ Saisis d'une grande crainte, ils se disaient entre eux : « Qui est-il donc, pour que même le vent et la mer lui obéissent ? »

5 Ils arrivèrent sur l'autre rive du lac, dans le pays des Géraséniens. ² Comme Jésus descendait de la barque, aussitôt un homme possédé d'un esprit mauvais sortit du cimetière à sa rencontre ; ³ il habitait dans les tombeaux et personne ne pouvait plus l'attacher, même avec une chaîne; [4] en effet on l'avait souvent attaché avec des fers aux pieds et des chaînes, mais il avait rompu les chaînes, brisé les fers, et personne ne pouvait le maîtriser. [5] Sans arrêt, nuit et jour, il était parmi les tombeaux et sur les collines, à crier, et à se blesser avec des pierres. [6] Voyant Jésus de loin, il accourut, se prosterna devant lui et cria de toutes ses forces: [7] « Que me veux-tu, Jésus, fils du Dieu très-haut? Je t'adjure par Dieu, ne me fais pas souffrir! » [8] Jésus lui disait en effet: « Esprit mauvais, sors de cet homme! » [9] Et il lui demandait: « Quel est ton nom? » L'homme lui répond: « Je m'appelle Légion, car nous sommes beaucoup. » [10] Et ils suppliaient Jésus avec insistance de ne pas les chasser en dehors du pays. [11] Or, il y avait là, du côté de la colline, un grand troupeau de porcs qui cherchait sa nourriture. [12] Alors, les esprits mauvais supplièrent Jésus: « Envoie-nous vers ces porcs, et nous entrerons en eux. » [13] Il le leur permit. Alors ils sortirent de l'homme et entrèrent dans les porcs. Du haut de la falaise, le troupeau se précipita dans la mer: il y avait environ deux mille porcs, et ils s'étouffaient dans la mer. [14] Ceux qui les gardaient prirent la fuite, ils annoncèrent la nouvelle dans la ville et dans la campagne, et les gens vinrent voir ce qui s'était passé. [15] Arrivés auprès de Jésus, ils voient le possédé assis, habillé, et devenu raisonnable, lui qui avait eu la légion (de démons), et ils furent saisis de crainte! [16] Les témoins leur racontèrent l'aventure du possédé et l'affaire des porcs. [17] Alors ils se mirent à supplier Jésus de partir de leur région. [18] Comme Jésus remontait dans la barque, le possédé le suppliait de pouvoir être avec lui. [19] Il n'y consentit pas, mais il lui dit: « Rentre chez toi, auprès des tiens, annonce-leur tout ce que le Seigneur a fait pour toi dans sa miséricorde. » [20] Alors cet homme s'en alla, il se mit à proclamer dans la région de la Décapole tout ce que Jésus avait fait pour lui, et tout le monde était dans l'admiration.

▶ [21] Jésus regagna en barque l'autre rive, et une grande foule s'assembla autour de lui. Il était au bord du lac. [22] Arrive un chef de synagogue, nommé Jaïre. Voyant Jésus, il tombe à ses pieds [23] et le supplie instamment: « Ma petite fille est à toute extrémité. Viens lui imposer les mains pour qu'elle soit sauvée et qu'elle vive. » [24] Jésus partit avec lui, et la foule qui le suivait était si nombreuse qu'elle l'écrasait.

²⁵ Or, une femme, qui avait des pertes de sang depuis douze ans...
²⁶ — elle avait beaucoup souffert du traitement de nombreux médecins, et elle avait dépensé tous ses biens sans aucune amélioration ; au contraire, son état avait plutôt empiré — ²⁷ ...cette femme donc, ayant appris ce qu'on disait de Jésus, vint par derrière dans la foule et toucha son vêtement. ²⁸ Car elle se disait : « Si je parviens à toucher seulement son vêtement, je serai sauvée. » ²⁹ A l'instant, l'hémorragie s'arrêta, et elle ressentit dans son corps qu'elle était guérie de son mal. ³⁰ Aussitôt Jésus se rendit compte qu'une force était sortie de lui. Il se retourna dans la foule et il demandait : « Qui a touché mes vêtements ? » ³¹ Ses disciples lui répondaient : « Tu vois bien la foule qui t'écrase, et tu demandes : 'Qui m'a touché ?' » ³² Mais lui regardait tout autour pour voir celle qui avait fait ce geste. ³³ Alors la femme, craintive et tremblante, sachant ce qui lui était arrivé, vint se jeter à ses pieds et lui dit toute la vérité. ³⁴ Mais Jésus reprit : « Ma fille, ta foi t'a sauvée. Va en paix et sois guérie de ton mal. »

³⁵ Comme il parlait encore, des gens arrivent de la maison de Jaïre pour annoncer à celui-ci : « Ta fille vient de mourir. A quoi bon déranger encore le Maître ? » ³⁶ Jésus, surprenant ces mots, dit au chef de la synagogue : « Ne crains pas, crois seulement. » ³⁷ Il ne laissa personne l'accompagner, sinon Pierre, Jacques, et Jean son frère. ³⁸ Ils arrivent à la maison du chef de synagogue. Jésus voit l'agitation, et des gens qui pleurent et poussent de grands cris. ³⁹ Il entre et leur dit : « Pourquoi cette agitation et ces pleurs ? L'enfant n'est pas morte : elle dort. » ⁴⁰ Mais on se moquait de lui. Alors il met tout le monde dehors, prend avec lui le père et la mère de l'enfant, et ceux qui l'accompagnent. Puis il pénètre là où reposait la jeune fille. ⁴¹ Il saisit la main de l'enfant, et lui dit : « *Talitha koum* », ce qui signifie : « Jeune fille, je te le dis, lève-toi. » ⁴² Aussitôt la jeune fille se leva et se mit à marcher — elle avait douze ans —. Ils en furent complètement bouleversés. ⁴³ Mais Jésus leur recommanda avec insistance que personne ne le sache ; puis il leur dit de la faire manger.

Rupture avec Nazareth et envoi des Douze en mission

6 ▶ Jésus est parti pour son pays, et ses disciples le suivent. ² Le jour du sabbat, il se mit à enseigner dans la synagogue. Les nombreux auditeurs, frappés d'étonnement, disaient : « D'où cela lui vient-il ? Quelle est cette sagesse qui lui a été donnée, et ces grands miracles qui se réalisent par ses mains ? ³ N'est-il pas le charpentier, le fils de Marie, et le frère de Jacques, de José, de Jude et de Simon ? Ses sœurs ne sont-elles pas ici chez nous ? » Et ils étaient profondément choqués à cause de lui. ⁴ Jésus leur disait : « Un prophète n'est méprisé que dans son pays, sa famille et sa propre maison. » ⁵ Et là il ne pouvait accomplir aucun miracle ; il guérit seulement quelques malades en leur imposant les mains. ⁶ Il s'étonna de leur manque de foi. Alors il parcourait les villages d'alentour en enseignant.

▶ ⁷ Jésus appelle les Douze, et pour la première fois il les envoie deux par deux. Il leur donnait pouvoir sur les esprits mauvais, ⁸ et il leur prescrivit de ne rien emporter pour la route si ce n'est un bâton ; de n'avoir ni pain ni sac ni pièces de monnaie dans leur ceinture. ⁹ « Mettez des sandales, ne prenez pas de tunique de rechange. » ¹⁰ Il leur disait encore : « Quand vous avez trouvé l'hospitalité dans une maison restez-y jusqu'à votre départ. ¹¹ Si dans une localité, on refuse de vous accueillir et de vous écouter, partez en secouant la poussière de vos pieds : ce sera pour eux un témoignage. » ¹² Ils partirent, et proclamèrent qu'il fallait se convertir. ¹³ Ils chassaient beaucoup de démons, faisaient des onctions d'huile à de nombreux malades, et les guérissaient.

Hors des frontières : le dénouement se prépare

Jésus commence à révéler ce qu'il est
Ses disciples sont lents à comprendre

Les questions d'Hérode, meurtrier de Jean Baptiste

¹⁴ Comme le nom de Jésus devenait célèbre, le roi Hérode en entendit parler. On disait : « C'est Jean le Baptiste qui est ressuscité d'entre les morts, et voilà pourquoi il a le pouvoir de faire des miracles. » ¹⁵ Certains disaient : « C'est le prophète Élie. » D'autres

---

10. « avez trouvé l'hospitalité », littéralement : êtes entrés. — 14. Hérode, voir Luc 3, 1.
15. « C'est le prophète Élie », voir Malachie 3, 23-24.

disaient encore : « C'est un prophète comme ceux de jadis. »
[16] Hérode entendait ces propos et disait : « Celui que j'ai fait décapiter, Jean, le voilà ressuscité ! »
[17] Car c'était lui, Hérode, qui avait fait arrêter Jean et l'avait mis en prison. En effet, il avait épousé Hérodiade, la femme de son frère Philippe, [18] et Jean lui disait : « Tu n'as pas le droit de prendre la femme de ton frère. » [19] Hérodiade en voulait donc à Jean, et elle cherchait à le faire mettre à mort. Mais elle n'y arrivait pas [20] parce qu'Hérode avait peur de Jean : il savait que c'était un homme juste et saint, et il le protégeait : quand il l'avait entendu, il était très embarrassé, et pourtant, il aimait l'entendre. [21] Cependant, une occasion favorable se présenta lorsqu'Hérode, pour son anniversaire, donna un banquet à ses dignitaires, aux chefs de l'armée et aux notables de la Galilée. [22] La fille d'Hérodiade fit son entrée et dansa. Elle plut à Hérode et à ses convives. Le roi dit à la jeune fille : « Demande-moi tout ce que tu veux, je te le donnerai. » [23] Et il lui fit ce serment : « Tout ce que tu me demanderas, je te le donnerai, même si c'est la moitié de mon royaume. » [24] Elle sortit alors pour dire à sa mère : « Qu'est-ce que je vais demander ? » Hérodiade répondit : « La tête de Jean le Baptiste. » [25] Aussitôt la jeune fille s'empressa de retourner auprès du roi, et lui fit cette demande : « Je veux que tout de suite tu me donnes sur un plat la tête de Jean Baptiste. » [26] Le roi fut vivement contrarié ; mais à cause du serment fait devant les convives, il ne voulut pas lui opposer un refus.
[27] Aussitôt il envoya un garde avec l'ordre d'apporter la tête de Jean. Le garde s'en alla, et le décapita dans la prison. [28] Il apporta la tête sur un plat, la donna à la jeune fille, et la jeune fille la donna à sa mère.
[29] Lorsque les disciples de Jean apprirent cela, ils vinrent prendre son corps et le déposèrent dans un tombeau.

Nouvel Exode : un peuple nourri au désert, la mer maîtrisée

▶ [30] Les Apôtres se réunissent auprès de Jésus, et lui rapportent tout ce qu'ils ont fait et enseigné. [31] Il leur dit : « Venez à l'écart dans un endroit désert, et reposez-vous un peu. » De fait, les arrivants et les partants étaient si nombreux qu'on n'avait même pas le temps de manger. [32] Ils partirent donc dans la barque pour un endroit désert, à l'écart. [33] Les gens les virent s'éloigner, et beaucoup les reconnu-

rent. Alors, à pied, de toutes les villes, ils coururent là-bas et arrivèrent avant eux.
³⁴ En débarquant, Jésus vit une grande foule. Il fut saisi de pitié envers eux, parce qu'ils étaient comme des brebis sans berger. Alors, il se mit à les instruire longuement.

³⁵ Déjà l'heure était avancée ; ses disciples s'étaient approchés et lui disaient : « L'endroit est désert, et il est déjà tard. ³⁶ Renvoie-les, qu'ils aillent dans les fermes et les villages des environs s'acheter de quoi manger. » ³⁷ Il leur répondit : « Donnez-leur vous-mêmes à manger. » Ils répliquent : « Allons-nous dépenser le salaire de deux cents journées pour acheter du pain et leur donner à manger ? » ³⁸ Jésus leur demande : « Combien avez-vous de pains ? Allez voir. » S'étant informés, ils lui disent : « Cinq, et deux poissons. » ³⁹ Il leur ordonna de les faire tous asseoir par groupes sur l'herbe verte. ⁴⁰ Ils s'assirent en rond par groupes de cent et de cinquante. ⁴¹ Jésus prit les cinq pains et les deux poissons, et, levant les yeux au ciel, il prononça la bénédiction, rompit les pains, et il les donnait aux disciples pour qu'ils les distribuent. Il partagea aussi les deux poissons entre eux tous. ⁴² Tous mangèrent à leur faim. ⁴³ Et l'on ramassa douze paniers pleins de morceaux de pain et de poisson. ⁴⁴ Ceux qui avaient mangé les pains étaient au nombre de cinq mille hommes.

⁴⁵ Aussitôt après, Jésus obligea ses disciples à monter dans la barque et à le précéder sur l'autre rive, vers Bethsaïde, pendant que lui-même renvoyait la foule. ⁴⁶ Quand il les eut congédiés, il s'en alla sur la montagne pour prier. ⁴⁷ Le soir venu, la barque était au milieu de la mer et lui, tout seul, à terre. ⁴⁸ Voyant qu'ils se débattaient avec les rames, car le vent leur était contraire, il vient à eux vers la fin de la nuit en marchant sur la mer, et il allait les dépasser. ⁴⁹ En le voyant marcher sur la mer, les disciples crurent que c'était un fantôme et ils se mirent à pousser des cris, ⁵⁰ car tous l'avaient vu et ils étaient bouleversés. Mais aussitôt Jésus leur parla : « Confiance ! c'est moi ; n'ayez pas peur ! » ⁵¹ Il monta ensuite avec eux dans la barque et le vent tomba ; et en eux-mêmes ils étaient complètement bouleversés de stupeur, ⁵² car ils n'avaient pas compris la signification du miracle des pains ; leur cœur était aveuglé.

---

37. « salaire de 200 journées », littéralement : 200 deniers.

Rejet de l'exclusivisme pharisien, ouverture aux païens

⁵³ Ayant traversé le lac, ils abordèrent à Génésareth et accostèrent. ⁵⁴ Ils sortirent de la barque, et aussitôt les gens reconnurent Jésus ; ⁵⁵ ils parcoururent toute la région, et se mirent à transporter les malades sur des brancards là où l'on apprenait sa présence. ⁵⁶ Et dans tous les endroits où il était, dans les villages, les villes ou les champs, on déposait les infirmes sur les places. Ils le suppliaient de leur laisser toucher ne serait-ce que la frange de son manteau. Et tous ceux qui la touchèrent étaient sauvés.

7 ▶ Les pharisiens et quelques scribes étaient venus de Jérusalem. Ils se réunissent autour de Jésus, ² et voient quelques-uns de ses disciples prendre leur repas avec des mains impures, c'est-à-dire non lavées. ³ — Les pharisiens en effet, comme tous les Juifs, se lavent toujours soigneusement les mains avant de manger, fidèles à la tradition des anciens ; ⁴ et au retour du marché, ils ne mangent pas avant de s'être aspergés d'eau, et ils sont attachés encore par tradition à beaucoup d'autres pratiques : lavage des coupes, de cruches et de plats. — ⁵ Alors les pharisiens et les scribes demandent à Jésus : « Pourquoi tes disciples ne suivent-ils pas la tradition des anciens ? Ils prennent leur repas sans s'être lavé les mains. » ⁶ Jésus leur répond : « Isaïe a fait une bonne prophétie sur vous, hypocrites, dans ce passage de l'Écriture : *Ce peuple m'honore des lèvres, mais son cœur* est loin de moi.* ⁷ *Il est inutile, le culte qu'ils me rendent ; les doctrines qu'ils enseignent ne sont que des préceptes humains.* ⁸ Vous laissez de côté le commandement de Dieu pour vous attacher à la tradition des hommes. »

⁹ Il leur disait encore : « Vous rejetez bel et bien le commandement de Dieu pour observer votre tradition. ¹⁰ En effet, Moïse a dit : *Honore ton père et ta mère.* Et encore : *Celui qui maudit son père ou sa mère sera mis à mort.* ¹¹ Et vous vous dites : 'Supposons qu'un homme déclare à son père ou à sa mère : Les ressources qui m'auraient permis de t'aider sont *corbane*, c'est-à-dire offrande sacrée.' ¹² Vous l'autorisez à ne plus rien faire pour son père ou sa mère, ¹³ et vous annulez la parole de Dieu par la tradition que vous transmettez. Et vous faites beaucoup de choses du même genre. »

6-7. Isaïe **29**, 13. — 10. Exode **20**, 12 et 21, 17.

¹⁴ Il appela de nouveau la foule et lui dit : « Écoutez-moi tous, et comprenez bien. ¹⁵ Rien de ce qui est extérieur à l'homme et qui pénètre en lui ne peut le rendre impur. Mais ce qui sort de l'homme, voilà ce qui rend l'homme impur. » ¹⁶ ...
¹⁷ Quand il eut quitté la foule pour rentrer à la maison, ses disciples l'interrogeaient sur cette parole énigmatique. ¹⁸ Alors il leur dit : « Ainsi, vous aussi, vous êtes incapables de comprendre ? Ne voyez-vous pas que tout ce qui entre dans l'homme, en venant du dehors, ne peut pas le rendre impur, ¹⁹ parce que cela n'entre pas dans son cœur, mais dans son ventre, pour être éliminé ? » C'est ainsi que Jésus déclarait purs * tous les aliments. ²⁰ Il leur dit encore : « Ce qui sort de l'homme, c'est cela qui le rend impur. ²¹ Car c'est du dedans, du cœur de l'homme, que sortent les pensées perverses : inconduite, vols, meurtres, ²² adultères, cupidités, méchancetés, fraude, débauche, envie, diffamation, orgueil et démesure. ²³ Tout ce mal vient du dedans, et rend l'homme impur. »

²⁴ En partant de là, Jésus se rendit dans la région de Tyr. Il était entré dans une maison, et il voulait que personne ne sache qu'il était là ; mais il ne réussit pas à se cacher. ²⁵ En effet, la mère d'une petite fille possédée par un esprit mauvais avait appris sa présence, et aussitôt elle vint se jeter à ses pieds. ²⁶ Cette femme était païenne, de nationalité syro-phénicienne, et elle lui demandait d'expulser le démon hors de sa fille. ²⁷ Il lui dit : « Laisse d'abord les enfants manger à leur faim, car il n'est pas bien de prendre le pain des enfants pour le donner aux petits chiens. » ²⁸ Mais elle lui répliqua : « C'est vrai, Seigneur, mais les petits chiens, sous la table, mangent les miettes des petits enfants. » Alors il lui dit : ²⁹ « A cause de cette parole, va : le démon est sorti de ta fille. » ³⁰ Elle rentra à la maison, et elle trouva l'enfant étendue sur le lit : le démon était sorti d'elle.

La parole et le pain donnés aux païens, les pharisiens déboutés

▶ ³¹ Jésus quitta la région de Tyr ; passant par Sidon, il prit la direction du lac de Galilée et alla en plein territoire de la Décapole. ³² On lui amène un sourd-muet, et on le prie de poser la main sur

---

16. « Si quelqu'un a des oreilles pour entendre, qu'il entende. » Ce verset n'appartient pas au texte original de Marc.

lui. ³³ Jésus l'emmena à l'écart, loin de la foule, lui mit les doigts dans les oreilles, et, prenant de la salive, lui toucha la langue. ³⁴ Puis les yeux levés au ciel, il soupira et lui dit : « *Effata !* », c'est-à-dire : « Ouvre-toi ». ³⁵ Ses oreilles s'ouvrirent ; aussitôt sa langue se délia, et il parlait correctement. ³⁶ Alors Jésus leur recommanda de n'en rien dire à personne ; mais plus il le leur recommandait, plus ils le proclamaient. ³⁷ Très vivement frappés, ils disaient : « Tout ce qu'il fait est admirable : il fait entendre les sourds et parler les muets. »

8 En ces jours-là, comme il y avait de nouveau une grande foule de gens, et qu'ils n'avaient pas de quoi manger, Jésus appelle à lui ses disciples et leur dit : ² « J'ai pitié de cette foule, car depuis trois jours déjà ils sont avec moi et n'ont rien à manger. ³ Si je les renvoie chez eux à jeun, ils vont défaillir en route ; or, quelques-uns d'entre eux sont venus de loin. » ⁴ Ses disciples lui répondirent : « Où donc pourra-t-on trouver du pain pour qu'ils en mangent à leur faim, dans ce désert ? » ⁵ Il leur demanda : « Combien de pains avez-vous ? » Ils lui dirent : « Sept ». ⁶ Alors il ordonna à la foule de s'asseoir par terre. Puis, prenant les sept pains et rendant grâce, il les rompit, et il les donnait à ses disciples pour que ceux-ci les distribuent ; et ils les distribuèrent à la foule. ⁷ On avait aussi quelques petits poissons. Il les bénit et les fit distribuer aussi. ⁸ Ils mangèrent à leur faim, et, des morceaux qui restaient, on ramassa sept corbeilles. ⁹ Or, ils étaient environ quatre mille. Puis Jésus les renvoya. ¹⁰ Aussitôt, montant dans la barque avec ses disciples, il alla dans la région de Dalmanoutha.

¹¹ Les pharisiens survinrent et se mirent à discuter avec Jésus : pour le mettre à l'épreuve, ils lui demandaient un signe venant du ciel. ¹² Jésus soupira au plus profond de lui-même et dit : « Pourquoi cette génération demande-t-elle un signe ? Amen, je vous le déclare : aucun signe ne sera donné à cette génération. » ¹³ Puis il les quitta, remonta en barque, et il partit vers l'autre rive.

Les disciples, aveugles jusqu'ici, commencent à voir qui est Jésus

¹⁴ Les disciples avaient oublié de prendre du pain, et ils n'avaient qu'un seul pain avec eux dans la barque. ¹⁵ Jésus leur faisait cette recommandation : « Attention ! Prenez garde au levain des phari-

siens et à celui d'Hérode!» [16] Ils discutaient entre eux sur ce manque de pain. [17] Il s'en aperçoit et leur dit : « Pourquoi discutez-vous sur ce manque de pain ? Vous ne voyez pas ? Vous ne comprenez pas encore ? Vous avez le cœur aveuglé ? [18] Vous avez des yeux et vous ne regardez pas, vous avez des oreilles et vous n'écoutez pas ? Vous ne vous rappelez pas ? [19] Quand j'ai rompu les cinq pains pour cinq mille hommes, combien avez-vous ramassé de paniers pleins de morceaux ? » Ils lui répondirent : « Douze. [20] — Et quand j'en ai rompu sept pour quatre mille, combien avez-vous rempli de corbeilles en ramassant les morceaux ? » Ils lui répondirent : « Sept. » [21] Il leur disait : « Vous ne comprenez pas encore ? »

[22] Jésus et ses disciples arrivent à Bethsaïde. On lui amène un aveugle et on le supplie de le toucher. [23] Jésus prit l'aveugle par la main et le conduisit hors du village. Il lui mit de la salive sur les yeux et lui imposa les mains. Il lui demandait : « Est-ce que tu vois quelque chose ? » [24] Ayant ouvert les yeux, l'homme disait : « Je vois les gens, ils ressemblent à des arbres, et ils marchent. » [25] Puis Jésus, de nouveau, imposa les mains sur les yeux de l'homme ; celui-ci se mit à voir normalement, il se trouva guéri, et il distinguait tout avec netteté. [26] Jésus le renvoya chez lui en disant : « Ne rentre même pas dans le village. »

▶ [27] Jésus s'en alla avec ses disciples vers les villages situés dans la région de Césarée-de-Philippe. Chemin faisant, il les interrogeait : « Pour les gens, qui suis-je ? » [28] Ils répondirent : « Jean Baptiste ; pour d'autres, Élie ; pour d'autres, un des prophètes. » [29] Il les interrogeait de nouveau : « Et vous, que dites-vous ? Pour vous, qui suis-je ? » Pierre prend la parole et répond : « Tu es le Messie * » [30] Il leur défendit alors vivement de parler de lui à personne.

Jésus va à la gloire par la souffrance, il révèle aux disciples les exigences de leur marche à sa suite

Première annonce de la Passion et de la Résurrection

[31] Et, pour la première fois, il leur enseigna qu'il fallait que le Fils de l'homme souffre beaucoup, qu'il soit rejeté par les anciens, les

---

28. Voir Malachie 3, 23.

chefs des prêtres et les scribes, qu'il soit tué, et que, trois jours après, il ressuscite. ³² Jésus disait cela ouvertement. Pierre, le prenant à part, se mit à lui faire de vifs reproches. ³³ Mais Jésus se retourna et, voyant ses disciples, il interpella vivement Pierre : « Passe derrière moi, Satan ! Tes pensées ne sont pas celles de Dieu, mais celles des hommes. »

Appel à donner sa vie

³⁴ Appelant la foule avec ses disciples, il leur dit : « Si quelqu'un veut marcher derrière moi, qu'il renonce à lui-même, qu'il prenne sa croix, et qu'il me suive. ³⁵ Car celui qui veut sauver sa vie la perdra ; mais celui qui perdra sa vie pour moi et pour l'Évangile la sauvera. ³⁶ Quel avantage, en effet, un homme a-t-il à gagner le monde entier en le payant de sa vie ? ³⁷ Quelle somme pourrait-il verser en échange de sa vie ? ³⁸ Si quelqu'un a honte de moi et de mes paroles dans cette génération adultère * et pécheresse, le Fils de l'homme aussi aura honte de lui, quand il viendra dans la gloire de son Père avec les anges. »

9 Et il leur disait : « Amen, je vous le dis : parmi ceux qui sont ici, certains ne connaîtront pas la mort avant d'avoir vu le règne de Dieu venir avec puissance. »

Des signes pour confirmer l'appel

▶ ² Six jours après, Jésus prend avec lui Pierre, Jacques et Jean, et les emmène, eux seuls, à l'écart sur une haute montagne. Et il fut transfiguré devant eux. ³ Ses vêtements devinrent resplendissants, d'une blancheur telle que personne sur terre ne peut obtenir une blancheur pareille. ⁴ Élie leur apparut avec Moïse, et ils s'entretenaient avec Jésus. ⁵ Pierre alors prend la parole et dit à Jésus : « Rabbi, il est heureux que nous soyons ici ! Dressons donc trois tentes : une pour toi, une pour Moïse et une pour Élie. » ⁶ De fait, il ne savait que dire, tant était grande leur frayeur. ⁷ Survint une nuée * qui les couvrit de son ombre, et de la nuée une voix se fit entendre : « Celui-ci est mon Fils bien-aimé. Écoutez-le. » ⁸ Soudain, regardant tout autour, ils ne virent plus que Jésus seul avec eux.
⁹ En descendant de la montagne, Jésus leur défendit de raconter à

personne ce qu'ils avaient vu, avant que le Fils de l'homme soit ressuscité d'entre les morts. ¹⁰ Et ils restèrent fermement attachés à cette consigne, tout en se demandant entre eux ce que voulait dire : « ressusciter d'entre les morts ».

¹¹ Ils l'interrogeaient : « Pourquoi les scribes disent-ils que le prophète Élie doit venir d'abord ? » ¹² Jésus leur dit : « Certes, Élie viendra d'abord pour remettre tout en place. Mais alors, pourquoi l'Écriture dit-elle, au sujet du Fils de l'homme, qu'il souffrira beaucoup et sera méprisé ? ¹³ Eh bien ! je vous le déclare : Élie est déjà venu, et ils lui ont fait tout ce qu'ils ont voulu, comme l'Écriture le dit à son sujet. »

¹⁴ En rejoignant les autres disciples, ils virent une grande foule qui les entourait, et des scribes qui discutaient avec eux. ¹⁵ Aussitôt qu'elle vit Jésus, toute la foule fut stupéfaite, et les gens accouraient pour le saluer. ¹⁶ Il leur demanda : « De quoi discutez-vous avec eux ? » ¹⁷ Un homme dans la foule lui répondit : « Maître, je t'ai amené mon fils, il est possédé par un esprit qui le rend muet ; ¹⁸ cet esprit s'empare de lui n'importe où, il le jette par terre, l'enfant écume, grince des dents et devient tout raide. J'ai demandé à tes disciples d'expulser cet esprit, mais ils n'ont pas réussi. » ¹⁹ Jésus leur dit : « Génération incroyante, combien de temps devrai-je rester auprès de vous ? Combien de temps devrai-je vous supporter ? Amenez-le auprès de moi. »

²⁰ On l'amena auprès de lui. Dès qu'il vit Jésus, l'esprit secoua violemment l'enfant ; celui-ci tomba, il se roulait par terre en écumant. ²¹ Jésus interrogea le père : « Combien y a-t-il de temps que cela lui arrive ? » Il répondit : « Depuis sa petite enfance. ²² Et souvent il l'a même jeté dans le feu ou dans l'eau pour le faire périr. Mais si tu y peux quelque chose, viens à notre secours, par pitié pour nous ! » ²³ Jésus reprit : « (Pourquoi dire) : 'Si tu peux'... ? Tout est possible en faveur de celui qui croit. » ²⁴ Aussitôt le père de l'enfant s'écria : « Je crois ! viens au secours de mon incroyance ! » ²⁵ Jésus, voyant *que la foule s'attroupait*, interpella vivement l'esprit mauvais : « Esprit qui rends muet et sourd, je te l'ordonne, sors de cet enfant et n'y rentre plus jamais ! » ²⁶ L'esprit poussa des cris, secoua violem-

---

12. Voir Isaïe, 53. — 13. Référence inconnue.

ment l'enfant et sortit. L'enfant devint comme un cadavre, de sorte que tout le monde disait : « Il est mort. » ²⁷ Mais Jésus, lui saisissant la main, le releva, et il se mit debout.
²⁸ Quand Jésus fut rentré à la maison, seul avec ses disciples, ils l'interrogeaient en particulier : « Pourquoi est-ce que nous, nous n'avons pas pu l'expulser ? » ²⁹ Jésus leur répondit : « Rien ne peut faire sortir cette espèce-là, sauf la prière. »

Deuxième annonce de la Passion et de la Résurrection

▶ ³⁰ En partant de là, Jésus traversait la Galilée avec ses disciples, et il ne voulait pas qu'on le sache. ³¹· Car il les instruisait en disant : « Le Fils de l'homme est livré aux mains des hommes ; ils le tueront et, trois jours après sa mort, il ressuscitera. » ³² Mais les disciples ne comprenaient pas ces paroles et ils avaient peur de l'interroger.

Se faire serviteur

³³ Ils arrivèrent à Capharnaüm, et, une fois à la maison, Jésus leur demandait : « De quoi discutiez-vous en chemin ? » ³⁴ Ils se taisaient, car, sur la route, ils avaient discuté entre eux pour savoir qui était le plus grand. ³⁵ S'étant assis, Jésus appela les Douze et leur dit : « Si quelqu'un veut être le premier, qu'il soit le dernier de tous et le serviteur de tous. » ³⁶ Prenant alors un enfant, il le plaça au milieu d'eux, l'embrassa, et leur dit : ³⁷ « Celui qui accueille en mon nom un enfant comme celui-ci, c'est moi qu'il accueille. Et celui qui m'accueille ne m'accueille pas moi, mais Celui qui m'a envoyé. »

L'accueil à ceux du dehors comme à ceux du dedans

▶ ³⁸ Jean (l'un des Douze) disait à Jésus : « Maître, nous avons vu quelqu'un chasser des esprits mauvais en ton nom ; nous avons voulu l'en empêcher, car il n'est pas de ceux qui nous suivent. » ³⁹ Jésus répondit : « Ne l'empêchez pas, car celui qui fait un miracle en mon nom ne peut pas, aussitôt après, mal parler de moi ; ⁴⁰ celui qui n'est pas contre nous est pour nous. ⁴¹ Et celui qui vous donnera un verre d'eau au nom de votre appartenance au Christ, amen, je vous le dis, il ne restera pas sans récompense.

⁴² Celui qui entraînera la chute d'un seul de ces petits qui croient en moi, mieux vaudrait pour lui qu'on lui attache au cou une de ces meules que tournent les ânes, et qu'on le jette à la mer. ⁴³ Et si ta main t'entraîne au péché, coupe-la. Il vaut mieux entrer manchot dans la vie* (éternelle) que d'être jeté avec tes deux mains dans la géhenne, là où le feu ne s'éteint pas. ⁴⁴ ... ⁴⁵ Si ton pied t'entraîne au péché, coupe-le. Il vaut mieux entrer estropié dans la vie éternelle que d'être jeté avec tes deux pieds dans la géhenne. ⁴⁶ ... ⁴⁷ Si ton œil t'entraîne au péché, arrache-le. Il vaut mieux entrer borgne dans le royaume de Dieu que d'être jeté avec tes deux yeux dans la géhenne, ⁴⁸ là où le ver ne meurt pas et où le feu ne s'éteint pas. ⁴⁹ Car tout homme sera salé au feu*. ⁵⁰ C'est une bonne chose que le sel ; mais si le sel cesse d'être du sel, avec quoi allez-vous lui rendre sa force ? Ayez du sel en vous-mêmes, et vivez en paix entre vous. »

Vivre l'égalité dans le couple

10 En partant de là, Jésus arrive en Judée et en Transjordanie. De nouveau, la foule s'assemble près de lui et, de nouveau, il les instruisait comme d'habitude. ▶ ² Des pharisiens l'abordèrent et, pour le mettre à l'épreuve, ils lui demandaient : « Est-il permis à un mari de renvoyer sa femme ? » ³ Jésus dit : « Que vous a prescrit Moïse ? » ⁴ Ils lui répondirent : « Moïse a permis de renvoyer sa femme à condition d'établir un acte de répudiation. » ⁵ Jésus répliqua : « C'est en raison de votre endurcissement qu'il a formulé cette loi. ⁶ Mais, au commencement de la création, *il les fit homme et femme.* ⁷ *A cause de cela, l'homme quittera son père et sa mère, il s'attachera à sa femme, et tous deux ne feront plus qu'un.* ⁸ Ainsi, ils ne sont plus deux, mais ils ne font qu'un. ⁹ Donc, ce que Dieu a uni, que l'homme ne le sépare pas ! » ¹⁰ De retour à la maison, les disciples l'interrogeaient de nouveau sur cette question. ¹¹ Il leur répond : « Celui qui renvoie sa femme pour en épouser une autre est coupable d'adultère envers elle. ¹² Si une femme a renvoyé son mari et en épouse un autre, elle est coupable d'adultère. »

---

44 et 46. Même texte que 48 ; cette phrase, à cet endroit, n'appartient pas au texte original de Marc. — 4. Voir Deutéronome **24**, 1. — 6. Genèse **1**, 27. — 7-8. Genèse **2**, 24.

Faire place aux enfants

¹³ On présentait à Jésus des enfants pour les lui faire toucher ; mais les disciples les écartèrent vivement. ¹⁴ Voyant cela, Jésus se fâcha et leur dit : « Laissez les enfants venir à moi. Ne les empêchez pas, car le royaume de Dieu est à ceux qui leur ressemblent. ¹⁵ Amen, je vous le dis : Celui qui n'accueille pas le royaume de Dieu à la manière d'un enfant n'y entrera pas. » ¹⁶ Il les embrassait et les bénissait en leur imposant les mains.

Se libérer de l'argent

▶ ¹⁷ Jésus se mettait en route quand un homme accourut vers lui, se mit à genoux et lui demanda : « Bon maître, que dois-je faire pour avoir en héritage la vie éternelle ? » ¹⁸ Jésus lui dit : « Pourquoi m'appelles-tu bon ? Personne n'est bon, sinon Dieu seul. ¹⁹ Tu connais les commandements : *Ne commets pas de meurtre, ne commets pas d'adultère, ne commets pas de vol, ne porte pas de faux témoignage,* ne fais de tort à personne, *honore ton père et ta mère.* » ²⁰ L'homme répondit : « Maître, j'ai observé tous ces commandements depuis ma jeunesse. » ²¹ Posant alors son regard sur lui, Jésus se mit à l'aimer. Il lui dit : « Une seule chose te manque : va, vends tout ce que tu as, donne-le aux pauvres et tu auras un trésor au ciel ; puis viens et suis-moi. » ²² Mais lui, à ces mots, devint sombre et s'en alla tout triste, car il avait de grands biens. ²³ Alors Jésus regarde tout autour de lui et dit à ses disciples : « Comme il sera difficile à ceux qui possèdent des richesses d'entrer dans le royaume de Dieu ! » ²⁴ Les disciples étaient stupéfaits de ces paroles. Mais Jésus reprend : « Mes enfants, comme il est difficile d'entrer dans le royaume de Dieu ! ²⁵ Il est plus facile à un chameau de passer par le trou d'une aiguille qu'à un riche d'entrer dans le royaume de Dieu. » ²⁶ De plus en plus déconcertés, les disciples se demandaient entre eux : « Mais alors, qui peut être sauvé ? » ²⁷ Jésus les regarde et répond : « Pour les hommes, cela est impossible, mais pas pour Dieu ; car tout est possible à Dieu. »

²⁸ Pierre se mit à dire à Jésus : « Voilà que nous avons tout quitté pour te suivre. » ²⁹ Jésus déclara : « Amen, je vous le dis : personne

---

19. Voir Exode **20**, 12-17.

n'aura quitté, à cause de moi et de l'Évangile, une maison, des frères, des sœurs, une mère, un père, des enfants ou une terre, ³⁰ sans qu'il reçoive, en ce temps déjà, le centuple : maisons, frères, sœurs, mères, enfants et terres, avec des persécutions et, dans le monde à venir, la vie éternelle.
³¹ Beaucoup de premiers seront derniers, et les derniers seront les premiers. »

Troisième annonce de la Passion et de la Résurrection

³² Les disciples étaient en route avec Jésus pour monter à Jérusalem ; Jésus les précédait ; ils étaient effrayés, et ceux qui suivaient étaient aussi dans la crainte. Prenant de nouveau les Douze avec lui, il se mit à leur dire ce qui allait lui arriver : ³³ « Voici que nous montons à Jérusalem. Le Fils de l'homme sera livré aux chefs des prêtres et aux scribes, ils le condamneront à mort, ils le livreront aux païens, ³⁴ ils se moqueront de lui, ils cracheront sur lui, ils le flagelleront et le tueront, et trois jours après, il ressuscitera. »

Le prix du salut

▶ ³⁵ Jacques et Jean, les fils de Zébédée, s'approchent de Jésus et lui disent : « Maître, nous voudrions que tu exauces notre demande. » ³⁶ Il leur dit : « Que voudriez-vous que je fasse pour vous ? » ³⁷ Ils lui répondirent : « Accorde-nous de siéger, l'un à ta droite et l'autre à ta gauche, dans ta gloire. » ³⁸ Jésus leur dit : « Vous ne savez pas ce que vous demandez. Pouvez-vous boire à la coupe que je vais boire, recevoir le baptême dans lequel je vais être plongé ? » ³⁹ Ils lui disaient : « Nous le pouvons. » Il répond : « La coupe que je vais boire, vous y boirez ; et le baptême dans lequel je vais être plongé, vous le recevrez. ⁴⁰ Quant à siéger à ma droite ou à ma gauche, il ne m'appartient pas de l'accorder, il y a ceux pour qui ces places sont préparées. »

⁴¹ Les dix (autres) avaient entendu, et ils s'indignaient contre Jacques et Jean. ⁴² Jésus les appelle et leur dit : « Vous le savez : ceux que l'on regarde comme chefs des nations païennes commandent en maîtres ; les grands leur font sentir leur pouvoir. ⁴³ Parmi vous, il ne

---

32. Littéralement : « Ils étaient en route pour monter. »

doit pas en être ainsi. Celui qui veut devenir grand sera votre serviteur. ⁴⁴ Celui qui veut être le premier sera l'esclave de tous : ⁴⁵ car le Fils de l'homme n'est pas venu pour être servi, mais pour servir, et donner sa vie en rançon * pour la multitude. »

Ouvrir les yeux et partir à la suite de Jésus

▶ ⁴⁶ Jésus et ses disciples arrivent à Jéricho. Et tandis que Jésus sortait de Jéricho avec ses disciples et une foule nombreuse, un mendiant aveugle, Bartimée, le fils de Timée, était assis au bord de la route. ⁴⁷ Apprenant que c'était Jésus de Nazareth, il se mit à crier : « Jésus, fils de David, aie pitié de moi ! » ⁴⁸ Beaucoup de gens l'interpellaient vivement pour le faire taire, mais il criait de plus belle : « Fils de David, aie pitié de moi ! » ⁴⁹ Jésus s'arrête et dit : « Appelez-le. » On appelle donc l'aveugle, et on lui dit : « Confiance, lève-toi ; il t'appelle. » ⁵⁰ L'aveugle jeta son manteau, bondit et courut vers Jésus. ⁵¹ Jésus lui dit : « Que veux-tu que je fasse pour toi ? — Rabbouni, que je voie. » ⁵² Et Jésus lui dit : « Va, ta foi t'a sauvé. » Aussitôt l'homme se mit à voir, et il suivait Jésus sur la route.

A Jérusalem : le drame éclate

Jésus rompt définitivement avec le Temple

Première journée : Jésus acclamé comme Messie par son peuple

▶ **11** Jésus et ses disciples approchent de Jérusalem, de Bethphagé et de Béthanie, près du mont des Oliviers. Jésus envoie deux de ses disciples : ² « Allez au village qui est en face de vous. Dès l'entrée, vous y trouverez un petit âne attaché, que personne n'a encore monté. Détachez-le et amenez-le. ³ Si l'on vous demande : 'Que faites-vous là ?' répondez : 'Le Seigneur en a besoin : il vous le renverra aussitôt.' » ⁴ Ils partent, trouvent un petit âne attaché près d'une porte, dehors, dans la rue, et ils le détachent. ⁵ Des gens qui se trouvaient là leur demandaient : « Qu'avez-vous à détacher cet ânon ? » ⁶ Ils répondirent ce que Jésus leur avait dit, et on les laissa

---

51. « Rabbouni » : « Mon maître ».

faire. ⁷ Ils amènent le petit âne à Jésus, le couvrent de leurs manteaux, et Jésus s'assoit dessus. ⁸ Alors, beaucoup de gens étendirent sur le chemin leurs manteaux, d'autres, des feuillages coupés dans la campagne. ⁹ Ceux qui marchaient devant et ceux qui suivaient criaient : « Hosanna *. *Béni soit celui qui vient au nom du Seigneur!* ¹⁰ Béni le Règne qui vient, celui de notre Père David. Hosanna au plus haut des cieux! »

¹¹ Jésus entra à Jérusalem, dans le Temple. Il inspecta du regard toutes choses et, comme c'était déjà le soir, il sortit avec les Douze pour aller à Béthanie.

Deuxième journée : coup d'éclat contre le Temple

¹² Le lendemain, quand ils quittèrent Béthanie, il eut faim. ¹³ Voyant de loin un figuier qui avait des feuilles, il alla voir s'il y trouverait quelque chose; mais, en s'approchant, il ne trouva que des feuilles, car ce n'était pas la saison des figues. ¹⁴ Alors il dit au figuier : « Que jamais plus personne ne mange de tes fruits! » Et ses disciples écoutaient.

¹⁵ Ils arrivent à Jérusalem. Alors Jésus entra dans le Temple et se mit à expulser ceux qui vendaient et ceux qui achetaient dans le Temple. Il renversa les comptoirs des changeurs et les sièges des marchands de colombes, ¹⁶ et il ne laissait personne traverser le Temple en portant quoi que ce soit. ¹⁷ Il enseignait, et il déclarait aux gens : « L'Écriture ne dit-elle pas : *Ma maison s'appellera maison de prière pour toutes les nations?* Or vous, vous en avez fait une *caverne de bandits.* » ¹⁸ Les chefs des prêtres et les scribes apprirent la chose, et ils cherchaient comment le faire mourir. En effet, ils avaient peur de lui, car toute la foule était frappée par son enseignement. ¹⁹ Et quand le soir tombait, Jésus et ses disciples s'en allaient hors de la ville.

Troisième journée : l'autorité de Jésus face aux autorités juives

²⁰ Le lendemain matin, en passant, ils virent le figuier qui était desséché jusqu'aux racines. ²¹ Pierre, se rappelant ce qui s'était passé,

---

9. Psaume **117**, 25-26. — 17. Isaïe **56**, 7. Jérémie **7**, 11.

dit à Jésus : « Rabbi, regarde : le figuier que tu as maudit est desséché. » ²² Alors Jésus leur déclare : « Ayez foi en Dieu. ²³ Amen, je vous le dis : Tout homme qui dira à cette montagne : 'Enlève-toi de là, et va te jeter dans la mer', s'il ne doute pas dans son cœur, mais croit que ce qu'il dit va arriver, cela lui sera accordé ! ²⁴ C'est pourquoi, je vous le dis : tout ce que vous demandez dans la prière, croyez que vous l'avez déjà reçu, cela vous sera accordé. ²⁵ Et quand vous êtes là, en train de prier, si vous avez quelque chose contre quelqu'un, pardonnez-lui, pour que votre Père qui est au cieux vous pardonne aussi vos fautes. » ²⁶ ...

²⁷ Jésus et ses disciples reviennent à Jérusalem. Et comme Jésus allait et venait dans le Temple, les chefs des prêtres, les scribes et les anciens vinrent le trouver. ²⁸ Ils lui demandaient : « Par quelle autorité fais-tu cela ? Ou bien qui t'a donné autorité pour le faire ? » ²⁹ Jésus leur dit : « Je vais vous poser une seule question. Répondez-moi, et je vous dirai par quelle autorité je fais cela. ³⁰ Le baptême de Jean venait-il du ciel ou des hommes ? Répondez-moi. » ³¹ Ils faisaient en eux-mêmes ce raisonnement : « Si nous disons : 'Du ciel', il va dire : 'Pourquoi donc n'avez-vous pas cru à sa parole ?' ³² Mais allons-nous dire : 'Des hommes' ? » Ils redoutaient la foule, car tout le monde estimait que Jean était réellement un prophète. ³³ Ils répondent donc à Jésus : « Nous ne savons pas ! » Alors Jésus leur dit : « Moi non plus, je ne vous dirai pas par quelle autorité je fais cela. »

12 Jésus se mit à parler en paraboles aux chefs des prêtres, aux scribes et aux anciens : « Un homme planta une vigne *, il l'entoura d'une clôture, y creusa un pressoir et y bâtit une tour de garde. Puis il la donna en fermage à des vignerons, et partit en voyage. ² Le moment venu, il envoya son serviteur auprès des vignerons pour se faire remettre par ceux-ci ce qui lui revenait du produit de la vigne. ³ Mais les vignerons se saisirent du serviteur, le frappèrent, et le renvoyèrent sans rien lui donner. ⁴ De nouveau, il leur envoya un autre serviteur ; et celui-là, ils l'assommèrent et l'insultèrent. ⁵ Il en envoya encore un autre, et celui-là, ils le tuèrent ; puis beaucoup d'autres serviteurs : ils frappèrent les uns et tuèrent les autres. ⁶ Il

---

26. « Si vous ne pardonnez pas, votre Père qui est aux cieux ne vous pardonnera pas vos péchés. » Ce verset n'appartient pas au texte original de Marc. — 1. Voir : Isaïe 5, 1-7.

lui restait encore quelqu'un : son fils bien-aimé. Il l'envoya vers eux en dernier. Il se disait : 'Ils respecteront mon fils.' ⁷ Mais ces vignerons-là se dirent entre eux : 'Voici l'héritier : allons-y ! tuons-le, et l'héritage va être à nous !' ⁸ Ils se saisirent de lui, le tuèrent, et le jetèrent hors de la vigne. ⁹ Que fera le maître de la vigne ? Il viendra, fera périr les vignerons, et donnera la vigne à d'autres. ¹⁰ N'avez-vous pas lu ce passage de l'Écriture ? *La pierre qu'ont rejetée les bâtisseurs est devenue la pierre angulaire.* ¹¹ *C'est là l'œuvre du Seigneur, une merveille sous nos yeux !* ¹² (Les chefs des Juifs) cherchaient à arrêter Jésus, mais ils eurent peur de la foule. (Ils avaient bien compris que c'était pour eux qu'il avait dit cette parabole.) Ils le laissèrent donc et s'en allèrent.

¹³ On envoya à Jésus des pharisiens* et des hérodiens* pour le prendre au piège en le faisant parler, ¹⁴ et ceux-ci viennent lui dire : « Maître, nous le savons : tu es toujours vrai ; tu ne te laisses influencer par personne, car tu ne fais pas de différence entre les gens, mais tu enseignes le vrai chemin de Dieu. Est-il permis, oui ou non, de payer l'impôt à l'empereur ? Devons-nous payer, oui ou non ? » ¹⁵ Mais lui, sachant leur hypocrisie, leur dit : « Pourquoi voulez-vous me mettre à l'épreuve ? Faites-moi voir une pièce d'argent. » ¹⁶ Ils le firent, et Jésus leur dit : « Cette effigie et cette légende, de qui sont-elles ? — De (l'empereur) César », répondent-ils. ¹⁷ Jésus leur dit : « A César, rendez ce qui est à César, et à Dieu, ce qui est à Dieu. » Et ils étaient remplis d'étonnement à son sujet.

¹⁸ Des sadducéens — ceux qui affirment qu'il n'y a pas de résurrection — viennent trouver Jésus, et ils l'interrogeaient : ¹⁹ « Maître, Moïse nous a donné cette loi : *Si un homme a un frère qui meurt en laissant une femme, mais aucun enfant, qu'il épouse la veuve pour donner une descendance à son frère.* ²⁰ Il y avait sept frères : le premier se maria, et mourut sans laisser de descendance. ²¹ Le deuxième épousa la veuve, et mourut sans laisser de descendance. Le troisième pareillement. ²² Et aucun des sept ne laissa de descendance. Et finalement, la femme mourut aussi. ²³ A la résurrection, quand ils ressusciteront, de qui sera-t-elle l'épouse, puisque les sept l'ont eue pour femme ? »

10-11 : Psaume 117, 22-23. — 14. « empereur », littéralement : César. — 19. Deutéronome **25**, 5.

²⁴ Jésus leur dit : « N'êtes-vous pas dans l'erreur, en méconnaissant les Écritures, et la puissance de Dieu ? ²⁵ Lorsqu'on ressuscite d'entre les morts, on ne se marie pas, mais on est comme les anges dans les cieux. ²⁶ Quant à dire que les morts doivent ressusciter, n'avez-vous pas lu dans le livre de Moïse, au récit du buisson ardent, comment Dieu lui a dit : *Moi, je suis le Dieu d'Abraham, le Dieu d'Isaac, le Dieu de Jacob ?* ²⁷ Il n'est pas le Dieu des morts, mais des vivants. Vous êtes complètement dans l'erreur. »

▶ ²⁸ Un scribe qui avait entendu la discussion, et remarqué que Jésus avait bien répondu, s'avança pour lui demander : « Quel est le premier de tous les commandements ? » ²⁹ Jésus lui fit cette réponse : « Voici le premier : *Écoute, Israël : le Seigneur notre Dieu est l'unique Seigneur.* ³⁰ *Tu aimeras le Seigneur ton Dieu de tout ton cœur, de toute ton âme, de tout ton esprit et de toute ta force.* ³¹ Voici le second : *Tu aimeras ton prochain comme toi-même.* Il n'y a pas de commandement plus grand que ceux-là. » ³² Le scribe reprit : « Fort bien, Maître, tu as raison de dire que Dieu est l'Unique et qu'il n'y en a pas d'autre que lui. ³³ L'aimer de tout son cœur, de toute son intelligence, de toute sa force, et aimer son prochain comme soi-même, vaut mieux que toutes les offrandes et tous les sacrifices. » ³⁴ Jésus, voyant qu'il avait fait une remarque judicieuse, lui dit : « Tu n'es pas loin du royaume de Dieu. » Et personne n'osait plus l'interroger.

³⁵ Quand Jésus enseignait dans le Temple, il déclarait : « Comment les scribes peuvent-ils dire que le Messie est le fils de David ? ³⁶ David lui-même a dit sous l'inspiration de l'Esprit Saint : *Le Seigneur a dit à mon Seigneur : ' Siège à ma droite jusqu'à ce que j'aie mis tes ennemis sous tes pieds ! '* David lui-même le nomme Seigneur *. ³⁷ D'où vient qu'il est également son fils ? » Et la foule, qui était nombreuse, l'écoutait avec plaisir.

▶ ³⁸ Dans son enseignement, il disait : « Méfiez-vous des scribes, qui tiennent à sortir en robes solennelles et qui aiment les salutations sur les places publiques, ³⁹ les premiers rangs dans les synagogues,

---

26. Exode 3, 6. — 29-30. Deutéronome 6, 4-5. — 31. Lévitique 19, 18. — 36. Psaume 109, 1.

et les places d'honneur dans les dîners. ⁴⁰ Ils dévorent les biens des veuves et affectent de prier longuement : ils seront d'autant plus sévèrement condamnés. »

⁴¹ Jésus s'était assis dans le Temple en face de la salle du trésor, et regardait la foule déposer de l'argent dans le tronc. Beaucoup de gens riches y mettaient de grosses sommes. ⁴² Une pauvre veuve s'avança et déposa deux piécettes. ⁴³ Jésus s'adressa à ses disciples : « Amen, je vous le dis : cette pauvre veuve a mis dans le tronc plus que tout le monde. ⁴⁴ Car tous, ils ont pris sur leur superflu, mais elle, elle a pris sur son indigence : elle a tout donné, tout ce qu'elle avait pour vivre. »

13 Comme Jésus sortait du Temple, un de ses disciples lui dit : « Maître, regarde : quelles belles pierres ! quelles belles constructions ! » ² Mais Jésus lui dit : « Tu vois ces grandes constructions ? Il n'en restera pas pierre sur pierre : tout sera détruit. »

Discours sur la Fin

³ Et comme il s'était assis au mont des Oliviers, en face du Temple, Pierre, Jacques, Jean et André l'interrogeaient à part : ⁴ « Dis-nous quand cela arrivera, dis-nous quel sera le signe que tout cela va finir. »

⁵ Alors Jésus se mit à leur dire : « Prenez garde que personne ne vous égare. ⁶ Beaucoup viendront sous mon nom, en disant : 'C'est moi', et ils égareront bien des gens. ⁷ Quand vous entendrez parler de guerres et de rumeurs de guerre, ne vous laissez pas effrayer ; il faut que cela arrive, mais ce ne sera pas encore la fin. ⁸ Car on se dressera nation contre nation, royaume contre royaume, il y aura des tremblements de terre çà et là, il y aura des famines ; c'est le début des douleurs de l'enfantement.

⁹ Soyez sur vos gardes ; on vous livrera aux tribunaux et aux synagogues ; on vous frappera, on vous traduira devant des gouverneurs et des rois à cause de moi ; il y aura là un témoignage* pour eux. ¹⁰ Mais il faut d'abord que la Bonne Nouvelle soit proclamée à toutes les nations. ¹¹ Et lorsqu'on vous emmènera pour vous livrer, ne vous tourmentez pas d'avance pour savoir ce que vous direz, mais ce qui vous sera donné à cette heure-là, dites-le. Car ce n'est pas vous qui parlerez, c'est le Saint-Esprit. ¹² Le frère livrera son frère à

la mort, et le père, son enfant ; les enfants se dresseront contre leurs parents et les feront mettre à mort. ¹³ Vous serez détestés de tous à cause de mon nom. Mais celui qui aura persévéré jusqu'au bout, celui-là sera sauvé.

¹⁴ Lorsque vous verrez le Sacrilège Dévastateur installé là où il ne faut pas — que le lecteur (de l'Écriture) comprenne ! — alors ceux qui seront en Judée, qu'ils s'enfuient dans la montagne ; ¹⁵ celui qui sera sur sa terrasse, qu'il n'en descende pas et ne rentre pas pour emporter quelque chose de sa maison ; ¹⁶ celui qui sera dans son champ, qu'il ne retourne pas en arrière pour emporter son manteau. ¹⁷ Malheureuses les femmes qui seront enceintes, et celles qui allaiteront en ces jours-là. ¹⁸ Priez pour que cela n'arrive pas en hiver, ¹⁹ car en ces jours-là il y aura une détresse comme il n'y en a jamais eu depuis le commencement, quand Dieu créa le monde, jusqu'à maintenant, et comme il n'y en aura jamais plus. ²⁰ Et si le Seigneur n'abrégeait pas le nombre des jours, personne n'aurait la vie sauve ; mais à cause des élus *, de ceux qu'il a choisis, il a abrégé ces jours-là. ²¹ Et alors, si quelqu'un vous dit : 'Voilà le Messie ! Il est ici ! Il est là !' ne le croyez pas. ²² Il surgira des faux messies et des faux prophètes qui feront des signes et des prodiges afin d'égarer les élus, si c'est possible. ²³ Quant à vous, prenez garde : je vous ai tout dit à l'avance.

▶ ²⁴ En ces temps-là, après une terrible détresse, le soleil s'obscurcira et la lune perdra son éclat. ²⁵ Les étoiles tomberont du ciel, et les puissances célestes seront ébranlées. ²⁶ Alors on verra *le Fils de l'homme venir sur les nuées avec grande puissance et grande gloire.* ²⁷ Il enverra les anges pour rassembler les élus des quatre coins du monde, de l'extrémité de la terre à l'extrémité du ciel.

²⁸ Que la comparaison du figuier vous instruise : dès que ses branches deviennent tendres et que sortent les feuilles, vous savez que l'été est proche. ²⁹ De même, vous aussi, lorsque vous verrez arriver cela, sachez que (le Fils de l'homme) est proche, à votre porte. ³⁰ Amen, je vous le dis : cette génération ne passera pas avant que tout cela n'arrive. ³¹ Le ciel et la terre passeront, mes paroles ne

---

14. Voir Daniel 9, 27 ; 11, 31 ; 12, 11. — 16. Voir Genèse 19, 26. — 26. Voir Daniel 7, 13.

passeront pas. ³² Quant au jour et à l'heure, nul ne les connaît, pas même les anges dans le ciel, pas même le Fils, mais seulement le Père.

▶ ³³ Prenez garde, veillez : car vous ne savez pas quand viendra le moment. ³⁴ Il en est comme d'un homme parti en voyage : en quittant sa maison, il a donné tout pouvoir à ses serviteurs, fixé à chacun son travail, et recommandé au portier de veiller. ³⁵ Veillez* donc, car vous ne savez pas quand le maître de la maison reviendra, le soir ou à minuit, au chant du coq ou le matin. ³⁶ Il peut arriver à l'improviste et vous trouver endormis. ³⁷ Ce que je vous dis là, je le dis à tous : Veillez ! »

Jésus se révèle par sa Passion : il est Fils de Dieu

1. *Le complot contre Jésus et le repas de Béthanie*

▶ **14** La fête de la Pâque et des pains sans levain allait avoir lieu dans deux jours. Les chefs des prêtres et les scribes cherchaient le moyen d'arrêter Jésus par ruse, pour le faire mourir. ² Car ils se disaient : « Pas en pleine fête, pour éviter une émeute dans le peuple. »
³ Jésus se trouvait à Béthanie, chez Simon le lépreux. Pendant qu'il était à table, une femme entra, avec un flacon d'albâtre contenant un parfum très pur et de grande valeur. Brisant le flacon, elle le lui versa sur la tête. ⁴ Or, quelques-uns s'indignaient : « A quoi bon gaspiller ce parfum ? ⁵ On aurait pu le vendre pour plus de trois cents pièces d'argent et en faire don aux pauvres. » Et ils la critiquaient. ⁶ Mais Jésus leur dit : « Laissez-la ! Pourquoi la tourmenter ? C'est une action charitable qu'elle a faite envers moi. ⁷ Des pauvres, vous en aurez toujours avec vous, et, quand vous voudrez, vous pourrez les secourir ; mais moi, vous ne m'aurez pas toujours. ⁸ Elle a fait tout ce qu'elle pouvait faire. D'avance, elle a parfumé mon corps pour mon ensevelissement. ⁹ Amen, je vous le dis : partout où la Bonne Nouvelle sera proclamée dans le monde entier, on racontera, en souvenir d'elle, ce qu'elle vient de faire. »

2. *La trahison de Judas*

¹⁰ Judas Iscariote, l'un des Douze, alla trouver les chefs des prêtres

pour leur livrer Jésus. ¹¹ A cette nouvelle, ils se réjouirent et promirent de lui donner de l'argent. Dès lors Judas cherchait une occasion favorable pour le livrer.

3. *La Cène*

▶ ¹² Le premier jour de la fête des pains sans levain, où l'on immolait l'agneau pascal, les disciples de Jésus lui disent : « Où veux-tu que nous allions faire les préparatifs pour ton repas pascal ? » ¹³ Il envoie deux disciples : « Allez à la ville ; vous y rencontrerez un homme portant une cruche d'eau. Suivez-le. ¹⁴ Et là où il entrera, dites au propriétaire : 'Le maître te fait dire : Où est la salle où je pourrai manger la Pâque avec mes disciples ?' ¹⁵ Il vous montrera, à l'étage, une grande pièce toute prête pour un repas. Faites-y pour nous les préparatifs. » ¹⁶ Les disciples partirent, allèrent en ville ; tout se passa comme Jésus le leur avait dit ; et ils préparèrent la Pâque.

¹⁷ Le soir venu, Jésus arrive avec les Douze. ¹⁸ Pendant qu'ils étaient à table et mangeaient, Jésus leur déclara : « Amen, je vous le dis : l'un de vous, qui mange avec moi, va me livrer. » ¹⁹ Ils devinrent tout tristes, et ils lui demandaient l'un après l'autre : « Serait-ce moi ? » ²⁰ Il leur répondit : « C'est l'un des Douze, qui se sert au même plat que moi. ²¹ Le Fils de l'homme s'en va, comme il est écrit à son sujet ; mais malheureux celui qui le livre. Il vaudrait mieux pour lui qu'il ne soit pas né. »

²² Pendant le repas, Jésus prit du pain, prononça la bénédiction, le rompit, et le leur donna, en disant : « Prenez, ceci est mon corps. » ²³ Puis, prenant une coupe et rendant grâce, il la leur donna, et ils en burent tous. ²⁴ Et il leur dit : « Ceci est mon sang, le sang de l'Alliance, répandu pour la multitude. ²⁵ Amen, je vous le dis : je ne boirai plus du fruit de la vigne, jusqu'à ce jour où je boirai un vin nouveau dans le royaume de Dieu. »

²⁶ Après avoir chanté les psaumes, ils partirent pour le mont des Oliviers. ²⁷ Jésus leur dit : « Vous allez tous être exposés à tomber, car il est écrit : *Je frapperai le berger et les brebis seront dispersées.*

---

27. Zacharie 13, 7.

²⁸ Mais, après que je serai ressuscité, je vous précéderai en Galilée. »
²⁹ Pierre lui dit alors : « Même si tous viennent à tomber, moi, je ne tomberai pas. » ³⁰ Jésus lui répond : « Amen, je te le dis : toi, aujourd'hui, cette nuit même, avant que le coq chante deux fois, tu m'auras renié trois fois. » ³¹ Mais lui reprenait de plus belle : « Même si je dois mourir avec toi, je ne te renierai pas. » Et tous disaient de même.

4. *La prière à Gethsémani*

³² Ils parviennent à un domaine appelé Gethsémani. Jésus dit à ses disciples : « Restez ici ; moi, je vais prier. » ³³ Puis il emmène avec lui Pierre, Jacques et Jean, et commence à ressentir frayeur et angoisse. ³⁴ Il leur dit : « Mon âme est triste à mourir. Demeurez ici et veillez. » ³⁵ S'écartant un peu, il tombait à terre et priait pour que, s'il était possible, cette heure s'éloigne de lui. ³⁶ Il disait : « *Abba...* Père, tout est possible pour toi. Éloigne de moi cette coupe. Cependant, non pas ce que je veux, mais ce que tu veux ! » ³⁷ Puis il revient et trouve les disciples endormis. Il dit à Pierre : « Simon, tu dors ! Tu n'as pas eu la force de veiller* une heure ? ³⁸ Veillez et priez pour ne pas entrer en tentation : l'esprit* est ardent, mais la chair* est faible. » ³⁹ Il retourna prier, en répétant les mêmes paroles. ⁴⁰ Quand il revint près des disciples, il les trouva endormis, car leurs yeux étaient alourdis. Et ils ne savaient que lui dire. ⁴¹ Une troisième fois, il revient et leur dit : « Désormais, vous pouvez dormir et vous reposer. C'est fait ; l'heure est venue : voici que le Fils de l'homme est livré aux mains des pécheurs. Levez-vous ! ⁴² Allons ! Le voici tout proche, celui qui me livre. »

5. *L'arrestation de Jésus*

⁴³ Jésus parlait encore quand Judas, l'un des Douze, arriva avec une bande armée d'épées et de bâtons, envoyée par les chefs des prêtres, les scribes et les anciens. ⁴⁴ Or, le traître leur avait donné un signe convenu : « Celui que j'embrasserai, c'est lui : arrêtez-le et emmenez-le sous bonne garde. » ⁴⁵ A peine arrivé, Judas, s'approchant de Jésus, lui dit : « Rabbi ! » Et il l'embrassa. ⁴⁶ Les autres lui mirent la main dessus et l'arrêtèrent.

⁴⁷ Un de ceux qui étaient là tira son épée, frappa le serviteur du grand prêtre et lui trancha l'oreille. ⁴⁸ Alors Jésus leur déclara : « Suis-je donc un bandit pour que vous soyez venus m'arrêter avec

des épées et des bâtons ? ⁴⁹ Chaque jour, j'étais parmi vous dans le Temple, où j'enseignais ; et vous ne m'avez pas arrêté. Mais il faut que les Écritures s'accomplissent. » ⁵⁰ Les disciples l'abandonnèrent et s'enfuirent tous.

⁵¹ Or, un jeune homme suivait Jésus ; il n'avait pour vêtement qu'un drap. On le saisit. ⁵² Mais lui, lâchant le drap, se sauva tout nu.

6. *Jésus chez Caïphe*

⁵³ Ils emmenèrent Jésus chez le grand prêtre, et tous les chefs des prêtres, les anciens et les scribes se rassemblent. ⁵⁴ Pierre avait suivi Jésus de loin, jusqu'à l'intérieur du palais du grand prêtre, et là, assis parmi les gardes, il se chauffait près du feu.
⁵⁵ Les chefs des prêtres et tout le grand conseil cherchaient un témoignage contre Jésus pour le faire condamner à mort, et ils n'en trouvaient pas. ⁵⁶ De fait, plusieurs portaient de faux témoignages contre Jésus, et ces témoignages ne concordaient même pas.
⁵⁷ Quelques-uns se levaient pour porter contre lui ce faux témoignage : ⁵⁸ « Nous l'avons entendu dire : 'Je détruirai ce temple* fait de main d'homme, et en trois jours j'en rebâtirai un autre qui ne sera pas fait de main d'homme.' » ⁵⁹ Et même sur ce point, ils n'étaient pas d'accord. ⁶⁰ Alors le grand prêtre se leva devant l'assemblée et interrogea Jésus : « Tu ne réponds rien à ce que ces gens déposent contre toi ? » ⁶¹ Mais lui gardait le silence, et il ne répondait rien. Le grand prêtre l'interroge de nouveau : « Es-tu le Messie, le Fils du (Dieu) béni ? » ⁶² Jésus lui dit : « Je le suis, et vous verrez *le Fils de l'homme siéger à la droite du Tout-Puissant, et venir parmi les nuées du ciel.* » ⁶³ Alors, le grand prêtre déchire ses vêtements et dit : « Pourquoi nous faut-il encore des témoins ? ⁶⁴ Vous avez entendu le blasphème. Quel est votre avis ? » Tous prononcèrent qu'il méritait la mort. ⁶⁵ Quelques-uns se mirent à cracher sur lui, couvrirent son visage d'un voile, et le rouèrent de coups, en disant : « Fais le prophète ! » Et les gardes lui donnèrent des gifles.

7. *Le reniement de Pierre*

⁶⁶ Comme Pierre était en bas, dans la cour, arrive une servante du grand prêtre. ⁶⁷ Elle le voit qui se chauffe, le dévisage et lui dit :

---

58. Voir Jean **2**, 19. — 62. Voir Daniel **7**, 13 et Psaume **109**, 1.

« Toi aussi, tu étais avec Jésus de Nazareth. » ⁶⁸ Pierre le nia : « Je ne sais pas, je ne comprends pas ce que tu veux dire. » Puis il sortit dans le vestibule. ⁶⁹ La servante, l'ayant vu, recommença à dire à ceux qui se trouvaient là : « En voilà un qui est des leurs ! » ⁷⁰ De nouveau, Pierre le niait. Un moment après, ceux qui étaient là lui disaient : « Sûrement tu en es ! D'ailleurs, tu es Galiléen. » ⁷¹ Alors, il se mit à jurer en appelant sur lui la malédiction : « Je ne connais pas l'homme dont vous parlez. » ⁷² Et aussitôt, un coq chanta pour la seconde fois. Alors Pierre se souvint de la parole de Jésus : 'Avant que le coq chante deux fois, tu m'auras renié trois fois.' Et il se mit à pleurer.

8. *Jésus chez Pilate*

15 Dès le matin, les chefs des prêtres convoquèrent les anciens et les scribes, et tout le grand conseil. Puis ils enchaînèrent Jésus et l'emmenèrent pour le livrer à Pilate.
² Celui-ci l'interrogea : « Es-tu le roi des Juifs ? » Jésus répond : « C'est toi qui le dis. » ³ Les chefs des prêtres multipliaient contre lui les accusations. ⁴ Pilate lui demandait à nouveau : « Tu ne réponds rien ? Vois toutes les accusations qu'ils portent contre toi. » ⁵ Mais Jésus ne répondit plus rien, si bien que Pilate s'en étonnait.

9. *Barabbas*

⁶ A chaque fête de Pâque, il relâchait un prisonnier, celui que la foule demandait. ⁷ Or, il y avait en prison un dénommé Barabbas, arrêté avec des émeutiers pour avoir tué un homme lors de l'émeute. ⁸ La foule monta donc, et se mit à demander à Pilate la grâce qu'il accordait d'habitude. ⁹ Pilate leur répondit : « Voulez-vous que je vous relâche le roi des Juifs ? » ¹⁰ (Il se rendait bien compte que c'était par jalousie que les chefs des prêtres l'avaient livré.) ¹¹ Ces derniers excitèrent la foule à demander plutôt la grâce de Barabbas. ¹² Et comme Pilate reprenait : « Que ferai-je donc de *celui que vous appelez le roi des Juifs* ? » ¹³ ils crièrent de nouveau : « Crucifie-le ! » ¹⁴ Pilate leur disait : « Qu'a-t-il donc fait de mal ? » Mais ils crièrent encore plus fort : « Crucifie-le ! »

¹⁵ Pilate, voulant contenter la foule, relâcha Barabbas, et après avoir fait flageller Jésus, il le livra pour qu'il soit crucifié.

10. *La couronne d'épines*

¹⁶ Les soldats l'emmenèrent à l'intérieur du Prétoire, c'est-à-dire dans le palais du gouverneur. Ils appellent toute la garde, ¹⁷ ils lui mettent un manteau rouge, et lui posent sur la tête une couronne d'épines qu'ils ont tressée. ¹⁸ Puis ils se mirent à lui faire des révérences : « Salut, roi des Juifs ! » ¹⁹ Ils lui frappaient la tête avec un roseau, crachaient sur lui, et s'agenouillaient pour lui rendre hommage. ²⁰ Quand ils se furent bien moqués de lui, ils lui ôtèrent le manteau rouge, et lui remirent ses vêtements.

11. *La crucifixion*

Puis ils l'emmenèrent pour le crucifier, ²¹ et ils réquisitionnent, pour porter la croix, un passant, Simon de Cyrène, le père d'Alexandre et de Rufus, qui revenait des champs. ²² Et ils amènent Jésus à l'endroit appelé Golgotha, c'est-à-dire : Lieu-du-Crâne ou Calvaire. ²³ Ils lui offraient du vin aromatisé de myrrhe ; mais il n'en prit pas. ²⁴ Alors ils le crucifient, puis se partagent ses vêtements, en tirant au sort pour savoir la part de chacun. ²⁵ Il était neuf heures lorsqu'on le crucifia. ²⁶ L'inscription indiquant le motif de sa condamnation portait ces mots : « Le roi des Juifs. » ²⁷ Avec lui, on crucifie deux bandits, l'un à sa droite, l'autre à sa gauche. ²⁸ ...

12. *Sur le calvaire*

²⁹ Les passants l'injuriaient en hochant la tête : « Hé ! toi qui détruis le Temple et le rebâtis en trois jours, ³⁰ sauve-toi toi-même, descends de la croix ! » ³¹ De même, les chefs des prêtres se moquaient de lui avec les scribes, en disant entre eux : « Il en a sauvé d'autres, et il ne peut pas se sauver lui-même ! ³² Que le Messie, le roi d'Israël, descende maintenant de la croix ; alors nous verrons et nous croirons. » Même ceux qui étaient crucifiés avec lui l'insultaient.

13. *La mort de Jésus*

³³ Quand arriva l'heure de midi, il y eut des ténèbres sur toute la terre jusque vers trois heures. ³⁴ Et à trois heures, Jésus cria d'une

---

24. Voir Psaume 21, 19. — 28. Ce verset, identique à Luc 22, 37, n'appartient pas au texte original de Marc. — 34. Psaume 21, 2.

voix forte : « *Éloï, Éloï, lama sabactani ?* », ce qui veut dire : « *Mon Dieu, mon Dieu, pourquoi m'as-tu abandonné ?* » ³⁵ Quelques-uns de ceux qui étaient là disaient en l'entendant : « Voilà qu'il appelle (le prophète) Élie ! » ³⁶ L'un d'eux courut tremper une éponge dans une boisson vinaigrée, il la mit au bout d'un roseau, et il lui donnait à boire, en disant : « Attendez ! Nous verrons bien si Élie vient le descendre de là ! » ³⁷ Mais Jésus, poussant un grand cri, expira. ³⁸ Le rideau du Temple se déchira en deux, depuis le haut jusqu'en bas. ³⁹ Le centurion qui était là en face de Jésus, voyant comment il avait expiré, s'écria : « Vraiment, cet homme était le Fils de Dieu ! »

14. *La sépulture*

⁴⁰ Il y avait aussi des femmes, qui regardaient de loin, et parmi elles, Marie Madeleine, Marie, mère de Jacques le petit et de José, et Salomé, ⁴¹ qui suivaient Jésus et le servaient quand il était en Galilée, et encore beaucoup d'autres, qui étaient montées avec lui à Jérusalem.

⁴² Déjà le soir était venu ; or, comme c'était la veille du sabbat, le jour où il faut tout préparer, ⁴³ Joseph d'Arimathie intervint. C'était un homme influent, membre du Conseil*, et il attendait lui aussi le royaume de Dieu. Il eut le courage d'aller chez Pilate pour demander le corps de Jésus. ⁴⁴ Pilate, s'étonnant qu'il soit déjà mort, fit appeler le centurion, pour savoir depuis combien de temps Jésus était mort. ⁴⁵ Sur le rapport du centurion, il permit à Joseph de prendre le corps. ⁴⁶ Joseph acheta donc un linceul, il descendit Jésus de la croix, l'enveloppa dans le linceul et le déposa dans un sépulcre qui était creusé dans le roc. Puis il roula une pierre contre l'entrée du tombeau.

⁴⁷ Or, Marie Madeleine et Marie, mère de José, regardaient l'endroit où on l'avait mis.

Finale : une route nouvelle avec le Ressuscité

▶ **16** Le sabbat terminé, Marie Madeleine, Marie, mère de Jacques, et Salomé achetèrent des parfums pour aller embaumer le corps de Jésus. ² De grand matin, le premier jour de la semaine, elles se rendent au sépulcre au lever du soleil. ³ Elles se disaient entre elles : « Qui nous roulera la pierre pour dégager l'entrée du tombeau ? »

⁴ Au premier regard, elles s'aperçoivent qu'on a roulé la pierre, qui était pourtant très grande. ⁵ En entrant dans le tombeau, elles virent, assis à droite, un jeune homme vêtu de blanc. Elles furent saisies de peur. ⁶ Mais il leur dit : « N'ayez pas peur ! Vous cherchez Jésus de Nazareth, le Crucifié ? Il est ressuscité : il n'est pas ici. Voici l'endroit où on l'avait déposé. ⁷ Et maintenant, allez dire à ses disciples et à Pierre : 'Il vous précède en Galilée. Là vous le verrez, comme il vous l'a dit.' » ⁸ Elles sortirent et s'enfuirent du tombeau, parce qu'elles étaient toutes tremblantes et hors d'elles-mêmes. Elles ne dirent rien à personne, car elles avaient peur.

Le récit de Marc s'arrête ici. La suite a été ajoutée par un auteur inspiré quelques années après.

⁹ Ressuscité de grand matin, le premier jour de la semaine, Jésus apparut d'abord à Marie Madeleine, de laquelle il avait expulsé sept démons. ¹⁰ Celle-ci partit annoncer la nouvelle à ceux qui, ayant vécu avec lui, s'affligeaient et pleuraient. ¹¹ Quand ils entendirent qu'il était vivant et qu'elle l'avait vu, ils refusèrent de croire.
¹² Après cela, il se manifesta sous un aspect inhabituel à deux d'entre eux qui étaient en chemin pour aller à la campagne. ¹³ Ceux-ci revinrent l'annoncer aux autres, qui ne les crurent pas non plus.
¹⁴ Enfin, il se manifesta aux Onze eux-mêmes pendant qu'ils étaient à table ; il leur reprocha leur incrédulité et leur endurcissement parce qu'ils n'avaient pas cru ceux qui l'avaient vu ressuscité.
▶ ¹⁵ Puis il leur dit : « Allez dans le monde entier. Proclamez la Bonne Nouvelle à toute la création. ¹⁶ Celui qui croira et sera baptisé sera sauvé ; celui qui refusera de croire sera condamné. ¹⁷ Voici les signes qui accompagneront ceux qui deviendront croyants : en mon nom, ils chasseront les esprits mauvais ; ils parleront un langage nouveau ; ¹⁸ ils prendront des serpents dans leurs mains, et, s'ils boivent un poison mortel, il ne leur fera pas de mal ; ils imposeront les mains aux malades, et les malades s'en trouveront bien. »
¹⁹ Le Seigneur Jésus, après leur avoir parlé, fut enlevé au ciel et s'assit à la droite de Dieu. ²⁰ Quant à eux, ils s'en allèrent proclamer partout la Bonne Nouvelle. Le Seigneur travaillait avec eux et confirmait la Parole par les signes qui l'accompagnaient.

Évangile selon saint Luc

Ouverture

Prologue

▶ **1** Plusieurs ont entrepris de composer un récit des événements qui se sont accomplis parmi nous, ²tels que nous les ont transmis ceux qui, dès le début, furent les témoins oculaires et sont devenus les serviteurs de la Parole. ³C'est pourquoi j'ai décidé, moi aussi, après m'être informé soigneusement de tout depuis les origines, d'en écrire pour toi, cher Théophile, un exposé suivi, ⁴afin que tu te rendes bien compte de la solidité des enseignements que tu as reçus.

L'aurore du salut

*Annonce de deux naissances :
le Précurseur et le Fils de Dieu*

▶ ⁵ Il y avait, au temps d'Hérode (le Grand), roi de Judée, un prêtre nommé Zacharie, du groupe d'Abia. Sa femme aussi était descendante d'Aaron ; elle s'appelait Élisabeth. ⁶ Tous les deux vivaient comme des justes devant Dieu : ils suivaient tous les commandements et les préceptes du Seigneur d'une manière irréprochable. ⁷ Ils n'avaient pas d'enfant, car Élisabeth était stérile, et tous deux étaient âgés.

⁸ Or, tandis que Zacharie, au jour fixé pour les prêtres de son groupe, assurait le service du culte devant Dieu, ⁹ il fut désigné par le sort, suivant l'usage liturgique, pour aller offrir l'encens dans le sanctuaire du Seigneur. ¹⁰ Toute l'assemblée du peuple se tenait dehors en prière à l'heure de l'offrande de l'encens. ¹¹ L'ange* du Seigneur lui apparut debout à droite de l'autel de l'encens. ¹² En le voyant, Zacharie fut bouleversé et saisi de crainte.

¹³ L'ange lui dit : « Sois sans crainte, Zacharie, car ta supplication a été entendue : ta femme Élisabeth te donnera un fils, et tu le nommeras Jean. ¹⁴ Tu seras dans la joie et l'allégresse, beaucoup d'hommes se réjouiront de sa naissance ¹⁵ car il sera grand devant le Seigneur. Il ne boira pas de vin ni de boissons fermentées, et il sera rempli de l'Esprit Saint dès avant sa naissance ; ¹⁶ il fera revenir de nombreux fils d'Israël au Seigneur leur Dieu, ¹⁷ il marchera devant le Seigneur, avec l'esprit et la puissance du prophète Élie, pour faire revenir le cœur des pères vers leurs enfants, convertir les rebelles à la sagesse des hommes droits, et préparer au Seigneur un peuple capable de l'accueillir. »

¹⁸ Mais Zacharie dit à l'ange : « Comment vais-je savoir que cela arrivera ? Moi, je suis un vieil homme, et ma femme aussi est âgée. » ¹⁹ L'ange lui répondit : « Je suis Gabriel ; je me tiens en présence de Dieu, et j'ai été envoyé pour te parler et pour t'annoncer cette bonne nouvelle. ²⁰ Mais voici que tu devras garder le silence, et tu ne pourras plus parler jusqu'au jour où cela se réalisera, parce que tu n'as pas cru à mes paroles : elles s'accompliront lorsque leur temps viendra. »

²¹ Le peuple attendait Zacharie et s'étonnait de voir qu'il restait si longtemps dans le sanctuaire. ²² Quand il sortit, il ne pouvait pas leur parler, et ils comprirent qu'il avait eu une vision dans le sanctuaire. Il leur faisait des signes, car il demeurait muet. ²³ Lorsqu'il eut achevé son temps de service au (Temple), il repartit chez lui. ²⁴ Quelque temps plus tard, sa femme Élisabeth devint enceinte.

---

17. Voir Malachie 3, 24.

Pendant cinq mois, elle garda le secret. ²⁵ Elle se disait : « Voilà ce que le Seigneur a fait pour moi, lorsqu'il a daigné mettre fin à ce qui faisait ma honte aux yeux des hommes. »
▶ ²⁶ Le sixième mois, l'ange Gabriel fut envoyé par Dieu dans une ville de Galilée, appelée Nazareth, ²⁷ à (une jeune fille) une vierge, accordée en mariage à un homme de la maison de David, appelé Joseph ; et le nom de la jeune fille était Marie. ²⁸ L'ange entra chez elle et dit : « Je te salue, Comblée-de-grâce, le Seigneur est avec toi. » ²⁹ A cette parole, elle fut toute bouleversée, et elle se demandait ce que pouvait signifier cette salutation. ³⁰ L'ange lui dit alors : « Sois sans crainte, Marie, car tu as trouvé grâce* auprès de Dieu. ³¹ Voici que tu vas concevoir et enfanter un fils ; tu lui donneras le nom de Jésus. ³² Il sera grand, il sera appelé Fils du Très-Haut ; le Seigneur Dieu lui donnera le trône de David son père, ³³ il régnera pour toujours sur la maison de Jacob, et son règne n'aura pas de fin. » ³⁴ Marie dit à l'ange : « Comment cela va-t-il se faire puisque je suis vierge ? » ³⁵ L'ange lui répondit : « L'Esprit Saint viendra sur toi, et la puissance du Très-Haut te prendra sous son ombre ; c'est pourquoi celui qui va naître sera saint, et il sera appelé Fils de Dieu. ³⁶ Et voici qu'Élisabeth, ta cousine, a conçu, elle aussi, un fils dans sa vieillesse et elle en est à son sixième mois, alors qu'on l'appelait : 'la femme stérile'. ³⁷ Car rien n'est impossible à Dieu. » ³⁸ Marie dit alors : « Voici la servante du Seigneur ; que tout se passe pour moi selon ta parole. »
Alors l'ange la quitta.

▶ ³⁹ En ces jours-là, Marie se mit en route rapidement vers une ville de la montagne de Judée. ⁴⁰ Elle entra dans la maison de Zacharie et salua Élisabeth. ⁴¹ Or, quand Élisabeth entendit la salutation de Marie, l'enfant tressaillit en elle. ⁴² Alors, Élisabeth fut remplie de l'Esprit Saint, et s'écria d'une voix forte : « Tu es bénie entre toutes les femmes, et le fruit de tes entrailles est béni. ⁴³ Comment ai-je ce bonheur que la mère de mon Seigneur vienne jusqu'à moi ? ⁴⁴ Car, lorsque j'ai entendu tes paroles de salutation, l'enfant a tressailli d'allégresse au-dedans de moi. ⁴⁵ Heureuse celle qui a cru à l'accomplissement des paroles qui lui furent dites de la part du Seigneur. »

---

33. Voir 2ᵉ Samuel 7, 12-16. — 34. Littéralement : « puisque je ne connais pas d'homme ».

⁴⁶ Marie dit alors :
« Mon âme exalte le Seigneur,
⁴⁷ mon esprit* exulte en Dieu mon Sauveur.
⁴⁸ Il s'est penché sur son humble servante ;
désormais tous les âges me diront bienheureuse.
⁴⁹ Le Puissant fit pour moi des merveilles ;
Saint est son nom !
⁵⁰ Son amour s'étend d'âge en âge sur ceux qui le craignent.
⁵¹ Déployant la force de son bras,
il disperse les superbes.
⁵² Il renverse les puissants de leurs trônes,
il élève les humbles.
⁵³ Il comble de biens les affamés,
renvoie les riches les mains vides.
⁵⁴ Il relève Israël son serviteur, il se souvient de son amour,
⁵⁵ de la promesse faite à nos pères,
en faveur d'Abraham et de sa race à jamais. »
⁵⁶ Marie demeura avec Élisabeth environ trois mois, puis elle s'en retourna chez elle.

Les deux naissances : le prophète du Très-Haut et le Christ Seigneur

▶ ⁵⁷ Quand arriva le moment où Élisabeth devait enfanter, elle mit au monde un fils. ⁵⁸ Ses voisins et sa famille apprirent que le Seigneur lui avait prodigué sa miséricorde, et ils se réjouissaient avec elle.
⁵⁹ Le huitième jour, ils vinrent pour la circoncision* de l'enfant. Ils voulaient le nommer Zacharie comme son père. ⁶⁰ Mais sa mère déclara : « Non, il s'appellera Jean. » ⁶¹ On lui répondit : « Personne dans ta famille ne porte ce nom-là ! » ⁶² On demandait par signes au père comment il voulait l'appeler. ⁶³ Il se fit donner une tablette sur laquelle il écrivit : « Son nom est Jean. » Et tout le monde en fut étonné. ⁶⁴ A l'instant même, sa bouche s'ouvrit, sa langue se délia : il parlait et il bénissait Dieu. ⁶⁵ La crainte saisit alors les gens du voisinage, et dans toute la montagne de Judée on racontait tous ces événements. ⁶⁶ Tous ceux qui les apprenaient en étaient frappés et disaient : « Que sera donc cet enfant ? » En effet, la main du Seigneur était avec lui.
⁶⁷ Zacharie, son père, fut rempli de l'Esprit Saint et prononça ces paroles prophétiques :
⁶⁸ « Béni soit le Seigneur, le Dieu d'Israël,

parce qu'il a visité* son peuple pour accomplir sa libération.
Dans la maison de David, son serviteur,
⁶⁹ il a fait se lever une force qui nous sauve.
⁷⁰ C'est ce qu'il avait annoncé autrefois
par la bouche de ses saints prophètes :
⁷¹ le salut qui nous délivre de nos adversaires,
des mains de tous nos ennemis.
⁷² Il a montré sa miséricorde envers nos pères,
il s'est rappelé son Alliance sainte :
⁷³ il avait juré à notre père Abraham
qu'il nous arracherait aux mains de nos ennemis,
⁷⁴ et nous donnerait de célébrer sans crainte notre culte devant lui,
⁷⁵ dans la piété et la justice, tout au long de nos jours.
⁷⁶ Et toi, petit enfant, on t'appellera prophète du Très-Haut,
car tu marcheras devant le Seigneur pour lui préparer le chemin,
⁷⁷ pour révéler à son peuple qu'il est sauvé,
que ses péchés sont pardonnés.
⁷⁸ Telle est la tendresse du cœur de notre Dieu ;
grâce à elle, du haut des cieux, un astre est venu nous visiter ;
⁷⁹ il est apparu à ceux qui demeuraient dans les ténèbres
et dans l'ombre de la mort,
pour guider nos pas sur le chemin de la paix. »
⁸⁰ L'enfant grandit et son esprit se fortifiait. Il alla vivre au désert
jusqu'au jour où il devait être manifesté à Israël.

▶ **2** En ces jours-là, parut un édit de l'empereur Auguste, ordonnant de recenser toute la terre — ² ce premier recensement eut lieu lorsque Quirinius était gouverneur de Syrie. — ³ Et chacun allait se faire inscrire dans sa ville d'origine. ⁴ Joseph, lui aussi, quitta la ville de Nazareth en Galilée, pour monter en Judée, à la ville de David appelée Bethléem, car il était de la maison et de la descendance de David. ⁵ Il venait se faire inscrire avec Marie, son épouse, qui était enceinte. ⁶ Or, pendant qu'ils étaient là, arrivèrent les jours où elle devait enfanter. ⁷ Et elle mit au monde son fils premier-né ; elle l'emmaillota et le coucha dans une mangeoire, car il n'y avait pas de place pour eux dans la salle commune.

⁸ Dans les environs se trouvaient des bergers qui passaient la nuit dans les champs pour garder leurs troupeaux. ⁹ L'Ange du Seigneur s'approcha, et la gloire* du Seigneur les enveloppa de sa lumière.

Ils furent saisis d'une grande crainte*, ¹⁰ mais l'ange leur dit : « Ne craignez pas, car voici que je viens vous annoncer une bonne nouvelle, une grande joie pour tout le peuple : ¹¹ aujourd'hui vous est né un Sauveur, dans la ville de David. Il est le Messie, le Seigneur*. ¹² Et voilà le signe qui vous est donné : vous trouverez un nouveau-né emmailloté et couché dans une mangeoire. » ¹³ Et soudain, il y eut avec l'ange une troupe céleste innombrable, qui louait Dieu en disant : ¹⁴ « Gloire à Dieu au plus haut des cieux, et paix* sur la terre aux hommes qu'il aime. »

▶ ¹⁵ Lorsque les anges eurent quitté les bergers pour le ciel, ceux-ci se disaient entre eux : « Allons jusqu'à Bethléem pour voir ce qui est arrivé, et que le Seigneur nous a fait connaître. » ▶ ¹⁶ Ils se hâtèrent d'y aller, et ils découvrirent Marie et Joseph, avec le nouveau-né couché dans la mangeoire. ¹⁷Après l'avoir vu, ils racontèrent ce qui leur avait été annoncé au sujet de cet enfant. ¹⁸ Et tout le monde s'étonnait de ce que racontaient les bergers. ¹⁹ Marie, cependant, retenait tous ces événements et les méditait dans son cœur. ²⁰ Les bergers repartirent ; ils glorifiaient et louaient Dieu pour tout ce qu'ils avaient entendu et vu selon ce qui leur avait été annoncé.

²¹ Quand fut arrivé le huitième jour, celui de la circoncision*, l'enfant reçut le nom de Jésus, le nom que l'ange lui avait donné avant sa conception.

Premières annonces pascales du Christ dans le Temple de Jérusalem

▶ ²² Quand arriva le jour fixé par la loi de Moïse pour la purification, les parents de Jésus le portèrent à Jérusalem pour le présenter au Seigneur, ²³ selon ce qui est écrit dans la Loi : *Tout premier-né* de sexe masculin sera consacré au Seigneur.* ²⁴ Ils venaient aussi présenter en offrande le sacrifice prescrit par la loi du Seigneur : *un couple de tourterelles ou deux petites colombes.*

²⁵ Or, il y avait à Jérusalem un homme appelé Syméon. C'était un homme juste et religieux, qui attendait la Consolation* d'Israël, et l'Esprit Saint était sur lui. ²⁶ L'Esprit lui avait révélé qu'il ne verrait pas la mort avant d'avoir vu le Messie du Seigneur. ²⁷ Poussé par

---

21. Voir Luc 1, 31. — 23. Voir Exode 13, 2. — 24. Voir Lévitique 12, 8.

l'Esprit, Syméon vint au Temple. Les parents y entraient avec l'enfant Jésus pour accomplir les rites de la loi qui le concernaient. ²⁸ Syméon prit l'enfant dans ses bras, et il bénit Dieu en disant :
²⁹ « Maintenant, ô Maître,
tu peux laisser ton serviteur s'en aller dans la paix,
selon ta parole.
³⁰ Car mes yeux ont vu ton salut,
³¹ que tu as préparé à la face de tous les peuples :
³² lumière pour éclairer les nations païennes,
et gloire d'Israël ton peuple. »
³³ Le père et la mère de l'enfant s'étonnaient de ce qu'on disait de lui. ³⁴ Syméon les bénit, puis il dit à Marie, sa mère : « Vois, ton fils, qui est là, provoquera la chute et le relèvement de beaucoup en Israël. Il sera un signe de division. ³⁵ — Et toi-même, ton cœur sera transpercé par une épée — Ainsi seront dévoilées les pensées secrètes d'un grand nombre. »
³⁶ Il y avait là une femme qui était prophète, Anne, fille de Phanuel, de la tribu d'Aser. ³⁷ Demeurée veuve après sept ans de mariage, elle avait atteint l'âge de quatre-vingt-quatre ans. Elle ne s'éloignait pas du Temple, servant Dieu jour et nuit dans le jeûne et la prière. ³⁸ S'approchant d'eux à ce moment, elle proclamait les louanges de Dieu et parlait de l'enfant à tous ceux qui attendaient la délivrance de Jérusalem.

³⁹ Lorsqu'ils eurent accompli tout ce que prescrivait la loi du Seigneur, ils retournèrent en Galilée, dans leur ville de Nazareth. ⁴⁰ L'enfant grandissait et se fortifiait, tout rempli de sagesse, et la grâce de Dieu était sur lui.

▶ ⁴¹ Chaque année, les parents de Jésus allaient à Jérusalem pour la fête de la Pâque. ⁴² Quand il eut douze ans, ils firent le pèlerinage suivant la coutume. ⁴³ Comme ils s'en retournaient à la fin de la semaine, le jeune Jésus resta à Jérusalem sans que ses parents s'en aperçoivent. ⁴⁴ Pensant qu'il était avec leurs compagnons de route, ils firent une journée de chemin avant de le chercher parmi leurs parents et connaissances. ⁴⁵ Ne le trouvant pas, ils revinrent à Jérusalem en continuant à le chercher.
⁴⁶ C'est au bout de trois jours qu'ils le trouvèrent dans le Temple, assis au milieu des docteurs de la Loi : il les écoutait et leur posait

des questions, ⁴⁷ et tous ceux qui l'entendaient s'extasiaient sur son intelligence et sur ses réponses. ⁴⁸ En le voyant, ses parents furent stupéfaits, et sa mère lui dit : « Mon enfant, pourquoi nous as-tu fait cela ? Vois comme nous avons souffert en te cherchant, ton père et moi ! » ⁴⁹ Il leur dit : « Comment se fait-il que vous m'ayez cherché ? Ne le saviez-vous pas ? C'est chez mon Père que je dois être. » ⁵⁰ Mais ils ne comprirent pas ce qu'il leur disait.

⁵¹ Il descendit avec eux pour rentrer à Nazareth, et il leur était soumis. Sa mère gardait dans son cœur tous ces événements. ⁵² Quant à Jésus, il grandissait en sagesse, en taille et en grâce, sous le regard de Dieu et des hommes.

En Galilée : Jésus se manifeste avec la puissance de l'Esprit

Jésus, investi par l'Esprit, inaugure sa mission

Jean Baptiste appelle tous les hommes à se préparer au salut de Dieu

▶ **3** L'an quinze du règne de l'empereur Tibère, Ponce Pilate étant gouverneur de la Judée, Hérode, prince de Galilée, son frère Philippe, prince du pays d'Iturée et de Traconitide, Lysanias, prince d'Abilène, ² les grands prêtres étant Anne et Caïphe, la parole de Dieu fut adressée dans le désert à Jean, fils de Zacharie.
³ Il parcourut toute la région du Jourdain ; il proclamait un baptême de conversion pour le pardon des péchés, ⁴ comme il est écrit dans le livre du prophète Isaïe : *A travers le désert, une voix crie : Préparez le chemin du Seigneur, aplanissez sa route.* ⁵ *Tout ravin sera comblé, toute montagne et toute colline seront abaissées ; les passages tortueux deviendront droits, les routes déformées seront aplanies ;* ⁶ *et tout homme verra le salut de Dieu.* ⁷ Jean disait aux foules qui arrivaient pour se faire baptiser par lui : « Engeance de vipères ! Qui vous a appris à fuir la colère* qui vient ? ⁸ Produisez donc des fruits

---

4-6. Isaïe **40**, 3-5.

qui expriment votre conversion*, et ne vous mettez pas à dire en vous-mêmes : 'Nous avons Abraham pour père'. Car je vous le dis : avec les pierres que voici, Dieu peut faire surgir des enfants à Abraham. ⁹ Déjà la cognée se trouve à la racine des arbres : tout arbre qui ne produit pas de bons fruits va être coupé et jeté au feu. »

▶ ¹⁰ Les foules lui demandaient : « Que devons-nous faire ? » ¹¹ Jean leur répondait : « Celui qui a deux vêtements, qu'il partage avec celui qui n'en a pas ; et celui qui a de quoi manger, qu'il fasse de même ! » ¹² Des publicains (collecteurs d'impôts) vinrent aussi se faire baptiser et lui dirent : « Maître, que devons-nous faire ? » ¹³ Il leur répondit : « N'exigez rien de plus que ce qui vous est fixé. » ¹⁴ A leur tour, des soldats lui demandaient : « Et nous, que devons-nous faire ? » Il leur répondit : « Ne faites ni violence ni tort à personne ; et contentez-vous de votre solde. »

▶ ¹⁵ Or, le peuple était en attente, et tous se demandaient en eux-mêmes si Jean n'était pas le Messie. ¹⁶ Jean s'adressa alors à tous : « Moi, je vous baptise avec de l'eau* ; mais il vient, celui qui est plus puissant que moi. Je ne suis pas digne de défaire la courroie de ses sandales. Lui vous baptisera dans l'Esprit Saint et dans le feu*. ¹⁷ Il tient à la main la pelle à vanner pour nettoyer son aire à battre le blé, et il amassera le grain dans son grenier ; quant à la paille, il la brûlera dans un feu qui ne s'éteint pas. » ¹⁸ Par ces exhortations et bien d'autres encore, il annonçait au peuple la Bonne Nouvelle. ¹⁹ Hérode, prince de Galilée, avait reçu des reproches de Jean au sujet d'Hérodiade, la femme de son frère, et au sujet de tout ce que lui, Hérode, avait fait de mal. ²⁰ A tout le reste il ajouta encore ceci : il fit enfermer Jean Baptiste en prison.

Le baptême de Jésus, Fils de Dieu, fils d'Adam

²¹ Comme tout le peuple se faisait baptiser et que Jésus priait, après avoir été baptisé lui aussi, alors le ciel s'ouvrit. ²² L'Esprit Saint descendit sur Jésus, sous une apparence corporelle, comme une *colombe. Du ciel une voix se fit entendre :* « C'est toi mon Fils : moi, aujourd'hui, je t'ai engendré. »

---

22. Voir Psaume 2, 7. On peut adopter aussi l'autre version donnée par un grand nombre de manuscrits : « C'est toi mon Fils bien-aimé, en toi j'ai mis tout mon amour ».

²³ Au moment de ce début Jésus avait environ trente ans, et il était considéré comme fils de Joseph, fils d'Éli, ²⁴ fils de Matthate, fils de Lévi, fils de Melki, fils de Jannaï, fils de Joseph, ²⁵ fils de Mattathias, fils d'Amos, fils de Naoum, fils de Hesli, fils de Naggaï, ²⁶ fils de Maath, fils de Matthathias, fils de Séméine, fils de Josek, fils de Joda, ²⁷ fils de Joanane, fils de Résa, fils de Zorobabel, fils de Salathiel, fils de Néri, ²⁸ fils de Melki, fils d'Addi, fils de Kosam, fils d'Elmadam, fils d'Er, ²⁹ fils de Jésus, fils d'Eliézer, fils de Jorim, fils de Mattat, fils de Lévi, ³⁰ fils de Siméon, fils de Juda, fils de Joseph, fils de Jonam, fils d'Eliakim, ³¹ fils de Méléa, fils de Menna, fils de Mattatha, fils de Nathan, fils de David,

³² fils de Jessé, fils de Jobed, fils de Booz, fils de Sala, fils de Naassone, ³³ fils d'Aminadab, fils d'Admin, fils d'Arni, fils d'Esrom, fils de Pharès, fils de Juda, ³⁴ fils de Jacob, fils d'Isaac, fils d'Abraham, fils de Thara, fils de Nakor, ³⁵ fils de Sérouk, fils de Ragaou, fils de Phalec, fils d'Eber, fils de Sala, ³⁶ fils de Kaïnam, fils d'Arphaxad, fils de Sem, fils de Noé, fils de Lamek, ³⁷ fils de Mathusalem, fils de Hénok, fils de Iaret, fils de Maléléel, fils de Kaïnam, fils d'Enos, ³⁸ fils de Seth, fils d'Adam, fils de Dieu.

Premier affrontement victorieux de Jésus avec le démon

▶ **4** Jésus, rempli de l'Esprit Saint, quitta les bords du Jourdain ; il fut conduit par l'Esprit à travers le désert ² où, pendant quarante jours, il fut mis à l'épreuve * par le démon. Il ne mangea rien durant ces jours-là, et, quand ce temps fut écoulé, il eut faim. ³ Le démon lui dit alors : « Si tu es le Fils de Dieu, ordonne à cette pierre de devenir du pain. » ⁴ Jésus répondit : « Il est écrit : *Ce n'est pas seulement de pain que l'homme doit vivre.* » ⁵ Le démon l'emmena alors plus haut, et lui fit voir d'un seul regard tous les royaumes de la terre. ⁶ Il lui dit : « Je te donnerai tout ce pouvoir, et la gloire de ces royaumes, car cela m'appartient et je le donne à qui je veux. ⁷ Toi donc, si tu te prosternes devant moi, tu auras tout cela. » ⁸ Jésus lui répondit : « Il est écrit : *Tu te prosterneras devant le Seigneur ton Dieu, et c'est lui seul que tu adoreras.* » ⁹ Puis le démon le conduisit à Jérusalem, il le plaça au sommet du Temple et lui dit :

---

4. Deutéronome **8**, 3. — 8. Deutéronome 6, 13-14.

« Si tu es le Fils de Dieu, jette-toi en bas ; ¹⁰ car il est écrit : *Il donnera pour toi à ses anges l'ordre de te garder ;* ¹¹ et encore : *Ils te porteront sur leurs mains, de peur que ton pied ne heurte une pierre.* »
¹² Jésus répondit : « Il est dit : *Tu ne mettras pas à l'épreuve le Seigneur ton Dieu.* »
¹³ Ayant ainsi épuisé toutes les formes de tentation, le démon s'éloigna de Jésus jusqu'au moment fixé.

Le Messie des pauvres et des étrangers rejeté par les siens

▶ ¹⁴ Lorsque Jésus, avec la puissance de l'Esprit, revint en Galilée, sa renommée se répandit dans toute la région. ¹⁵ Il enseignait dans les synagogues des Juifs et tout le monde faisait son éloge. ▶ ¹⁶ Il vint à Nazareth, où il avait grandi. Comme il en avait l'habitude, il entra dans la synagogue le jour du sabbat, et il se leva pour faire la lecture. ¹⁷ On lui présenta le livre du prophète Isaïe. Il ouvrit le livre et trouva le passage où il est écrit : ¹⁸ *L'Esprit du Seigneur est sur moi parce que le Seigneur m'a consacré par l'onction. Il m'a envoyé porter la Bonne Nouvelle aux pauvres, annoncer aux prisonniers qu'ils sont libres, et aux aveugles qu'ils verront la lumière, apporter aux opprimés la libération,* ¹⁹ *annoncer une année de bienfaits accordée par le Seigneur.* ²⁰ Jésus referma le livre, le rendit au servant et s'assit. Tous, dans la synagogue, avaient les yeux fixés sur lui. ▶ ²¹ Alors il se mit à leur dire : « Cette parole de l'Écriture *, que vous venez d'entendre, c'est aujourd'hui qu'elle s'accomplit. »
²² Tous lui rendaient témoignage ; et ils s'étonnaient du message de grâce qui sortait de sa bouche.
Ils se demandaient : « N'est-ce pas là le fils de Joseph ? » ²³ Mais il leur dit : « Sûrement vous allez me citer le dicton : 'Médecin, guéris-toi toi-même ; nous avons appris tout ce qui s'est passé à Capharnaüm : fais donc de même ici dans ton pays !' » ²⁴ Puis il ajouta : « Amen *, je vous le dis, aucun prophète n'est bien accueilli dans son pays. ²⁵ En toute vérité, je vous le déclare : au temps du prophète Élie, lorsque la sécheresse et la famine ont sévi pendant trois ans et demi, il y avait beaucoup de veuves en Israël ; ²⁶ pourtant

---

10. Psaume **90**, 11. — 11. Psaume **90**, 12. — 12. Deutéronome **6**, 16. — 18-19. Isaïe **61**, 1-2. 25-26. Voir 1 Rois **17**, 7-24.

Élie n'a été envoyé vers aucune d'entre elles, mais bien à une veuve (étrangère), de la ville de Sarepta, dans le pays de Sidon. ²⁷ Au temps du prophète Élisée, il y avait beaucoup de lépreux en Israël ; pourtant aucun d'eux n'a été purifié, mais bien Naaman, un Syrien. »

²⁸ A ces mots, dans la synagogue, tous devinrent furieux. ²⁹ Ils se levèrent, poussèrent Jésus hors de la ville, et le menèrent jusqu'à un escarpement de la colline où la ville est construite, pour le précipiter en bas. ³⁰ Mais lui, passant au milieu d'eux, allait son chemin.

Jésus manifeste son autorité

Premières paroles et actions de puissance

³¹ Jésus descendit à Capharnaüm, ville de Galilée, et il y enseignait, le jour du sabbat. ³² On était frappé par son enseignement parce que sa parole était pleine d'autorité. ³³ Or, il y avait dans la synagogue, un homme possédé par un esprit démoniaque ³⁴, qui se mit à crier d'une voix forte : « Ah ! que nous veux-tu, Jésus de Nazareth ? Es-tu venu pour nous perdre ? Je sais fort bien qui tu es : le Saint *, le Saint de Dieu ! » ³⁵ Jésus l'interpella vivement : « Silence ! Sors de cet homme ! » Alors le démon le jeta par terre devant tout le monde et sortit de lui sans lui faire aucun mal. ³⁶ Tous furent effrayés, et ils se disaient entre eux : « Quelle est cette parole ? Car il commande avec autorité et puissance aux esprits mauvais, et ils sortent ! » ³⁷ Et la réputation de Jésus se propagea dans toute la région.

³⁸ En quittant la synagogue, Jésus entra chez Simon. Or, la belle-mère de Simon était oppressée par une forte fièvre, et on implora Jésus en sa faveur. ³⁹ Il se pencha sur elle, interpella vivement la fièvre, et celle-ci quitta la malade. A l'instant même elle se leva, et elle les servait.

⁴⁰ Au coucher du soleil, tous ceux qui avaient des infirmes atteints de diverses maladies les lui amenèrent. Et Jésus, imposant les mains à chacun d'eux, les guérissait. ⁴¹ Des esprits mauvais sortaient de beaucoup d'entre eux en criant : « Tu es le Fils de Dieu ! » Mais Jésus les interpellait vivement et leur interdisait de parler parce qu'ils savaient, eux, qu'il était le Messie.

---

27. Voir 2 Rois 5.

⁴² Quand il fit jour, il sortit et se retira dans un endroit désert. Les foules le cherchaient ; elles arrivèrent jusqu'à lui, et elles le retenaient pour l'empêcher de les quitter. ⁴³ Mais il leur dit : « Il faut que j'aille aussi dans les autres villes pour leur annoncer la Bonne Nouvelle du règne de Dieu, car c'est pour cela que j'ai été envoyé. » ⁴⁴ Et il se rendait dans les synagogues de Judée pour y proclamer la Bonne Nouvelle.

Premiers appels et succès

▶ **5** Un jour, Jésus se trouvait sur le bord du lac de Génésareth : la foule se pressait autour de lui pour écouter la parole de Dieu. ² Il vit deux barques amarrées au bord du lac ; les pêcheurs en étaient descendus et lavaient leurs filets. ³ Jésus monta dans une des barques, qui appartenait à Simon, et lui demanda de s'éloigner un peu du rivage. Puis il s'assit et, de la barque, il enseignait la foule. ⁴ Quand il eut fini de parler, il dit à Simon : « Avance au large, et jetez les filets pour prendre du poisson. » ⁵ Simon lui répondit : « Maître, nous avons peiné toute la nuit sans rien prendre ; mais, sur ton ordre, je vais jeter les filets. » ⁶ Ils le firent, et ils prirent une telle quantité de poissons que leurs filets se déchiraient. ⁷ Ils firent signe à leurs compagnons de l'autre barque de venir les aider. Ceux-ci vinrent, et ils remplirent les deux barques, à tel point qu'elles enfonçaient. ⁸ A cette vue, Simon-Pierre tomba aux pieds de Jésus, en disant : « Seigneur, éloigne-toi de moi, car je suis un homme pécheur. » ⁹ L'effroi, en effet, l'avait saisi, lui et ceux qui étaient avec lui, devant la quantité de poissons qu'ils avaient prise ; ¹⁰ et de même Jacques et Jean, fils de Zébédée, ses compagnons. Jésus dit à Simon : « Sois sans crainte, désormais ce sont des hommes que tu prendras. » ¹¹ Alors ils ramenèrent les barques au rivage et, laissant tout, ils le suivirent.

¹² Jésus était dans une ville quand survint un homme couvert de lèpre ; celui-ci, en voyant Jésus, tomba la face contre terre et lui demanda : « Seigneur, si tu le veux, tu peux me purifier. » ¹³ Jésus étendit la main, le toucha et lui dit : « Je le veux, sois purifié. » A l'instant même, sa lèpre le quitta. ¹⁴ Alors Jésus lui ordonna de ne le dire à personne : « Va plutôt te montrer au prêtre et donne pour ta purification ce que Moïse a prescrit ; ta guérison sera pour les gens un témoignage. »

¹⁵ On parlait de lui de plus en plus. De grandes foules accouraient pour l'entendre et se faire guérir de leurs maladies. ¹⁶ Mais lui se retirait dans les endroits déserts, et il priait.

¹⁷ Un jour que Jésus enseignait, il y avait dans l'assistance des pharisiens * et des docteurs de la Loi, venus de tous les villages de Galilée et de Judée, ainsi que de Jérusalem ; et la puissance du Seigneur était à l'œuvre pour lui faire opérer des guérisons.

¹⁸ Arrivent des gens, portant sur une civière un homme qui était paralysé ; ils cherchaient à le faire entrer pour le placer devant Jésus. ¹⁹ Mais, ne voyant pas comment faire à cause de la foule, ils montèrent sur le toit et, en écartant les tuiles, ils le firent descendre avec sa civière en plein milieu devant Jésus. ²⁰ Voyant leur foi, il dit : « Tes péchés te sont pardonnés. » ²¹ Les scribes et les pharisiens se mirent à penser : « Quel est cet homme qui dit des blasphèmes ? Qui donc peut pardonner les péchés, sinon Dieu seul ? » ²² Mais Jésus, saisissant leurs raisonnements, leur répondit : « Pourquoi tenir ces raisonnements ? ²³ Qu'est-ce qui est le plus facile ? de dire : 'Tes péchés te sont pardonnés', ou bien de dire : 'Lève-toi et marche' ? ²⁴ Eh bien ! pour que vous sachiez que le Fils * de l'homme a sur terre le pouvoir de pardonner les péchés, je te l'ordonne, dit-il au paralysé : Lève-toi, prends ta civière et retourne chez toi. » ²⁵ A l'instant même, celui-ci se leva devant eux, il prit ce qui lui servait de lit et s'en alla chez lui en rendant gloire à Dieu. ²⁶ Tous furent saisis de stupeur et ils rendaient gloire à Dieu. Remplis de crainte, ils disaient : « Aujourd'hui nous avons vu des choses extraordinaires ! »

Appel d'un rejeté et naissance d'une opposition

²⁷ Après cela, il sortit et il remarqua un publicain (collecteur d'impôts) du nom de Lévi assis à son bureau de publicain. Il lui dit : « Suis-moi. » ²⁸ Abandonnant tout, l'homme se leva et se mit à le suivre. ²⁹ Lévi lui offrit un grand festin dans sa maison ; il y avait une grande foule de publicains et d'autres gens attablés avec eux. ³⁰ Les pharisiens et les scribes de leur parti récriminaient en disant à ses disciples : « Pourquoi mangez-vous et buvez-vous avec les publicains et les pécheurs ? » ³¹ Jésus leur répondit : « Ce ne sont pas les gens en bonne santé qui ont besoin du médecin, mais les malades. ³² Je suis venu appeler non pas les justes mais les pécheurs pour qu'ils se convertissent. »

³³ On disait un jour à Jésus : « Les disciples de Jean jeûnent souvent et font des prières ; de même ceux des pharisiens. Au contraire, tes disciples mangent et boivent ! » ³⁴ Jésus leur dit : « Est-ce que vous pouvez faire jeûner les invités de la noce, pendant que l'Époux est avec eux ? ³⁵ Mais un temps viendra où l'Époux leur sera enlevé : ces jours-là, ils jeûneront. » ³⁶ Et il dit pour eux une parabole : « Personne ne déchire un morceau à un vêtement neuf pour le coudre sur un vieux vêtement. Autrement, on aura déchiré le neuf, et le morceau ajouté, qui vient du neuf, ne s'accordera pas avec le vieux. ³⁷ Et personne ne met du vin nouveau dans de vieilles outres ; autrement, le vin nouveau fera éclater les outres, il se répandra, et les outres seront perdues. ³⁸ Mais il faut mettre le vin nouveau dans des outres neuves. ³⁹ Jamais celui qui a bu du vieux ne désire du nouveau. Car il dit : 'C'est le vieux qui est bon.' ».

6 Un jour de sabbat *, Jésus traversait des champs de blé ; ses disciples arrachaient et mangeaient des épis, après les avoir froissés dans leurs mains. ² Des pharisiens lui dirent : « Pourquoi faites-vous ce qui n'est pas permis le jour du sabbat ? » ³ Jésus leur répondit : « N'avez-vous pas lu ce que fit David, un jour qu'il eut faim, lui et ses compagnons ? ⁴ Il entra dans la maison de Dieu, prit les pains de l'offrande, en mangea, et en donna à ses compagnons, alors que les prêtres seuls ont la permission d'en manger ». ⁵ Jésus leur disait encore : « Le Fils de l'homme est maître du sabbat. »

⁶ Un autre jour de sabbat, Jésus était entré dans la synagogue et enseignait. Il y avait là un homme dont la main droite était paralysée. ⁷ Les scribes et les pharisiens observaient Jésus afin de voir s'il ferait une guérison le jour du sabbat ; ils auraient ainsi un motif pour l'accuser. ⁸ Mais il connaissait leurs pensées, et il dit à l'homme qui avait la main paralysée : « Lève-toi, et reste debout devant tout le monde. » L'homme se leva et se tint debout. ⁹ Jésus leur dit : « Je vous le demande : Est-il permis, le jour du sabbat, de faire le bien, ou de faire le mal ? de sauver une vie, ou de la perdre ? » ¹⁰ Alors, promenant son regard sur eux tous, il dit à l'homme : « Étends ta main. » Il le fit, et sa main redevint normale. ¹¹ Quant à eux, ils furent remplis de fureur et ils discutaient entre eux sur ce qu'ils allaient faire à Jésus.

---

3. Voir 1 Samuel **21**, 1-7. — 4. « les pains de l'offrande » : voir Lévitique **24**, 5-9.

Jésus lance un mouvement pour un amour sans mesure

Le choix des Douze

¹² En ces jours-là, Jésus s'en alla dans la montagne pour prier, et il passa la nuit à prier Dieu. ¹³ Le jour venu, il appela ses disciples, en choisit douze, et leur donna le nom d'Apôtres : ¹⁴ Simon, auquel il donna le nom de Pierre, André son frère, Jacques, Jean, Philippe, Barthélemy, ¹⁵ Matthieu, Thomas, Jacques fils d'Alphée, Simon appelé le Zélote *, ¹⁶ Jude fils de Jacques, et Judas Iscariote, celui qui fut le traître.

Discours dans la plaine : les Béatitudes

▶ ¹⁷ Jésus descendit de la montagne avec les douze Apôtres et s'arrêta dans la plaine. Il y avait là un grand nombre de ses disciples et une foule de gens venus de toute la Judée, de Jérusalem et du littoral de Tyr et de Sidon, ¹⁸ qui étaient venus l'entendre et se faire guérir de leurs maladies ; ceux qui étaient tourmentés par des esprits mauvais en étaient délivrés. ¹⁹ Et toute la foule cherchait à le toucher, parce qu'une force sortait de lui et les guérissait tous.

²⁰ Regardant alors ses disciples, Jésus dit :
« Heureux, vous les pauvres * : le royaume de Dieu est à vous.
²¹ Heureux, vous qui avez faim maintenant : vous serez rassasiés.
Heureux, vous qui pleurez maintenant : vous rirez.
²² Heureux êtes-vous
quand les hommes vous haïssent et vous repoussent,
quand ils insultent et rejettent votre nom comme méprisable,
à cause du Fils de l'homme.
²³ Ce jour-là, soyez heureux et sautez de joie, car votre récompense est grande dans le ciel : c'est ainsi que leurs pères traitaient les prophètes.
²⁴ Mais malheureux, vous les riches : vous avez votre consolation.
²⁵ Malheureux, vous qui êtes repus maintenant : vous aurez faim.
Malheureux, vous qui riez maintenant :
vous serez dans le deuil et vous pleurerez.
²⁶ Malheureux êtes-vous
quand tous les hommes disent du bien de vous :
c'est ainsi que leurs pères traitaient les faux prophètes.

Discours dans la plaine : l'amour sans mesure

▶ ²⁷ Je vous le dis, à vous qui m'écoutez : Aimez vos ennemis, faites du bien à ceux qui vous haïssent. ²⁸ Souhaitez du bien à ceux qui vous maudissent, priez pour ceux qui vous calomnient. ²⁹ A celui qui te frappe sur une joue, présente l'autre. A celui qui te prend ton manteau, laisse prendre aussi ta tunique. ³⁰ Donne à quiconque te demande, et ne réclame pas à celui qui te vole. ³¹ Ce que vous voulez que les autres fassent pour vous, faites-le aussi pour eux. ³² Si vous aimez ceux qui vous aiment, quelle reconnaissance pouvez-vous attendre ? Même les pécheurs aiment ceux qui les aiment. ³³ Si vous faites du bien à ceux qui vous en font, quelle reconnaissance pouvez-vous attendre ? Même les pécheurs en font autant. ³⁴ Si vous prêtez quand vous êtes sûrs qu'on vous rendra, quelle reconnaissance pouvez-vous attendre ? Même les pécheurs prêtent aux pécheurs pour qu'on leur rende l'équivalent. ³⁵ Au contraire, aimez vos ennemis, faites du bien et prêtez sans rien espérer en retour. Alors votre récompense sera grande, et vous serez les fils du Dieu très-haut, car il est bon, lui, pour les ingrats et les méchants.

³⁶ Soyez miséricordieux * comme votre Père est miséricordieux. ³⁷ Ne jugez pas, et vous ne serez pas jugés ; ne condamnez pas, et vous ne serez pas condamnés. Pardonnez, et vous serez pardonnés. ³⁸ Donnez, et vous recevrez : une mesure bien pleine, tassée, secouée, débordante, qui sera versée dans votre tablier ; car la mesure dont vous vous servez pour les autres servira aussi pour vous. »

Discours dans la plaine : la conduite du vrai disciple

▶ ³⁹ Il leur dit encore en paraboles : « Un aveugle peut-il guider un autre aveugle ? Ne tomberont-ils pas tous deux dans un trou ? ⁴⁰ Le disciple n'est pas au-dessus du maître ; mais celui qui est bien formé sera comme son maître.

⁴¹ Qu'as-tu à regarder la paille dans l'œil de ton frère, alors que la poutre qui est dans ton œil à toi, tu ne la remarques pas ? ⁴² Comment peux-tu dire à ton frère : 'Frère, laisse-moi retirer la paille qui est dans ton œil', alors que tu ne vois pas la poutre qui est dans le tien ? Esprit faux ! enlève d'abord la poutre de ton œil ; alors tu verras clair pour retirer la paille qui est dans l'œil de ton frère.

⁴³ Jamais un bon arbre ne donne de mauvais fruits : jamais non plus un arbre mauvais ne donne de bons fruits. ⁴⁴ Chaque arbre se reconnaît à son fruit : on ne cueille pas des figues sur des épines ; on ne vendange pas non plus du raisin sur des ronces. ⁴⁵ L'homme bon tire le bien du trésor de son cœur qui est bon ; et l'homme mauvais tire le mal de son cœur qui est mauvais : car ce que dit la bouche, c'est ce qui déborde du cœur.

⁴⁶ Et pourquoi m'appelez-vous en disant : 'Seigneur ! Seigneur !' et ne faites-vous pas ce que je dis ? ⁴⁷ Tout homme qui vient à moi, qui écoute mes paroles et qui les met en pratique, je vais vous montrer à qui il ressemble. ⁴⁸ Il ressemble à un homme qui bâtit une maison. Il a creusé très profond, et il a posé les fondations sur le roc. Quand est venue l'inondation, le torrent s'est précipité sur cette maison, mais il n'a pas pu l'ébranler parce qu'elle était bien bâtie. ⁴⁹ Mais celui qui a écouté sans mettre en pratique ressemble à l'homme qui a bâti sa maison à même le sol, sans fondations. Le torrent s'est précipité sur elle, et aussitôt elle s'est effondrée ; la destruction de cette maison a été complète. »

Le refus de certains n'arrête pas l'avancée de l'Évangile auprès des étrangers, des pauvres et des pécheurs

▶ **7** Lorsque Jésus eut achevé de faire entendre au peuple toutes ses paroles, il entra dans Capharnaüm. ² Un centurion (de l'armée romaine) avait un esclave auquel il tenait beaucoup ; celui-ci était malade, sur le point de mourir. ³ Le centurion avait entendu parler de Jésus ; alors il lui envoya quelques notables juifs pour le prier de venir sauver son esclave. ⁴ Arrivés près de Jésus, ceux-ci le suppliaient : « Il mérite que tu lui accordes cette guérison. ⁵ Il aime notre nation : c'est lui qui nous a construit la synagogue. » ⁶ Jésus était en route avec eux, et déjà il n'était plus loin de la maison, quand le centurion lui fit dire par des amis : « Seigneur, ne prends pas cette peine, car je ne suis pas digne que tu entres sous mon toit. ⁷ Moi-même, je ne me suis pas senti le droit de venir te trouver. Mais dis seulement un mot, et mon serviteur sera guéri. ⁸ Moi qui suis un subalterne, j'ai des soldats sous mes ordres : à l'un, je dis : 'Va', et il va ; à l'autre : 'Viens', et il vient ; et à mon esclave : 'Fais ceci', et il le fait. » ⁹ Entendant cela, Jésus fut dans l'admiration. Il se tourna vers la foule qui le suivait : « Je vous le dis, même en Israël, je n'ai pas trouvé une telle foi ! » ¹⁰ De retour à la maison, les envoyés trouvèrent l'esclave en bonne santé.

▶ ¹¹ Jésus se rendait dans une ville appelée Naïm. Ses disciples faisaient route avec lui ainsi qu'une grande foule. ¹² Il arriva près de la porte de la ville au moment où l'on transportait un mort pour l'enterrer ; c'était un fils unique et sa mère était veuve. Une foule considérable accompagnait cette femme. ¹³ En la voyant, le Seigneur fut saisi de pitié pour elle, et lui dit : « Ne pleure pas. » ¹⁴ Il s'avança et toucha la civière ; les porteurs s'arrêtèrent, et Jésus dit : « Jeune homme, je te l'ordonne, lève-toi. » ¹⁵ Alors le mort se redressa, s'assit et se mit à parler. Et Jésus le rendit à sa mère. ¹⁶ La crainte s'empara de tous, et ils rendaient gloire à Dieu : « Un grand prophète s'est levé parmi nous, et Dieu a visité son peuple. » ¹⁷ Et cette parole se répandit dans toute la Judée et dans les pays voisins.

¹⁸ Les disciples de Jean rapportèrent tout cela à leur maître. Alors il appela deux d'entre eux, ¹⁹ et les envoya demander au Seigneur : « Es-tu celui qui doit venir, ou devons-nous en attendre un autre ? » ²⁰ Arrivés près de Jésus, ils lui dirent : « Jean Baptiste nous a envoyés te demander : Es-tu celui qui doit venir, ou devons-nous en attendre un autre ? » ²¹ A ce moment-là, Jésus guérit beaucoup de malades, d'infirmes et de possédés, et il rendit la vue à beaucoup d'aveugles. ²² Puis il répondit aux envoyés : « Allez rapporter à Jean ce que vous avez vu et entendu : les aveugles voient, les boiteux marchent, les lépreux sont purifiés, les sourds entendent, les morts ressuscitent, la Bonne Nouvelle est annoncée aux pauvres. ²³ Heureux celui qui ne tombera pas à cause de moi ! »

²⁴ Après le départ des envoyés de Jean (Baptiste), Jésus se mit à parler de lui aux foules : « Qu'êtes-vous allés voir au désert ? Un roseau agité par le vent ?...²⁵ Alors, qu'êtes-vous allés voir ? Un homme aux vêtements luxueux ? Mais ceux qui portent des vêtements magnifiques et mènent une vie de plaisir sont dans les palais des rois. ²⁶ Alors, qu'êtes-vous allés voir ? Un prophète ? Oui, je vous le dis ; et bien plus qu'un prophète ! ²⁷ C'est de lui qu'il est écrit : *Voici que j'envoie mon messager en avant de toi, pour qu'il prépare le chemin devant toi.* ²⁸ Je vous le dis : Parmi les hommes,

---

27. Malachie 3, 1.

aucun n'est plus grand que Jean ; et cependant le plus petit dans le royaume de Dieu est plus grand que lui. ²⁹ Tout le peuple qui a écouté Jean, y compris les publicains, a reconnu la justice de Dieu en recevant le baptême de Jean. ³⁰ Mais les pharisiens et les docteurs de la Loi, en ne recevant pas ce baptême, ont rejeté le dessein que Dieu avait sur eux. ³¹ A qui donc vais-je comparer les hommes de cette génération ? A qui ressemblent-ils ? ³² Ils ressemblent à des gamins assis sur la place, qui s'interpellent entre eux : 'Nous avons joué de la flûte, et vous n'avez pas dansé. Nous avons entonné des chants de deuil, et vous n'avez pas pleuré.'
³³ Jean Baptiste est venu, en effet ; il ne mange pas de pain, il ne boit pas de vin, et vous dites : 'C'est un possédé !' ³⁴ Le Fils de l'homme est venu ; il mange et il boit, et vous dites : 'C'est un glouton et un ivrogne, un ami des publicains et des pécheurs.' ³⁵ Mais la sagesse (de Dieu) se révèle juste auprès de tous ses enfants. »

▶ ³⁶ Un pharisien avait invité Jésus à manger avec lui. Jésus entra chez lui et prit place à table. ³⁷ Survint une femme de la ville, une pécheresse. Elle avait appris que Jésus mangeait chez le pharisien, et elle apportait un vase précieux plein de parfum. ³⁸ Tout en pleurs, elle se tenait derrière lui, à ses pieds, et ses larmes mouillaient les pieds de Jésus. Elle les essuyait avec ses cheveux, les couvrait de baisers et y versait le parfum. ³⁹ En voyant cela, le pharisien qui avait invité Jésus se dit en lui-même : « Si cet homme était prophète, il saurait qui est cette femme qui le touche, et ce qu'elle est : une pécheresse. » ⁴⁰ Jésus prit la parole : « Simon, j'ai quelque chose à te dire. — Parle, Maître. » Jésus reprit : ⁴¹ « Un créancier avait deux débiteurs ; le premier lui devait cinq cents pièces d'argent, l'autre cinquante. ⁴² Comme ni l'un ni l'autre ne pouvait rembourser, il remit à tous deux leur dette. Lequel des deux l'aimera davantage ? » ⁴³ Simon répondit : « C'est celui à qui il a remis davantage, il me semble. — Tu as raison », lui dit Jésus.
⁴⁴ Il se tourna vers la femme, en disant à Simon : « Tu vois cette femme ? Je suis entré chez toi, et tu ne m'as pas versé d'eau sur les pieds ; elle, elle les a mouillés de ses larmes et essuyés avec ses cheveux. ⁴⁵ Tu ne m'as pas embrassé ; elle, depuis son entrée, elle n'a pas cessé d'embrasser mes pieds. ⁴⁶ Tu ne m'as pas versé de parfum sur la tête ; elle, elle m'a versé un parfum précieux sur les pieds. ⁴⁷ Je te le dis : si ses péchés, ses nombreux péchés, sont pardonnés,

c'est à cause de son grand amour. Mais celui à qui on pardonne peu, montre peu d'amour. » ⁴⁸ Puis il s'adressa à la femme : « Tes péchés sont pardonnés. » ⁴⁹ Les invités se dirent : « Qui est cet homme, qui va jusqu'à pardonner les péchés ? » ⁵⁰ Jésus dit alors à la femme : « Ta foi t'a sauvée. Va en paix ! »

Jésus affermit son mouvement et précise le prix à donner

Paroles et actes de puissance de Jésus avec les siens

8 Ensuite Jésus passait à travers villes et villages, proclamant la Bonne Nouvelle du règne de Dieu. Les Douze l'accompagnaient, ² ainsi que des femmes qu'il avait délivrées d'esprits mauvais et guéries de leurs maladies ; Marie, appelée Madeleine, qui avait été libérée de sept démons, ³ Jeanne, femme de Kouza, l'intendant d'Hérode, Suzanne, et beaucoup d'autres, qui les aidaient de leurs ressources.
⁴ Comme une grande foule se rassemblait et que de toutes les villes on venait vers Jésus, il dit en parabole : ⁵ « Le semeur est sorti pour semer la semence. Comme il semait, du grain est tombé au bord du chemin, les passants l'ont piétiné, et les oiseaux du ciel ont tout mangé. ⁶ Du grain est tombé aussi dans les pierres, il a poussé, et il a séché parce qu'il n'avait pas d'humidité. ⁷ Du grain est tombé aussi au milieu des ronces, et, en poussant, les ronces l'ont étouffé. ⁸ Enfin du grain est tombé dans la bonne terre, il a poussé, et il a porté du fruit au centuple. » En disant cela, il élevait la voix : « Celui qui a des oreilles pour entendre, qu'il entende ! »
⁹ Ses disciples lui demandaient quel était le sens de cette parabole. ¹⁰ Il leur déclara : « A vous il est donné de connaître les mystères* du royaume de Dieu, mais les autres n'ont que les paraboles, afin que (se réalise la prophétie) : *Ils regarderont sans regarder, ils écouteront sans comprendre.* ¹¹ Voici le sens de la parabole. La semence, c'est la parole de Dieu. ¹² Ceux qui sont au bord du chemin, ce sont ceux qui ont entendu ; puis le démon survient et il enlève de leur cœur la Parole, pour les empêcher de croire et d'être sauvés. ¹³ Ceux qui sont dans les pierres lorsqu'ils entendent, ils accueillent la Parole avec joie. Mais ils n'ont pas de racines, ils croient pour un

---

10. Isaïe 6, 9-10.

moment, et, au moment de l'épreuve, ils abandonnent. ¹⁴ Ce qui est tombé dans les ronces, ce sont ceux qui ont entendu, mais qui sont étouffés chemin faisant par les soucis, la richesse et les plaisirs de la vie, et ne parviennent pas à maturité. ¹⁵ Et ce qui est tombé dans la bonne terre, ce sont ceux qui, ayant entendu la Parole dans un cœur bon et généreux, la retiennent et portent du fruit par leur persévérance.
¹⁶ Personne, après avoir allumé une lampe, ne la cache sous un couvercle ou ne la met en dessous du lit ; on la met sur le lampadaire pour que ceux qui entrent voient la lumière. ¹⁷ Car rien n'est caché qui ne doive paraître au grand jour ; rien n'est secret qui ne doive être connu et venir au grand jour. ¹⁸ Faites attention à la manière dont vous écoutez. Car celui qui a recevra encore, et celui qui n'a rien se fera enlever même ce qu'il paraît avoir. »

¹⁹ Sa mère et ses frères vinrent le trouver, mais ils ne pouvaient pas arriver jusqu'à lui à cause de la foule. ²⁰ On le fit savoir à Jésus : « Ta mère et tes frères sont là dehors, qui veulent te voir. » ²¹ Il leur répondit : « Ma mère et mes frères, ce sont ceux qui entendent la parole de Dieu, et qui la mettent en pratique. »

²² Un jour, Jésus monta en barque avec ses disciples, et il leur dit : « Passons sur l'autre rive du lac. » Et ils prirent le large. ²³ Pendant qu'ils naviguaient, Jésus s'endormit. Une tempête s'abattit sur le lac. Ils étaient submergés et en grand péril. ²⁴ Ses compagnons s'approchèrent et le réveillèrent en disant : « Maître, maître ! Nous sommes perdus ! » Et lui, réveillé, interpella avec vivacité le vent et le déferlement des flots. Ils s'apaisèrent et le calme se fit. ²⁵ Alors Jésus leur dit : « Où est donc votre foi ? » Remplis de crainte, ils furent saisis d'étonnement et se disaient entre eux : « Qui est-il donc ? Car il commande même aux vents et aux flots, et ceux-ci lui obéissent ! »

²⁶ Ils abordèrent au pays des Géraséniens, qui est en face de la Galilée. ²⁷ Comme Jésus descendait à terre, un homme de la ville, qui était possédé par des démons, sortit à sa rencontre. Depuis longtemps il n'avait pas mis de vêtements ; il n'habitait pas dans une maison, mais dans les tombeaux. ²⁸ Voyant Jésus, il poussa des cris, tomba à ses pieds, et dit d'une voix forte : « Que me veux-tu, Jésus Fils du Dieu très-haut ? Je t'en prie, ne me fais pas souffrir. »

²⁹ En effet, Jésus commandait à l'esprit mauvais de sortir de cet homme. Car bien des fois l'esprit s'était emparé de lui. On le gardait attaché avec des chaînes et avec des fers aux pieds, mais il rompait ses liens et le démon l'entraînait vers les endroits déserts. ³⁰ Jésus lui demanda : « Quel est ton nom ? » L'homme répondit : « Légion », car beaucoup de démons étaient entrés en lui. ³¹ Et ces démons suppliaient Jésus de ne pas leur ordonner de s'en aller dans l'abîme. ³² Or, il y avait là un important troupeau de porcs, qui cherchaient leur nourriture sur la colline. Les démons supplièrent Jésus de leur permettre d'entrer dans ces porcs, et il le leur permit. ³³ Ils sortirent de l'homme et entrèrent dans les porcs. Du haut de la falaise, le troupeau se précipita dans le lac, et il s'y étouffa.

³⁴ Les gardiens, voyant cela, prirent la fuite ; ils annoncèrent la nouvelle dans la ville et dans la campagne, ³⁵ et les gens sortirent pour voir ce qui s'était passé. Arrivés auprès de Jésus, ils trouvèrent assis à ses pieds l'homme que les démons avaient quitté, habillé et devenu raisonnable, et ils furent saisis de crainte. ³⁶ Les témoins leur annoncèrent comment le possédé avait été sauvé. ³⁷ Alors toute la population du territoire des Géraséniens demanda à Jésus de partir de chez eux, parce qu'ils étaient en proie à une grande crainte. Jésus remonta dans la barque, et s'en retourna. ³⁸ L'homme que les démons avaient quitté lui demandait de le garder avec lui. Mais Jésus le renvoya en disant : ³⁹ « Retourne chez toi, et raconte tout ce que Dieu a fait pour toi. » Alors cet homme partit proclamer dans toute la ville tout ce que Jésus avait fait pour lui.

⁴⁰ Quand Jésus revint, il fut accueilli par la foule, car tous l'attendaient. ⁴¹ Et voici qu'arriva un homme du nom de Jaïre ; c'était le chef de la synagogue. Tombant aux pieds de Jésus, il le suppliait de venir dans sa maison, ⁴² parce qu'il avait une fille unique, d'environ douze ans, qui était en train de mourir. Et tandis que Jésus s'y rendait, la foule le pressait à l'étouffer.

⁴³ Or, une femme qui avait des pertes de sang depuis douze ans, et que personne n'avait pu guérir, ⁴⁴ s'approcha par derrière et toucha la frange de son vêtement. A l'instant même, sa perte de sang s'arrêta. ⁴⁵ Mais Jésus dit : « Qui est-ce qui m'a touché ? » Comme tous s'en défendaient, Pierre lui dit : « Maître, la foule t'écrase de tous côtés. » ⁴⁶ Mais Jésus reprit : « Quelqu'un m'a touché. Car je me suis rendu compte qu'une force était sortie de moi. » ⁴⁷ La femme,

se voyant découverte, vint, toute tremblante, se jeter à ses pieds : elle raconta devant tout le peuple pourquoi elle l'avait touché, et comment elle avait été guérie à l'instant même. ⁴⁸ Jésus lui dit : « Ma fille, ta foi t'a sauvée. Va en paix. »
⁴⁹ Comme il parlait encore, quelqu'un arrive de la maison de Jaïre pour lui dire : « Ta fille est morte. Ne dérange plus le maître »
⁵⁰ Jésus, qui avait entendu, répondit : « Ne crains pas. Crois seulement, et elle sera sauvée. » ⁵¹ En arrivant à la maison, il ne laissa personne entrer avec lui, sinon Pierre, Jean et Jacques, ainsi que le père et la mère de l'enfant. ⁵² Tous pleuraient sa mort en se frappant la poitrine. Mais Jésus dit : « Ne pleurez pas ; elle n'est pas morte : elle dort. » ⁵³ Mais on se moquait de lui, en voyant qu'elle venait de mourir. ⁵⁴ Quant à lui, saisissant sa main, il dit d'une voix forte : « Mon enfant, lève-toi. » ⁵⁵ L'esprit lui revint, à l'instant même elle se mit debout, et Jésus ordonna de lui donner à manger. ⁵⁶ Ses parents furent bouleversés, mais Jésus leur commanda de ne dire à personne ce qui était arrivé.

Première mission des Douze

9 Jésus convoqua les Douze, et il leur donna pouvoir et autorité pour dominer tous les esprits mauvais et guérir les maladies : ² il les envoya proclamer le règne de Dieu et faire des guérisons. ³ Il leur dit : « N'emportez rien pour la route, ni bâton, ni sac, ni pain, ni argent ; n'ayez pas chacun une tunique de rechange. ⁴ Si vous trouvez l'hospitalité dans une maison, restez-y ; c'est de là que vous repartirez. ⁵ Et si les gens refusent de vous accueillir, sortez de la ville en secouant la poussière de vos pieds : ce sera pour eux un témoignage. » ⁶ Ils partirent, et ils allaient de village en village, annonçant la Bonne Nouvelle et faisant partout des guérisons.

⁷ Hérode, prince (de Galilée), apprit tout ce qui se passait, et il ne savait que penser, parce que certains disaient que Jean le Baptiste était ressuscité d'entre les morts. ⁸ D'autres disaient : « C'est (le prophète) Élie qui est apparu. » D'autres encore : « C'est un prophète d'autrefois qui est ressuscité. » ⁹ Quant à Hérode, il disait : « Jean, je l'ai fait décapiter ; mais qui est cet homme dont j'entends tellement parler ? » Et il cherchait à le voir.

¹⁰ Quand les Apôtres revinrent, ils racontèrent à Jésus tout ce qu'ils avaient fait. Alors Jésus, les prenant avec lui, partit à l'écart dans une ville appelée Bethsaïde. ▶ ¹¹ La foule s'en aperçut et le suivit. Il leur fit bon accueil, il leur parlait du règne de Dieu et il guérissait ceux qui en avaient besoin.

¹² Le jour commençait à baisser. Les Douze s'approchèrent de lui et lui dirent : « Renvoie cette foule, ils pourront aller dans les villages et les fermes des environs pour y loger et trouver de quoi manger : ici nous sommes dans un endroit désert. » ¹³ Mais il leur dit : « Donnez-leur vous-mêmes à manger. » Ils répondirent : « Nous n'avons pas plus de cinq pains et deux poissons... à moins d'aller nous-mêmes acheter de la nourriture pour tout ce monde. » ¹⁴ Il y avait bien cinq mille hommes. Jésus dit à ses disciples : « Faites-les asseoir par groupes de cinquante. » ¹⁵ Ils obéirent et firent asseoir tout le monde. ¹⁶ Jésus prit les cinq pains et les deux poissons, et, levant les yeux au ciel, il les bénit, les rompit et les donna à ses disciples pour qu'ils les distribuent à tout le monde. ¹⁷ Tous mangèrent à leur faim, et l'on ramassa les morceaux qui restaient : cela remplit douze paniers.

La révélation de la croix et de la gloire pour le Christ et les siens

▶ ¹⁸ Un jour, Jésus priait à l'écart. Comme ses disciples étaient là, il les interrogea : « Pour la foule, qui suis-je ? » ¹⁹ Ils répondirent : « Jean Baptiste ; pour d'autres, Élie ; pour d'autres, un prophète d'autrefois qui serait ressuscité. » ²⁰ Jésus leur dit : « Et vous, que dites-vous ? Pour vous, qui suis-je ? » Pierre prit la parole et répondit : « Le Messie* de Dieu. » ²¹ Et Jésus leur défendit vivement de le révéler à personne, ²² en expliquant : « Il faut que le Fils de l'homme souffre beaucoup, qu'il soit rejeté par les anciens, les chefs des prêtres et les scribes, qu'il soit tué, et que, le troisième jour, il ressuscite. »

²³ Il leur disait à tous : « Celui qui veut marcher à ma suite, qu'il renonce à lui-même, qu'il prenne sa croix chaque jour, et qu'il me suive. ²⁴ Car celui qui veut sauver sa vie la perdra ; mais celui qui perdra sa vie pour moi la sauvera. ²⁵ Quel avantage un homme aura-t-il à gagner le monde entier, si c'est en se perdant lui-même et en le payant de sa propre existence ? ²⁶ Si quelqu'un a honte de moi

et de mes paroles, le Fils de l'homme aura honte de lui quand il viendra dans sa gloire et dans celle du Père et des anges. ²⁷ Je vous le dis en vérité : parmi ceux qui sont ici, certains ne connaîtront pas la mort avant d'avoir vu le règne de Dieu. »

▶ ²⁸ Et voici qu'environ huit jours après avoir prononcé ces paroles, Jésus prit avec lui Pierre, Jean et Jacques, et il alla sur la montagne pour prier. ²⁹ Pendant qu'il priait, son visage apparut tout autre, ses vêtements devinrent d'une blancheur éclatante. ³⁰ Et deux hommes s'entretenaient avec lui : c'étaient Moïse et Élie, ³¹ apparus dans la gloire. Ils parlaient de son départ qui allait se réaliser à Jérusalem. ³² Pierre et ses compagnons étaient accablés de sommeil ; mais, se réveillant, ils virent la gloire de Jésus, et les deux hommes à ses côtés. ³³ Ces derniers s'en allaient, quand Pierre dit à Jésus : « Maître, il est heureux que nous soyons ici ! Dressons trois tentes : une pour toi, une pour Moïse, et une pour Élie. » Il ne savait pas ce qu'il disait. ³⁴ Pierre n'avait pas fini de parler, qu'une nuée* survint et les couvrit de son ombre ; ils furent saisis de frayeur lorsqu'ils y pénétrèrent. ³⁵ Et, de la nuée, une voix se fit entendre : « Celui-ci est mon Fils, celui que j'ai choisi*, écoutez-le. » ³⁶ Quand la voix eut retenti, on ne vit plus que Jésus seul. Les disciples gardèrent le silence et, de ce qu'ils avaient vu, ils ne dirent rien à personne à ce moment-là.

³⁷ Le lendemain, quand ils descendirent de la montagne, une grande foule vint à la rencontre de Jésus. ³⁸ Et voilà qu'un homme, dans la foule, se mit à crier : « Maître, je t'en supplie, regarde mon enfant, c'est mon fils unique ! ³⁹ Voilà ce qui se passe : un esprit s'en empare, et soudain il pousse des cris et il le secoue en le faisant écumer ; il met longtemps à le quitter quand il le maltraite. ⁴⁰ J'ai supplié tes disciples d'expulser cet esprit, mais ils n'ont pas pu. » ⁴¹ Jésus leur dit : « Génération incroyante et dévoyée, combien de temps devrai-je rester auprès de vous et vous supporter ? Fais avancer ton fils jusqu'ici. » ⁴² A peine l'enfant arrivait-il que le démon le jeta par terre et le secoua violemment. Jésus menaça l'esprit mauvais, guérit l'enfant et le rendit à son père. ⁴³ Et tous étaient frappés d'étonnement devant la grandeur de Dieu.

Comme tout le monde était dans l'admiration devant tout ce que faisait Jésus, il dit à ses disciples : ⁴⁴ « Mettez-vous bien en tête ce que je vous dis là : le Fils de l'homme va être livré aux mains des hommes. » ⁴⁵ Mais les disciples ne comprenaient pas ces paroles, elles restaient voilées pour eux, si bien qu'ils n'en saisissaient pas le sens, et ils avaient peur de l'interroger sur ces paroles.

⁴⁶ Une discussion s'éleva entre les disciples pour savoir qui était le plus grand parmi eux. ⁴⁷ Mais Jésus, connaissant la discussion qui occupait leur pensée, prit un enfant, le plaça à côté de lui ⁴⁸ et leur dit : « Celui qui accueille en mon nom cet enfant, c'est moi qu'il accueille. Et celui qui m'accueille accueille aussi celui qui m'a envoyé. Et celui d'entre vous tous qui est le plus petit, c'est celui-là qui est grand. »

⁴⁹ Jean (l'un des Douze) dit à Jésus : « Maître, nous avons vu quelqu'un chasser les esprits mauvais en ton nom, et nous avons voulu l'en empêcher, car il n'est pas avec nous pour te suivre. » ⁵⁰ Jésus lui répondit : « Ne l'empêchez pas : celui qui n'est pas contre vous est pour vous. »

De la Galilée à Jérusalem : Jésus monte vers sa Passion

Première étape : les disciples préparés à leur rôle après le départ de Jésus

▶ ⁵¹ Comme le temps approchait où Jésus allait être enlevé de ce monde, il prit avec courage la route de Jérusalem.

Les disciples et leur mission

⁵² Il envoya des messagers devant lui ; ceux-ci se mirent en route et entrèrent dans un village de Samaritains pour préparer sa venue. ⁵³ Mais on refusa de le recevoir, parce qu'il se dirigeait vers Jérusalem. ⁵⁴ Devant ce refus, les disciples Jacques et Jean intervinrent : « Seigneur, veux-tu que nous ordonnions que le feu tombe du ciel pour les détruire ? » ⁵⁵ Mais Jésus se retourna et les interpella vivement. ⁵⁶ Et ils partirent pour un autre village.

⁵⁷ En cours de route, un homme dit à Jésus : « Je te suivrai partout où tu iras. » ⁵⁸ Jésus lui déclara : « Les renards ont des terriers, les oiseaux du ciel ont des nids ; mais le Fils de l'homme n'a pas d'endroit où reposer la tête. »

⁵⁹ Il dit à un autre : « Suis-moi. » L'homme répondit : « Permets-moi d'aller d'abord enterrer mon père. » ⁶⁰ Mais Jésus répliqua : « Laisse les morts enterrer leurs morts. Toi, va annoncer le règne de Dieu. » ⁶¹ Un autre encore lui dit : « Je te suivrai, Seigneur ; mais laisse-moi d'abord faire mes adieux aux gens de ma maison. » ⁶² Jésus lui répondit : « Celui qui met la main à la charrue et regarde en arrière n'est pas fait pour le royaume de Dieu. »

▶ **10** Après cela, le Seigneur en désigna encore soixante-douze, et il les envoya deux par deux devant lui dans toutes les villes et localités où lui-même devait aller. ² Il leur dit : « La moisson est abondante, mais les ouvriers sont peu nombreux. Priez donc le maître de la moisson d'envoyer des ouvriers pour sa moisson. ³ Allez ! Je vous envoie comme des agneaux au milieu des loups. ⁴ N'emportez ni argent, ni sac, ni sandales, et ne vous attardez pas en salutations sur la route. ⁵ Dans toute maison où vous entrerez, dites d'abord : 'Paix à cette maison' ! ⁶ S'il y a là un ami de la paix, votre paix ira reposer sur lui ; sinon, elle reviendra sur vous. ⁷ Restez dans cette maison, mangeant et buvant ce que l'on vous servira ; car le travailleur mérite son salaire. Ne passez pas de maison en maison. ⁸ Dans toute ville où vous entrerez et où vous serez accueillis, mangez ce qu'on vous offrira. ⁹ Là, guérissez les malades, et dites aux habitants : 'Le règne de Dieu est tout proche de vous.'
¹⁰ Mais dans toute ville où vous entrerez et où vous ne serez pas accueillis, sortez sur les places et dites : ¹¹ 'Même la poussière de votre ville, collée à nos pieds, nous la secouons pour vous la laisser. Pourtant sachez-le : le règne de Dieu est tout proche.' ¹² Je vous le déclare : au jour du Jugement, Sodome sera traitée moins sévèrement que cette ville.
¹³ Malheureuse es-tu, Corazine ! Malheureuse es-tu, Bethsaïde ! Car, si les miracles qui ont eu lieu chez vous avaient eu lieu à Tyr et à Sidon, il y a longtemps que les gens y auraient pris le vêtement de deuil, et se seraient assis dans la cendre en signe de pénitence. ¹⁴ En tous cas, Tyr et Sidon seront traitées moins sévèrement que vous lors du Jugement. ¹⁵ Et toi, Capharnaüm, seras-tu donc élevée jusqu'au ciel ? Non, tu descendras jusqu'au séjour des morts ! ¹⁶ Celui

---
12. Voir Genèse **19**.

qui vous écoute m'écoute ; celui qui vous rejette me rejette ; et celui qui me rejette rejette celui qui m'a envoyé. »

[17] Les soixante-douze disciples que Jésus avait envoyés revinrent tout joyeux. Ils racontaient : « Seigneur, même les esprits mauvais nous sont soumis en ton nom. » [18] Jésus leur dit : « Je voyais Satan tomber du ciel comme l'éclair. [19] Vous, je vous ai donné pouvoir d'écraser serpents et scorpions, et pouvoir sur toute la puissance de l'Ennemi, et rien ne pourra vous faire du mal. [20] Cependant, ne vous réjouissez pas parce que les esprits vous sont soumis ; mais réjouissez-vous parce que vos noms sont inscrits dans les cieux. »

[21] A ce moment, Jésus exulta de joie sous l'action de l'Esprit Saint, et il dit : « Père, Seigneur du ciel et de la terre, je proclame ta louange : ce que tu as caché aux sages et aux savants, tu l'as révélé aux tout-petits. Oui, Père, tu l'as voulu ainsi dans ta bonté. [22] Tout m'a été confié par mon Père ; personne ne connaît qui est le Fils, sinon le Père, et personne ne connaît qui est le Père, sinon le Fils et celui à qui le Fils veut le révéler. »

[23] Puis il se tourna vers ses disciples et leur dit en particulier : « Heureux les yeux qui voient ce que vous voyez ! [24] Car, je vous le déclare : Beaucoup de prophètes et de rois ont voulu voir ce que vous voyez, et ne l'ont pas vu, entendre ce que vous entendez, et ne l'ont pas entendu. »

Se faire proche des autres et de Dieu

▶ [25] Pour mettre Jésus à l'épreuve, un docteur de la Loi lui posa cette question : « Maître, que dois-je faire pour avoir part à la vie éternelle ? » [26] Jésus lui demanda : « Dans la Loi, qu'y a-t-il d'écrit ? Que lis-tu ? » [27] L'autre répondit : « *Tu aimeras le Seigneur ton Dieu de tout ton cœur, de toute ton âme, de toute ta force et de tout ton esprit, et ton prochain comme toi-même.* » [28] Jésus lui dit : « Tu as bien répondu. Fais ainsi et tu auras la vie. » [29] Mais lui, voulant montrer qu'il était un homme juste, dit à Jésus : « Et qui donc est mon prochain ? » [30] Jésus reprit : « Un homme descendait de Jérusalem à Jéricho, et il tomba sur des bandits ; ceux-ci, après l'avoir dépouillé, roué de coups, s'en allèrent en le laissant à moitié mort. [31] Par hasard, un prêtre descendait par ce chemin ; il le vit et passa

---

27. Deutéronome 6, 5 ; Lévitique 19, 18.

de l'autre côté. ³² De même un lévite arriva à cet endroit ; il le vit et passa de l'autre côté. ³³ Mais un Samaritain, qui était en voyage, arriva près de lui ; il le vit et fut saisi de pitié. ³⁴ Il s'approcha, pansa ses plaies en y versant de l'huile et du vin ; puis il le chargea sur sa propre monture, le conduisit dans une auberge et prit soin de lui. ³⁵ Le lendemain, il sortit deux pièces d'argent, et les donna à l'aubergiste, en lui disant : 'Prends soin de lui ; tout ce que tu auras dépensé en plus, je te le rendrai quand je repasserai.' ³⁶ Lequel des trois, à ton avis, a été le prochain de l'homme qui était tombé entre les mains des bandits ? » ³⁷ Le docteur de la Loi répond : « Celui qui a fait preuve de bonté envers lui. » Jésus lui dit : « Va, et toi aussi fais de même. »

▶ ³⁸ Alors qu'il était en route avec ses disciples, Jésus entra dans un village. Une femme appelée Marthe le reçut dans sa maison. ³⁹ Elle avait une sœur nommée Marie qui, se tenant assise aux pieds du Seigneur, écoutait sa parole. ⁴⁰ Marthe était accaparée par les multiples occupations du service. Elle intervint et dit : « Seigneur, cela ne te fait rien ? Ma sœur me laisse seule à faire le service. Dis-lui donc de m'aider. » ⁴¹ Le Seigneur lui répondit : « Marthe, Marthe, tu t'inquiètes et tu t'agites pour bien des choses. ⁴² Une seule est nécessaire. Marie a choisi la meilleure part : elle ne lui sera pas enlevée. »

▶ **11** Un jour, quelque part, Jésus était en prière. Quand il eut terminé, un de ses disciples lui demanda : « Seigneur, apprends-nous à prier, comme Jean Baptiste l'a appris à ses disciples. » ² Il leur répondit : « Quand vous priez, dites :
'Père, que ton nom soit sanctifié,
que ton règne vienne.
³ Donne-nous le pain
dont nous avons besoin pour chaque jour.
⁴ Pardonne-nous nos péchés,
car nous-mêmes nous pardonnons
à tous ceux qui ont des torts envers nous.
Et ne nous soumets pas à la tentation.' »
⁵ Jésus leur dit encore : « Supposons que l'un de vous ait un ami et aille le trouver en pleine nuit pour lui demander : 'Mon ami, prête-moi trois pains : ⁶ un de mes amis arrive de voyage, et je n'ai rien à lui offrir.' ⁷ Et si, de l'intérieur, l'autre lui répond : 'Ne viens pas

me tourmenter ! Maintenant la porte est fermée ; mes enfants et moi, nous sommes couchés. Je ne puis pas me lever pour te donner du pain ', ⁸ moi, je vous l'affirme : même s'il ne se lève pas pour les donner par amitié, il se lèvera à cause du sans-gêne de cet ami, et il lui donnera tout ce qu'il lui faut.
⁹ Eh bien, moi, je vous dis : demandez, vous obtiendrez ; cherchez, vous trouverez ; frappez, la porte vous sera ouverte. ¹⁰ Celui qui demande reçoit ; celui qui cherche trouve ; et pour celui qui frappe, la porte s'ouvre. ¹¹ Quel père parmi vous donnerait un serpent à son fils qui lui demande un poisson ? ¹² ou un scorpion, quand il demande un œuf ? ¹³ Si donc vous, qui êtes mauvais, vous savez donner de bonnes choses à vos enfants, combien plus le Père céleste donnera-t-il l'Esprit Saint à ceux qui le lui demandent ! »

Controverses de Jésus avec ses adversaires

¹⁴ Jésus expulsait un démon qui rendait un homme muet. Lorsque le démon fut sorti, le muet se mit à parler, et la foule fut dans l'admiration. ¹⁵ Mais certains se mirent à dire : « C'est par Béelzéboul, le chef des démons, qu'il expulse les démons. » ¹⁶ D'autres, pour le mettre à l'épreuve, lui réclamaient un signe venant du ciel. ¹⁷ Jésus, connaissant leurs intentions, leur dit : « Tout royaume divisé devient un désert, ses maisons s'écroulent les unes sur les autres. ¹⁸ Si Satan, lui aussi, est divisé, comment son royaume tiendra-t-il ? Vous dites que c'est par Béelzéboul que j'expulse les démons. ¹⁹ Et si c'est par Béelzéboul que moi, je les expulse, vos disciples, par qui les expulsent-ils ? C'est pourquoi ils seront eux-mêmes vos juges. ²⁰ Mais si c'est par le doigt de Dieu que j'expulse les démons, c'est donc que le règne de Dieu est survenu pour vous. ²¹ Quand l'homme fort et bien armé garde son palais, tout ce qui lui appartient est en sécurité. ²² Mais si un plus fort intervient et triomphe de lui, il lui enlève l'équipement de combat qui lui donnait confiance, et il distribue tout ce qu'il lui a pris. ²³ Celui qui n'est pas avec moi est contre moi ; celui qui ne rassemble pas avec moi disperse. ²⁴ Quand l'esprit mauvais est sorti d'un homme, il parcourt les terres desséchées en cherchant un lieu de repos. Et comme il n'en trouve pas, il se dit : 'Je vais retourner dans ma maison, d'où je suis sorti.' ²⁵ En arrivant, il la trouve balayée et bien rangée. ²⁶ Alors, il s'en va, et il prend sept autres esprits encore plus mau-

vais que lui, ils y entrent, et ils s'y installent. Ainsi, l'état de cet homme est pire à la fin qu'au début. »

▶ ²⁷ Comme Jésus était en train de parler, une femme éleva la voix au milieu de la foule pour lui dire : « Heureuse la mère qui t'a porté dans ses entrailles, et qui t'a nourri de son lait ! » ²⁸ Alors Jésus lui déclara : « Heureux plutôt ceux qui entendent la parole de Dieu, et qui la gardent ! »

²⁹ Comme la foule s'amassait, Jésus se mit à dire : « Cette génération est une génération mauvaise : elle demande un signe, mais en fait de signe il ne lui sera donné que celui de Jonas. ³⁰ Car Jonas a été un signe pour les habitants de Ninive ; il en sera de même avec le Fils de l'homme pour cette génération. ³¹ Lors du jugement, la reine de Saba se dressera en même temps que les hommes de cette génération, et elle les condamnera. En effet, elle est venue de l'extrémité du monde pour écouter la sagesse de Salomon, et il y a ici bien plus que Salomon. ³² Lors du jugement, les habitants de Ninive se lèveront en même temps que cette génération, et ils la condamneront ; en effet, ils se sont convertis en réponse à la proclamation faite par Jonas, et il y a ici bien plus que Jonas.

³³ Personne, après avoir allumé une lampe, ne la met dans une cachette ou bien sous le boisseau : on la met sur le lampadaire pour que ceux qui entrent voient la clarté. ³⁴ La lampe de ton corps, c'est ton œil. Quand ton œil est vraiment clair, ton corps tout entier est aussi dans la lumière ; mais quand ton œil est mauvais, ton corps aussi est plongé dans les ténèbres. ³⁵ Examine donc si la lumière qui est en toi n'est pas ténèbres ; ³⁶ alors si ton corps tout entier est dans la lumière sans aucune part de ténèbres, il sera tout entier dans la lumière, comme lorsque la lampe t'illumine de son éclat. »

³⁷ Comme Jésus parlait, un pharisien l'invita pour le repas de midi. Jésus entra chez lui et se mit à table. ³⁸ Le pharisien fut étonné en voyant qu'il n'avait pas d'abord fait son ablution avant le repas. ³⁹ Le Seigneur lui dit : « Bien sûr, vous les pharisiens, vous purifiez l'extérieur de la coupe et du plat, mais à l'intérieur vous êtes remplis de cupidité et de méchanceté. ⁴⁰ Insensés ! Celui qui a fait l'ex-

---

31. Voir 1 Rois **10**, 1. — 32. Voir Jonas 3, 5.

térieur n'a-t-il pas fait aussi l'intérieur ? ⁴¹ Donnez plutôt en aumônes ce que vous avez, et alors tout sera pur pour vous.

⁴² Malheureux êtes-vous, pharisiens, parce que vous payez la dîme sur toutes les plantes du jardin, comme la menthe et la rue, et vous laissez de côté la justice et l'amour de Dieu. Voilà ce qu'il fallait pratiquer, sans abandonner le reste. ⁴³ Malheureux êtes-vous, pharisiens, parce que vous aimez les premiers rangs dans les synagogues, et les salutations sur les places publiques. ⁴⁴ Malheureux êtes-vous, parce que vous êtes comme ces tombeaux qu'on ne voit pas et sur lesquels on marche sans le savoir. »

⁴⁵ Alors un docteur de la Loi prit la parole : « Maître, en parlant ainsi, c'est nous aussi que tu insultes. » ⁴⁶ Jésus reprit : « Vous aussi, les docteurs de la Loi, malheureux êtes-vous, parce que vous chargez les gens de fardeaux impossibles à porter, et vous-mêmes, vous ne touchez même pas ces fardeaux d'un seul doigt. ⁴⁷ Malheureux êtes-vous, parce que vous bâtissez les tombeaux des prophètes, alors que vos pères les ont tués. ⁴⁸ Ainsi vous témoignez que vous approuvez les actes de vos pères, puisque eux, ils ont tué les prophètes, et vous, vous bâtissez leurs tombeaux. ⁴⁹ C'est pourquoi la sagesse de Dieu elle-même a dit : Je leur enverrai des prophètes et des apôtres, ils tueront les uns et persécuteront d'autres. ⁵⁰ Ainsi cette génération devra rendre compte du sang de tous les prophètes qui a été versé depuis la création du monde, ⁵¹ depuis le sang d'Abel jusqu'au sang de Zacharie, qui a péri entre l'autel et le sanctuaire. Oui, je vous le déclare : cette génération devra en rendre compte. ⁵² Malheureux êtes-vous, docteurs de la Loi, parce que vous avez enlevé la clé de la connaissance ; vous-mêmes n'êtes pas entrés, et ceux qui essayaient d'entrer, vous les en avez empêchés. »

⁵³ Après que Jésus fut parti de là, les scribes et les pharisiens se mirent à lui en vouloir terriblement, et ils le harcelaient de questions ; ⁵⁴ ils étaient à l'affût pour s'emparer d'une de ses paroles.

Les vrais soucis pour les disciples
12 Comme la foule s'était rassemblée par dizaines de milliers, au point qu'on s'écrasait, Jésus se mit à dire, en s'adressant d'abord à

---

49. Référence inconnue. — 51. Voir Genèse **4**, 1-8 et 2 Chroniques **24**, 20-22.

ses disciples : « Méfiez-vous bien à cause du levain des pharisiens, c'est-à-dire de leur hypocrisie. ² Tout ce qui est voilé sera dévoilé, tout ce qui est caché sera connu. ³ Aussi, tout ce que vous aurez dit dans l'ombre sera entendu au grand jour, ce que vous aurez dit à l'oreille dans le fond de la maison sera proclamé sur les toits. ⁴ Je vous le dis, à vous mes amis : ne craignez pas ceux qui tuent le corps, et après cela ne peuvent rien faire de plus. ⁵ Je vais vous montrer qui vous devez craindre : craignez celui qui, après avoir tué, a le pouvoir d'envoyer dans la géhenne. Oui, je vous le dis, c'est celui-là que vous devez craindre. ⁶ Est-ce qu'on ne vend pas cinq moineaux pour deux sous ? Et pas un seul n'est indifférent aux yeux de Dieu. ⁷ Quant à vous, même vos cheveux sont tous comptés. Soyez sans crainte ; vous valez plus que tous les moineaux du monde. ⁸ Je vous le déclare : Celui qui se sera prononcé pour moi devant les hommes, le Fils de l'homme se prononcera aussi pour lui devant les anges de Dieu. ⁹ Mais celui qui m'aura renié en face des hommes sera renié en face des anges de Dieu. ¹⁰ Et celui qui dira une parole contre le Fils de l'homme, cela lui sera pardonné ; mais si quelqu'un blasphème contre l'Esprit Saint, cela ne lui sera pas pardonné. ¹¹ Quand on vous traduira devant les synagogues, les puissances et les autorités, ne vous tourmentez pas pour savoir comment vous défendre ou comment parler. ¹² Car l'Esprit Saint vous enseignera à cette heure même ce qu'il faudra dire. »

▶ ¹³ Du milieu de la foule, un homme demanda à Jésus : « Maître, dis à mon frère de partager avec moi notre héritage. » ¹⁴ Jésus lui répondit : « Qui m'a établi pour être votre juge ou pour faire vos partages ? » ¹⁵ Puis, s'adressant à la foule : « Gardez-vous bien de toute âpreté au gain ; car la vie d'un homme, fût-il dans l'abondance, ne dépend pas de ses richesses. »
¹⁶ Et il leur dit cette parabole : « Il y avait un homme riche, dont les terres avaient beaucoup rapporté. ¹⁷ Il se demandait : 'Que vais-je faire ? Je ne sais pas où mettre ma récolte.' ¹⁸ Puis il se dit : 'Voici ce que je vais faire : je vais démolir mes greniers, j'en construirai de plus grands et j'y entasserai tout mon blé et tout ce que je possède. ¹⁹ Alors je me dirai à moi-même : Te voilà avec des réserves en abondance pour de nombreuses années. Repose-toi, mange, bois, jouis de l'existence.' ²⁰ Mais Dieu lui dit : 'Tu es fou : cette nuit même, on te redemande ta vie. Et ce que tu auras mis de côté, qui l'aura ?'

²¹ Voilà ce qui arrive à celui qui amasse pour lui-même, au lieu d'être riche en vue de Dieu. »

²² Puis il dit à ses disciples : « C'est pourquoi, je vous le dis : Ne vous faites pas tant de souci pour votre vie au sujet de la nourriture, ni pour votre corps au sujet des vêtements. ²³ La vie vaut plus que la nourriture, et le corps plus que le vêtement. ²⁴ Voyez les corbeaux : ils ne font ni semailles ni moisson, ils n'ont ni greniers ni magasins, et Dieu les nourrit. Vous valez tellement plus que les oiseaux ! ²⁵ D'ailleurs qui d'entre vous, à force de souci, peut prolonger tant soit peu son existence ? ²⁶ Si donc vous ne pouvez rien pour une si petite chose, pourquoi vous faire du souci pour tout le reste ? ²⁷ Voyez les lis : ils ne filent pas, ils ne tissent pas. Or je vous dis que Salomon lui-même, dans toute sa gloire, n'était pas habillé comme l'un d'eux. ²⁸ Si Dieu habille ainsi l'herbe dans les champs, elle qui est là aujourd'hui et qui demain sera jetée au feu, il fera tellement plus pour vous, hommes de peu de foi ! ²⁹ Quant à vous, ne cherchez pas ce que vous pourrez manger et boire ; ne soyez pas inquiets. ³⁰ Tout cela, les païens de ce monde le recherchent. Mais votre Père sait que vous en avez besoin. ³¹ Cherchez plutôt son Royaume, et tout cela vous sera donné par-dessus le marché. ▶ ³² Sois sans crainte, petit troupeau, car votre Père a trouvé bon de vous donner le Royaume.

³³ Vendez ce que vous avez et donnez-le en aumônes. Faites-vous une bourse qui ne s'use pas, un trésor inépuisable dans les cieux, là où le voleur n'approche pas, où la mite ne ronge pas. ³⁴ Car là où est votre trésor, là aussi sera votre cœur.

³⁵ Restez en tenue de service et gardez vos lampes allumées. ³⁶ Soyez comme des gens qui attendent leur maître à son retour des noces pour lui ouvrir dès qu'il arrivera et frappera à la porte. ³⁷ Heureux les serviteurs que le maître, à son arrivée, trouvera en train de veiller*. Amen, je vous le dis : il prendra la tenue de service, les fera passer à table et les servira chacun à son tour. ³⁸ S'il revient vers minuit ou plus tard encore et qu'il les trouve ainsi, heureux sont-ils ! ³⁹ Vous le savez bien : si le maître de maison connaissait l'heure où le voleur doit venir, il ne laisserait pas percer le mur de sa maison. ⁴⁰ Vous aussi, tenez-vous prêts : c'est à l'heure où vous n'y penserez pas que le Fils de l'homme viendra. »

⁴¹ Pierre dit alors : « Seigneur, cette parabole s'adresse-t-elle à nous,

ou à tout le monde ? » ⁴² Le Seigneur répond : « Quel est donc l'intendant fidèle et sensé à qui le maître confiera la charge de ses domestiques pour leur donner, en temps voulu, leur part de blé ? ⁴³ Heureux serviteur, que son maître, en arrivant, trouvera à son travail. ⁴⁴ Vraiment, je vous le déclare : il lui confiera la charge de tous ses biens. ⁴⁵ Mais si le même serviteur se dit : 'Mon maître tarde à venir', et s'il se met à frapper serviteurs et servantes, à manger, à boire et à s'enivrer, ⁴⁶ son maître viendra le jour où il ne l'attend pas et à l'heure qu'il n'a pas prévue : il se séparera de lui et le mettra parmi les infidèles. ⁴⁷ Le serviteur qui, connaissant la volonté de son maître, n'a pourtant rien préparé, ni accompli cette volonté, recevra un grand nombre de coups. ⁴⁸ Mais celui qui ne la connaissait pas, et qui a mérité des coups pour sa conduite, n'en recevra qu'un petit nombre. A qui l'on a beaucoup donné, on demandera beaucoup ; à qui l'on a beaucoup confié, on réclamera davantage.

▶ ⁴⁹ Je suis venu apporter un feu sur la terre, et comme je voudrais qu'il soit déjà allumé ! ⁵⁰ Je dois recevoir un baptême, et comme il m'en coûte d'attendre qu'il soit accompli ! ⁵¹ Pensez-vous que je sois venu mettre la paix dans le monde ? Non, je vous le dis, mais plutôt la division. ⁵² Car désormais cinq personnes de la même famille seront divisées : trois contre deux et deux contre trois ; ⁵³ ils se diviseront : le père contre le fils et le fils contre le père, la mère contre la fille et la fille contre la mère, la belle-mère contre la belle-fille et la belle-fille contre la belle-mère. »

La venue du Royaume et les exigences de son accueil

⁵⁴ Jésus disait encore à la foule : « Quand vous voyez un nuage monter au couchant, vous dites aussitôt qu'il va pleuvoir, et c'est ce qui arrive. ⁵⁵ Et quand vous voyez souffler le vent du sud, vous dites qu'il fera très chaud, et cela arrive. ⁵⁶ Esprits faux ! l'aspect de la terre et du ciel, vous savez le juger ; mais le temps où nous sommes, pourquoi ne savez-vous pas le juger ? ⁵⁷ Et pourquoi aussi ne jugez-vous pas par vous-mêmes ce qui est juste ? ⁵⁸ Ainsi quand tu vas avec ton adversaire devant le magistrat, pendant que tu es en chemin, efforce-toi de te libérer envers lui, pour éviter qu'il ne te traîne devant le juge, que le juge ne te livre au percepteur des

amendes, et que celui-ci ne te jette en prison. ⁵⁹ Je te le dis : tu n'en sortiras pas avant d'avoir payé jusqu'au dernier centime. »

▶ **13** A ce moment, des gens vinrent rapporter à Jésus l'affaire des Galiléens que Pilate avait fait massacrer pendant qu'ils offraient un sacrifice. ² Jésus leur répondit : « Pensez-vous que ces Galiléens étaient de plus grands pécheurs que tous les autres Galiléens, pour avoir subi un tel sort ? ³ Eh bien non, je vous le dis ; et si vous ne vous convertissez pas, vous périrez tous comme eux. ⁴ Et ces dix-huit personnes tuées par la chute de la tour de Siloé, pensez-vous qu'elles étaient plus coupables que tous les autres habitants de Jérusalem ? ⁵ Eh bien non, je vous le dis ; et si vous ne vous convertissez pas, vous périrez tous de la même manière. »

⁶ Jésus leur disait encore cette parabole : « Un homme avait un figuier planté dans sa vigne*. Il vint chercher du fruit sur ce figuier et n'en trouva pas. ⁷ Il dit alors à son vigneron : 'Voilà trois ans que je viens chercher du fruit sur ce figuier, et je n'en trouve pas. Coupe-le. A quoi bon le laisser épuiser le sol ?' ⁸ Mais le vigneron lui répondit : 'Seigneur, laisse-le encore cette année, le temps que je bêche autour pour y mettre du fumier. ⁹ Peut-être donnera-t-il du fruit à l'avenir. Sinon, tu le couperas.' »

¹⁰ Jésus était en train d'enseigner dans une synagogue, le jour du sabbat. ¹¹ Il y avait là une femme, possédée par un esprit mauvais qui la rendait infirme depuis dix-huit ans ; elle était toute courbée et absolument incapable de se redresser. ¹² Quand Jésus la vit, il l'interpella : « Femme, te voilà délivrée de ton infirmité. » ¹³ Puis, il lui imposa les mains ; à l'instant même elle se trouva toute droite, et elle rendait gloire à Dieu.

¹⁴ Le chef de la synagogue fut indigné de voir Jésus faire une guérison le jour du sabbat. Il prit la parole pour dire à la foule : « Il y a six jours pour travailler ; venez donc vous faire guérir ces jours-là, et non pas le jour du sabbat. » ¹⁵ Le Seigneur lui répliqua : « Esprits faux que vous êtes ! N'est-il pas vrai que le jour du sabbat chacun de vous détache de la mangeoire son bœuf ou son âne pour le mener boire ? ¹⁶ Et cette femme, une fille d'Abraham, que Satan avait liée il y a dix-huit ans, n'est-il pas vrai que le jour du sabbat il fallait la délivrer de ce lien ? » ¹⁷ Ces paroles de Jésus couvraient de honte tous ses adversaires, et toute la foule était dans la joie à cause de toutes les actions éclatantes qu'il faisait.

¹⁸ Jésus disait : « A quoi le règne de Dieu est-il comparable, à quoi vais-je le comparer ? ¹⁹ Il est comparable à une graine de moutarde qu'un homme a jetée dans son jardin. Elle a poussé, elle est devenue un arbre, et les oiseaux du ciel ont fait leur nid dans ses branches. »

²⁰ Il dit encore : « A quoi vais-je comparer le règne de Dieu ? ²¹ Il est comparable à du levain qu'une femme enfouit dans trois grandes mesures de farine, jusqu'à ce que toute la pâte ait levé. »

Deuxième étape :
les bouleversements apportés par le Royaume

Accueil et refus du Royaume

▶ ²² Dans sa marche vers Jérusalem, Jésus passait par les villes et les villages en enseignant. ²³ Quelqu'un lui demanda : « Seigneur, n'y aura-t-il que peu de gens à être sauvés ? » Jésus leur dit : ²⁴ « Efforcez-vous d'entrer par la porte étroite, car, je vous le déclare, beaucoup chercheront à entrer et ne le pourront pas. ²⁵ Quand le maître de la maison se sera levé et aura fermé la porte, si vous, du dehors, vous vous mettez à frapper à la porte, en disant : 'Seigneur, ouvre-nous', il vous répondra : 'Je ne sais pas d'où vous êtes.' ²⁶ Alors vous vous mettrez à dire : 'Nous avons mangé et bu en ta présence, et tu as enseigné sur nos places.' ²⁷ Il vous répondra : 'Je ne sais pas d'où vous êtes. *Éloignez-vous de moi, vous tous qui faites le mal.*' ²⁸ Il y aura des pleurs et des grincements de dents quand vous verrez Abraham, Isaac et Jacob et tous les prophètes dans le royaume de Dieu, et que vous serez jetés dehors. ²⁹ Alors on viendra de l'orient et de l'occident, du nord et du midi, prendre place au festin dans le royaume de Dieu. ³⁰ Oui, il y a des derniers qui seront premiers, et des premiers qui seront derniers. »

³¹ A ce moment-là, quelques pharisiens s'approchèrent de Jésus pour lui dire : « Va-t'en, pars d'ici : Hérode veut te faire mourir. » ³² Il leur répliqua : « Allez dire à ce renard : Aujourd'hui et demain, je chasse les démons et je fais des guérisons ; le troisième jour, je suis au but. ³³ Mais il faut que je continue ma route aujourd'hui, demain et le jour suivant, car il n'est pas possible qu'un prophète meure en dehors de Jérusalem.

---
27. Voir Psaume **6**, 9.

⁳⁴ Jérusalem, Jérusalem, toi qui tues les prophètes, toi qui lapides ceux qui te sont envoyés, combien de fois j'ai voulu rassembler tes enfants comme la poule rassemble ses poussins sous ses ailes, et vous n'avez pas voulu ! ³⁵ Maintenant, Dieu abandonne votre temple entre vos mains. Je vous le déclare : vous ne me verrez plus jusqu'au jour où vous direz : *Béni soit celui qui vient au nom du Seigneur.* »

▶ **14** Un jour de sabbat, Jésus était entré chez un chef des pharisiens pour y prendre son repas, et on l'observait. ² Justement, un homme atteint d'hydropisie était là devant lui. ³ Jésus s'adressa aux docteurs de la Loi et aux pharisiens pour leur demander : « Est-il permis, oui ou non, de faire une guérison le jour du sabbat ? » ⁴ Ils gardèrent le silence. Jésus saisit alors le malade, le guérit et le renvoya. ⁵ Puis il leur dit : « Si l'un de vous a son fils ou son bœuf qui tombe dans un puits, ne va-t-il pas l'en retirer aussitôt, le jour même du sabbat ? » ⁶ Et ils furent incapables de trouver une réponse.

▶ ⁷ Remarquant que les invités choisissaient les premières places, il leur dit cette parabole : ⁸ « Quand tu es invité à des noces, ne va pas te mettre à la première place ; car on peut avoir invité quelqu'un de plus important que toi. ⁹ Alors, celui qui vous a invités, toi et lui, viendrait te dire : 'Cède-lui ta place', et tu irais, plein de honte, prendre la dernière place. ¹⁰ Au contraire, quand tu es invité, va te mettre à la dernière place. Alors, quand viendra celui qui t'a invité, il te dira : 'Mon ami, avance plus haut', et ce sera pour toi un honneur aux yeux de tous ceux qui sont à table avec toi. ¹¹ Qui s'élève sera abaissé ; qui s'abaisse sera élevé. »

¹² Jésus disait aussi à celui qui l'avait invité : « Quand tu donnes un déjeuner ou un dîner, n'invite pas tes amis, ni tes frères, ni tes parents, ni de riches voisins. Sinon, eux aussi t'inviteraient en retour, et la politesse te serait rendue. ¹³ Au contraire, quand tu donnes un festin, invite des pauvres, des estropiés, des boiteux, des aveugles ; ¹⁴ et tu seras heureux parce qu'ils n'ont rien à te rendre ; cela te sera rendu à la résurrection des justes. »

¹⁵ En entendant parler Jésus, un des convives lui dit : « Heureux celui qui participera au repas dans le royaume de Dieu ! » ¹⁶ Jésus

---

35. Psaume 117, 26 ; Luc 19, 38.

lui dit : « Un homme donnait un grand dîner, et il avait invité beaucoup de monde. ¹⁷ A l'heure du dîner, il envoya son serviteur dire aux invités : 'Venez, maintenant le repas est prêt.' ¹⁸ Mais tous se mirent à s'excuser de la même façon. Le premier lui dit : 'J'ai acheté un champ, et je suis obligé d'aller le voir ; je t'en prie, excuse-moi.' ¹⁹ Un autre dit : 'J'ai acheté cinq paires de bœufs, et je pars les essayer ; je t'en prie, excuse-moi.' ²⁰ Un troisième dit : 'Je viens de me marier, et, pour cette raison, je ne peux pas venir.' ²¹ A son retour, le serviteur rapporta ces paroles à son maître. Plein de colère, le maître de maison dit à son serviteur : 'Dépêche-toi d'aller sur les places et dans les rues de la ville, et amène ici les pauvres, les estropiés, les aveugles et les boiteux.' ²² Le serviteur revint lui dire : 'Maître, ce que tu as ordonné est fait, et il reste de la place.' ²³ Le maître dit alors au serviteur : 'Va sur les routes et dans les sentiers, et insiste pour faire entrer les gens, afin que ma maison soit remplie. ²⁴ Car, je vous le dis, aucun de ces hommes qui avaient été invités ne profitera de mon dîner.' »

L'urgence du choix à faire

▶ ²⁵ De grandes foules faisaient route avec Jésus ; il se retourna et leur dit : ²⁶ « Si quelqu'un vient à moi sans me préférer à son père, sa mère, sa femme, ses enfants, ses frères et sœurs, et même à sa propre vie, il ne peut pas être mon disciple. ²⁷ Celui qui ne porte pas sa croix pour marcher derrière moi ne peut pas être mon disciple.
²⁸ Quel est celui d'entre vous qui veut bâtir une tour, et qui ne commence pas par s'asseoir pour calculer la dépense et voir s'il a de quoi aller jusqu'au bout ? ²⁹ Car, s'il pose les fondations et ne peut pas achever, tous ceux qui le verront se moqueront de lui : ³⁰ 'Voilà un homme qui commence à bâtir et qui ne peut pas achever !' ³¹ Et quel est le roi qui part en guerre contre un autre roi, et qui ne commence pas par s'asseoir pour voir s'il peut, avec dix mille hommes, affronter l'autre qui vient l'attaquer avec vingt mille ? ³² S'il ne le peut pas, il envoie, pendant que l'autre est encore loin, une délégation pour demander la paix. ³³ De même, celui d'entre vous qui ne renonce pas à tout ce qui lui appartient ne peut pas être mon disciple.
³⁴ C'est une bonne chose que le sel ; mais si le sel lui-même se dénature, avec quoi lui rendra-t-on sa force ? ³⁵ Il ne peut servir ni pour

la terre, ni pour le fumier : on le jette dehors ! Celui qui a des oreilles pour entendre, qu'il entende ! »

La miséricorde du Père

▶ **15** Les publicains et les pécheurs venaient tous à Jésus pour l'écouter. ² Les pharisiens et les scribes récriminaient contre lui : « Cet homme fait bon accueil aux pécheurs et il mange avec eux ! »
▶ ³ Alors Jésus leur dit cette parabole : ⁴ « Si l'un de vous a cent brebis et en perd une, ne laisse-t-il pas les quatre-vingt-dix-neuf autres dans le désert pour aller chercher celle qui est perdue, jusqu'à ce qu'il la retrouve ? ⁵ Quand il l'a retrouvée, tout joyeux, il la prend sur ses épaules, ⁶ et, de retour chez lui, il réunit ses amis et ses voisins ; il leur dit : 'Réjouissez-vous avec moi, car j'ai retrouvé ma brebis, celle qui était perdue !' ⁷ Je vous le dis : c'est ainsi qu'il y aura de la joie dans le ciel pour un seul pécheur qui se convertit, plus que pour quatre-vingt-dix-neuf justes qui n'ont pas besoin de conversion.

⁸ Ou encore, si une femme a dix pièces d'argent et en perd une, ne va-t-elle pas allumer une lampe, balayer la maison, et chercher avec soin jusqu'à ce qu'elle la retrouve ? ⁹ Quand elle l'a retrouvée, elle réunit ses amies et ses voisines et leur dit : 'Réjouissez-vous avec moi, car j'ai retrouvé la pièce d'argent que j'avais perdue !' ¹⁰ De même, je vous le dis : il y a de la joie chez les anges de Dieu pour un seul pécheur qui se convertit. »

¹¹ Jésus dit encore : « Un homme avait deux fils. ¹² Le plus jeune dit à son père : 'Père, donne-moi la part d'héritage qui me revient.' Et le père fit le partage de ses biens. ¹³ Peu de jours après, le plus jeune rassembla tout ce qu'il avait, et partit pour un pays lointain où il gaspilla sa fortune en menant une vie de désordre. ¹⁴ Quand il eut tout dépensé, une grande famine survint dans cette région, et il commença à se trouver dans la misère. ¹⁵ Il alla s'embaucher chez un homme du pays qui l'envoya dans ses champs garder les porcs. ¹⁶ Il aurait bien voulu se remplir le ventre avec les gousses que mangeaient les porcs, mais personne ne lui donnait rien. ¹⁷ Alors il réfléchit : 'Tant d'ouvriers chez mon père ont du pain en abondance, et moi, ici, je meurs de faim ! ¹⁸ Je vais retourner chez mon père, et je lui dirai : Père, j'ai péché contre le ciel et contre toi. ¹⁹ Je ne mérite plus d'être appelé ton fils. Prends-moi comme l'un de tes

ouvriers.'²⁰ Il partit donc pour aller chez son père. Comme il était encore loin, son père l'aperçut et fut saisi de pitié ; il courut se jeter à son cou et le couvrit de baisers. ²¹ Le fils lui dit : 'Père, j'ai péché contre le ciel et contre toi. Je ne mérite plus d'être appelé ton fils...' ²² Mais le père dit à ses domestiques : 'Vite, apportez le plus beau vêtement pour l'habiller. Mettez-lui une bague au doigt et des sandales aux pieds. ²³ Allez chercher le veau gras, tuez-le ; mangeons et festoyons. ²⁴ Car mon fils que voilà était mort, et il est revenu à la vie ; il était perdu, et il est retrouvé.' Et ils commencèrent la fête. ²⁵ Le fils aîné était aux champs. A son retour, quand il fut près de la maison, il entendit la musique et les danses. ²⁶ Appelant un des domestiques, il demanda ce qui se passait. ²⁷ Celui-ci répondit : 'C'est ton frère qui est de retour. Et ton père a tué le veau gras, parce qu'il a vu revenir (son fils) en bonne santé.' ²⁸ Alors le fils aîné se mit en colère, et il refusait d'entrer. Son père, qui était sorti, le suppliait. ²⁹ Mais il répliqua : 'Il y a tant d'années que je suis à ton service sans avoir jamais désobéi à tes ordres, et jamais tu ne m'as donné un chevreau pour festoyer avec mes amis. ³⁰ Mais, quand ton fils que voilà est arrivé après avoir dépensé ton bien avec des filles, tu as fait tuer pour lui le veau gras !' ³¹ Le père répondit : 'Toi, mon enfant, tu es toujours avec moi, et tout ce qui est à moi est à toi. ³² Il fallait bien festoyer et se réjouir ; car ton frère que voilà était mort, et il est revenu à la vie ; il était perdu, et il est retrouvé.' »

L'argent et le Royaume

▶ **16** Jésus disait encore à ses disciples : « Un homme riche avait un gérant qui lui fut dénoncé parce qu'il gaspillait ses biens. ² Il le convoqua et lui dit : 'Qu'est-ce que j'entends dire de toi ? Rends-moi les comptes de ta gestion, car désormais tu ne pourras plus gérer mes affaires.' ³ Le gérant pensa : 'Que vais-je faire, puisque mon maître me retire la gérance ? Travailler la terre ? Je n'ai pas la force. Mendier ? J'aurais honte. ⁴ Je sais ce que je vais faire, pour qu'une fois renvoyé de ma gérance, je trouve des gens pour m'accueillir.' ⁵ Il fit alors venir, un par un, ceux qui avaient des dettes envers son maître. Il demanda au premier : 'Combien dois-tu

---

31-32. Voir Jonas 4, 9-11.

à mon maître ? — ⁶ Cent barils d'huile.' Le gérant lui dit : 'Voici ton reçu ; vite, assieds-toi et écris cinquante.' ⁷ Puis il demanda à un autre : 'Et toi, combien dois-tu ? — Cent sacs de blé.' Le gérant lui dit : 'Voici ton reçu, écris quatre-vingts'. ⁸ Ce gérant trompeur, le maître fit son éloge : effectivement, il s'était montré habile. Car les fils de ce monde sont plus habiles entre eux que les fils de la lumière.
⁹ Eh bien, moi, je vous le dis : Faites-vous des amis avec l'Argent trompeur, afin que, le jour où il ne sera plus là, ces amis vous accueillent dans les demeures éternelles. ¹⁰ Celui qui est digne de confiance dans une toute petite affaire est digne de confiance aussi dans une grande. Celui qui est trompeur dans une petite affaire est trompeur aussi dans une grande. ¹¹ Si vous n'avez pas été dignes de confiance avec l'Argent trompeur, qui vous confiera le bien véritable ? ¹² Et si vous n'avez pas été dignes de confiance pour des biens étrangers, le vôtre, qui vous le donnera ?
¹³ Aucun domestique ne peut servir deux maîtres : ou bien il détestera le premier, et aimera le second ; ou bien il s'attachera au premier, et méprisera le second. Vous ne pouvez pas servir à la fois Dieu et l'Argent. »

¹⁴ Les pharisiens, eux qui aimaient l'argent, entendaient tout cela, et ils ricanaient à son sujet. ¹⁵ Il leur dit alors : « Vous êtes, vous, ceux qui se présentent comme des justes aux yeux des hommes, mais Dieu connaît vos cœurs, car ce qui est prestigieux chez les hommes est une chose abominable aux yeux de Dieu.
¹⁶ Jusqu'à Jean (Baptiste), il y a eu la Loi et les prophètes ; depuis lors, le royaume de Dieu est annoncé, et chacun emploie toute sa force pour y entrer.
¹⁷ Plus facilement disparaîtront le ciel et la terre que ne tombera un seul petit trait de la Loi.

¹⁸ Tout homme qui renvoie sa femme pour en épouser une autre commet l'adultère ; et celui qui épouse une femme renvoyée par son mari commet l'adultère.

▶ ¹⁹ Il y avait un homme riche, qui portait des vêtements de luxe et faisait chaque jour des festins somptueux. ²⁰ Un pauvre, nommé Lazare, était couché devant le portail, couvert de plaies. ²¹ Il aurait bien voulu se rassasier de ce qui tombait de la table du riche ; mais c'étaient plutôt les chiens qui venaient lécher ses plaies. ²² Or, le pauvre mourut, et les anges l'emportèrent auprès d'Abraham. Le riche mourut aussi, et on l'enterra.

²³ Au séjour des morts, il était en proie à la torture ; il leva les yeux et vit de loin Abraham avec Lazare tout près de lui. ²⁴ Alors il cria : 'Abraham, mon père, prends pitié de moi et envoie Lazare tremper dans l'eau le bout de son doigt pour me rafraîchir la langue, car je souffre terriblement dans cette fournaise. ²⁵ — Mon enfant, répondit Abraham, rappelle-toi : tu as reçu le bonheur pendant ta vie, et Lazare, le malheur. Maintenant il trouve ici la consolation, et toi, c'est ton tour de souffrir. ²⁶ De plus, un grand abîme a été mis entre vous et nous, pour que ceux qui voudraient aller vers vous ne le puissent pas, et que, de là-bas non plus, on ne vienne pas vers nous.' ²⁷ Le riche répliqua : 'Eh bien, père, je te prie d'envoyer Lazare dans la maison de mon père. ²⁸ J'ai cinq frères : qu'il les avertisse pour qu'ils ne viennent pas, eux aussi, dans ce lieu de torture !' ²⁹ Abraham lui dit : 'Ils ont Moïse et les prophètes : qu'ils les écoutent ! ³⁰ — Non, père Abraham, dit le riche, mais si quelqu'un de chez les morts vient les trouver, ils se convertiront.' ³¹ Abraham répondit : 'S'ils n'écoutent pas Moïse ni les prophètes, quelqu'un pourra bien ressusciter d'entre les morts : ils ne seront pas convaincus.' »

Pour vivre en communauté chrétienne

17 Jésus disait à ses disciples : « Il est inévitable qu'il arrive des scandales (qui entraînent au péché), mais malheureux celui par qui ils arrivent. ² Si on lui attachait au cou une meule de moulin et qu'on le précipite à la mer, ce serait mieux pour lui que d'entraîner au péché un seul de ces petits. ³ Tenez-vous sur vos gardes ! Si ton frère a commis une faute contre toi, fais-lui de vifs reproches, et, s'il se repent, pardonne-lui. ⁴ Même si sept fois par jour il commet une faute contre toi, et que sept fois de suite il revienne à toi en disant : 'Je me repens', tu lui pardonneras. »

▶ ⁵ Les Apôtres dirent au Seigneur : « Augmente en nous la foi ! » ⁶ Le Seigneur répondit : « La foi, si vous en aviez gros comme une graine de moutarde, vous diriez au grand arbre que voici : 'Déracine-toi et va te planter dans la mer', et il vous obéirait.

⁷ Lequel d'entre vous, quand son serviteur vient de labourer ou de garder les bêtes, lui dira à son retour des champs : 'Viens vite à table' ? ⁸ Ne lui dira-t-il pas plutôt : 'Prépare-moi à dîner, mets-toi en tenue pour me servir, le temps que je mange et que je boive. Ensuite tu pourras manger et boire à ton tour.' ⁹ Sera-t-il reconnaissant envers ce serviteur d'avoir exécuté ses ordres ? ¹⁰ De même vous aussi, quand vous aurez fait tout ce que Dieu vous a commandé, dites-vous : 'Nous sommes des serviteurs quelconques : nous n'avons fait que notre devoir.' »

Troisième étape :
appels pressants à accueillir le royaume de Dieu

La foi et la venue du Fils de l'homme

▶ ¹¹ Jésus, marchant vers Jérusalem, traversait la Samarie et la Galilée. ¹² Comme il entrait dans un village, dix lépreux vinrent à sa rencontre. Ils s'arrêtèrent à distance ¹³ et lui crièrent : « Jésus, maître, prends pitié de nous. » ¹⁴ En les voyant, Jésus leur dit : « Allez vous montrer aux prêtres. » ¹⁵ En cours de route, ils furent purifiés. L'un d'eux, voyant qu'il était guéri, revint sur ses pas, en glorifiant Dieu à pleine voix. ¹⁶ Il se jeta la face contre terre aux pieds de Jésus en lui rendant grâce. Or, c'était un Samaritain. ¹⁷ Alors Jésus demanda : « Est-ce que tous les dix n'ont pas été purifiés ? Et les neuf autres, où sont-ils ? ¹⁸ On ne les a pas vus revenir pour rendre gloire à Dieu ; il n'y a que cet étranger ! » ¹⁹ Jésus lui dit : « Relève-toi et va : ta foi t'a sauvé. »

²⁰ Comme les pharisiens demandaient à Jésus quand viendrait le règne de Dieu, il leur répondit : « Le règne de Dieu ne vient pas d'une manière visible. ²¹ On ne dira pas : 'Le voilà, il est ici !' ou bien : 'Il est là'. En effet, voilà que le règne de Dieu est au milieu de vous. » ²² Et il dit aux disciples : « Des jours viendront où vous désirerez voir un seul des jours du Fils de l'homme, et vous ne le *verrez pas.*
²³ On vous dira : 'Le voilà, il est ici ! Il est là !' N'y allez pas, n'y courez pas. ²⁴ En effet, comme l'éclair qui jaillit illumine l'horizon d'un bout à l'autre, ainsi le Fils de l'homme, quand son Jour* sera là. ²⁵ Mais auparavant, il faut qu'il souffre beaucoup et qu'il soit rejeté par cette génération.

²⁶ Ce qui se passera dans les jours du Fils de l'homme ressemblera à ce qui est arrivé dans les jours de Noé. ²⁷ On mangeait, on buvait, on se mariait, jusqu'au jour où Noé entra dans l'arche. Puis le déluge arriva, qui les a tous fait mourir. ²⁸ Ce sera aussi comme dans les jours de Loth : on mangeait, on buvait, on achetait, on vendait, on plantait, on bâtissait ; ²⁹ mais le jour où Loth sortit de Sodome, Dieu fit tomber du ciel une pluie de feu et de soufre qui les a tous fait mourir ; ³⁰ il en sera de même le jour où le Fils de l'homme se révélera. ³¹ Ce jour-là, celui qui sera sur sa terrasse, et qui aura ses affaires dans sa maison, qu'il ne descende pas pour les emporter ; et de même celui qui sera dans son champ, qu'il ne retourne pas en arrière. ³² Rappelez-vous la femme de Loth.

³³ Qui cherchera à conserver sa vie la perdra. Et qui la perdra la sauvegardera. ³⁴ Je vous le dis : Cette nuit-là, deux personnes seront dans le même lit : l'une sera prise, l'autre laissée. ³⁵ Deux femmes seront ensemble en train de moudre du grain : l'une sera prise, l'autre laissée. »

³⁶ ... ³⁷ Les disciples lui demandèrent : « Où donc, Seigneur ? » Il leur répondit : « Là où il y a un corps, là aussi se rassembleront les vautours. »

▶ **18** Jésus dit une parabole pour montrer à ses disciples qu'il faut toujours prier sans se décourager : ² « Il y avait dans une ville un juge qui ne respectait pas Dieu et se moquait des hommes. ³ Dans cette même ville, il y avait une veuve qui venait lui demander : 'Rends-moi justice contre mon adversaire.' ⁴ Longtemps il refusa ; puis il se dit : 'Je ne respecte pas Dieu et je me moque des hommes, mais cette femme commence à m'ennuyer : ⁵ Je vais lui rendre justice pour qu'elle ne vienne plus sans cesse me casser la tête.' »

⁶ Le Seigneur ajouta : « Écoutez bien ce que dit ce juge sans justice ! ⁷ Dieu ne fera-t-il pas justice à ses élus qui crient vers lui jour et nuit ? Est-ce qu'il les fait attendre ? ⁸ Je vous le déclare : sans tarder, il leur fera justice. Mais le Fils de l'homme, quand il viendra, trouvera-t-il la foi sur terre ? »

---

27. Voir Genèse **6** et **7**. — 29-32. Voir Genèse **19**. — 36. Verset semblable à Matthieu **24**, 40, absent du texte original de Luc.

Les conditions d'accueil du salut

▶ ⁹ Jésus dit une parabole pour certains hommes qui étaient convaincus d'être justes et qui méprisaient tous les autres : ¹⁰ « Deux hommes montèrent au Temple pour prier. L'un était pharisien, et l'autre publicain. ¹¹ Le pharisien se tenait là et priait en lui-même : 'Mon Dieu, je te rends grâce parce que je ne suis pas comme les autres hommes : voleurs, injustes, adultères, ou encore comme ce publicain. ¹² Je jeûne deux fois par semaine et je verse le dixième de tout ce que je gagne.' ¹³ Le publicain, lui, se tenait à distance et n'osait même pas lever les yeux vers le ciel ; mais il se frappait la poitrine, en disant : 'Mon Dieu, prends pitié du pécheur que je suis !' ¹⁴ Quand ce dernier rentra chez lui, c'est lui, je vous le déclare, qui était devenu juste, et non pas l'autre. Qui s'élève sera abaissé ; qui s'abaisse sera élevé. »

¹⁵ On présentait à Jésus même les nourrissons, afin qu'il les touche. En voyant cela, les disciples les écartaient vivement. ¹⁶ Mais Jésus les appela en disant : « Laissez les enfants venir à moi, ne les empêchez pas, car le royaume de Dieu est à ceux qui leur ressemblent. ¹⁷ Amen, je vous le dis : celui qui n'accueille pas le royaume de Dieu à la manière d'un enfant n'y entrera pas. »

¹⁸ Un chef lui demanda : « Bon maître, que dois-je faire pour avoir en héritage la vie éternelle ? » ¹⁹ Jésus lui dit : « Pourquoi m'appelles-tu bon ? Personne n'est bon, sinon Dieu seul. ²⁰ Tu connais les commandements : *Ne commets pas d'adultère, ne commets pas de meurtre, ne commets pas de vol, ne porte pas de faux témoignage, honore ton père et ta mère.* » ²¹ L'homme répondit : « Tout cela, je l'ai observé depuis ma jeunesse. » ²² A ces mots, Jésus lui dit : « Une seule chose te fait encore défaut : Vends tout ce que tu as, distribue-le aux pauvres et tu auras un trésor dans les cieux. Puis viens, suis-moi. » ²³ Mais en entendant ces paroles, l'homme devint profondément triste, car il était très riche.

²⁴ En le voyant, Jésus dit : « Comme il sera difficile à ceux qui possèdent des richesses de pénétrer dans le royaume de Dieu ! ²⁵ Car il est plus facile à un chameau de passer par un trou d'aiguille qu'à un riche d'entrer dans le royaume de Dieu. » ²⁶ Ceux qui l'enten-

---

20. Exode **20**, 12-17.

daient lui demandèrent : « Mais alors, qui peut être sauvé ? »
²⁷ Jésus répondit : « Ce qui est impossible pour les hommes est possible pour Dieu. »

²⁸ Alors Pierre lui dit : « Voilà que nous, en quittant tout ce qui nous appartenait, nous t'avons suivi. » ²⁹ Jésus déclara : « Amen, je vous le dis : personne n'aura quitté à cause du royaume de Dieu une maison, une femme, des frères, des parents, des enfants, ³⁰ sans qu'il reçoive en ce temps-ci bien davantage et, dans le monde à venir, la vie éternelle. »

Vers la venue décisive du royaume de Dieu

³¹ Prenant les Douze avec lui, il leur dit : « Voici que nous montons à Jérusalem, et tout ce qui a été écrit par les prophètes sur le Fils de l'homme s'accomplira. ³² En effet, il sera livré aux païens, on se moquera de lui, on le maltraitera, on crachera sur lui ; ³³ après l'avoir flagellé, on le tuera et, le troisième jour, il ressuscitera. »
³⁴ Mais eux n'y comprirent rien, le sens de cette parole leur restait caché, et ils ne voyaient pas de quoi Jésus parlait.

³⁵ Comme Jésus approchait de Jéricho, un aveugle qui mendiait était assis au bord de la route. ³⁶ Entendant une foule arriver il demanda ce qu'il y avait. ³⁷ On lui apprit que c'était Jésus le Nazaréen qui passait. ³⁸ Il s'écria : « Jésus, fils de David, aie pitié de moi ! » ³⁹ Ceux qui marchaient en tête l'interpellaient pour le faire taire. Mais lui criait de plus belle : « Fils de David, aie pitié de moi ! »
⁴⁰ Jésus s'arrêta et ordonna qu'on le lui amène. Quand il se fut approché, Jésus lui demanda : ⁴¹ « Que veux-tu que je fasse pour toi ? — Seigneur, que je voie. » ⁴² Et Jésus lui dit : « Vois, ta foi t'a sauvé. » ⁴³ A l'instant même, l'homme se mit à voir, et il suivait Jésus en rendant gloire à Dieu. Et tout le peuple, voyant cela, adressa ses louanges à Dieu.

▶ **19** Jésus traversait (la ville de) Jéricho. ² Or, il y avait un homme du nom de Zachée ; il était le chef des collecteurs d'impôts, et c'était quelqu'un de riche. ³ Il cherchait à voir qui était Jésus, mais il n'y arrivait pas à cause de la foule, car il était de petite taille.

Il courut donc en avant et grimpa sur un sycomore pour voir

Jésus qui devait passer par là. ⁵ Arrivé à cet endroit, Jésus leva les yeux et l'interpella : « Zachée descends vite : aujourd'hui il faut que j'aille demeurer chez toi. » ⁶ Vite, il descendit, et reçut Jésus avec joie. ⁷ Voyant cela, tous récriminaient : « Il est allé loger chez un pécheur. » ⁸ Mais Zachée, s'avançant, dit au Seigneur : « Voilà, Seigneur : je fais don aux pauvres de la moitié de mes biens, et si j'ai fait du tort à quelqu'un, je vais lui rendre quatre fois plus. » ⁹ Alors Jésus dit à son sujet : « Aujourd'hui, le salut est arrivé pour cette maison, car lui aussi est un fils d'Abraham. ¹⁰ En effet, le Fils de l'homme est venu chercher et sauver ce qui était perdu. »

¹¹ Comme on écoutait Jésus, il ajouta une parabole, parce qu'il était près de Jérusalem et que ses auditeurs pensaient voir le royaume de Dieu se manifester à l'instant même. ¹² Voici donc ce qu'il dit : « Un homme de la grande noblesse partit dans un pays lointain pour se faire nommer roi et rentrer ensuite chez lui. ¹³ Il appela dix de ses serviteurs, leur distribua dix pièces d'or et leur dit : 'Faites-les fructifier pendant mon voyage.' ¹⁴ Mais ses concitoyens le détestaient, et ils envoyèrent derrière lui une délégation chargée de dire : 'Nous ne voulons pas qu'il règne sur nous.' ¹⁵ Mais quand il revint après avoir été nommé roi, il convoqua les serviteurs auxquels il avait distribué l'argent, afin de savoir comment chacun l'avait fait fructifier. ¹⁶ Le premier se présenta et dit : 'Seigneur, ta pièce d'or en a rapporté dix.' ¹⁷ Le roi lui dit : 'Très bien, bon serviteur ! Puisque tu as été fidèle en si peu de chose, reçois l'autorité sur dix villes.' ¹⁸ Le second vint dire : 'Ta pièce d'or, Seigneur, en a rapporté cinq.' ¹⁹ A celui-là, le roi dit encore : 'Toi, tu seras gouverneur de cinq villes.' ²⁰ Un autre encore vint dire : 'Seigneur, voici ta pièce d'or, je l'avais mise de côté dans un linge. ²¹ En effet, j'avais peur de toi : tu es un homme exigeant, tu retires ce que tu n'as pas déposé, tu moissonnes ce que tu n'as pas semé.' ²² Le roi lui dit : 'Je vais te juger d'après tes propres paroles, serviteur mauvais : tu savais que je suis un homme exigeant, que je retire ce que je n'ai pas déposé, que je moissonne ce que je n'ai pas semé ; ²³ alors pourquoi n'as-tu pas mis mon argent à la banque ? A mon arrivée, je l'aurais repris avec les intérêts.' ²⁴ Et le roi dit à ceux qui

---

13. Littéralement : « dix mines ».

étaient là : 'Retirez-lui la pièce d'or, et donnez-la à celui qui en a dix.' ²⁵ On lui dit : 'Seigneur, il en a déjà dix !' ²⁶ — Je vous le déclare : celui qui a recevra encore ; celui qui n'a rien se fera enlever même ce qu'il a. ²⁷ Quant à mes ennemis, ceux qui n'ont pas voulu que je règne sur eux, amenez-les ici et mettez-les à mort devant moi. »

Le salut réalisé à Jérusalem

Jérusalem bouleversée

Le Messie, roi déroutant

▶ ²⁸ Après avoir dit ces paroles, Jésus marchait en avant (de ses disciples) pour monter à Jérusalem. ²⁹ A l'approche de Bethphagé et de Béthanie, sur les pentes du mont des Oliviers, il envoya deux disciples : ³⁰ « Allez au village qui est en face. A l'entrée, vous trouverez un petit âne attaché : personne ne l'a encore monté. Détachez-le, et amenez-le. ³¹ Si l'on vous demande : 'Pourquoi le détachez-vous ?' vous répondrez : 'Le Seigneur en a besoin.' » ³² Les disciples partirent et trouvèrent tout comme Jésus leur avait dit. ³³ Au moment où ils détachaient le petit âne, ses maîtres demandèrent : « Pourquoi détachez-vous cet âne ? » ³⁴ Ils répondirent : « Le Seigneur en a besoin. » ³⁵ Ils amenèrent l'âne à Jésus, jetèrent leurs vêtements dessus, et firent monter Jésus. ³⁶ A mesure qu'il avançait, les gens étendaient leurs vêtements sur le chemin. ³⁷ Déjà Jésus arrivait à la descente du mont des Oliviers, quand toute la foule des disciples, remplie de joie, se mit à louer Dieu à pleine voix pour tous les miracles qu'ils avaient vus : ³⁸ « *Béni soit celui qui vient, lui, notre Roi, au nom du Seigneur.* Paix dans le ciel et gloire au plus haut des cieux ! » ³⁹ Quelques pharisiens, qui se trouvaient dans la foule, dirent à Jésus : « Maître, arrête tes disciples ! » ⁴⁰ Mais il leur répondit : « Je vous le dis : s'ils se taisent, les pierres crieront. »

⁴¹ Quand Jésus fut près (de Jérusalem), en voyant la ville, il pleura sur elle ; il disait : ⁴² « Si toi aussi, tu avais reconnu en ce jour ce qui peut te donner la paix ! Mais hélas, cela est resté caché à tes yeux.

---

38. Voir Psaume 117, 26 et Luc 2, 14.

⁴³ Oui, il arrivera pour toi des jours où tes ennemis viendront mettre le siège devant toi, t'encercleront et te presseront de tous côtés ; ⁴⁴ ils te jetteront à terre, toi et tes enfants qui sont chez toi, et ils ne laisseront pas chez toi pierre sur pierre, parce que tu n'as pas reconnu le moment où (Dieu) te visitait. »

⁴⁵ Jésus entra dans le Temple, et se mit à expulser les marchands. Il leur déclarait : ⁴⁶ « L'Écriture dit : *Ma maison sera une maison de prière.* Or vous, vous en avez fait une *caverne de bandits.* »

Jésus dans le Temple, signe de contradiction

⁴⁷ Il était chaque jour dans le Temple pour enseigner. Les chefs des prêtres et les scribes, ainsi que les notables, cherchaient à le faire mourir, ⁴⁸ mais ils ne trouvaient pas le moyen d'y arriver ; en effet, le peuple tout entier était suspendu à ses lèvres.

20 Un jour, où Jésus, dans le Temple, instruisait le peuple et proclamait la Bonne Nouvelle, survinrent les chefs des prêtres et les scribes avec les anciens. ² Ils lui demandèrent : « Dis-nous par quelle autorité tu fais cela, ou bien qui est celui qui t'a donné cette autorité ? » ³ Il leur répliqua : « Moi aussi, je vais vous poser une question. Dites-moi : ⁴ Le baptême de Jean, venait-il du ciel ou des hommes ? » ⁵ Ils firent en eux-mêmes ce raisonnement : « Si nous disons : 'Du ciel', il va dire : 'Pourquoi n'avez-vous pas cru à sa parole ?' ⁶ Si nous disons : 'Des hommes', tout le peuple va nous lapider, car il est persuadé que Jean est un prophète. » ⁷ Et ils répondirent qu'ils ne savaient pas d'où il venait. ⁸ Alors Jésus leur dit : « Moi non plus, je ne vous dirai pas par quelle autorité je fais cela. »

⁹ Il se mit à dire au peuple la parabole que voici : « Un homme planta une vigne, il la donna en fermage à des vignerons et partit en voyage pour très longtemps. ¹⁰ Le moment venu, il envoya son serviteur auprès des vignerons afin que ceux-ci lui remettent ce qui lui revenait du produit de la vigne. Mais les vignerons renvoyèrent le serviteur, après l'avoir frappé, sans rien lui donner. ¹¹ Le maître recommença, en envoyant un autre serviteur ; celui-là aussi, après l'avoir frappé et insulté, ils le renvoyèrent sans rien lui donner. ¹² Le maître recommença, en envoyant un troisième serviteur ; mais après

---

46. Isaïe **56**, 7. Jérémie **7**, 11.

l'avoir blessé, ils le jetèrent dehors. ¹³ Le maître de la vigne dit alors : 'Que vais-je faire ? J'enverrai mon fils bien-aimé : peut-être le respecteront-ils !' ¹⁴ En le voyant, les vignerons firent entre eux ce raisonnement : 'Voici l'héritier. Tuons-le, pour que l'héritage soit à nous.' ¹⁵ Et, après l'avoir jeté hors de la vigne, ils le tuèrent. Qu'est-ce que le maître de la vigne fera donc à ces gens ? ¹⁶ Il viendra, fera périr ces vignerons et donnera la vigne à d'autres. » Les auditeurs dirent à Jésus : « Jamais de la vie ! » ¹⁷ Mais lui, posant son regard sur eux, leur dit : « Que signifie donc ce qui est écrit ? : *La pierre qu'ont rejetée les bâtisseurs est devenue la pierre angulaire.* ¹⁸ *Tout homme qui tombera sur cette pierre sera brisé ; celui sur qui elle tombera, elle le pulvérisera !* »

¹⁹ Les scribes et les chefs des prêtres cherchaient à mettre la main sur Jésus à l'instant même ; mais ils eurent peur du peuple. (Ils avaient bien compris que c'était pour eux qu'il avait dit cette parabole).

²⁰ Ils se mirent alors à le guetter et lui envoyèrent des espions. Ceux-ci jouaient le rôle d'hommes justes pour le prendre en défaut en le faisant parler, afin de le livrer au pouvoir et à l'autorité du gouverneur. ²¹ Ils l'interrogèrent ainsi : « Maître, nous le savons : tu parles et tu enseignes avec droiture, et tu ne fais pas de différence entre les hommes, mais tu enseignes le vrai chemin de Dieu. ²² Nous est-il permis, oui ou non, de payer l'impôt à l'empereur ? » ²³ Mais Jésus, pénétrant leur fourberie, leur dit : ²⁴ « Montrez-moi une pièce d'argent. De qui porte-t-elle l'effigie et la légende ? — De (l'empereur) César », répondirent-ils. ²⁵ Il leur dit : « Alors rendez à César ce qui est à César, et à Dieu ce qui est à Dieu. » ²⁶ Ils furent incapables de le prendre en défaut devant le peuple en le faisant parler, et, tout étonnés de sa réponse, ils gardèrent le silence.

▶ ²⁷ Des sadducéens — ceux qui prétendent qu'il n'y a pas de résurrection — vinrent trouver Jésus ²⁸ et ils l'interrogèrent : « Maître, Moïse nous a donné cette loi : *Si un homme a un frère marié mais qui meurt sans enfant, qu'il épouse la veuve pour donner une*

---

17. Psaume **117**, 22-23. — 18. Isaïe **8**, 14-15 et Daniel **2**, 45. — 22. « l'empereur », littéralement : César. — 28. Deutéronome **25**, 5-6.

descendance à son frère. ²⁹ Or, il y avait sept frères : le premier se maria et mourut sans enfant ; ³⁰ le deuxième, ³¹ puis le troisième épousèrent la veuve, et ainsi tous les sept : ils moururent sans laisser d'enfants. ³² Finalement la femme mourut aussi. ³³ Eh bien, à la résurrection, cette femme, de qui sera-t-elle l'épouse, puisque les sept l'ont eue pour femme ? » ³⁴ Jésus répond : « Les enfants de ce monde se marient. ³⁵ Mais ceux qui ont été jugés dignes d'avoir part au monde à venir et à la résurrection d'entre les morts ne se marient pas, ³⁶ car ils ne peuvent plus mourir ; ils sont semblables aux anges, ils sont fils de Dieu, en étant héritiers de la résurrection. ³⁷ Quant à dire que les morts doivent ressusciter, Moïse lui-même le fait comprendre dans le récit du buisson (ardent), quand il appelle le Seigneur '*le Dieu d'Abraham, le Dieu d'Isaac, le Dieu de Jacob*'. ³⁸ Il n'est pas le Dieu des morts, mais des vivants ; tous vivent en effet pour lui. » ³⁹ Alors certains scribes prirent la parole pour dire : « Maître, tu as bien parlé. » ⁴⁰ Et ils n'osaient plus l'interroger sur quoi que ce soit.

⁴¹ Jésus leur dit : « Comment peut-on dire que le Messie est fils de David ? ⁴² David lui-même écrit dans le livre des Psaumes : *Le Seigneur a dit à mon Seigneur : Siège à ma droite* ⁴³ *jusqu'à ce que j'aie mis tes ennemis comme un escabeau sous tes pieds.* ⁴⁴ David l'appelle donc Seigneur. Comment peut-il être également son fils ? »

⁴⁵ Comme tout le peuple l'écoutait, il dit à ses disciples : ⁴⁶ « Méfiez-vous des scribes qui tiennent à sortir en robes solennelles et qui aiment les salutations sur les places publiques, les premiers rangs dans les synagogues et les places d'honneur dans les dîners. ⁴⁷ Ils dévorent les biens des veuves et affectent de prier longuement : ils seront d'autant plus sévèrement condamnés. »

21 Levant les yeux, il vit les gens riches qui mettaient leurs offrandes dans le tronc du trésor. ² Il vit aussi une veuve misérable y déposer deux piécettes. ³ Alors il déclara : « En vérité, je vous le dis : cette pauvre veuve a mis plus que tout le monde. ⁴ Car tous ceux-là ont pris sur leur superflu pour faire leur offrande, mais elle, elle a pris sur son indigence : elle a donné tout ce qu'elle avait pour vivre. »

---

37. Exode 3, 6. — 42-43. Psaume 109, 1.

La fin de Jérusalem et la fin du monde

▶ ⁵ Certains parlaient du Temple, admirant la beauté des pierres et les dons des fidèles. Jésus leur dit : ⁶ « Ce que vous contemplez, des jours viendront où il n'en restera pas pierre sur pierre : tout sera détruit. » ⁷ Ils lui demandèrent : « Maître, quand cela arrivera-t-il, et quel sera le signe que cela va se réaliser ? »
⁸ Jésus répondit : « Prenez garde de ne pas vous laisser égarer, car beaucoup viendront sous mon nom en disant : 'C'est moi', ou encore : 'Le moment est tout proche'. Ne marchez pas derrière eux ! ⁹ Quand vous entendrez parler de guerres et de soulèvements, ne vous effrayez pas : il faut que cela arrive d'abord, mais ce ne sera pas tout de suite la fin. » ¹⁰ Alors Jésus ajouta : « On se dressera nation contre nation, royaume contre royaume. ¹¹ Il y aura de grands tremblements de terre, et çà et là des épidémies de peste et des famines ; des faits terrifiants surviendront, et de grands signes dans le ciel.
¹² Mais avant tout cela, on portera la main sur vous et on vous persécutera ; on vous livrera aux synagogues, on vous jettera en prison, on vous fera comparaître devant des rois et des gouverneurs, à cause de mon Nom. ¹³ Ce sera pour vous l'occasion de rendre témoignage. ¹⁴ Mettez-vous dans la tête que vous n'avez pas à vous soucier de votre défense. ¹⁵ Moi-même, je vous inspirerai un langage et une sagesse à laquelle tous vos adversaires ne pourront opposer ni résistance ni contradiction. ¹⁶ Vous serez livrés même par vos parents, vos frères, votre famille et vos amis, et ils feront mettre à mort certains d'entre vous. ¹⁷ Vous serez détestés de tous, à cause de mon Nom. ¹⁸ Mais pas un cheveu de votre tête ne sera perdu. ¹⁹ C'est par votre persévérance que vous obtiendrez la vie.
²⁰ Lorsque vous verrez Jérusalem encerclée par des armées, sachez alors que sa dévastation est toute proche. ²¹ Alors, ceux qui seront en Judée, qu'ils s'enfuient dans la montagne ; ceux qui seront à l'intérieur de la ville, qu'ils s'en éloignent ; ceux qui seront à la campagne, qu'ils ne rentrent pas en ville, ²² car ce seront des jours où Dieu fera justice pour accomplir toute l'Écriture. ²³ Malheureuses les femmes qui seront enceintes et celles qui allaiteront en ces jours-là, car il y aura une grande misère dans le pays, une grande colère contre ce peuple. ²⁴ Ils tomberont sous le tranchant de l'épée, ils seront emmenés en captivité chez toutes les nations païennes ;

Jérusalem sera piétinée par les païens, jusqu'à ce que le temps des païens soit achevé.

▶ ²⁵ Il y aura des signes dans le soleil, la lune et les étoiles. Sur terre, les nations seront affolées par le fracas de la mer et de la tempête. ²⁶ Les hommes mourront de peur dans la crainte des malheurs arrivant sur le monde, car les puissances des cieux seront ébranlées. ²⁷ Alors, on verra le Fils de l'homme venir dans la nuée*, avec grande puissance et grande gloire. ²⁸ Quand ces événements commenceront, redressez-vous et relevez la tête, car votre rédemption approche. »

²⁹ Et il leur dit cette parabole : « Voyez le figuier et tous les autres arbres. ³⁰ Dès qu'ils bourgeonnent, vous n'avez qu'à les regarder pour savoir que l'été est déjà proche. ³¹ De même, vous aussi, lorsque vous verrez arriver cela, sachez que le royaume de Dieu est proche. ³² Amen, je vous le dis : cette génération ne passera pas sans que tout arrive. ³³ Le ciel et la terre passeront, mes paroles ne passeront pas.

³⁴ Tenez-vous sur vos gardes, de crainte que votre cœur ne s'alourdisse dans la débauche, l'ivrognerie et les soucis de la vie, et que ce jour-là ne tombe sur vous à l'improviste. ³⁵ Comme un filet, il s'abattra sur tous les hommes de la terre. ³⁶ Restez éveillés et priez en tout temps : ainsi vous serez jugés dignes d'échapper à tout ce qui doit arriver, et de paraître debout devant le Fils de l'homme. »

³⁷ Le jour, il était dans le Temple et il enseignait. La nuit, il restait hors de la ville, à l'endroit appelé mont des Oliviers. ³⁸ Et tout le peuple, dès l'aurore, venait à lui dans le Temple pour l'écouter.

Une Passion qui entraîne à aimer

22 La fête des pains sans levain, qu'on appelle la Pâque*, était proche ; ² les chefs des prêtres et les scribes cherchaient le moyen de le supprimer, car ils avaient peur du peuple.

³ Satan entra en Judas, appelé Iscariote, qui était au nombre des Douze ; ⁴ Judas s'en alla parler avec les chefs des prêtres et les

---

27. Voir Daniel 7, 13.

officiers de la garde du Temple, pour voir comment il leur livrerait Jésus. ⁵ Ils se réjouirent et ils décidèrent de lui donner de l'argent. ⁶ Judas fut d'accord, et il cherchait une occasion favorable pour le leur livrer quand il serait en dehors de la foule.

⁷ Arriva le jour des pains sans levain, où il fallait immoler l'agneau pascal. ⁸ Jésus envoya Pierre et Jean, en leur disant : « Allez faire les préparatifs de notre repas pascal. » ⁹ Ils lui dirent « Où veux-tu que nous les fassions ? » ¹⁰ Jésus leur répondit : « Voici : quand vous entrerez en ville, vous y rencontrerez un homme portant une cruche d'eau ; suivez-le dans la maison où il pénétrera, ¹¹ et vous direz au propriétaire de la maison : 'Le maître te fait dire : Où est la salle où je pourrai manger la Pâque avec mes disciples ?' ¹² Cet homme vous montrera, à l'étage, une grande pièce aménagée pour les repas. Faites-y les préparatifs. » ¹³ Ils partirent donc ; tout se passa comme Jésus le leur avait dit, et ils préparèrent la Pâque.

1. *La Cène.*

▶ ¹⁴ Quand l'heure fut venue, Jésus se mit à table, et les apôtres avec lui. ¹⁵ Il leur dit : « J'ai ardemment désiré manger cette Pâque avec vous avant de souffrir ! ¹⁶ Car je vous le déclare : jamais plus je ne la mangerai jusqu'à ce qu'elle soit pleinement réalisée dans le royaume de Dieu. » ¹⁷ Il prit alors une coupe, il rendit grâce et dit : « Prenez, et partagez entre vous. ¹⁸ Car je vous le déclare : jamais plus désormais je ne boirai du fruit de la vigne jusqu'à ce que vienne le règne de Dieu. » ¹⁹ Puis il prit du pain ; après avoir rendu grâce, il le rompit et le leur donna, en disant : « Ceci est mon corps, donné pour vous. Faites cela en mémoire* de moi. » ²⁰ Et pour la coupe, il fit de même à la fin du repas, en disant : « Cette coupe est la nouvelle Alliance en mon sang répandu pour vous.

²¹ Cependant la main de celui qui me livre est là, à côté de moi, sur la table. ²² En effet, le Fils de l'homme s'en va selon ce qui a été fixé. Mais malheureux l'homme qui le livre ! » ²³ Les apôtres commencèrent à se demander les uns aux autres lequel d'entre eux allait faire cela.

²⁴ Ils en arrivèrent à se quereller : lequel d'entre eux à leur avis, était le plus grand ? ²⁵ Mais il leur dit : « Les rois des nations païennes leur commandent en maîtres, et ceux qui exercent le pouvoir sur elles se font appeler bienfaiteurs. ²⁶ Pour vous, rien de tel ! Au contraire, le plus grand d'entre vous doit prendre la place du plus

jeune, et celui qui commande, la place de celui qui sert. ²⁷ Quel est en effet le plus grand : celui qui est à table, ou celui qui sert ? N'est-ce pas celui qui est à table ? Eh bien moi, je suis au milieu de vous comme celui qui sert.

²⁸ Vous, vous avez tenu bon avec moi dans mes épreuves. ²⁹ Et moi, je dispose pour vous du Royaume, comme mon Père en a disposé pour moi. ³⁰ Ainsi vous mangerez et boirez à ma table dans mon Royaume, et vous siégerez sur des trônes pour juger les douze tribus d'Israël.

³¹ Simon, Simon, Satan vous a réclamés pour vous passer au crible comme le froment. ³² Mais j'ai prié pour toi, afin que ta foi ne sombre pas. Toi donc, quand tu seras revenu, affermis tes frères. »
³³ Pierre lui dit : « Seigneur, avec toi, je suis prêt à aller en prison et à la mort. » ³⁴ Jésus reprit : « Je te le déclare, Pierre ; le coq ne chantera pas aujourd'hui avant que, par trois fois, tu aies affirmé que tu ne me connais pas. »
³⁵ Puis il leur dit : « Quand je vous ai envoyés sans argent, ni sac, ni sandales, avez-vous manqué de quelque chose ? » ³⁶ Ils lui répondirent : « Mais non. » Jésus leur dit : « Eh bien, maintenant, celui qui a de l'argent, qu'il en prenne, de même celui qui a un sac ; et celui qui n'a pas d'épée, qu'il vende son manteau pour en acheter une. ³⁷ Car je vous le déclare : il faut que s'accomplisse en moi ce texte de l'Écriture : *Il a été compté avec les pécheurs*. De fait, ce qui me concerne va se réaliser. » ³⁸ Ils lui dirent : « Seigneur, voici deux épées. » Il leur répondit : « Cela suffit. »

2. *L'agonie de Jésus*

³⁹ Jésus sortit pour se rendre, comme d'habitude, au mont des Oliviers, et ses disciples le suivirent. ⁴⁰ Arrivé là, il leur dit : « Priez, pour ne pas entrer en tentation. » ⁴¹ Puis il s'écarta à la distance d'un jet de pierre environ. Se mettant à genoux, il priait : ⁴² « Père, si tu veux, éloigne de moi cette coupe ; cependant, que ce ne soit pas ma volonté qui se fasse, mais la tienne. » ⁴³ Alors du ciel lui apparut un ange qui le réconfortait. ⁴⁴ Dans l'angoisse, Jésus priait avec plus d'insistance ; et sa sueur devint comme des gouttes de sang qui tombaient jusqu'à terre. ⁴⁵ Après cette prière, Jésus se leva

---

37. Isaïe 53, 12.

et rejoignit ses disciples qu'il trouva endormis à force de tristesse. ⁴⁶ Il leur dit : « Pourquoi dormez-vous ? Levez-vous et priez, pour ne pas entrer en tentation. »

3. *L'arrestation*

⁴⁷ Il parlait encore quand parut une foule de gens. Le nommé Judas, l'un des Douze, marchait à leur tête. Il s'approcha de Jésus pour l'embrasser. ⁴⁸ Jésus lui dit : « Judas, c'est par un baiser que tu livres le Fils de l'homme ? » ⁴⁹ Voyant ce qui allait se passer, ceux qui entouraient Jésus lui dirent : « Seigneur, faut-il frapper avec l'épée ? » ⁵⁰ L'un d'eux frappa le serviteur du grand prêtre et lui trancha l'oreille droite. ⁵¹ Jésus répondit : « Laissez donc faire ! » Et, touchant l'oreille de l'homme, il le guérit. ⁵² Jésus dit alors à ceux qui étaient venus l'arrêter, chefs des prêtres, officiers de la garde du Temple et anciens : « Suis-je donc un bandit, pour que vous soyez venus avec des épées et des bâtons ? ⁵³ Chaque jour, j'étais avec vous dans le Temple, et vous ne m'avez pas arrêté. Mais c'est maintenant votre heure, c'est la domination des ténèbres *. »

4. *Le reniement de Pierre*

⁵⁴ Ils se saisirent de Jésus pour l'emmener et ils le firent entrer dans la maison du grand prêtre. Pierre suivait de loin. ⁵⁵ Ils avaient allumé un feu au milieu de la cour et ils s'étaient tous assis là. Pierre était parmi eux. ⁵⁶ Une servante le vit assis près du feu ; elle le dévisagea et dit : « Celui-là aussi était avec lui. » ⁵⁷ Mais il nia : « Femme, je ne le connais pas. » ⁵⁸ Peu après, un autre dit en le voyant : « Toi aussi, tu en fais partie. » Pierre répondit : « Non, je n'en suis pas. » ⁵⁹ Environ une heure plus tard, un autre insistait : « C'est sûr : celui-là était avec lui, et d'ailleurs il est Galiléen. » ⁶⁰ Pierre répondit : « Je ne vois pas ce que tu veux dire. » Et à l'instant même, comme il parlait encore, un coq chanta. ⁶¹ Le Seigneur, se retournant, posa son regard sur Pierre ; et Pierre se rappela la parole que le Seigneur lui avait dite : « Avant que le coq chante aujourd'hui, tu m'auras renié trois fois. » ⁶² Il sortit et pleura amèrement.

---

61. Voir Luc 22, 34.

⁶³ Les hommes qui gardaient Jésus se moquaient de lui et le maltraitaient. ⁶⁴ Ils lui avaient voilé le visage et ils l'interrogeaient : « Fais le prophète ! Qui est-ce qui t'a frappé ? » ⁶⁵ Et ils lançaient contre lui beaucoup d'autres insultes.

5. *La réunion du grand conseil*

⁶⁶ Lorsqu'il fit jour, les anciens du peuple, chefs des prêtres et scribes, se réunirent, et ils l'emmenèrent devant leur grand conseil*. ⁶⁷ Ils lui dirent : « Si tu es le Messie, dis-le nous. » Il leur répondit : « Si je vous le dis, vous ne me croirez pas ; ⁶⁸ et si j'interroge, vous ne répondrez pas. ⁶⁹ Mais désormais le Fils de l'homme *sera assis à la droite du Dieu puissant.* » ⁷⁰ Tous lui dirent alors : « Tu es donc le Fils de Dieu ? » Il leur répondit : « C'est vous qui dites que je le suis. » ⁷¹ Ils dirent alors : « Pourquoi nous faut-il encore un témoignage ? Nous-mêmes nous l'avons entendu de sa bouche. »

6. *Jésus chez Pilate*

23 Ils se levèrent tous ensemble et l'emmenèrent chez Pilate. ² Ils se mirent alors à l'accuser : « Nous avons trouvé cet homme en train de semer le désordre dans notre nation : il empêche de payer l'impôt à l'empereur, et se dit le Roi Messie* » ³ Pilate l'interrogea : « Es-tu le roi des Juifs ? » Jésus répondit : « C'est toi qui le dis. » ⁴ Pilate s'adressa aux chefs des prêtres et à la foule : « Je ne trouve chez cet homme aucun motif de condamnation. » ⁵ Mais ils insistaient : « Il soulève le peuple en enseignant dans tout le pays des Juifs, à partir de la Galilée jusqu'ici. »

7. *Jésus chez Hérode*

⁶ A ces mots, Pilate demanda si l'homme était Galiléen. ⁷ Apprenant qu'il relevait de l'autorité d'Hérode, il le renvoya à ce dernier, qui se trouvait lui aussi à Jérusalem en ces jours-là. ⁸ A la vue de Jésus, Hérode éprouva une grande joie : depuis longtemps il désirait le voir à cause de ce qu'il entendait dire de lui, et il espérait lui voir faire un miracle. ⁹ Il lui posa beaucoup de questions, mais Jésus ne lui répondit rien. ¹⁰ Les chefs des prêtres et les scribes étaient là et

---

69. Voir Psaume 109, 1.

l'accusaient avec violence. ¹¹ Hérode, ainsi que ses gardes, le traita avec mépris et se moqua de lui : il le revêtit d'un manteau de couleur éclatante et le renvoya à Pilate. ¹² Ce jour-là, Hérode et Pilate devinrent des amis, alors qu'auparavant ils étaient ennemis.

8. *Barabbas*

¹³ Alors Pilate convoqua les chefs des prêtres, les dirigeants et le peuple. Il leur dit : ¹⁴ « Vous m'avez amené cet homme en l'accusant de mettre le désordre dans le peuple. Or, j'ai moi-même instruit l'affaire devant vous, et, parmi les faits dont vous l'accusez, je n'ai trouvé chez cet homme aucun motif de condamnation. ¹⁵ D'ailleurs, Hérode non plus, puisqu'il nous l'a renvoyé. En somme, cet homme n'a rien fait qui mérite la mort. ¹⁶ Je vais donc le faire châtier et le relâcher. » ¹⁷ ... ¹⁸ Ils se mirent à crier tous ensemble : « Mort à cet homme ! Relâche-nous Barabbas. » ¹⁹ Ce dernier avait été emprisonné pour un meurtre et pour une émeute survenue dans la ville. ²⁰ Pilate, dans son désir de relâcher Jésus, leur adressa de nouveau la parole. ²¹ Mais ils criaient : « Crucifie-le ! Crucifie-le ! » ²² Pour la troisième fois, il leur dit : « Quel mal a donc fait cet homme ? Je n'ai trouvé en lui aucun motif de condamnation à mort. Je vais donc le faire châtier, puis le relâcher. » ²³ Mais eux insistaient à grands cris, réclamant qu'il soit crucifié ; et leurs cris s'amplifiaient. ²⁴ Alors Pilate décida de satisfaire leur demande. ²⁵ Il relâcha le prisonnier condamné pour émeute et pour meurtre, celui qu'ils réclamaient, et il livra Jésus à leur bon plaisir.

9. *La montée au Calvaire*

²⁶ Pendant qu'ils l'emmenaient, ils prirent un certain Simon de Cyrène, qui revenait des champs, et ils le chargèrent de la croix pour qu'il la porte derrière Jésus. ²⁷ Le peuple, en grande foule, le suivait, ainsi que des femmes qui se frappaient la poitrine et se lamentaient sur Jésus. ²⁸ Il se retourna et leur dit : « Femmes de Jérusalem, ne pleurez pas sur moi ! Pleurez sur vous-mêmes et sur vos enfants ! ²⁹ Voici venir des jours où l'on dira : 'Heureuses les

---

17. « Or, il avait l'obligation de leur libérer un homme à chaque fête. » Verset absent du texte original de Luc.

femmes stériles, celles qui n'ont pas enfanté, celles qui n'ont pas allaité !' ³⁰ *Alors on dira aux montagnes : 'Tombez sur nous', et aux collines : 'Cachez-nous.'* ³¹ Car si l'on traite ainsi l'arbre vert, que deviendra l'arbre sec ? »

10. *Jésus est mis en croix*

³² On emmenait encore avec Jésus deux autres, des malfaiteurs, pour les exécuter.
³³ Lorsqu'on fut arrivé au lieu dit : Le Crâne, ou Calvaire, on mit Jésus en croix, avec les deux malfaiteurs, l'un à droite et l'autre à gauche.

11. *Jésus sur la croix*

³⁴ Jésus disait : « Père, pardonne-leur : ils ne savent pas ce qu'ils font. » Ils partagèrent ses vêtements et les tirèrent au sort.
▶ ³⁵ Le peuple restait là à regarder. Les chefs ricanaient en disant : « Il en a sauvé d'autres : qu'il se sauve lui-même, s'il est le Messie de Dieu, l'Élu ! » ³⁶ Les soldats aussi se moquaient de lui. S'approchant pour lui donner de la boisson vinaigrée, ³⁷ ils lui disaient : « Si tu es le roi des Juifs, sauve-toi toi-même ! » ³⁸ Une inscription était placée au-dessus de sa tête : 'Celui-ci est le roi des Juifs'.

³⁹ L'un des malfaiteurs suspendus à la croix l'injuriait : « N'es-tu pas le Messie ? Sauve-toi toi-même, et nous avec ! » ⁴⁰ Mais l'autre lui fit de vifs reproches : « Tu n'as donc aucune crainte de Dieu ! Tu es pourtant un condamné, toi aussi ! ⁴¹ Et puis, pour nous, c'est juste : après ce que nous avons fait, nous avons ce que nous méritons. Mais lui, il n'a rien fait de mal. » ⁴² Et il disait : « Jésus, souviens-toi de moi quand tu viendras inaugurer ton Règne. » ⁴³ Jésus lui répondit : « Amen, je te le déclare : aujourd'hui, avec moi, tu seras dans le Paradis. »

12. *Les derniers instants de Jésus*

⁴⁴ Il était déjà presque midi ; l'obscurité se fit dans tout le pays jusqu'à trois heures, car le soleil s'était caché. ⁴⁵ Le rideau du Tem-

---

30. Voir Osée **10**, 8.

ple se déchira par le milieu. ⁴⁶ Alors, Jésus poussa un grand cri : « *Père, entre tes mains je remets mon esprit.* » Et après avoir dit cela, il expira.

13. *La mort de Jésus*

⁴⁷ A la vue de ce qui s'était passé, le centurion rendait gloire à Dieu : « Sûrement, cet homme, c'était un juste. » ⁴⁸ Et tous les gens qui s'étaient rassemblés pour ce spectacle, voyant ce qui était arrivé, s'en retournaient en se frappant la poitrine. ⁴⁹ Tous ses amis se tenaient à distance, ainsi que les femmes qui le suivaient depuis la Galilée, et qui regardaient.

14. *Jésus est porté au tombeau*

⁵⁰ Alors, arriva un membre du conseil, nommé Joseph ; c'était un homme bon et juste. ⁵¹ Il n'avait donné son accord ni à leur délibération, ni à leurs actes. Il était d'Arimathie, ville de Judée, et il attendait le royaume de Dieu. ⁵² Il alla trouver Pilate et demanda le corps de Jésus. ⁵³ Puis il le descendit de la croix, l'enveloppa dans un linceul et le mit dans un sépulcre taillé dans le roc, où personne encore n'avait été déposé. ⁵⁴ C'était le vendredi, et déjà brillaient les lumières du sabbat.

⁵⁵ Les femmes qui accompagnaient Jésus depuis la Galilée suivirent Joseph. Elles regardèrent le tombeau pour voir comment le corps avait été placé. ⁵⁶ Puis elles s'en retournèrent et préparèrent aromates et parfums. Et, durant le sabbat, elles observèrent le repos prescrit.

Le Vivant, vainqueur de la mort, prépare ses témoins

▶ **24** Le premier jour de la semaine, de grand matin, les femmes se rendirent au sépulcre, portant les aromates qu'elles avaient préparés. ² Elles trouvèrent la pierre roulée sur le côté du tombeau. ³ Elles entrèrent, mais ne trouvèrent pas le corps du Seigneur Jésus. ⁴ Elles ne savaient que penser, lorsque deux hommes se présentèrent à elles, avec un vêtement éblouissant. ⁵ Saisies de crainte, elles bais-

---

46. Psaume **30**, 6. — 54. « Vendredi », littéralement : jour de la préparation.

saient le visage vers le sol. Ils leur dirent : « Pourquoi cherchez-vous le Vivant parmi les morts ? ⁶ Il n'est pas ici, il est ressuscité. Rappelez-vous ce qu'il vous a dit quand il était encore en Galilée : ⁷'Il faut que le Fils de l'homme soit livré aux mains des pécheurs, qu'il soit crucifié et que, le troisième jour, il ressuscite.' » ⁸ Alors elles se rappelèrent ses paroles.

⁹Revenues du tombeau, elles rapportèrent tout cela aux Onze et à tous les autres. ¹⁰C'étaient Marie Madeleine, Jeanne, et Marie mère de Jacques ; les autres femmes qui les accompagnaient disaient la même chose aux apôtres. ¹¹Mais ces propos leur semblèrent délirants, et ils ne les croyaient pas. ¹²Pierre cependant courut au tombeau ; mais en se penchant, il ne vit que le linceul. Il s'en retourna chez lui, tout étonné de ce qui était arrivé.

▶ ¹³ Le même jour, deux disciples faisaient route vers un village appelé Emmaüs, à deux heures de marche de Jérusalem, ¹⁴et ils parlaient ensemble de tout ce qui s'était passé.

¹⁵Or, tandis qu'ils parlaient et discutaient, Jésus lui-même s'approcha, et il marchait avec eux. ¹⁶Mais leurs yeux étaient aveuglés, et ils ne le reconnaissaient pas. ¹⁷Jésus leur dit : « De quoi causiez-vous donc, tout en marchant ? » Alors, ils s'arrêtèrent, tout tristes. ¹⁸L'un des deux, nommé Cléophas, répondit : « Tu es bien le seul, de tous ceux qui étaient à Jérusalem, à ignorer les événements de ces jours-ci. » ¹⁹ Il leur dit : « Quels événements ? » Ils lui répondirent : « Ce qui est arrivé à Jésus de Nazareth : cet homme était un prophète puissant par ses actes et ses paroles devant Dieu et devant tout le peuple. ²⁰Les chefs des prêtres et nos dirigeants l'ont livré, ils l'ont fait condamner à mort et ils l'ont crucifié. ²¹Et nous qui espérions qu'il serait le libérateur d'Israël ! Avec tout cela, voici déjà le troisième jour qui passe depuis que c'est arrivé. ²²A vrai dire, nous avons été bouleversés par quelques femmes de notre groupe. Elles sont allées au tombeau de très bonne heure, ²³et elles n'ont pas trouvé son corps ; elles sont même venues nous dire qu'elles avaient eu une apparition : des anges, qui disaient qu'il est vivant. ²⁴Quelques-uns de nos compagnons sont allés au tombeau, et ils ont trouvé les choses comme les femmes l'avaient dit ; mais lui, ils ne l'ont pas vu. »

---

7. Voir Luc **9**, 22 ; **18**, 32-33. — 13. Littéralement : à 60 stades.

⁲⁵ Il leur dit alors : « Vous n'avez donc pas compris ! Comme votre cœur est lent à croire tout ce qu'ont dit les prophètes ! ²⁶ Ne fallait-il pas que le Messie souffrît tout cela pour entrer dans sa gloire ? » ²⁷ Et, en partant de Moïse et de tous les prophètes, il leur expliqua, dans toute l'Écriture, ce qui le concernait. ²⁸ Quand ils approchèrent du village où ils se rendaient, Jésus fit semblant d'aller plus loin. ²⁹ Mais ils s'efforcèrent de le retenir : « Reste avec nous : le soir approche et déjà le jour baisse. » Il entra donc pour rester avec eux.

³⁰ Quand il fut à table avec eux, il prit le pain, dit la bénédiction, le rompit et le leur donna. ³¹ Alors leurs yeux s'ouvrirent, et ils le reconnurent, mais il disparut à leurs regards. ³² Alors ils se dirent l'un à l'autre : « Notre cœur n'était-il pas brûlant en nous, tandis qu'il nous parlait sur la route, et qu'il nous faisait comprendre les Écritures ? » ³³ A l'instant même, ils se levèrent et retournèrent à Jérusalem. Ils y trouvèrent réunis les onze (apôtres) et leurs compagnons, ³⁴ qui leur dirent : « C'est vrai ! le Seigneur est ressuscité : il est apparu à Simon (Pierre). » ▶ ³⁵ A leur tour, ils racontaient ce qui s'était passé sur la route, et comment ils l'avaient reconnu quand il avait rompu le pain.

³⁶ Comme ils en parlaient encore, lui-même était là au milieu d'eux et il leur dit : « La paix soit avec vous. » ³⁷ Frappés de stupeur et de crainte, ils croyaient voir un esprit. ³⁸ Jésus leur dit : « Pourquoi êtes-vous bouleversés ? Et pourquoi ces pensées qui surgissent en vous ? ³⁹ Voyez mes mains et mes pieds : c'est bien moi ! Touchez-moi, regardez : un esprit n'a pas de chair ni d'os, et vous constatez que j'en ai. » ⁴⁰ Après cette parole, il leur montra ses mains et ses pieds. ⁴¹ Dans leur joie, ils n'osaient pas encore y croire, et restaient saisis d'étonnement. Jésus leur dit : « Avez-vous ici quelque chose à manger ? » ⁴² Ils lui offrirent un morceau de poisson grillé. ⁴³ Il le prit et le mangea devant eux.
⁴⁴ Puis il déclara : « Rappelez-vous les paroles que je vous ai dites quand j'étais encore avec vous : Il fallait que s'accomplisse tout ce qui a été écrit de moi dans la loi de Moïse, les Prophètes et les Psaumes. » ⁴⁵ Alors il leur ouvrit l'esprit à l'intelligence des Écritures. ⁴⁶ Il conclut : « C'est bien ce qui était annoncé par l'Écriture : les souffrances du Messie, sa résurrection d'entre les morts le troisième jour, et la conversion proclamée en son nom pour le

pardon des péchés à toutes les nations, en commençant par Jérusalem. ⁴⁸ C'est vous qui en êtes les témoins. * ⁴⁹ Et moi, je vais envoyer sur vous ce que mon Père a promis. Quant à vous, demeurez dans la ville jusqu'à ce que vous soyez revêtus d'une force venue d'en haut. »
⁵⁰ Puis il les emmena jusque vers Béthanie et, levant les mains, il les bénit. ⁵¹ Tandis qu'il les bénissait, il se sépara d'eux et fut emporté au ciel. ⁵² Ils se prosternèrent devant lui, puis ils retournèrent à Jérusalem *, remplis de joie. ⁵³ Et ils étaient sans cesse dans le Temple * à bénir Dieu.

Actes des Apôtres

La naissance de l'Église

Jésus ressuscité annonce aux Apôtres leur mission et disparaît à leurs yeux

1 ¹ Mon cher Théophile, dans mon premier livre j'ai parlé de tout ce que Jésus a fait et enseigné depuis le commencement, ² jusqu'au jour où il fut enlevé au ciel après avoir, dans l'Esprit* Saint*, donné ses instructions aux Apôtres qu'il avait choisis. ³ C'est à eux qu'il s'était montré vivant après sa Passion : il leur en avait donné bien des preuves, puisque, pendant quarante jours, il leur était apparu, et leur avait parlé du royaume* de Dieu.

⁴ Au cours d'un repas* qu'il prenait avec eux, il leur donna l'ordre de ne pas quitter Jérusalem*, mais d'y attendre ce que le Père avait promis. Il leur disait : « C'est la promesse que vous avez entendue de ma bouche. ⁵ Jean a baptisé avec de l'eau ; mais vous, c'est dans l'Esprit Saint que vous serez baptisés d'ici quelques jours. »

⁶ Réunis autour de lui, les Apôtres lui demandaient : « Seigneur*, est-ce maintenant que tu vas rétablir la royauté en Israël ? » ⁷ Jésus leur répondit : « Il ne vous appartient pas de connaître les délais et les dates que le Père a fixés dans sa liberté souveraine. ⁸ Mais vous allez recevoir une force, celle du Saint-Esprit qui viendra sur vous. Alors vous serez mes témoins à

Jérusalem*, dans toute la Judée et la Samarie, et jusqu'aux extrémités de la terre. »

⁹ Après ces paroles, ils le virent s'élever et disparaître à leurs yeux dans une nuée*. ¹⁰ Et comme ils fixaient encore le ciel* où Jésus s'en allait, voici que deux hommes en vêtements blancs se tenaient devant eux et disaient : ¹¹ « Galiléens, pourquoi restez-vous là à regarder vers le ciel ? Jésus, qui a été enlevé du milieu de vous, reviendra de la même manière que vous l'avez vu s'en aller vers le ciel. »

Dans l'attente de l'Esprit Saint : la prière des Apôtres et l'élection de Matthias

¹² Alors, ils retournèrent du mont des Oliviers à Jérusalem, qui n'est pas loin. (La distance ne dépasse pas ce qui est permis le jour du sabbat*.) ¹³ Arrivés dans la ville, ils montèrent à l'étage de la maison ; c'est là qu'ils se tenaient tous : Pierre*, Jean, Jacques et André, Philippe et Thomas, Barthélemy et Matthieu, Jacques fils d'Alphée, Simon le Zélote*, et Jude fils de Jacques. ¹⁴ D'un seul cœur, ils participaient fidèlement à la prière, avec quelques femmes dont Marie, mère de Jésus, et avec ses frères.

¹⁵ En ces jours-là, les frères étaient réunis au nombre d'environ cent vingt. Pierre se leva au milieu de l'assemblée et dit : ¹⁶ « Frères, il fallait que l'Écriture* s'accomplisse : par la bouche de David, l'Esprit Saint avait d'avance parlé de Judas, qui en est venu à servir de guide aux gens qui ont arrêté Jésus, ¹⁷ ce Judas qui pourtant était l'un de nous et avait reçu sa part de notre ministère. ¹⁸ Or, celui-ci avait acquis un champ avec le salaire de la trahison ; il tomba la tête la première, son ventre éclata, et toutes ses entrailles se répandirent. ¹⁹ Tous les habitants de Jérusalem en furent informés, si bien que ce champ fut appelé dans leur langue *Hakeldama*, c'est-à-dire champ du sang. ²⁰ Car il est écrit au livre des Psaumes : *Que son domaine devienne un désert, et que personne n'y habite,* et encore : *Que sa charge passe à un autre.*

1, 16 : cf. Ps **40** (41), 10.
1, 20 : cf. Ps **68** (69), 26 ; **108** (109), 8.

²¹ Voici donc ce qu'il faut faire : il y a des hommes qui nous ont accompagnés durant tout le temps où le Seigneur* Jésus a vécu parmi nous, ²² depuis son baptême par Jean jusqu'au jour où il nous a été enlevé. Il faut donc que l'un d'entre eux devienne avec nous témoin de sa résurrection*. »

²³ On en présenta deux : Joseph Barsabbas, surnommé Justus, et Matthias. ²⁴ Puis l'assemblée fit cette prière : « Toi, Seigneur, qui connais le cœur de tous les hommes, montre-nous lequel des deux tu as choisi ²⁵ pour prendre place dans le ministère des Apôtres, que Judas a déserté en partant vers son destin. »

²⁶ On tira au sort, et le sort tomba sur Matthias, qui fut dès lors associé aux onze Apôtres.

La Pentecôte : venue de l'Esprit, annonce de la Bonne Nouvelle par Pierre et premiers baptêmes

2 ¹ Quand arriva la Pentecôte (le cinquantième jour après Pâques*), ils se trouvaient réunis tous ensemble. ² Soudain il vint du ciel un bruit pareil à celui d'un violent coup de vent : toute la maison où ils se tenaient en fut remplie. ³ Ils virent apparaître comme une sorte de feu* qui se partageait en langues et qui se posa sur chacun d'eux. ⁴ Alors ils furent tous remplis de l'Esprit Saint : ils se mirent à parler en d'autres langues, et chacun s'exprimait selon le don de l'Esprit.

⁵ Or, il y avait, séjournant à Jérusalem, des Juifs fervents, issus de toutes les nations qui sont sous le ciel. ⁶ Lorsque les gens entendirent le bruit, ils se rassemblèrent en foule. Ils étaient dans la stupéfaction parce que chacun d'eux les entendait parler sa propre langue. ⁷ Déconcertés, émerveillés, ils disaient : « Ces hommes qui parlent ne sont-ils pas tous des Galiléens ? ⁸ Comment se fait-il que chacun de nous les entende dans sa langue maternelle ? ⁹ Parthes, Mèdes et Élamites, habitants de la Mésopotamie, de la Judée et de la Cappadoce, des bords de la mer Noire, de la province d'Asie, ¹⁰ de la Phrygie, de la Pamphylie, de l'Égypte et de la Libye proche de Cyrène, Romains résidant ici, ¹¹ Juifs de naissance et convertis, Crétois et Arabes, tous nous

---

2, 1 : « (le cinquantième jour après Pâques) », *add*.

les entendons proclamer dans nos langues les merveilles de Dieu. »
¹²Ils étaient tous déconcertés ; dans leur désarroi, ils se disaient les uns aux autres : « Qu'est-ce que cela veut dire ? » ¹³D'autres disaient en riant : « Ils sont pleins de vin doux ! »

¹⁴Alors Pierre*, debout avec les onze autres Apôtres, prit la parole ; il dit d'une voix forte : « Habitants de la Judée, et vous tous qui séjournez à Jérusalem*, comprenez ce qui se passe aujourd'hui, écoutez bien ce que je vais vous dire.

¹⁵Non, ces gens-là ne sont pas ivres comme vous le supposez, car il n'est que neuf heures du matin. ¹⁶Mais ce qui arrive, c'est ce que Dieu avait dit par le prophète* Joël :

¹⁷*Il arrivera dans les derniers jours, dit Dieu, que je répandrai mon Esprit* sur toute créature : vos fils et vos filles deviendront prophètes, vos jeunes gens auront des visions, et vos anciens auront des songes.* ¹⁸*Même sur mes serviteurs et sur mes servantes, je répandrai mon Esprit en ces jours-là, et ils seront prophètes.* ¹⁹*Je ferai des prodiges en haut dans le ciel*, et des signes en bas sur la terre, du sang, du feu, une colonne de fumée.* ²⁰*Le soleil se changera en ténèbres*, et la lune sera couleur de sang, avant que vienne le jour du Seigneur*, grand et manifeste.* ²¹*Alors, tous ceux qui invoqueront le Nom* du Seigneur seront sauvés.*

²²Hommes d'Israël, écoutez ce message. Il s'agit de Jésus le Nazaréen, cet homme dont Dieu avait fait connaître la mission en accomplissant par lui des miracles*, des prodiges et des signes* au milieu de vous, comme vous le savez bien. ²³Cet homme, livré selon le plan et la volonté de Dieu, vous l'avez fait mourir en le faisant clouer à la croix par la main des païens. ²⁴Or, Dieu l'a ressuscité en mettant fin aux douleurs de la mort, car il n'était pas possible qu'elle le retienne en son pouvoir.

²⁵En effet, c'est de lui que parle le psaume de David : *Je regardais le Seigneur sans relâche, s'il est à mon côté, je ne tombe pas.* ²⁶*Oui, mon cœur est dans l'allégresse, ma langue*

2, 14 : « autres Apôtres », *add.*
2, 17-21 : cf. Jl **3**, 1-5.
2, 23 : « à la croix », *add.*
2, 25 : « le psaume de », *add.*
2, 25-28 : cf. Ps **15** (16), 8-11.

chante de joie ; ma chair elle-même reposera dans l'espérance ; ²⁷ *tu ne peux pas m'abandonner à la mort ni laisser ton fidèle connaître la corruption.* ²⁸ *Tu m'as montré le chemin de la vie, tu me rempliras d'allégresse par ta présence.*

²⁹ Frères, au sujet de David notre père, on peut vous dire avec assurance qu'il est mort, qu'il a été enterré, et que son tombeau est encore aujourd'hui chez nous. ³⁰ Mais il était prophète, il savait que Dieu lui avait juré de *faire asseoir sur son trône un de ses descendants.* ³¹ Il a vu d'avance la résurrection* du Christ*, dont il a parlé ainsi : *Il n'a pas été abandonné à la mort*, et sa chair n'a pas connu la corruption.* ³² Ce Jésus, Dieu l'a ressuscité ; nous tous, nous en sommes témoins. ³³ Élevé dans la gloire par la puissance de Dieu, il a reçu de son Père l'Esprit Saint* qui était promis, et il l'a répandu sur nous : c'est cela que vous voyez et que vous entendez. ³⁴ David, lui, n'est pas monté au ciel, bien que le psaume parle ainsi : *Le Seigneur a dit à mon Seigneur : Siège à ma droite,* ³⁵ *tes ennemis, j'en ferai ton marchepied.*

³⁶ Que tout le peuple d'Israël en ait la certitude : ce même Jésus que vous avez crucifié, Dieu a fait de lui le Seigneur et le Christ. »

³⁷ Ceux qui l'entendaient furent remués jusqu'au fond d'eux-mêmes : ils dirent à Pierre et aux autres Apôtres : « Frères, que devons-nous faire ? » ³⁸ Pierre leur répondit : « Convertissez-vous, et que chacun de vous se fasse baptiser au nom de Jésus Christ pour obtenir le pardon* de ses péchés*. Vous recevrez alors le don du Saint-Esprit. ³⁹ C'est pour vous que Dieu a fait cette promesse, pour vos enfants et pour tous ceux qui sont loin, tous ceux que le Seigneur notre Dieu appellera. » ⁴⁰ Pierre trouva encore beaucoup d'autres paroles pour les adjurer, et il les exhortait ainsi : « Détournez-vous de cette génération égarée, et vous serez sauvés. »

2, 30 : cf. 2 S **7**, 12-13.
2, 31 : cf. Ps **15** (16), 10.
2, 34 : « le psaume », *add.*
2, 34-35 : cf. Ps **109** (110), 1.

⁴¹ Alors, ceux qui avaient accueilli la parole de Pierre se firent baptiser. La communauté s'augmenta ce jour-là d'environ trois mille personnes.

La communauté de Jérusalem

La première Église : la vie communautaire

⁴² Ils étaient fidèles à écouter l'enseignement des Apôtres et à vivre en communion fraternelle, à rompre le pain et à participer aux prières. ⁴³ La crainte de Dieu* était dans tous les cœurs ; beaucoup de prodiges et de signes* s'accomplissaient par les Apôtres.

⁴⁴ Tous ceux qui étaient devenus croyants vivaient ensemble, et ils mettaient tout en commun ; ⁴⁵ ils vendaient leurs propriétés et leurs biens, pour en partager le prix entre tous selon les besoins de chacun.

⁴⁶ Chaque jour, d'un seul cœur, ils allaient fidèlement au Temple*, ils rompaient le pain* dans leurs maisons, ils prenaient leurs repas avec allégresse et simplicité. ⁴⁷ Ils louaient Dieu et trouvaient un bon accueil auprès de tout le peuple. Tous les jours, le Seigneur* faisait entrer dans la communauté ceux qui étaient appelés au salut*.

Premier miracle et premier procès

3 ¹ À l'heure de la prière de l'après-midi, Pierre* et Jean montaient au Temple. ² On y amenait justement un homme qui était infirme depuis sa naissance ; on l'installait chaque jour au Temple, à la « Belle-Porte » pour demander l'aumône à ceux qui entraient. ³ Voyant Pierre et Jean qui allaient pénétrer dans le Temple, il leur demanda l'aumône. ⁴ Alors Pierre fixa les yeux sur lui, ainsi

---

2, 43 : « de Dieu », *add.*

que Jean, et il lui dit : « Regarde-nous bien ! » ⁵L'homme les observait, s'attendant à recevoir quelque chose. ⁶Pierre lui dit : « Je n'ai pas d'or ni d'argent ; mais ce que j'ai, je te le donne : au nom de Jésus Christ* le Nazaréen, lève-toi et marche. » ⁷Le prenant par la main droite, il le releva, et, à l'instant même, ses pieds et ses chevilles devinrent solides. ⁸D'un bond, il fut debout, et il marchait. Il entra avec eux dans le Temple : il marchait, bondissait, et louait Dieu. ⁹Et tout le peuple le vit marcher et louer Dieu. ¹⁰On le reconnaissait : c'est bien lui qui se tenait, pour mendier, à la « Belle-Porte » du Temple. Et les gens étaient complètement stupéfaits et désorientés de ce qui lui était arrivé.

¹¹L'homme ne lâchait plus Pierre et Jean. Tout le peuple accourut vers eux à l'endroit appelé colonnade de Salomon. Les gens étaient stupéfaits ; ¹²voyant cela, Pierre s'adressa au peuple : « Hommes* d'Israël, pourquoi vous étonner ? Pourquoi fixer les yeux sur nous, comme si nous avions fait marcher cet homme par notre puissance ou notre sainteté personnelles ?

¹³Le Dieu d'Abraham, d'Isaac et de Jacob, le Dieu de nos pères, a donné sa gloire* à son serviteur* Jésus, alors que vous, vous l'aviez livré ; devant Pilate, qui était d'avis de le relâcher, vous l'aviez rejeté. ¹⁴Lui, le saint* et le juste*, vous l'avez rejeté, et vous avez demandé qu'on vous accorde la grâce d'un meurtrier. ¹⁵Lui, le Chef des vivants, vous l'avez tué ; mais Dieu l'a ressuscité d'entre les morts, nous en sommes témoins. ¹⁶Tout repose sur la foi* au nom de Jésus : c'est ce nom qui a donné la force à cet homme, que vous voyez et que vous connaissez ; oui, la foi qui vient de Jésus a rendu à cet homme une parfaite santé en votre présence à tous.

¹⁷D'ailleurs, frères, je sais bien que vous avez agi dans l'ignorance, vous et vos chefs. ¹⁸Mais Dieu qui, par la bouche de tous les prophètes*, avait annoncé que son Messie* souffrirait, accomplissait ainsi sa parole. ¹⁹Convertissez-vous donc et revenez à Dieu pour que vos péchés* soient effacés. ²⁰Ainsi viendra, de la part du Seigneur, le temps du repos : il enverra Jésus, le Messie choisi d'avance pour vous, ²¹et il faut que Jésus demeure au ciel* jusqu'à l'époque où tout sera rétabli, comme Dieu l'avait annoncé autrefois par la voix de ses saints prophètes.

²² Moïse a déclaré : *Le Seigneur votre Dieu fera se lever pour vous, au milieu de vos frères, un prophète comme moi : vous écouterez tout ce qu'il vous dira.* ²³ *Si quelqu'un n'écoute pas les paroles de ce prophète, il sera éliminé du peuple**.

²⁴ Ensuite, tous les prophètes qui ont parlé depuis Samuel et ses successeurs ont annoncé eux aussi les jours où nous sommes. ²⁵ C'est vous qui êtes les fils des prophètes, les héritiers de l'Alliance* que Dieu a conclue avec vos pères, quand il disait à Abraham : *En ta descendance seront bénies toutes les familles de la terre.*

²⁶ C'est pour vous d'abord que Dieu a fait se lever son Serviteur*, et il l'a envoyé vous bénir, en détournant chacun de vous de ses actions mauvaises. »

4 ¹ Comme Pierre* et Jean parlaient encore au peuple, les prêtres* intervinrent, avec le commandant de la garde du Temple* et les sadducéens*. ² Ils ne pouvaient souffrir de les voir enseigner leur doctrine au peuple et annoncer, dans la personne de Jésus, la résurrection*. ³ Ils les firent arrêter et mettre au cachot jusqu'au lendemain, car il était déjà tard. ⁴ Or, beaucoup de ceux qui avaient entendu la Parole* devinrent croyants ; à ne compter que les hommes, il y en avait environ cinq mille.

⁵ Le lendemain il y eut une réunion des chefs du peuple, des anciens* et des scribes à Jérusalem*. ⁶ Il y avait là Anne le grand prêtre, Caïphe, Jean, Alexandre, et tous ceux qui appartenaient aux familles de grands prêtres. ⁷ Ils firent comparaître Pierre et Jean et se mirent à les interroger : « Par quelle puissance, par le nom de qui, avez-vous fait cette guérison ? »

⁸ Alors Pierre, rempli de l'Esprit* Saint*, leur déclara : « Chefs du peuple et anciens, ⁹ nous sommes interrogés aujourd'hui pour avoir fait du bien à un infirme, et l'on nous demande comment cet homme a été sauvé. ¹⁰ Sachez-le donc, vous tous, ainsi que tout le peuple d'Israël : c'est grâce au nom de Jésus le Nazaréen, crucifié par vous, ressuscité par Dieu, c'est grâce à lui que cet

---

3, 22-23 : cf. Dt **18**, 15.19 ; Lv **23**, 29.
3, 25 : cf. Gn **22**, 18.
4, 1 : « Pierre et Jean », *add.*

homme se trouve là devant vous, guéri. ¹¹ Ce Jésus, il est *la pierre que vous aviez rejetée, vous les bâtisseurs, et il est devenu la pierre d'angle.* ¹² En dehors de lui, il n'y a pas de salut*. Et son Nom*, donné aux hommes, est le seul qui puisse nous sauver. »

¹³ Ils étaient surpris en voyant l'assurance de Pierre et de Jean, et en constatant que c'étaient des hommes quelconques et sans instruction. Ils reconnaissaient en eux des compagnons de Jésus, ¹⁴ ils regardaient debout près d'eux l'homme qui avait été guéri, et ils ne trouvaient rien à dire contre eux. ¹⁵ Après leur avoir ordonné de quitter la salle du conseil, ils se mirent à délibérer : ¹⁶ « Qu'allons-nous faire de ces gens-là ? Certes, un miracle notoire a été opéré par eux, c'est évident pour tous les habitants de Jérusalem, et nous ne pouvons pas le nier. ¹⁷ Mais il faut en limiter les conséquences dans le peuple ; nous allons donc les menacer pour qu'ils ne prononcent plus ce nom devant personne. »

¹⁸ Ayant rappelé Pierre et Jean, ils leur interdirent formellement de proclamer ou d'enseigner le nom de Jésus. ¹⁹ Ceux-ci leur répliquèrent : « Est-il juste devant Dieu de vous écouter, plutôt que d'écouter Dieu ? À vous de juger. ²⁰ Quant à nous, il nous est impossible de ne pas dire ce que nous avons vu et entendu. » ²¹ Après de nouvelles menaces, on les relâcha ; en effet, à cause du peuple, on ne voyait pas comment les punir, car tout le monde rendait gloire* à Dieu pour ce qui était arrivé. ²² L'homme pour qui avait été opéré ce miracle de guérison avait en effet plus de quarante ans.

²³ Lorsque Pierre et Jean eurent été relâchés, ils rejoignirent les frères et rapportèrent tout ce qu'on leur avait dit. ²⁴ Après ce récit, tous, d'un seul cœur, adressèrent à Dieu cette prière : « Maître, c'est toi qui as fait le ciel, la terre et la mer, et tout ce qu'ils contiennent. ²⁵ C'est toi qui, par l'Esprit Saint, as mis dans la bouche de notre père David, ton serviteur*, les paroles que voici : *Pourquoi ces nations en tumulte, ces peuples aux*

4, 11 : cf. Ps **117** (118), 22.

4, 23 : « Pierre et Jean », *add.*

4, 24 : cf. Ps **145** (146), 6.

projets stupides, ²⁶ces rois de la terre qui se groupent, ces grands qui conspirent entre eux contre le Seigneur* et son Messie* ?

²⁷Et c'est vrai : on a conspiré dans cette ville contre Jésus, ton Saint, ton Serviteur, que tu as consacré comme Messie, Hérode et Ponce Pilate, avec les païens et le peuple d'Israël, ²⁸ont accompli tout ce que tu avais décidé d'avance dans ta puissance et ta sagesse. ²⁹Et maintenant, Seigneur, sois attentif à leurs menaces : donne à ceux qui te servent d'annoncer ta parole avec une parfaite assurance. ³⁰Étends donc ta main pour guérir les malades, accomplis des signes* et des prodiges, par le nom de Jésus, ton Saint*, ton Serviteur*. »

³¹Comme leur prière se terminait, le lieu où ils étaient réunis se mit à trembler, ils furent tous remplis de l'Esprit* Saint et ils annonçaient la parole* de Dieu avec assurance.

La première Église : le partage des biens

³²La multitude de ceux qui avaient adhéré à la foi avait un seul cœur et une seule âme ; et personne ne se disait propriétaire de ce qu'il possédait, mais on mettait tout en commun. ³³C'est avec une grande force que les Apôtres portaient témoignage de la résurrection* du Seigneur* Jésus, et la puissance de la grâce* était sur eux tous. ³⁴Aucun d'entre eux n'était dans la misère, car tous ceux qui possédaient des champs ou des maisons les vendaient, ³⁵et ils en apportaient le prix pour le mettre à la disposition des Apôtres. On en redistribuait une part à chacun des frères au fur et à mesure de ses besoins.

³⁶Joseph, que les Apôtres avaient surnommé Barnabé (ce qui veut dire : l'homme du réconfort), était un lévite originaire de Chypre. ³⁷Il avait une terre, il la vendit et en apporta l'argent qu'il déposa aux pieds des Apôtres.

Premières difficultés : Ananie et Saphire refusent le partage

5 ¹Un homme du nom d'Ananie, avec Saphire sa femme, vendit une propriété ; ²il détourna de l'argent avec la complicité de sa femme, et il n'en mit qu'une partie à la disposition des Apôtres.

4, 25-26 : cf. Ps **2**, 1-2.

³Pierre * lui dit : « Ananie, pourquoi Satan * a-t-il pris toute la place dans ton cœur, pour que tu mentes à l'Esprit Saint et que tu détournes l'argent du terrain ? ⁴Quand tu l'avais, il était bien à toi, et après la vente, tu pouvais disposer de la somme, n'est-ce pas ? Alors, pourquoi t'es-tu mis cette idée dans la tête ? Tu n'as pas menti aux hommes, mais à Dieu. » ⁵En entendant ces paroles, Ananie tomba, et il expira. Une grande crainte saisit tous ceux qui apprenaient la nouvelle. ⁶Les jeunes gens vinrent envelopper le corps, et ils l'emportèrent pour l'enterrer.

⁷Il se passa environ trois heures, puis sa femme entra sans savoir ce qui était arrivé. ⁸Pierre lui adressa la parole : « Dis-moi : le terrain, c'est bien à ce prix que vous l'avez cédé ? » Elle dit : « Oui, c'est ce prix-là. » ⁹Pierre reprit : « Pourquoi cet accord entre vous pour mettre à l'épreuve l'Esprit du Seigneur ? Voilà que ceux qui ont enterré ton mari arrivent à la porte : ils vont t'emporter ! » ¹⁰Aussitôt, elle tomba à ses pieds, et elle expira. Les jeunes gens, qui rentraient, la trouvèrent morte, et ils l'emportèrent pour l'enterrer auprès de son mari. ¹¹Une grande crainte saisit toute l'Église et tous ceux qui apprenaient cette nouvelle.

La première Église : les miracles des Apôtres

¹²Par les mains des Apôtres, beaucoup de signes et de prodiges se réalisaient dans le peuple. Tous les croyants, d'un seul cœur, se tenaient sous la colonnade de Salomon. ¹³Personne d'autre n'osait se joindre à eux ; cependant tout le peuple faisait leur éloge, ¹⁴et des hommes et des femmes de plus en plus nombreux adhéraient au Seigneur par la foi *. ¹⁵On allait jusqu'à sortir les malades sur les places, en les mettant sur des lits et des brancards : ainsi, quand Pierre passerait, il toucherait l'un ou l'autre de son ombre. ¹⁶Et même, une foule venue des villages voisins de Jérusalem * amenait des gens malades ou tourmentés par des esprits mauvais. Et tous, ils étaient guéris.

5, 12 : « croyants », *add.* d'après 4, 32.

Nouveau procès : les Apôtres arrêtés et relâchés

¹⁷ Le grand prêtre* et tout son entourage, c'est-à-dire le parti des sadducéens*, étaient remplis de fureur contre les Apôtres : ¹⁸ ils les firent arrêter et jeter publiquement en prison. ¹⁹ Mais, pendant la nuit, l'ange* du Seigneur ouvrit les portes de la cellule et les fit sortir en disant : ²⁰ « Partez d'ici, tenez-vous dans le Temple* et là, annoncez au peuple toutes les paroles de vie. » ²¹ Ils obéirent et, de bon matin, ils entrèrent dans le Temple et se mirent à enseigner.

En arrivant, le grand prêtre et son entourage convoquèrent le grand conseil, tout le sénat des fils d'Israël, et ils envoyèrent chercher les Apôtres à la prison. ²² En arrivant, les gardes ne les trouvèrent pas dans la cellule. Ils revinrent donc avec cette nouvelle : ²³ « Nous avons trouvé la prison parfaitement verrouillée, et les gardiens en faction devant les portes ; mais, quand nous avons ouvert, nous n'avons trouvé personne à l'intérieur. » ²⁴ En entendant ce rapport, le commandant de la garde du Temple* et les chefs des prêtres*, en plein désarroi, se demandaient ce qui se passait. ²⁵ Là-dessus, quelqu'un arriva avec cette nouvelle : « Les hommes que vous aviez mis en prison, les voilà qui se tiennent dans le Temple, et ils instruisent le peuple ! » ²⁶ Alors, le commandant partit avec les gardes, pour ramener les Apôtres, mais sans violence, parce qu'ils redoutaient que le peuple ne leur jette des pierres.

²⁷ Il amena les Apôtres devant le grand conseil, et le grand prêtre les interrogea : ²⁸ « Nous vous avions formellement interdit d'enseigner le nom de cet homme-là, et voilà que vous remplissez Jérusalem* de votre enseignement. Voulez-vous donc faire retomber sur nous le sang de cet homme ? » ²⁹ Pierre*, avec les Apôtres, répondit alors : « Il faut obéir à Dieu plutôt qu'aux hommes. ³⁰ Le Dieu de nos pères a ressuscité Jésus, que vous aviez exécuté en le pendant au bois du supplice. ³¹ C'est lui que Dieu, par sa puissance, a élevé en faisant de lui le Chef, le Sauveur*, pour apporter à Israël la conversion* et le pardon* des péchés*. ³² Quant

---

5, 30 : « du supplice », *add.*

à nous, nous sommes les témoins de tout cela, avec l'Esprit*
Saint*, que Dieu a donné à ceux qui lui obéissent. »
[33] En entendant les Apôtres parler ainsi, les membres du grand
conseil, exaspérés, projetaient de les faire mourir. [34] Mais un
membre du grand conseil se leva ; c'était un pharisien* nommé
Gamaliel, docteur de la Loi* honoré de tout le peuple. Il ordonna
de faire sortir les Apôtres un instant, [35] puis il dit : « Hommes
d'Israël, faites bien attention à la décision que vous allez prendre
envers ces hommes. [36] Il y a quelque temps, on a vu surgir
Theudas ; il prétendait être quelqu'un, et quatre cents hommes
environ s'étaient ralliés à lui ; il a été tué, et tous ses partisans
ont été mis en déroute et réduits à rien. [37] Après lui, à l'époque
du recensement, on a vu surgir Judas le Galiléen qui a entraîné
derrière lui une foule de gens. Il a péri lui aussi, et tous ses
partisans ont été dispersés. [38] Eh bien, dans la circonstance présente, je vous le dis : ne vous occupez plus de ces gens-là, laissez-les. Car si leur intention ou leur action vient des hommes, elle
tombera. [39] Mais si elle vient de Dieu, vous ne pourrez pas les
faire tomber. Ne risquez donc pas de vous trouver en guerre
contre Dieu. »

Le conseil se laissa convaincre. [40] On convoqua alors les
Apôtres, et, après les avoir fouettés, on leur interdit de parler
au nom de Jésus, puis on les relâcha. [41] Mais eux, en sortant
du grand conseil, repartaient tout joyeux d'avoir été jugés dignes
de subir des humiliations pour le nom de Jésus. [42] Tous les jours,
au Temple et dans leurs maisons, sans cesse, ils enseignaient
cette Bonne Nouvelle : Jésus est le Messie*.

Nouvelles difficultés pour le partage : institution des Sept

6 [1] En ces jours-là, comme le nombre des disciples augmentait,
les frères de langue grecque récriminèrent contre ceux de langue
hébraïque : ils trouvaient que, dans les secours distribués quotidiennement, les veuves de leur groupe étaient désavantagées.
[2] Les Douze convoquèrent alors l'assemblée des disciples et ils
leur dirent : « Il n'est pas normal que nous délaissions la parole*

5, 41 : « de Jésus », *add*.

de Dieu pour le service des repas. ³Cherchez plutôt, frères, sept d'entre vous, qui soient des hommes estimés de tous, remplis d'Esprit Saint et de sagesse*, et nous leur confierons cette tâche. ⁴Pour notre part, nous resterons fidèles à la prière et au service de la Parole. » ⁵La proposition plut à tout le monde, et l'on choisit : Étienne, homme rempli de foi* et d'Esprit Saint, Philippe, Procore, Nicanor, Timon, Parménas et Nicolas, un païen originaire d'Antioche converti au judaïsme. ⁶On les présenta aux Apôtres, et ceux-ci, après avoir prié, leur imposèrent les mains.

⁷La parole du Seigneur* était féconde, le nombre des disciples se multipliait fortement à Jérusalem, et une grande foule de prêtres juifs accueillaient la foi.

Ministère, procès et mort d'Étienne, le premier martyr

⁸Étienne, qui était plein de la grâce* et de la puissance de Dieu, accomplissait parmi le peuple des prodiges et des signes* éclatants. ⁹Un jour, on vit intervenir les gens d'une synagogue* (la synagogue dite des esclaves affranchis, des Cyrénéens et des Alexandrins) et aussi des gens originaires de Cilicie et de la province d'Asie. Ils se mirent à discuter avec Étienne, ¹⁰mais sans pouvoir tenir tête à la sagesse* et à l'Esprit* Saint* qui inspiraient ses paroles.

¹¹Alors ils soudoyèrent des hommes pour qu'ils disent : « Nous l'avons entendu prononcer des paroles blasphématoires contre Moïse et contre Dieu. » ¹²Ils ameutèrent le peuple, les anciens* et les scribes*, ils allèrent se saisir d'Étienne, et l'amenèrent devant le grand conseil. ¹³Ils présentèrent de faux témoins, qui disaient : « Cet individu ne cesse pas de parler contre le Lieu saint et contre la Loi*. ¹⁴Nous l'avons entendu affirmer que ce Jésus, le Nazaréen, détruira le Lieu saint et changera les lois que Moïse nous a transmises. » Tous ceux qui siégeaient au grand conseil avaient les yeux fixés sur Étienne, et son visage leur apparut comme celui d'un ange*.

6, 7 : « juifs », *add.*
6, 8 : « de Dieu », *add.*

7 ¹ Le grand prêtre* demanda : « Cela est-il bien vrai ? »
² Étienne dit alors : « Frères et pères, écoutez ! Dieu dans sa gloire est apparu à notre père Abraham, quand il était en Mésopotamie avant de venir habiter Harrane, ³ et il lui dit : *Pars de ton pays, laisse ta famille, et va dans le pays que je te montrerai.*

⁴ Alors, partant du pays des Chaldéens, il vint habiter Harrane ; et de là, après la mort de son père, Dieu l'envoya habiter dans le pays où vous-mêmes habitez maintenant. ⁵ Il ne lui en donna rien en partage, pas même de quoi poser le pied. Il promit cependant de donner ce pays en possession à lui et à sa descendance après lui, alors qu'il n'avait pas d'enfant. ⁶ Dieu lui déclara que ses descendants séjourneraient en terre étrangère : *On les réduira en esclavage et on les maltraitera pendant quatre cents ans ;* ⁷ *mais la nation dont ils seront esclaves, moi, je la jugerai, dit Dieu, et après cela ils sortiront et ils me rendront un culte en ce lieu.*

⁸ Et il lui donna l'alliance de la circoncision*. Alors Abraham engendra Isaac, et il le circoncit le huitième jour. Isaac fit de même pour Jacob, et Jacob pour les douze patriarches.

⁹ Les patriarches, jaloux de Joseph, le vendirent pour être mené en Égypte. Mais Dieu était avec lui, ¹⁰ et il le tira de toutes ses détresses. Il lui fit obtenir par sa sagesse la faveur du Pharaon, roi d'Égypte, et celui-ci le mit à la tête de l'Égypte et de toute la maison royale. ¹¹ Puis il arriva sur toute l'Égypte et sur Canaan une famine et une grande détresse : nos pères ne trouvaient plus aucun ravitaillement. ¹² Alors Jacob apprit qu'il y avait du blé en Égypte, et il y envoya une première fois nos pères. ¹³ À la deuxième fois, Joseph se fit reconnaître par ses frères, et Pharaon découvrit ainsi la famille de Joseph. ¹⁴ Joseph envoya chercher son père Jacob et toute sa famille : soixante-quinze personnes. ¹⁵ Et Jacob descendit en Égypte ; il y mourut ainsi que nos pères. ¹⁶ On les transporta à Sichem, et on les mit dans le tombeau qu'Abraham avait acheté à prix d'argent aux fils d'Emmor, à Sichem.

7, 3 : cf. Gn **12**, 1.
7, 6 : cf. Gn **15**, 13-14.

¹⁷ Comme approchait le temps que Dieu avait solennellement promis à Abraham, le peuple devint fécond et se multiplia en Égypte, ¹⁸ jusqu'à l'arrivée au pouvoir en Égypte d'un autre roi qui n'avait pas connu Joseph. ¹⁹ Celui-ci prit des dispositions pour maltraiter nos pères, au point de leur faire abandonner leurs nouveau-nés pour qu'ils ne puissent pas vivre. ²⁰ C'est à ce moment que Moïse vint au monde ; il était beau sous le regard de Dieu. Élevé pendant trois mois dans la maison de son père, ²¹ il fut ensuite abandonné. La fille de Pharaon le retira de là, et l'éleva comme son propre fils. ²² Moïse fut instruit de toute la sagesse des Égyptiens ; il était puissant par ses paroles et ses actes. ²³ Comme il arrivait à l'âge de quarante ans, l'idée lui vint d'aller voir ses frères les fils d'Israël. ²⁴ Voyant qu'on faisait du mal à l'un d'eux, il prit sa défense et frappa l'Égyptien pour venger l'opprimé. ²⁵ Il pensait que ses frères comprendraient que par lui Dieu leur apportait le salut* ; mais eux ne comprirent pas. ²⁶ Le lendemain, il se fit voir à eux pendant qu'ils se battaient, et il essayait de rétablir la paix entre eux en leur disant : « Mes amis, vous êtes frères : pourquoi vous faire du mal les uns aux autres ? » ²⁷ Mais celui qui faisait du mal à son compagnon le repoussa en disant : *Qui t'a institué chef et juge sur nous ?* ²⁸ *Veux-tu me tuer comme tu as tué hier l'Égyptien ?* ²⁹ À ces mots, Moïse s'enfuit, et vint séjourner dans le pays de Madiane, où il eut deux fils.

³⁰ Au bout de quarante ans, au désert* du mont Sinaï, un ange* lui apparut dans la flamme d'un buisson en feu. ³¹ Moïse était étonné de ce qu'il voyait, et lorsqu'il s'approcha pour regarder, la voix du Seigneur* se fit entendre : ³² *Je suis le Dieu de tes pères, le Dieu d'Abraham, d'Isaac et de Jacob.* Moïse se mit à trembler, et il n'osait pas regarder. ³³ Le Seigneur lui dit : *Retire tes sandales, car le lieu où tu te tiens est une terre sainte.* ³⁴ *J'ai vu, oui, j'ai vu la misère de mon peuple qui est en Égypte ; j'ai entendu leurs gémissements et je suis descendu pour les délivrer. Et maintenant, va ! Je veux t'envoyer en Égypte.*

7, 27-28 : cf. Ex **2**, 14-15.
7, 32 : cf. Ex **3**, 6.
7, 33-34 : cf. Ex **3**, 5.7-8.10.

³⁵Ce Moïse qu'ils avaient rejeté en disant : *Qui t'a institué chef et juge ?* Dieu l'a envoyé comme chef et libérateur, avec l'aide de l'ange qui lui était apparu dans le buisson. ³⁶C'est lui qui les a fait sortir en faisant des prodiges et des signes* dans le pays d'Égypte, à la mer Rouge, et dans le désert pendant quarante ans. ³⁷C'est ce Moïse qui a dit aux fils d'Israël : *Au milieu de vos frères, Dieu fera se lever un prophète* comme moi.*

³⁸C'est lui qui était là dans l'assemblée au désert, avec l'ange qui lui parlait sur le mont Sinaï et avec nos pères : il reçut des paroles de vie pour nous les donner, ³⁹mais nos pères n'ont pas voulu lui obéir ; ils le repoussèrent et, leur cœur déjà retourné en Égypte, ⁴⁰ils dirent à Aaron : *Fabrique-nous des dieux qui marcheront devant nous. Car ce Moïse, cet homme qui nous a fait sortir du pays d'Égypte, nous ne savons pas ce qui lui est arrivé.*

⁴¹Et en ces jours-là, ils firent un veau ; ils offrirent un sacrifice à leur idole : ils mettaient leur joie dans cet objet sorti de leurs mains ! ⁴²Alors Dieu se détourna et les laissa rendre un culte à l'armée du ciel, comme il est écrit dans le livre des prophètes : *M'avez-vous donc offert des victimes et des sacrifices* pendant quarante ans au désert, maison d'Israël ? ⁴³Vous avez plutôt porté la tente de Molok et l'étoile de votre dieu Réphane, ces images que vous avez fabriquées pour les adorer. Je vous enverrai habiter au-delà de Babylone !*

⁴⁴Nos pères, dans le désert, avaient la tente de la charte de l'Alliance*. Ils l'avaient faite d'après les ordres de Celui qui parlait à Moïse et qui lui en avait montré le modèle. ⁴⁵Ils se la transmirent d'une génération à l'autre et, avec Josué, nos pères la firent entrer dans la terre promise, quand ils dépossédèrent les nations que Dieu avait chassées devant eux. Cela dura jusqu'au temps de David. ⁴⁶Celui-ci trouva grâce devant Dieu et il pria

---

7, 37 : cf. Dt **18**, 15.

7, 40 : cf. Ex **32**, 23.

7, 42-43 : cf. Am **5**, 25-27 (grec).

7, 44 : cf. Ex **40**, 20-21.

7, 45 : « d'une génération à l'autre », *add.* ; « dans la terre promise », *add.*

7, 46 : cf. Ps **131** (132), 5.

pour trouver une demeure au Dieu de Jacob. ⁴⁷Mais ce fut Salomon qui lui construisit une maison. ⁴⁸Pourtant, le Très-Haut n'habite pas dans des bâtiments faits par l'homme. C'est ce que dit le prophète : ⁴⁹*Le ciel* est mon trône, et la terre mon marchepied. Quelle maison pourriez-vous me bâtir, dit le Seigneur, quel est le lieu où je pourrais me reposer ? ⁵⁰N'est-ce pas ma main qui a tout créé ?*

⁵¹Hommes à la tête dure, votre cœur et vos oreilles ne veulent pas connaître l'Alliance : depuis toujours vous résistez à l'Esprit* Saint* ; vous êtes bien comme vos pères ! ⁵²Y a-t-il un prophète que vos pères n'aient pas persécuté ? Ils ont même fait mourir ceux qui annonçaient d'avance la venue du Juste*, celui-là que vous venez de livrer et de mettre à mort. ⁵³Vous qui aviez reçu la loi communiquée par les anges, vous ne l'avez pas observée. »

⁵⁴En écoutant cela, ils s'exaspéraient contre lui, et grinçaient des dents. ⁵⁵Mais Étienne, rempli de l'Esprit* Saint*, regardait vers le ciel ; il vit la gloire* de Dieu, et Jésus debout à la droite de Dieu. ⁵⁶Il déclara : « Voici que je contemple les cieux ouverts : le Fils de l'homme* est debout à la droite de Dieu. »

⁵⁷Ceux qui étaient là se bouchèrent les oreilles et se mirent à pousser de grands cris ; tous à la fois, ils se précipitèrent sur lui, ⁵⁸l'entraînèrent hors de la ville et commencèrent à lui jeter des pierres. Les témoins avaient mis leurs vêtements aux pieds d'un jeune homme appelé Saul. ⁵⁹Étienne, pendant qu'on le lapidait, priait ainsi : « Seigneur* Jésus, reçois mon esprit. » ⁶⁰Puis il se mit à genoux et s'écria d'une voix forte : « Seigneur, ne leur compte pas ce péché*. » Et, après cette parole, il s'endormit dans la mort.

⁽⁸⁾¹Quant à Saul, lui aussi approuvait ce meurtre.

7, 49-50 : cf. Is **66**, 1-2.
7, 51 : « ne veulent pas connaître l'Alliance », *litt.* « sont incirconcis ».
7, 56 : cf. Lc **22**, 69.
7, 59 : cf. Ps **30** (31), 6 ; Lc **23**, 46.
7, 60 : cf. Lc **23**, 34.

La parole part de Jérusalem pour atteindre les païens

La persécution entraîne la diffusion de l'Évangile en Judée et en Samarie

8 Ce jour-là, éclata une violente persécution contre l'Église* de Jérusalem. Tous se dispersèrent dans les campagnes de Judée et de Samarie, à l'exception des Apôtres. ² Des hommes religieux ensevelirent Étienne et firent sur lui une grande lamentation. ³ Quant à Saul, il cherchait à détruire l'Église, il pénétrait dans les maisons, en arrachait hommes et femmes, et les mettait en prison.

⁴ Ceux qui s'étaient dispersés allèrent répandre partout la Bonne Nouvelle de la Parole. ⁵ C'est ainsi que Philippe, l'un des Sept, arriva dans une ville de Samarie, et là il proclamait le Christ*. ⁶ Les foules, d'un seul cœur, s'attachaient à ce que disait Philippe, car tous entendaient parler des signes* qu'il accomplissait, ou même ils les voyaient. ⁷ Beaucoup de possédés étaient délivrés des esprits mauvais, qui les quittaient en poussant de grands cris. Beaucoup de paralysés et d'infirmes furent guéris. ⁸ Il y eut dans cette ville une grande joie.

⁹ Or il y avait déjà dans la ville un homme du nom de Simon ; il pratiquait la magie et éblouissait la population de Samarie, prétendant être un grand personnage. ¹⁰ Et tous, du plus petit jusqu'au plus grand, s'attachaient à lui en disant : « Cet homme est la Puissance de Dieu, celle qu'on appelle la Grande Puissance. » ¹¹ Ils s'attachaient à lui du fait que depuis un certain temps il les éblouissait par ses pratiques magiques. ¹² Mais quand ils commencèrent à croire Philippe annonçant la Bonne Nouvelle du règne de Dieu* et du nom de Jésus Christ, hommes et femmes se faisaient baptiser. ¹³ Simon lui-même se mit à croire ; ayant été baptisé, il suivait fidèlement Philippe ; voyant les signes et les actes de grande puissance qui se produisaient, il était ébloui.

¹⁴ Les Apôtres, restés à Jérusalem, apprirent que la Samarie avait accueilli la parole* de Dieu. Alors ils leur envoyèrent Pierre* et Jean. ¹⁵ À leur arrivée, ceux-ci prièrent pour les Samaritains

---

8, 5 : « l'un des Sept », *add.* ; cf. **6,** 5 et **21,** 8.

afin qu'ils reçoivent le Saint-Esprit ; ¹⁶ en effet, l'Esprit n'était encore venu sur aucun d'entre eux : ils étaient seulement baptisés au nom du Seigneur Jésus. ¹⁷ Alors Pierre et Jean leur imposèrent les mains, et ils recevaient le Saint-Esprit.

¹⁸ Simon, voyant que le Saint-Esprit était donné par l'imposition des mains des Apôtres, leur offrit de l'argent en disant : ¹⁹ « Donnez-moi, à moi aussi, ce pouvoir : ainsi tous ceux à qui j'imposerai les mains recevront le Saint-Esprit. » ²⁰ Pierre lui dit : « Périsse ton argent, et toi avec, puisque tu as cru pouvoir acheter le don de Dieu à prix d'argent ! ²¹ Tu n'as droit ici à aucune part, à aucune place, car devant Dieu ton cœur n'est pas droit. ²² Détourne-toi donc de ce mal que tu veux faire, et prie le Seigneur : il te pardonnera peut-être cette idée que tu as dans le cœur. ²³ Car je le vois bien : tu es plein d'aigreur amère, tu es enchaîné dans l'iniquité. » ²⁴ Simon répondit : « Priez vous-mêmes pour moi le Seigneur, afin qu'il ne m'arrive rien de ce que vous avez dit. »

²⁵ Quant à Pierre et Jean, ayant rendu témoignage* et proclamé la parole du Seigneur, ils retournaient à Jérusalem en annonçant l'Évangile à un grand nombre de villages samaritains.

²⁶ L'ange* du Seigneur adressa la parole à Philippe : « Mets-toi en marche vers le midi, prends la route qui descend de Jérusalem à Gaza ; elle est déserte. » ²⁷ Et Philippe se mit en marche. Or, un Éthiopien, un eunuque, haut fonctionnaire de Candace, reine d'Éthiopie, administrateur de tous ses trésors, était venu à Jérusalem* pour adorer Dieu. ²⁸ Il en revenait, assis dans son char, et lisait le prophète* Isaïe. ²⁹ L'Esprit* du Seigneur* dit à Philippe : « Avance, et rejoins ce char. »

³⁰ Philippe s'approcha en courant, et il entendit que l'homme lisait le prophète Isaïe ; alors il lui demanda : « Comprends-tu vraiment ce que tu lis ? » ³¹ L'autre lui répondit : « Comment pourrais-je comprendre s'il n'y a personne pour me guider ? » Il invita donc Philippe à monter et à s'asseoir à côté de lui. Le passage de l'Écriture* qu'il lisait était celui-ci : ³² *Comme une*

8, 27 : « Dieu », add.
8, 29 : « du Seigneur », *add.*
8, 32-33 : cf. Is **53,** 7-8 (grec).

brebis, on l'a conduit à l'abattoir, comme un agneau muet devant le tondeur, il n'ouvre pas la bouche. ³³*À cause de son humiliation, sa condamnation a été levée. Sa destinée, qui la racontera ? Car sa vie a été retranchée de la terre.*

³⁴ L'eunuque dit à Philippe : « Dis-moi, je te prie : de qui parle-t-il ? De lui-même, ou bien d'un autre ? » ³⁵ Alors Philippe prit la parole, et, à partir de ce passage de l'Écriture, il lui annonça la Bonne Nouvelle de Jésus.

³⁶ Comme ils poursuivaient leur route, ils arrivèrent à un point d'eau, et l'eunuque dit : « Voici de l'eau : qu'est-ce qui empêche que je reçoive le baptême ? » ³⁸ Il fit arrêter le char, ils descendirent dans l'eau tous les deux, et Philippe baptisa l'eunuque.

³⁹ Quand ils furent remontés de l'eau, l'Esprit du Seigneur emporta Philippe ; l'eunuque ne le voyait plus, mais il poursuivait sa route, tout joyeux. ⁴⁰ Philippe se retrouva dans la ville d'Ashdod, il annonçait la Bonne Nouvelle dans toutes les villes où il passait jusqu'à son arrivée à Césarée.

Le Seigneur Jésus se manifeste à Saul (Paul), qui commence aussitôt à annoncer l'Évangile

9 ¹ Saul était toujours animé d'une rage meurtrière contre les disciples du Seigneur. Il alla trouver le grand prêtre* ² et lui demanda des lettres pour les synagogues* de Damas, afin de faire prisonniers et de ramener à Jérusalem tous les adeptes de la Voie de Jésus, hommes et femmes, qu'il découvrirait.

³ Comme il était en route et approchait de Damas, une lumière venant du ciel l'enveloppa soudain de sa clarté. ⁴ Il tomba par terre, et il entendit une voix qui lui disait : « Saul, Saul, pourquoi me persécuter ? » ⁵ Il répondit : « Qui es-tu, Seigneur ? – Je suis Jésus, celui que tu persécutes. ⁶ Relève-toi et entre dans la ville : on te dira ce que tu dois faire. » ⁷ Ses compagnons de route s'étaient arrêtés, muets de stupeur : ils entendaient la voix, mais

---

8, 37 : verset de la Vulgate absent des meilleurs manuscrits grecs, *« Alors Philippe lui dit : "Si tu crois de tout ton cœur, tu peux être baptisé." L'eunuque répondit : "Je crois que Jésus Christ est le Fils de Dieu". »*
9, 2 : « de Jésus », add.

ils ne voyaient personne. ⁸Saul se releva et, bien qu'il eût les yeux ouverts, il ne voyait rien. Ils le prirent par la main pour le faire entrer à Damas. ⁹Pendant trois jours, il fut privé de la vue et il resta sans manger ni boire.

¹⁰Or, il y avait à Damas un disciple nommé Ananie. Dans une vision, le Seigneur l'appela : « Ananie ! » Il répondit : « Me voici, Seigneur. » ¹¹Le Seigneur reprit : « Lève-toi, va dans la rue Droite, chez Jude : tu demanderas un homme appelé Saul, de Tarse. Il est en prière, ¹²et il a eu cette vision : un homme, du nom d'Ananie, entrait et lui imposait les mains pour lui rendre la vue. » ¹³Ananie répondit : « Seigneur, j'ai beaucoup entendu parler de cet homme, et de tout le mal qu'il a fait à tes fidèles de Jérusalem. ¹⁴S'il est ici, c'est que les chefs des prêtres lui ont donné le pouvoir d'arrêter tous ceux qui invoquent ton Nom*. » ¹⁵Mais le Seigneur lui dit : « Va ! cet homme est l'instrument que j'ai choisi pour faire parvenir mon Nom auprès des nations païennes, auprès des rois et des fils d'Israël. ¹⁶Et moi, je lui ferai découvrir tout ce qu'il lui faudra souffrir pour mon Nom. »

¹⁷Ananie partit donc et entra dans la maison. Il imposa les mains à Saul, en disant : « Saul, mon frère, celui qui m'a envoyé, c'est le Seigneur*, c'est Jésus, celui qui s'est montré à toi sur le chemin que tu suivais pour venir ici. Ainsi, tu vas retrouver la vue et tu seras rempli d'Esprit* Saint*. » ¹⁸Aussitôt tombèrent de ses yeux comme des écailles, et il retrouva la vue. Il se leva et il reçut le baptême. ¹⁹Puis il prit de la nourriture et les forces lui revinrent.

²⁰Il passa quelques jours avec les disciples de Damas et, sans plus attendre, il proclamait Jésus dans les synagogues*, affirmant qu'il est le Fils de Dieu. ²¹Tous ceux qui l'entendaient étaient déconcertés et disaient : « N'est-ce pas lui qui, à Jérusalem*, s'acharnait contre ceux qui invoquent ce nom-là, et qui était venu ici pour les faire prisonniers et les ramener devant les chefs des prêtres ? » ²²Mais Saul, avec une force croissante, réfutait les Juifs de Damas en démontrant que Jésus est le Messie*. ²³Au bout d'un certain nombre de jours, les Juifs tinrent conseil en vue de le faire mourir. ²⁴Saul fut informé de leur machination. On faisait même garder les portes de la ville de jour et de nuit pour pouvoir le faire mourir. ²⁵Alors ses disciples le prirent de

nuit, et, dans une corbeille, le firent descendre jusqu'en bas de l'autre côté du rempart.

²⁶ Arrivé à Jérusalem, il cherchait à entrer dans le groupe des disciples, mais tous avaient peur de lui, car ils ne pouvaient pas croire que lui aussi était un disciple du Christ*. ²⁷ Alors Barnabé le prit avec lui et le présenta aux Apôtres ; il leur raconta ce qui s'était passé : sur la route, Saul avait vu le Seigneur, qui lui avait parlé ; à Damas, il avait prêché avec assurance au nom de Jésus. ²⁸ Dès lors, Saul allait et venait dans Jérusalem avec les Apôtres, prêchant avec assurance au nom du Seigneur. ²⁹ Il parlait aux Juifs de langue grecque, et discutait avec eux. Mais ceux-ci cherchaient à le supprimer. ³⁰ Les frères l'apprirent ; alors ils l'accompagnèrent jusqu'à Césarée, et le firent partir pour Tarse.

Croissance paisible de l'Église

³¹ L'Église était en paix dans toute la Judée, la Galilée et la Samarie. Dans la crainte* du Seigneur, elle se construisait et elle avançait ; elle se multipliait avec l'assistance de l'Esprit Saint.

Ministère de Pierre en Judée : deux miracles chez les fidèles

³² Or, il arriva que Pierre, parcourant tout le pays, descendit jusqu'à Lod et visita les fidèles de cette ville. ³³ Il y trouva un certain Énéas alité depuis huit ans parce qu'il était paralysé. ³⁴ Pierre lui dit : « Énéas, Jésus Christ te guérit, lève-toi et fais ton lit toi-même. » Et aussitôt il se leva. ³⁵ Tous les habitants de Lod et de la plaine de Saron purent voir cet homme, et ils se convertirent au Seigneur.

³⁶ Il y avait aussi à Jaffa une femme disciple du Seigneur, appelée Tabitha (ce nom veut dire : Gazelle). Toute sa vie se passait en bonnes actions et en aumônes. ³⁷ Or, il arriva en ces jours-là qu'elle tomba malade et qu'elle mourut. Après la toilette funèbre, on la déposa dans la chambre du haut. ³⁸ Comme Lod est près de Jaffa, les disciples, apprenant que Pierre s'y trouvait, lui envoyèrent deux hommes avec cet appel : « Viens chez nous sans tarder. » ³⁹ Pierre se mit en route avec eux. À son arrivée on le fit monter à la chambre du haut, où il trouva toutes les veuves en larmes : elles lui montraient les tuniques et les manteaux que Tabitha faisait quand elle était avec elles. ⁴⁰ Pierre fit sortir

tout le monde, se mit à genoux et pria, puis il se tourna vers le corps, et il dit : « Tabitha, lève-toi ! » Elle ouvrit les yeux et, voyant Pierre, elle se redressa et s'assit. ⁴¹ Pierre, lui donnant la main, la fit lever. Puis il appela les fidèles et les veuves et la leur présenta vivante. ⁴² Toute la ville de Jaffa en fut informée, et beaucoup crurent au Seigneur. ⁴³ Pierre resta à Jaffa un certain nombre de jours, chez un nommé Simon, qui travaillait le cuir.

Ministère de Pierre en Judée : Corneille et les siens sont les premiers païens à recevoir l'Esprit Saint et le baptême

10¹ Il y avait à Césarée un homme du nom de Corneille, centurion de la cohorte dite « cohorte italique ». ² C'était un homme religieux ; avec tous les gens de sa maison, il adorait le vrai Dieu, il donnait de larges aumônes au peuple juif et priait Dieu sans cesse. ³ Vers trois heures de l'après-midi, il eut la vision très claire d'un ange* qui entrait chez lui et lui disait : « Corneille ! » ⁴ Celui-ci le regarda et, saisi de crainte, il dit : « Qu'y a-t-il, Seigneur ? » Il répondit : « Tes prières et tes aumônes sont montées devant Dieu pour qu'il se souvienne de toi. ⁵ Et maintenant, envoie des hommes à Jaffa et convoque un certain Simon surnommé Pierre* : ⁶ il loge chez un autre Simon qui habite au bord de la mer et qui travaille le cuir. » ⁷ Après le départ de l'ange* qui lui avait parlé, il appela deux de ses serviteurs et un soldat, un homme religieux, un de ceux qui lui étaient attachés. ⁸ Leur ayant tout expliqué, il les envoya à Jaffa.

⁹ Le lendemain, tandis qu'ils étaient en route et s'approchaient de la ville, Pierre monta sur la terrasse de la maison pour prier vers midi. ¹⁰ Il se mit à avoir faim et voulut prendre quelque chose. Pendant qu'on lui préparait à manger, il tomba en extase. ¹¹ Il vit le ciel ouvert et un objet qui descendait : on aurait dit une grande toile, et cela se posait sur la terre par les quatre coins. ¹² Il y avait dedans tous les quadrupèdes et tous les reptiles de la terre et tous les oiseaux du ciel. ¹³ Et une voix s'adressa à lui : « Allons, Pierre, immole ces bêtes, et mange-les ! » ¹⁴ Pierre dit : « Certainement pas, Seigneur* ! Je n'ai jamais mangé aucun aliment interdit ou impur* ! » ¹⁵ Une deuxième fois, la voix s'adressa à lui : « Ce que Dieu a déclaré pur, toi, ne le déclare

pas interdit. » ¹⁶Cela recommença une troisième fois, puis aussitôt l'objet fut emporté au ciel.

¹⁷Comme Pierre n'arrivait pas à comprendre ce que pouvait bien être la vision qu'il avait eue, voilà que les hommes envoyés par Corneille, s'étant renseignés sur la maison de Simon, survinrent à la porte. ¹⁸Ils appelèrent pour demander : « Est-ce que Simon surnommé Pierre loge ici ? » ¹⁹Comme Pierre réfléchissait encore à sa vision, l'Esprit* lui dit : « Voilà trois hommes qui te cherchent. ²⁰Allons, descends et pars avec eux sans te faire de scrupule, car c'est moi qui les ai envoyés. » ²¹Pierre descendit trouver les hommes et leur dit : « Me voilà, je suis celui que vous cherchez. Pour quelle raison êtes-vous là ? » ²²Ils répondirent : « Le centurion Corneille, un homme juste, qui adore le vrai Dieu, estimé de toute la population juive, a été averti par un ange saint de te convoquer chez lui et d'écouter tes paroles. » ²³Il les fit entrer et leur donna l'hospitalité.

Le lendemain, il se mit en route avec eux : quelques frères de Jaffa l'accompagnèrent. ²⁴Le jour suivant, il fit son entrée à Césarée. Corneille les attendait, et avait rassemblé sa famille et ses meilleurs amis. ²⁵Comme Pierre arrivait, Corneille vint à sa rencontre, et se jetant à ses pieds, il se prosterna. ²⁶Mais Pierre le releva et lui dit : « Reste debout. Je ne suis qu'un homme, moi aussi. » ²⁷Tout en parlant avec lui, il entra et il trouva tous ces gens réunis. ²⁸Il leur dit : « Vous savez à quel point il est interdit à un Juif de fréquenter un païen ou d'entrer chez lui. Mais à moi, Dieu m'a montré à ne déclarer aucun homme interdit ou impur. ²⁹C'est pourquoi j'ai répondu à votre convocation sans aucune objection. Je vous demande donc pour quelle raison vous m'avez convoqué ? » ³⁰Corneille dit alors : « Il y a maintenant trois jours, à trois heures de l'après-midi, j'étais en train de prier chez moi, quand un homme au vêtement éclatant se tint devant moi, ³¹et me dit : "Corneille, ta prière a été entendue, et Dieu s'est souvenu de tes aumônes. ³²Envoie donc quelqu'un à Jaffa pour faire venir Simon surnommé Pierre, qui loge au bord de la mer chez un autre Simon qui travaille le cuir." ³³Je t'ai donc aussitôt envoyé chercher, et toi, tu as bien fait de venir ici. Maintenant donc, nous sommes tous là devant Dieu pour écouter tout ce que le Seigneur t'a chargé de nous dire. »

⁳⁴ Alors Pierre prit la parole : « En vérité, je le comprends : Dieu ne fait pas de différence entre les hommes ; ³⁵ mais, quelle que soit leur race, il accueille les hommes qui l'adorent et font ce qui est juste. ³⁶ Il a envoyé la Parole aux fils d'Israël, pour leur annoncer la paix par Jésus Christ* : c'est lui, Jésus, qui est le Seigneur de tous.

³⁷ Vous savez ce qui s'est passé à travers tout le pays des Juifs, depuis les débuts en Galilée, après le baptême proclamé par Jean : ³⁸ Jésus de Nazareth, Dieu l'a consacré par l'Esprit Saint et rempli de sa force. Là où il passait, il faisait le bien, et il guérissait tous ceux qui étaient sous le pouvoir du démon. Car Dieu était avec lui. ³⁹ Et nous, nous sommes témoins de tout ce qu'il a fait dans le pays des Juifs et à Jérusalem*. Ils l'ont fait mourir en le pendant au bois du supplice. ⁴⁰ Et voici que Dieu l'a ressuscité le troisième jour. ⁴¹ Il lui a donné de se montrer, non pas à tout le peuple, mais seulement aux témoins* que Dieu avait choisis d'avance, à nous qui avons mangé et bu avec lui après sa résurrection* d'entre les morts. ⁴² Il nous a chargés d'annoncer au peuple et de témoigner que Dieu l'a choisi comme Juge des vivants et des morts. ⁴³ C'est à lui que tous les prophètes* rendent ce témoignage : Tout homme qui croit en lui reçoit par lui le pardon* de ses péchés*. »

⁴⁴ Pierre* parlait encore quand l'Esprit* Saint* s'empara de tous ceux qui écoutaient la Parole. ⁴⁵ Tous les croyants qui accompagnaient Pierre furent stupéfaits, eux qui étaient Juifs, de voir que même les païens avaient reçu à profusion le don de l'Esprit Saint. ⁴⁶ Car on les entendait dire des paroles mystérieuses et chanter la grandeur de Dieu. Pierre dit alors : ⁴⁷ « Pourrait-on refuser l'eau du baptême à ces gens qui ont reçu l'Esprit Saint tout comme nous ? » ⁴⁸ Et il donna l'ordre de les baptiser au nom de Jésus Christ*. Alors ils lui demandèrent de rester quelques jours avec eux.

11 ¹ Les Apôtres et les frères qui étaient en Judée avaient appris que les nations païennes elles aussi avaient reçu la parole* de

---

10, 39 : « du supplice », *add.*

Dieu. ² Lorsque Pierre fut de retour à Jérusalem*, ceux qui venaient du judaïsme se mirent à discuter avec lui : ³ « Tu es entré chez des hommes qui n'ont pas la circoncision*, et tu as mangé avec eux ! »

⁴ Alors Pierre reprit l'affaire depuis le début et leur exposa tout en détail : ⁵ « J'étais dans la ville de Jaffa, en train de prier, et voici la vision que j'ai eue dans une extase : c'était un objet qui descendait. On aurait dit une grande toile ; venant du ciel jusqu'à moi, elle se posait par les quatre coins. ⁶ Fixant les yeux sur elle, je l'examinai et je vis les quadrupèdes de la terre, les bêtes sauvages, les reptiles et les oiseaux du ciel. ⁷ J'entendis une voix qui me disait : "Allons, Pierre, immole ces bêtes et mange-les !" ⁸ Je répondis : "Certainement pas, Seigneur* ! Jamais aucun aliment interdit ou impur* n'est entré dans ma bouche." ⁹ Une deuxième fois, du haut du ciel la voix reprit : "Ce que Dieu a déclaré pur, toi, ne le déclare pas interdit." ¹⁰ Cela recommença une troisième fois, puis tout fut remonté au ciel.

¹¹ Et voilà qu'à l'instant même, devant la maison où j'étais, survinrent trois hommes qui m'étaient envoyés de Césarée. ¹² L'Esprit me dit d'aller avec eux sans me faire de scrupule. Les six frères qui sont ici m'ont accompagné, et nous sommes entrés chez le centurion Corneille. ¹³ Il nous raconta comment il avait vu dans sa maison l'ange* qui venait lui dire : "Envoie quelqu'un à Jaffa pour convoquer Simon surnommé Pierre. ¹⁴ Il t'adressera des paroles par lesquelles tu seras sauvé, toi et toute ta maison."

¹⁵ Au moment où je prenais la parole, l'Esprit Saint s'empara de ceux qui étaient là, comme il l'avait fait au commencement pour nous. ¹⁶ Alors je me suis rappelé la parole que le Seigneur avait dite : "Jean a baptisé avec de l'eau, mais vous, c'est dans l'Esprit Saint que vous serez baptisés." ¹⁷ S'ils ont reçu de Dieu le même don que nous, en croyant au Seigneur Jésus Christ, qui étais-je, moi, pour empêcher l'action de Dieu ? »

11, 2 : « judaïsme », *litt.* « circoncision ».
11, 12 : « le centurion Corneille », *litt.* « l'homme ».
11, 16 : cf. **1,** 5.

¹⁸ En entendant ces paroles, ils se calmèrent et ils rendirent gloire* à Dieu, en disant : « Voici que les païens eux-mêmes ont reçu de Dieu la conversion* qui fait entrer dans la vie. »

Fondation de l'Église d'Antioche

¹⁹ Le violent mouvement soulevé contre Étienne avait provoqué la dispersion des frères. Ils allèrent jusqu'en Phénicie, à Chypre et à Antioche. Ils annonçaient la Parole exclusivement aux Juifs. ²⁰ Et pourtant, il y avait parmi eux des hommes, originaires de Chypre et de Cyrénaïque, qui, en arrivant à Antioche, s'adressaient aussi aux Grecs pour leur annoncer cette Bonne Nouvelle : Jésus est le Seigneur. ²¹ La puissance du Seigneur était avec eux : un grand nombre de gens devinrent croyants et se convertirent au Seigneur.

²² L'Église de Jérusalem entendit parler de tout cela, et l'on envoya Barnabé jusqu'à Antioche. ²³ À son arrivée, voyant les effets de la grâce* de Dieu, il fut dans la joie. ²⁴ Il les exhortait tous à rester d'un cœur ferme attachés au Seigneur ; c'était un homme de valeur, rempli d'Esprit Saint et de foi*. Une foule considérable adhéra au Seigneur. ²⁵ Barnabé repartit pour aller à Tarse chercher Saul. Il le trouva et le ramena à Antioche. ²⁶ Pendant toute une année, ils furent ensemble les hôtes de l'Église*, ils instruisirent une foule considérable ; et c'est à Antioche que, pour la première fois, les disciples reçurent le nom de « chrétiens* ».

²⁷ En ces jours-là, des prophètes descendirent de Jérusalem* à Antioche. ²⁸ L'un d'eux, nommé Agabus, se mit à parler sous l'action de l'Esprit* ; il annonça qu'il y aurait une grande famine sur toute la terre. Elle se produisit effectivement sous le règne de l'empereur Claude. ²⁹ Alors les disciples décidèrent d'envoyer des secours, chacun selon ses moyens, aux frères qui habitaient en Judée. ³⁰ C'est ce qu'ils firent : ils envoyèrent leurs dons aux Anciens* de l'Église, par l'intermédiaire de Barnabé et de Saul.

11, 30 : « de l'Église », *add*.

Nouvelle persécution à Jérusalem : martyre de Jacques, délivrance miraculeuse de Pierre

12 ¹ À cette époque, le roi Hérode Agrippa se mit à maltraiter certains membres de l'Église. ² Il supprima Jacques, frère de Jean, en le faisant décapiter. ³ Voyant que cette mesure était bien vue des Juifs, il décida une nouvelle arrestation, celle de Pierre. On était dans la semaine de la Pâque*. ⁴ Il le fit saisir, emprisonner, et placer sous la garde de quatre escouades de quatre soldats ; il avait l'intention de le faire comparaître en présence du peuple après la fête. ⁵ Tandis que Pierre était ainsi détenu, l'Église priait pour lui devant Dieu avec insistance.

⁶ Hérode allait le faire comparaître ; la nuit précédente, Pierre dormait entre deux soldats, il était attaché avec deux chaînes et, devant sa porte, des sentinelles montaient la garde. ⁷ Tout à coup surgit l'ange* du Seigneur*, et une lumière brilla dans la cellule. L'ange secoua Pierre, le réveilla et lui dit : « Lève-toi vite. » Les chaînes tombèrent de ses mains. ⁸ Alors l'ange lui dit : « Mets ta ceinture et tes sandales. » Pierre obéit, et l'ange ajouta : « Mets ton manteau et suis-moi. » ⁹ Il sortit derrière lui, mais, ce qui lui arrivait grâce à l'ange, il ne se rendait pas compte que c'était vrai, il s'imaginait que c'était une vision. ¹⁰ Passant devant un premier poste de garde, puis devant un second, ils arrivèrent à la porte en fer donnant sur la ville. Elle s'ouvrit toute seule devant eux. Une fois dehors, ils marchèrent dans une rue, puis, brusquement, l'ange le quitta.

¹¹ Alors Pierre revint à lui, et il dit : « Maintenant je me rends compte que c'est vrai : le Seigneur a envoyé son ange, et il m'a arraché aux mains d'Hérode et au sort que me souhaitait le peuple juif. »

¹² S'étant repéré, il arriva à la maison de Marie, la mère de Jean surnommé Marc, où se trouvaient réunies un certain nombre de personnes qui priaient. ¹³ Il frappa à la porte d'entrée, et une jeune servante nommée Rhodè s'avança pour répondre. ¹⁴ Ayant bien reconnu la voix de Pierre, elle en fut si joyeuse qu'au lieu d'ouvrir la porte, elle rentra en courant et annonça que Pierre

---

12, 1 : « Agrippa », *add.*

était là devant la porte. ¹⁵ « Tu es folle ! » lui dit-on. Mais elle insistait : « C'est bien vrai ! » Et eux disaient : « C'est son ange. » ¹⁶ Cependant Pierre continuait à frapper ; alors ils ouvrirent, ils le virent, et ils n'en revenaient pas. ¹⁷ Il leur fit un signe de la main pour les faire taire, et il leur raconta comment le Seigneur l'avait fait sortir de prison ; puis il leur dit : « Annoncez-le à Jacques et aux frères. » Il sortit, et s'en alla vers un autre lieu.

¹⁸ Au lever du jour, il y eut une belle agitation chez les soldats : qu'était donc devenu Pierre ? ¹⁹ Hérode le fit rechercher sans réussir à le trouver. Ayant fait comparaître les gardes, il donna l'ordre de les emmener. Il quitta alors la Judée et descendit séjourner à Césarée.

Mort d'Hérode Agrippa, châtié par le Seigneur

²⁰ Hérode était dans une grande colère contre les gens de Tyr et de Sidon. Ceux-ci vinrent tous ensemble le trouver. Ayant gagné à leur cause Blastus, l'officier de la chambre du roi, ils sollicitaient une solution pacifique, car leur pays s'approvisionnait dans celui du roi. ²¹ À la date fixée, Hérode, ayant revêtu ses habits royaux et siégeant sur son estrade, prononçait devant eux un grand discours. ²² Le peuple l'acclamait à grands cris : « C'est la voix d'un dieu, et non d'un homme ! » ²³ Subitement, l'ange du Seigneur le frappa, parce qu'il n'avait pas rendu gloire* à Dieu. Rongé par les vers, il expira.

D'Antioche, Barnabé et Paul sont envoyés en mission

²⁴ La parole* de Dieu était féconde et se multipliait. ²⁵ Barnabé et Saul, ayant accompli leur service en faveur de Jérusalem*, s'en retournèrent à Antioche, en prenant avec eux Jean surnommé Marc.

13 ¹ Or il y avait dans cette Église* d'Antioche des prophètes* et des hommes chargés d'enseigner : Barnabé, Syméon surnommé Niger, Lucius de Cyrène, Manahène, ami d'enfance du prince Hérode, et Saul. ² Un jour qu'ils célébraient le culte du Seigneur*

12, 25 : cf. 11, 29 ; « Antioche », *add.*

et qu'ils observaient un jeûne, l'Esprit* Saint* leur dit : « Détachez pour moi Barnabé et Saul en vue de l'œuvre à laquelle je les ai appelés. » ³ Alors, après avoir jeûné et prié, et leur avoir imposé les mains, ils les laissèrent partir.

Paul et Barnabé à Chypre : accueil et rejet de la Parole

⁴ Quant à eux, ainsi envoyés en mission par le Saint-Esprit, ils descendirent jusqu'à Séleucie, et de là prirent un bateau pour l'île de Chypre ; ⁵ arrivés à Salamine, ils annonçaient la parole* de Dieu dans les synagogues*. Ils avaient Jean-Marc pour les seconder.
⁶ Ayant traversé toute l'île jusqu'à Paphos, ils rencontrèrent un magicien juif, soi-disant prophète, du nom de Barjésus, ⁷ qui vivait auprès du proconsul Sergius Paulus, un homme intelligent. Celui-ci fit venir Barnabé et Saul et manifesta le désir d'entendre la parole de Dieu. ⁸ Ils rencontrèrent l'opposition du magicien Élymas (car ainsi se traduit son nom), qui cherchait à détourner le proconsul de la foi*. ⁹ Mais Saul, appelé aussi Paul, rempli de l'Esprit Saint, le dévisagea et dit : ¹⁰ « Individu plein de toute sorte de fausseté et de méchanceté, fils du diable, ennemi de tout ce qui est juste, n'en finiras-tu pas de rendre tortueuses les voies du Seigneur qui sont droites ? ¹¹ Voilà maintenant que la main du Seigneur est sur toi : tu vas être aveugle, tu ne verras plus le soleil jusqu'à nouvel ordre. » Et subitement tombèrent sur ses yeux brouillard et ténèbres* ; il tournait en rond, cherchant des gens pour le conduire par la main. ¹² Alors le proconsul, voyant ce qui s'était passé, devint croyant, vivement frappé par l'enseignement du Seigneur.

À Antioche de Pisidie, Paul et Barnabé sont rejetés par les Juifs et s'adressent aux païens

¹³ Paul et ses compagnons s'embarquèrent à Paphos, et arrivèrent à Pergé en Pamphylie. Mais Jean-Marc les quitta et s'en

---

13, 4 : « l'île de », *add.*
13, 5 : « Marc », *add.*
13, 9 : Saul est désormais appelé par son nom romain de Paul.

retourna à Jérusalem. ¹⁴ Quant à eux, ils poursuivirent leur voyage au-delà de Pergé, et arrivèrent à Antioche de Pisidie.

Le jour du sabbat*, ils entrèrent à la synagogue* et y prirent place. ¹⁵ Après la lecture de la Loi* et des Prophètes, les chefs de la synagogue envoyèrent quelqu'un pour leur dire : « Frères, si vous avez un mot d'exhortation pour le peuple, prenez la parole. »

¹⁶ Paul se leva, fit un signe de la main et dit : « Hommes d'Israël, et vous aussi qui adorez notre Dieu, écoutez : ¹⁷ Le Dieu d'Israël a choisi nos pères ; il a fait grandir son peuple pendant le séjour en Égypte et, par la vigueur de son bras, il l'en a fait sortir. ¹⁸ Pendant une quarantaine d'années, il les a nourris au désert* ¹⁹ et, après avoir exterminé sept nations païennes au pays de Canaan, il leur en a distribué le territoire en héritage. ²⁰ Tout cela avait duré environ quatre cent cinquante ans. Après cela, il leur a donné des juges, jusqu'au prophète Samuel. ²¹ Puis ils demandèrent un roi, et Dieu leur a donné Saül, fils de Kish, un homme de la tribu de Benjamin, qui régna quarante ans. ²² Après l'avoir rejeté, Dieu a suscité David pour le faire roi, et il lui a rendu ce témoignage : *J'ai trouvé David, fils de Jessé, c'est un homme selon mon cœur ; il accomplira toutes mes volontés.*

²³ Et, comme il l'avait promis, Dieu a fait sortir de sa descendance un sauveur pour Israël : c'est Jésus, ²⁴ dont Jean Baptiste a préparé la venue en proclamant avant lui un baptême de conversion pour tout le peuple d'Israël. ²⁵ Au moment d'achever sa route, Jean disait : "Celui auquel vous pensez, ce n'est pas moi. Mais le voici qui vient après moi, et je ne suis pas digne de lui défaire ses sandales."

²⁶ Fils de la race d'Abraham, et vous qui adorez notre Dieu, frères, c'est à nous tous que ce message de salut* a été envoyé. ²⁷ En effet, les habitants de Jérusalem* et leurs chefs n'avaient pas su reconnaître* Jésus ni comprendre les paroles des prophètes* qu'on lit chaque sabbat* ; et pourtant ils ont accompli ces mêmes paroles quand ils l'ont jugé. ²⁸ Sans avoir trouvé en lui aucun motif de condamnation à mort, ils ont réclamé à Pilate son exé-

---

13, 22 : cf. Ps. **88** (89), 21 ; 1 S **13**, 14 ; Is **44**, 28.
13, 25 : cf. Lc **3**, 16 ; Jn **1**, 21.27.

cution. ²⁹ Et, après avoir réalisé tout ce qui était écrit de lui, ils l'ont descendu de la croix et mis au tombeau. ³⁰ Mais Dieu l'a ressuscité d'entre les morts. ³¹ Il est apparu pendant plusieurs jours à ceux qui étaient montés avec lui de Galilée à Jérusalem, et qui sont maintenant ses témoins devant le peuple.

³² Et nous, nous vous annonçons cette Bonne Nouvelle : la promesse que Dieu avait faite à nos pères, ³³ il l'a entièrement accomplie pour nous, leurs enfants, en ressuscitant Jésus ; c'est ce qui est écrit au psaume deuxième : *Tu es mon fils, aujourd'hui, je t'ai engendré.*

³⁴ Oui, Dieu l'a ressuscité des morts sans retour possible à la corruption, comme il l'avait annoncé en disant : *Je vous donnerai la véritable sainteté annoncée à David.*

³⁵ Et c'est celui-ci qui dit dans un autre psaume : *Tu donneras à ton ami de ne pas connaître la corruption.*

³⁶ En effet David, après avoir, en son temps, servi le plan de Dieu, est mort, il a été enterré avec ses ancêtres, et il a connu la corruption. ³⁷ Mais celui que Dieu a ressuscité n'a pas connu la corruption. ³⁸ Sachez-le donc, frères, c'est grâce à Jésus que le pardon* des péchés* vous est annoncé et, alors que, par la loi de Moïse, vous ne pouvez pas être délivrés de vos péchés et devenir justes*, ³⁹ par Jésus, tout homme qui croit devient juste. ⁴⁰ Prenez donc garde pour ne pas être atteints par cette parole du Seigneur* au livre des prophètes : ⁴¹ *Regardez, vous les arrogants, étonnez-vous, disparaissez ! Moi, je vais accomplir une action en votre temps, une action telle que vous n'y croiriez pas si on vous la racontait.* »

⁴² À leur sortie, les gens les invitaient à leur parler encore de tout cela le sabbat suivant. ⁴³ Quand l'assemblée se sépara, beaucoup de Juifs et de convertis au judaïsme les suivirent. Paul et Barnabé, parlant avec eux, les encourageaient à rester fidèles à la grâce* de Dieu.

13, 33 : cf. Ps **2**, 7.
13, 34 : cf. Is **55**, 3 (grec).
13, 35 : cf. Ps **15** (16), 10 (grec).
13, 40 : « du Seigneur », *add.*
13, 41 : cf. Ha **1**, 5 (grec).

⁴⁴ Le sabbat suivant, presque toute la ville se rassembla pour entendre la parole du Seigneur. ⁴⁵ Quand les Juifs virent tant de monde, ils furent remplis de fureur ; ils repoussaient les affirmations de Paul avec des injures. ⁴⁶ Paul et Barnabé leur déclarèrent avec assurance : « C'est à vous d'abord qu'il fallait adresser la parole* de Dieu. Puisque vous la rejetez et que vous-mêmes ne vous jugez pas dignes de la vie* éternelle, eh bien ! nous nous tournons vers les païens. ⁴⁷ C'est le commandement que le Seigneur nous a donné : *J'ai fait de toi la lumière des nations pour que, grâce à toi, le salut* parvienne jusqu'aux extrémités de la terre.* »

⁴⁸ En entendant cela, les païens étaient dans la joie et rendaient gloire* à la parole du Seigneur ; tous ceux que Dieu avait préparés pour la vie éternelle devinrent croyants. ⁴⁹ Ainsi la parole du Seigneur se répandait dans toute la région.

⁵⁰ Mais les Juifs entraînèrent les dames influentes converties au judaïsme ainsi que les notables de la ville ; ils provoquèrent des poursuites contre Paul et Barnabé, et les expulsèrent de leur territoire. ⁵¹ Ceux-ci secouèrent contre eux la poussière de leurs pieds et se rendirent à Iconium, ⁵² tandis que les disciples étaient pleins de joie dans l'Esprit* Saint*.

Succès et échecs de la mission en Asie Mineure ; retour à Antioche

14 ¹ À Iconium, il arriva encore la même chose. Ils entrèrent dans la synagogue* des Juifs, et parlèrent de telle façon qu'un grand nombre de Juifs et de païens devinrent croyants. ² Mais les Juifs qui refusèrent se mirent à exciter les païens et à les monter contre les frères. ³ Pourtant, Paul et Barnabé séjournèrent là un certain temps, mettant leur assurance dans le Seigneur*, qui rendait témoignage à l'annonce de sa grâce* en faisant s'accomplir par leurs mains des signes* et des prodiges. ⁴ La population de la ville se trouva divisée : les uns étaient avec les Juifs, les autres avec les Apôtres. ⁵ Il y eut un mouvement chez les païens et les Juifs avec leurs chefs pour maltraiter Paul et Barnabé et les lapider.

13, 47 : cf. Is **49**, 6.

⁶Lorsque ceux-ci s'en rendirent compte, ils se réfugièrent en Lycaonie dans les villes de Lystres et de Derbé et leurs environs. ⁷Là encore, ils se mirent à annoncer la Bonne Nouvelle.

⁸Or, à Lystres, se trouvait un homme qui ne pouvait pas se tenir sur ses pieds. Étant infirme de naissance, il n'avait jamais pu marcher. ⁹Cet homme écoutait les paroles de Paul, qui fixa les yeux sur lui ; voyant qu'il avait la foi* pour être sauvé, ¹⁰Paul lui dit d'une voix forte : « Lève-toi, tiens-toi droit sur tes pieds. » D'un bond, l'homme se mit à marcher.

¹¹En voyant ce que Paul venait de faire, la foule s'écria en lycaonien : « Les dieux se sont faits pareils aux hommes, et ils sont descendus chez nous ! » ¹²Ils prenaient Barnabé pour Zeus, et Paul pour Hermès, puisque c'était lui le porte-parole. ¹³Le prêtre* du temple* de Zeus-hors-les-murs fit amener aux portes de la ville des taureaux et des guirlandes. D'accord avec la foule, il voulait offrir un sacrifice.

¹⁴Devant tout ce bruit, les Apôtres Barnabé et Paul déchirèrent leurs vêtements et se précipitèrent vers la foule en criant :

¹⁵« Malheureux, pourquoi faites-vous cela ? Nous ne sommes que des hommes*, tout comme vous. Nous vous annonçons la Bonne Nouvelle : détournez-vous des faux dieux, et convertissez-vous au Dieu vivant, lui qui a fait le ciel, la terre, la mer, et tout ce qu'ils contiennent. ¹⁶Dans les générations passées, il a laissé toutes les nations suivre leurs chemins. ¹⁷Pourtant, il n'a pas manqué de donner le témoignage de ses bienfaits, puisqu'il vous a envoyé du ciel la pluie et le temps des récoltes pour vous combler de nourriture et de bien-être. »

¹⁸En parlant ainsi, ils réussirent, mais non sans peine, à détourner la foule de leur offrir un sacrifice*.

¹⁹Alors des Juifs arrivèrent d'Antioche de Pisidie et d'Iconium, et ils parvinrent à retourner la foule ; Paul fut lapidé, puis on le traîna hors de la ville en pensant qu'il était mort. ²⁰Mais, quand les disciples se groupèrent autour de lui, il se releva et rentra dans la ville. Le lendemain, avec Barnabé, il partit pour

---

14, 13 : « du temple », *add*.
14, 15 : « Malheureux », *litt*. « Hommes » ; « lui qui a fait... » ; cf. Ex **20**, 11.
14, 19.21 : « de Pisidie », *add*.

Derbé ; ²¹dans cette ville, ils annoncèrent la Bonne Nouvelle et firent de nombreux disciples.

Puis ils revinrent à Lystres, à Iconium et à Antioche de Pisidie. ²²Ils affermissaient le courage des disciples ; ils les exhortaient à persévérer dans la foi, en disant : « Il nous faut passer par bien des épreuves* pour entrer dans le royaume* de Dieu. » ²³Ils désignèrent des Anciens* pour chacune de leurs Églises* et, après avoir prié et jeûné, ils confièrent au Seigneur ces hommes qui avaient mis leur foi en lui.

²⁴Ils traversèrent la Pisidie et se rendirent en Pamphylie. ²⁵Après avoir annoncé la Parole aux gens de Pergé, ils descendirent vers Attalia, ²⁶et prirent le bateau jusqu'à Antioche de Syrie, d'où ils étaient partis ; c'est là qu'ils avaient été remis à la grâce de Dieu pour l'œuvre qu'ils venaient maintenant d'accomplir. ²⁷À leur arrivée, ayant réuni les membres de l'Église*, ils leur racontaient tout ce que Dieu avait fait avec eux, et comment il avait ouvert aux nations païennes la porte de la foi.

²⁸Ils demeurèrent alors un certain temps avec les disciples.

L'assemblée de Jérusalem consacre l'entrée des païens dans l'Église

15 ¹Certaines gens venus de Judée voulaient endoctriner les frères de l'Église d'Antioche en leur disant : « Si vous ne recevez pas la circoncision* selon la loi* de Moïse, vous ne pouvez pas être sauvés. » ²Cela provoqua un conflit et des discussions assez graves entre ces gens-là et Paul et Barnabé. Alors on décida que Paul et Barnabé, avec quelques autres frères, monteraient à Jérusalem auprès des Apôtres et des Anciens* pour discuter de cette question. ³L'Église* d'Antioche pourvut à leur voyage. Ils traversèrent la Phénicie et la Samarie en racontant la conversion des païens, ce qui remplissait de joie tous les frères. ⁴À leur arrivée à Jérusalem*, ils furent accueillis par l'Église, les Apôtres et les Anciens, et ils rapportèrent tout ce que Dieu avait fait avec eux.

14, 26 : « de Syrie », *add.*
15, 1 : « de l'Église d'Antioche », *add.*

⁵ On vit alors intervenir certains membres du parti des pharisiens* qui étaient devenus croyants. Ils disaient : « Il faut obliger ces gens à recevoir la circoncision*, et à observer la loi* de Moïse. » ⁶ Les Apôtres et les Anciens se réunirent pour examiner cette affaire.

⁷ Comme cela provoquait des discussions assez graves, Pierre* se leva et leur dit : « Frères, vous savez bien comment Dieu a manifesté son choix parmi vous dès les premiers temps : c'est par moi que les païens ont entendu la parole de l'Évangile et sont venus à la foi*. ⁸ Dieu, qui connaît le cœur des hommes, leur a rendu témoignage* en leur donnant l'Esprit* Saint* tout comme à nous ; ⁹ sans faire aucune distinction entre eux et nous, il a purifié leurs cœurs par la foi. ¹⁰ Alors, pourquoi mettez-vous Dieu à l'épreuve en plaçant sur les épaules des disciples un joug que nos pères et nous-mêmes n'avons pas été capables de porter ? ¹¹ Oui, c'est par la grâce* du Seigneur* Jésus, nous le croyons, que nous avons été sauvés, de la même manière qu'eux. »

¹² Toute l'assemblée garda le silence, puis on écouta Barnabé et Paul rapporter tous les signes* et les prodiges que Dieu avait accomplis par eux chez les païens.

¹³ Quand ils eurent terminé, Jacques prit la parole : « Frères, écoutez-moi, ¹⁴ Simon-Pierre vous a rapporté comment, dès le début, Dieu a voulu prendre chez les nations païennes un peuple qui serait marqué de son nom. ¹⁵ C'est ce que confirment les paroles des prophètes*, puisqu'il écrit : ¹⁶ *Après cela, je reviendrai pour reconstruire la demeure de David, qui s'est écroulée ; je reconstruirai ce qui était en ruine, je le relèverai ; alors, le reste des hommes cherchera le Seigneur, ainsi que les nations païennes sur lesquelles mon nom a été prononcé. Voilà ce que dit le Seigneur. Il réalise ainsi ses projets,* ¹⁸ qui sont connus depuis toujours.

¹⁹ Je suis donc d'avis de ne pas surcharger ceux des païens qui se convertissent à Dieu, ²⁰ mais de leur écrire qu'ils doivent s'abstenir des souillures de l'idolâtrie, des unions illégitimes, de la viande non saignée et du sang. ²¹ En effet, depuis les temps

---

15, 14 : « Simon-Pierre », *litt.* « Syméon ».
15, 16-17 : cf. Am **9,** 11-12 (grec).

les plus anciens Moïse a, dans chaque ville, des gens qui proclament sa Loi, puisqu'on en fait la lecture chaque sabbat* dans les synagogues*. »

²² Alors les Apôtres et les Anciens décidèrent avec toute l'Église de choisir parmi eux des hommes qu'ils enverraient à Antioche avec Paul et Barnabé. C'étaient des hommes qui avaient de l'autorité parmi les frères : Jude (appelé aussi Barsabbas) et Silas.

²³ Voici la lettre qu'ils leur confièrent : « Les Apôtres et les Anciens saluent fraternellement les païens convertis, leurs frères qui résident à Antioche, en Syrie et en Cilicie. ²⁴ Nous avons appris que quelques-uns des nôtres, sans aucun mandat de notre part, sont allés tenir des propos qui ont jeté chez vous le trouble et le désarroi. ²⁵ Nous avons décidé à l'unanimité de choisir des hommes que nous enverrions chez vous, avec nos frères bien-aimés Barnabé et Paul ²⁶ qui ont consacré leur vie à la cause de notre Seigneur Jésus Christ*. ²⁷ Nous vous envoyons donc Jude et Silas, qui vous confirmeront de vive voix ce qui suit : ²⁸ l'Esprit Saint et nous-mêmes avons décidé de ne pas faire peser sur vous d'autres obligations que celles-ci, qui s'imposent : ²⁹ vous abstenir de manger des aliments offerts aux idoles, du sang, ou de la viande non saignée, et vous abstenir des unions illégitimes. En évitant tout cela, vous agirez bien. Courage ! »

³⁰ Alors on invita les messagers à se mettre en route, et ils se rendirent à Antioche. Ayant réuni l'assemblée des fidèles, ils communiquèrent la lettre. ³¹ À sa lecture, tous se réjouirent de l'encouragement qu'elle apportait. ³² Jude et Silas, qui étaient aussi prophètes, parlèrent longuement aux frères pour les réconforter et les affermir ; ³³ après quelque temps, les frères les laissèrent repartir vers ceux qui les avaient envoyés et leur souhaitèrent la paix*. ³⁵ Paul et Barnabé, eux, séjournaient à Antioche : ils enseignaient et, avec beaucoup d'autres, ils annonçaient la Bonne Nouvelle de la parole du Seigneur*.

Paul et Barnabé s'opposent et se séparent

³⁶ Au bout de quelques jours, Paul dit à Barnabé : « Retournons

---

15, 34 : verset de la Vulgate absent des meilleurs manuscrits grecs, *« Mais Silas décida de rester, et Jude partit tout seul. »*

donc visiter les frères de toutes les villes où nous avons annoncé la parole du Seigneur, pour voir où ils en sont. » ³⁷ Barnabé voulait emmener aussi Jean appelé Marc. ³⁸ Mais Paul ne souhaitait pas emmener cet homme, qui s'était séparé d'eux depuis la Pamphylie et qui ne les avait plus accompagnés pour le travail. ³⁹ Il y eut un grand emportement, à tel point qu'ils se séparèrent les uns des autres. Barnabé emmena Marc et prit le bateau pour Chypre.

La mission de Paul jusqu'au bout du monde

Paul passe en Europe après avoir affermi les Églises d'Asie Mineure

⁴⁰ Paul, lui, choisit pour compagnon Silas et s'en alla, remis par les frères à la grâce* du Seigneur. ⁴¹ Il traversait la Syrie et la Cilicie, en affermissant les Églises.

16 ¹ Il arriva ensuite à Derbé, puis à Lystres. Il y avait là un disciple nommé Timothée ; sa mère était une juive devenue croyante, et son père était païen. ² À Lystres et à Iconium, il était estimé des frères. ³ Paul désirait l'emmener, et il le prit avec lui. Il le soumit à la circoncision*, pour tenir compte des Juifs de la région, car ils savaient tous que son père était païen.

⁴ Dans les villes où Paul et ses compagnons passaient, ils transmettaient les décisions prises par les Apôtres et les Anciens* de Jérusalem*, pour qu'elles entrent en vigueur. ⁵ Les Églises s'affermissaient dans la foi* et le nombre de leurs fidèles augmentait chaque jour.

⁶ Paul et ses compagnons traversèrent la Phrygie et le pays des Galates, car le Saint-Esprit les avait empêchés d'annoncer la Parole dans la province d'Asie. ⁷ Arrivés en Mysie, ils essayèrent d'atteindre la Bithynie, mais l'Esprit de Jésus s'y opposa. ⁸ Ils traversèrent alors la Mysie et rejoignirent la côte à Troas. ⁹ Or, Paul eut une vision pendant la nuit : un Macédonien était

---

16, 4.6 : « Paul et ses compagnons », *add.*
16, 6 : « proconsulaire », *add.*

là debout, et l'appelait : « Traverse la mer pour venir en Macédoine à notre secours. » ¹⁰Après cette vision de Paul, nous avons cherché à partir immédiatement pour la Macédoine, car nous étions certains que Dieu venait de nous appeler à y porter la Bonne Nouvelle.

Les débuts mouvementés de l'Église de Philippes

¹¹Nous avons pris le bateau à Troas, et nous avons gagné directement l'île de Samothrace, puis le lendemain Néapolis, ¹²et ensuite Philippes, qui est une cité romaine, la première de cette région de Macédoine. Nous avons passé là quelques jours ¹³et, le jour du sabbat*, nous sommes allés hors de la ville, au bord de la rivière : nous pensions y trouver l'endroit où les Juifs venaient prier. Nous nous sommes assis, et nous avons parlé aux femmes qui étaient réunies. ¹⁴Il y avait parmi elles une certaine Lydia, une commerçante en tissus de pourpre, originaire de la ville de Thyatire, qui adorait le vrai Dieu. Elle nous écoutait, car le Seigneur lui avait ouvert l'esprit pour la rendre attentive à ce que disait Paul. ¹⁵Elle se fit baptiser avec tous les gens de sa maison, et elle nous adressa cette invitation : « Puisque vous avez reconnu ma foi au Seigneur, venez donc loger dans ma maison. » Et nous avons été forcés d'accepter.

¹⁶Comme nous allions à la prière, voilà que vint à notre rencontre une jeune servante qui avait en elle un esprit de voyance ; elle rapportait de gros bénéfices à ses maîtres par sa divination. ¹⁷Elle se mit à nous suivre, Paul et nous, et elle criait : « Ces hommes sont des serviteurs* du Dieu très-haut ; ils vous annoncent le chemin du salut*. » ¹⁸Elle faisait cela depuis plusieurs jours quand Paul, excédé, se retourna et dit à l'esprit : « Au nom de Jésus Christ*, je te l'ordonne : va-t'en de cette femme ! » Et à l'instant même il s'en alla. ¹⁹Les maîtres, voyant s'en aller l'espoir de leurs bénéfices, se saisirent de Paul et de Silas et les traînèrent sur la place publique devant les autorités. ²⁰Ils les amenèrent aux magistrats en disant : « Ces gens bouleversent notre cité : ils sont Juifs, ²¹et ils annoncent des règles de conduite que nous

---

16, 20 et 22 : « magistrats », *litt.* « stratèges ».

n'avons pas le droit d'accueillir ni de pratiquer, nous qui sommes citoyens romains. »

²² Alors, la foule se souleva contre Paul et Silas ; les magistrats ordonnèrent de les dépouiller de leurs vêtements pour leur donner la bastonnade. ²³ Après les avoir roués de coups, on les jeta en prison, en donnant au gardien la consigne de les surveiller de près. ²⁴ Pour appliquer cette consigne, il les mit tout au fond de la prison, avec les pieds coincés dans des blocs de bois.

²⁵ Vers le milieu de la nuit, Paul et Silas priaient et chantaient les louanges de Dieu, et les autres détenus les écoutaient. ²⁶ Tout à coup, il y eut un violent tremblement de terre, qui secoua les fondations de la prison : à l'instant même, toutes les portes s'ouvrirent, et les entraves de tous les détenus sautèrent. ²⁷ Le gardien, tiré de son sommeil, vit que les portes de la prison étaient ouvertes ; croyant que les détenus s'étaient évadés, il dégaina son épée et il allait se donner la mort. ²⁸ Mais Paul se mit à crier : « Ne va pas te faire de mal, nous sommes tous là. » ²⁹ Le gardien réclama de la lumière ; tout tremblant, il accourut et se jeta aux pieds de Paul et de Silas. ³⁰ Puis il les emmena dehors et leur demanda : « Que dois-je faire pour être sauvé, mes seigneurs ? » ³¹ Ils lui répondirent : « Crois au Seigneur* Jésus ; alors tu seras sauvé, toi et toute ta maison. » ³² Ils lui annoncèrent la parole du Seigneur, ainsi qu'à tous ceux qui vivaient dans sa maison. ³³ À l'heure même, en pleine nuit, le gardien les emmena pour laver leurs plaies. À l'instant même, il reçut le baptême avec tous les siens. ³⁴ Puis il invita Paul et Silas à monter chez lui, fit préparer la table et, avec toute sa maison, il laissa déborder sa joie de croire en Dieu.

³⁵ Quand il fit jour, les magistrats envoyèrent les licteurs dire au gardien : « Relâche ces gens ! » ³⁶ Le gardien rapporta ces paroles à Paul : « Les magistrats ont envoyé l'ordre de vous relâcher ; allez-vous-en donc et partez en paix. » ³⁷ Mais Paul dit aux licteurs : « Ils nous ont fait battre en public sans jugement alors que nous sommes citoyens romains, ils nous ont jetés en prison, et maintenant ils nous renvoient en cachette ! Il n'en est

---

16, 35-36.38 : « magistrats », *litt.* « stratèges ».
16, 35 : « au gardien », *add.*

pas question : qu'ils viennent eux-mêmes nous faire sortir ! »
³⁸Les licteurs rapportèrent ces paroles aux magistrats. Ceux-ci furent pris de peur en apprenant que c'étaient des citoyens romains. ³⁹Ils vinrent donc leur faire des excuses ; après les avoir fait sortir, ils leur demandaient de quitter la ville. ⁴⁰Paul et Silas s'en allèrent donc de la prison et entrèrent chez Lydia. Ils virent les frères et les encouragèrent, puis ils s'en allèrent.

Paul fonde les Églises de Thessalonique et Bérée malgré l'opposition des Juifs

17 ¹Ayant traversé Amphipolis et Apollonie, ils arrivèrent à Thessalonique, où il y avait une synagogue* des Juifs. ²Selon la coutume, Paul y entra, et pendant trois sabbats* il s'entretenait avec eux à partir des Écritures*. ³Il leur faisait comprendre et leur exposait que le Messie* devait souffrir et ressusciter d'entre les morts : « Le Messie, disait-il, c'est ce Jésus que je vous annonce. » ⁴Quelques-uns d'entre eux se laissèrent convaincre et s'attachèrent à Paul et Silas, avec une grande multitude de Grecs qui adoraient le vrai Dieu et un bon nombre de femmes de notables. ⁵Mais les Juifs, pris de jalousie, ayant ramassé sur la place publique quelques vauriens et ameuté la foule, semaient le trouble dans la ville. Se présentant à la maison de Jason, ils recherchaient Paul et Silas pour les faire comparaître devant l'assemblée du peuple. ⁶Ne les trouvant pas, ils traînèrent Jason et quelques frères devant les magistrats, en criant : « Ces gens qui ont semé le désordre dans le monde entier, voilà qu'ils sont ici, ⁷et Jason les accueille ! Ils contreviennent aux édits de l'empereur en disant qu'il y a un autre roi : Jésus. » ⁸Ils bouleversèrent ainsi la foule et les magistrats, qui entendaient cela ; ⁹on fit payer une caution à Jason et aux autres avant de les relâcher.

¹⁰Aussitôt, les frères firent partir de nuit Paul et Silas vers Bérée ; à leur arrivée, ils se rendirent à la synagogue* des Juifs. ¹¹Ceux-ci avaient de meilleurs sentiments que ceux de Thessalonique, et ils accueillirent la Parole de tout leur cœur, examinant

---

17, 6.8 : « magistrats », *litt.* « politarques ».

chaque jour les Écritures* pour voir si cela était bien vrai. ¹²Beaucoup d'entre eux devinrent donc croyants, ainsi que des femmes grecques influentes et un bon nombre d'hommes. ¹³Mais quand les Juifs de Thessalonique apprirent qu'à Bérée aussi la parole* de Dieu était annoncée par Paul, ils vinrent encore pour secouer et bouleverser les foules. ¹⁴Alors aussitôt les frères firent partir Paul jusqu'à la mer, tandis que Silas et Timothée restaient là.

Paul à Athènes : discours à l'Aréopage

¹⁵Les frères qui escortaient Paul l'accompagnèrent jusqu'à Athènes. Quand ils s'en retournèrent, Paul les chargea de dire à Silas et à Timothée de le rejoindre le plus tôt possible.

¹⁶Pendant que Paul les attendait à Athènes, son esprit était tourmenté en voyant la ville livrée aux idoles. ¹⁷Il discutait donc à la synagogue avec les Juifs et ceux qui adoraient le vrai Dieu, et sur l'Agora chaque jour avec les passants. ¹⁸Quelques philosophes épicuriens et stoïciens venaient aussi parler avec lui. Certains disaient : « Ce perroquet, que peut-il bien vouloir dire ? » Et d'autres : « On dirait un prêcheur de divinités étrangères » ; ils disaient cela parce que son Évangile parlait de « Jésus » et de « Résurrection* ». ¹⁹Ils vinrent le prendre pour le conduire à l'Aréopage en lui disant : « Pouvons-nous savoir quelle est cette nouvelle doctrine que tu exposes ? ²⁰Tu nous emplis les oreilles de choses déroutantes ; nous voulons donc savoir ce que cela veut dire. » ²¹Car tous les Athéniens, ainsi que les étrangers qui résidaient dans la ville, ne trouvaient le temps de rien faire d'autre que de dire et d'écouter la dernière nouveauté.

²²Alors Paul, debout au milieu de l'Aréopage, fit ce discours : « Citoyens d'Athènes, je constate que vous êtes, en toutes choses, des hommes particulièrement religieux. ²³En effet, en parcourant la ville, et en observant vos monuments sacrés, j'y ai trouvé, en particulier, un autel portant cette inscription : "Au dieu inconnu". Or, ce que vous vénérez sans le connaître*, voilà ce que, moi, je viens vous annoncer. ²⁴Le Dieu qui a fait le monde et

---

17, 15 : « les frères », *add.* d'après le v. 10.
17, 18 : « ils disaient cela », *add.*

tout ce qu'il contient, lui qui est le Seigneur* du ciel et de la terre, n'habite pas les temples construits par l'homme, ²⁵ et ne se fait pas servir par la main des hommes. Il n'a besoin de rien, lui qui donne à tous la vie*, le souffle* et tout le reste.

²⁶ À partir d'un seul homme, il a fait tous les peuples pour qu'ils habitent sur toute la surface de la terre, fixant la durée de leur histoire et les limites de leur habitat ; ²⁷ il les a faits pour qu'ils cherchent Dieu et qu'ils essayent d'entrer en contact avec lui et de le trouver, lui qui, en vérité, n'est pas loin de chacun de nous. ²⁸ En effet, c'est en lui qu'il nous est donné de vivre, de nous mouvoir, d'exister ; c'est bien ce que disent certains de vos poètes : *Oui, nous sommes de sa race.*

²⁹ Si donc nous sommes de la race de Dieu, nous ne devons pas penser que la divinité ressemble à l'or, à l'argent ou à la pierre travaillés par l'art et l'imagination de l'homme.

³⁰ Et voici que Dieu, sans tenir compte des temps où les hommes l'ont ignoré, leur annonce maintenant qu'ils ont tous, partout, à se convertir. ³¹ En effet, il a fixé le jour où il va juger l'univers avec justice, par un homme qu'il a désigné ; il en a donné la garantie à tous en ressuscitant cet homme d'entre les morts. »

³² Quand ils entendirent parler de résurrection* des morts, les uns riaient, et les autres déclarèrent : « Sur cette question nous t'écouterons une autre fois. »

³³ C'est ainsi que Paul les quitta. ³⁴ Cependant quelques hommes s'attachèrent à lui et devinrent croyants. Parmi eux, il y avait Denis, membre de l'Aréopage ; il y eut aussi une femme nommée Damaris, et d'autres avec eux.

Fondation de l'Église de Corinthe

18 ¹ Après cela, Paul partit d'Athènes pour se rendre à Corinthe. ² Un Juif nommé Aquila, originaire des bords de la mer Noire, était récemment arrivé d'Italie avec sa femme Priscille, à la suite du décret de l'empereur Claude expulsant tous les Juifs de Rome. Les ayant rencontrés, Paul entra en relations avec eux. ³ Comme

---

17, 28 : citation du poète Aratos (IIIe s. avant J.-C.).

ils avaient le même métier, celui de fabricant de tentes, il s'installa chez eux, et il y travaillait. ⁴Chaque sabbat*, Paul prenait la parole à la synagogue* et s'efforçait de convaincre à la fois les Juifs et les païens.

⁵Quand Silas et Timothée furent arrivés de Macédoine, Paul consacra tout son temps à la Parole, attestant aux Juifs que Jésus est le Messie*. ⁶Devant leur opposition et leurs injures, Paul secoua ses vêtements* et leur dit : « Si cela entraîne votre perte, c'est vous qui serez responsables ; moi, je n'ai rien à me reprocher. Désormais, j'irai vers les païens. » ⁷Quittant la synagogue, il alla chez un certain Titius Justus, qui adorait le vrai Dieu, et dont la maison était tout à côté de la synagogue. ⁸Quant au chef de la synagogue, Crispus, il crut au Seigneur*, avec toute sa maison. Beaucoup de Corinthiens, en écoutant Paul, devenaient croyants et se faisaient baptiser.

⁹Une nuit, Paul eut une vision ; le Seigneur lui disait : « Sois sans crainte, continue à parler, ne reste pas muet. ¹⁰Je suis avec toi, et personne n'essaiera de te maltraiter, car dans cette ville j'ai à moi un peuple nombreux. »

¹¹Paul demeura un an et demi à Corinthe ; il enseignait aux gens la parole* de Dieu. ¹²Pendant que Gallion était proconsul en Grèce, les Juifs tous ensemble se soulevèrent contre Paul et le conduisirent au tribunal ¹³en disant : « Le culte de Dieu auquel cet individu veut amener les gens est contraire à la Loi*. » ¹⁴Au moment où Paul allait ouvrir la bouche, Gallion déclara aux Juifs : « S'il s'agissait d'un délit ou d'un méfait grave, je recevrais votre plainte comme il se doit ; ¹⁵mais puisqu'il s'agit de discussions concernant la doctrine, les appellations et la Loi qui vous sont propres, cela vous regarde. Moi, je ne veux pas être juge de ces affaires. » ¹⁶Et il les renvoya du tribunal. ¹⁷Alors, ils se saisirent tous de Sosthène, le chef de la synagogue, et se mirent à le frapper devant le tribunal, tandis que Gallion demeurait indifférent.

18, 6 : « Si cela... responsables », *litt.* « que votre sang soit sur votre tête ».
18, 11 : « à Corinthe », *add.*
18, 14 : « Ô Juifs », *om.*

Par Éphèse, Paul rejoint sa communauté d'Antioche avant un nouveau voyage

¹⁸ Paul resta encore un certain temps à Corinthe, puis il fit ses adieux aux frères et prit le bateau pour la Syrie ; il emmenait Priscille et Aquila ; à Cencrées, il s'était fait raser la tête, car le vœu qui le lui interdisait venait d'expirer. ¹⁹ Ils arrivèrent à Éphèse ; il laissa là ses compagnons, mais lui, entrant à la synagogue, se mit à discuter avec les Juifs. ²⁰ Comme ils lui demandaient de rester plus longtemps, il n'accepta pas ; ²¹ en faisant ses adieux, il dit : « Je reviendrai encore chez vous, si Dieu le veut », et quittant Éphèse il reprit la mer. ²² Ayant débarqué à Césarée, il monta saluer l'Église de Jérusalem[*] et descendit vers Antioche.

²³ Après avoir passé quelque temps, Paul repartit ; il parcourut successivement le pays galate et la Phrygie, en affermissant tous les disciples.

Apollos à Éphèse

²⁴ Or, un Juif nommé Apollos, originaire d'Alexandrie, venait d'arriver à Éphèse. C'était un homme éloquent, possédant bien les Écritures[*]. ²⁵ Il avait été instruit de la Voie du Seigneur ; plein d'enthousiasme, il annonçait et enseignait avec exactitude ce qui concerne Jésus, mais il ne connaissait, comme baptême, que celui de Jean. ²⁶ Il se mit donc à parler avec assurance à la synagogue. Mais, quand Priscille et Aquila l'entendirent, ils le prirent à part et lui exposèrent avec plus d'exactitude la Voie de Dieu. ²⁷ Comme il voulait se rendre en Grèce, les frères l'y encouragèrent, et écrivirent aux disciples de lui faire bon accueil. Quand il fut arrivé, il rendit de grands services aux croyants, par la grâce[*] de Dieu ; ²⁸ en effet, il réfutait vigoureusement les Juifs en public, en démontrant par les Écritures[*] que Jésus est le Messie[*].

18, 18 : « à Corinthe », *add.* ; « car le vœu... expirer », *litt.* « car il avait un vœu ».
18, 22 : « de Jérusalem », *add.*

Paul passe deux ans à Éphèse : fécondité de la Parole malgré de violents conflits

19 ¹Pendant qu'Apollos était à Corinthe, Paul traversait le haut pays ; il arriva à Éphèse, où il trouva quelques disciples. ²Il leur demanda : « Quand vous êtes devenus croyants, avez-vous reçu le Saint-Esprit ? » Ils lui répondirent : « Nous n'avons même pas appris qu'il y a le Saint-Esprit. » ³Paul reprit : « Quel baptême avez-vous donc reçu ? » Ils répondirent : « Celui de Jean Baptiste. » ⁴Alors Paul leur expliqua : « Jean donnait un baptême de conversion* ; et il disait au peuple de croire en celui qui devait venir après lui, c'est-à-dire en Jésus. »

⁵Après ces explications, ils se firent baptiser au nom du Seigneur* Jésus. ⁶Et quand Paul leur eut imposé les mains, le Saint-Esprit vint sur eux, et ils se mirent à dire des paroles mystérieuses et à parler comme des prophètes*. ⁷Ils étaient une douzaine d'hommes au total.

⁸Ensuite, Paul se rendit à la synagogue* ; et là, pendant trois mois, dans ses entretiens, il s'efforçait de convaincre en parlant avec assurance du royaume* de Dieu. ⁹Certains s'endurcissaient et refusaient, décriant la Voie de Jésus devant toute la foule. Alors Paul se sépara d'eux et prit les disciples à part ; il s'entretenait chaque jour avec eux dans l'école de Tyrannos. ¹⁰Cela dura deux ans, si bien que tous les habitants de la province d'Asie, Juifs et Grecs, entendirent la parole du Seigneur.

¹¹Dieu faisait par les mains de Paul des miracles extraordinaires, ¹²à tel point que si l'on prenait sur lui des linges ou des mouchoirs pour en toucher les infirmes, les maladies disparaissaient et les esprit mauvais s'en allaient.

¹³Certains exorcistes juifs itinérants tentèrent de prononcer le nom de Jésus sur ceux qui avaient en eux les esprits mauvais, en leur disant : « Je vous adjure par ce Jésus que Paul proclame. » ¹⁴Or un certain Scéva, un chef des prêtres* juifs, avait sept fils qui agissaient ainsi. ¹⁵Et l'esprit mauvais leur répondit : « Jésus, je le connais ; Paul, je sais qui c'est ; mais vous, qui êtes-vous ? » ¹⁶Et, bondissant sur eux, l'homme en qui était l'esprit mauvais

---

19, 3 : « Baptiste », *add.*
19, 9 : « de Jésus », *add.*

les maîtrisa tous et leur fit sentir sa force, si bien qu'ils s'enfuirent de la maison tout nus et couverts de blessures. ¹⁷Tous les Juifs et les Grecs habitant Éphèse en furent informés ; ils furent tous saisis de crainte, et l'on exaltait le nom du Seigneur Jésus.

¹⁸Beaucoup de ceux qui étaient devenus croyants venaient confesser et déclarer ce qu'ils avaient fait. ¹⁹Une quantité de gens qui avaient pratiqué la magie avaient rassemblé leurs livres et les brûlaient devant tout le monde ; on évalua le prix : cela faisait cinquante mille pièces d'argent. ²⁰Ainsi, grâce à la puissance du Seigneur, la Parole était féconde et prenait de la force.

²¹Après ces événements, Paul se mit dans l'esprit le projet de parcourir la Macédoine et toute la Grèce, puis d'aller à Jérusalem*, en disant : « Quand j'aurai été là-bas, il faudra que j'aille aussi voir Rome. » ²²Puis il envoya en Macédoine deux de ses collaborateurs, Timothée et Éraste, mais lui resta un certain temps dans la province d'Asie.

²³Il y eut vers ce temps-là une agitation considérable à propos de la Voie de Jésus. ²⁴Un nommé Démétrius, orfèvre, qui fabriquait des temples* d'Artémis en argent, procurait des bénéfices considérables aux artisans. ²⁵Il les réunit, avec ceux qui faisaient des travaux analogues, et il leur dit : « Mes amis, vous savez bien que ces bénéfices sont la source de notre prospérité. ²⁶Or vous le voyez bien, vous l'entendez dire : non seulement à Éphèse mais dans presque toute la province d'Asie, ce Paul a gagné et détourné toute une foule de gens, en disant que les dieux faits de main d'homme ne sont pas des dieux. ²⁷Or cela risque non seulement de causer du tort à notre activité, mais encore de faire compter pour rien le sanctuaire d'Artémis, la grande déesse, et bientôt de la priver de son prestige, elle qui est adorée par l'Asie et le monde entier. » ²⁸Les auditeurs, remplis de fureur, poussaient des cris : « Gloire à l'Artémis d'Éphèse ! » ²⁹Toute la ville fut gagnée par le désordre, et les gens se précipitèrent tous ensemble au théâtre, en y entraînant avec eux les Macédoniens Gaïus et Aristarque, compagnons de voyage de Paul. ³⁰Or Paul voulait rejoindre l'assemblée du peuple, mais les disciples ne le laissaient

---

19, 23 : « de Jésus », *add.*

pas faire, ³¹ et quelques personnages importants, qui étaient ses amis, lui envoyaient un message pour l'exhorter à ne pas se montrer au théâtre. ³² Les gens criaient tous des choses différentes : en effet l'assemblée était en plein désordre, et la plupart ne savaient même pas pourquoi ils étaient réunis. ³³ Des gens dans la foule exposèrent l'affaire à Alexandre, que les Juifs poussaient en avant. Celui-ci, faisant un geste de la main, voulait s'expliquer devant l'assemblée. ³⁴ Mais quand on sut qu'il était juif, une clameur unanime s'éleva de toute la foule pendant près de deux heures : « Gloire à l'Artémis d'Éphèse ! » ³⁵ Le chancelier de la ville, ayant réussi à calmer la foule, prit la parole : « Citoyens d'Éphèse, qui donc dans le monde ignore que la ville d'Éphèse est la gardienne du temple* de la grande Artémis et de sa statue venue du ciel ? ³⁶ Tout cela est indiscutable. Il vous faut donc garder votre calme, et éviter toute action inconsidérée. ³⁷ Vous avez amené ici ces hommes, qui n'ont commis ni sacrilège, ni blasphème contre notre déesse. ³⁸ Si donc Démétrius et les artisans qui l'accompagnent ont à se plaindre de quelqu'un, il y a des jours d'audience, il y a des proconsuls : qu'ils portent leur débat devant eux. ³⁹ Et si vous revendiquez encore autre chose, on en décidera à l'assemblée prévue par la loi. ⁴⁰ En effet, avec l'affaire d'aujourd'hui, nous risquons d'être accusés de révolte, car il n'y a aucun motif que nous pourrions alléguer pour rendre compte de ce rassemblement. » Ayant ainsi parlé, il mit fin à l'assemblée. **20** ¹ Quand les troubles eurent cessé, Paul convoqua les disciples. Il les encouragea et leur fit ses adieux, puis il se mit en route pour la Macédoine.

Paul en Grèce et Macédoine : célébration communautaire et miracle à Troas

² Ayant traversé la région et adressé aux gens de nombreuses paroles d'encouragement, il arriva en Grèce ³ et y passa trois mois. Les Juifs complotèrent contre lui au moment où il allait embarquer pour la Syrie ; il décida alors de revenir par la Macédoine. ⁴ Il était accompagné par Sopatros, fils de Pyrrhus de Bérée,

---

19, 31 : « personnages importants », *litt.* « asiarques ».

Aristarque et Secundus de Thessalonique, Gaïus de Derbé, Timothée, ainsi que Tychique et Trophime de la province d'Asie. ⁵Ceux-ci étaient partis en avant et nous attendaient à Troas. ⁶Quant à nous, nous avions pris le bateau à Philippes après la Pâque* ; et nous les avons rejoints au bout de cinq jours à Troas, où nous avons passé sept jours.

⁷Le premier jour de la semaine, nous étions rassemblés pour rompre le pain*, et Paul, qui devait partir le lendemain, s'entretenait avec les gens. Il prolongea son discours jusqu'à minuit ; ⁸il y avait quantité de lampes dans la salle du haut où nous étions rassemblés. ⁹Un jeune garçon nommé Eutyque, assis sur le rebord de la fenêtre, fut gagné par un profond sommeil pendant le long discours de Paul ; accablé par le sommeil, il tomba du troisième étage et on le ramassa mort. ¹⁰Paul descendit, se jeta sur lui et le prit dans ses bras en disant : « Ne vous agitez pas ainsi : il est encore en vie ! » ¹¹Il remonta, rompit le pain et mangea ; puis il parla encore longuement avec eux jusqu'à l'aube, et ensuite il s'en alla. ¹²On emmena le garçon bien vivant, et ce fut un immense réconfort.

Adieux de Paul aux Anciens de l'Église d'Éphèse : testament pastoral

¹³Pour nous, étant partis les premiers, nous avons embarqué pour Assos, où nous devions prendre Paul ; celui-ci en effet devait y aller par la route, comme il l'avait décidé. ¹⁴Lorsqu'il nous a rejoints à Assos, nous l'avons pris pour aller jusqu'à Mitylène. ¹⁵Partant de là, nous sommes arrivés le lendemain en face de Chio ; le jour suivant nous parvenions à Samos, et le jour d'après nous sommes allés jusqu'à Milet. ¹⁶En effet, Paul avait pris la décision de passer au large d'Éphèse pour ne pas avoir à rester trop longtemps dans la province d'Asie, car il se hâtait pour être si possible à Jérusalem* le jour de la Pentecôte.

¹⁷De Milet, il envoya un message à Éphèse pour convoquer les Anciens de cette Église. ¹⁸Quand ils furent auprès de lui, il leur adressa la parole : « Vous savez comment je me suis comporté tout le temps où j'étais avec vous, depuis le jour de mon arrivée dans ce pays d'Asie. ¹⁹J'ai servi le Seigneur* en toute humilité, dans les larmes, et au milieu des épreuves* pro-

voquées par les complots des Juifs. ²⁰ Vous savez que je n'ai rien négligé de ce qui pouvait vous être utile ; au contraire, j'ai prêché, je vous ai instruits en public ou dans vos maisons. ²¹ J'adjurais les Juifs et les païens de se convertir à Dieu et de croire en notre Seigneur Jésus.

²² Et maintenant, me voici contraint par l'Esprit* de me rendre à Jérusalem*, sans savoir ce que je vais y trouver. ²³ Je sais seulement que l'Esprit Saint*, dans chaque ville où je passe, témoigne que la prison et les épreuves m'attendent. ²⁴ Mais pour moi la vie ne compte pas, pourvu que je tienne jusqu'au bout de ma course et que j'achève le ministère que j'ai reçu du Seigneur Jésus : rendre témoignage* à la Bonne Nouvelle de la grâce* de Dieu.

²⁵ Et maintenant, je sais que vous ne reverrez plus mon visage, vous tous chez qui je suis passé en proclamant le Royaume*. ²⁶ J'en témoigne donc aujourd'hui devant vous : on ne peut pas me reprocher de vous avoir menés à votre perte, ²⁷ car je n'ai rien négligé pour vous annoncer le plan de Dieu tout entier.

²⁸ Veillez sur vous-mêmes, et sur tout le troupeau où l'Esprit Saint vous a placés comme responsables, pour être les pasteurs de l'Église de Dieu, qui lui appartient grâce au sang qu'a versé son propre Fils. ²⁹ Pour moi, je sais que des loups féroces s'introduiront chez vous quand je ne serai plus là, et le troupeau ne sera pas épargné. ³⁰ Même parmi vous, surgiront des hommes qui tiendront des discours mensongers pour entraîner les disciples à leur suite. ³¹ Soyez donc vigilants, et souvenez-vous des avertissements que, pendant trois années, je n'ai cessé de donner à chacun de vous, nuit et jour, jusqu'à en pleurer.

³² Et maintenant, je vous confie à Dieu et à son message de grâce, qui a le pouvoir de construire l'édifice et de faire participer les hommes à l'héritage* de ceux qui ont été sanctifiés. ³³ Argent*, or ou vêtements, je n'ai rien attendu de personne. ³⁴ Vous le savez bien vous-mêmes : les mains que voici ont pourvu à mes besoins et à ceux de mes compagnons. ³⁵ Je vous ai toujours montré qu'il faut travailler ainsi pour secourir les faibles, en nous

---

20, 26 : « On ne peut... votre perte », *litt.* « je suis pur du sang de tous ».
20, 35 : cette citation ne se trouve dans aucun des quatre Évangiles.

rappelant les paroles du Seigneur Jésus, car lui-même a dit : *Il y a plus de bonheur à donner qu'à recevoir.* »
³⁶ Quand Paul eut ainsi parlé, il se mit à genoux et il pria avec eux tous. ³⁷ Ils se mirent tous à pleurer ; ils se jetaient au cou de Paul pour l'embrasser ; ³⁸ ce qui les attristait le plus, c'est la parole qu'il avait dite : « Vous ne verrez plus mon visage ». Puis on l'accompagna jusqu'au bateau.

Malgré les objurgations des frères, Paul monte à Jérusalem, vers sa passion

21 ¹ Nous étant donc arrachés à eux, nous avons embarqué et cinglé droit sur Cos, le lendemain sur Rhodes, et de là sur Patara. ² Puis, ayant trouvé un bateau qui faisait la traversée vers la Phénicie, nous avons embarqué et nous sommes partis vers le large. ³ Arrivés en vue de Chypre, nous l'avons laissée sur notre gauche ; nous avons fait route vers la Syrie et nous avons débarqué à Tyr : c'était là en effet que le bateau déchargeait sa cargaison. ⁴ Ayant trouvé les disciples, nous sommes restés sept jours avec eux ; poussés par l'Esprit, ils disaient à Paul de ne pas monter à Jérusalem. ⁵ Mais quand notre séjour a été achevé, nous sommes partis, et nous reprenions la route, escortés par tout le monde avec les femmes et les enfants jusqu'en dehors de la ville. Nous nous sommes mis à genoux sur le rivage, nous avons prié, ⁶ nous nous sommes arrachés les uns aux autres, et nous avons pris le bateau, tandis qu'eux retournaient chez eux. ⁷ Quant à nous, achevant notre voyage maritime, de Tyr nous sommes arrivés à Ptolémaïs ; ayant salué les frères, nous avons passé une journée chez eux.

⁸ Partis le lendemain, nous sommes allés à Césarée, nous sommes entrés dans la maison de Philippe l'évangéliste, l'un des Sept, et nous sommes restés chez lui. ⁹ Il avait quatre filles vierges, qui étaient prophètes*. ¹⁰ Comme nous restions là plusieurs jours, un prophète* nommé Agabus descendit de Judée. ¹¹ Il vint vers nous, prit la ceinture de Paul, s'attacha les mains et les pieds, et dit : « Voici ce que dit l'Esprit* Saint* : L'homme à qui appartient cette ceinture, les Juifs l'attacheront comme cela à Jérusalem* et le livreront aux mains des païens. » ¹² Quand nous avons entendu cela, nous et ceux de l'endroit, nous l'exhortions à ne

pas monter à Jérusalem. ¹³ Alors Paul répondit : « Que faites-vous là à pleurer et à me briser le cœur ? Moi je suis prêt, non seulement à me laisser attacher, mais encore à mourir à Jérusalem pour le nom du Seigneur* Jésus. » ¹⁴ N'ayant pu le persuader, nous nous sommes calmés, et nous avons dit : « Que la volonté du Seigneur soit faite. »

¹⁵ À la fin du séjour, nous faisions nos bagages et nous montions à Jérusalem. ¹⁶ Quelques disciples de Césarée nous accompagnèrent et nous conduisirent chez quelqu'un qui pouvait nous héberger, un certain Mnason de Chypre, un disciple des premiers jours.

Paul est accueilli par les frères de Jérusalem et arrêté dans le Temple

¹⁷ À notre arrivée à Jérusalem, les frères nous firent très bon accueil. ¹⁸ Le lendemain, Paul allait avec nous chez Jacques, où tous les Anciens* vinrent également. ¹⁹ Il les salua, et leur expliquait en détail ce que Dieu avait fait chez les païens par son ministère. ²⁰ L'ayant écouté, ils glorifiaient Dieu, et ils lui dirent : « Tu vois, frère, combien de dizaines de milliers de Juifs sont devenus croyants, et ils ont tous une ardeur jalouse pour la Loi*. ²¹ Or voici les bruits qu'ils ont entendus à ton sujet : chez les Juifs qui vivent en pays païen, tu enseignerais la défection à l'égard de Moïse, en leur disant de ne pas soumettre les enfants à la circoncision* et de ne pas vivre selon les coutumes. ²² Que faut-il donc faire ? De toute façon, ils apprendront ton arrivée. ²³ Fais donc ce que nous allons te dire. Nous avons ici quatre hommes qui sont tenus par un vœu. ²⁴ Prends-les avec toi, accomplis la purification en même temps qu'eux, et paie ce qu'il faut pour qu'ils se fassent raser la tête. Alors tout le monde saura qu'il n'y a rien de vrai dans les bruits qui courent sur toi, mais que dans toute ta conduite tu observes la Loi. ²⁵ Quant aux païens qui sont devenus croyants, nous leur avons écrit nos décisions : ils doivent se garder des aliments offerts aux idoles, du sang, de la viande non saignée, et des unions illégitimes. » ²⁶ Alors Paul, le lendemain, prit ces hommes avec lui, accomplit la purification en même temps qu'eux, et il allait au Temple* pour faire

savoir à quelle date, le temps de la purification étant achevé, l'offrande serait présentée pour chacun d'eux.

²⁷ Les sept jours allaient s'achever, quand les Juifs venus de la province d'Asie, voyant Paul dans le Temple, semèrent le désordre dans toute la foule et mirent la main sur lui, ²⁸ en s'écriant : « Hommes d'Israël, au secours ! Voilà l'homme qui répand partout, auprès de tout le monde, son enseignement contre le peuple, contre la Loi, contre ce Lieu saint ! Et encore, il a fait entrer des Grecs dans le Temple, il a souillé ce Lieu saint ! » ²⁹ En effet, ils avaient vu auparavant Trophime d'Éphèse dans la ville avec lui, et ils pensaient que Paul l'avait fait entrer dans le Temple. ³⁰ La ville tout entière s'agita, le peuple accourut de toutes parts, on se saisit de Paul et on l'entraîna hors du Temple, dont on ferma aussitôt les portes. ³¹ Tandis qu'on cherchait à le tuer, le commandant de la cohorte romaine fut informé que tout Jérusalem était en plein désordre. ³² Il prit immédiatement avec lui des soldats et des centurions, et se précipita vers les manifestants. Ceux-ci, voyant le commandant et les soldats, cessèrent de frapper Paul. ³³ Alors le commandant, s'approchant, se saisit de lui et ordonna de l'attacher avec deux chaînes ; et il demandait qui c'était et ce qu'il avait fait. ³⁴ Dans la foule tous criaient des choses différentes. N'arrivant pas à savoir quoi que ce soit de précis à cause du tumulte, il le fit emmener à la forteresse. ³⁵ En arrivant à l'escalier, on dut le faire porter par les soldats à cause de la violence de la foule, ³⁶ car le peuple le suivait en masse en criant : « Mort à cet homme ! »

Face à la foule juive, Paul rend témoignage au Seigneur qui l'a appelé

³⁷ Comme on allait le faire entrer dans la forteresse, Paul dit au commandant : « Me permets-tu de te dire quelque chose ? » Il répliqua : « Tu sais le grec ? ³⁸ Tu n'es donc pas l'Égyptien qui, il y a quelques jours, a soulevé et entraîné au désert les quatre mille terroristes ? » ³⁹ Paul dit : « Moi, je suis un Juif, de

---

21, 31 : « commandant », *litt.* « tribun » ; « romaine », *add.*

Tarse en Cilicie, citoyen d'une ville qui n'est pas insignifiante ! Je t'en prie, permets-moi de parler au peuple. » ⁴⁰Il le lui permit.

22 Alors Paul, debout sur l'escalier, fit signe de la main au peuple. Un grand silence s'établit, et il prit la parole en araméen : ¹ « Frères et pères, écoutez ce que j'ai à vous dire maintenant pour ma défense. » ²En l'entendant s'adresser à eux en araméen, ils se calmèrent encore plus. Il leur dit : ³ « Je suis Juif : né à Tarse, en Cilicie, mais élevé ici dans cette ville, j'ai reçu, à l'école de Gamaliel, un enseignement strictement conforme à la Loi* de nos pères ; je défendais la cause de Dieu avec une ardeur jalouse, comme vous le faites tous aujourd'hui. ⁴J'ai persécuté à mort les adeptes de la Voie que je suis aujourd'hui ; je les arrêtais et les jetais en prison, hommes et femmes ; ⁵le grand prêtre* et tout le conseil des Anciens* peuvent en témoigner. Eux-mêmes m'avaient donné des lettres pour nos frères et j'étais en route vers Damas : je devais faire prisonniers ceux qui étaient là-bas et les ramener à Jérusalem* pour qu'ils subissent leur châtiment.

⁶Donc, comme j'étais en route et que j'approchais de Damas, vers midi, une grande lumière venant du ciel m'enveloppa soudain. ⁷Je tombai sur le sol, et j'entendis une voix qui me disait : "Saul, Saul, pourquoi me persécuter ?" ⁸Et moi je répondis : "Qui es-tu, Seigneur* ? – Je suis Jésus le Nazaréen, celui que tu persécutes." ⁹Mes compagnons voyaient la lumière, mais ils n'entendaient pas la voix de celui qui me parlait, et je dis : "Que dois-je faire, Seigneur ?" ¹⁰Le Seigneur me répondit : "Relève-toi, va jusqu'à Damas, et là on t'indiquera tout ce qu'il t'est prescrit de faire."

¹¹Comme je n'y voyais plus, à cause de l'éclat de cette lumière, mes compagnons me prirent par la main, et c'est ainsi que j'arrivai à Damas. ¹²Or, Ananie, un homme religieux et fidèle à la Loi*, estimé de tous les Juifs habitant la ville, ¹³vint me trouver et, arrivé auprès de moi, il me dit : "Saul, mon frère, retrouve la vue." Et moi, au même instant, je retrouvai la vue et je vis. ¹⁴Il me dit encore : "Le Dieu de nos pères t'a destiné à connaître*

22, 4 : « la Voie que je suis aujourd'hui », *litt.* « cette Voie ».

sa volonté, à voir celui qui est le Juste* et à entendre la parole qui sort de sa bouche. ¹⁵ Car tu seras pour lui, devant tous les hommes, le témoin* de ce que tu as vu et entendu. ¹⁶ Et maintenant, pourquoi hésiter ? Lève-toi et reçois le baptême, sois lavé de tes péchés* en invoquant le nom de Jésus."

¹⁷ Revenu à Jérusalem, j'étais en prière dans le Temple* quand je tombai en extase. ¹⁸ Je Le vis qui me disait : "Hâte-toi de sortir de Jérusalem, car ils n'accueilleront pas ton témoignage à mon sujet." ¹⁹ Et moi je répondis : "Seigneur, ces gens le savent bien : c'est moi qui allais d'une synagogue* à l'autre pour mettre en prison et pour battre ceux qui croyaient en toi ; ²⁰ et quand on versait le sang d'Étienne ton témoin, je me tenais là moi aussi ; j'étais d'accord, et je gardais les vêtements de ses meurtriers." ²¹ Il me dit alors : "Va, car moi je vais t'envoyer au loin, vers les nations païennes." »

²² Jusque-là, les gens l'écoutaient. Mais alors, ils se mirent à élever la voix : « Qu'on fasse disparaître de la terre cet individu, il ne doit pas rester en vie ! » ²³ Ils poussaient des cris, arrachaient leurs vêtements, jetaient la poussière en l'air. ²⁴ Alors le commandant ordonna de le faire entrer dans la forteresse. Il dit de le torturer à coups de fouet, afin de savoir pour quel motif on criait contre lui de cette manière.

Paul citoyen romain

²⁵ Comme on l'étendait pour le fouetter, Paul dit au centurion qui était là : « Un citoyen romain, qui n'a même pas été jugé, avez-vous le droit de lui donner le fouet ? » ²⁶ Quand il entendit cela, le centurion alla trouver le commandant pour le mettre au courant : « Qu'allais-tu faire ? Cet homme est citoyen romain ! » ²⁷ Le commandant alla trouver Paul et lui demanda : « Dis-moi : tu es citoyen romain ? – Oui, répondit-il. » ²⁸ Le commandant reprit : « Moi, j'ai dû payer très cher pour obtenir la citoyenneté. » Paul répliqua : « Moi, je l'ai eue de naissance. » ²⁹ Aussitôt, ceux qui allaient le torturer se retirèrent ; et le commandant fut pris de peur en se rendant compte que c'était un citoyen romain et qu'il l'avait fait attacher.

22, 24.29 : « commandant », *litt.* « tribun ».

Paul devant le grand conseil d'Israël

³⁰ Le lendemain, le commandant romain voulut savoir à quoi s'en tenir sur les accusations des Juifs contre lui. Il lui fit donc enlever ses chaînes, puis il convoqua les chefs des prêtres et tout le grand conseil, et fit descendre Paul pour l'amener devant eux.

23 ¹ Fixant les yeux sur le grand conseil, Paul déclara : « Frères, c'est en toute bonne conscience que j'ai mené ma vie devant Dieu jusqu'à ce jour. » ² Le grand prêtre* Ananias ordonna à ceux qui étaient auprès de lui de le frapper sur la bouche. ³ Alors Paul lui dit : « C'est Dieu qui va te frapper, hypocrite ! Tu sièges ici pour me juger conformément à la Loi*, et contrairement à la Loi tu donnes l'ordre de me frapper ! » ⁴ Ceux qui étaient auprès de lui dirent : « Tu insultes le grand prêtre de Dieu ? » ⁵ Paul reprit : « Je ne savais pas, frères, que c'était le grand prêtre. Car il est écrit : *Tu ne diras pas de mal d'un chef de ton peuple.* »
⁶ Paul se rendit compte qu'il y avait là le parti des sadducéens* et celui des pharisiens*. Alors, devant le conseil, il déclara d'une voix forte : « Moi, frères, je suis un pharisien, fils de pharisiens. C'est à cause de notre espérance en la résurrection* des morts que je passe en jugement. » ⁷ À peine eut-il dit cela qu'une dispute éclata entre pharisiens et sadducéens, et l'assemblée se divisa. ⁸ En effet, les sadducéens prétendent qu'il n'y a ni résurrection, ni ange*, ni esprit*, tandis que les pharisiens y croient. ⁹ Cela fit un grand vacarme. Quelques scribes* du parti pharisien intervinrent pour protester vigoureusement : « Nous ne trouvons rien de mal chez cet homme. Un esprit ou un ange lui a peut-être parlé. » ¹⁰ La dispute devint très violente, et le commandant craignit que Paul ne se fasse écharper. Il ordonna à la troupe de descendre pour l'arracher à la mêlée et le ramener dans la forteresse.

¹¹ La nuit suivante, le Seigneur* vint auprès de Paul et lui dit : « Courage ! Le témoignage* que tu m'as rendu à Jérusalem*, il faut que tu le rendes aussi à Rome. »

23, 3 : « hypocrite », *litt.* « mur blanchi » ; cf. Mt **23,** 27.
23, 5 : cf. Ex **22,** 27.

Complot des Juifs et transfert de Paul à Césarée

¹² Lorsqu'il fit jour, les Juifs organisèrent un rassemblement où ils se jurèrent solennellement de ne plus manger ni boire tant qu'ils n'auraient pas tué Paul. ¹³ Les auteurs de cette conjuration étaient plus de quarante. ¹⁴ Ils vinrent trouver les chefs des prêtres et les anciens* pour leur dire : « Nous nous sommes juré de façon solennelle de ne prendre aucune nourriture tant que nous n'aurons pas tué Paul. ¹⁵ Alors vous, d'accord avec le grand conseil, faites savoir au commandant qu'il doit le faire comparaître devant vous sous prétexte d'une enquête plus approfondie sur son cas. Nous nous tenons prêts pour le supprimer avant qu'il n'arrive. » ¹⁶ Or le fils de la sœur de Paul avait eu connaissance du complot ; il se présenta à la forteresse et y entra pour avertir Paul. ¹⁷ Alors Paul appela l'un des centurions et lui dit : « Emmène ce garçon chez le commandant : il doit l'avertir de quelque chose. » ¹⁸ L'homme le prit avec lui et le mena chez le commandant ; il lui dit : « Le prisonnier Paul m'a appelé pour me demander de t'amener ce jeune garçon qui a quelque chose à te dire. » ¹⁹ Le commandant le prit par la main ; se mettant à l'écart, il l'interrogeait en particulier : « De quoi dois-tu m'avertir ? » ²⁰ Il répondit : « Les Juifs sont convenus de te demander de faire comparaître Paul demain devant le grand conseil sous prétexte d'une information plus approfondie sur son cas. ²¹ Mais toi, ne leur fais pas confiance ; en effet, parmi eux plus de quarante hommes complotent contre lui ; ils se sont fait le serment solennel de ne plus manger ni boire tant qu'ils ne l'auront pas supprimé. Et maintenant, ils se tiennent prêts en attendant ton accord. » ²² Le commandant congédia le jeune homme en lui donnant cette consigne : « Ne raconte à personne que tu m'as fait savoir tout cela. »

²³ Il appela alors deux centurions et leur dit : « Que deux cents soldats, soixante-dix cavaliers et deux cents auxiliaires se tiennent prêts à prendre la route de Césarée à partir de neuf heures du

---

23, 17.18.19.22 : « commandant », *litt.* « tribun ».

soir ; ²⁴ qu'on prépare aussi des montures pour conduire Paul en toute sécurité au gouverneur Félix. » ²⁵ Il écrivit une lettre dont voici le contenu : ²⁶ « Claudius Lysias à Son Excellence le gouverneur Félix, salut. ²⁷ Cet homme avait été arrêté par les Juifs, et il allait être supprimé par eux. Je suis alors intervenu avec la troupe pour le leur arracher, ayant appris qu'il était citoyen romain. ²⁸ Voulant mieux connaître les motifs pour lesquels ils l'accusaient, je l'ai fait comparaître devant leur grand conseil. ²⁹ J'ai constaté qu'il était accusé pour des discussions relatives à leur Loi*, sans qu'il y ait aucune accusation méritant la mort ou la prison. ³⁰ Averti qu'il y aurait une embuscade contre l'homme, je te l'ai envoyé immédiatement, en donnant également aux accusateurs la consigne de te faire savoir ce qu'ils ont contre lui. »

³¹ Les soldats prirent donc Paul conformément aux ordres reçus, et ils le conduisirent de nuit à Antipatris. ³² Le lendemain, ils regagnèrent la forteresse, laissant partir avec lui les cavaliers. ³³ Arrivés à Césarée, ceux-ci remirent la lettre au gouverneur et lui présentèrent également Paul. ³⁴ Il lut la lettre et demanda de quelle province il était ; apprenant qu'il était de Cilicie, ³⁵ il dit : « Je t'entendrai quand tes accusateurs se présenteront eux aussi. » Et il ordonna de l'incarcérer au prétoire d'Hérode.

Paul et le gouverneur Félix : procès officiel et rencontres personnelles

24 ¹ Cinq jours plus tard, le grand prêtre* Ananias descendit à Césarée avec quelques anciens* et un avocat, un certain Tertullus. Ils portèrent plainte devant le gouverneur contre Paul. ² On fit comparaître celui-ci, et Tertullus entama ainsi son accusation : « Nous qui jouissons d'une grande paix grâce à toi et aux réformes dont ta prévoyance a fait bénéficier cette nation, ³ nous accueillons de toute manière et en tout lieu ce qui nous vient de Ton Excellence, ô Félix, avec une immense reconnaissance. ⁴ Mais pour ne pas t'importuner plus longtemps, je te prie de nous écouter un instant avec toute ta sérénité. ⁵ Nous avons constaté que cet homme est une peste ; il sème la révolte chez tous les Juifs du monde entier, étant le chef de la secte des Nazoréens. ⁶Il a même tenté de profaner le Temple*; alors nous l'avons arrêté. ⁸En l'interrogeant lui-même, tu pourras mieux connaître tout ce dont nous l'accusons. » ⁹Les Juifs l'appuyèrent en affirmant qu'il en était bien ainsi.

¹⁰Le gouverneur lui ayant fait signe de parler, Paul répliqua : « Sachant que cette nation t'a pour juge depuis des années, c'est avec confiance que je présente la défense de ma cause. ¹¹Tu peux vérifier qu'il n'y a pas plus de douze jours que je suis monté à Jérusalem* pour adorer le Seigneur*. ¹²On ne m'a pas trouvé dans le Temple en train de discuter avec qui que ce soit, ni dans les synagogues* ou en ville en train d'ameuter la foule, ¹³et ils n'ont aucune preuve à te présenter pour ce dont ils m'accusent maintenant. ¹⁴Ce que je reconnais devant toi, c'est que je sers le Dieu de nos pères selon la Voie qu'ils appellent une secte. Je crois à tout ce qu'il y a dans la Loi et à tout ce qui est écrit dans les prophètes*. ¹⁵Mon espérance en Dieu, et ce qu'ils attendent eux-mêmes, c'est qu'il va y avoir une résurrection* pour les justes* et pour les pécheurs. ¹⁶C'est pourquoi moi aussi je m'efforce de garder une conscience irréprochable en toute chose devant Dieu et devant les hommes. ¹⁷Au bout de plusieurs années, j'étais venu apporter de l'argent collecté pour mon peuple, et offrir des sacrifices*. ¹⁸C'est à cette occasion qu'on m'a trouvé dans le Temple après une cérémonie de purification, sans mouvement de foule ni tumulte : ¹⁹il y avait là des Juifs venus de la province d'Asie, qui devraient se présenter devant toi et m'accuser s'ils avaient quelque chose contre moi. ²⁰Ou bien alors, que ceux qui sont là disent quel délit ils ont constaté quand j'ai comparu devant le grand conseil. ²¹À moins qu'il ne s'agisse de cette seule parole que j'ai criée debout devant eux : C'est à cause de la résurrection* des morts* que je passe aujourd'hui en jugement devant vous. »

24, 6b-8a : versets de la Vulgate absents des meilleurs manuscrits grecs, *« et nous voulions le juger selon notre loi. Étant intervenu, le commandant Lysias l'a enlevé de nos mains avec beaucoup de violence et a ordonné à ses accusateurs de se présenter devant toi. En l'interrogeant... ».*

²² Félix, qui avait une connaissance approfondie de ce qui concerne la Voie de Jésus, les ajourna en disant : « Quand le commandant Lysias descendra de Jérusalem*, je rendrai une sentence sur votre affaire. » ²³ Il ordonna au centurion de le garder en détention, mais dans des conditions moins strictes, et sans empêcher les siens de lui rendre des services.

²⁴ Quelques jours plus tard, Félix vint avec sa femme Drusille, qui était juive. Il envoya chercher Paul et l'écouta parler de la foi* au Christ* Jésus. ²⁵ Mais quand l'entretien porta sur la justice*, la maîtrise des instincts, et le jugement* à venir, Félix fut pris de peur et déclara : « Pour l'instant, retire-toi ; quand j'aurai le temps, je te rappellerai. » ²⁶ Il n'en espérait pas moins que Paul lui donnerait de l'argent ; c'est pourquoi il l'envoyait souvent chercher pour parler avec lui. ²⁷ Au bout de deux ans, Félix reçut comme successeur Porcius Festus. Voulant faire plaisir aux Juifs, Félix laissa Paul en prison.

Paul et le gouverneur Festus : nouveau procès et appel à l'empereur

25 ¹ Trois jours après avoir rejoint sa province, Festus monta de Césarée à Jérusalem. ² Les chefs des prêtres* et les notables juifs portèrent plainte devant lui contre Paul ; avec insistance, ³ ils demandaient comme une faveur le transfert de Paul à Jérusalem ; en fait, ils complotaient pour le supprimer en chemin. ⁴ Festus répondit que Paul était détenu à Césarée, et que lui-même allait repartir incessamment. ⁵ « Que les personnes qualifiées parmi vous descendent avec moi, dit-il ; s'il y a quelque chose à reprocher à cet homme, qu'elles présentent leur accusation. »

⁶ Ayant passé chez eux huit à dix jours au plus, il redescendit à Césarée. Le lendemain, il siégea au tribunal, et ordonna d'amener Paul. ⁷ Quand il fut là, les Juifs descendus de Jérusalem l'entourèrent et portèrent contre lui une quantité d'accusations graves, dont ils ne pouvaient pas fournir la preuve, ⁸ alors que Paul se défendait : « Je n'ai commis aucune faute contre la loi des Juifs,

---

24, 22 : « de Jésus », « de Jérusalem », *add*. ; « commandant », *litt*. « tribun ».
25, 8.11.12.21 : « l'empereur », *litt*. « César ».

ni contre le Temple*, ni contre l'empereur. » ⁹Festus, voulant faire plaisir aux Juifs, s'adressa à Paul : « Veux-tu monter à Jérusalem pour y être jugé sur cette affaire en ma présence ? » ¹⁰Paul répondit : « Je suis ici devant le tribunal de l'empereur : c'est là que je dois être jugé. Je ne suis coupable de rien contre les Juifs, comme toi-même tu t'en rends fort bien compte. ¹¹Si donc je suis coupable, et si j'ai fait quelque chose qui mérite la mort, je ne refuse pas de mourir. Mais s'il ne reste rien des accusations qu'ils portent contre moi, personne ne peut me livrer à eux. J'en appelle à l'empereur. » ¹²Alors Festus, en ayant conféré avec son conseil, déclara : « Tu en as appelé à l'empereur, tu iras devant l'empereur. »

Témoignage de Paul devant le roi Agrippa et nouveau récit de la conversion

¹³Quelques jours plus tard, le roi Agrippa et sa sœur Bérénice vinrent à Césarée saluer le gouverneur Festus. ¹⁴Comme ils passaient là plusieurs jours, Festus exposa au roi la situation de Paul. « Il y a ici un homme que mon prédécesseur Félix a laissé en prison. ¹⁵Quand je suis allé à Jérusalem, les chefs des prêtres et les anciens* des Juifs ont porté plainte contre lui en réclamant sa condamnation. ¹⁶J'ai répondu que la loi romaine ne permet pas de livrer un accusé sans l'avoir d'abord confronté avec ses accusateurs, et lui avoir donné la possibilité de présenter sa défense. ¹⁷Ils sont alors venus ici, et sans aucun délai, le lendemain même, j'ai siégé au tribunal et j'ai fait comparaître cet homme. ¹⁸Mis en sa présence, les accusateurs ne lui reprochaient aucun des crimes que, pour ma part, j'aurais imaginés. ¹⁹Ils avaient seulement avec lui certaines discussions au sujet de leur religion à eux, et au sujet d'un certain Jésus qui est mort, mais que Paul déclarait toujours vivant. ²⁰Quant à moi, ne sachant vraiment pas quelle suite donner à l'instruction, j'ai demandé à Paul s'il voulait aller à Jérusalem pour y être jugé sur cette affaire.

25, 13 : « sa sœur », *add.* ; « le gouverneur », *add.*
25, 14 : « mon prédécesseur », *add.*

²¹ Mais Paul a fait appel pour que son cas soit réservé à la juridiction impériale. J'ai donc ordonné de le garder en prison jusqu'à son transfert devant l'empereur. » ²² Agrippa dit à Festus : « Je voudrais bien, moi aussi, entendre cet homme. – Dès demain, tu l'entendras », répondit-il.

²³ Le lendemain, Agrippa et Bérénice arrivèrent donc en grand apparat et firent leur entrée dans la salle d'audience, escortés par les officiers supérieurs et les principaux personnages de la ville ; Festus fit comparaître Paul. ²⁴ Festus prit la parole : « Roi Agrippa, et vous tous qui êtes là avec nous, vous voyez devant vous l'homme au sujet duquel toute la masse des Juifs est intervenue auprès de moi, tant à Jérusalem* qu'ici même, en criant qu'il ne devait pas rester en vie. ²⁵ Or moi, j'ai compris qu'il n'avait rien fait qui mérite la mort ; mais comme lui-même en a appelé à l'empereur, j'ai décidé de le lui envoyer. ²⁶ Je n'ai rien de précis à écrire à Sa Majesté sur son compte ; c'est pourquoi je l'ai fait comparaître devant vous, et surtout devant toi, roi Agrippa, afin qu'après cet interrogatoire j'aie quelque chose à écrire. ²⁷ En effet, il ne me semble pas raisonnable d'envoyer un prisonnier sans signaler quelles sont les accusations portées contre lui. »

26 ¹ Alors Agrippa s'adressa à Paul : « Tu es autorisé à plaider ta cause. »

Paul, levant la main, présentait ainsi sa défense : ² « Sur tous les points dont je suis accusé par les Juifs, je m'estime bienheureux, roi Agrippa, d'avoir à présenter ma défense aujourd'hui devant toi, ³ d'autant plus que tu es un connaisseur de toutes les coutumes et de toutes les discussions qui existent chez les Juifs. Voilà pourquoi, je te prie de m'écouter avec patience.

⁴ La vie que j'ai menée dès ma jeunesse, et qui s'est déroulée depuis le début dans le cadre de ma maison et à Jérusalem, tous les Juifs en sont informés. ⁵ Ils me connaissent depuis longtemps, et ils témoigneront, s'ils le veulent bien, que j'ai vécu selon la tendance la plus stricte de notre religion : en pharisien*. ⁶ Et maintenant, si je suis traduit en justice, c'est parce que j'espère en la promesse faite par Dieu à nos pères, ⁷ cette promesse dont

---

25, 21 : « à la juridiction impériale », *litt.* « au jugement d'Auguste ».

nos douze tribus espèrent la réalisation, elles qui rendent un culte à Dieu jour et nuit avec persévérance. C'est pour cette espérance que je suis accusé par les Juifs, ô roi. ⁸ Pourquoi chez vous juge-t-on incroyable que Dieu ressuscite les morts ?

⁹ Pour moi, j'ai cru que je devais tout faire pour m'opposer au nom de Jésus de Nazareth, ¹⁰ et je l'ai fait à Jérusalem : j'ai moi-même mis en prison beaucoup de fidèles, en vertu des pouvoirs reçus des chefs des prêtres* ; et quand on les tuait, j'ai apporté mon suffrage. ¹¹ Souvent, je passais dans toutes les synagogues*, en leur faisant subir des sévices pour les forcer à blasphémer. J'en étais arrivé à une telle folie contre eux que je les poursuivais jusque dans les villes étrangères.

¹² C'est ainsi qu'allant à Damas muni de pouvoirs et de délégations des chefs des prêtres, ¹³ en plein midi, sur la route, j'ai vu, ô roi, venant du ciel, une lumière plus éclatante que le soleil, qui m'enveloppa de son éclat ainsi que ceux qui m'accompagnaient. ¹⁴ Comme nous étions tous tombés par terre, j'entendis une voix qui me disait en araméen : "Saul, Saul, pourquoi me persécuter ? Il est dur pour toi de regimber contre l'aiguillon." ¹⁵ Et moi je dis : "Qui es-tu, Seigneur* ?" Le Seigneur répondit : "Je suis Jésus, celui que tu persécutes. ¹⁶ Mais relève-toi, et tiens-toi debout ; si je te suis apparu, c'est pour te destiner à être serviteur* et témoin* de ce moment où tu m'as vu, et de ceux où je t'apparaîtrai encore. ¹⁷ Je te délivre de ton peuple et des nations païennes vers lesquelles je t'envoie ¹⁸ pour leur ouvrir les yeux, pour les ramener des ténèbres* vers la lumière* et du pouvoir de Satan* vers Dieu, afin qu'ils reçoivent le pardon* des péchés* et une part d'héritage* avec ceux qui ont été sanctifiés, grâce à la foi* en moi."

¹⁹ Alors, roi Agrippa, je n'ai pas voulu résister à la vision que j'avais reçue du ciel*. ²⁰ J'ai parlé aux gens de Damas d'abord, puis à ceux de Jérusalem, à tout le pays de Judée et aux nations païennes ; je les exhortais à se convertir et à se tourner vers Dieu, en menant une vie qui exprime leur conversion*. ²¹ Voilà pourquoi les Juifs se sont emparés de moi dans le Temple*, et ils essayaient de me tuer. ²² Mais Dieu m'a envoyé du secours, si bien que j'ai tenu bon jusqu'à ce jour pour rendre témoignage* devant petits et grands. Je ne disais rien d'autre que ce qui avait

été prédit par les prophètes* et par Moïse, ²³ à savoir que le Messie* devait souffrir, et qu'il devait ressusciter le premier d'entre les morts pour annoncer la lumière* à notre peuple et aux nations païennes. »

²⁴ Il en était là de sa défense, quand Festus lui cria : « Tu es fou, Paul ! Avec toutes tes études, tu tournes à la folie ! » ²⁵ Mais Paul répliqua : « Je ne suis pas fou, Excellence ! Mais je parle un langage de vérité* et de bon sens. ²⁶ Le roi, à qui je m'adresse en toute confiance, est au courant de ces événements ; je suis convaincu qu'aucun d'eux ne lui a échappé, car ce n'est pas arrivé dans un coin perdu. ²⁷ Roi Agrippa, crois-tu aux prophètes ? Oui, je sais que tu y crois. » ²⁸ Agrippa dit alors à Paul : « Encore un peu, et tu vas me persuader que tu as fait un chrétien* ! » ²⁹ Paul répliqua : « Encore un peu ou encore beaucoup, je voudrais prier Dieu pour que non seulement toi, mais encore tous ceux qui m'écoutent aujourd'hui, deviennent exactement ce que je suis... sauf les chaînes que voici ! »

³⁰ Le roi se leva, ainsi que le gouverneur, Bérénice, et ceux qui étaient avec eux. ³¹ En se retirant, ils se disaient entre eux : « Cet homme ne fait rien qui mérite la mort ou la prison. » ³² Et Agrippa dit à Festus : « Cet homme aurait pu être relâché, s'il n'en avait pas appelé à l'empereur ».

Voyage vers Rome : tempête et naufrage

27¹ Quand notre départ pour l'Italie a été décidé, on a confié Paul et quelques autres prisonniers à un centurion nommé Julius, de la cohorte Augusta. ² Montés à bord d'un bateau d'Adramyttium en partance pour les ports de la province d'Asie, nous avons pris la mer, ayant avec nous Aristarque, Macédonien de Thessalonique. ³ Le lendemain, nous avons abordé à Sidon ; et Julius, qui traitait Paul de manière très humaine, lui a permis d'aller voir ses amis et de profiter de leur accueil. ⁴ De là, nous avons repris la mer et nous sommes passés le long de Chypre pour nous abriter des vents contraires. ⁵ Nous sommes passés par la mer qui borde la Cilicie et la Pamphylie, et nous avons débarqué à Myre en Lycie.

26, 23 : « notre », *add.*
26, 32 : « l'empereur », *litt.* « César ».

⁶ Là, le centurion a trouvé un bateau d'Alexandrie en partance pour l'Italie, et nous y a fait embarquer. ⁷ Pendant plusieurs jours, la navigation a été ralentie, et nous sommes arrivés avec peine en face de Cnide, où le vent ne nous a pas permis d'aborder. Nous sommes alors passés le long de la Crète en face du cap Salmoné, ⁸ que nous avons doublé avec peine, et nous sommes arrivés à un endroit appelé « Bons Ports », près de la ville de Lasaïa.

⁹ Nous avions perdu beaucoup de temps, et la navigation était déjà dangereuse, puisque la date du Grand Pardon était déjà passée, si bien que Paul leur faisait cette exhortation : ¹⁰ « Mes amis, je vois bien que la navigation ne se ferait pas sans dégâts et sans beaucoup de pertes, non seulement pour la cargaison et pour le bateau, mais encore pour nos vies. » ¹¹ Mais le centurion faisait plus confiance au capitaine et à l'armateur qu'aux paroles de Paul. ¹² Et comme le port n'était pas équipé pour y passer l'hiver, la majorité a été d'avis de reprendre la mer, en espérant qu'on pourrait arriver à Phénix, un port de Crète tourné vers le sud-ouest et le nord-ouest, et y passer l'hiver.

¹³ Comme un léger vent du sud se mettait à souffler, ils se sont imaginés que leur projet se réalisait ; ayant donc levé l'encre, ils essayaient de longer les côtes de Crète. ¹⁴ Mais peu après s'est déchaîné, venant de l'île, le vent d'ouragan qu'on appelle euraquilon. ¹⁵ Le bateau a été emporté, et il ne pouvait pas tenir tête au vent : nous sommes donc partis à la dérive. ¹⁶ En passant à l'abri d'une petite île appelée Cauda, nous avons réussi, non sans peine, à nous rendre maîtres du canot de sauvetage. ¹⁷ L'ayant remonté, on employait les moyens de secours en ceinturant le bateau : craignant d'aller échouer sur la Syrte, on a lâché l'ancre flottante, et ainsi on continuait à dériver. ¹⁸ Le lendemain, comme la tempête nous secouait avec violence, on délestait le navire. ¹⁹ Le troisième jour, les matelots, de leurs propres mains, ont arraché le gréement du bateau. ²⁰ Depuis bien des jours, on n'avait pas vu le soleil ni les étoiles, et une tempête extraordinaire conti-

---

27, 9 : « Grand Pardon », cf. Lv **23**, 27.
27, 19 : « les matelots », *add*.

nuait à sévir : tout espoir était désormais perdu pour nous d'être sauvés.

²¹ Les gens étaient à jeun depuis longtemps. Alors Paul, debout au milieu d'eux, a pris la parole : « Mes amis, il aurait fallu m'obéir et ne pas quitter la Crète : cela aurait épargné tant de dégâts et de pertes ! ²² Mais maintenant, je vous exhorte à prendre courage : aucun de vous n'y laissera la vie, seul le bateau sera perdu. ²³ En effet, cette nuit s'est présenté à moi un ange* du Dieu à qui j'appartiens et à qui je rends un culte. ²⁴ Il m'a dit : "Sois sans crainte, Paul, il faut que tu te présentes devant l'empereur, et voici que Dieu t'accorde la vie de tous ceux qui sont sur le bateau avec toi." ²⁵ Alors, prenez courage, mes amis : ma foi* en Dieu m'assure que tout se passera comme il m'a été dit. ²⁶ Nous devons échouer sur une île. »

²⁷ C'était la quatorzième nuit que nous dérivions sur la mer Ionienne ; or vers minuit, les marins pressentaient l'approche d'une terre. ²⁸ Ils ont jeté la sonde et ont trouvé vingt brasses ; un peu plus loin, ils l'ont jetée de nouveau et ont trouvé quinze brasses. ²⁹ Craignant que nous n'allions échouer sur des rochers, ils ont jeté quatre ancres à l'arrière, et ils attendaient le jour avec impatience. ³⁰ Puis les marins ont cherché à s'enfuir du bateau, et ils ont mis le canot à la mer sous prétexte d'aller jeter des ancres à l'avant. ³¹ Paul s'est adressé au centurion et aux soldats : « Si ces gens ne restent pas sur le bateau, c'est vous qui ne pouvez pas être sauvés. » ³² Alors les soldats ont coupé les cordes du canot et l'ont laissé s'échouer. »

³³ En attendant que le jour se lève, Paul invitait tout le monde à prendre de la nourriture : « Voilà aujourd'hui le quatorzième jour que vous passez à jeun, dans l'expectative, sans rien prendre. ³⁴ Je vous invite donc à prendre de la nourriture ; il y va de votre salut* : en effet, aucun de vous ne perdra un cheveu de sa tête. » ³⁵ Ayant dit cela, il a pris du pain*, il a rendu grâce* à Dieu devant eux tous, il l'a rompu, et il s'est mis à manger. ³⁶ Alors tous, retrouvant leur courage, ont eux aussi pris de la nourriture. ³⁷ Nous étions en tout deux cent soixante-seize per-

---

27, 24 : « l'empereur », *litt.* « César ».

sonnes sur le bateau. ³⁸ Une fois rassasiés, on allégeait le bateau en jetant le blé à la mer.

³⁹ Quand il fit jour, les marins ne reconnaissaient pas la terre, mais ils apercevaient une baie avec une plage, sur laquelle ils voulaient si possible faire aborder le bateau. ⁴⁰ Ils ont alors décroché les ancres, les abandonnant à la mer, détaché les câbles des gouvernails, hissé une voile au vent, et on se laissait porter vers la plage. ⁴¹ Mais ils sont tombés sur un banc de sable, et ils y ont fait échouer le navire. La proue, qui s'était enfoncée, restait immobile, tandis que la poupe se disloquait sous la violence des vagues. ⁴² Les soldats ont eu alors le projet de tuer les prisonniers pour éviter que l'un d'eux s'enfuie à la nage. ⁴³ Mais le centurion, voulant sauver Paul, les a empêchés de réaliser leur projet ; il a ordonné aux gens de gagner la terre : ceux qui savaient nager, en se jetant à l'eau les premiers, ⁴³ les autres sur des planches ou des débris du bateau. C'est ainsi que tous se sont retrouvés à terre sains et saufs.

Paul à Malte : nombreux signes du Seigneur

28 ¹ Une fois sauvés, nous avons découvert que l'île s'appelait Malte. ² Les indigènes se sont montrés envers nous remarquablement humains. Ils avaient allumé un grand feu, et ils nous ont tous pris avec eux, car la pluie s'était mise à tomber et il faisait froid. ³ Or comme Paul avait ramassé une brassée de bois mort et l'avait jetée dans le feu, la chaleur a fait sortir une vipère qui s'est accrochée à sa main. ⁴ En voyant la bête suspendue à sa main, les indigènes se disaient entre eux : « Cet homme est sûrement un meurtrier : il est sorti de la mer sain et sauf, mais la justice divine n'a pas voulu le laisser en vie. » ⁵ Or lui a secoué la bête, qui est tombée dans le feu, et il n'a eu aucun mal, ⁶ alors que les gens s'attendaient à le voir enfler ou tomber raide mort. Après avoir attendu un bon moment, ils ont vu qu'il ne lui arrivait rien d'anormal. Tout retournés, ils disaient que c'était un dieu.

⁷ Il y avait là une propriété appartenant à Publius, le premier magistrat de l'île ; il nous a accueillis avec amitié et nous a donné l'hospitalité pendant trois jours. ⁸ Or son père était au lit, atteint de fièvre et de dysenterie. Paul est allé le voir ; après avoir prié,

il lui a imposé les mains et l'a guéri. ⁹ À la suite de cet événement, tous les autres malades de l'île venaient se faire soigner. ¹⁰ Ils nous ont comblés d'honneurs et, à notre départ, ils nous ont fourni tout ce dont nous avions besoin.

Paul parvient à Rome ; rejeté par les Juifs, le témoin du Seigneur Jésus se tourne vers les païens

¹¹ Au bout de trois mois, nous avions repris la mer à bord d'un navire d'Alexandrie, le *Castor-et-Pollux*, qui avait passé l'hiver dans l'île. ¹² Nous avons abordé à Syracuse et nous y avons passé trois jours. ¹³ En suivant la côte, nous sommes parvenus à Reggio. Le lendemain, le vent du sud s'est levé, et en deux jours nous avons atteint Pouzzoles. ¹⁴ Nous y avons trouvé des frères qui nous ont invités à passer la semaine chez eux. Voilà comment nous avons gagné Rome.

¹⁵ De la ville, les frères, qui avaient entendu parler de nous, sont venus à notre rencontre jusqu'aux villages du Marché d'Appius et des Trois-Tavernes. En les voyant, Paul rendit grâce* à Dieu, et il reprit courage. ¹⁶ À notre arrivée à Rome, il reçut l'autorisation d'habiter en ville avec le soldat qui le gardait.

¹⁷ Trois jours après, il fit appeler les notables de la communauté juive. Quand ils arrivèrent, il leur dit : « Frères, sans avoir rien fait contre notre peuple et les règles reçues de nos pères, j'arrive de Jérusalem* comme prisonnier livré aux Romains. ¹⁸ Après m'avoir interrogé, ceux-ci voulaient me relâcher, puisqu'il n'y avait dans mon cas aucun motif de condamnation à mort. ¹⁹ Mais, devant l'opposition des Juifs, j'ai été obligé de faire appel à l'empereur, sans vouloir pour autant accuser ma nation. ²⁰ C'est donc pour ce motif que j'ai demandé à vous voir et à vous parler, car c'est à cause de l'espérance d'Israël que je porte ces chaînes. » ²¹ Ils lui répondirent : « En ce qui nous concerne, nous n'avons reçu ni lettre de Judée à ton sujet, ni visite d'un de nos frères rapportant ou disant du mal de toi. ²² Nous souhaitons pourtant apprendre de toi ce que tu penses ; car nous avons été informés que cette secte est contestée partout. »

28, 19 : « l'empereur », *litt.* « César ».

²³Lui ayant donc fixé une date, ils vinrent le voir en plus grand nombre là où il logeait. Du matin jusqu'au soir, il exposait son témoignage sur le royaume* de Dieu, et il s'efforçait de les convaincre au sujet de Jésus, en partant de la loi* de Moïse et des livres des Prophètes*. ²⁴Les uns se laissaient convaincre par ce qu'il disait, les autres refusaient de croire. ²⁵Comme ils n'arrivaient pas à se mettre d'accord, ils s'en allaient, quand Paul leur adressa cette unique parole : « Il a bien parlé, l'Esprit* Saint*, quand il a dit à vos pères par le prophète Isaïe : ²⁶*Va dire à ce peuple : Vous aurez beau écouter, vous ne comprendrez pas. Vous aurez beau regarder, vous ne verrez pas.* ²⁷*Le cœur de ce peuple s'est alourdi : ils sont devenus durs d'oreille, ils se sont bouché les yeux, pour que leurs yeux ne voient pas, que leurs oreilles n'entendent pas, que leur cœur ne comprenne pas, et qu'ils ne se convertissent pas. Sinon, je les aurais guéris.*

²⁸Sachez-le bien : c'est aux païens que le salut* de Dieu a été envoyé. Eux, ils écouteront. »

³⁰Paul demeura deux années entières dans le logement qu'il avait loué ; il accueillait tous ceux qui venaient chez lui ; ³¹il annonçait le règne* de Dieu et il enseignait ce qui concerne le Seigneur* Jésus Christ* avec une assurance totale, et sans rencontrer aucun obstacle.

28, 26-27 : cf. Is **6**, 9-10.

28, 29 : verset de la Vulgate absent des meilleurs manuscrits grecs, « *Quand il eut dit cela, les Juifs s'en allèrent en discutant vivement entre eux.* »

28, 31 : C'est ainsi que Luc termine son récit, pour lui, l'Évangile est parvenu maintenant « jusqu'aux extrémités de la terre » (cf. Actes **1**, 8).

Évangile selon saint Jean

Prologue

Hymne à la parole de Dieu faite homme

▶ **1** Au commencement était le Verbe* (la Parole de Dieu) et le Verbe était auprès de Dieu, et le Verbe était Dieu. ² Il était au commencement auprès de Dieu. ³ Par lui, tout s'est fait, et rien de ce qui s'est fait ne s'est fait sans lui. ⁴ En lui était la vie*, et la vie était la lumière* des hommes ; ⁵ la lumière brille dans les ténèbres*, et les ténèbres ne l'ont pas arrêtée.

▶ ⁶ Il y eut un homme envoyé par Dieu. Son nom était Jean. ⁷ Il était venu comme témoin, pour rendre témoignage* à la Lumière, afin que tous croient par lui. ⁸ Cet homme n'était pas la Lumière, mais il était là pour lui rendre témoignage.

⁹ Le Verbe était la vraie Lumière, qui éclaire tout homme en venant dans ce monde*. ¹⁰ Il était dans le monde, lui par qui le monde s'était fait, mais le monde ne l'a pas reconnu*. ¹¹ Il est venu chez les siens, et les siens ne l'ont pas reçu. ¹² Mais tous ceux qui l'ont reçu, ceux qui croient en son nom, il leur a donné de pouvoir devenir enfants de Dieu. ¹³ Ils ne sont pas nés de la chair et du sang, ni d'une volonté charnelle, ni d'une volonté d'homme : ils sont nés de Dieu. ¹⁴ Et le Verbe s'est fait chair, il a habité parmi nous, et nous avons vu sa gloire*, la gloire qu'il tient de son Père comme Fils unique, plein de grâce et de vérité*.

¹⁵ Jean Baptiste lui rend témoignage en proclamant : « Voici celui dont j'ai dit : 'Lui qui vient derrière moi, il a pris place devant moi car avant moi il était.' »
¹⁶ Tous nous avons eu part à sa plénitude : nous avons reçu grâce après grâce : ¹⁷ après la Loi communiquée par Moïse, la grâce et la vérité sont venues par Jésus Christ. ¹⁸ Dieu, personne ne l'a jamais vu*; le Fils unique, qui est dans le sein du Père, c'est lui qui a conduit à le connaître.

Le Livre des signes

A l'origine d'un monde nouveau

Jean Baptiste annonce le vrai Prophète
(première et deuxième journées)

¹⁹ Et voici quel fut le témoignage de Jean, quand les Juifs lui envoyèrent de Jérusalem des prêtres et des lévites pour lui demander : « Qui es-tu ? » ²⁰ Il le reconnut ouvertement, il déclara : « Je ne suis pas le Messie*. » ²¹ Ils lui demandèrent : « Qui es-tu donc ? Es-tu (le prophète) Élie ? » Il répondit : « Non. — Alors, es-tu le (grand) Prophète* ? » Il répondit : « Ce n'est pas moi. » ²² Alors ils lui dirent : « Qui es-tu ? Il faut que nous donnions une réponse à ceux qui nous ont envoyés. Que dis-tu sur toi-même ? » ²³ Il répondit : « Je suis *la voix qui crie à travers le désert : Aplanissez le chemin du Seigneur,* comme a dit le prophète Isaïe. » ²⁴ Or, certains des envoyés étaient des pharisiens. ²⁵ Ils lui posèrent encore cette question : « Si tu n'es ni le Messie, ni Élie, ni le grand Prophète, pourquoi baptises-tu ? » ²⁶ Jean leur répondit : « Moi, je baptise dans l'eau*. Mais au milieu de vous se tient celui que vous ne connaissez pas : ²⁷ c'est lui qui vient derrière moi, et je ne suis même pas digne de défaire la courroie de sa sandale. »
²⁸ Tout cela s'est passé à Béthanie-de-Transjordanie, à l'endroit où Jean baptisait.

▶ ²⁹ Le lendemain, comme Jean (Baptiste) voyait Jésus venir vers lui, il dit : « Voici l'Agneau de Dieu, qui enlève le péché du monde ;

---

21. Voir Malachie **3**, 23. Voir Deutéronome **18**, 18. — 23. Voir Isaïe **40**, 3.

³⁰ c'est de lui que j'ai dit : 'Derrière moi vient un homme qui a sa place devant moi, car avant moi il était.' ³¹ Je ne le connaissais pas ; mais, si je suis venu baptiser dans l'eau, c'est pour qu'il soit manifesté au peuple d'Israël. » ³² Alors Jean rendit ce témoignage : « J'ai vu l'Esprit descendre du ciel comme une colombe et demeurer sur lui.³³ Je ne le connaissais pas, mais celui qui m'a envoyé baptiser dans l'eau m'a dit : 'L'homme sur qui tu verras l'Esprit descendre et demeurer, c'est celui-là qui baptise dans l'Esprit Saint.' ³⁴ Oui, j'ai vu, et je rends ce témoignage : c'est lui le Fils de Dieu. »

Le Fils de Dieu, en se révélant, groupe autour de lui ses premiers disciples (troisième et quatrième journées)

▶ ³⁵ Le lendemain, Jean (Baptiste) se trouvait avec deux de ses disciples. ³⁶ Posant son regard sur Jésus qui allait et venait, il dit : « Voici l'Agneau de Dieu. » ³⁷ Les deux disciples entendirent cette parole, et ils suivirent Jésus. ³⁸ Celui-ci se retourna, vit qu'ils le suivaient, et leur dit : « Que cherchez-vous ? » Ils lui répondirent : « Rabbi (c'est-à-dire : 'Maître'), où demeures-tu ? » ³⁹ Il leur dit : « Venez, et vous verrez. » Ils l'accompagnèrent, ils virent où il demeurait, et ils restèrent auprès de lui ce jour-là. C'était vers quatre heures du soir.
⁴⁰ André, le frère de Simon-Pierre, était l'un des deux disciples qui avaient entendu Jean (Baptiste) et qui avaient suivi Jésus. ⁴¹ Il trouve d'abord son frère Simon et lui dit : « Nous avons trouvé le Messie » (autrement dit : le Christ*). ⁴² André amena son frère à Jésus. Jésus posa son regard sur lui et dit : « Tu es Simon, fils de Jean, tu t'appelleras Képha » (ce qui veut dire : « pierre »).

⁴³ Le lendemain, il décida de partir pour la Galilée. Il rencontre Philippe, et lui dit : « Suis-moi. » ⁴⁴ (Philippe était de Bethsaïde, comme André et Pierre.) ⁴⁵ Philippe rencontre Nathanaël et lui dit : « Celui dont parlent la loi de Moïse et les Prophètes, nous l'avons trouvé : c'est Jésus, fils de Joseph, de Nazareth. » ⁴⁶ Nathanaël répliqua : « De Nazareth ! Peut-il sortir de là quelque chose de bon ? » Philippe répond : « Viens, et tu verras. » ⁴⁷ Lorsque Jésus voit Nathanaël venir à lui, il déclare : « Voici un véritable fils d'Is-

---
30. Voir Jean 1, 15.

raël, un homme qui ne sait pas mentir. » ⁴⁸ Nathanaël lui demande : « Comment me connais-tu ? » Jésus lui répond : « Avant que Philippe te parle, quand tu étais sous le figuier, je t'ai vu. » ⁴⁹ Nathanaël lui dit : « Rabbi, c'est toi le Fils de Dieu ! C'est toi le Roi d'Israël ! » ⁵⁰ Jésus reprend : « Je te dis que je t'ai vu sous le figuier, et c'est pour cela que tu crois ! Tu verras des choses plus grandes encore. » ⁵¹ Et il ajoute : « Amen*, amen, je vous le dis : vous verrez les cieux ouverts, avec les anges de Dieu qui montent et descendent au-dessus du Fils* de l'homme. »

Premiers « signes » de Jésus : accueil et refus

Avec Marie et les disciples : le vin des noces messianiques (septième journée)

▶ **2** Trois jours plus tard il y avait un mariage à Cana en Galilée. La mère de Jésus était là. ² Jésus aussi avait été invité au repas de noces avec ses disciples.

³ Or, on manqua de vin ; la mère de Jésus lui dit : « Ils n'ont pas de vin. » ⁴ Jésus lui répond : « Femme, que me veux-tu ? Mon heure* n'est pas encore venue. » ⁵ Sa mère dit aux serviteurs : « Faites tout ce qu'il vous dira. » ⁶ Or, il y avait là six cuves de pierre pour les ablutions rituelles des Juifs ; chacune contenait environ cent litres. ⁷ Jésus dit aux serviteurs : « Remplissez d'eau les cuves. » Et ils les remplirent jusqu'au bord. ⁸ Il leur dit : « Maintenant, puisez, et portez-en au maître du repas. » Ils lui en portèrent. ⁹ Le maître du repas goûta l'eau changée en vin. Il ne savait pas d'où venait ce vin, mais les serviteurs le savaient, eux qui avaient puisé l'eau. Alors le maître du repas interpelle le marié ¹⁰ et lui dit : « Tout le monde sert le bon vin en premier, et, lorsque les gens ont bien bu, on apporte le moins bon. Mais toi, tu as gardé le bon vin jusqu'à maintenant. » ¹¹ Tel fut le commencement des signes * que Jésus accomplit. C'était à Cana en Galilée. Il manifesta sa gloire, et ses disciples crurent en lui.

¹² Après cela, il descendit à Capharnaüm avec sa mère, ses frères et ses disciples, et ils y restèrent quelques jours.

---

51. Voir Genèse **28**, 12. — 6. « d'environ cent litres », littéralement « deux ou trois mesures » (valant chacune 45 litres).

Avec les autorités juives: de l'ancien Temple au nouveau

▶ ¹³ Comme la Pâque des Juifs approchait, Jésus monta à Jérusalem. ¹⁴ Il trouva installés dans le Temple les marchands de bœufs, de brebis et de colombes, et les changeurs. ¹⁵ Il fit un fouet avec des cordes, et les chassa tous du Temple ainsi que leurs brebis et leurs bœufs; il jeta par terre la monnaie des changeurs, renversa leurs comptoirs, ¹⁶ et dit aux marchands de colombes: «Enlevez cela d'ici. Ne faites pas de la maison de mon Père une maison de trafic.» ¹⁷ Ses disciples se rappelèrent cette parole de l'Écriture: *L'amour de ta maison fera mon tourment.* ¹⁸ Les Juifs l'interpellèrent: «Quel signe peux-tu nous donner pour justifier ce que tu fais là?» ¹⁹ Jésus leur répondit: «Détruisez ce Temple*, et en trois jours je le relèverai.» ²⁰ Les Juifs lui répliquèrent: «Il a fallu quarante-six ans pour bâtir ce Temple, et toi, en trois jours tu le relèverais!» ²¹ Mais le Temple dont il parlait, c'était son corps. ²² Aussi, quand il ressuscita d'entre les morts, ses disciples se rappelèrent qu'il avait dit cela; ils crurent aux prophéties de l'Écriture et à la parole que Jésus avait dite.

²³ Pendant qu'il était à Jérusalem pour la fête de la Pâque, beaucoup crurent en lui, à la vue des signes qu'il accomplissait. ²⁴ Mais Jésus n'avait pas confiance en eux, parce qu'il les connaissait tous ²⁵ et n'avait besoin d'aucun témoignage sur l'homme: il connaissait par lui-même ce qu'il y a dans l'homme.

Avec Nicodème: naître d'en haut

3 Il y avait un pharisien nommé Nicodème; c'était un notable parmi les Juifs. ² Il vint trouver Jésus pendant la nuit. Il lui dit: «Rabbi, nous le savons bien, c'est de la part de Dieu que tu es venu nous instruire, car aucun homme ne peut accomplir les signes que tu accomplis si Dieu n'est pas avec lui.» ³ Jésus lui répondit: «Amen, amen, je te le dis: personne, à moins de renaître, ne peut voir le règne de Dieu.» ⁴ Nicodème lui répliqua: «Comment est-il possible de naître quand on est déjà vieux? Est-ce qu'on peut rentrer dans le sein de sa mère pour naître une seconde fois?» ⁵ Jésus

---

17. Psaume **68**, 10. — 22. Voir Isaïe **53**.

répondit : « Amen, amen, je te le dis : personne, à moins de naître de l'eau* et de l'Esprit, ne peut entrer dans le royaume de Dieu. ⁶ Ce qui est né de la chair n'est que chair ; ce qui est né de l'Esprit est esprit. ⁷ Ne sois pas étonné si je t'ai dit qu'il vous faut renaître. ⁸ Le vent souffle où il veut ; tu entends le bruit qu'il fait, mais tu ne sais pas d'où il vient ni où il va. Il en est ainsi de tout homme qui est né du souffle de l'Esprit. »

⁹ Nicodème reprit : « Comment cela peut-il se faire ? » ¹⁰ Jésus lui répondit : « Toi, tu es chargé d'instruire Israël, et tu ne connais pas ces choses-là ? ¹¹ Amen, amen, je te le dis : nous parlons de ce que nous savons, nous témoignons de ce que nous avons vu, et vous n'acceptez pas notre témoignage. ¹² Si vous ne croyez pas lorsque je vous parle des choses de la terre, comment croirez-vous quand je vous parlerai des choses du ciel ? ▶ ¹³ Car nul n'est monté au ciel sinon celui qui est descendu du ciel, le Fils de l'homme. ▶ ¹⁴ De même que le serpent de bronze fut élevé par Moïse dans le désert, ainsi faut-il que le Fils de l'homme soit élevé, ¹⁵ afin que tout homme qui croit obtienne par lui la vie éternelle.

▶ ¹⁶ Car Dieu a tant aimé le monde qu'il a donné son Fils unique : ainsi tout homme qui croit en lui ne périra pas, mais il obtiendra la vie éternelle. ¹⁷ Car Dieu a envoyé son Fils dans le monde, non pas pour juger le monde, mais pour que, par lui, le monde soit sauvé. ¹⁸ Celui qui croit en lui échappe au jugement, celui qui ne veut pas croire est déjà jugé, parce qu'il n'a pas cru au nom du Fils unique de Dieu. ¹⁹ Et le jugement, le voici : quand la lumière est venue dans le monde, les hommes ont préféré les ténèbres à la lumière, parce que leurs œuvres étaient mauvaises. ²⁰ En effet, tout homme qui fait le mal déteste la lumière : il ne vient pas à la lumière, de peur que ses œuvres ne lui soient reprochées ; ²¹ mais celui qui agit selon la vérité vient à la lumière, afin que ses œuvres soient reconnues comme des œuvres de Dieu. »

Avec Jean Baptiste : la joie et la foi

²² Après cela, Jésus se rendit en Judée, accompagné de ses disciples ; il y séjourna avec eux, et il baptisait. ²³ Jean, de son côté, baptisait à

---

8. « du souffle », addition pour suggérer le rapprochement entre « Esprit » et « souffle » ou « vent » (même mot en hébreu et en grec). — 14. Voir Nombre 21, 8-9.

Aïnone, près de Salim, où l'eau était abondante. On venait là pour se faire baptiser. ²⁴ En effet, Jean n'avait pas encore été mis en prison.
²⁵ Or, les disciples de Jean s'étaient mis à discuter avec un Juif à propos des (bains de) purification. ²⁶ Ils allèrent donc trouver Jean et lui dirent : « Rabbi, celui qui était avec toi de l'autre côté du Jourdain, celui à qui tu as rendu témoignage, le voilà qui baptise, et tous vont à lui ! » ²⁷ Jean répondit : « Un homme ne peut rien s'attribuer sauf ce qu'il a reçu du ciel. ²⁸ Vous-mêmes pouvez témoigner que j'ai dit : Je ne suis pas le Messie, je suis celui qui a été envoyé devant lui. ²⁹ L'époux, c'est celui à qui l'épouse appartient ; quant à l'ami de l'époux, il se tient là, il entend voix de l'époux, et il en est tout joyeux. C'est ma joie, et j'en suis comblé. ³⁰ Lui, il faut qu'il grandisse ; et moi, que je diminue.

³¹ Celui qui vient d'en haut est au-dessus de tout. Celui qui est de la terre est terrestre, et il parle de façon terrestre. ³² Celui qui vient du ciel rend témoignage de ce qu'il a vu et entendu, et personne n'accepte son témoignage. ³³ Mais celui qui accepte son témoignage certifie par là que Dieu dit la vérité. ³⁴ En effet, celui que Dieu a envoyé dit les paroles de Dieu, car Dieu lui donne l'Esprit sans compter. ³⁵ Le Père aime le Fils et a tout remis dans sa main. ³⁶ Celui qui croit au Fils a la vie éternelle, celui qui refuse de croire en lui ne verra pas la vie, mais la colère * de Dieu demeure sur lui. »

Avec la Samaritaine et les disciples :
l'adoration en esprit et en vérité et la mission de Jésus

4 Les pharisiens avaient entendu dire que Jésus faisait plus de disciples que Jean et baptisait plus que lui. ² (A vrai dire, ce n'était pas Jésus lui-même, c'était ses disciples qui baptisaient.) ³ Quand Jésus apprit cela, il quitta la Judée pour retourner en Galilée ; ⁴ il devait donc traverser la Samarie. ▶ ⁵ Il arrive ainsi à une ville de Samarie, appelée Sykar, près du terrain que Jacob avait donné à son fils Joseph, ⁶ et où se trouve le puits de Jacob. Jésus, fatigué

---

3. « Quand Jésus apprit cela » : mots déplacé du verset 1.

par la route, s'était assis là, au bord du puits. Il était environ midi.
⁷ Arrive une femme de Samarie, qui venait puiser de l'eau. Jésus lui dit : « Donne-moi à boire. » ⁸ (En effet, ses disciples étaient partis à la ville pour acheter de quoi manger.)
⁹ La Samaritaine lui dit : « Comment ! Toi qui es Juif, tu me demandes à boire, à moi une Samaritaine ? » (En effet, les Juifs ne veulent rien avoir en commun avec les Samaritains.) ¹⁰ Jésus lui répondit : « Si tu savais le don de Dieu, si tu connaissais celui qui te dit : 'Donne-moi à boire', c'est toi qui lui aurais demandé, et il t'aurait donné de l'eau vive. » ¹¹ Elle lui dit : « Seigneur, tu n'as rien pour puiser, et le puits est profond ; avec quoi prendrais-tu l'eau vive ? ¹² Serais-tu plus grand que notre père Jacob qui nous a donné ce puits, et qui en a bu lui-même, avec ses fils et ses bêtes ? » ¹³ Jésus lui répondit : « Tout homme qui boit de cette eau aura encore soif ; ¹⁴ mais celui qui boira de l'eau que moi je lui donnerai n'aura plus jamais soif ; et l'eau que je lui donnerai deviendra en lui source jaillissante pour la vie éternelle. » ¹⁵ La femme lui dit : « Seigneur, donne-la moi, cette eau : que je n'aie plus soif, et que je n'aie plus à venir ici pour puiser. »
¹⁶ Jésus lui dit : « Va, appelle ton mari, et reviens. » ¹⁷ La femme répliqua : « Je n'ai pas de mari. » Jésus reprit : « Tu as raison de dire que tu n'as pas de mari, ¹⁸ car tu en as eu cinq, et celui que tu as maintenant n'est pas ton mari : là, tu dis vrai. »
¹⁹ La femme lui dit : « Seigneur, je le vois, tu es un prophète. (Alors, explique-moi :) ²⁰ nos pères ont adoré Dieu sur la montagne qui est là, et vous, les Juifs, vous dites que le lieu où il faut l'adorer est à Jérusalem. » ²¹ Jésus lui dit : « Femme, crois-moi : l'heure vient où vous n'irez plus ni sur cette montagne ni à Jérusalem pour adorer le Père. ²² Vous adorez ce que vous ne connaissez pas ; nous adorons, nous, celui que nous connaissons, car le salut vient des Juifs. ²³ Mais l'heure vient — et c'est maintenant — où les vrais adorateurs adoreront le Père en esprit et vérité : tels sont les adorateurs que recherche le Père. ²⁴ Dieu est esprit, et ceux qui l'adorent, c'est en esprit et vérité qu'ils doivent l'adorer. » ²⁵ La femme lui dit : « Je sais qu'il vient, le Messie, celui qu'on appelle Christ. Quand il viendra, c'est lui qui nous fera connaître toutes choses. » ²⁶ Jésus lui dit : « Moi qui te parle, je le suis. »
²⁷ Là-dessus, ses disciples arrivèrent ; ils étaient surpris de le voir parler avec une femme. Pourtant, aucun ne lui dit : « Que

demandes-tu ? » ou : « Pourquoi parles-tu avec elle ? » ²⁸ La femme, laissant là sa cruche, revint à la ville ²⁹ et dit aux gens : « Venez voir un homme qui m'a dit tout ce que j'ai fait. Ne serait-il pas le Messie ? » ³⁰ Ils sortirent de la ville, et ils se dirigeaient vers Jésus.

³¹ Pendant ce temps, les disciples l'appelaient : « Rabbi, viens manger. » ³² Mais il répondit : « Pour moi, j'ai de quoi manger ; c'est une nourriture que vous ne connaissez pas. » ³³ Les disciples se demandaient : « Quelqu'un lui aurait-il apporté à manger ? » ³⁴ Jésus leur dit : « Ma nourriture, c'est de faire la volonté de celui qui m'a envoyé et d'accomplir son œuvre. ³⁵ Ne dites-vous pas : 'Encore quatre mois et ce sera la moisson' ? Et moi je vous dis : Levez les yeux et regardez les champs qui se dorent pour la moisson*. ³⁶ Dès maintenant, le moissonneur reçoit son salaire : il récolte du fruit pour la vie éternelle, si bien que le semeur se réjouit avec le moissonneur. ³⁷ Il est bien vrai (le proverbe) : 'L'un sème, l'autre moissonne'. ³⁸ Je vous ai envoyés moissonner là où vous n'avez pas pris de peine, d'autres ont pris de la peine, et vous, vous profitez de leurs travaux. »

³⁹ Beaucoup de Samaritains de cette ville crurent en Jésus, à cause des paroles de la femme qui avait rendu ce témoignage : « Il m'a dit tout ce que j'ai fait. » ⁴⁰ Lorsqu'ils arrivèrent auprès de lui, ils l'invitèrent à demeurer chez eux. Il y resta deux jours. ⁴¹ Ils furent encore beaucoup plus nombreux à croire à cause de ses propres paroles, ⁴² et ils disaient à la femme : « Ce n'est plus à cause de ce que tu nous as dit que nous croyons maintenant ; nous l'avons entendu par nous-mêmes, et nous savons que c'est vraiment lui le Sauveur du monde. »

Avec le fonctionnaire royal : la foi à la parole qui donne la vie

⁴³ Jésus, après ces deux jours, partit pour la Galilée. ⁴⁴ (Lui-même avait attesté qu'un prophète n'est pas honoré dans son propre pays.) ⁴⁵ Il arriva donc en Galilée ; les Galiléens lui firent bon accueil, car ils avaient vu tout ce qu'il avait fait à Jérusalem pendant la fête (de la Pâque), puisqu'ils étaient allés eux aussi à cette fête.

---

44. Voir Matthieu 13, 57. — 45. Voir Jean 2, 13-25.

⁴⁶ Ainsi donc Jésus revint à Cana en Galilée, où il avait changé l'eau en vin. Or, il y avait un fonctionnaire royal, dont le fils était malade à Capharnaüm. ⁴⁷ Ayant appris que Jésus arrivait de Judée en Galilée, il alla le trouver ; il lui demandait de descendre (à Capharnaüm) pour guérir son fils qui était mourant. ⁴⁸ Jésus lui dit : « Vous ne pourrez donc pas croire, à moins d'avoir vu des signes et des prodiges ? » ⁴⁹ Le fonctionnaire royal lui dit : « Seigneur, descends, avant que mon enfant ne meure ! » ⁵⁰ Jésus lui répond : « Va, ton fils est vivant. » L'homme crut à la parole que Jésus lui avait dite, et il partit. ⁵¹ Pendant qu'il descendait, ses serviteurs arrivèrent à sa rencontre et lui dirent que son enfant était vivant. ⁵² Il voulut savoir à quelle heure il s'était trouvé mieux. Ils lui dirent : « C'est hier, au début de l'après-midi, que la fièvre l'a quitté. » ⁵³ Le père se rendit compte que c'était justement l'heure où Jésus lui avait dit : « Ton fils est vivant. » Alors il crut, avec tous les gens de sa maison.
⁵⁴ Tel est le second signe que Jésus accomplit lorsqu'il revint de Judée en Galilée.

Nouveaux signes de Jésus et grande confrontation avec les Juifs

La guérison d'un paralysé provoque un débat sur le pouvoir du Fils et son lien avec le Père

5 Après cela, à l'occasion d'une fête des Juifs, Jésus monta à Jérusalem. ² Or, à Jérusalem, près de la Porte des Brebis, il existe une piscine qu'on appelle en hébreu Bézatha. Elle a cinq colonnades, ³ sous lesquelles était couchée une foule de malades : aveugles, boiteux et paralysés. ⁴ ... ⁵ Il y en avait un qui était malade depuis trente-huit ans ; ⁶ Jésus, le voyant couché là, et apprenant qu'il était dans cet état depuis longtemps, lui dit : « Est-ce que tu veux retrouver la santé ? » ⁷ Le malade lui répondit : « Seigneur, je

---

3-4. La bible latine a ici un passage qui manque dans le texte original de l'évangile (fin du v. 3 et v. 4) : « ...qui attendaient que l'eau s'agite. Car l'Ange du Seigneur descendait de temps en temps dans la piscine et faisait bouillonner l'eau ; le premier qui y entrait après que l'eau ait bouillonné était guéri de son mal, quel qu'il fût. »

n'ai personne pour me plonger dans la piscine au moment où l'eau bouillonne ; et pendant que j'y vais, un autre descend avant moi. » ⁸ Jésus lui dit : « Lève-toi, prends ton brancard, et marche. » ⁹ Et aussitôt l'homme retrouva la santé. Il prit son brancard : il marchait ! Or, ce jour-là était un jour de sabbat. ¹⁰ Les Juifs dirent à cet homme que Jésus avait guéri : « C'est le sabbat ! Tu n'as pas le droit de porter ton brancard. » ¹¹ Il leur répliqua : « Celui qui m'a rendu la santé, c'est lui qui m'a dit : 'Prends ton brancard, et marche !' » ¹² Ils l'interrogèrent : « Quel est l'homme qui t'a dit : 'Prends-le, et marche' ? » ¹³ Mais celui qui avait été guéri ne le savait pas ; en effet, Jésus s'était éloigné, car il y avait foule à cet endroit. ¹⁴ Plus tard, Jésus le retrouva dans le Temple et lui dit : « Te voilà en bonne santé. Ne pèche plus, il pourrait t'arriver pire encore. » ¹⁵ L'homme partit annoncer aux Juifs que c'était Jésus qui lui avait rendu la santé.

¹⁶ Et les Juifs se mirent à poursuivre Jésus parce qu'il avait fait cela le jour du sabbat. ¹⁷ Jésus leur déclara : « Mon Père, jusqu'à maintenant, est toujours à l'œuvre, et moi aussi je suis à l'œuvre. » ¹⁸ C'est pourquoi, de plus en plus, les Juifs cherchaient à le faire mourir, car non seulement il violait le (repos du) sabbat, mais encore il disait que Dieu était son propre Père, et il se faisait ainsi l'égal de Dieu.

¹⁹ Jésus reprit donc la parole. Il leur déclarait : « Amen, amen, je vous le dis : le Fils ne peut rien faire de lui-même, il fait seulement ce qu'il voit faire par le Père : ce que fait celui-ci, le Fils le fait pareillement. ²⁰ Car le Père aime le Fils et lui montre tout ce qu'il fait. Il lui montrera des œuvres encore plus grandes, si bien que vous serez dans l'étonnement.

²¹ Comme le Père, en effet, relève les morts et leur donne la vie, le Fils, lui aussi, donne la vie à qui il veut. ²² Car le Père ne juge personne : il a donné au Fils tout pouvoir pour juger, ²³ afin que tous honorent le Fils comme ils honorent le Père. Celui qui ne rend pas honneur au Fils ne rend pas non plus honneur au Père, qui l'a envoyé. ²⁴ Amen, amen, je vous le dis, celui qui écoute ma parole et croit au Père qui m'a envoyé, celui-là obtient la vie éternelle et il échappe au jugement, car il est déjà passé de la mort à la vie. ²⁵ Amen, amen, je vous le dis, l'heure vient — et c'est maintenant — où les morts vont entendre la voix du Fils de Dieu, et ceux qui l'auront entendue vivront.

⁲⁶ Comme le Père a la vie en lui-même, ainsi a-t-il donné au Fils d'avoir la vie en lui-même ; ²⁷ et il lui a donné le pouvoir de prononcer le jugement, parce qu'il est le Fils de l'homme. ²⁸ Ne soyez pas surpris : l'heure vient où tous ceux qui sont dans les tombeaux vont entendre sa voix, et ils sortiront : ²⁹ ceux qui ont fait le bien, ressuscitant pour entrer dans la vie ; ceux qui ont fait le mal, ressuscitant pour être jugés. ³⁰ Moi, je ne peux rien faire de moi-même ; je rends mon jugement d'après ce que j'entends, et ce jugement est juste, parce que je ne cherche pas à faire ma propre volonté, mais la volonté de celui qui m'a envoyé.

³¹ Si je me rendais témoignage à moi-même, mon témoignage ne serait pas vrai ; ³² il y a quelqu'un d'autre qui me rend témoignage*, et je sais que le témoignage qu'il me rend est vrai. ³³ Vous avez envoyé une délégation auprès de Jean (Baptiste), et il a rendu témoignage à la vérité. ³⁴ Moi, je n'ai pas à recevoir le témoignage d'un homme, mais je parle ainsi pour que vous soyez sauvés. ³⁵ Jean était la lampe qui brûle et qui éclaire, et vous avez accepté de vous réjouir un moment à sa lumière. ³⁶ Mais j'ai pour moi un témoignage plus grand que celui de Jean : ce sont les œuvres que le Père m'a données à accomplir ; ces œuvres, je les fais, et elles témoignent que le Père m'a envoyé.
³⁷ Et le Père qui m'a envoyé, c'est lui qui m'a rendu témoignage. Vous n'avez jamais écouté sa voix, vous n'avez jamais vu sa face*, ³⁸ et sa parole ne demeure pas en vous, puisque vous ne croyez pas en moi, l'envoyé du Père. ³⁹ Vous scrutez les Écritures parce que vous pensez trouver en elles la vie éternelle : or, ce sont elles qui me rendent témoignage, ⁴⁰ et vous ne voulez pas venir à moi pour avoir la vie ! ⁴¹ La gloire, je ne la reçois pas des hommes ; ⁴² d'ailleurs je vous connais : vous n'avez pas en vous l'amour de Dieu. ⁴³ Moi je suis venu au nom de mon Père, et vous ne me recevez pas ; si un autre vient en son propre nom, celui-là, vous le recevrez ! ⁴⁴ Comment pourriez-vous croire, vous qui recevez votre gloire les uns des autres, et qui ne cherchez pas la gloire qui vient du Dieu unique ! ⁴⁵ Ne pensez pas que c'est moi qui vous accuserai devant le Père. Votre accusateur, c'est Moïse, en qui vous avez mis votre espérance. ⁴⁶ Si vous croyiez en Moïse, vous croiriez aussi en moi, car c'est de moi qu'il a parlé dans l'Écriture. ⁴⁷ Mais si vous ne croyez pas ce qu'il a écrit, comment croirez-vous ce que je dis ? »

Le signe des pains provoque l'annonce du Pain de vie, qui divise les disciples

▶ **6** Après cela, Jésus passa de l'autre côté du lac de Tibériade (appelé aussi mer de Galilée). ² Une grande foule le suivait, parce qu'elle avait vu les signes qu'il accomplissait en guérissant les malades. ³ Jésus gagna la montagne, et là, il s'assit avec ses disciples. ⁴ C'était un peu avant la Pâque, qui est la grande fête des Juifs.

⁵ Jésus leva les yeux et vit qu'une foule nombreuse venait à lui. Il dit à Philippe : « Où pourrions-nous acheter du pain pour qu'ils aient à manger ? » ⁶ Il disait cela pour le mettre à l'épreuve, car lui-même savait bien ce qu'il allait faire. ⁷ Philippe lui répondit : « Le salaire de deux cents journées ne suffirait pas pour que chacun ait un petit morceau de pain. » ⁸ Un de ses disciples, André, le frère de Simon-Pierre, lui dit : ⁹ « Il y a là un jeune garçon qui a cinq pains d'orge et deux poissons, mais qu'est-ce que cela pour tant de monde ! » ¹⁰ Jésus dit : « Faites-les asseoir. » Il y avait beaucoup d'herbe à cet endroit. Ils s'assirent donc, au nombre d'environ cinq mille hommes. ¹¹ Alors Jésus prit les pains et, après avoir rendu grâce, les leur distribua ; il leur donna aussi du poisson, autant qu'ils en voulaient. ¹² Quand ils eurent mangé à leur faim, il dit à ses disciples : « Ramassez les morceaux qui restent, pour que rien ne soit perdu. » ¹³ Ils les ramassèrent, et ils remplirent douze paniers avec les morceaux qui restaient des cinq pains d'orge après le repas.

¹⁴ A la vue du signe que Jésus avait accompli, les gens disaient : « C'est vraiment lui le (grand) Prophète*, celui qui vient dans le monde. » ¹⁵ Mais Jésus savait qu'ils étaient sur le point de venir le prendre de force et faire de lui leur roi ; alors, de nouveau, il se retira, tout seul, dans la montagne.

¹⁶ Le soir venu, les disciples de Jésus descendirent au bord du lac. ¹⁷ Ils s'embarquèrent pour gagner Capharnaüm, sur l'autre rive. Déjà il faisait nuit, et Jésus ne les avait pas encore rejoints. ¹⁸ Un grand vent se mit à souffler, et le lac devint houleux. ¹⁹ Les disciples avaient ramé pendant cinq mille mètres environ, lorsqu'ils virent Jésus qui marchait sur la mer* et se rapprochait de la barque.

---

7. « salaire de deux cents journées », littéralement : 200 deniers. — 14. Voir Deutéronome **18**, 18. — 19. « 5000 mètres », littéralement : « 25 ou 30 stades » (le stade valait 185 mètres).

Alors, ils furent saisis de crainte. ²⁰ Mais il leur dit : « C'est moi, soyez sans crainte. » ²¹ Les disciples voulaient le prendre dans la barque, mais aussitôt, la barque atteignit le rivage à l'endroit où ils se rendaient.

²² Le lendemain, la foule restée sur l'autre rive du lac se rendit compte qu'il n'y avait eu là qu'une seule barque, et que Jésus n'y était pas monté avec ses disciples, qui étaient partis sans lui. ²³ Cependant, d'autres barques, venant de Tibériade, étaient arrivées près de l'endroit où l'on avait mangé le pain après que le Seigneur eut rendu grâce.

▶ ²⁴ La foule s'était aperçue que Jésus n'était pas là, ni ses disciples non plus, alors les gens prirent les barques et se dirigèrent vers Capharnaüm à la recherche de Jésus. ²⁵ L'ayant trouvé sur l'autre rive, ils lui dirent : « Rabbi, quand es-tu arrivé ici ? »
²⁶ Jésus leur répondit : « Amen, amen, je vous le dis : vous me cherchez, non parce que vous avez vu des signes, mais parce que vous avez mangé du pain et que vous avez été rassasiés. ²⁷ Ne travaillez pas pour la nourriture qui se perd, mais pour la nourriture qui se garde jusque dans la vie éternelle, celle que vous donnera le Fils de l'homme, lui que Dieu, le Père, a marqué de son empreinte. »
²⁸ Ils lui dirent alors : « Que faut-il faire pour travailler aux œuvres de Dieu ? » ²⁹ Jésus leur répondit : « L'œuvre de Dieu, c'est que vous croyiez en celui qu'il a envoyé. » ³⁰ Ils lui dirent alors : « Quel signe vas-tu accomplir pour que nous puissions le voir, et te croire ? Quelle œuvre vas-tu faire ? ³¹ Au désert, nos pères ont mangé la manne *, comme dit l'Écriture : *Il leur a donné à manger le pain venu du ciel.* » ³² Jésus leur répondit : « Amen, amen, je vous le dis : ce n'est pas Moïse qui vous a donné le pain venu du ciel ; c'est mon Père qui vous donne le vrai pain venu du ciel. ³³ Le pain de Dieu, c'est celui qui descend du ciel et qui donne la vie au monde. » ³⁴ Ils lui dirent alors : « Seigneur, donne-nous de ce pain-là, toujours. ».
³⁵ Jésus leur répondit : « Moi, je suis le pain de la vie. Celui qui vient à moi n'aura plus jamais faim ; celui qui croit en moi n'aura plus jamais soif.

³⁶ Mais je vous l'ai déjà dit : vous avez vu, et pourtant vous ne croyez pas. ³⁷ Tous ceux que le Père me donne viendront à moi ; et

---

31. Psaume 77, 24.

celui qui vient à moi, je ne vais pas le jeter dehors. ³⁸ Car je ne suis pas descendu du ciel pour faire ma volonté, mais pour faire la volonté de celui qui m'a envoyé. ³⁹ Or, la volonté de celui qui m'a envoyé, c'est que je ne perde aucun de ceux qu'il m'a donnés, mais que je les ressuscite tous au dernier jour. ⁴⁰ Car la volonté de mon Père, c'est que tout homme qui voit le Fils et croit en lui obtienne la vie éternelle ; et moi, je le ressusciterai au dernier jour. »

▶ ⁴¹ Comme Jésus avait dit : « Moi, je suis le pain qui est descendu du ciel », les Juifs récriminaient contre lui : ⁴² « Cet homme-là n'est-il pas Jésus, fils de Joseph ? Nous connaissons bien son père et sa mère. Alors, comment peut-il dire : ' Je suis descendu du ciel ' ? » ⁴³ Jésus reprit la parole : « Ne récriminez pas entre vous. ⁴⁴ Personne ne peut venir à moi, si le Père qui m'a envoyé ne l'attire vers moi, et moi, je le ressusciterai au dernier jour. ⁴⁵ Il est écrit dans les prophètes : *Ils seront tous instruits par Dieu lui-même*. Tout homme qui écoute les enseignements du Père vient à moi. ⁴⁶ Certes, personne n'a jamais vu le Père, sinon celui qui vient de Dieu : celui-là seul a vu le Père. ⁴⁷ Amen, amen, je vous le dis : celui qui croit en moi a la vie éternelle. ⁴⁸ Moi, je suis le pain de la vie. ⁴⁹ Au désert, vos pères ont mangé la manne, et ils sont morts ; ⁵⁰ mais ce pain-là, qui descend du ciel, celui qui en mange ne mourra pas. ▶ ⁵¹ Moi, je suis le pain vivant, qui est descendu du ciel : si quelqu'un mange de ce pain, il vivra éternellement. Le pain que je donnerai, c'est ma chair donnée pour que le monde ait la vie. »

⁵² Les Juifs discutaient entre eux : « Comment cet homme-là peut-il nous donner sa chair à manger ? » ⁵³ Jésus leur dit alors : « Amen, amen, je vous le dis : si vous ne mangez pas la chair du Fils de l'homme, et si vous ne buvez pas son sang, vous n'aurez pas la vie en vous. ⁵⁴ Celui qui mange ma chair et boit mon sang a la vie éternelle ; et moi, je le ressusciterai au dernier jour. ⁵⁵ En effet, ma chair est la vraie nourriture, et mon sang est la vraie boisson.

⁵⁶ Celui qui mange ma chair et boit mon sang demeure en moi, et moi je demeure en lui. ⁵⁷ De même que le Père, qui est vivant, m'a envoyé, et que moi je vis par le Père, de même aussi celui qui me mangera vivra par moi. ⁵⁸ Tel est le pain qui descend du ciel : il n'est pas comme celui que vos pères ont mangé. Eux, ils sont morts ; celui qui mange ce pain vivra éternellement. »

---
45. Voir Isaïe **54**, 13 ; Jérémie **31**, 34.

⁵⁹ Voilà ce que Jésus a dit dans son enseignement à la synagogue de Capharnaüm.

▶ ⁶⁰ Beaucoup de ses disciples, qui avaient entendu, s'écrièrent : « Ce qu'il dit là est intolérable, on ne peut pas continuer à l'écouter ! » ⁶¹ Jésus connaissait par lui-même ces récriminations des disciples. Il leur dit : « Cela vous heurte ? ⁶² Et quand vous verrez le Fils de l'homme monter là où il était auparavant ?... ⁶³ C'est l'esprit qui fait vivre, la chair n'est capable de rien. Les paroles que je vous ai dites sont esprit et elles sont vie. ⁶⁴ Mais il y en a parmi vous qui ne croient pas. » Jésus savait en effet depuis le commencement qui étaient ceux qui ne croyaient pas, et celui qui le livrerait. ⁶⁵ Il ajouta : « Voilà pourquoi je vous ai dit que personne ne peut venir à moi si cela ne lui est pas donné par le Père. »

⁶⁶ A partir de ce moment, beaucoup de ses disciples s'en allèrent et cessèrent de marcher avec lui. ⁶⁷ Alors Jésus dit aux Douze : « Voulez-vous partir, vous aussi ? » ⁶⁸ Simon-Pierre lui répondit : « Seigneur, vers qui pourrions-nous aller ? Tu as les paroles de la vie éternelle. ⁶⁹ Quant à nous, nous croyons, et nous savons que tu es le Saint *, le Saint de Dieu. » ⁷⁰ Jésus leur dit : « N'est-ce pas moi qui vous ai choisis tous les douze ? Et l'un de vous est un démon ! » ⁷¹ Il parlait de Judas, fils de Simon Iscariote, car celui-ci allait le livrer ; et pourtant c'était l'un des Douze.

La fête des Tentes occasionne le conflit de Jésus avec les chefs juifs

7 Après cela, Jésus parcourait la Galilée ; il ne voulait pas parcourir la Judée parce que les Juifs cherchaient à le faire mourir. ² La fête juive des Tentes approchait. ³ Alors les frères de Jésus lui dirent : « Ne reste pas ici, va en Judée pour que les disciples (que tu as là-bas) voient eux aussi les œuvres que tu fais. ⁴ On n'agit pas en secret quand on veut être connu. Puisque tu fais de telles choses, manifeste-toi au monde. » ⁵ (En effet, les frères de Jésus eux-mêmes ne croyaient pas en lui.) ⁶ Jésus leur dit alors : « Pour moi, le moment n'est pas encore venu ; pour vous, c'est toujours le moment favorable. ⁷ Le monde ne peut pas avoir de haine contre vous ; mais il a de la haine contre moi parce que je témoigne que ses œuvres sont mauvaises. ⁸ Vous autres, montez à la fête ; moi, je ne monte pas à cette fête parce que le moment pour moi n'est pas encore arrivé. » ⁹ Cela dit, il demeura en Galilée. ¹⁰ Lorsque les frères de Jésus furent montés (à Jérusalem) pour la fête, il y monta lui aussi, non pas ostensiblement, mais en secret.

¹¹ Les Juifs le cherchaient pendant la fête, en disant : « Où donc est cet homme ? » ¹² On discutait beaucoup à son sujet dans la foule. Les uns disaient : « C'est un homme de bien. » D'autres répliquaient : « Non, il égare la foule. » ¹³ Toutefois, personne ne parlait ouvertement de lui, par crainte des Juifs.
¹⁴ (La semaine de) la fête était déjà à moitié passée quand Jésus monta au Temple et se mit à enseigner. ¹⁵ Dans leur étonnement, les Juifs disaient : « Comment cet homme connaît-il tant de choses sans avoir fait d'études ? » ¹⁶ Jésus leur répondit : « Mon enseignement n'est pas le mien : c'est l'enseignement de celui qui m'a envoyé. ¹⁷ Celui qui veut faire la volonté de Dieu saura si cet enseignement vient de Dieu, ou si je ne parle qu'en mon nom. ¹⁸ Si quelqu'un ne parle qu'en son nom, il cherche sa propre gloire ; mais si quelqu'un cherche la gloire de celui qui l'a envoyé, il est dans le vrai, et il n'y a en lui rien de mal. ¹⁹ N'est-ce pas Moïse qui vous a donné la Loi ? Or, aucun de vous n'agit selon la Loi. Pourquoi cherchez-vous à me faire mourir ? » ²⁰ La foule répondit : « Tu es un possédé ! Qui donc cherche à te faire mourir ? » ²¹ Jésus leur répondit : « Pour une seule œuvre que j'ai faite, vous voilà tous dans l'étonnement. ²² Moïse vous a prescrit la circoncision (en fait elle ne vient pas de Moïse, mais des patriarches), et vous la pratiquez même le jour du sabbat. ²³ Eh bien, si, le jour du sabbat, un être humain peut recevoir la circoncision afin que la loi de Moïse soit respectée, pourquoi vous mettez-vous en colère contre moi parce que j'ai guéri un être humain tout entier le jour du sabbat ? ²⁴ Ne jugez pas d'après l'apparence, mais selon la justice. »
²⁵ Quelques habitants de Jérusalem disaient alors : « N'est-ce pas lui qu'on cherche à faire mourir ? ²⁶ Le voilà qui parle ouvertement, et personne ne lui dit rien ! Les chefs du peuple auraient-ils vraiment reconnu que c'est lui le Messie ? ²⁷ Mais lui, nous savons d'où il est. Or, lorsque le Messie viendra, personne ne saura d'où il est. »
²⁸ Jésus, qui enseignait dans le Temple, s'écria : « Vous me connais-

---

14. Voir Deutéronome **16**, 13-15.

sez ? Et vous savez d'où je suis ? Je ne suis pas venu de moi-même, mais celui qui m'a envoyé dit la vérité, lui que vous ne connaissez pas. **29** Moi, je le connais parce que je viens d'auprès de lui, et c'est lui qui m'a envoyé. »

30 On cherchait à l'arrêter, mais personne ne mit la main sur lui parce que son heure n'était pas encore venue. **31** Dans la foule, beaucoup crurent en lui, et ils disaient : « Le Messie, quand il viendra, accomplira-t-il plus de signes que celui-ci n'en a fait ? » **32** Les pharisiens apprirent que la foule discutait ainsi à son propos. Alors les chefs des prêtres et les pharisiens envoyèrent des gardes pour l'arrêter. **33** Jésus déclara : « Je suis encore avec vous, mais pour peu de temps ; et je m'en vais auprès de celui qui m'a envoyé. **34** Vous me chercherez, et vous ne me trouverez pas ; et là où je suis, vous ne pouvez pas venir. » **35** Les Juifs se dirent alors entre eux : « Où va-t-il bien partir pour que nous ne le trouvions pas ? Va-t-il partir chez les Juifs dispersés dans le monde grec afin d'instruire les Grecs ? **36** Que signifie cette parole qu'il a dite : 'Vous me chercherez, et vous ne me trouverez pas, et là où je suis, vous ne pouvez pas venir' ? »

▶ **37** Au jour solennel où se terminait la fête, Jésus, debout, s'écria : « Si quelqu'un a soif, qu'il vienne à moi, et qu'il boive **38** celui qui croit en moi ! Comme dit l'Écriture : *Des fleuves d'eau vive jailliront de son cœur.* » **39** En disant cela, il parlait de l'Esprit Saint, l'Esprit que devaient recevoir ceux qui croiraient en Jésus. En effet, l'Esprit Saint n'avait pas encore été donné, parce que Jésus n'avait pas encore été glorifié par le Père.

40 Dans la foule, on avait entendu ses paroles, et les uns disaient : « C'est vraiment lui, le (grand) Prophète ! » **41** D'autres disaient : « C'est lui le Messie ! » Mais d'autres encore demandaient : « Est-ce que le Messie peut venir de Galilée ? **42** L'Écriture dit pourtant qu'il doit venir de la descendance de David, et de Bethléem, le village où habitait David ! » **43** C'est ainsi que la foule se divisa à son sujet. **44** Quelques-uns d'entre eux voulaient l'arrêter, mais personne ne mit la main sur lui.

---

38. Voir Isaïe **48**, 21 ; Ézéchiel **47**, 1 ; Zacharie **14**, 8. — 40. Voir Jean **1**, 21.
42. 2ᵉ Samuel **7**, 12-17 ; Michée **5**, 1.

⁴⁵ Voyant revenir les gardes (qu'ils avaient envoyés arrêter Jésus), les chefs des prêtres et les pharisiens leur demandèrent : « Pourquoi ne l'avez-vous pas ramené ? » ⁴⁶ Les gardes répondirent : « Jamais un homme n'a parlé comme cet homme ! » ⁴⁷ Les pharisiens leur répliquèrent : « Alors, vous aussi, vous vous êtes laissé égarer ? ⁴⁸ Parmi les chefs du peuple et les pharisiens, y en a-t-il un seul qui ait cru en lui ? ⁴⁹ Quant à cette foule qui ne sait rien de la Loi, ce sont des maudits ! » ⁵⁰ Parmi les pharisiens, il y avait Nicodème, qui était allé précédemment trouver Jésus ; il leur dit : ⁵¹ « Est-ce que notre Loi permet de condamner un homme sans l'entendre d'abord pour savoir ce qu'il a fait ? » ⁵² Ils lui répondirent : « Alors, toi aussi, tu es de Galilée ? Cherche bien, et tu verras que jamais aucun prophète ne surgit de Galilée ! » ⁵³ Puis ils rentrèrent chacun chez soi.

La femme infidèle pardonnée

▶ **8** Jésus s'était rendu au mont des Oliviers ; ² de bon matin, il retourna au Temple. Comme tout le peuple venait à lui, il s'assit et se mit à enseigner. ³ Les scribes et les pharisiens lui amènent une femme qu'on avait surprise en train de commettre l'adultère. Ils la font avancer, et disent à Jésus : ⁴ « Maître, cette femme a été prise en flagrant délit d'adultère. ⁵ Or, dans la Loi, Moïse nous a ordonné de lapider ces femmes-là. Et toi, qu'en dis-tu ? » ⁶ Ils parlaient ainsi pour le mettre à l'épreuve, afin de pouvoir l'accuser. Mais Jésus s'était baissé et, du doigt, il traçait des traits sur le sol. ⁷ Comme on persistait à l'interroger, il se redressa et leur dit : « Celui d'entre vous qui est sans péché, qu'il soit le premier à lui jeter la pierre. » ⁸ Et il se baissa de nouveau pour tracer des traits sur le sol. ⁹ Quant à eux, sur cette réponse, ils s'en allaient l'un après l'autre, en commençant par les plus âgés. Jésus resta seul avec la femme en face de lui. ¹⁰ Il se redressa et lui demanda : « Femme, où sont-ils donc ? Alors, personne ne t'a condamnée ? » ¹¹ Elle répondit : « Personne, Seigneur. » Et Jésus lui dit : « Moi non plus, je ne te condamne pas. Va, et désormais ne pèche plus. »

Reprise du grand conflit

¹² De nouveau, Jésus parla aux Juifs : « Moi, je suis la lumière * du monde. Celui qui me suit ne marchera pas dans les ténèbres, il aura

---

45. Voir verset 32. — 50. Voir Jean 3, 1. — 5. Voir Lévitique **20**, 10 ; Deutéronome **22**, 22.

la lumière de la vie. » ¹³ Les pharisiens lui dirent alors : « Tu te rends témoignage à toi-même, ce n'est donc pas un vrai témoignage. » ¹⁴ Jésus leur répondit : « Oui, moi je me rends témoignage à moi-même, et pourtant c'est un vrai témoignage, car je sais d'où je suis venu, et où je m'en vais ; mais vous, vous ne savez ni d'où je viens, ni où je m'en vais. ¹⁵ Vous, vous jugez de façon purement humaine. Moi, je ne juge personne. ¹⁶ Et s'il m'arrive de juger, mon jugement est vrai parce que je ne suis pas seul : j'ai avec moi le Père, qui m'a envoyé. ¹⁷ Or, il est écrit dans votre Loi que s'il y a deux témoins, c'est un vrai témoignage. ¹⁸ Moi, je me rends témoignage à moi-même, et le Père, qui m'a envoyé, témoigne aussi pour moi. » ¹⁹ Les pharisiens lui disaient : « Où est-il, ton père ? » Jésus répondit : « Vous ne connaissez ni moi ni mon Père ; si vous me connaissiez, vous connaîtriez aussi mon Père. » ²⁰ Il prononça ces paroles, alors qu'il enseignait au Temple, du côté du Trésor. Et personne ne l'arrêta, parce que son heure n'était pas encore venue.

²¹ Jésus leur dit encore : « Je m'en vais ; vous me chercherez, et vous mourrez dans votre péché. Là où moi je m'en vais, vous ne pouvez pas y aller. » ²² Les Juifs disaient : « Veut-il donc se suicider, puisqu'il dit : 'Là où moi je m'en vais, vous ne pouvez pas y aller ?' » ²³ Il leur répondit : « Vous, vous êtes d'en bas ; moi, je suis d'en haut. Vous êtes de ce monde, je ne suis pas de ce monde. ²⁴ C'est pourquoi je vous ai dit que vous mourrez dans vos péchés. Si en effet vous ne croyez pas que moi, JE SUIS, vous mourrez dans vos péchés. » ²⁵ Ils lui demandaient : « Qui es-tu donc ? » Jésus leur répondit : « Je n'ai pas cessé de vous le dire. ²⁶ J'ai beaucoup à dire sur vous, et beaucoup à condamner. D'ailleurs celui qui m'a envoyé dit la vérité, et c'est de lui que j'ai entendu ce que je dis pour le monde. » ²⁷ Ils ne comprirent pas qu'il leur parlait du Père.
²⁸ Jésus leur déclara : « Quand vous aurez élevé le Fils de l'homme, alors vous comprendrez que moi, JE SUIS, et que je ne fais rien par moi-même, mais tout ce que je dis, c'est le Père qui me l'a enseigné. ²⁹ Celui qui m'a envoyé est avec moi ; il ne m'a pas laissé seul parce que je fais toujours ce qui lui plaît. » ³⁰ Sur ces paroles de Jésus, beaucoup crurent en lui.

---

17. Voir Deutéronome **19**, 15.

³¹ Jésus disait à ces Juifs qui maintenant croyaient en lui : ³² « Si vous demeurez fidèles à ma parole, vous êtes vraiment mes disciples ; alors vous connaîtrez la vérité, et la vérité vous rendra libres*. » ³³ Ils lui répliquèrent : « Nous sommes les descendants d'Abraham, et nous n'avons jamais été les esclaves de personne. Comment peux-tu dire : 'Vous deviendrez libres' ? » ³⁴ Jésus leur répondit : « Amen, amen, je vous le dis : tout homme qui commet le péché est esclave du péché. ³⁵ L'esclave ne demeure pas pour toujours dans la maison ; le fils, lui, y demeure pour toujours. ³⁶ Donc, si c'est le Fils qui vous rend libres, vous serez vraiment libres. ³⁷ Je sais bien que vous êtes les descendants d'Abraham, et pourtant vous cherchez à me faire mourir, parce que ma parole n'a pas de prise sur vous. ³⁸ Je dis ce que moi, j'ai vu auprès de mon Père, et vous, vous faites aussi ce que vous avez entendu chez votre père. » ³⁹ Ils lui répliquèrent : « Notre père, c'est Abraham. » Jésus leur dit : « Si vous êtes les enfants d'Abraham, vous devriez agir comme Abraham. ⁴⁰ Et en fait vous cherchez à me faire mourir, moi qui vous ai dit la vérité que j'ai entendue de Dieu. Abraham n'a pas agi ainsi. ⁴¹ Mais vous, vous agissez comme votre père. »

Ils lui dirent : « Nous ne sommes pas des enfants illégitimes. Nous n'avons qu'un seul Père, qui est Dieu. » ⁴² Jésus leur dit : « Si Dieu était votre Père, vous m'aimeriez, car moi, c'est de Dieu que je suis sorti et que je viens. Je ne suis pas venu de moi-même ; c'est lui qui m'a envoyé. ⁴³ Et pourquoi ne comprenez-vous pas mon langage ? C'est parce que vous n'êtes pas capables d'écouter ma parole. ⁴⁴ Vous venez du démon, qui est votre père, et vous cherchez à réaliser les désirs de votre père. Celui-ci, dès le commencement, a voulu la mort de l'homme. Il n'a jamais été dans la vérité, parce qu'il n'y a pas en lui de vérité. Quand il dit le mensonge, il parle selon sa nature propre, parce qu'il est menteur et père du mensonge. ⁴⁵ Mais moi, parce que je dis la vérité, vous ne me croyez pas. ⁴⁶ Qui d'entre vous peut m'accuser de péché ? Si je dis la vérité, pourquoi ne me croyez-vous pas ? ⁴⁷ Celui qui vient de Dieu écoute les paroles de Dieu. Et vous, vous n'écoutez pas, parce que vous ne venez pas de Dieu. » ⁴⁸ Les Juifs répliquèrent : « N'avons-nous pas raison de dire que tu es un Samaritain et un possédé ? » ⁴⁹ Jésus répondit : « Je ne suis pas un possédé. Au contraire, j'honore mon Père, tandis que vous, vous refusez de m'honorer. ⁵⁰ Ce n'est pas

moi qui recherche ma gloire, il y a quelqu'un qui la recherche, et qui rend justice. ⁵¹Amen, amen, je vous le dis : si quelqu'un reste fidèle à ma parole, il ne verra jamais la mort. »
⁵²Les Juifs lui dirent : « Nous voyons bien maintenant que tu es un possédé. Abraham est mort, les prophètes aussi et toi, tu dis : ' Si quelqu'un reste fidèle à ma parole, jamais il ne connaîtra la mort.' ⁵³Es-tu donc plus grand que notre père Abraham ? Il est mort, et les prophètes aussi. Qui donc prétends-tu être ? » ⁵⁴Jésus répondit : « Si je me glorifie moi-même, ma gloire n'est rien ; c'est mon Père qui me glorifie, lui que vous appelez votre Dieu, ⁵⁵alors que vous ne le connaissez pas. Mais moi, je le connais; et, si je dis que je ne le connais pas, je serai un menteur comme vous. Mais je le connais, et je reste fidèle à sa parole. ⁵⁶Abraham, votre père, a tressailli d'allégresse dans l'espoir de voir mon Jour. Il l'a vu, et il a été dans la joie. » ⁵⁷Les Juifs lui dirent alors : « Toi qui n'as pas cinquante ans, tu as vu Abraham ! » ⁵⁸Jésus leur répondit : « Amen, amen, je vous le dis : avant qu'Abraham ait existé, moi, JE SUIS. » ⁵⁹Alors ils ramassèrent des pierres pour les lui jeter. Mais Jésus, en se cachant, sortit du Temple.

La guérison d'un aveugle-né révèle l'aveuglement des adversaires de Jésus

▶ **9** Jésus vit sur son passage un homme qui était aveugle de naissance. ²Ses disciples l'interrogèrent : « Rabbi, pourquoi cet homme est-il né aveugle ? Est-ce lui qui a péché, ou bien ses parents ? » ³Jésus répondit : « Ni lui, ni ses parents. mais l'action de Dieu devait se manifester en lui. ⁴Il nous faut réaliser l'action de celui qui m'a envoyé, pendant qu'il fait encore jour ; déjà la nuit* approche, et personne ne pourra plus agir. ⁵Tant que je suis dans le monde, je suis la lumière *du monde. » ⁶Cela dit, il cracha sur le sol et, avec la salive, il fit de la boue qu'il appliqua sur les yeux de l'aveugle, ⁷et il lui dit : « Va te laver à la piscine de Siloé » (ce nom signifie ' Envoyé '). L'aveugle y alla donc, et il se lava ; quand il revint, il voyait. ⁸Ses voisins, et ceux qui étaient habitués à le rencontrer – car il était mendiant – dirent alors : « N'est-ce pas celui qui se tenait là pour mendier ? » ⁹Les uns disaient : « C'est lui. » Les autres disaient : « Pas du tout, c'est quelqu'un qui lui ressemble. » Mais lui affirmait : « C'est bien moi. » ¹⁰ Et on lui demandait : « Alors, comment tes yeux se sont-ils ouverts ? » ¹¹ Il répondit : « L'homme qu'on appelle Jésus a fait de la boue, il m'en a frotté les yeux et il m'a dit : 'Va te laver à la piscine de Siloé.' J'y suis donc allé et je me suis lavé ; alors, j'ai vu. » ¹² Ils lui dirent : « Et lui, où est-il ? » Il répondit : « Je ne sais pas. »

¹³ On amène aux pharisiens cet homme qui avait été aveugle. ¹⁴ Or, c'était un jour de sabbat que Jésus avait fait de la boue et lui avait ouvert les yeux. ¹⁵ A leur tour, les pharisiens lui demandèrent : « Comment se fait-il que tu voies ? » Il leur répondit : « Il m'a mis de la boue sur les yeux, je me suis lavé, et maintenant je vois. » ¹⁶ Certains pharisiens disaient : « Celui-là ne vient pas de Dieu, puisqu'il n'observe pas le (repos du) sabbat. » D'autres répliquaient : « Comment un homme pécheur pourrait-il accomplir des signes pareils ? » Ainsi donc ils étaient divisés.

¹⁷ Alors ils s'adressent de nouveau à l'aveugle : « Et toi, que dis-tu de lui, puisqu'il t'a ouvert les yeux ? » Il dit : « C'est un prophète*. »
¹⁸ Les Juifs ne voulaient pas croire que cet homme, qui maintenant voyait, avait été aveugle. C'est pourquoi ils convoquèrent ses parents ¹⁹ et leur demandèrent : « Cet homme est bien votre fils, et vous dites qu'il est né aveugle ? Comment se fait-il qu'il voie maintenant ? » ²⁰ Les parents répondirent : « Nous savons que c'est bien notre fils, et qu'il est né aveugle. ²¹ Mais comment il peut voir à présent, nous ne le savons pas ; et qui lui a ouvert les yeux, nous ne le savons pas non plus. Interrogez-le, il est assez grand pour s'expliquer. » ²² Ses parents parlaient ainsi parce qu'ils avaient peur des Juifs. En effet, les Juifs s'étaient déjà mis d'accord pour exclure de la synagogue tous ceux qui déclareraient que Jésus est le Messie. ²³ Voilà pourquoi les parents avaient dit : 'Il est assez grand, interrogez-le !'

²⁴ Pour la seconde fois, les pharisiens convoquèrent l'homme qui avait été aveugle, et ils lui dirent : « Rends gloire à Dieu ! Nous savons, nous, que cet homme est un pécheur. » ²⁵ Il répondit : « Est-ce un pécheur ? Je n'en sais rien ; mais il y a une chose que je sais : j'étais aveugle, et maintenant je vois. » ²⁶ Ils lui dirent alors : « Comment a-t-il fait pour t'ouvrir les yeux ? » ²⁷ Il leur répondit : « Je vous l'ai déjà dit, et vous n'avez pas écouté. Pourquoi voulez-vous m'entendre encore une fois ? Serait-ce que vous aussi vous voulez devenir ses disciples ? » ²⁸ Ils se mirent à l'injurier : « C'est toi

qui es son disciple ; nous, c'est de Moïse que nous sommes les disciples. ²⁹ Moïse, nous savons que Dieu lui a parlé ; quant à celui-là, nous ne savons pas d'où il est. » ³⁰ L'homme leur répondit : « Voilà bien ce qui est étonnant ! Vous ne savez pas d'où il est, et pourtant il m'a ouvert les yeux. ³¹ Comme chacun sait, Dieu n'exauce pas les pécheurs, mais si quelqu'un l'honore et fait sa volonté, il l'exauce. ³² Jamais encore on n'avait entendu dire qu'un homme ait ouvert les yeux à un aveugle de naissance. ³³ Si cet homme-là ne venait pas de Dieu, il ne pourrait rien faire. » ³⁴ Ils répliquèrent : « Tu es tout entier plongé dans le péché depuis ta naissance, et tu nous fais la leçon ? » Et ils le jetèrent dehors.

³⁵ Jésus apprit qu'ils l'avaient expulsé. Alors il vint le trouver et lui dit : « Crois-tu au Fils de l'homme ? » ³⁶ Il répondit : « Et qui est-il, Seigneur, pour que je croie en lui ? » ³⁷ Jésus lui dit : « Tu le vois, et c'est lui qui te parle. » ³⁸ Il dit : « Je crois, Seigneur », et il se prosterna devant lui. ³⁹ Jésus dit alors : « Je suis venu en ce monde pour une remise en question : pour que ceux qui ne voient pas puissent voir, et que ceux qui voient deviennent aveugles. » ⁴⁰ Des pharisiens qui se trouvaient avec lui entendirent ces paroles et lui dirent : « Serions-nous des aveugles, nous aussi ? » ⁴¹ Jésus leur répondit : « Si vous étiez des aveugles, vous n'auriez pas de péché ; mais du moment que vous dites : 'Nous voyons', votre péché demeure.

La parabole sur le bon berger révèle le don de la vie opéré par Jésus, mais soulève contre lui les mauvais bergers

▶ **10** Amen, amen, je vous le dis : celui qui entre dans la bergerie sans passer par la porte, mais qui escalade par un autre endroit, celui-là est un voleur et un bandit. ² Celui qui entre par la porte, c'est lui le pasteur, le berger des brebis. ³ Le portier lui ouvre, et les brebis écoutent sa voix. Ses brebis à lui, il les appelle chacune par son nom, et il les fait sortir. ⁴ Quand il a conduit dehors toutes ses brebis, il marche à leur tête et elles le suivent, car elles connaissent

---

2. On a utilisé à la fois « berger » et « pasteur » pour tenir compte aussi bien du langage commun que de l'usage traditionnel.

sa voix. ⁵ Jamais elles ne suivront un inconnu, elles s'enfuiront loin de lui, car elles ne reconnaissent pas la voix des inconnus. » ⁶ Jésus employa cette parabole en s'adressant (aux pharisiens), mais ils ne comprirent pas ce qu'il voulait leur dire. ⁷ C'est pourquoi Jésus reprit la parole : « Amen, amen, je vous le dis : je suis la porte des brebis. ⁸ Ceux qui sont intervenus avant moi sont tous des voleurs et des bandits ; mais les brebis ne les ont pas écoutés. ⁹ Moi, je suis la porte.

Si quelqu'un entre en passant par moi, il sera sauvé ; il pourra aller et venir, et il trouvera un pâturage. ¹⁰ Le voleur ne vient que pour voler, égorger et détruire. Moi je suis venu pour que les hommes aient la vie, pour qu'ils l'aient en abondance.

▶ ¹¹ Je suis le bon pasteur (le vrai berger). Le vrai berger donne sa vie pour ses brebis. ¹² Le berger mercenaire, lui, n'est pas le pasteur, car les brebis ne lui appartiennent pas : s'il voit venir le loup, il abandonne les brebis et s'enfuit ; le loup s'en empare et les disperse. ¹³ Ce berger n'est qu'un mercenaire, et les brebis ne comptent pas vraiment pour lui. ¹⁴ Moi, je suis le bon pasteur ; je connais mes brebis, et mes brebis me connaissent, ¹⁵ comme le Père me connaît, et que je connais le Père ; et je donne ma vie pour mes brebis.

¹⁶ J'ai encore d'autres brebis, qui ne sont pas de cette bergerie : celles-là aussi il faut que je les conduise. Elles écouteront ma voix : il y aura un seul troupeau et un seul pasteur. ¹⁷ Le Père m'aime parce que je donne ma vie pour la reprendre ensuite. ¹⁸ Personne n'a pu me l'enlever : je la donne de moi-même. J'ai le pouvoir de la donner, et le pouvoir de la reprendre : voilà le commandement que j'ai reçu de mon Père. »

¹⁹ De nouveau, les Juifs se divisèrent à cause de ces paroles. ²⁰ Beaucoup d'entre eux disaient : « C'est un possédé, il est fou. Pourquoi l'écoutez-vous ? » ²¹ D'autres disaient : « On ne parle pas ainsi quand on est possédé du démon. Est-ce qu'un démon pourrait ouvrir les yeux à des aveugles ? »

²² On célébrait à Jérusalem l'anniversaire de la Dédicace du Temple. C'était l'hiver. ²³ Jésus allait et venait dans le Temple, sous la colonnade de Salomon. ²⁴ Les Juifs se groupèrent autour de lui ; ils lui disaient : « Combien de temps vas-tu nous laisser dans le doute ?

---

6. D'après Jean **9**, 40.

Si tu es le Messie, dis-le ouvertement. » ²⁵ Jésus leur répondit : « Je vous l'ai dit, et vous ne croyez pas. Les œuvres que je fais au nom de mon Père, voilà ce qui me rend témoignage. ²⁶ Mais vous ne croyez pas, parce que vous n'êtes pas de mes brebis. ▶ ²⁷ Mes brebis écoutent ma voix ; moi, je les connais, et elles me suivent. ²⁸ Je leur donne la vie éternelle : jamais elles ne périront, personne ne les arrachera de ma main. ²⁹ Mon Père, qui me les a données, est plus grand que tout, et personne ne peut rien arracher de la main du Père. ³⁰ Le Père et moi, nous sommes UN. »

³¹ Les Juifs allèrent de nouveau chercher des pierres pour lapider Jésus. ³² Celui-ci prit la parole : « J'ai multiplié sous vos yeux les œuvres bonnes de la part du Père. Pour laquelle voulez-vous me lapider ? » ³³ Les Juifs lui répondirent : « Ce n'est pas pour une œuvre bonne que nous voulons te lapider, c'est parce que tu blasphèmes : tu n'es qu'un homme, et tu prétends être Dieu. » ³⁴ Jésus leur répliqua : « Il est écrit dans votre Loi : *J'ai dit : Vous êtes des dieux*. ³⁵ Donc, ceux à qui la parole de Dieu s'adressait, la Loi les appelle des dieux ; et l'Écriture ne peut pas être abolie. ³⁶ Or, celui que le Père a consacré et envoyé dans le monde, vous lui dites : 'Tu blasphèmes', parce que j'ai dit : Je suis le Fils de Dieu. ³⁷ Si je n'accomplis pas les œuvres de mon Père, continuez à ne pas me croire. ³⁸ Mais si je les accomplis, quand bien même vous refuseriez de me croire, croyez les œuvres. Ainsi vous reconnaîtrez, et de plus en plus, que le Père est en moi, et moi dans le Père. »

³⁹ Les Juifs cherchaient de nouveau à l'arrêter, mais il leur échappa. ⁴⁰ Il repartit pour la Transjordanie, à l'endroit où Jean avait commencé à baptiser. Et il y demeura. ⁴¹ Beaucoup vinrent à lui, en déclarant : « Jean n'a pas accompli de signe ; mais tout ce qu'il a dit au sujet de celui-ci était vrai. » ⁴² Et, à cet endroit, beaucoup crurent en lui.

Dernier signe : vers la mort et la gloire

En rendant la vie à Lazare, Jésus provoque sa propre condamnation

▶ **11** Un homme était tombé malade. C'était Lazare, de Béthanie, le village de Marie et de sa sœur Marthe. ² (Marie est celle qui versa

---

34. Psaume 81, 6. — 2. Voir Jean 12, 3.

du parfum sur le Seigneur et lui essuya les pieds avec ses cheveux. Lazare, le malade, était son frère.) ³ Donc, les deux sœurs envoyèrent dire à Jésus : « Seigneur, celui que tu aimes est malade. » ⁴ En apprenant cela, Jésus dit : « Cette maladie ne conduit pas à la mort, elle est pour la gloire de Dieu, afin que par elle le Fils de Dieu soit glorifié. » ⁵ Jésus aimait Marthe et sa sœur, ainsi que Lazare. ⁶ Quand il apprit que celui-ci était malade, il demeura pourtant deux jours à l'endroit où il se trouvait ; ⁷ alors seulement il dit aux disciples : « Revenons en Judée. » ⁸ Les disciples lui dirent : « Rabbi, tout récemment les Juifs cherchaient à te lapider, et tu retournes là-bas ? » ⁹ Jésus répondit : « Ne fait-il pas jour pendant douze heures ? Celui qui marche pendant le jour ne trébuche pas, parce qu'il voit la lumière de ce monde ; ¹⁰ mais celui qui marche pendant la nuit trébuche, parce que la lumière n'est pas en lui. » ¹¹ Après ces paroles, il ajouta : « Lazare, notre ami, s'est endormi ; mais je m'en vais le tirer de ce sommeil. » ¹² Les disciples lui dirent alors : « Seigneur, s'il s'est endormi, il sera sauvé. » ¹³ Car ils pensaient que Jésus voulait parler du sommeil, tandis qu'il parlait de la mort. ¹⁴ Alors il leur dit clairement : « Lazare est mort, ¹⁵ et je me réjouis de n'avoir pas été là, à cause de vous, pour que vous croyiez. Mais allons auprès de lui ! » ¹⁶ Thomas (dont le nom signifie 'Jumeau') dit aux autres disciples : « Allons-y nous aussi, pour mourir avec lui ! »

¹⁷ Quand Jésus arriva, il trouva Lazare au tombeau depuis quatre jours déjà. ¹⁸ Comme Béthanie était tout près de Jérusalem — à une demi-heure de marche environ —, ¹⁹ beaucoup de Juifs étaient venus manifester leur sympathie à Marthe et à Marie, dans leur deuil. ²⁰ Lorsque Marthe apprit l'arrivée de Jésus, elle partit à sa rencontre, tandis que Marie restait à la maison. ²¹ Marthe dit à Jésus : « Seigneur, si tu avais été là, mon frère ne serait pas mort. ²² Mais je sais que, maintenant encore, Dieu t'accordera tout ce que tu lui demanderas. » ²³ Jésus lui dit : « Ton frère ressuscitera. » ²⁴ Marthe reprit : « Je sais qu'il ressuscitera au dernier jour, à la résurrection. » ²⁵ Jésus lui dit : « Moi, je suis la résurrection * et la vie *. Celui qui croit en moi, même s'il meurt, vivra, ²⁶ et tout homme qui vit et qui croit en moi ne mourra jamais. Crois-tu

---

18. « une demi-heure de marche », littéralement « 15 stades » (1 stade = 185 mètres).

cela ? » ²⁷ Elle répondit : « Oui, Seigneur, tu es le Messie, je le crois ; tu es le Fils de Dieu, celui qui vient dans le monde. »

²⁸ Ayant dit cela, elle s'en alla appeler sa sœur Marie, et lui dit tout bas : « Le maître est là, il t'appelle. » ²⁹ Marie, dès qu'elle l'entendit, se leva aussitôt et partit rejoindre Jésus. ³⁰ Il n'était pas encore entré dans le village ; il se trouvait toujours à l'endroit où Marthe l'avait rencontré. ³¹ Les Juifs qui étaient à la maison avec Marie, et lui manifestaient leur sympathie, quand ils la virent se lever et sortir si vite, la suivirent, pensant qu'elle allait au tombeau pour y pleurer. ³² Elle arriva à l'endroit où se trouvait Jésus ; dès qu'elle le vit, elle se jeta à ses pieds et lui dit : « Seigneur, si tu avais été là, mon frère ne serait pas mort. »

³³ Quand il vit qu'elle pleurait, et que les Juifs venus avec elle pleuraient aussi, Jésus fut bouleversé d'une émotion profonde. ³⁴ Il demanda : « Où l'avez-vous déposé ? » Ils lui répondirent : « Viens voir, Seigneur. » ³⁵ Alors Jésus pleura. ³⁶ Les Juifs se dirent « Voyez comme il l'aimait ! » ³⁷ Mais certains d'entre eux disaient : « Lui qui a ouvert les yeux de l'aveugle, ne pouvait-il pas empêcher Lazare de mourir ? »

³⁸ Jésus, repris par l'émotion, arriva au tombeau. C'était une grotte fermée par une pierre. ³⁹ Jésus dit : « Enlevez la pierre. » Marthe, la sœur du mort, lui dit : « Mais, Seigneur, il sent déjà ; voilà quatre jours qu'il est là. » ⁴⁰ Alors Jésus dit à Marthe : « Ne te l'ai-je pas dit ? Si tu crois, tu verras la gloire de Dieu. » ⁴¹ On enleva donc la pierre. Alors Jésus leva les yeux au ciel et dit : « Père, je te rends grâce parce que tu m'as exaucé. ⁴² Je savais bien, moi, que tu m'exauces toujours ; mais si j'ai parlé, c'est pour cette foule qui est autour de moi, afin qu'ils croient que tu m'as envoyé. » ⁴³ Après cela, il cria d'une voix forte : « Lazare, viens dehors ! » ⁴⁴ Et le mort sortit, les pieds et les mains attachés, le visage enveloppé d'un suaire. Jésus leur dit : « Déliez-le, et laissez-le aller. »

⁴⁵ Les nombreux Juifs qui étaient venus entourer Marie et avaient donc vu ce que faisait Jésus crurent en lui. ⁴⁶ Mais quelques-uns allèrent trouver les pharisiens pour leur raconter ce qu'il avait fait. ⁴⁷ Les chefs des prêtres et les pharisiens convoquèrent donc le grand conseil *; ils disaient : « Qu'allons-nous faire ? Cet homme accomplit un grand nombre de signes. ⁴⁸ Si nous continuons à le laisser agir, tout le monde va croire en lui, et les Romains viendront

détruire notre Lieu saint et notre nation. »⁴⁹ Alors l'un d'entre eux, Caïphe, qui était grand prêtre cette année-là, leur dit : « Vous n'y comprenez rien ; ⁵⁰ vous ne voyez pas quel est votre intérêt : il vaut mieux qu'un seul homme meure pour le peuple, et que l'ensemble de la nation ne périsse pas. » ⁵¹ Ce qu'il disait là ne venait pas de lui-même ; mais, comme il était grand prêtre cette année-là, il fut prophète en révélant que Jésus allait mourir pour la nation ; ⁵² or, ce n'était pas seulement pour la nation, c'était afin de rassembler dans l'unité les enfants de Dieu dispersés.
⁵³ A partir de ce jour-là (le grand conseil) fut décidé à le faire mourir. ⁵⁴ C'est pourquoi Jésus ne circulait plus ouvertement parmi les Juifs ; il partit pour la région proche du désert, dans la ville d'Ephraïm où il séjourna avec ses disciples.
⁵⁵ Or, la Pâque des Juifs approchait, et beaucoup montèrent de la campagne à Jérusalem pour se purifier avant la fête. ⁵⁶ Ils cherchaient Jésus et, dans le Temple, ils se disaient entre eux : « Qu'en pensez-vous ? Il ne viendra sûrement pas à la fête ! » ⁵⁷ Les chefs des prêtres et les pharisiens avaient donné des ordres : quiconque saurait où il était devait le dénoncer, pour qu'on puisse l'arrêter.

A mesure qu'approche l'heure de sa mort,
les signes de la gloire de Jésus se manifestent

12 Six jours avant la Pâque, Jésus vint à Béthanie où habitait Lazare, celui qu'il avait ressuscité* d'entre les morts. ² On donna un repas en l'honneur de Jésus. Marthe faisait le service, et Lazare était avec Jésus parmi les convives.
³ Or, Marie avait pris une livre d'un parfum très pur et de très grande valeur ; elle versa le parfum sur les pieds de Jésus, qu'elle essuya avec ses cheveux ; la maison fut remplie par l'odeur du parfum.
⁴ Judas Iscariote, l'un des disciples, celui qui allait le livrer, dit alors : ⁵ « Pourquoi n'a-t-on pas vendu ce parfum pour trois cents pièces d'argent, que l'on aurait données à des pauvres ? » ⁶ Il parla ainsi, non parce qu'il se préoccupait des pauvres, mais parce que c'était un voleur : comme il tenait la bourse commune, il prenait pour lui ce que l'on y mettait. ⁷ Jésus lui dit : « Laisse-la ! Il fallait

---

53. Voir verset 47.

qu'elle garde ce parfum pour le jour de mon ensevelissement. ⁸ Des pauvres, vous en aurez toujours avec vous, mais moi, vous ne m'aurez pas toujours. »

⁹ Or, une grande foule de Juifs apprit que Jésus était là, et ils arrivèrent, non seulement à cause de Jésus, mais aussi pour voir ce Lazare qu'il avait ressuscité d'entre les morts. ¹⁰ Les chefs des prêtres décidèrent alors de faire mourir aussi Lazare, ¹¹ parce que beaucoup de Juifs, à cause de lui, s'en allaient, et croyaient en Jésus.

▶ ¹² Le lendemain, la grande foule qui était venue pour la fête, apprenant que Jésus arrivait à Jérusalem, ¹³ prit des branches de palmier et sortit à sa rencontre. Les gens criaient : « Hosanna *! *Béni soit celui qui vient au nom du Seigneur! Béni soit le roi d'Israël!* » ¹⁴ Jésus, trouvant un petit âne, monta dessus. Il accomplissait ainsi l'Écriture : ¹⁵ *N'aie pas peur, fille de Sion*. Voici ton roi qui vient, monté sur le petit d'une ânesse.* ¹⁶ Les disciples de Jésus ne comprirent pas sur le moment ; mais, quand il eut été glorifié, ils se rappelèrent que l'Écriture disait cela de lui, et que c'était bien ce qu'on avait fait pour lui.

¹⁷ Ainsi Jésus recevait le témoignage de la foule, qui était avec lui quand il avait appelé Lazare hors du tombeau et l'avait ressuscité d'entre les morts. ¹⁸ Et voilà pourquoi la foule vint à sa rencontre : elle avait entendu parler du signe qu'il avait accompli. ¹⁹ Les pharisiens se dirent alors entre eux : « Vous voyez bien que vous n'arrivez à rien : voilà que tout le monde marche derrière lui. »

▶ ²⁰ Parmi les Grecs qui étaient montés à Jérusalem pour adorer Dieu durant la Pâque, ²¹ quelques-uns abordèrent Philippe, qui était de Bethsaïde en Galilée. Ils lui firent cette demande : « Nous voudrions voir Jésus. » ²² Philippe va le dire à André ; et tous deux vont le dire à Jésus. ²³ Alors Jésus leur déclare : « L'heure est venue pour le Fils de l'homme d'être glorifié. ²⁴ Amen, amen, je vous le dis : si le grain de blé tombé en terre ne meurt pas, il reste seul ; mais s'il meurt, il donne beaucoup de fruit. ²⁵ Celui qui aime sa vie la perd ; celui qui s'en détache en ce monde la garde pour la vie éternelle. ²⁶ Si quelqu'un veut me servir, qu'il me suive ; et là où je

---

13. Voir Psaume 117, 25-26. — 15. Zacharie 9, 9.

suis, là aussi sera mon serviteur. Si quelqu'un me sert, mon Père l'honorera. ²⁷ Maintenant je suis bouleversé. Que puis-je dire ? (Dirai-je :) Père, délivre-moi de cette heure ? – Mais non ! C'est pour cela que je suis parvenu à cette heure-ci ! ²⁸ Père, glorifie ton nom ! » Alors, du ciel vint une voix qui disait : « Je l'ai glorifié et je le glorifierai encore. » ²⁹ En l'entendant, la foule qui se tenait là disait que c'était un coup de tonnerre ; d'autres disaient : « C'est un ange qui lui a parlé. » ³⁰ Mais Jésus leur répondit : « Ce n'est pas pour moi que cette voix s'est fait entendre, c'est pour vous. ³¹ Voici maintenant que ce monde est jugé ; voici maintenant que le prince de ce monde va être jeté dehors ; ³² et moi, quand j'aurai été élevé de terre, j'attirerai à moi tous les hommes. » ³³ Il signifiait par là de quel genre de mort il allait mourir.

³⁴ La foule lui répliqua : « Nous avons appris dans la Loi que le Messie demeure pour toujours. Alors comment peux-tu dire : ' Il faut que le Fils de l'homme soit élevé ? ' Qui est donc ce Fils de l'homme ? » ³⁵ Jésus leur déclara : « La lumière est encore avec vous, mais pour peu de temps ; marchez tant que vous avez la lumière, avant d'être arrêtés par les ténèbres ; celui qui marche dans les ténèbres ne sait pas où il va. ³⁶ Pendant que vous avez la lumière, croyez en la lumière : vous serez alors des hommes de lumière. » Ainsi parla Jésus. Puis il les quitta et se cacha loin d'eux.

Regard d'ensemble sur les signes de Jésus et les réactions des hommes

³⁷ Malgré tous les signes qu'il avait accomplis devant eux, les Juifs ne croyaient pas en lui. ³⁸ Ainsi se réalisait cette parole dite par le prophète Isaïe : *Seigneur, qui a cru ce que nous avons entendu ? A qui la puissance du Seigneur a-t-elle été révélée ?*³⁹ Et s'ils ne pouvaient pas croire, c'est qu'Isaïe a dit encore : ⁴⁰ *Il a rendu aveugles leurs yeux, il a endurci leur cœur, pour empêcher leurs yeux de voir, pour empêcher leur cœur de comprendre ; sinon, ils se tourneraient vers moi, et je les guérirais.* ⁴¹ Ces paroles, Isaïe les a prononcées parce qu'il avait vu la gloire de Jésus, et c'est de lui qu'il a parlé.
⁴² Cependant, parmi les chefs du peuple eux-mêmes, beaucoup se

---
38. Isaïe **53**, 1. – 40. Isaïe **6**, 9. – 41. Isaïe **6**, 1.

mirent à croire en lui; mais, à cause des pharisiens, ils ne le déclaraient pas, pour ne pas se faire exclure de la synagogue. ⁴³ En effet, ils aimaient la gloire qui vient des hommes plus que la gloire qui vient de Dieu.

⁴⁴ Jésus, lui, affirmait avec force : « Celui qui croit en moi, ce n'est pas en moi qu'il croit, mais en celui qui m'a envoyé ; ⁴⁵ et celui qui me voit voit celui qui m'a envoyé. ⁴⁶ Moi qui suis la lumière, je suis venu dans le monde pour que celui qui croit en moi ne demeure pas dans les ténèbres. ⁴⁷ Si quelqu'un entend mes paroles et n'y reste pas fidèle, moi, je ne le jugerai pas, car je ne suis pas venu juger le monde, mais le sauver. ⁴⁸ Celui qui me rejette et n'accueille pas mes paroles aura un juge pour le condamner. La parole que j'ai prononcée, elle, le condamnera au dernier jour. ⁴⁹ Car ce que j'ai dit ne vient pas de moi : le Père lui-même, qui m'a envoyé, m'a donné son commandement sur ce que je dois dire et déclarer ; ⁵⁰ et je sais que son commandement est vie éternelle. Donc ce que je déclare, je le déclare comme le Père me l'a dit. »

Le livre de la glorification

Le dernier repas

Celui qui aime jusqu'au bout et celui qui trahit

▶ **13** Avant la fête de la Pâque *, sachant que l'heure * était venue pour lui de passer de ce monde à son Père, Jésus, ayant aimé les siens qui étaient dans le monde, les aima jusqu'au bout. ² Au cours du repas, alors que le démon a déjà inspiré à Judas Iscariote, fils de Simon, l'intention de le livrer, ³ Jésus, sachant que le Père a tout remis entre ses mains, qu'il est venu de Dieu et qu'il retourne à Dieu, ⁴ se lève de table, quitte son vêtement, et prend un linge qu'il se noue à la ceinture ; ⁵ puis il verse de l'eau dans un bassin, il se met à laver les pieds des disciples et à les essuyer avec le linge qu'il avait à la ceinture.

⁶ Il arrive ainsi devant Simon-Pierre. Et Pierre lui dit : « Toi, Seigneur, tu veux me laver les pieds ! » ⁷ Jésus lui déclara : « Ce que je veux faire, tu ne le sais pas maintenant ; plus tard, tu comprendras. » ⁸ Pierre lui dit : « Tu ne me laveras pas les pieds ; non, jamais ! » Jésus lui répondit : « Si je ne te lave pas, tu n'auras point

de part avec moi. » ⁹ Simon-Pierre lui dit : « Alors, Seigneur, pas seulement les pieds, mais aussi les mains et la tête ! » ¹⁰ Jésus lui dit : « Quand on vient de prendre un bain, on n'a pas besoin de se laver : on est pur tout entier. Vous-mêmes, vous êtes purs, ...mais non pas tous. » ¹¹ Il savait bien qui allait le livrer ; et c'est pourquoi il disait : 'Vous n'êtes pas tous purs.'

¹² Après leur avoir lavé les pieds, il reprit son vêtement et se remit à table. Il leur dit alors : « Comprenez-vous ce que je viens de faire ? ¹³ Vous m'appelez 'Maître' et 'Seigneur*', et vous avez raison, car vraiment je le suis. ¹⁴ Si donc moi, le Seigneur et le Maître, je vous ai lavé les pieds, vous aussi vous devez vous laver les pieds les uns aux autres. ¹⁵ C'est un exemple que je vous ai donné afin que vous fassiez, vous aussi, comme j'ai fait pour vous. ¹⁶ Amen, amen, je vous le dis : le serviteur n'est pas plus grand que son maître, le messager n'est pas plus grand que celui qui l'envoie. ¹⁷ Si vous savez cela, heureux êtes-vous, pourvu que vous le mettiez en pratique.

¹⁸ Je ne parle pas pour vous tous. Moi, je sais quels sont ceux que j'ai choisis, mais il faut que s'accomplisse la parole de l'Écriture : *Celui qui partageait mon pain a voulu me faire tomber.* ¹⁹ Je vous dis ces choses dès maintenant, avant qu'elles n'arrivent ; ainsi, lorsqu'elles arriveront, vous croirez que moi, JE SUIS. ²⁰ Amen, amen, je vous le dis : recevoir celui que j'envoie, c'est me recevoir moi-même ; et me recevoir, c'est recevoir celui qui m'envoie. »

²¹ Après avoir ainsi parlé, Jésus fut bouleversé au plus profond de lui-même, et il attesta : « Amen, amen, je vous le dis : l'un de vous me livrera. » ²² Les disciples se regardaient les uns les autres, sans parvenir à comprendre de qui Jésus parlait. ²³ Comme il y avait à table, tout contre Jésus, l'un de ses disciples, celui que Jésus aimait, ²⁴ Simon-Pierre lui fait signe de demander à Jésus de qui il veut parler. ²⁵ Le disciple se penche donc sur la poitrine de Jésus et lui dit : « Seigneur, qui est-ce ? » ²⁶ Jésus lui répond : « C'est celui à qui j'offrirai la bouchée que je vais tremper dans le plat. » Il trempe la bouchée, et la donne à Judas, fils de Simon Iscariote. ²⁷ Et, quand Judas eut pris la bouchée, Satan entra en lui. Jésus lui dit alors :

---

18. Psaume **40**, 10.

« Ce que tu fais, fais-le vite. » ²⁸ Mais aucun des convives ne comprit le sens de cette parole. ²⁹ Comme Judas tenait la bourse commune, certains pensèrent que Jésus voulait lui dire d'acheter ce qu'il fallait pour la fête, ou de donner quelque chose aux pauvres. ³⁰ Quand Judas eut prit la bouchée, il sortit aussitôt ; il faisait nuit.

Dialogue avec les disciples : le commandement nouveau, le chemin vers le Père, la promesse de l'Esprit

▶ ³¹ Quand Judas fut sorti, Jésus déclara : « Maintenant le Fils de l'homme est glorifié, et Dieu est glorifié en lui. ³² Si Dieu est glorifié en lui, Dieu en retour lui donnera sa propre gloire ; et il la lui donnera bientôt.

³³ Mes petits enfants, je suis encore avec vous, mais pour peu de temps, et vous me chercherez. J'ai dit aux Juifs : Là où je m'en vais, vous ne pouvez pas y aller. Je vous le dis maintenant à vous aussi. ³⁴ Je vous donne un commandement nouveau, c'est de vous aimer les uns les autres. Comme je vous ai aimés, vous aussi aimez-vous les uns les autres. ³⁵ Ce qui montrera à tous les hommes que vous êtes mes disciples, c'est l'amour que vous aurez les uns pour les autres. »

³⁶ Simon-Pierre lui dit : « Seigneur, où vas-tu ? » Jésus lui répondit : « Là où je m'en vais, tu ne peux pas me suivre pour l'instant ; tu me suivras plus tard. » ³⁷ Pierre lui dit : « Seigneur, pourquoi ne puis-je pas te suivre maintenant ? Je donnerai ma vie pour toi ! » ³⁸ Jésus réplique : « Tu donneras ta vie pour moi ? Amen, amen, je te le dis : le coq ne chantera pas avant que tu m'aies renié trois fois.

▶ **14** Ne soyez donc pas bouleversés : vous croyez en Dieu, croyez aussi en moi. ² Dans la maison de mon Père, beaucoup peuvent trouver leur demeure ; sinon est-ce que je vous aurais dit : Je pars vous préparer une place ? ³ Quand je serai allé vous la préparer, je reviendrai vous prendre avec moi ; et là où je suis, vous y serez aussi. ⁴ Pour aller où je m'en vais, vous savez le chemin. »

⁵ Thomas lui dit : « Seigneur, nous ne savons même pas où tu vas ; comment pourrions-nous savoir le chemin ? » ⁶ Jésus lui répond :

---
33. Voir Jean 7, 34 ; **8**, 21.

«Moi, je suis le Chemin *, la Vérité * et la Vie *; personne ne va vers le Père sans passer par moi. ⁷ Puisque vous me connaissez, vous connaîtrez aussi mon Père. Dès maintenant vous le connaissez, et vous l'avez vu. »
⁸ Philippe lui dit : « Seigneur, montre-nous le Père ; cela nous suffit. » ⁹ Jésus lui répond : « Il y a si longtemps que je suis avec vous, et tu ne me connais pas, Philippe ! Celui qui m'a vu * a vu le Père. Comment peux-tu dire : 'Montre-nous le Père ?' ¹⁰ Tu ne crois donc pas que je suis dans le Père et que le Père est en moi ! Les paroles que je vous dis, je ne les dis pas de moi-même ; mais c'est le Père qui demeure en moi, et qui accomplit ses propres œuvres. ¹¹ Croyez ce que je vous dis : je suis dans le Père, et le Père est en moi ; si vous ne croyez pas ma parole, croyez au moins à cause des œuvres. ¹² Amen, amen, je vous le dis : celui qui croit en moi accomplira les mêmes œuvres que moi. Il en accomplira même de plus grandes, puisque je pars vers le Père. ¹³ Tout ce que vous demanderez en invoquant mon nom, je le ferai, afin que le Père soit glorifié dans le Fils. ¹⁴ Si vous me demandez quelque chose en invoquant mon nom, moi, je le ferai.

▶ ¹⁵ Si vous m'aimez, vous resterez fidèles à mes commandements. ¹⁶ Moi, je prierai le Père et il vous donnera un autre Défenseur qui sera pour toujours avec vous : ¹⁷ c'est l'Esprit de vérité. Le monde est incapable de le recevoir, parce qu'il ne le voit pas et ne le connaît pas ; mais vous, vous le connaissez, parce qu'il demeure auprès de vous, et qu'il est en vous. ¹⁸ Je ne vous laisserai pas orphelins, je reviens vers vous. ¹⁹ D'ici peu de temps, le monde ne me verra plus, mais vous, vous me verrez vivant, et vous vivrez aussi. ²⁰ En ce jour-là, vous reconnaîtrez que je suis en mon Père, que vous êtes en moi, et moi en vous. ²¹ Celui qui a reçu mes commandements et y reste fidèle, c'est celui-là qui m'aime ; et celui qui m'aime sera aimé de mon Père ; moi aussi je l'aimerai, et je me manifesterai à lui. »

²² Jude lui demanda : « Seigneur, pour quelle raison vas-tu te manifester à nous, et non pas au monde ? » ▶ ²³ Jésus lui répondit : « Si quelqu'un m'aime, il restera fidèle à ma parole ; mon Père l'aimera,

---

22. « Jude », littéralement Judas, pas l'Iscariote.

nous viendrons chez lui, nous irons demeurer auprès de lui. ²⁴ Celui qui ne m'aime pas ne restera pas fidèle à mes paroles. Or, la parole que vous entendez n'est pas de moi : elle est du Père qui m'a envoyé. ²⁵ Je vous dis tout cela pendant que je demeure encore avec vous ; ²⁶ mais le Défenseur, l'Esprit Saint que le Père enverra en mon nom, lui, vous enseignera tout, et il vous fera souvenir de tout ce que je vous ai dit.

²⁷ C'est la paix∗ que je vous laisse, c'est ma paix que je vous donne ; ce n'est pas à la manière du monde que je vous la donne. Ne soyez donc pas bouleversés et effrayés. ²⁸ Vous avez entendu ce que je vous ai dit : 'Je m'en vais, et je reviens vers vous.' Si vous m'aimiez, vous seriez dans la joie puisque je pars vers le Père, car le Père est plus grand que moi. ²⁹ Je vous ai dit toutes ces choses maintenant, avant qu'elles n'arrivent ; ainsi, lorsqu'elles arriveront, vous croirez.

³⁰ Désormais, je ne parlerai plus beaucoup avec vous, car le prince du monde va venir. Certes, il n'y a rien en moi qui puisse lui donner prise, ³¹ mais il faut que le monde sache que j'aime mon Père, et que je fais tout ce que mon Père m'a commandé. Levez-vous, partons d'ici.

*Dernières paroles : Jésus vraie vigne,
la présence de l'Esprit dans l'épreuve,
l'espérance dans l'attente du retour*

▶ **15** Moi, je suis la vraie vigne∗, et mon Père est le vigneron. ² Tout sarment qui est en moi, mais qui ne porte pas de fruit, mon Père l'enlève ; tout sarment qui donne du fruit, il le nettoie, pour qu'il en donne davantage. ³ Mais vous, déjà vous voici nets et purifiés grâce à la parole que je vous ai dite : ⁴ Demeurez en moi, comme moi en vous. De même que le sarment ne peut pas porter du fruit par lui-même s'il ne demeure pas sur la vigne, de même vous non plus, si vous ne demeurez pas en moi.

⁵ Moi, je suis la vigne, et vous, les sarments. Celui qui demeure en moi, et en qui je demeure, celui-là donne beaucoup de fruit, car, en

---

28. Voir Jean **14**, 3, 18. — 4. Voir Jean **6**, 56 ; **14**, 23.

dehors de moi, vous ne pouvez rien faire. ⁶ Si quelqu'un ne demeure pas en moi, il est comme un sarment qu'on a jeté dehors, et qui se dessèche. Les sarments secs, on les ramasse, on les jette au feu, et ils brûlent. ⁷ Si vous demeurez en moi, et que mes paroles demeurent en vous, demandez tout ce que vous voudrez, et vous l'obtiendrez. ⁸ Ce qui fait la gloire de mon Père, c'est que vous donniez beaucoup de fruit : ainsi, vous serez pour moi des disciples.
▶ ⁹ Comme le Père m'a aimé, moi aussi je vous ai aimés. Demeurez dans mon amour. ¹⁰ Si vous êtes fidèles à mes commandements, vous demeurerez dans mon amour, comme moi, j'ai gardé fidèlement les commandements de mon Père, et je demeure dans son amour. ¹¹ Je vous ai dit cela pour que ma joie soit en vous, et que vous soyez comblés de joie.

¹² Mon commandement, le voici : aimez-vous les uns les autres comme je vous ai aimés. ¹³ Il n'y a pas de plus grand amour que de donner sa vie pour ses amis. ¹⁴ Vous êtes mes amis si vous faites ce que je vous commande. ¹⁵ Je ne vous appelle plus serviteurs, car le serviteur ignore ce que veut faire son maître ; maintenant, je vous appelle mes amis, car tout ce que j'ai appris de mon Père, je vous l'ai fait connaître. ¹⁶ Ce n'est pas vous qui m'avez choisi, c'est moi qui vous ai choisis * et établis afin que vous partiez, que vous donniez du fruit, et que votre fruit demeure. Alors, tout ce que vous demanderez au Père en mon nom, il vous l'accordera. ¹⁷ Ce que je vous commande, c'est de vous aimer les uns les autres.

¹⁸ Si le monde a de la haine contre vous, sachez qu'il en a eu contre moi. ¹⁹ Si vous apparteniez au monde, le monde vous aimerait, car vous seriez à lui. Mais vous n'appartenez pas au monde, puisque je vous ai choisis en vous prenant dans le monde ; voilà pourquoi le monde a de la haine contre vous. ²⁰ Rappelez-vous la parole que je vous ai dite : Le serviteur n'est pas plus grand que son maître. Si l'on m'a persécuté, on vous persécutera, vous aussi. Si l'on a observé ma parole, on observera aussi la vôtre. ²¹ Les gens vous traiteront ainsi à cause de moi, parce qu'ils ne connaissent pas celui qui m'a envoyé. ²² Si je n'étais pas venu, si je ne leur avais pas parlé, ils n'auraient pas eu de péché, mais à présent leur péché est sans excuse. ²³ Celui qui a de la haine contre moi a de la haine aussi

---

20. Voir Jean 13, 16.

contre mon Père. ²⁴ Si je n'avais pas fait parmi eux ces œuvres que personne d'autre n'a faites, ils n'auraient pas eu de péché. Mais à présent ils ont vu, et cependant ils sont pleins de haine contre moi et contre mon Père. ²⁵ Ainsi s'est accomplie cette parole écrite dans leur Loi : *Ils m'ont haï sans raison.*

▶ ²⁶ Quand viendra le Défenseur, que je vous enverrai d'auprès du Père, lui, l'Esprit de vérité qui procède du Père, il rendra témoignage en ma faveur. ²⁷ Et vous aussi, vous rendrez témoignage, vous qui êtes avec moi depuis le commencement.

16 Je vous dis tout cela pour que vous ne risquiez pas de tomber. ² On vous exclura de la synagogue. Et même, l'heure vient où tous ceux qui vous tueront s'imagineront offrir ainsi un sacrifice à Dieu. ³ Ils le feront parce qu'ils ne connaissent ni le Père ni moi. ⁴ Mais voici pourquoi je vous dis tout cela : quand cette heure sera venue, vous vous souviendrez que je vous l'avais dit. Je ne vous l'ai pas dit dès le commencement, parce que j'étais avec vous.

⁵ Je m'en vais maintenant auprès de celui qui m'a envoyé, et aucun de vous ne me demande : ' Où vas-tu ? ' ⁶ Mais, parce que je vous ai parlé ainsi, votre cœur est plein de tristesse. ⁷ Pourtant, je vous dis la vérité : c'est votre intérêt que je m'en aille, car, si je ne m'en vais pas, le Défenseur ne viendra pas à vous ; mais si je pars, je vous l'enverrai. ⁸ Quand il viendra, il dénoncera l'erreur du monde sur le péché, sur le bon droit, et sur la condamnation. ⁹ Il montrera où est le péché, car on ne croit pas en moi. ¹⁰ Il montrera où est le bon droit, car je m'en vais auprès du Père, et vous ne me verrez plus. ¹¹ Il montrera où est la condamnation, car le prince de ce monde est déjà condamné.

▶ ¹² J'aurais encore beaucoup de choses à vous dire, mais pour l'instant vous n'avez pas la force de les porter. ¹³ Quand il viendra, lui, l'Esprit de vérité, il vous guidera vers la vérité tout entière. En effet, ce qu'il dira ne viendra pas de lui-même : il redira tout ce qu'il aura entendu ; et ce qui va venir, il vous le fera connaître. ¹⁴ Il me glorifiera, car il reprendra ce qui vient de moi pour vous le faire connaître, ¹⁵ Tout ce qui appartient au Père est à moi ; voilà pourquoi je vous ai dit : Il reprend ce qui vient de moi pour vous le faire

---

25. Voir Psaumes **34**, 19 ; **68**, 5.

connaître. ¹⁶ D'ici peu, vous ne me verrez plus ; et, encore un peu après, vous me reverrez. »
¹⁷ Alors, certains de ses disciples se dirent entre eux : « Que signifie ce qu'il nous dit là : 'D'ici peu vous ne me verrez plus ; et, encore un peu après, vous me reverrez'? Et cette autre parole : 'Je m'en vais auprès du Père'? » ¹⁸ Ils disaient donc : « Que signifie ce peu de temps ? Nous ne savons pas de quoi il parle. »
¹⁹ Jésus comprit qu'ils voulaient l'interroger, et il leur dit : « Vous discutez entre vous parce que j'ai dit : D'ici peu vous ne me verrez plus ; et, encore un peu après, vous me reverrez. ²⁰ Amen, amen, je vous le dis : vous allez pleurer et vous lamenter, tandis que le monde se réjouira. Vous serez dans la peine, mais votre peine se changera en joie. ²¹ La femme qui enfante est dans la peine parce que son heure est arrivée. Mais, quand l'enfant est né, elle ne se souvient plus de son angoisse, dans la joie qu'elle éprouve du fait qu'un être humain est né dans le monde. ²² Vous aussi, maintenant, vous êtes dans la peine, mais je vous reverrai, et votre cœur se réjouira ; et votre joie, personne ne vous l'enlèvera. ²³ En ce jour-là, vous n'aurez plus à m'interroger.
Amen, amen, je vous le dis : si vous demandez quelque chose à mon Père en invoquant mon nom, il vous le donnera. ²⁴ Jusqu'ici vous n'avez rien demandé en invoquant mon nom ; demandez, et vous recevrez ; ainsi vous serez comblés de joie.
²⁵ J'ai employé des paraboles pour vous parler de tout cela. L'heure vient où, sans employer de paraboles, je vous annoncerai ouvertement tout ce qui concerne le Père. ²⁶ En ce jour-là, vous demanderez en invoquant mon nom ; or, je ne vous dis pas que c'est moi qui prierai le Père pour vous, ²⁷ car le Père lui-même vous aime, parce que vraiment vous m'aimez, et vous croyez que je suis venu d'auprès de Dieu. ²⁸ Je suis sorti du Père, et je suis venu dans le monde ; maintenant, je quitte le monde, et je pars vers le Père. »
²⁹ Ses disciples lui disent alors : « Voici que tu parles ouvertement, sans employer de paraboles. ³⁰ Maintenant nous savons que tu sais toutes choses, et qu'il n'y a pas besoin de t'interroger : voilà pourquoi nous croyons que tu es venu de Dieu. » ³¹ Jésus leur répondit : « C'est maintenant que vous croyez ! ³² L'heure vient — et même elle est venue — où vous serez dispersés chacun de son côté, et vous me laisserez seul ; pourtant je ne suis pas seul, puisque le Père est avec moi. ³³ Je vous ai dit tout cela pour que vous trouviez en moi

la paix. Dans le monde, vous trouverez la détresse, mais ayez confiance : moi, je suis vainqueur du monde. »

La prière de Jésus pour ses disciples et tous les siens

▶ **17** Ainsi parla Jésus. Puis il leva les yeux au ciel et pria ainsi : « Père, l'heure* est venue. Glorifie ton Fils, afin que le Fils te glorifie. ² Ainsi, comme tu lui as donné autorité sur tout être vivant, il donnera la vie éternelle à tous ceux que tu lui as donnés. ³ Or, la vie* éternelle, c'est de te connaître, toi, le seul Dieu, le vrai Dieu, et de connaître celui que tu as envoyé, Jésus Christ.

⁴ Moi, je t'ai glorifié sur la terre en accomplissant l'œuvre que tu m'avais confiée. ⁵ Toi, Père, glorifie-moi maintenant auprès de toi : donne-moi la gloire* que j'avais auprès de toi avant le commencement du monde.

⁶ J'ai fait connaître ton nom aux hommes que tu as pris dans le monde* pour me les donner. Ils étaient à toi, tu me les as donnés, et ils ont gardé fidèlement ta parole. ⁷ Maintenant, ils ont reconnu que tout ce que tu m'as donné vient de toi, ⁸ car je leur ai donné les paroles que tu m'avais données : ils les ont reçues, ils ont vraiment reconnu que je suis venu d'auprès de toi, et ils ont cru que c'était toi qui m'avais envoyé.

⁹ Je prie pour eux ; ce n'est pas pour le monde que je prie, mais pour ceux que tu m'as donnés : ils sont à toi, ¹⁰ et tout ce qui est à moi est à toi, comme tout ce qui est à toi est à moi, et je trouve ma gloire en eux. ¹¹ Désormais, je ne suis plus dans le monde ; eux, ils sont dans le monde, et moi je viens vers toi.

▶ Père saint, garde mes disciples dans la fidélité à ton nom que tu m'as donné en partage, pour qu'ils soient un, comme nous-mêmes. ¹² Quand j'étais avec eux, je les gardais dans la fidélité à ton nom que tu m'as donné. J'ai veillé sur eux, et aucun ne s'est perdu, sauf celui qui s'en va à sa perte de sorte que l'Écriture soit accomplie. ¹³ Et maintenant que je viens à toi, je parle ainsi, en ce monde, pour qu'ils aient en eux ma joie, et qu'ils en soient comblés. ¹⁴ Je leur ai fait don de ta parole, et le monde les a pris en haine parce qu'ils ne sont pas du monde, de même que moi je ne suis pas du monde. ¹⁵ Je ne demande pas que tu les retires du monde, mais que tu les gardes du Mauvais. ¹⁶ Ils ne sont pas du monde, comme moi je ne suis pas du monde. ¹⁷ Consacre-les par la vérité* : ta parole est

vérité. ¹⁸ De même que tu m'as envoyé dans le monde, moi aussi, je les ai envoyés dans le monde. ¹⁹ Et pour eux je me consacre moi-même, afin qu'ils soient, eux aussi, consacrés par la vérité.
▶ ²⁰ Je ne prie pas seulement pour ceux (qui sont) là, mais encore pour ceux qui accueilleront leur parole et croiront en moi : ²¹ Que tous, ils soient un, comme toi, Père, tu es en moi, et moi en toi. Qu'ils soient un en nous, eux aussi, pour que le monde croie que tu m'as envoyé. ²² Et moi, je leur ai donné la gloire que tu m'as donnée, pour qu'ils soient un comme nous sommes un : ²³ moi en eux, et toi en moi. Que leur unité soit parfaite ; ainsi le monde saura que tu m'as envoyé, et que tu les as aimés comme tu m'as aimé.
²⁴ Père, ceux que tu m'as donnés, je veux que là où je suis, eux aussi soient avec moi, et qu'ils contemplent ma gloire, celle que tu m'as donnée parce que tu m'as aimé avant même la création du monde.
²⁵ Père juste, le monde ne t'a pas connu*, mais moi je t'ai connu, et ils ont reconnu, eux aussi, que tu m'as envoyé. ²⁶ Je leur ai fait connaître ton nom, et je le ferai connaître encore, pour qu'ils aient en eux l'amour dont tu m'as aimé, et que moi aussi, je sois en eux. »

La glorieuse passion du roi Jésus

1. *L'arrestation de Jésus*

▶ **18** Après avoir ainsi parlé, Jésus sortit avec ses disciples et traversa le torrent du Cédron ; il y avait là un jardin, dans lequel il entra avec ses disciples. ² Judas, qui le livrait, connaissait l'endroit, lui aussi, car Jésus y avait souvent réuni ses disciples. ³ Judas prit donc avec lui un détachement de soldats, et des gardes envoyés par les chefs des prêtres et les pharisiens. Ils avaient des lanternes, des torches et des armes.
⁴ Alors Jésus, sachant tout ce qui allait lui arriver, s'avança et leur dit : « Qui cherchez-vous ? » ⁵ Ils lui répondirent : « Jésus le Nazaréen. » Il leur dit : « C'est moi. » Judas, qui le livrait, était au milieu d'eux. ⁶ Quand Jésus leur répondit : 'C'est moi', ils reculèrent et ils tombèrent par terre. ⁷ Il leur demanda de nouveau : « Qui cherchez-vous ? » Ils dirent : « Jésus le Nazaréen. » ⁸ Jésus répondit : « Je vous l'ai dit : c'est moi. Si c'est bien moi que vous cherchez, ceux-là,

laissez-les partir. » ⁹ (Ainsi s'accomplissait la parole qu'il avait dite : 'Je n'ai perdu aucun de ceux que tu m'as donnés'.)
¹⁰ Alors Simon-Pierre, qui avait une épée, la tira du fourreau ; il frappa le serviteur du grand prêtre et lui coupa l'oreille droite. Le nom de ce serviteur était Malcus. ¹¹ Jésus dit à Pierre : « Remets ton épée au fourreau. Est-ce que je vais refuser la coupe que le Père m'a donnée à boire ? » ¹² Alors les soldats, le commandant et les gardes juifs se saisissent de Jésus et l'enchaînent.
¹³ Ils l'emmenèrent d'abord chez Anne, beau-père de Caïphe, le grand prêtre de cette année-là. ¹⁴ (C'est Caïphe qui avait donné aux Juifs cet avis : 'Il vaut mieux qu'un seul homme meure pour tout le peuple'.)

2. *Le premier reniement de Pierre*

¹⁵ Simon-Pierre et un autre disciple suivaient Jésus. Comme ce disciple était connu du grand prêtre, il entra avec Jésus dans la cour de la maison du grand prêtre, ¹⁶ mais Pierre était resté dehors, près de la porte. Alors l'autre disciple — celui qui était connu du grand prêtre — sortit, dit un mot à la jeune servante qui gardait la porte, et fit entrer Pierre. ¹⁷ La servante dit alors à Pierre : « N'es-tu pas, toi aussi, un des disciples de cet homme-là ? » Il répondit : « Non, je n'en suis pas ! » ¹⁸ Les serviteurs et les gardes étaient là ; comme il faisait froid, ils avaient allumé un feu pour se réchauffer. Pierre était avec eux, et se chauffait lui aussi.

3. *Interrogatoire chez le grand prêtre*

¹⁹ Or, le grand prêtre questionnait Jésus sur ses disciples et sur sa doctrine. ²⁰ Jésus lui répondit : « J'ai parlé au monde ouvertement. J'ai toujours enseigné dans les synagogues et dans le Temple, là où tous les Juifs se réunissent, et je n'ai jamais parlé en cachette. ²¹ Pourquoi me questionnes-tu ? Ce que j'ai dit, demande-le à ceux qui sont venus m'entendre. Eux savent ce que j'ai dit. » ²² A cette réponse, un des gardes, qui était à côté de Jésus, lui donna une gifle en disant : « C'est ainsi que tu réponds au grand prêtre ! » ²³ Jésus lui répliqua : « Si j'ai mal parlé, montre ce que j'ai dit de mal ; mais si j'ai bien parlé, pourquoi me frappes-tu ? » ²⁴ Anne l'envoya, toujours enchaîné, au grand prêtre Caïphe.

---

9. Voir Jean **6**, 39 ; **17**, 12. — 14. Voir Jean **11**, 50.

4. *Le second reniement de Pierre*

²⁵ Simon-Pierre était donc en train de se chauffer; on lui dit: « N'es-tu pas un de ses disciples toi aussi ? » Il répondit: « Non, je n'en suis pas ! »
²⁶ Un des serviteurs du grand prêtre, parent de celui à qui Pierre avait coupé l'oreille, insista: « Est-ce que je ne t'ai pas vu moi-même dans le jardin avec lui ? » ²⁷ Encore une fois, Pierre nia. A l'instant le coq chanta.

5. *Jésus est emmené chez Pilate*

²⁸ Alors on emmène Jésus de chez Caïphe au palais du gouverneur. C'était le matin. Les Juifs n'entrèrent pas eux-mêmes dans le palais, car ils voulaient éviter une souillure qui les aurait empêchés de manger l'agneau pascal. ²⁹ Pilate vint au dehors pour leur parler: « Quelle accusation portez-vous contre cet homme ? » ³⁰ Ils lui répondirent: « S'il ne s'agissait pas d'un malfaiteur, nous ne te l'aurions pas livré. » ³¹ Pilate leur dit: « Reprenez-le, et vous le jugerez vous-mêmes suivant votre loi. » Les Juifs lui dirent: « Nous n'avons pas le droit de mettre quelqu'un à mort. » ³² Ainsi s'accomplissait la parole que Jésus avait dite pour signifier de quel genre de mort il allait mourir.

6. *Le premier interrogatoire chez Pilate*

▶ ³³ Alors Pilate rentra dans son palais, appela Jésus et lui dit: « Es-tu le roi des Juifs ? » ³⁴ Jésus lui demanda: « Dis-tu cela de toi-même, ou bien parce que d'autres te l'ont dit ? » ³⁵ Pilate répondit: « Est-ce que je suis Juif, moi ? Ta nation et les chefs des prêtres t'ont livré à moi: qu'as-tu donc fait ? » ³⁶ Jésus déclara: « Ma royauté ne vient pas de ce monde; si ma royauté venait de ce monde, j'aurais des gardes qui se seraient battus pour que je ne sois pas livré aux Juifs. Non, ma royauté ne vient pas d'ici. » ³⁷ Pilate lui dit: « Alors, tu es roi ? » Jésus répondit: « C'est toi qui dis que je suis roi. Je suis né, je suis venu dans le monde pour ceci: rendre témoignage à la vérité. Tout homme qui appartient à la vérité écoute ma voix. » ³⁸ Pilate lui dit: « Qu'est-ce que la vérité ? »

---

32. Voir Jean 12, 32-33.

7. *La flagellation et le couronnement d'épines*

Après cela, il sortit de nouveau pour aller vers les Juifs, et il leur dit : « Moi, je ne trouve en lui aucun motif de condamnation. ³⁹ Mais c'est la coutume chez vous que je relâche quelqu'un pour la Pâque : voulez-vous que je vous relâche le roi des Juifs ? » ⁴⁰ Mais ils se mirent à crier : « Pas lui ! Barabbas ! » (Ce Barabbas était un bandit.)
19 Alors Pilate ordonna d'emmener Jésus pour le flageller. ² Les soldats tressèrent une couronne avec des épines, et la lui mirent sur la tête ; puis ils le revêtirent d'un manteau de pourpre. ³ Ils s'avançaient vers lui et ils disaient : « Honneur à toi, roi des Juifs ! » Et ils le giflaient.

8. *Le second interrogatoire chez Pilate*

⁴ Pilate sortit de nouveau pour dire aux Juifs : « Voyez, je vous l'amène dehors pour que vous sachiez que je ne trouve en lui aucun motif de condamnation. » ⁵ Alors Jésus sortit, portant la couronne d'épines et le manteau de pourpre. Et Pilate leur dit : « Voici l'homme. » ⁶ Quand ils le virent, les chefs des prêtres et les gardes se mirent à crier : « Crucifie-le ! Crucifie-le ! » Pilate leur dit : « Reprenez-le, et crucifiez-le vous-mêmes ; moi, je ne trouve en lui aucun motif de condamnation. » ⁷ Les Juifs lui répondirent : « Nous avons une Loi, et suivant la Loi il doit mourir, parce qu'il s'est prétendu Fils de Dieu. »

⁸ Quand Pilate entendit ces paroles, il redoubla de crainte. ⁹ Il rentra dans son palais, et dit à Jésus : « D'où es-tu ? » Jésus ne lui fit aucune réponse. ¹⁰ Pilate lui dit alors : « Tu refuses de me parler, à moi ? Ne sais-tu pas que j'ai le pouvoir de te relâcher, et le pouvoir de te crucifier ? » ¹¹ Jésus répondit : « Tu n'aurais aucun pouvoir sur moi si tu ne l'avais reçu d'en haut ; ainsi, celui qui m'a livré à toi est chargé d'un péché plus grave. »

¹² Dès lors, Pilate cherchait à le relâcher ; mais les Juifs se mirent à crier : « Si tu le relâches, tu n'es pas un ami de l'empereur. Quiconque se fait roi s'oppose à l'empereur. » ¹³ En entendant ces paroles, Pilate amena Jésus au dehors ; il le fit asseoir sur une estrade à l'endroit qu'on appelle le Dallage (en hébreu : Gabbatha). ¹⁴ C'était

---

12. « empereur », littéralement César.

un vendredi, la veille de la Pâque, vers midi. Pilate dit aux Juifs : « Voici votre roi. » ¹⁵ Alors ils crièrent : « A mort ! A mort ! Crucifie-le ! » Pilate leur dit : « Vais-je crucifier votre roi ? » Les chefs des prêtres répondirent : « Nous n'avons pas d'autre roi que l'empereur. » ¹⁶ Alors, il leur livra Jésus pour qu'il soit crucifié, et ils se saisirent de lui.

9. *La mise en croix*

¹⁷Jésus, portant lui-même sa croix, sortit en direction du lieu dit Le Crâne, ou Calvaire, en hébreu : Golgotha. ¹⁸Là, ils le crucifièrent, et avec lui deux autres, un de chaque côté, et Jésus au milieu. ¹⁹Pilate avait rédigé un écriteau qu'il fit placer sur la croix, avec cette inscription : ' Jésus le Nazaréen, roi des Juifs.' ²⁰Comme on avait crucifié Jésus dans un endroit proche de la ville, beaucoup de Juifs lurent cet écriteau, qui était libellé en hébreu, en latin et en grec. ²¹Alors, les prêtres des Juifs dirent à Pilate : « Il ne fallait pas écrire : ' Roi des Juifs ' ; il fallait écrire : ' Cet homme a dit : Je suis le roi des Juifs '. » ²²Pilate répondit : « Ce que j'ai écrit, je l'ai écrit. »

10. *Le partage des vêtements*

²³ Quand les soldats eurent crucifié Jésus, ils prirent ses habits ; ils en firent quatre parts, une pour chacun. Restait la tunique ; c'était une tunique sans couture, tissée tout d'une pièce, de haut en bas. ²⁴ Alors ils se dirent entre eux : « Ne la déchirons pas, tirons au sort celui qui l'aura. » Ainsi s'accomplissait la parole de l'Écriture : *Ils se sont partagé mes habits ; ils ont tiré au sort mon vêtement.* C'est bien ce que firent les soldats.

11. *Marie au pied de la croix*

²⁵ Or, près de la croix de Jésus se tenait sa mère, avec la sœur de sa mère, Marie femme de Cléophas, et Marie Madeleine. ²⁶ Jésus, voyant sa mère, et près d'elle le disciple qu'il aimait, dit à sa mère : « Femme, voici ton fils. » ²⁷ Puis il dit au disciple : « Voici ta mère. » Et à partir de cette heure-là, le disciple la prit chez lui.

---

16. « empereur », littéralement César. — 24. Psaume 21, 19.

12. *La mort de Jésus*

28 Après cela, sachant que désormais toutes choses étaient accomplies, et pour que l'Écriture s'accomplisse jusqu'au bout, Jésus dit : « J'ai soif. » **29** Il y avait là un récipient plein d'une boisson vinaigrée. On fixa donc une éponge remplie de ce vinaigre à une branche d'hysope, et on l'approcha de sa bouche. **30** Quand il eut pris le vinaigre, Jésus dit : « Tout est accompli. » Puis, inclinant la tête, il remit l'esprit.

13. *Le cœur ouvert*

▶ **31** Comme c'était le vendredi, il ne fallait pas laisser des corps en croix durant le sabbat (d'autant plus que ce sabbat était le grand jour de la Pâque). Aussi les Juifs demandèrent à Pilate qu'on enlève les corps après leur avoir brisé les jambes. **32** Des soldats allèrent donc briser les jambes du premier, puis du deuxième des condamnés que l'on avait crucifiés avec Jésus. **33** Quand ils arrivèrent à celui-ci, voyant qu'il était déjà mort, ils ne lui brisèrent pas les jambes, **34** mais un des soldats avec sa lance lui perça le côté ; et aussitôt, il en sortit du sang et de l'eau. **35** Celui qui a vu rend témoignage, afin que vous croyiez vous aussi. (Son témoignage est véridique et le Seigneur sait qu'il dit vrai.) **36** Tout cela est arrivé afin que cette parole de l'Écriture s'accomplisse : *Aucun de ses os ne sera brisé.* **37** Et un autre passage dit encore : *Ils lèveront les yeux vers celui qu'ils ont transpercé.*

14. *Jésus est porté au tombeau*

38 Après cela, Joseph d'Arimathie, qui était disciple de Jésus, mais en secret par peur des Juifs, demanda à Pilate de pouvoir enlever le corps de Jésus. Et Pilate le permit. Joseph vint donc enlever le corps de Jésus. **39** Nicodème (celui qui la première fois était venu trouver Jésus pendant la nuit) vint lui aussi ; il apportait un mélange de myrrhe et d'aloès pesant environ cent livres. **40** Ils prirent le corps de Jésus, et ils l'enveloppèrent d'un linceul, en employant les aromates selon la manière juive d'ensevelir les morts.

---

28. Voir Psaume **68**, 22. — 35. « le Seigneur », littéralement : « Celui-là ».
36. Exode **12**, 46 ; Psaume 33, 21. — 37. Zacharie 12, 10. — 39. Voir Jean 3, 2.

⁴¹ Près du lieu où Jésus avait été crucifié, il y avait un jardin, et dans ce jardin, un tombeau neuf dans lequel on n'avait encore mis personne. ⁴² Comme le sabbat des Juifs allait commencer, et que ce tombeau était proche, c'est là qu'ils déposèrent Jésus.

La foi au Ressuscité et la naissance de l'Église

Les premières à croire

▶ **20** Le premier jour de la semaine, Marie Madeleine se rend au tombeau de grand matin, alors qu'il fait encore sombre. Elle voit que la pierre a été enlevée du tombeau. ² Elle court donc trouver Simon-Pierre et l'autre disciple, celui que Jésus aimait, et elle leur dit : « On a enlevé le Seigneur de son tombeau, et nous ne savons pas où on l'a mis. » ³ Pierre partit donc avec l'autre disciple pour se rendre au tombeau. ⁴ Ils couraient tous les deux ensemble, mais l'autre disciple courut plus vite que Pierre et arriva le premier au tombeau. ⁵ En se penchant, il voit que le linceul est resté là ; cependant, il n'entre pas. ⁶ Simon-Pierre, qui le suivait, arrive à son tour. Il entre dans le tombeau, et il regarde le linceul resté là, ⁷ et le linge qui avait recouvert la tête, non pas posé avec le linceul, mais roulé à part à sa place. ⁸ C'est alors qu'entra l'autre disciple, lui qui était arrivé le premier au tombeau. Il vit, et il crut. ⁹ Jusque-là, en effet, les disciples n'avaient pas vu que, d'après l'Écriture, il fallait que Jésus ressuscite d'entre les morts. ¹⁰ Ensuite les deux disciples retournèrent chez eux.

¹¹ Marie Madeleine restait là dehors, à pleurer devant le tombeau. Elle se penche vers l'intérieur, tout en larmes, ¹² et, à l'endroit où le corps de Jésus avait été déposé, elle aperçoit deux anges vêtus de blanc, assis l'un à la tête et l'autre aux pieds. ¹³ Ils lui demandent : « Femme, pourquoi pleures-tu ? » Elle leur répond : « On a enlevé le Seigneur mon Maître, et je ne sais pas où on l'a mis. » ¹⁴ Tout en disant cela, elle se retourne et aperçoit Jésus qui était là, mais elle ne savait pas que c'était lui. ¹⁵ Jésus lui demande : « Femme, pourquoi pleures-tu ? Qui cherches-tu ? » Le prenant pour le gardien, elle

---

13. « Le Seigneur mon Maître », littéralement : mon Seigneur.

lui répond : « Si c'est toi qui l'as emporté, dis-moi où tu l'as mis, et moi, j'irai le reprendre. » ¹⁶ Jésus lui dit alors : « Marie ! » Elle se tourne vers lui et lui dit : « Rabbouni ! » ce qui veut dire 'Maître' dans la langue des Juifs. ¹⁷ Jésus reprend : « Cesse de me tenir, je ne suis pas encore monté vers le Père. Va plutôt trouver mes frères pour leur dire que je monte vers mon Père et votre Père, vers mon Dieu et votre Dieu. » ¹⁸ Marie Madeleine s'en va donc annoncer aux disciples : « J'ai vu le Seigneur, et voilà ce qu'il m'a dit. »

L'Esprit du Ressuscité fait naître l'Église du Christ, Seigneur et Dieu

▶ ¹⁹ Ce même soir, le premier jour de la semaine, les disciples avaient verrouillé les portes du lieu où ils étaient, car ils avaient peur des Juifs. Jésus vint, et il était là au milieu d'eux. Il leur dit : « La paix *soit avec vous ! » ²⁰ Après cette parole, il leur montra ses mains et son côté. Les disciples furent remplis de joie en voyant le Seigneur. ²¹ Jésus leur dit de nouveau : « La paix soit avec vous ! De même que le Père m'a envoyé, moi aussi, je vous envoie. » ²² Ayant ainsi parlé, il répandit sur eux son souffle et il leur dit : « Recevez l'Esprit Saint. ²³ Tout homme à qui vous remettrez ses péchés, ils lui seront remis ; tout homme à qui vous maintiendrez ses péchés, ils lui seront maintenus. »

²⁴ Or, l'un des Douze, Thomas (dont le nom signifie 'Jumeau') n'était pas avec eux, quand Jésus était venu. ²⁵ Les autres disciples lui disaient : « Nous avons vu le Seigneur ! » Mais il leur déclara : « Si je ne vois pas dans ses mains la marque des clous, si je ne mets pas mon doigt à l'endroit des clous, si je ne mets pas la main dans son côté, non, je ne croirai pas ! »

²⁶ Huit jours plus tard, les disciples se trouvaient de nouveau dans la maison, et Thomas était avec eux. Jésus vient, alors que les portes étaient verrouillées, et il était là au milieu d'eux. Il dit : « La paix soit avec vous ! » ²⁷ Puis il dit à Thomas : « Avance ton doigt ici, et vois mes mains ; avance ta main, et mets-la dans mon côté : cesse d'être incrédule, sois croyant. » ²⁸ Thomas lui dit alors : « Mon Seigneur * et mon Dieu ! » ²⁹ Jésus lui dit : « Parce que tu m'as vu, tu crois. Heureux ceux qui croient sans avoir vu. »

³⁰ Il y a encore beaucoup d'autres signes *que Jésus a faits en présence des disciples et qui ne sont pas mis par écrit dans ce livre. ³¹ Mais ceux-là y ont été mis afin que vous croyiez que Jésus est le Messie, le Fils de Dieu, et afin que, par votre foi, vous ayez la vie en son nom.

Appendice : dernière manifestation du Ressuscité

▶**21** Après cela, Jésus se manifesta encore aux disciples sur le bord du lac de Tibériade, et voici comment. ²Il y avait là Simon-Pierre, avec Thomas (dont le nom signifie ' Jumeau '), Nathanaël, de Cana en Galilée, les fils de Zébédée, et deux autres disciples. Simon-Pierre leur dit : « Je m'en vais à la pêche. » Ils lui répondent : « Nous allons avec toi. » Ils partirent et montèrent dans la barque; or, ils passèrent la nuit sans rien prendre.

⁴Au lever du jour, Jésus était là, sur le rivage, mais les disciples ne savaient pas que c'était lui. ⁵Jésus les appelle : « Les enfants, auriez-vous un peu de poisson ? » Ils lui répondent : « Non. » ⁶Il leur dit : « Jetez le filet à droite de la barque, et vous trouverez. » Ils jetèrent donc le filet, et cette fois ils n'arrivaient pas à le ramener, tellement il y avait de poissons. ⁷Alors, le disciple que Jésus aimait dit à Pierre : « C'est le Seigneur ! » Quand Simon-Pierre l'entendit déclarer que c'était le Seigneur, il passa un vêtement, car il n'avait rien sur lui, et il se jeta à l'eau. ⁸Les autres disciples arrivent en barque, tirant le filet plein de poissons ; la terre n'était qu'à une centaine de mètres.

⁹En débarquant sur le rivage, ils voient un feu de braise avec du poisson posé dessus, et du pain. ¹⁰Jésus leur dit : « Apportez donc de ce poisson que vous venez de prendre. » ¹¹Simon-Pierre monta dans la barque et amena jusqu'à terre le filet plein de gros poissons : il y en avait cent cinquante-trois. Et, malgré cette quantité, le filet ne s'était pas déchiré. ¹²Jésus dit alors : « Venez déjeuner. » Aucun des disciples n'osait lui demander : « Qui es-tu ? » Ils savaient que c'était le Seigneur. ¹³Jésus s'approche, prend le pain et le leur donne, ainsi que le poisson. ¹⁴C'était la troisième fois que Jésus ressuscité d'entre les morts se manifestait à ses disciples.

---

8. « une centaine de mètres », littéralement : 200 coudées (de 45 cm).

► **15** Quand ils eurent déjeuné, Jésus dit à Simon-Pierre : « Simon, fils de Jean, m'aimes-tu plus que ceux-ci ? » Il lui répond : « Oui, Seigneur, je t'aime, tu le sais. » Jésus lui dit : « Sois le berger de mes agneaux. » **16** Il lui dit une deuxième fois : « Simon, fils de Jean, m'aimes-tu ? » Il lui répond : « Oui, Seigneur, je t'aime, tu le sais. » Jésus lui dit : « Sois le pasteur de mes brebis. » **17** Il lui dit, pour la troisième fois : « Simon, fils de Jean, est-ce que tu m'aimes ? » Pierre fut peiné parce que, pour la troisième fois, il lui demandait : 'Est-ce que tu m'aimes ?' et il répondit : « Seigneur, tu sais tout : tu sais bien que je t'aime. » Jésus lui dit : « Sois le berger de mes brebis. **18** Amen, amen, je te le dis : quand tu étais jeune, tu mettais ta ceinture toi-même pour aller là où tu voulais ; quand tu seras vieux, tu étendras les mains, et c'est un autre qui te mettra ta ceinture, pour t'emmener là où tu ne voudrais pas aller. » **19** Jésus disait cela pour signifier par quel genre de mort Pierre rendrait gloire à Dieu. Puis il lui dit encore : « Suis-moi. »

20 En se retournant, Pierre aperçoit, marchant à leur suite, le disciple que Jésus aimait. (C'est lui qui, pendant le repas, s'était penché sur la poitrine de Jésus pour lui dire : 'Seigneur, quel est celui qui va te livrer ?') **21** Pierre, voyant ce disciple, dit à Jésus : « Et lui, Seigneur, que lui arrivera-t-il ? » **22** Jésus lui répond : « Si je veux qu'il reste jusqu'à ce que je vienne, est-ce ton affaire ? Mais toi, suis-moi. » **23** Ainsi se répandit parmi les frères l'idée que ce disciple ne mourrait pas. Or, Jésus n'avait pas dit à Pierre : 'Il ne mourra pas,' mais : 'Si je veux qu'il reste jusqu'à ce que je vienne, est-ce ton affaire ?'

24 C'est lui le disciple qui rend témoignage de tout cela, et qui l'a rapporté par écrit, et nous savons que son témoignage est vrai. **25** Il y a encore beaucoup d'autres choses que Jésus a faites ; et s'il fallait rapporter chacune d'elles, je pense que le monde entier ne suffirait pas pour contenir les livres que l'on écrirait ainsi.

Actes des apôtres : voir p. 247

---

20. Voir Jean 13, 25.

Présentation des épîtres et de l'Apocalypse

Avant même de rédiger l'évangile (voir p. 55), les Apôtres du Christ ont éprouvé le besoin d'écrire, aux communautés qu'ils avaient fondées, des lettres destinées à soutenir leur foi et leur espérance, à répondre à leurs questions, à concrétiser les liens d'amour et de partage qui devaient s'établir entre tous les disciples de Jésus. Les « épîtres » que nous avons dans le Nouveau Testament sont ce que nous avons gardé de ces lettres, des lettres très vivantes, adressées à des communautés précises à un moment déterminé de leur histoire, et qui pourtant ont quelque chose à nous dire : malgré tous les changements du monde depuis dix-neuf siècles, ce qu'ont vécu les premiers chrétiens reste pour notre foi une nourriture essentielle. Ceux-ci ont été les premiers à inventer la manière de dire le Christ aux hommes et de vivre avec lui. Sans les copier, nous trouvons chez eux une aide indispensable pour le dire nous aussi et vivre avec lui dans notre monde à nous.

Le Nouveau Testament contient 21 épîtres :
— 14 sont de Paul ou de ses disciples (« épîtres pauliniennes ») ;
— 7 sont attribuées à d'autres disciples de Jésus (« épîtres catholiques », le mot est pris au sens d'« universel », ces lettres semblent être adressées à tous les chrétiens).

Outre les évangiles et les épîtres, le Nouveau Testament contient encore l'Apocalypse, texte unique en son genre, que nous présenterons aussi.

On indique pour chaque épître la période du temps liturgique où on la lit à la suite. Il y a souvent d'autres lectures dispersées, en particulier en Avent ou en Carême.

LES ÉPITRES PAULINIENNES

Saint Paul (voir p. 644) a été le grand missionnaire de la première génération chrétienne. Sa vie est racontée dans les Actes des Apôtres. De l'an 51 à sa mort (64 ou 67), il a écrit de nombreuses lettres, soit aux communautés qu'il avait fondées, soit à d'autres. Certaines lettres présentées sous son nom ont sans doute été écrites par des disciples fidèles à leur maître qui voulaient prolonger son œuvre (le procédé, courant à l'époque, ne choquait personne).

Il n'est pas toujours facile de dater ces lettres ; on donnera les dates les plus vraisemblables. L'ordre chronologique suivant lequel nous présentons les lettres ci-dessous est le suivant : 1 et 2 Thessaloniciens, 1 et 2 Corinthiens, Philippiens, Galates, Romains, Philémon, Colossiens, Éphésiens, Tite et 1 et 2 Timothée, Hébreux.

Lettres aux Thessaloniciens (vers 51)
(La première lue du 29ᵉ au 33ᵉ dimanche, année A ; la deuxième du 31ᵉ au 33ᵉ, année C.)

La PREMIÈRE LETTRE : le plus ancien texte de Paul (et donc de tout le Nouveau Testament).

— Une communauté fondée par Paul à Thessalonique dès son premier passage en Europe, après celle de Philippes et avant celle d'Athènes *(Actes* **17**).

— Une lettre pleine d'action de grâce pour la fondation de la communauté et sa persévérance dans la foi, l'espérance et l'amour.

— Un message qui redit aux chrétiens l'attachement que Paul a pour eux et leur rappelle son enseignement et ses conseils. Paul y parle en particulier de la mort et du « dernier jour », mais il insiste sur l'activité à déployer en attendant : vivre à plein, et non attendre, les bras croisés, la venue du Seigneur.

La DEUXIÈME LETTRE complète la première. Peu importe pour nous qu'elle ait été écrite par Paul lui-même peu après la première, ou plus tard par un disciple fidèle à l'esprit de Paul, comme le pensent certains...

Première lettre aux Corinthiens (55 ou 56)
(Lue du 2ᵉ au 8ᵉ dimanche, année A ; du 2ᵉ au 6ᵉ, année B ; du 2ᵉ au 8ᵉ, année C.)

La communauté fondée par Paul à Corinthe aussitôt après son passage à Athènes *(Actes* **18***)* a bientôt de nombreux problèmes : les Corinthiens écrivent à Paul pour poser leurs questions, et Paul à son tour les interroge sur certains aspects de leur vie dont il a été informé. Cette lettre fait écho aux difficultés d'une Église, mais aussi aux efforts des premières communautés pour vivre la foi dans un monde païen où la nouveauté de l'Évangile demande beaucoup d'esprit d'invention : croire au Christ ne résout pas tout, il faut apprendre à mettre en œuvre cette foi dans tous les domaines de la vie.

Deuxième lettre aux Corinthiens (entre 54 et 57)
(Lue du 7ᵉ au 14ᵉ dimanche, année B.)

Une deuxième lettre à la communauté de Corinthe (ou peut-être plusieurs lettres combinées ensemble). Mais, cette fois, Paul a été contesté, et il faut qu'il se défende, ce qui va l'amener en particulier à s'expliquer sur son ministère d'Apôtre.

Lettre aux Philippiens (56-57 ?)
(Lue du 25ᵉ au 28ᵉ dimanche, année A.)

Lettre amicale de Paul à la communauté avec laquelle il était le plus lié. Bien accueilli dans cette ville romaine du nord de la Grèce (il y avait aussi été mis en prison), il avait maintenu après son départ des contacts étroits ; les Philippiens avaient même organisé un soutien financier pour l'aider dans son activité d'évangélisation. Le voici maintenant en prison (peut-être à Éphèse ou à Corinthe), et il leur écrit pour dire son amitié, sa foi, ses exigences pour ceux dont il veut faire une parfaite communauté de disciples de Jésus.

Lettre aux Galates (hiver 56-57 ?)
(Lue du 9ᵉ au 14ᵉ dimanche, année C.)

Sous l'influence de prédicateurs ambulants, les Églises du Pays Galate (une région au cœur de la Turquie actuelle, dont la population était parente des Gaulois) s'engagent dans une voie qui inquiète Paul : elles réintroduisent peu à peu des coutumes juives, en particulier la circoncision. Si l'affaire est si grave, c'est qu'il ne s'agit pas seulement de préférer telle ou telle manière de vivre ; il s'agit en fait de savoir par quel chemin on est sauvé par Dieu : est-ce par l'effort tenace pour observer scrupuleusement une loi juive ou autre (et alors c'est l'homme qui « fait son salut »)? ou bien est-ce par l'accueil sans réserve, dans la foi, du Christ venu pour nous sauver (et alors c'est Dieu qui gratuitement sauve l'homme)? Paul défend avec vigueur, et même avec violence, la deuxième hypothèse, sans oublier d'ailleurs que la foi, si elle est authentique, a des conséquences très concrètes et très exigeantes sur la manière de vivre du croyant.

Lettre aux Romains (58?)

(Lue du 9ᵉ au 24ᵉ dimanche, année A.)

Parmi les écrits de saint Paul, voici le plus célèbre, le plus long et le plus difficile. Après avoir dénoncé le retour au judaïsme qui menace les Galates qu'il connaît bien, Paul écrit sur le même sujet, mais de façon plus construite, aux Romains qu'il ne connaît pas. En attendant de pouvoir se rendre lui-même dans « la Ville » (il ira en fait comme prisonnier, *Actes* **28**), il élabore pour eux (et pour nous) une réflexion très dense, centrée avant tout sur la foi et son rôle dans le salut des hommes.

Lettre à Philémon (58-60 ?)

(Lue le 23ᵉ dimanche, année C.)

Une lettre toute simple de Paul à un de ses amis sur une affaire de la vie courante : Onésime, esclave du chrétien Philémon, s'est enfui et Paul l'a retrouvé et baptisé. Pour la société antique, l'esclave n'est rien. Pour Paul, pour les chrétiens, c'est un homme à part entière, c'est un frère dans le Christ. Quand Onésime reviendra chez Philémon, tout devra être changé dans leurs relations. Paul ne s'attaque pas directement au problème de l'esclavage dans l'Empire romain, mais il pose les bases évangéliques de sa solution.

PRÉSENTATION DES ÉPITRES

Lettre aux Colossiens (58-60 ?)
(Lue du 15ᵉ au 18ᵉ dimanche, année C.)
Paul, en prison (à Rome, ou plutôt à Césarée), écrit à la communauté de Colosses, en Asie mineure, qu'il n'a pas fondée lui-même mais dont il se sent responsable, et qui traverse une crise assez grave : certains, sous l'influence de doctrines païennes, veulent la détourner du Christ, ou du moins réduire le rôle central de celui-ci, en parlant d'autres puissances invisibles censées mener le monde, et en prescrivant des rites qui seraient nécessaires pour être sauvé (cf. Galates, p. 457). Paul va répondre en soulignant vigoureusement le rôle du Christ et en affirmant que le grand secret de Dieu, c'est qu'il sauve tous les hommes par ce même Christ.

Lettre aux Éphésiens (70 ?)
(Lue du 15ᵉ au 21ᵉ dimanche, année B.)
La lettre aux Éphésiens est un des textes les plus profonds du Nouveau Testament. On y trouve exposé dans toute sa grandeur le « mystère », le dessein de Dieu qui englobe toute l'humanité à travers le temps et l'espace : en Jésus Christ tout est renouvelé ; les païens, exclus de l'ancienne Alliance, sont admis de plein droit dans l'Église, « Corps du Christ » aux dimensions du monde. Et la vie de tous les jours est transformée par cette relation au Christ qui l'oriente tout entière.

Ce texte qui ressemble beaucoup à la lettre aux Colossiens (dont il reprend des phrases entières) a probablement été écrit par un disciple de Paul qui exprime ici avec puissance la pensée de l'Apôtre à la fin de sa vie. C'est peut-être pour cela qu'on n'y trouve aucune allusion concrète à la communauté d'Éphèse que Paul connaissait bien.

Pour bien comprendre ce texte et en saisir la portée, on aura intérêt à lire d'abord *Colossiens* puis à revenir à *Éphésiens* qui en développe et en élargit les principales idées.

Lettres à Timothée et à Tite (vers 90 ?)
(1 et 2 Timothée lues du 24ᵉ au 30ᵉ dimanche, année C. Tite à Noël.)
Trois lettres adressées aux deux collaborateurs les plus proches de Paul. Sont-elles de Paul lui-même ? Ont-elles été écrites après sa

mort par un disciple qui voulait aider l'Église à se structurer pour mieux tenir à l'épreuve du temps ?... De toute façon, certains passages semblent bien être l'écho de Paul dans ses dernières luttes. Et on voit l'Église, à la fin de l'époque des Apôtres, s'organiser pour durer, et vérifier sa foi.

Épître aux Hébreux (vers 68 ?)
(Lue du 27ᵉ au 33ᵉ dimanche, année B et du 19ᵉ au 22ᵉ, année C.)

Le texte qu'on appelle « épître aux Hébreux » est moins une lettre qu'une longue homélie, dont on ne connaît ni les destinataires ni l'auteur. Celui-ci, en tout cas, est grand connaisseur de la Bible et de la liturgie juive. Il médite longuement sur Jésus, qui est le grand prêtre des chrétiens, et dont le sacrifice unique remplace à tout jamais les sacrifices du Temple. Puis il parle de la foi des chrétiens et de leur endurance. C'est un des textes du Nouveau Testament où l'on voit le mieux comment la foi chrétienne se situe par rapport à l'Ancien Testament.

LES ÉPITRES CATHOLIQUES

Pierre, Jean, Jacques, Jude, apôtres ou disciples de Jésus : les sept textes qui portent leur nom (deux de Pierre, trois de Jean) sont-ils bien d'eux ? En tout cas, ils témoignent de la foi de communautés différentes de celles de Paul et attestent à la fois la variété et l'unité de fond de l'Église au premier siècle.

Lettre de Jacques (vers 80)
(Lue du 22ᵉ au 26ᵉ dimanche, année B.)

On ne sait pas grand-chose de l'origine de l'épître de Jacques. Elle a sûrement été écrite en milieu judéo-chrétien (les Juifs convertis au christianisme) par un homme qui parlait très bien le grec. Sans beaucoup d'ordre, le texte rassemble des réflexions vigoureuses, souvent dignes des grands prophètes de l'Ancien Testament.

Première lettre de Pierre (70-80 ?)
(Lue du 2ᵉ au 7ᵉ dimanche de Pâques, année A.)

Cette lettre dense et riche nous ramène aux axes essentiels de la vie chrétienne. Elle s'adresse à des croyants en danger, menacés de persécution, et donc obligés de s'affermir dans leur foi et d'en retrouver les fondements. Elle nous met en contact avec l'Église de Rome, regroupée autour de Pierre, le premier des douze Apôtres.

Deuxième lettre de Pierre (95 ?)
(Lue au 2ᵉ dimanche de l'Avent B et à la Transfiguration.)

Cette lettre, écrite vers la fin du 1ᵉʳ siècle par un disciple de Pierre, et marquée par les difficultés de la deuxième génération chrétienne, est en grande partie centrée sur le retour du Seigneur. Les chrétiens l'attendent avec impatience. Mais il s'agit surtout de se convertir pour être prêts à cette rencontre à la fois merveilleuse et redoutable.

Lettres de Jean (90 ?)
(Première lettre lue du 2ᵉ au 7ᵉ dimanche de Pâques, année B.)

Provenant du même auteur ou du même milieu que le quatrième évangile (p. 78), la première lettre est une longue méditation sur la foi, l'amour, la lumière, la vie des enfants de Dieu. Il faut se laisser imprégner par son rythme lent où les mêmes mots reviennent sans cesse : c'est un moyen de rencontrer le Seigneur et de reconnaître au fond de soi sa présence et ses appels. Car ce texte pousse à l'action, non au rêve...

La deuxième et la troisième lettres, adressées, l'une à une communauté, l'autre à un croyant nommé Gaïus, sont dans le même esprit que la première.

Lettre de Jude (90 ?)

Apparentée à la deuxième lettre de Pierre, cette lettre évoque une ambiance de conflit et de déviations et met en garde les chrétiens tentés de dévier du droit chemin et de la vraie foi.

L'APOCALYPSE

(Lue du 2ᵉ au 7ᵉ dimanche de Pâques, année C.)

Le premier siècle a vu paraître de nombreuses « révélations » (c'est le sens du mot « apocalypse ») qui cherchaient avant tout à expliquer les malheurs d'une époque troublée et à y repérer le dessein de Dieu. L'Apocalypse de saint Jean, écrite sans doute vers 95 sous Domitien au moment de la première persécution de grande ampleur contre les chrétiens, appartient bien au même genre d'écrits, tout en étant la seule où l'Église ait reconnu sa foi authentique.

On y parle en langage imagé (« chiffré ») des grands événements qui frappent les hommes (guerres, famines, calamités) et surtout du grand combat que mènent contre l'Église ceux qui veulent la détruire. On y parle aussi du ciel, mais c'est avant tout pour nous donner le sens religieux de ce qui se passe sur la terre, et pour nous annoncer le monde de paix que Dieu nous prépare au-delà des épreuves.

L'Apocalypse n'est pas un livre de fiction ou d'évasion, c'est un livre de courage et d'espérance. Elle ne décrit pas d'avance les événements de l'histoire, mais elle veut donner une lumière sur la vie aux croyants d'une époque donnée et, à travers eux, à ceux de tous les temps. Les extraits retenus par la liturgie du dimanche en présentent surtout les aspects pacifiés et lumineux ; en fait, dans l'ouvrage, ils prennent un relief particulier par leur confrontation avec des passages plus durs qui font apparaître les violentes tensions de l'existence terrestre.

Lettre aux Romains

Paul salue les chrétiens de Rome au nom du Christ dont il proclame la Bonne Nouvelle

1 ¹ Moi Paul, serviteur* de Jésus Christ, appelé par Dieu pour être Apôtre, mis à part pour annoncer la Bonne Nouvelle ² que Dieu avait déjà promise par ses prophètes* dans les saintes Écritures*, je m'adresse à vous, bien-aimés de Dieu qui êtes à Rome.

³ Cette Bonne Nouvelle concerne son Fils : selon la chair, il est né de la race de David, ⁴ selon l'Esprit* qui sanctifie, il a été établi dans sa puissance de Fils de Dieu par sa résurrection* d'entre les morts*, lui, Jésus Christ, notre Seigneur*.

⁵ Pour que son nom soit honoré, nous avons reçu par lui force et mission d'Apôtre afin d'amener à l'obéissance de la foi* toutes les nations païennes, ⁶ dont vous faites partie, vous aussi que Jésus Christ a appelés.

⁷ Vous les fidèles qui êtes, par appel de Dieu, le peuple saint*, que la grâce* et la paix* soient avec vous tous, de la part de Dieu notre Père et de Jésus Christ le Seigneur.

1, 1 : « par Dieu », *add.*
1, 2 : on a transporté ici pour la clarté quelques mots du v. 7.
1, 7 : « Vous les fidèles... peuple saint », *litt.* « vous les appelés saints » ; on a un peu paraphrasé pour dégager la richesse du mot « saints ».

⁸Tout d'abord, je rends grâce à mon Dieu par Jésus Christ pour vous tous, puisque la nouvelle de votre foi se répand dans le monde entier. ⁹Car ce Dieu à qui je rends un culte spirituel en annonçant l'Évangile de son Fils, il est témoin* que je fais sans cesse mention de vous ; ¹⁰à tout instant, je demande dans mes prières que la volonté de Dieu me donne bientôt la chance de venir enfin chez vous. ¹¹J'ai en effet un très vif désir de vous voir, pour vous communiquer un don de l'Esprit, afin de vous rendre forts, — ¹²je veux dire, afin de nous réconforter ensemble chez vous, moi par votre foi* et vous par la mienne. ¹³Je ne veux pas vous le laisser ignorer, frères : j'ai bien souvent eu l'intention de venir chez vous, et j'en ai été empêché jusqu'à maintenant ; je pensais obtenir chez vous quelque succès comme chez les autres nations païennes. ¹⁴J'ai des devoirs envers tous : civilisés et non civilisés, savants et ignorants, ¹⁵de là mon envie de vous annoncer l'Évangile à vous aussi qui êtes à Rome.

La foi qui nous rend justes et qui nous sauve

Introduction : le salut par la foi

¹⁶En effet, je n'ai pas honte d'être au service de l'Évangile, car il est la puissance de Dieu pour le salut de tout homme qui est devenu croyant, d'abord le Juif, et aussi le païen. ¹⁷Cet Évangile révèle la justice* de Dieu qui sauve par la foi, du commencement à la fin, comme le dit l'Écriture : *C'est par la foi que le juste vivra*.

Tous païens et Juifs, séparés de Dieu par leur péché

¹⁸Or la colère* de Dieu se révèle du haut du ciel* contre tout refus de Dieu, et contre toute injustice par laquelle les hommes font obstacle à la vérité*. ¹⁹En effet, ce qu'on peut connaître* de Dieu est clair pour eux, car Dieu lui-même le leur a montré clairement. ²⁰Depuis la création du monde, les hommes, avec leur intelligence, peuvent voir, à travers les œuvres de Dieu, ce

---

1, 17 : « qui sauve », *add.* ; cf. Ha **2,** 4 (grec).

qui est invisible : sa puissance éternelle et sa divinité. Ils n'ont donc pas d'excuse, ²¹ puisqu'ils ont connu Dieu sans lui rendre la gloire* et l'action* de grâce que l'on doit à Dieu. Ils se sont laissé aller à des raisonnements qui ne mènent à rien, et les ténèbres* ont rempli leurs cœurs sans intelligence. ²² Ces soi-disant sages sont devenus fous ; ²³ ils ont échangé la gloire du Dieu immortel contre des idoles représentant l'homme mortel ou des oiseaux, des bestiaux et des serpents.

²⁴ Voilà pourquoi, à cause des désirs de leur cœur, Dieu les a livrés à l'impureté*, de sorte qu'ils déshonorent eux-mêmes leur corps. ²⁵ Ils ont échangé la vérité de Dieu contre le mensonge ; ils ont adoré et servi les créatures au lieu du Créateur, lui qui est béni éternellement. Amen*.

²⁶ C'est pourquoi Dieu les a livrés à des passions déshonorantes. Chez eux, les femmes ont échangé les rapports naturels pour des rapports contre nature. ²⁷ De même, les hommes ont abandonné les rapports naturels avec les femmes pour brûler de désir les uns pour les autres ; les hommes font avec les hommes des choses infâmes, et ils reçoivent en retour dans leur propre personne ce qui devait leur arriver pour leur égarement. ²⁸ Et comme ils n'ont pas jugé bon de garder la vraie connaissance de Dieu, Dieu les a livrés à une façon de penser dépourvue de jugement. Ils font ce qu'ils ne devraient pas, ²⁹ remplis de toutes sortes d'injustice, de perversité, d'appétit de jouissance, de méchanceté, pleins de rivalités, de meurtres, de querelles, de ruses, de dépravations ; ils calomnient, ³⁰ ils médisent, ils ont la haine de Dieu, ils sont orgueilleux, arrogants, fanfarons, ingénieux à faire le mal, révoltés contre leurs parents, ³¹ sans intelligence, sans loyauté, sans affection, sans pitié. ³² Ils savent bien que, d'après la décision de Dieu, ceux qui font de telles choses méritent la mort ; et eux, non seulement ils les font, mais encore ils approuvent ceux qui les font.

2 ¹ Toi, l'homme qui juges les païens, tu n'as pas d'excuse non plus : quand tu juges les autres alors que tu fais comme eux, tu te condamnes toi-même en les jugeant. ² Or, nous savons que

---

2, 1 : « les païens », *add.* d'après le ch. 1.

Dieu jugera selon la vérité ceux qui font de telles choses. ³Et toi, l'homme qui juges ceux qui font de telles choses, et qui les fais toi-même, penses-tu échapper au jugement* de Dieu ? ⁴Ou bien méprises-tu ses trésors de bonté, de patience et de générosité, en refusant de reconnaître que cette bonté de Dieu te pousse à la conversion* ? ⁵Avec ton cœur endurci, qui ne veut pas se convertir, tu accumules la colère contre toi pour le jour de la colère, où sera révélé le juste jugement de Dieu, ⁶lui qui rendra à chacun selon ses œuvres : ⁷pour ceux qui font le bien avec persévérance et recherchent ainsi la gloire, l'honneur et la vie impérissable, ce sera la vie éternelle ; ⁸mais pour les partisans de la révolte, qui se refusent à la vérité* pour se donner à l'injustice, ce sera la colère et l'indignation.

⁹Oui, détresse et angoisse pour tout homme qui fait le mal, d'abord le Juif, et aussi le païen, ¹⁰mais gloire, honneur et paix* pour tout homme qui fait le bien, d'abord le Juif, et aussi le païen. ¹¹Car Dieu ne fait pas de différence entre les hommes.

¹²En effet, tous ceux qui ont péché sans la Loi* périront aussi sans la Loi ; et tous ceux qui ont péché en ayant la Loi seront jugés au moyen de la Loi. ¹³Car ce n'est pas en ayant écouté la Loi qu'on sera juste* devant Dieu ; c'est en ayant pratiqué la Loi qu'on sera justifié. ¹⁴Quand des païens qui n'ont pas la Loi pratiquent spontanément ce que prescrit la Loi, ils sont à eux-mêmes leur propre loi, bien qu'ils n'aient pas la Loi. ¹⁵Ils montrent ainsi que la façon d'agir ordonnée par la Loi est inscrite dans leur cœur*, et leur conscience en témoigne, ainsi que leurs arguments pour se condamner ou s'approuver les uns les autres.

¹⁶On le verra bien le jour où Dieu jugera ce qui est caché dans les hommes, conformément à l'Évangile que j'annonce, par Jésus Christ*. ¹⁷Mais toi qui portes le nom de Juif, qui te reposes sur la Loi, qui mets ton orgueil en Dieu, ¹⁸toi qui connais sa volonté et qui discernes l'essentiel parce que tu t'es mis à l'école de la Loi, ¹⁹toi qui es convaincu d'être le guide des aveugles, la lumière* de ceux qui sont dans les ténèbres*, ²⁰l'éducateur des ignorants, le maître des simples, et de posséder dans la Loi l'expression même de la connaissance et de la vérité, ²¹toi donc qui instruis les autres, tu ne t'instruis pas toi-même ! toi qui proclames qu'il ne faut pas voler, tu voles ! ²²toi qui dis de ne pas commettre l'adultère*, tu le commets ! toi qui as horreur des

idoles, tu pilles leurs temples* ! ²³ toi qui mets ton orgueil dans la Loi, tu déconsidères Dieu par ta désobéissance à la Loi, ²⁴ car il est écrit : *À cause de vous, le nom* de Dieu est insulté chez les païens.*

²⁵ Sans doute, la circoncision* est utile si tu observes la Loi ; mais si tu es dans la désobéissance, avec ta circoncision tu es redevenu incirconcis. ²⁶ Et si l'incirconcis garde les préceptes de la Loi, ne sera-t-il pas considéré par Dieu comme s'il était circoncis ? ²⁷ Celui qui n'est pas circoncis dans son corps mais qui accomplit la Loi te jugera, toi qui es dans la désobéissance tout en ayant la lettre de la Loi et la circoncision. ²⁸ Ce n'est pas ce qui est visible qui fait le Juif ; ce n'est pas la marque visible dans la chair qui fait la circoncision ; ²⁹ mais c'est ce qui est caché qui fait le Juif : sa circoncision est celle du cœur, selon l'Esprit* et non selon la lettre, et sa louange ne vient pas des hommes*, mais de Dieu.

3 ¹ Mais alors, le Juif a-t-il quelque chose de plus ? Et sa circoncision est-elle utile ? ² Bien sûr, et à bien des égards ! Et d'abord, parce que les paroles* de Dieu lui ont été confiées. ³ Mais que dire ? Si certains ont refusé de croire, leur infidélité va-t-elle donc empêcher Dieu d'être fidèle ? ⁴ Jamais de la vie ! Il faut que Dieu soit reconnu véridique et tout homme menteur, comme il est écrit : *Il faut que tu montres ta justice lorsque tu parles, que tu montres ta victoire lorsqu'on te met en jugement.*

⁵ Mais si c'est notre injustice qui manifeste la justice de Dieu, que dirons-nous ? Dieu serait-il injuste en déchaînant sa colère ? (Je parle de manière humaine.) ⁶ Jamais de la vie ! Sinon, comment Dieu pourra-t-il juger le monde* ? ⁷ Et si enfin la vérité de Dieu éclate pour sa gloire* grâce à mon mensonge, pourquoi suis-je encore condamné comme pécheur ? ⁸ Pourquoi ne ferions-nous pas le mal pour qu'en sorte le bien, comme certains nous accusent injurieusement de le dire ? Ceux-là méritent bien leur condamnation.

2, 24 : cf. Is **52**, 5 (grec).
3, 4 : cf. Ps **50** (51), 6.

⁹ Alors ? Avons-nous une supériorité ? Pas en toute chose ! Nous avons déjà montré que les Juifs et les païens sont tous sous la domination du péché*. ¹⁰ Voici en effet ce qui est écrit : *Il n'y a pas un juste*, pas même un seul,* ¹¹ *il n'y en a pas un de sensé, pas un qui cherche Dieu ;* ¹² *tous ils sont dévoyés, tous ensemble pervertis ; pas un homme de bien, pas un seul.* ¹³ *Leur gosier est un sépulcre béant, et leur langue leur sert pour tromper.* ¹³ᶜ *Leurs lèvres sont chargées de venin de vipère.* ¹⁴ *Leur bouche est pleine de malédiction et d'aigreur.* ¹⁵ *Leurs pieds sont agiles pour aller répandre le sang.* ¹⁶ *Ruine et misère sont sur leurs chemins,* ¹⁷ *et ils n'ont pas connu le chemin* de la paix*.* ¹⁸ *Leurs yeux ne voient pas que Dieu est terrible.*

Par la foi en Jésus Christ, païens et Juifs peuvent devenir des justes

¹⁹ Or nous le savons : tout ce que dit la Loi*, elle le déclare pour ceux qui sont sujets de la Loi, afin que toutes les bouches soient réduites au silence, et que le monde entier soit reconnu coupable devant Dieu. ²⁰ Ainsi, ce n'est pas en observant la Loi que quelqu'un devient juste devant Dieu. En effet, la Loi fait seulement connaître le péché.

²¹ Mais aujourd'hui, indépendamment de la Loi, Dieu a manifesté sa justice qui nous sauve : la Loi et les prophètes* en sont déjà témoins*. ²² Et cette justice de Dieu, donnée par la foi en Jésus Christ, elle est pour tous ceux qui croient. En effet, il n'y a pas de différence : ²³ tous les hommes sont pécheurs, ils sont tous privés de la gloire* de Dieu, ²⁴ lui qui leur donne d'être des justes par sa seule grâce*, en vertu de la rédemption accomplie dans le Christ Jésus.

3, 10b-12 : cf. Ps **52** (53), 2-4.
3, 13ab : cf. Ps **5**, 10.
3, 13c : cf. Ps **139** (140), 4.
3, 14 : cf. Ps **9B** (10), 7.
3, 15-17 : cf. Is **59**, 7-8.
3, 18 : cf. Ps **35** (36), 2.
3, 21 : « qui nous sauve », *add.*

²⁵ Car Dieu a exposé le Christ sur la croix afin que, par l'offrande de son sang*, il soit le pardon* pour ceux qui croient en lui. Ainsi Dieu voulait manifester sa justice : lui qui, au temps de sa patience, effaçait déjà les péchés d'autrefois, ²⁶ il voulait manifester, au temps présent, ce qu'est sa justice qui sauve. Telle est sa manière d'être juste et de rendre juste celui qui met sa foi en Jésus.

²⁷ Alors, y a-t-il de quoi s'enorgueillir ? Absolument pas. Au nom de quoi le ferions-nous ? Est-ce au nom d'une loi que nous pratiquerions ? Pas du tout. C'est au nom de la foi. ²⁸ En effet, nous estimons que l'homme devient juste par la foi, indépendamment des actes prescrits par la loi de Moïse. ²⁹ Ou alors, Dieu serait-il seulement le Dieu des Juifs ? N'est-il pas aussi le Dieu des païens ? Bien sûr, il est aussi le Dieu des païens, ³⁰ puisqu'il n'y a qu'un seul Dieu : ceux qui ont reçu la circoncision*, il va les rendre justes par la foi ; et les autres, qui ne l'ont pas reçue, il les justifiera aussi au moyen de la foi. ³¹ Sommes-nous en train d'éliminer la Loi au moyen de la foi ? Absolument pas ! Au contraire, nous la confirmons.

La foi d'Abraham le juste, père des croyants

4 ¹ Que dire alors d'Abraham, l'ancêtre de notre race, et de ce qu'il a obtenu ? ² Si Abraham était devenu un homme par les actions qu'il avait accomplies, il aurait pu en tirer orgueil, mais Dieu juge autrement. ³ L'Écriture* dit en effet : *Abraham eut foi en Dieu et de ce fait, Dieu estima qu'il était juste.*

⁴ Si un homme a accompli un travail, on estime que son salaire n'est pas une grâce, mais un dû. ⁵ Au contraire, si quelqu'un, sans rien accomplir, a foi en ce Dieu qui rend juste l'homme coupable, Dieu estime qu'une telle foi fait de lui un juste. ⁶ C'est ainsi que le psaume de David proclame heureux l'homme que Dieu a estimé juste, indépendamment de ce qu'il a accompli :

3, 25 : « sur la croix », *add.*

3, 26 : « qui sauve », *add.*

3, 28 : « de Moïse », *add.*

4, 3 : cf. Gn **15**, 6.

4, 6 : « le psaume de », *add.*

⁷Heureux ceux dont les fautes ont été remises, et les péchés pardonnés. ⁸Heureux l'homme que le Seigneur* n'estime plus pécheur.

⁹Ces béatitudes concernent-elles ceux qui ont la circoncision*, ou ceux qui ne l'ont pas ? Nous lisons : *C'est pour sa foi* que Dieu a estimé qu'Abraham était juste*.*

¹⁰Quand cela lui est-il arrivé : quand il était circoncis, ou quand il ne l'était pas encore ? Non pas quand il l'était, mais avant. ¹¹Et il reçut le signe de la circoncision comme la marque de la justice obtenue par la foi. Il devint ainsi le père de tous ceux qui croient sans avoir la circoncision, pour qu'ils soient eux aussi estimés justes. ¹²Il est également père du peuple de la circoncision : c'est pour ceux qui non seulement ont la circoncision, mais qui marchent aussi sur les traces de la foi de notre père Abraham avant sa circoncision.

¹³Car Dieu a promis à Abraham et à sa descendance qu'ils recevraient le monde* en héritage*, non pas en accomplissant la Loi* mais en devenant des justes par la foi. ¹⁴En effet, si l'on devient héritiers par la Loi, alors la foi est sans aucun objet, et la promesse est détruite. ¹⁵Car la Loi aboutit à la colère* de Dieu, tandis que là où il n'y a pas de Loi, il n'y a pas de désobéissance. ¹⁶C'est donc par la foi qu'on devient héritier ; ainsi, c'est un don gratuit, et la promesse demeure valable pour tous ceux qui sont descendants d'Abraham, non seulement parce qu'ils font partie du peuple de la Loi, mais parce qu'ils partagent la foi d'Abraham, notre père à tous. ¹⁷C'est bien ce qui est écrit : *J'ai fait de toi le père d'un grand nombre de peuples.*

Il est notre père devant Dieu en qui il a cru, Dieu qui donne la vie aux morts et qui appelle à l'existence ce qui n'existait pas. ¹⁸Espérant contre toute espérance, il a cru, et ainsi il est devenu le père d'un grand nombre de peuples, selon la parole du Seigneur : *Vois quelle descendance tu auras !*

¹⁹Il n'a pas faibli dans la foi : cet homme presque centenaire savait bien que Sara et lui étaient trop vieux pour avoir des

---

4, 7-8 : cf. Ps **31** (32), 1-2 (grec).
4, 9 : cf. Gn **15**, 6.
4, 17 : cf. Gn **17**, 5.
4, 18 : cf. Gn **15**, 5.

enfants ; ²⁰mais, devant la promesse de Dieu, il ne tomba pas dans le doute et l'incrédulité : il trouva sa force dans la foi et rendit gloire* à Dieu, ²¹car il était pleinement convaincu que Dieu a la puissance d'accomplir ce qu'il a promis. ²²Et, comme le dit l'Écriture* : *En raison de sa foi, Dieu a estimé qu'il était juste.*

²³En parlant ainsi de la foi d'Abraham, l'Écriture ne parle pas seulement de lui, mais aussi de nous ; ²⁴car Dieu nous estimera justes, puisque nous croyons en lui, qui a ressuscité* d'entre les morts* Jésus notre Seigneur*, ²⁵livré pour nos fautes et ressuscité pour notre justification.

Réconciliés avec Dieu, nous sommes en marche vers le salut

5 ¹Dieu a donc fait de nous des justes par la foi ; nous sommes ainsi en paix* avec Dieu par notre Seigneur Jésus Christ*, ²qui nous a donné, par la foi, l'accès au monde de la grâce* dans lequel nous sommes établis ; et notre orgueil à nous, c'est d'espérer avoir part à la gloire de Dieu. ³Mais ce n'est pas tout : la détresse elle-même fait notre orgueil, puisque la détresse, nous le savons, produit la persévérance ; ⁴la persévérance produit la valeur éprouvée ; la valeur éprouvée produit l'espérance ; ⁵et l'espérance ne trompe pas, puisque l'amour de Dieu a été répandu dans nos cœurs par l'Esprit* Saint* qui nous a été donné.

⁶Alors que nous n'étions encore capables de rien, le Christ, au temps fixé par Dieu, est mort pour les coupables que nous étions. – ⁷Accepter de mourir pour un homme juste, c'est déjà difficile ; peut-être donnerait-on sa vie pour un homme de bien. ⁸Or, la preuve que Dieu nous aime, c'est que le Christ est mort pour nous alors que nous étions encore pécheurs. ⁹À plus forte raison, maintenant que le sang du Christ nous a fait devenir des justes, nous serons sauvés par lui de la colère de Dieu. ¹⁰En effet, si Dieu nous a réconciliés avec lui par la mort de son Fils quand nous étions encore ses ennemis, à plus forte raison,

---

4, 22 : « comme le dit l'Écriture », « sa foi », *add.* d'après Gn **15,** 6.

5, 10 : « Christ ressuscité », *add.*

maintenant que nous sommes réconciliés, nous serons sauvés par la vie du Christ ressuscité. ¹¹ Bien plus, nous mettons notre orgueil en Dieu, grâce à Jésus Christ notre Seigneur, qui nous a réconciliés avec Dieu.

Tous privés de la vie à cause d'Adam, nous retrouvons bien davantage à cause de Jésus Christ

¹² Par un seul homme, Adam, le péché* est entré dans le monde, et par le péché est venue la mort* ; et ainsi, la mort est passée en tous les hommes, du fait que tous ont péché. ¹³ Avant la loi* de Moïse, le péché était déjà dans le monde. Certes, on dit que le péché ne peut être sanctionné quand il n'y a pas de loi ; ¹⁴ mais pourtant, depuis Adam jusqu'à Moïse, la mort a régné, même sur ceux qui n'avaient pas péché par désobéissance à la manière d'Adam. Or, Adam préfigurait celui qui devait venir. ¹⁵ Mais le don gratuit de Dieu et la faute n'ont pas la même mesure. En effet, si la mort a frappé la multitude des hommes par la faute d'un seul, combien plus la grâce* de Dieu a-t-elle comblé la multitude, cette grâce qui est donnée en un seul homme, Jésus Christ.

¹⁶ Le don de Dieu et les conséquences du péché d'un seul n'ont pas la même mesure non plus : d'une part, en effet, pour la faute d'un seul, le jugement* a conduit à la condamnation ; d'autre part, pour une multitude de fautes, le don gratuit de Dieu conduit à la justification. ¹⁷ En effet, si, à cause d'un seul homme, la mort a régné, combien plus, à cause de Jésus Christ et de lui seul, régneront-ils dans la vie, ceux qui reçoivent en plénitude le don de la grâce qui les rend justes*.

¹⁸ Bref, de même que la faute commise par un seul a conduit tous les hommes à la condamnation, de même l'accomplissement de la justice par un seul a conduit tous les hommes à la justification qui donne la vie. ¹⁹ En effet, de même que tous sont devenus pécheurs parce qu'un seul homme a désobéi, de même tous deviendront justes parce qu'un seul homme a obéi. ²⁰ Quant à la loi

---

5, 12 : « Adam », *add.*
5, 13 : « de Moïse », « on dit que », *add.*
5, 20 : « de Moïse », *add.*

de Moïse, elle est intervenue pour que se multiplie la faute ; mais là où le péché s'était multiplié, la grâce a surabondé.

²¹ Ainsi donc, de même que le péché a établi son règne de mort, de même la grâce, source de justice*, devait établir son règne pour donner la vie éternelle par Jésus Christ notre Seigneur*.

Morts avec Jésus Christ par le baptême, nous ne devons pas retomber sous l'esclavage du péché

6 ¹ Que dire alors ? Nous faut-il demeurer dans le péché pour que la grâce se multiplie ? ² Absolument pas. Puisque nous sommes morts au péché, comment pourrions-nous vivre encore dans le péché ? ³ Ne le savez-vous donc pas : nous tous, qui avons été baptisés en Jésus Christ, c'est dans la mort que nous avons été baptisés. ⁴ Si, par le baptême dans sa mort, nous avons été mis au tombeau avec lui, c'est pour que nous menions une vie nouvelle, nous aussi, de même que le Christ, par la toute-puissance du Père, est ressuscité* d'entre les morts. ⁵ Car, si nous sommes déjà en communion avec lui par une mort qui ressemble à la sienne, nous le serons encore par une résurrection* qui ressemblera à la sienne. ⁶ Nous le savons : l'homme ancien qui est en nous a été fixé à la croix avec lui pour que cet être de péché soit réduit à l'impuissance, et qu'ainsi nous ne soyons plus esclaves du péché. ⁷ Car celui qui est mort est affranchi du péché.

⁸ Et si nous sommes passés par la mort avec le Christ, nous croyons que nous vivrons aussi avec lui. ⁹ Nous le savons en effet : ressuscité d'entre les morts, le Christ ne meurt plus ; sur lui la mort n'a plus aucun pouvoir. ¹⁰ Car lui qui est mort, c'est au péché qu'il est mort une fois pour toutes ; lui qui est vivant, c'est pour Dieu qu'il est vivant. ¹¹ De même vous aussi : pensez que vous êtes morts au péché, et vivants pour Dieu en Jésus Christ.

¹² Il ne faut donc pas que le péché règne dans votre corps mortel et vous fasse obéir à ses désirs. ¹³ Ne mettez pas les membres de votre corps au service du péché pour mener le combat du mal : mettez-vous au contraire au service de Dieu comme des vivants revenus de la mort, et offrez à Dieu vos membres pour le combat de sa justice. ¹⁴ Car le péché n'aura plus sur vous

aucun pouvoir : en effet, vous n'êtes plus sujets de la Loi, vous êtes sujets de la grâce de Dieu.

¹⁵ Alors ? Puisque nous ne sommes pas sujets de la Loi, mais de la grâce, allons-nous recommencer à pécher ? Absolument pas. ¹⁶ Vous le savez bien : en vous mettant au service de quelqu'un pour lui obéir comme esclaves, vous voilà esclaves de celui à qui vous obéissez : soit du péché, qui est un chemin de mort ; soit de l'obéissance à Dieu, qui est un chemin de justice*. ¹⁷ Mais rendons grâce* à Dieu : vous qui étiez esclaves du péché*, vous avez maintenant obéi de tout votre cœur à l'enseignement de base auquel Dieu vous a soumis. ¹⁸ Vous avez été libérés du péché, vous êtes devenus les esclaves de la justice.

¹⁹ J'emploie ici un langage humain, adapté à votre faiblesse. Auparavant, vous aviez mis tout votre corps au service de l'impureté* et du désordre, qui ne mènent qu'au désordre ; de la même manière, mettez-les à présent au service de la justice, qui mène à la sainteté. ²⁰ Quand vous étiez esclaves du péché, vous étiez libres par rapport aux exigences de la justice. ²¹ Qu'avez-vous récolté alors, à commettre des actes que vous regrettez maintenant ? En effet, ces actes mènent à la mort. ²² Mais maintenant que vous avez été libérés du péché et que vous êtes devenus les esclaves de Dieu, vous y récoltez la sainteté, et cela aboutit à la vie éternelle. ²³ Car le salaire du péché, c'est la mort ; mais le don gratuit de Dieu, c'est la vie éternelle dans le Christ Jésus notre Seigneur*.

Le chrétien libéré de la Loi, qui révélait le péché

7 ¹ Ne le savez-vous pas, frères – je parle à des gens qui s'y connaissent en matière de loi – : la loi n'a de pouvoir sur les personnes que durant leur vie. ² Ainsi, la femme mariée est liée par la loi à son mari s'il est vivant ; mais si le mari est mort, elle est affranchie de la loi du mari. ³ Donc, du vivant de son mari, on la traitera d'adultère* si elle appartient à un autre homme ; mais si le mari est mort, elle est libre à l'égard de la loi, si bien qu'elle ne sera pas adultère en appartenant à un autre. ⁴ De

---

7, 4 : « crucifié », *add.*

même, mes frères, vous aussi, le corps crucifié du Christ* vous a fait mourir à la Loi, pour que vous apparteniez à un autre, Celui qui est ressuscité* d'entre les morts*, afin que nous portions des fruits pour Dieu. ⁵En effet, quand nous étions encore des êtres charnels, les passions coupables excitées par la Loi agissaient dans tout notre corps, pour nous faire porter des fruits de mort. ⁶Mais maintenant, nous avons été affranchis de la Loi, étant morts à ce qui nous entravait ; ainsi, nous pouvons assurer un service nouveau, celui de l'Esprit*, au lieu du service ancien, celui de la lettre de la Loi.

⁷Que dire alors ? Que la Loi, c'est le péché ? Absolument pas : je n'aurais pas connu le péché s'il n'y avait pas eu la Loi ; en effet, j'aurais ignoré la convoitise si la Loi n'avait pas dit : *Tu ne convoiteras pas.*

⁸Mais le péché a saisi l'occasion et, par le commandement, il a produit en moi toutes sortes de convoitises, car sans la Loi le péché est chose morte. ⁹Et moi, jadis, sans la Loi, j'étais en vie ; mais quand le commandement est venu, le péché est devenu vivant, ¹⁰et pour moi ce fut la mort. Et le commandement, qui était principe de vie, s'est trouvé être pour moi principe de mort. ¹¹En effet, le péché a saisi l'occasion et, par le commandement, il m'a séduit ; par lui, il m'a tué. ¹²Finalement, la Loi est sainte ; le commandement est saint, juste et bon. ¹³Alors, c'est quelque chose de bon qui a été pour moi la mort ? Absolument pas : c'est le péché ! Pour qu'on voie bien qu'il est le péché, il s'est servi de quelque chose de bon pour causer ma mort ; ainsi, par le commandement, le péché est devenu pleinement péché.

L'homme partagé entre le bien et le mal

¹⁴Nous savons bien que la Loi est une réalité spirituelle : mais moi, je suis un homme charnel, vendu au péché. ¹⁵En effet, je ne comprends pas ce que j'accomplis, car ce que je voudrais faire, ce n'est pas ce que je réalise ; mais ce que je déteste, c'est cela que je fais. ¹⁶Or, si je fais ce que je ne voudrais pas, je suis d'accord avec la Loi : je reconnais qu'elle est bonne. ¹⁷Mais

---

7, 6 : « de la Loi », *add.*
7, 7 : cf. Ex **20**, 17 ; Dt **5**, 21.

en fait, ce n'est plus moi qui accomplis tout cela, c'est le péché*, lui qui habite en moi.

¹⁸ Je sais que le bien n'habite pas en moi, je veux dire dans l'être de chair que je suis. En effet, ce qui est à ma portée, c'est d'avoir envie de faire le bien, mais non pas de l'accomplir. ¹⁹ Je ne réalise pas le bien que je voudrais, mais je fais le mal que je ne voudrais pas. ²⁰ Si je fais ce que je ne voudrais pas, alors ce n'est plus moi qui accomplis tout cela, c'est le péché*, lui qui habite en moi. ²¹ Moi qui voudrais faire le bien, je constate donc en moi cette loi* : ce qui est à ma portée, c'est le mal. ²² Au plus profond de moi-même, je prends plaisir à la loi de Dieu. ²³ Mais, dans tout mon corps, je découvre une autre loi, qui combat contre la loi que suit ma raison et me rend prisonnier de la loi du péché qui est dans mon corps. ²⁴ Quel homme malheureux je suis ! Qui me délivrera de ce corps qui appartient à la mort ? ²⁵ Et pourtant, il faut rendre grâce* à Dieu par Jésus Christ* notre Seigneur*.

Ainsi, moi, je suis à la fois, par ma raison, serviteur* de la loi de Dieu, et, par ma nature charnelle, serviteur de la loi du péché.

L'Esprit nous libère du péché et nous fait enfants de Dieu

8 ¹ Ainsi, pour ceux qui sont dans le Christ Jésus, il n'y a plus de condamnation. ² Car en me faisant passer sous sa loi, l'Esprit qui donne la vie dans le Christ Jésus m'a libéré, moi qui étais sous la loi du péché et de la mort. ³ En effet, quand Dieu a envoyé son propre Fils dans notre condition humaine de pécheurs pour vaincre le péché, il a fait ce que la loi de Moïse ne pouvait pas faire à cause de la faiblesse humaine : il a détruit le péché dans l'homme charnel. ⁴ Il voulait ainsi que les exigences de la Loi se réalisent en nous, qui ne vivons pas sous l'emprise de la chair* mais de l'Esprit.

⁵ En effet, sous l'emprise de la chair, on tend vers ce qui est charnel ; sous l'emprise de l'Esprit, on tend vers ce qui est spirituel ; ⁶ et la chair tend vers la mort, mais l'Esprit tend vers

---

8, 3 : « de Moïse », *add.*

la vie et la paix*. ⁷Car la chair tend à se révolter contre Dieu, elle ne se soumet pas à la loi de Dieu, elle n'en est même pas capable. ⁸Sous l'emprise de la chair, on ne peut pas plaire à Dieu. ⁹Or, vous, vous n'êtes pas sous l'emprise de la chair, mais sous l'emprise de l'Esprit, puisque l'Esprit de Dieu habite en vous. Celui qui n'a pas l'Esprit du Christ ne lui appartient pas. ¹⁰Mais si le Christ est en vous, votre corps a beau être voué à la mort à cause du péché, l'Esprit est votre vie, parce que vous êtes devenus des justes*. ¹¹Et si l'Esprit de celui qui a ressuscité* Jésus d'entre les morts* habite en vous, celui qui a ressuscité Jésus d'entre les morts donnera aussi la vie à vos corps mortels par son Esprit qui habite en vous.

¹²Ainsi donc, frères, nous avons une dette, mais ce n'est pas envers la chair : nous n'avons pas à vivre sous l'emprise de la chair. ¹³Car si vous vivez sous l'emprise de la chair, vous devez mourir : mais si, par l'Esprit, vous tuez les désordres de l'homme pécheur, vous vivrez.

¹⁴En effet, tous ceux qui se laissent conduire par l'Esprit de Dieu, ceux-là sont fils de Dieu. ¹⁵L'Esprit que vous avez reçu ne fait pas de vous des esclaves, des gens qui ont encore peur ; c'est un Esprit qui fait de vous des fils ; poussés par cet Esprit, nous crions vers le Père en l'appelant : « *Abba !* ».

¹⁶C'est donc l'Esprit Saint* lui-même qui affirme à notre Esprit que nous sommes enfants de Dieu. ¹⁷Puisque nous sommes ses enfants, nous sommes aussi ses héritiers* ; héritiers de Dieu, héritiers avec le Christ, si nous souffrons avec lui pour être avec lui dans la gloire*.

L'amour de Dieu renouvellera la création et l'humanité pour les conduire à la gloire

¹⁸J'estime donc qu'il n'y a pas de commune mesure entre les souffrances du temps présent et la gloire que Dieu va bientôt révéler en nous. ¹⁹En effet, la création aspire de toutes ses forces à voir cette révélation des fils de Dieu. ²⁰Car la création a été livrée au pouvoir du néant, non parce qu'elle l'a voulu, mais à cause de celui qui l'a livrée à ce pouvoir. Pourtant, elle a gardé l'espérance ²¹d'être, elle aussi, libérée de l'esclavage, de la dégradation inévitable, pour connaître la liberté, la gloire des enfants

de Dieu. ²²Nous le savons bien, la création tout entière crie sa souffrance, elle passe par les douleurs d'un enfantement qui dure encore. ²³Et elle n'est pas seule. Nous aussi, nous crions en nous-mêmes notre souffrance ; nous avons commencé par recevoir le Saint-Esprit, mais nous attendons notre adoption et la délivrance de notre corps. ²⁴Car nous avons été sauvés, mais c'est en espérance ; voir ce qu'on espère, ce n'est plus espérer : ce que l'on voit, comment peut-on l'espérer encore ? ²⁵Mais nous, qui espérons ce que nous ne voyons pas, nous l'attendons avec persévérance.

²⁶Bien plus, l'Esprit* Saint* vient au secours de notre faiblesse, car nous ne savons pas prier comme il faut. L'Esprit lui-même intervient pour nous par des cris inexprimables. ²⁷Et Dieu, qui voit le fond des cœurs*, connaît les intentions de l'Esprit : il sait qu'en intervenant pour les fidèles, l'Esprit veut ce que Dieu veut. ²⁸Nous le savons, quand les hommes aiment Dieu, lui-même fait tout contribuer à leur bien, puisqu'ils sont appelés selon le dessein de son amour. ²⁹Ceux qu'il connaissait par avance, il les a aussi destinés à être l'image de son Fils, pour faire de ce Fils l'aîné d'une multitude de frères. ³⁰Ceux qu'il destinait à cette ressemblance, il les a aussi appelés ; ceux qu'il a appelés, il en a fait des justes* ; et ceux qu'il a justifiés, il leur a donné sa gloire* .

³¹Il n'y a rien à dire de plus. Si Dieu est pour nous, qui sera contre nous ? ³²Il n'a pas refusé son propre Fils, il l'a livré pour nous tous : comment pourrait-il avec lui ne pas nous donner tout ? ³³Qui accusera ceux que Dieu a choisis ? puisque c'est Dieu qui justifie. ³⁴Qui pourra condamner ? puisque Jésus Christ* est mort ; plus encore : il est ressuscité*, il est à la droite de Dieu, et il intercède pour nous.

³⁵Qui pourra nous séparer de l'amour du Christ ? la détresse ? l'angoisse ? la persécution ? la faim ? le dénuement ? le danger ? le supplice ? ³⁶L'Écriture* dit en effet : *C'est pour toi qu'on nous massacre sans arrêt, on nous prend pour des moutons d'abattoir.*

8, 32 : cf. Gn **22**, 16.
8, 36 : cf. Ps **43** (44), 22.

³⁷ Oui, en tout cela nous sommes les grands vainqueurs grâce à celui qui nous a aimés. ³⁸ J'en ai la certitude : ni la mort ni la vie, ni les esprits ni les puissances, ni le présent ni l'avenir, ³⁹ ni les astres, ni les cieux, ni les abîmes, ni aucune autre créature, rien ne pourra nous séparer de l'amour de Dieu qui est en Jésus Christ notre Seigneur*.

Paul tourmenté par le salut du peuple des promesses

9 ¹ J'affirme ceci dans le Christ, car c'est la vérité, je ne mens pas, et ma conscience m'en rend témoignage dans l'Esprit Saint. ² J'ai dans le cœur une grande tristesse, une douleur incessante. ³ Pour les Juifs, mes frères de race, je souhaiterais même être maudit, séparé du Christ : ⁴ ils sont en effet les fils d'Israël, ayant pour eux l'adoption, la gloire, les alliances, la Loi*, le culte, les promesses de Dieu ; ⁵ ils ont les patriarches, et c'est de leur race que le Christ est né, lui qui est au-dessus de tout, Dieu béni éternellement. Amen*.

Dieu est fidèle, mais libre à l'égard de tous

⁶ On ne peut donc pas dire que la parole* de Dieu a été mise en échec, car ceux qui sont nés d'Israël ne sont pas tous Israël. ⁷ Ce n'est pas parce qu'ils sont la descendance d'Abraham qu'ils sont tous ses enfants, mais, comme dit l'Écriture : *C'est la descendance d'Isaac qui portera ton nom.*

⁸ Autrement dit, ce ne sont pas les enfants de la chair* qui sont enfants de Dieu, mais ce sont les enfants de la promesse qui sont comptés comme descendance. ⁹ Car telle est la parole de la promesse : *À la même époque, je reviendrai chez toi, et Sara aura un fils.*

¹⁰ Et ce n'est pas tout ; il y a aussi Rébecca, qui n'avait connu qu'un seul homme, Isaac notre père. ¹¹ Ses enfants n'étaient pas encore nés, et donc n'avaient rien fait de bien ni de mal ; c'est alors que, pour maintenir le dessein de Dieu, qui relève de son

---

9, 7 : cf. Gn **21**, 12.
9, 9 : cf. Gn **18**, 10.

choix ¹²et ne vient pas des œuvres mais de celui qui appelle, il fut dit à cette femme : *L'aîné sera assujetti au plus jeune,* ¹³comme il est écrit : *J'ai aimé Jacob, je n'ai pas aimé Esaü.*

¹⁴Que dire alors ? Y a-t-il de l'injustice en Dieu ? Jamais de la vie ! ¹⁵En effet, il dit à Moïse : *Je ferai miséricorde* à qui je veux, je montrerai ma tendresse à qui je veux.*

¹⁶Il ne s'agit donc pas de la volonté de l'homme ou de sa course acharnée, mais de la miséricorde de Dieu. ¹⁷En effet, l'Écriture dit au Pharaon : *Si je t'ai suscité, c'est pour montrer en toi ma puissance, et pour que mon Nom* soit proclamé sur toute la terre.* ¹⁸Ainsi donc, il fait miséricorde* à qui il veut, et il endurcit qui il veut.

¹⁹Alors on va me dire : « Pourquoi Dieu adresse-t-il encore des reproches ? Qui donc a jamais pu s'opposer à sa volonté ? » ²⁰Toi, l'homme*, qui es-tu au juste pour entrer en contestation avec Dieu ? L'œuvre va-t-elle dire à l'ouvrier : « Pourquoi m'as-tu faite ainsi ? » ²¹Le potier n'est-il pas maître de son argile, pour faire avec la même pâte un objet pour un usage honorable et un autre pour un usage vulgaire ? ²²Dieu lui, tout en voulant manifester sa colère et faire connaître sa puissance, a supporté avec beaucoup de patience des objets de colère faits pour la perdition ; ²³il l'a fait aussi pour faire connaître la richesse de sa gloire* en faveur des objets de miséricorde qu'il a préparés d'avance pour la gloire, ²⁴c'est-à-dire nous, qu'il a appelés non seulement d'entre les Juifs, mais encore d'entre les païens. ²⁵C'est ce qui est dit dans le livre d'Osée : *Celui qu'on appelait « Pas-mon-peuple », je l'appellerai « Mon-peuple », j'aimerai celle qu'on appelait « Non-aimée ».* ²⁶*Et, là même où Dieu leur avait dit : « Vous n'êtes pas mon peuple », là ils seront appelés « fils du Dieu vivant ».*

9, 12 : cf. Gn **25**, 23.
9, 13 : cf. Ml **1**, 2-3.
9, 15 : cf. Ex. **33**, 19.
9, 17 : cf. Ex. **9**, 16.
9, 25 : cf. Os **2**, 25.
9, 26 : cf. Os **2**, 1.

²⁷Isaïe aussi s'écrie au sujet d'Israël : *Même si le nombre des fils d'Israël était comme le sable de la mer, seul le petit reste sera sauvé,* ²⁸*car le Seigneur* accomplira pleinement et promptement sa parole* sur la terre.*

²⁹Et comme le disait auparavant Isaïe : *Si le Seigneur de l'univers ne nous avait pas laissé un germe, nous serions devenus comme Sodome, nous serions semblables à Gomorrhe.*

³⁰Que dire alors ? Que des païens qui n'avaient pas pour but de devenir justes* ont obtenu de le devenir, mais c'était la justice qui vient de la foi*, ³¹tandis qu'Israël, qui avait pour but une Loi* donnant la justice, n'a pas atteint son but. ³²Pourquoi ? Parce qu'au lieu de la foi, ils pensaient l'obtenir par les œuvres. Ils ont buté sur la pierre ³³dont il est dit dans l'Écriture* : *Voici que je pose en Sion* une pierre sur laquelle on bute, un rocher qui fait tomber. Celui qui lui donne sa foi ne connaîtra pas la honte.*

C'est la parole de l'Évangile qui sauve les hommes ; le peuple des promesses ne l'a pas accueillie

10 ¹Frères, le vœu de mon cœur et ma prière à Dieu pour eux, c'est qu'ils obtiennent le salut*. ²Car je peux témoigner de leur zèle pour Dieu, mais il leur manque la vraie connaissance. ³En ne reconnaissant pas la justice qui vient de Dieu, et en cherchant à instaurer leur propre justice, ils ne se sont pas soumis à la justice de Dieu. ⁴Car l'aboutissement de la Loi, c'est le Christ*, pour que soit donnée la justice à tout homme qui croit. ⁵Or Moïse écrit au sujet de la justice qui vient de la Loi : *L'homme qui pratiquera ces commandements vivra par eux.*

⁶Mais la justice qui vient de la foi parle ainsi : *Ne dis pas dans ton cœur : « Qui va monter aux cieux ? »* (c'est-à-dire en faire descendre le Christ), ⁷ou bien : *« Qui va descendre au fond de l'abîme ? »* (c'est-à-dire faire remonter le Christ de chez les morts).

9, 27-28 : cf. Is **10**, 22-23.
9, 29 : cf. Is **1**, 9.
9, 33 : cf. Is **28**, 16 ; **8**, 14.
10, 5 : cf. Lv **18**, 5.
10, 6-8 : cf. Dt **30**, 12-14.

⁸ Mais que dit ensuite cette justice ? *La Parole est près de toi, elle est dans ta bouche et dans ton cœur.*

Cette Parole, c'est le message de la foi que nous proclamons. ⁹ Donc, si tu affirmes de ta bouche que Jésus est Seigneur, si tu crois dans ton cœur que Dieu l'a ressuscité* d'entre les morts, alors tu seras sauvé. ¹⁰ Celui qui croit du fond de son cœur devient juste ; celui qui, de sa bouche, affirme sa foi parvient au salut. ¹¹ En effet, l'Écriture dit : Lors du jugement*, *aucun de ceux qui croient en lui n'aura à le regretter.*

¹² Ainsi, entre les Juifs et les païens, il n'y a pas de différence : tous ont le même Seigneur, généreux envers tous ceux qui l'invoquent. ¹³ En effet, *tous ceux qui invoqueront le nom du Seigneur seront sauvés.* ¹⁴ Or, comment invoquer le Seigneur* sans avoir d'abord cru en lui ? Comment croire en lui sans avoir entendu sa parole ? Comment entendre sa parole si personne ne l'a proclamée ? ¹⁵ Comment proclamer sans être envoyé ? C'est ce que dit l'Écriture* : *Comme il est beau de voir courir les messagers de la Bonne Nouvelle !*

¹⁶ Et pourtant tous n'ont pas obéi à la Bonne Nouvelle ; le prophète* Isaïe demandait : *Seigneur, qui a cru en nous entendant parler ?*

¹⁷ C'est donc que la foi* naît de ce qu'on entend ; et ce qu'on entend, c'est l'annonce de la parole du Christ. ¹⁸ Alors je pose la question : n'aurait-on pas entendu ? Mais si, bien sûr ! Un psaume le dit : *Leur cri a retenti par toute la terre, et leur parole, jusqu'au bout du monde.*

¹⁹ Je pose encore la question : Israël n'aurait-il pas compris ? Moïse le premier dit : *Je vais vous rendre jaloux par ce qui n'est pas une nation, par une nation stupide je vais vous exaspérer.*

10, 11 : « Lors du jugement », *add.* ; cf. Is **28,** 16.
10, 13 : cf. Jl **3,** 5.
10, 15 : cf. Is **52,** 7.
10, 16 : cf. Is **53,** 1 (cité d'après le grec).
10, 18 : « Un psaume le dit », *add.* ; cf. Ps **18** (19), 4.
10, 19 : cf. Dt **32,** 21.

²⁰ Et Isaïe a l'audace de dire : *J'ai été trouvé par ceux qui ne me cherchaient pas, je me suis manifesté à ceux qui ne me demandaient rien.*

²¹ Il dit encore à Israël : *Tout le jour, j'ai tendu les mains vers un peuple qui refuse et s'oppose.*

Tous sont greffés sur Israël, dont le retour couronnera l'œuvre de Dieu

11 ¹ Je pose donc la question : Dieu aurait-il rejeté son peuple ? Non, bien sûr ! J'en suis moi-même une preuve : je suis fils d'Israël, de la descendance d'Abraham, de la tribu de Benjamin. ² Dieu n'a pas rejeté son peuple, que depuis toujours il a connu. Ne savez-vous pas ce que dit l'Écriture dans l'histoire d'Élie lorsqu'il en appelle à Dieu contre Israël ? ³ *Seigneur,* dit-il, *ils ont tué tes prophètes* et renversé tes autels ; je suis le seul à être resté, et ils cherchent à me tuer.*

⁴ Mais quelle réponse reçoit-il ? *J'ai fait en sorte qu'il reste* pour moi *sept mille hommes qui ne se sont pas mis à genoux devant Baal.*

⁵ De même il y a donc dans le temps présent un reste choisi par grâce* ; ⁶ et si c'est par grâce, ce n'est pas par les œuvres, car alors la grâce ne serait plus la grâce. ⁷ Que dire alors ? Ce qu'Israël recherche, il ne l'a pas obtenu ; mais les élus* l'ont obtenu, tandis que les autres ont été endurcis, ⁸ comme le dit l'Écriture* : *Dieu leur a donné un esprit de torpeur ; ils ont des yeux pour ne pas voir et des oreilles pour ne pas entendre, jusqu'à ce jour.*

⁹ David dit aussi : *Que leur repas devienne pour eux un piège, une trappe, une occasion de chute, un juste châtiment ;* ¹⁰ *que leurs yeux s'obscurcissent pour qu'ils ne voient plus, fais-leur sans cesse courber le dos.*

10, 20 : cf. Is **65**, 1.
10, 21 : cf. Is **65**, 2.
11, 3 : cf. 1 R **19**, 10.
11, 4 : cf. 1 R **19**, 18.
11, 8 : cf. Dt **29**, 3.
11, 9-10 : cf. Ps **68** (69), 23-24 (grec).

¹¹ Je pose encore une question : Israël a-t-il trébuché pour ne plus se relever ? Non, bien sûr ! Mais c'est à sa faute que les païens doivent le salut* ; Dieu voulait le rendre jaloux. ¹² Or, si la faute des fils d'Israël a été un enrichissement pour le monde, si leur échec a été un enrichissement pour les païens, que dire alors du jour où l'ensemble d'Israël sera là ?

¹³ Je vous le dis à vous, qui étiez païens : dans la mesure même où je suis apôtre des païens, ce serait la gloire de mon ministère ¹⁴ de rendre un jour jaloux mes frères de race, et d'en sauver quelques-uns. ¹⁵ Si en effet le monde a été réconcilié avec Dieu quand ils ont été mis à l'écart, qu'arrivera-t-il quand ils seront réintégrés ? Ce sera la vie pour ceux qui étaient morts ! ¹⁶ Si un peu de pâte est consacrée à Dieu, toute la pâte devient sainte ; si la racine de l'arbre est sainte, les branches le sont aussi. ¹⁷ De ces branches, quelques-unes ont été coupées, alors que toi, qui es une branche d'olivier sauvage, tu as été greffé parmi elles, et tu as part désormais à l'huile que donne la racine de l'olivier. ¹⁸ Alors, ne sois pas plein d'orgueil envers les autres branches ; malgré tout ton orgueil, ¹⁹ ce n'est pas toi qui portes la racine, c'est la racine qui te porte. Tu vas me dire : « Des branches ont été coupées pour que moi, je sois greffé ! » ²⁰ Fort bien ! Mais c'est à cause de leur manque de foi* qu'elles ont été coupées ; et toi, c'est à cause de ta foi que tu tiens. Ne fais pas le fanfaron, sois plutôt dans la crainte. ²¹ Car si Dieu n'a pas épargné les branches d'origine, il ne t'épargnera pas non plus. ²² Observe donc la bonté et la sévérité de Dieu : sévérité pour ceux qui sont tombés, et bonté pour toi si tu demeures dans cette bonté ; autrement, toi aussi tu seras retranché. ²³ Et eux, s'ils ne demeurent pas dans leur manque de foi, ils seront greffés : car Dieu est capable de les greffer de nouveau. ²⁴ En effet, toi qui étais par ton origine une branche d'olivier sauvage, tu as été greffé, malgré ton origine, sur un olivier cultivé ; à plus forte raison ceux-ci, qui sont d'origine, seront greffés sur leur propre olivier.

²⁵ Frères, pour vous éviter de vous fier à votre propre jugement, je ne veux pas vous laisser dans l'ignorance de ce mystère :

11, 13 : « qui étiez », *add.*

l'endurcissement actuel d'une partie d'Israël durera jusqu'à l'entrée de l'ensemble des païens ; ²⁶ c'est ainsi qu'Israël tout entier sera sauvé, comme dit l'Écriture* : *Le libérateur viendra de Sion*, d'Israël il fera disparaître l'impiété.* ²⁷ *Voilà ce que sera mon Alliance* avec eux lorsque j'enlèverai leur péché*.*

²⁸ L'annonce de l'Évangile en a fait des ennemis de Dieu, et c'est à cause de vous ; mais le choix de Dieu en a fait des bien-aimés, et c'est à cause de leurs pères. ²⁹ Les dons de Dieu et son appel sont irrévocables. ³⁰ Jadis, en effet, vous avez désobéi à Dieu, et maintenant, à cause de la désobéissance des fils d'Israël, vous avez obtenu miséricorde* ; ³¹ de même eux aussi, maintenant ils ont désobéi à cause de la miséricorde que vous avez obtenue, mais c'est pour que maintenant, eux aussi, ils obtiennent miséricorde. ³² Dieu, en effet, a enfermé tous les hommes dans la désobéissance pour faire miséricorde à tous les hommes.

Hymne à la sagesse insondable du Dieu sauveur

³³ Quelle profondeur dans la richesse, la sagesse* et la science de Dieu ! Ses décisions sont insondables, ses chemins sont impénétrables ! ³⁴ Qui a connu la pensée du Seigneur* ? Qui a été son conseiller ? ³⁵ Qui lui a donné en premier, et mériterait de recevoir en retour ? ³⁶ Car tout est de lui, et par lui, et pour lui. À lui la gloire* pour l'éternité ! Amen*.

La vie de la communauté chrétienne

Le vrai culte rendu à Dieu : humilité et charité

12 ¹ Je vous exhorte, mes frères, par la tendresse de Dieu, à lui offrir votre personne et votre vie en sacrifice* saint*, capable de plaire à Dieu : c'est là pour vous l'adoration véritable. ² Ne prenez pas pour modèle le monde présent, mais transformez-vous en renouvelant votre façon de penser pour savoir reconnaître quelle

---

11, 26-27 : cf. Is **59,** 20-21.
11, 35 : cf. Jb **41,** 3.

est la volonté de Dieu : ce qui est bon, ce qui est capable de lui plaire, ce qui est parfait.

³ En vertu de la grâce* qui m'a été donnée, je dis à chacun d'entre vous : n'ayez pas de prétentions déraisonnables, soyez assez raisonnables pour n'être pas prétentieux, chacun en proportion de la foi* que Dieu lui a donnée en partage. ⁴ Prenons une comparaison : notre corps forme un tout, et pourtant nous avons plusieurs membres, qui n'ont pas tous la même fonction ; ⁵ de même, dans le Christ*, tous, tant que nous sommes, nous formons un seul corps ; tous et chacun, nous sommes membres les uns des autres. ⁶ Et selon la grâce que Dieu nous a donnée, nous avons reçu des dons qui sont différents. Si c'est le don de prophétie, il faut se régler sur la foi ; ⁷ si c'est le don de servir, il faut servir ; si l'on est fait pour enseigner, que l'on enseigne ; ⁸ pour encourager, que l'on encourage. Celui qui donne, qu'il soit simple ; celui qui dirige, qu'il soit actif ; celui qui se dévoue aux malheureux, qu'il ait le sourire.

⁹ Que votre amour soit sans hypocrisie. Fuyez le mal avec horreur, attachez-vous au bien. ¹⁰ Soyez unis les uns aux autres par l'affection fraternelle, rivalisez de respect les uns pour les autres. ¹¹ Ne brisez pas l'élan de votre générosité, mais laissez jaillir l'Esprit* ; soyez les serviteurs* du Seigneur*. ¹² Aux jours d'espérance, soyez dans la joie ; aux jours d'épreuve*, tenez bon ; priez avec persévérance. ¹³ Partagez avec les fidèles qui sont dans le besoin, et que votre maison soit toujours accueillante. ¹⁴ Bénissez ceux qui vous persécutent ; souhaitez-leur du bien, et non pas du mal. ¹⁵ Soyez joyeux avec ceux qui sont dans la joie, pleurez avec ceux qui pleurent. ¹⁶ Soyez bien d'accord entre vous ; n'ayez pas le goût des grandeurs, mais laissez-vous attirer par ce qui est simple. Ne vous fiez pas à votre propre jugement. ¹⁷ Ne rendez à personne le mal pour le mal, appliquez-vous à bien agir aux yeux de tous les hommes. ¹⁸ Autant que possible, pour ce qui dépend de vous, vivez en paix avec tous les hommes. ¹⁹ Ne vous faites pas justice vous-mêmes, mes bien-aimés, mais laissez agir la colère* de Dieu. Car l'Écriture* dit : *C'est à moi de faire justice, c'est moi qui rendrai à chacun ce qui lui revient,* dit

---

12, 19 : cf. Dt **32,** 35a.

le Seigneur. ²⁰Mais *si ton ennemi a faim, donne-lui à manger ; s'il a soif, donne-lui à boire : ce sera comme si tu entassais sur sa tête des charbons ardents.*

²¹Ne te laisse pas vaincre par le mal, mais sois vainqueur du mal par le bien.

Les autorités humaines sont au service du dessein de Dieu

13 ¹Il faut que tout être humain soit soumis aux autorités qui sont au-dessus de lui, car il n'y a d'autorité qu'en dépendance de Dieu, et celles qui existent sont établies sous la dépendance de Dieu ; ²si bien qu'en se dressant contre l'autorité on est contre l'ordre des choses établi par Dieu, et en prenant cette position on attire sur soi la condamnation.

³En effet, les représentants du pouvoir ne sont pas à craindre quand on agit bien, mais quand on agit mal. Si tu ne veux pas avoir à craindre l'autorité, fais ce qui est bien, et l'autorité reconnaîtra tes mérites. ⁴Car elle est au service de Dieu pour promouvoir le bien ; mais si tu fais le mal, alors, vis dans la crainte. En effet, ce n'est pas pour rien que l'autorité tient le glaive. Car elle est au service de Dieu : en punissant, elle montre la colère de Dieu envers celui qui fait le mal.

⁵C'est donc une nécessité d'être soumis, non seulement pour éviter la colère, mais encore pour obéir à la conscience. ⁶C'est bien pour cela que vous devez payer des impôts : ceux qui les perçoivent sont les ministres de Dieu quand ils remplissent cette tâche. ⁷Rendez à chacun ce qui lui est dû : les impôts et les taxes à qui vous les devez, la crainte et le respect à qui vous les devez.

Vivant dans l'amour, soyons prêts à accueillir le Jour du Seigneur

⁸Ne gardez aucune dette envers personne, sauf la dette de l'amour mutuel, car celui qui aime les autres a parfaitement accompli la Loi∗. ⁹Ce que dit la Loi : *Tu ne commettras pas d'adultère*∗,

---

12, 20 : cf. Pr **25,** 21-22.
13, 7 : cf. Mc **12,** 13-17 et parallèles.
13, 9 : « Ce que dit la Loi », *add.* ; cf. Ex **20,** 13-15.17 ; Lv **19,** 18.

tu ne commettras pas de meurtre, tu ne commettras pas de vol, tu ne convoiteras rien ; ces commandements et tous les autres se résument dans cette parole : *Tu aimeras ton prochain comme toi-même.*

¹⁰ L'amour ne fait rien de mal au prochain. Donc, l'accomplissement parfait de la Loi, c'est l'amour.

¹¹ Vous le savez : c'est le moment, l'heure est venue de sortir de votre sommeil. Car le salut* est plus près de nous maintenant qu'à l'époque où nous sommes devenus croyants. ¹² La nuit est bientôt finie, le jour est tout proche. Rejetons les activités des ténèbres*, revêtons-nous pour le combat de la lumière*. ¹³ Conduisons-nous honnêtement, comme on le fait en plein jour, sans ripailles ni beuveries, sans orgies ni débauches, sans dispute ni jalousie, ¹⁴ mais revêtez le Seigneur Jésus Christ* ; ne vous abandonnez pas aux préoccupations de la chair* pour satisfaire ses tendances égoïstes.

Forts ou faibles, vivons les uns pour les autres et pour le Seigneur

14 ¹ Accueillez celui qui est faible dans la foi*, sans critiquer ses raisonnements. ² L'un a une foi qui lui permet de manger de tout, l'autre, étant faible, ne mange que des légumes. ³ Que celui qui mange ne méprise pas celui qui ne mange pas, et que celui qui ne mange pas ne juge pas celui qui mange, car Dieu l'a accueilli. ⁴ Toi, qui es-tu pour juger le serviteur d'un autre ? Qu'il tienne debout ou qu'il tombe, cela regarde le Seigneur son maître. Mais il sera debout, car le Seigneur a le pouvoir de le faire tenir debout. ⁵ L'un juge qu'il faut faire des différences entre les jours, l'autre juge qu'ils se valent tous : que chacun soit pleinement convaincu de son point de vue. ⁶ Celui qui se préoccupe des jours le fait pour le Seigneur, et celui qui mange de tout le fait pour le Seigneur, car il rend grâce* à Dieu ; et celui qui ne mange pas de tout le fait pour le Seigneur : il rend grâce à Dieu aussi. ⁷ En effet, aucun d'entre nous ne vit pour soi-même, et aucun ne meurt pour soi-même : ⁸ si nous vivons, nous vivons pour le Seigneur ; si nous mourons, nous mourons pour le Seigneur. ⁹ Car, si le Christ* a connu la mort, puis la vie, c'est pour devenir le Seigneur et des morts* et des vivants.

¹⁰ Alors toi, pourquoi juger ton frère ? Toi, pourquoi mépriser ton frère ? Tous nous comparaîtrons devant le tribunal de Dieu. ¹¹ Car il est écrit : *Aussi vrai que je suis vivant, dit le Seigneur, toute créature tombera à genoux devant moi, et toute langue acclamera Dieu.*

¹² Ainsi chacun de nous devra rendre compte à Dieu pour soi-même.

¹³ Cessons donc de nous juger les uns les autres ; mais jugez plutôt qu'il ne faut rien mettre devant les pas d'un frère qui le fasse buter ou tomber. ¹⁴ Je le sais, et j'en suis persuadé dans le Seigneur Jésus : aucune chose n'est impure* en elle-même, mais elle ne l'est que pour celui qui la considère comme impure. ¹⁵ Car si ton frère a de la peine à cause de ce que tu manges, ta conduite n'est plus conforme à l'amour. Ne va pas faire périr par ce que tu manges celui pour qui le Christ est mort. ¹⁶ Ce qui est bien pour vous ne doit pas vous exposer au dénigrement. ¹⁷ En effet, le royaume* de Dieu ne consiste pas en des questions de nourriture ou de boisson ; il est justice*, paix* et joie dans l'Esprit* Saint*. ¹⁸ Celui qui sert le Christ de cette manière-là plaît à Dieu, et il est approuvé par les hommes. ¹⁹ Recherchons donc ce qui contribue à la paix, et ce qui nous associe les uns aux autres en vue de la même construction.

²⁰ Ne va pas détruire l'œuvre de Dieu pour une question de nourriture. Toutes les choses sont pures, mais c'est mal qu'un homme, à cause de ce qu'il mange, en fasse tomber un autre. ²¹ C'est bien de ne pas manger de viande, de ne pas boire de vin, bref de ne rien faire qui fasse tomber ton frère. ²² La conviction que te donne la foi*, garde-la en toi devant Dieu. Heureux celui qui ne se condamne pas lorsqu'il se décide. ²³ Mais celui qui a des doutes est condamné s'il mange quand même, car il ne le fait pas par conviction de foi. Or tout ce qui ne vient pas de la foi est péché*.

15 ¹ Nous les forts, nous devons prendre sur nous la fragilité des faibles, et non pas agir selon notre convenance. ² Que chacun de

---

14, 11 : cf. Is **45**, 23 ; cf. Ph **2**, 10-11.

nous cherche à faire ce qui convient à son prochain en vue d'un bien vraiment constructif. ³Car le Christ non plus n'a pas agi selon sa convenance, mais il a subi ce que dit l'Écriture*: *On t'insulte, et l'insulte retombe sur moi.*

L'espérance offerte par l'Écriture s'étend à toutes les nations

⁴Or, tout ce que les livres saints ont dit avant nous est écrit pour nous instruire, afin que nous possédions l'espérance grâce à la persévérance et au courage que donne l'Écriture. ⁵Que le Dieu de la persévérance et du courage vous donne d'être d'accord entre vous selon l'Esprit du Christ Jésus. ⁶Ainsi, d'un même cœur, d'une même voix, vous rendrez gloire* à Dieu, le Père de notre Seigneur Jésus Christ.

⁷Accueillez-vous donc les uns les autres comme le Christ* vous a accueillis pour la gloire* de Dieu, vous qui étiez païens. ⁸Si le Christ s'est fait le serviteur* des Juifs, c'est en raison de la fidélité de Dieu, pour garantir les promesses faites à nos pères ; mais, je vous le déclare, ⁹c'est en raison de la miséricorde* de Dieu que les nations païennes peuvent lui rendre gloire ; comme le dit l'Écriture*: *Je te louerai parmi les nations, je chanterai ton nom*.*

¹⁰Elle dit encore : *Nations*, soyez dans l'allégresse avec son peuple,* ¹¹et encore : *Louez le Seigneur, toutes les nations ; qu'ils le fêtent, tous les peuples.*

¹²Et Isaïe dit encore : *Il se dressera, le rejeton de Jessé,* père de David, *celui qui se lève pour commander aux nations ; en lui les nations mettront leur espérance.*

¹³Que le Dieu de l'espérance vous remplisse, vous qui croyez, de joie et de paix * parfaites, afin que vous débordiez d'espérance par la puissance de l'Esprit* Saint*.

15, 3 : cf. Ps **68** (69), 10.
15, 4 : « les livres saints », *add.*
15, 5 : « l'esprit du », *add.*
15, 7 : « vous qui étiez païens », *add.*
15, 9 : cf. Ps **17** (18), 50.
15, 10 : cf. Dt **32**, 43.
15, 11 : cf. Ps **116** (117), 1.
15, 12 : « père de David », *add.* ; cf. Is **11**, 1.10.

Paul ministre du Christ Jésus pour les nations païennes

¹⁴ Je suis convaincu, mes frères, que vous êtes très bien disposés, remplis d'une haute connaissance de Dieu, et capables aussi de vous reprendre les uns les autres.¹⁵ Si, malgré cela, dans cette lettre, je me suis permis sur certains points de raviver votre mémoire, c'est en vertu de la grâce* que Dieu m'a donnée.¹⁶ Cette grâce, c'est d'être ministre de Jésus Christ pour les nations païennes, avec la fonction sacrée d'annoncer l'Évangile de Dieu, pour que les païens deviennent une offrande acceptée par Dieu, sanctifiée par l'Esprit Saint.¹⁷ En Jésus Christ, j'ai donc de quoi m'enorgueillir pour ce qui est du service de Dieu.¹⁸ Car je n'oserais pas parler, s'il ne s'agissait pas de ce que le Seigneur* a mis en œuvre par moi pour amener les païens à l'obéissance de la foi* : la parole et les actes,¹⁹ la puissance des signes* et des prodiges, la puissance de l'Esprit Saint.

L'apostolat de Paul : d'hier à demain

Ainsi, depuis Jérusalem* en rayonnant jusqu'à la Dalmatie, j'ai mené à bien l'annonce de l'Évangile du Christ ;²⁰ j'ai mis cependant mon honneur à n'évangéliser que là où le nom du Christ n'avait pas encore été prononcé, car je ne voulais pas bâtir sur les fondations posées par un autre,²¹ mais je voulais me conformer à cette parole de l'Écriture : *Ceux à qui on ne l'avait jamais annoncé, ils verront ; ceux qui n'en avaient jamais entendu parler, ils comprendront.*

²² Voilà encore ce qui m'a empêché tant de fois d'aller chez vous.²³ Mais maintenant je n'ai plus de champ d'action dans ces régions-ci, et j'ai depuis des années le désir d'aller chez vous²⁴ quand je me rendrai en Espagne. En effet, j'espère bien que je vous verrai en passant, et que vous m'aiderez pour me rendre là-bas quand j'aurai d'abord un peu profité de cette rencontre avec vous.²⁵ Mais pour l'instant, je m'en vais à Jérusalem pour le service des fidèles.²⁶ Car la Macédoine, avec toute la Grèce, a décidé un partage fraternel pour les pauvres que sont les fidèles de Jérusalem.²⁷ Elles l'ont décidé en effet, car elles

---

15, 21 : cf. Is **52,** 15 (grec).

ont une dette envers eux : si les nations païennes ont reçu d'eux en partage les biens spirituels, c'est pour elles une dette de leur apporter aussi une aide matérielle. ²⁸ Quand donc j'aurai terminé cela, et que j'aurai remis en bonne et due forme le fruit de cette collecte, j'irai en Espagne en passant par chez vous. ²⁹ Et je sais bien que ma venue chez vous sera comblée de la bénédiction du Christ.

³⁰ Je vous exhorte, frères, par notre Seigneur Jésus Christ et par l'amour de l'Esprit, à soutenir mon combat en priant Dieu pour moi, ³¹ afin que j'échappe à ceux qui, en Judée, refusent l'Évangile, et que le service que je vais accomplir à Jérusalem soit agréé par les fidèles. ³² Alors je pourrai, si Dieu le veut, arriver chez vous dans la joie et prendre du repos au milieu de vous.

³³ Que le Dieu de la paix* soit avec vous tous. Amen*.

Salut de Paul aux collaborateurs de son ministère apostolique

16 ¹ Je vous recommande Phébée notre sœur, ministre de l'Église* qui est à Cencrées ; ² accueillez-la dans le Seigneur * comme il convient à des fidèles ; aidez-la en toute affaire où elle aurait besoin de vous, car elle a pris soin de beaucoup de gens, et de moi aussi. ³ Saluez de ma part Prisca et Aquilas, mes compagnons de travail en Jésus Christ*, ⁴ eux qui ont risqué leur tête pour me sauver la vie ; je ne suis d'ailleurs pas seul à leur avoir de la reconnaissance, toutes les Églises du monde païen en ont aussi. ⁵ Saluez l'Église qui se rassemble chez eux. Saluez mon ami Épénète, qui fut le premier à croire au Christ dans la province d'Asie. ⁶ Saluez Marie, qui s'est donné beaucoup de peine pour vous. ⁷ Saluez Andronique et Junias, mes compatriotes, qui ont été en prison avec moi. Ce sont des apôtres bien connus ; ils ont même appartenu au Christ avant moi. ⁸ Saluez Ampliat, mon ami dans le Seigneur. ⁹ Saluez Urbain, notre compagnon de travail dans le Christ, et mon ami Stakys. ¹⁰ Saluez Apellès, qui a fait ses preuves dans le Christ. Saluez les gens de la maison d'Aristobule. ¹¹ Saluez Hérodion mon compatriote. Saluez ceux de la maison de Narcisse qui croient au Seigneur. ¹² Saluez Tryphène et Tryphose, elles qui se donnent de la peine dans le Seigneur. Saluez la chère Persis, qui s'est donné beaucoup de peine dans le Seigneur. ¹³ Saluez Rufus, choisi par le Seigneur, et sa mère qui est aussi la mienne.¹⁴ Saluez Asyncrite, Phlégon, Hermès, Patrobas, Hermas, et les frères qui sont avec eux. ¹⁵ Saluez Philologue et Julie, Nérée et sa sœur, et Olympas, et tous les fidèles qui sont avec eux.¹⁶ Saluez-vous les uns les autres en échangeant le baiser de paix*. Toutes les Églises du Christ vous saluent.

¹⁷ Je vous exhorte, frères, à faire attention à ceux qui provoquent des divisions et des scandales malgré l'enseignement que vous avez reçu : évitez-les !¹⁸ Car ces gens-là ne sont pas au service de notre Seigneur le Christ, mais de leurs propres appétits ; par leurs belles paroles et leurs flatteries, ils séduisent les cœurs sans malice.¹⁹ Votre obéissance est maintenant connue de tout le monde, et je m'en réjouis pour vous ; mais je veux que vous soyez avisés pour le bien, et sans compromission avec le mal.²⁰ Alors le Dieu de la paix écrasera rapidement Satan* sous vos pieds.

Que la grâce* de notre Seigneur Jésus soit avec vous.²¹ Timothée, mon compagnon de travail, vous salue, ainsi que Lucius, Jason et Sosipatros, mes compatriotes.

²² Et moi, Tertius, à qui cette lettre a été dictée, je vous salue dans le Seigneur.²³ Gaïus vous salue, lui qui m'a ouvert sa maison, à moi et à toute l'Église. Éraste, le trésorier municipal, et notre frère Quartus vous saluent.

Hymne à Dieu qui nous a révélé son dessein de salut

²⁵ Gloire* à Dieu, qui a le pouvoir de vous rendre forts conformément à l'Évangile que je proclame en annonçant Jésus Christ. Oui, voilà le mystère qui est maintenant révélé : il était resté dans le silence depuis toujours,²⁶ mais aujourd'hui il est manifesté. Par ordre du Dieu éternel, et grâce aux écrits des prophètes*, ce mystère est porté à la connaissance de toutes les nations pour les amener à l'obéissance de la foi*.²⁷ Gloire à Dieu, le seul sage, par Jésus Christ et pour les siècles des siècles. Amen*.

16, 24 : verset de la Vulgate absent des meilleurs manuscrits grecs, « *La grâce de notre Seigneur Jésus Christ soit avec vous tous. Amen.* »
16, 25 : « Gloire à Dieu », *add.* d'après le v. 27.

Première lettre aux Corinthiens

Paul salue les Corinthiens et rend grâce à Dieu pour les dons qu'il leur a faits

1 ¹Moi, Paul, appelé par la volonté de Dieu pour être Apôtre du Christ* Jésus, avec Sosthène notre frère, je m'adresse à vous ²qui êtes, à Corinthe, l'Église* de Dieu, vous qui avez été sanctifiés dans le Christ Jésus, vous les fidèles qui êtes, par appel de Dieu, le peuple saint*, avec tous ceux qui, en tout lieu, invoquent le nom de notre Seigneur* Jésus Christ, leur Seigneur et le nôtre. ³Que la grâce et la paix* soient avec vous, de la part de Dieu notre Père et de Jésus Christ le Seigneur.

⁴Je ne cesse de rendre grâce à Dieu à votre sujet, pour la grâce qu'il vous a donnée dans le Christ Jésus ; ⁵en lui vous avez reçu toutes les richesses, toutes celles de la Parole* et toutes celles de la connaissance de Dieu. ⁶Car le témoignage* rendu au Christ s'est implanté solidement parmi vous. ⁷Ainsi, aucun don spirituel ne vous manque, à vous qui attendez de voir se révéler notre Seigneur Jésus Christ. ⁸C'est lui qui vous fera tenir solidement jusqu'au bout, et vous serez sans reproche au jour de notre Seigneur Jésus Christ. ⁹Car Dieu est fidèle, lui qui vous a appelés à vivre en communion avec son Fils, Jésus Christ notre Seigneur.

1, 2 : « vous les fidèles... peuple saint », *litt.* « vous les appelés saints » (cf. Rm **1,** 7).

Les clans dans la communauté

La communauté est divisée, faute de comprendre la vraie sagesse du Christ crucifié, toute différente des idéologies du monde

¹⁰ Frères, je vous exhorte au nom de notre Seigneur Jésus Christ à être tous vraiment d'accord ; qu'il n'y ait pas de division entre vous, soyez en parfaite harmonie de pensées et de sentiments.

¹¹ J'ai entendu parler de vous, mes frères, par les gens de chez Cloé : on dit qu'il y a des disputes entre vous. ¹² Je m'explique. Chacun de vous prend parti en disant : « Moi, j'appartiens à Paul », ou bien : « J'appartiens à Apollos », ou bien : « J'appartiens à Pierre* », ou bien : « J'appartiens au Christ ». ¹³ Le Christ est-il donc divisé ? Est-ce donc Paul qui a été crucifié pour vous ? Est-ce au nom de Paul que vous avez été baptisés ? ¹⁴ Je remercie Dieu de n'avoir baptisé aucun de vous, sauf Crispus et Gaïus : ¹⁵ ainsi on ne pourra pas dire que vous avez été baptisés en mon nom. ¹⁶ De fait, j'ai encore baptisé Stéphanas et les gens de sa maison ; pour le reste, je ne sais pas si j'ai baptisé quelqu'un d'autre. ¹⁷ D'ailleurs, le Christ ne m'a pas envoyé pour baptiser, mais pour anonncer l'Évangile, et sans avoir recours à la sagesse du langage humain, ce qui viderait de son sens la croix du Christ.

¹⁸ Car le langage de la croix est folie pour ceux qui vont vers leur perte, mais pour ceux qui vont vers leur salut*, pour nous, il est puissance de Dieu. ¹⁹ L'Écriture* dit en effet : *La sagesse* *des sages, je la mènerai à sa perte, et je rejetterai l'intelligence des intelligents.*

²⁰ Que reste-t-il donc des sages ? Que reste-t-il des scribes* ou des raisonneurs d'ici-bas ? La sagesse du monde*, Dieu ne l'a-t-il pas rendue folle ? ²¹ Puisque le monde, avec toute sa sagesse, n'a pas su reconnaître Dieu à travers les œuvres de la sagesse de Dieu, il a plu à Dieu de sauver les croyants par cette folie qu'est la proclamation de l'Évangile. ²² Alors que les Juifs

---

1, 17 : « humain », *add.* ; « de son sens », *add.*
1, 19 : cf. Is **29**, 14.
1, 21 : « les œuvres de », *add.*
1, 22 : « du Messie », *add.* ; « monde », *add.*

réclament les signes* du Messie*, et que le monde grec recherche une sagesse, ²³ nous, nous proclamons un Messie crucifié, scandale pour les Juifs, folie pour les peuples païens. ²⁴ Mais pour ceux que Dieu appelle, qu'ils soient Juifs ou Grecs, ce Messie est puissance de Dieu et sagesse* de Dieu. ²⁵ Car la folie de Dieu est plus sage que l'homme, et la faiblesse de Dieu est plus forte que l'homme.

²⁶ Frères, vous qui avez été appelés par Dieu, regardez bien : parmi vous, il n'y a pas beaucoup de sages aux yeux des hommes, ni de gens puissants ou de haute naissance. ²⁷ Au contraire, ce qu'il y a de fou dans le monde, voilà ce que Dieu a choisi pour couvrir de confusion les sages ; ce qu'il y a de faible dans le monde, voilà ce que Dieu a choisi pour couvrir de confusion ce qui est fort ; ²⁸ ce qui est d'origine modeste, méprisé dans le monde, ce qui n'est rien, voilà ce que Dieu a choisi pour détruire ce qui est quelque chose, ²⁹ afin que personne ne puisse s'enorgueillir devant Dieu. ³⁰ C'est grâce à Dieu, en effet, que vous êtes, dans le Christ* Jésus, qui a été envoyé par lui pour être notre sagesse, pour être notre justice*, notre sanctification, notre rédemption. ³¹ Ainsi, comme il est écrit : *Celui qui veut s'enorgueillir, qu'il mette son orgueil dans le Seigneur**.

2 ¹ Frères, quand je suis venu chez vous, je ne suis pas venu vous annoncer le mystère* de Dieu avec le prestige du langage humain ou de la sagesse. ² Parmi vous, je n'ai rien voulu connaître d'autre que Jésus Christ, ce Messie crucifié. ³ Et c'est dans la faiblesse, craintif et tout tremblant, que je suis arrivé chez vous. ⁴ Mon langage, ma proclamation de l'Évangile, n'avaient rien à voir avec le langage d'une sagesse qui veut convaincre ; mais c'est l'Esprit* et sa puissance qui se manifestaient, ⁵ pour que votre foi* ne repose pas sur la sagesse des hommes, mais sur la puissance de Dieu.

⁶ Pourtant, c'est bien une sagesse que nous proclamons devant ceux qui sont adultes dans la foi, mais ce n'est pas la sagesse du monde, la sagesse de ceux qui dominent le monde et qui déjà se détruisent. ⁷ Au contraire, nous proclamons la sagesse du

---

1, 31 : cf. Jr **9**, 23.

mystère de Dieu, sagesse tenue cachée, prévue par lui dès avant les siècles, pour nous donner la gloire*. ⁸ Aucun de ceux qui dominent ce monde ne l'a connue, car s'ils l'avaient connue, ils n'auraient jamais crucifié le Seigneur de gloire. ⁹ Mais ce que nous proclamons, c'est, comme dit l'Écriture* : *Ce que personne n'avait vu de ses yeux ni entendu de ses oreilles, ce que le cœur* de l'homme n'avait pas imaginé, ce qui avait été préparé pour ceux qui aiment Dieu.*

¹⁰ Et c'est à nous que Dieu, par l'Esprit, a révélé cette sagesse. Car l'Esprit voit le fond de toutes choses, et même les profondeurs de Dieu. ¹¹ Qui donc, parmi les hommes, sait ce qu'il y a dans l'homme ? Seul l'esprit de l'homme le sait, lui qui est dans l'homme. De même, personne ne connaît ce qu'il y a en Dieu, sinon l'Esprit de Dieu. ¹² Et nous, l'esprit que nous avons reçu, ce n'est pas celui du monde, c'est celui qui vient de Dieu, et ainsi nous avons conscience des dons que Dieu nous a faits. ¹³ Et nous proclamons cela avec un langage que nous n'apprenons pas de la sagesse humaine, mais de l'Esprit, et nous interprétons de manière spirituelle ce qui vient de l'Esprit. ¹⁴ L'homme qui n'a que ses forces d'homme ne peut pas saisir ce qui vient de l'Esprit de Dieu ; pour lui ce n'est que folie, et il ne peut pas comprendre, car c'est par l'Esprit qu'on en juge. ¹⁵ Mais l'homme qui est animé par l'Esprit juge de tout, et lui ne peut être jugé par personne. ¹⁶ L'Écriture demandait : *Qui a connu la pensée du Seigneur ? Qui lui donnera des conseils ?*

Eh bien ! la pensée du Christ, c'est nous qui l'avons !

Les divisions révèlent l'immaturité des Corinthiens

3 ¹ Frères, quand je me suis adressé à vous, je n'ai pas pu vous parler comme à des spirituels, mais seulement comme à de faibles êtres de chair*, comme à des enfants dans le Christ. ² C'est du lait que je vous ai donné, et non de la nourriture solide ; vous n'auriez pas pu en manger, et encore maintenant vous ne le pouvez pas, ³ car vous êtes encore des êtres de chair. Puisqu'il y a entre

---

2, 9 : « ce que nous proclamons », *add.* ; cf. Is **52**, 15 ; **64**, 3 ; Si **1**, 10.

2, 15 : « peut », *add.*

2, 16 : « L'Écriture demandait », *add.* ; cf. Is **40**, 14.

vous des jalousies et des disputes, n'êtes-vous pas toujours des êtres de chair*, et n'avez-vous pas une conduite tout humaine ? ⁴Quand l'un de vous dit : « Moi, j'appartiens à Paul », et un autre : « J'appartiens à Apollos », n'est-ce pas un langage tout humain ?

La communauté est divisée, faute de comprendre le vrai rôle de ceux qui l'évangélisent

⁵En fait, qui est Apollos ? et qui est Paul ? Rien que des ministres de Dieu, par qui vous êtes devenus croyants, et qui ont agi selon les dons du Seigneur* à chacun d'eux. ⁶Moi, j'ai planté, Apollos a arrosé ; mais c'est Dieu qui donnait la croissance. ⁷Donc celui qui plante ne compte pas, ni celui qui arrose ; seul compte celui qui donne la croissance : Dieu. ⁸Entre celui qui plante et celui qui arrose, il n'y a pas de différence, mais chacun recevra son salaire suivant la peine qu'il se sera donnée. ⁹Nous sommes les collaborateurs de Dieu, et vous êtes le champ de Dieu, vous êtes la maison que Dieu construit. ¹⁰Comme un bon architecte, avec la grâce* que Dieu m'a donnée, j'ai posé les fondations. D'autres poursuivent la construction ; mais que chacun prenne garde à la façon dont il construit. ¹¹Les fondations, personne ne peut en poser d'autres que celles qui existent déjà : ces fondations, c'est Jésus Christ*. ¹²On peut poursuivre la construction avec de l'or, de l'argent ou de la belle pierre, avec du bois, de l'herbe ou du chaume, ¹³mais l'ouvrage de chacun sera mis en pleine lumière au jour* du jugement*. Car cette révélation se fera par le feu*, et c'est le feu qui permettra d'apprécier la qualité de l'ouvrage de chacun. ¹⁴Si l'ouvrage construit par quelqu'un résiste, celui-ci recevra un salaire ; ¹⁵s'il est détruit par le feu, il perdra son salaire. Et lui-même sera sauvé, mais comme s'il était passé à travers un feu.

¹⁶N'oubliez pas que vous êtes le temple* de Dieu, et que l'Esprit* de Dieu habite en vous. ¹⁷Si quelqu'un détruit le temple

---

3, 4 : cf. **1**, 12.
3, 5 : « de Dieu », *add*.

de Dieu, Dieu le détruira ; car le temple de Dieu est sacré, et ce temple, c'est vous.

¹⁸Que personne ne s'y trompe : si quelqu'un parmi vous pense être un sage à la manière d'ici-bas, qu'il devienne fou pour devenir sage. ¹⁹Car la sagesse* de ce monde* est folie devant Dieu. L'Écriture* le dit : *C'est lui qui prend les sages au piège de leur propre habileté.*

²⁰Elle dit encore : *Le Seigneur connaît les raisonnements des sages : ce n'est que du vent !*

²¹Ainsi, il ne faut pas mettre son orgueil en des hommes dont on se réclame. Car tout vous appartient, ²²Paul et Apollos et Pierre*, le monde et la vie* et la mort*, le présent et l'avenir : tout est à vous ²³mais vous, vous êtes au Christ, et le Christ est à Dieu.

Grandeurs et misères du ministère apostolique

4 ¹Il faut donc que l'on nous regarde seulement comme les serviteurs* du Christ et les intendants des mystères* de Dieu. ²Et ce que l'on demande aux intendants, c'est en somme de mériter confiance. ³Pour ma part, je me soucie fort peu de votre jugement sur moi, ou de celui que prononceraient les hommes ; d'ailleurs, je ne me juge même pas moi-même. ⁴Ma conscience ne me reproche rien, mais ce n'est pas pour cela que je suis juste : celui qui me juge, c'est le Seigneur. ⁵Alors, ne portez pas de jugement prématuré, mais attendez la venue du Seigneur, car il mettra en lumière* ce qui est caché dans les ténèbres*, et il fera paraître les intentions secrètes. Alors, la louange qui revient à chacun lui sera donnée par Dieu.

⁶Frères, j'ai pris ces comparaisons pour parler d'Apollos et de moi-même ; ainsi, vous pourrez comprendre le proverbe : « Rien de plus que ce qui est écrit », afin qu'aucun de vous n'aille se gonfler d'orgueil en prenant le parti de l'un contre l'autre. ⁷Qui donc t'a mis à part ? As-tu quelque chose sans l'avoir reçu ? Et

---

3, 19 : cf. Jb **5**, 13.
3, 20 : cf. Ps **93** (94), 11.
3, 21 : « dont on se réclame », *add.*
3, 22 : cf. **1**, 12.

si tu as tout reçu, pourquoi t'enorgueillir comme si tu ne l'avais pas reçu ? [8] Vous voilà déjà comblés, vous voilà riches, vous voilà devenus rois sans nous ! Ah ! si seulement vous étiez rois, pour que nous aussi nous le soyons avec vous !

[9] Mais nous, les Apôtres, il me semble que Dieu a fait de nous les derniers de tous, comme on expose des condamnés à mort, livrés en spectacle au monde entier, aux anges* et aux hommes. [10] Nous passons pour des fous à cause du Christ*, et vous, pour des gens sensés dans le Christ ; nous sommes faibles, et vous êtes forts ; vous êtes à l'honneur, et nous, dans le mépris. [11] Maintenant encore, nous avons faim, nous avons soif, nous n'avons pas de vêtements, nous sommes maltraités, nous n'avons pas de domicile, [12] nous peinons dur à travailler de nos mains. Les gens nous insultent, nous les bénissons. Ils nous persécutent, nous supportons. [13] Ils nous calomnient, nous avons des paroles d'apaisement. Jusqu'à maintenant, nous sommes pour ainsi dire les balayures du monde, le rebut de l'humanité.

L'Apôtre : un père et un pasteur

[14] Je ne vous écris pas cela pour vous faire honte, mais pour vous reprendre comme mes enfants bien-aimés. [15] Car vous auriez beau avoir dix mille surveillants pour vous mener dans le Christ, vous n'avez pas plusieurs pères : c'est moi qui, par l'annonce de l'Évangile, vous ai fait naître à la vie du Christ Jésus. [16] Je vous le demande donc : prenez-moi pour modèle. [17] C'est pour cela que je vous ai envoyé Timothée, qui est mon enfant bien-aimé et fidèle dans le Seigneur* ; il vous rappellera les voies que je trace dans le Christ Jésus, telles que je les enseigne partout dans toutes les Églises*. [18] Pensant que je n'allais pas venir chez vous, quelques-uns se sont enflés d'orgueil. [19] Je viendrai bientôt chez vous, si le Seigneur le veut, et je prendrai connaissance, non pas des discours de ces gens remplis d'orgueil, mais des actes dont ils sont capables. [20] Car le royaume* de Dieu ne consiste pas en discours, mais en actes. [21] Que préférez-vous : que je vienne chez vous avec un bâton, ou avec amour et en esprit de douceur ?

Un scandale dans la communauté

La communauté doit se purifier selon les exigences du mystère pascal

5 ¹ On entend dire partout qu'il y a chez vous un scandale, et un scandale tel qu'on n'en voit même pas chez les païens : il s'agit d'un homme qui vit avec la femme de son père. ² Et, malgré cela, vous êtes encore gonflés d'orgueil au lieu d'en pleurer et de chasser de votre communauté l'homme qui fait cela. ³ Quant à moi, qui suis absent physiquement mais présent moralement, j'ai déjà jugé, comme si j'étais présent, l'homme qui agit ainsi : ⁴ au nom du Seigneur Jésus, lors d'une assemblée où je serai moralement avec vous, et avec la puissance de notre Seigneur Jésus, ⁵ vous livrerez cet individu au pouvoir de Satan*, et son être de chair* sera détruit, mais c'est pour que son esprit soit sauvé au jour* du Seigneur.

⁶ Vraiment, il n'y a pas de quoi vous enorgueillir : vous savez bien qu'un peu de levain suffit pour que toute la pâte fermente. ⁷ Purifiez-vous donc des vieux ferments, et vous serez une pâte nouvelle, vous qui êtes comme le pain* de la Pâque*, celui qui n'a pas fermenté. Voici que le Christ, notre agneau* pascal, a été immolé. ⁸ Célébrons donc la Fête, non pas avec de vieux ferments : la perversité et le vice, mais avec du pain non fermenté : la droiture et la vérité*.

⁹ Je vous ai écrit dans ma lettre de ne pas fréquenter les débauchés : ¹⁰ non pas en général les débauchés qui sont dans ce monde*, ou bien les profiteurs et les escrocs ou les idolâtres ; dans ce cas, vous seriez obligés de sortir du monde ! ¹¹ En fait, je voulais vous dire de ne pas fréquenter quelqu'un qui porte le nom de frère, mais qui est débauché, ou profiteur, ou idolâtre, ou diffamateur, ou ivrogne, ou escroc : il ne faut même pas manger avec un homme comme celui-là. ¹² Est-ce à moi de juger ceux du dehors ? Ceux du dedans, n'est-ce pas à vous de les juger ? ¹³ Et ceux du dehors, c'est Dieu qui les jugera. *Éliminez du milieu de vous l'homme mauvais.*

5, 7 : « pain de la Pâque », *add.*
5, 13 : cf. Dt **13**, 6.

Le recours aux tribunaux

Réflexions sur les conflits entre ceux que le Christ a sanctifiés

6 ¹Lorsque vous avez un désaccord entre vous, comment se fait-il que vous alliez en procès devant des juges païens au lieu de vous adresser aux membres du peuple saint*? ²Ne savez-vous pas que le peuple saint jugera le monde*? Et si c'est vous qui devez juger le monde, seriez-vous indignes de juger des affaires de moindre importance? ³Ne savez-vous pas que nous jugerons les anges de Satan*? À plus forte raison les affaires d'ici-bas! ⁴Quand vous avez des affaires de ce genre, pourquoi allez-vous prendre comme juges des gens que l'Église* compte pour rien? ⁵Je vous dis cela pour vous faire honte. N'y aurait-il parmi vous aucun homme assez sage pour servir d'arbitre entre ses frères? ⁶Mais un frère est en procès avec son frère, et cela devant des juges qui ne sont pas croyants!

⁷C'est déjà un échec pour vous d'avoir des litiges entre vous. Ne vaudrait-il pas mieux supporter l'injustice? Ne vaudrait-il pas mieux vous laisser voler? ⁸Au contraire, c'est vous qui pratiquez l'injustice et le vol, et cela vous le faites à des frères? ⁹Ne savez-vous pas que ceux qui commettent l'injustice ne recevront pas le royaume* de Dieu en héritage*? Ne vous y trompez pas : les débauchés, les idolâtres, les adultères*, les dépravés et les pédérastes, ¹⁰les voleurs et les profiteurs, les ivrognes, les diffamateurs et les escrocs, ne recevront pas le royaume de Dieu en héritage. ¹¹Voilà ce qu'étaient certains d'entre vous. Mais au nom du Seigneur* Jésus Christ et par l'Esprit* de notre Dieu, vous avez été lavés, vous avez été sanctifiés, vous êtes devenus des justes*.

6, 3 : « les anges de Satan », *litt.* « des anges ».
6, 6 : « juges », *add.*

L'impureté

Fuir l'impureté qui profane la sainteté du corps

¹² « Tout est en mon pouvoir », dit-on, mais tout n'est pas valable. Tout est en mon pouvoir, mais je ne me laisserai livrer à aucun pouvoir. ¹³ Les aliments sont pour le ventre, et le ventre pour les aliments ; et Dieu détruira et ceux-ci et celui-là. Le corps* est, non pas pour la débauche, mais pour le Seigneur Jésus, et le Seigneur est pour le corps ; ¹⁴ et Dieu, par sa puissance, a ressuscité* le Seigneur et nous ressuscitera nous aussi.

¹⁵ Ne le savez-vous pas ? Vos corps sont les membres du Christ. Vais-je donc prendre les membres du Christ pour en faire les membres d'une femme de débauche ? Absolument pas.

¹⁶ Ne le savez-vous pas ? Quand on s'unit à la débauchée, cela ne fait qu'un seul corps. Car il est dit : *Tous deux ne feront plus qu'un.* ¹⁷ Quand on s'unit au Seigneur, cela ne fait qu'un seul esprit. ¹⁸ Fuyez la débauche. Tous les péchés* que l'homme peut commettre sont extérieurs à son corps ; mais la débauche est un péché contre le corps lui-même.

¹⁹ Ne le savez-vous pas ? Votre corps est le temple de l'Esprit Saint*, qui est en vous et que vous avez reçu de Dieu ; vous ne vous appartenez plus à vous-mêmes, ²⁰ car le Seigneur a payé le prix de votre rachat. Rendez donc gloire* à Dieu dans votre corps.

Mariage et célibat

Hommes et femmes appelés par le Seigneur dans un monde qui passe

7 ¹ Au sujet de ce que vous dites dans votre lettre, admettons qu'il soit bon pour l'homme de ne pas toucher la femme. ² Cependant, étant donné les occasions de débauche, que chacun ait sa femme, et que chacune ait son mari à elle. ³ Que

---

6, 13 : « Jésus », *add.*
6, 16 : cf. Gn **2,** 24.

le mari remplisse son devoir d'époux envers sa femme, et de même la femme envers son mari. ⁴Ce n'est pas la femme qui dispose de son propre corps, c'est son mari ; et de même, ce n'est pas le mari qui dispose de son propre corps, c'est sa femme. ⁵Ne vous refusez pas l'un à l'autre, sinon temporairement et en plein accord, pour prendre le temps de prier et vous retrouver ensuite ; autrement vous ne sauriez pas vous maîtriser, et Satan* vous tenterait. ⁶Ce que je dis là est une concession, et non un ordre. ⁷Je voudrais bien que tout le monde soit comme moi-même, mais chacun a reçu de Dieu un don qui lui est personnel : l'un celui-ci, l'autre celui-là.

⁸À ceux qui sont seuls et aux veuves, je déclare qu'il est bon pour eux de rester comme je suis. ⁹Mais s'ils ne peuvent pas se maîtriser, qu'ils se marient, car mieux vaut se marier que brûler de désir. ¹⁰À ceux qui sont mariés, je donne cet ordre – il ne vient pas de moi, mais du Seigneur* – : que la femme ne se sépare pas de son mari ; ¹¹si elle est séparée, qu'elle reste seule, ou qu'elle se réconcilie avec son mari ; et que le mari ne renvoie pas sa femme.

¹²Aux autres, je déclare ceci – moi-même et non le Seigneur – : si un de nos frères a une femme non croyante, et que celle-ci soit d'accord pour vivre avec lui, qu'il ne la renvoie pas. ¹³Et si une femme a un mari non croyant, et que celui-ci soit d'accord pour vivre avec elle, qu'elle ne renvoie pas son mari. ¹⁴En effet le mari non croyant se trouve sanctifié par sa femme, et la femme non croyante se trouve sanctifiée par son mari croyant. Autrement, vos enfants ne seraient pas purifiés, et en fait ils sont saints. ¹⁵Mais si le non-croyant se sépare, qu'il le fasse : nos frères ou nos sœurs ne doivent pas se sentir esclaves d'une telle situation ; c'est pour vivre dans la paix* que Dieu vous a appelés. ¹⁶Toi la femme, comment savoir si tu sauveras ton mari ? Et toi l'homme, comment savoir si tu sauveras ta femme ?

¹⁷Pourtant, chacun doit continuer à vivre dans la situation que le Seigneur lui a donnée en partage, et où il était quand Dieu l'a appelé. C'est la règle que j'impose dans toutes les Églises*. ¹⁸Celui qui avait la circoncision* quand il a été appelé, qu'il ne la fasse pas disparaître ; celui qui n'avait pas la circoncision quand il a été appelé, qu'il ne se l'impose pas. ¹⁹Avoir la circoncision, ce n'est rien ; ne pas l'avoir, ce n'est rien : il

s'agit d'être fidèles aux commandements de Dieu. 20 Chacun doit rester dans la situation où il a été appelé. 21 Toi qui étais esclave quand tu as été appelé, ne t'en inquiète pas ; même si tu as la possibilité de devenir libre, mets plutôt à profit ta situation. 22 En effet, l'esclave qui a été appelé par le Seigneur est un affranchi du Seigneur ; de même l'homme libre qui a été appelé est un esclave du Christ*. 23 Le Seigneur a payé le prix de votre rachat, ne devenez pas esclaves des hommes. 24 Frères, chacun doit rester devant Dieu dans la situation où il a été appelé.

25 Au sujet du célibat, je n'ai pas reçu d'ordre spécial du Seigneur, mais je donne mon avis, moi qui suis devenu digne de confiance grâce au pardon* du Seigneur. 26 Je pense que le célibat est une chose bonne, étant donné les événements redoutables qui nous attendent ; oui, c'est une chose bonne de vivre ainsi. 27 Tu es marié ? ne cherche pas à te séparer de ta femme. Tu n'as pas de femme ? ne cherche pas à te marier. 28 Si cependant tu te maries, ce n'est pas un péché* ; et si une jeune fille se marie, ce n'est pas un péché. Mais ceux qui choisissent cette vie y trouveront des épreuves*, et c'est cela que moi, je voudrais vous éviter.

29 Frères, je dois vous le dire : le temps est limité. Dès lors, que ceux qui ont une femme soient comme s'ils n'avaient pas de femme, 30 ceux qui pleurent, comme s'ils ne pleuraient pas, ceux qui sont heureux, comme s'ils n'étaient pas heureux, ceux qui font des achats, comme s'ils ne possédaient rien, 31 ceux qui tirent profit de ce monde*, comme s'ils n'en profitaient pas. Car ce monde tel que nous le voyons est en train de passer.

32 J'aimerais vous voir libres de tout souci. Celui qui n'est pas marié a le souci des affaires du Seigneur, il cherche comment plaire au Seigneur. 33 Celui qui est marié a le souci des affaires de cette vie, il cherche comment plaire à sa femme, et il se trouve divisé. 34 La femme sans mari, ou celle qui reste vierge, a le souci des affaires du Seigneur ; elle veut lui consacrer son corps et son esprit. Celle qui est mariée a le souci des affaires de cette vie, elle cherche comment plaire à son mari. 35 En disant cela, c'est votre intérêt à vous que je cherche ; je ne veux pas

---

7, 23 : « Le Seigneur », add.

vous prendre au piège, mais vous proposer ce qui est bien, pour que vous soyez attachés au Seigneur sans partage.
³⁶ Si un garçon pense qu'il ne se conduit pas bien envers la jeune fille qu'il aime, s'il est plein d'ardeur et s'il doit en arriver là, qu'il fasse ce qu'il veut, ce n'est pas un péché* : ils peuvent se marier. ³⁷ Mais celui qui est capable de tenir solidement, s'il ne subit aucune contrainte, s'il est maître de sa propre volonté et a pris dans son cœur la décision de garder vierge sa fiancée, celui-là fera bien. ³⁸ Ainsi, celui qui épouse sa fiancée fait bien, et celui qui ne l'épouse pas fera mieux encore.
³⁹ La femme reste liée aussi longtemps que son mari est en vie. Mais si son mari meurt, elle est libre d'épouser qui elle veut, mais seulement un croyant. ⁴⁰ Pourtant elle sera plus heureuse si elle reste comme elle est ; c'est là mon opinion, et je pense avoir moi aussi l'Esprit* de Dieu.

La nourriture offerte aux idoles

Les idoles ne sont rien, mais il faut respecter les consciences faibles et inquiètes

8 ¹ Au sujet de la nourriture qui a été offerte aux idoles, je sais bien que nous avons tous la connaissance nécessaire ; mais cette connaissance nous gonfle d'orgueil, tandis que l'amour fait œuvre constructive. ² Celui qui croit connaître quelque chose ne connaît pas encore comme il faudrait ; ³ mais celui qui aime Dieu, celui-là est vraiment connu de Dieu.

⁴ Allons-nous donc manger de cette viande offerte aux idoles ? Nous savons que les idoles ne sont rien du tout ; il n'y a pas de dieu sauf le Dieu unique. ⁵ Bien qu'il y ait en effet, au ciel et sur la terre, des êtres qu'on appelle des dieux – et il y a une quantité de « dieux » et de « seigneurs » – ⁶ pour nous, en tout cas, il n'y a qu'un seul Dieu, le Père, de qui tout vient et vers qui nous allons ; et il n'y a qu'un seul Seigneur, Jésus Christ*, par qui tout existe et par qui nous existons. ⁷ Mais tout le monde

---

7, 36 : « qu'il aime », *litt.* « sa jeune fille ».
7, 37-38 : « fiancée », *litt.* « jeune fille ».

n'a pas cette connaissance de Dieu : certains ont été jusqu'ici habitués aux idoles, et ils croient faire un geste d'idolâtrie en mangeant de cette viande ; comme leur conscience est faible, ils se sentent coupables. ⁸ Ce n'est pas un aliment qui nous rapprochera de Dieu. Si nous n'en mangeons pas, nous n'avons rien de moins, et si nous en mangeons, nous n'avons rien de plus. ⁹ Mais prenez garde que l'usage de vos droits ne soit une occasion de chute pour les faibles. ¹⁰ En effet, si l'un d'eux te voit attablé dans le temple d'une idole, toi qui as cette connaissance, est-ce un exemple constructif pour cet homme qui a la conscience faible ? Ne vas-tu pas le pousser à manger de la viande offerte aux idoles ? ¹¹ Et la connaissance que tu as va faire périr le faible, ce frère pour qui le Christ est mort.

¹² Ainsi, en péchant contre vos frères, et en blessant leur conscience qui est faible, vous péchez contre le Christ lui-même. ¹³ C'est pourquoi, si une question d'aliments doit faire tomber mon frère, je ne mangerai plus jamais de viande, pour ne pas faire tomber mon frère.

Dans son combat pour l'Évangile, Paul sait renoncer à sa liberté par charité pour les faibles

9 ¹ Ne suis-je pas libre ? Ne suis-je pas apôtre ? N'ai-je pas vu Jésus notre Seigneur* ? Et vous, n'êtes-vous pas mon œuvre dans le Seigneur ? ² Si pour d'autres je ne suis pas apôtre, pour vous en tout cas je le suis ; le sceau qui authentifie mon apostolat, c'est vous, dans le Seigneur. ³ Ma défense devant ceux qui enquêtent sur mon compte, la voici. ⁴ N'aurions-nous pas le droit de manger et de boire ? ⁵ N'aurions-nous pas le droit d'emmener avec nous une femme croyante, comme les autres apôtres, les frères du Seigneur et Pierre*. ⁶ Ou bien serais-je le seul avec Barnabé à ne pas avoir le droit de ne pas travailler ? ⁷ Arrive-t-il qu'on serve dans l'armée à ses propres frais ? qu'on plante une vigne sans manger de ses fruits ? qu'on garde un troupeau sans boire du lait de ce troupeau ? ⁸ Est-ce que je parle seulement de conduites humaines ? ⁹ La Loi* ne dit-elle pas la même chose ?

9, 9 : cf. Dt 25, 4.

En effet, dans la loi de Moïse il est écrit : *Ne mets pas une muselière au bœuf qui foule le grain.*

Dieu s'inquiète-t-il des bœufs, ¹⁰ ou bien le dit-il en réalité à cause de nous ? En effet, c'est pour nous que cela a été écrit, puisque le laboureur doit labourer avec un espoir, et celui qui foule le grain avec l'espoir d'en avoir sa part. ¹¹ Si nous avons semé pour vous les biens spirituels, serait-ce trop de vouloir récolter vos biens matériels ? ¹² Si d'autres ont leur part de droits sur vous, ne l'avons-nous pas encore plus qu'eux ? Mais nous n'avons pas fait usage de ce droit ; au contraire, nous supportons tout pour ne pas créer d'obstacle à l'Évangile du Christ*. ¹³ Ne le savez-vous pas ? Ceux qui assurent le culte du temple* sont nourris par le temple ; ceux qui servent à l'autel ont leur part de ce qui est offert. ¹⁴ De même aussi le Seigneur* a prescrit à ceux qui annoncent l'Évangile de vivre de l'Évangile. ¹⁵ Mais moi, je n'ai jamais fait usage d'aucun de ces droits. Et je n'écris pas cela pour en profiter. Plutôt mourir ! Personne ne me dépouillera de ce motif d'orgueil.

¹⁶ En effet, annoncer l'Évangile, ce n'est pas là mon motif d'orgueil, c'est une nécessité qui s'impose à moi ; malheur à moi si je n'annonçais pas l'Évangile. ¹⁷ Certes, si je le faisais de moi-même, je recevrais une récompense du Seigneur. Mais je ne le fais pas de moi-même, je m'acquitte de la charge que Dieu m'a confiée. ¹⁸ Alors, pourquoi recevrai-je une récompense ? Parce que j'annonce l'Évangile sans rechercher aucun avantage matériel, ni faire valoir mes droits de prédicateur de l'Évangile. ¹⁹ Oui, libre à l'égard de tous, je me suis fait le serviteur* de tous afin d'en gagner le plus grand nombre possible. ²⁰ Et avec les Juifs, j'ai été comme un Juif, pour gagner les Juifs. Avec ceux qui sont sujets de la Loi*, j'ai été comme un sujet de la Loi, moi qui ne le suis pas, pour gagner les sujets de la Loi. ²¹ Avec les sans-loi, j'ai été comme un sans-loi, moi qui ne suis pas sans loi de Dieu, mais sous la loi du Christ, pour gagner les sans-loi. ²² Avec les faibles, j'ai été faible, pour gagner les faibles. Je me suis fait tout à tous pour en sauver à tout prix quelques-uns. ²³ Et tout cela, je le fais à cause de l'Évangile, pour bénéficier, moi aussi, du salut*.

²⁴ Vous savez bien que, dans les courses du stade, tous les coureurs prennent le départ, mais un seul gagne le prix. Alors,

vous, courez de manière à l'emporter. ²⁵ Tous les athlètes à l'entraînement s'imposent une discipline sévère ; ils le font pour gagner une couronne de laurier qui va se faner, et nous, pour une couronne qui ne se fane pas. ²⁶ Moi, si je cours, ce n'est pas sans fixer le but ; si je fais de la lutte, ce n'est pas en frappant dans le vide. ²⁷ Mais je traite durement mon corps, et je le réduis en esclavage, pour ne pas être moi-même disqualifié après avoir annoncé aux autres la Bonne Nouvelle.

Ne nous croyons pas plus forts que les Hébreux qui ont péché au désert

10 ¹ Frères, je ne voudrais pas vous laisser ignorer ce qui s'est passé lors de la sortie d'Égypte. Nos ancêtres ont tous été sous la protection de la colonne de nuée*, et tous ils ont passé la mer Rouge. ² Tous, ils ont été pour ainsi dire baptisés en Moïse, dans la nuée et dans la mer ; ³ tous, ils ont mangé la même nourriture, qui était spirituelle ; ⁴ tous, ils ont bu à la même source, qui était spirituelle ; car ils buvaient à un rocher* qui les accompagnait, et ce rocher, c'était déjà le Christ. ⁵ Cependant, la plupart n'ont fait que déplaire à Dieu, et ils sont tombés au désert. ⁶ Ces événements étaient destinés à nous servir d'exemple, pour nous empêcher de désirer le mal comme l'ont fait nos pères. ⁷ Ne devenez pas idolâtres, comme certains d'entre eux, ainsi qu'il est écrit : *Le peuple s'est assis pour manger et pour boire, et ils se sont levés pour s'amuser.*

⁸ Ne nous livrons pas à la débauche, comme l'ont fait certains d'entre eux : il en est tombé vingt-trois mille en un seul jour. ⁹ Ne mettons pas le Christ à l'épreuve*, comme l'ont fait certains d'entre eux : ils ont péri mordus par les serpents. ¹⁰ Cessez de récriminer contre Dieu comme l'ont fait certains d'entre eux : ils ont été exterminés. ¹¹ Leur histoire devait servir d'exemple, et

---

9, 25 : « de laurier », *add.*

10, 1 : « ce qui s'est passé... Égypte », *add.* ; « Rouge », *add.*

10, 2 : « pour ainsi dire », *add.* ; cf. Ex **14**, 19-22.

10, 3 : cf. Ex **16** ; Sg **16**, 20-21.

10, 4 : cf. Ex **17**, 1-7 ; « déjà », *add.*

10, 7 : cf. Ex **32**, 6.

l'Écriture* l'a racontée pour nous avertir, nous qui voyons arriver la fin des temps*. ¹² Ainsi donc, celui qui se croit solide, qu'il fasse attention à ne pas tomber.

¹³ Quand vous avez été mis à l'épreuve*, ce ne fut jamais au-delà des forces humaines. Et Dieu est fidèle : il ne permettra pas que vous soyez éprouvés au-delà de ce qui est possible pour vous. Mais avec l'épreuve il vous donnera le moyen d'en sortir et la possibilité de la supporter.

Communier au Christ ou communier aux idoles ?

¹⁴ Mes bien-aimés, fuyez le culte des idoles. ¹⁵ Je vous parle comme à des gens réfléchis ; jugez vous-mêmes de ce que je dis. ¹⁶ La coupe d'action* de grâce que nous bénissons, n'est-elle pas communion au sang* du Christ ? Le pain* que nous rompons, n'est-il pas communion au corps* du Christ ? ¹⁷ Puisqu'il y a un seul pain, la multitude que nous sommes est un seul corps, car nous avons tous part à un seul pain.

¹⁸ Voyez ce qui se passe chez les Israélites : ceux qui mangent les victimes offertes sur l'autel de Dieu sont en communion avec Dieu. ¹⁹ Je ne prétends pas que la viande offerte aux idoles ait une valeur, ou que les idoles elles-mêmes aient une valeur. ²⁰ J'affirme au contraire que les sacrifices* des païens sont offerts aux esprits mauvais, et non à Dieu, et je ne veux pas que vous soyez en communion avec les esprits mauvais. ²¹ Vous ne pouvez pas en même temps boire à la coupe du Seigneur* et à celle des esprits mauvais ; vous ne pouvez pas en même temps prendre part à la table du Seigneur et à celle des esprits mauvais. ²² Voudrions-nous provoquer la jalousie du Seigneur ? Sommes-nous donc plus forts que lui ?

Conclusion : prendre nos décisions en fonction de la gloire de Dieu et du salut de tous les frères

²³ « Tout est en notre pouvoir », dit-on, mais tout n'est pas valable. Tout est en notre pouvoir, certes, mais tout n'est pas constructif. ²⁴ Que personne ne cherche son propre intérêt, mais celui d'autrui.

²⁵ Tout ce qui se vend au marché, mangez-en sans poser de questions par motif de conscience. ²⁶ En effet, comme dit le psaume : *Au Seigneur, la terre et tout ce qui la remplit.*

²⁷ Si vous êtes invités par quelqu'un qui n'est pas croyant, et que vous vouliez y aller, mangez tout ce qu'on vous sert sans poser de questions par motif de conscience. ²⁸ Mais si quelqu'un vous dit : « C'est de la viande offerte en sacrifice », n'en mangez pas, à cause de celui qui vous a prévenus et de la conscience ; ²⁹ je ne parle pas de votre conscience à vous, mais de celle d'autrui. Pourquoi en effet ma liberté serait-elle jugée par la conscience d'un autre ? ³⁰ Si je participe à un repas en rendant grâce*, pourquoi me blâmer pour cette nourriture dont je rends grâce ?

³¹ Tout ce que vous faites : manger, boire, ou n'importe quoi d'autre, faites-le pour la gloire de Dieu. ³² Ne soyez un obstacle pour personne, ni pour les Juifs, ni pour les païens, ni pour l'Église* de Dieu. ³³ Faites comme moi : en toutes circonstances je tâche de m'adapter à tout le monde ; je ne cherche pas mon intérêt personnel, mais celui de la multitude des hommes, pour qu'ils soient sauvés.

11 ¹ Prenez-moi pour modèle ; mon modèle à moi, c'est le Christ.

Hommes et femmes

Complémentaires dans le Christ

² Je vous félicite de vous souvenir si bien de moi, et de garder les traditions que je vous ai transmises. ³ Mais je veux que vous le sachiez : la tête de tout homme, c'est le Christ ; la tête de la femme, c'est l'homme ; la tête du Christ, c'est Dieu. ⁴ Tout homme qui prie ou prophétise la tête couverte fait honte à sa tête. ⁵ Toute femme qui prie ou prophétise la tête dévoilée fait honte à sa tête, car c'est exactement comme si elle était rasée. ⁶ En effet, si elle ne se voile pas, qu'elle se fasse tondre ; et si c'est une honte pour la femme d'être tondue ou rasée, qu'elle se voile. ⁷ L'homme, lui, ne doit pas se voiler la tête, puisqu'il est

---

10, 26 : cf. Ps **23** (24), 1.

l'image et le reflet de Dieu ; or la femme est le reflet de l'homme. ⁸ En effet, l'homme n'a pas été tiré de la femme, c'est la femme qui a été tirée de l'homme, ⁹ car l'homme n'a pas été créé à cause de la femme, mais c'est la femme qui a été créée à cause de l'homme. ¹⁰ C'est pourquoi la femme doit avoir sur la tête un signe de sa dignité, à cause des anges*. ¹¹ D'ailleurs dans le Seigneur* la femme n'existe pas sans l'homme, ni l'homme sans la femme. ¹² En effet, de même que la femme a été tirée de l'homme, de même l'homme vient au monde par la femme, et tout cela vient de Dieu. ¹³ Jugez-en par vous-mêmes : est-il convenable qu'une femme prie Dieu sans être voilée ? ¹⁴ La nature vous enseigne, n'est-ce pas, que pour un homme c'est déshonorant d'avoir les cheveux longs, ¹⁵ et que pour une femme c'est une gloire, car la chevelure lui a été donnée pour s'en draper. ¹⁶ Et si quelqu'un croit devoir ergoter, nous n'avons pas cette manière de faire, et les Églises* de Dieu non plus.

Le repas du Seigneur

Sans repas fraternel, on n'est pas dans la logique de l'Eucharistie

¹⁷ Puisque j'ai commencé à vous faire des critiques, je ne vous félicite pas pour vos réunions : elles vous font plus de mal que de bien. ¹⁸ Tout d'abord, quand votre Église se réunit, il paraît qu'il subsiste parmi vous des divisions, et je crois que c'est assez vrai, ¹⁹ car il faut bien qu'il y ait parmi vous des groupes qui s'opposent, pour qu'on reconnaisse ceux d'entre vous qui ont une valeur éprouvée.

²⁰ Donc, quand vous vous réunissez tous ensemble, ce n'est plus le repas du Seigneur que vous prenez : ²¹ en effet, chacun se précipite pour prendre son propre repas ; alors l'un reste affamé, tandis que l'autre a trop bu. ²² N'avez-vous donc pas de maisons pour manger et pour boire ? Méprisez-vous l'Église de Dieu au point d'humilier ceux qui n'ont rien ? Que puis-je vous dire ? vous féliciter ? Non, pour cela je ne vous félicite pas !

²³ Je vous ai pourtant transmis, moi, ce que j'ai reçu de la tradition qui vient du Seigneur : la nuit même où il était livré,

le Seigneur Jésus prit du pain*, ²⁴ puis, ayant rendu grâce*, il le rompit, et dit : « Ceci est mon corps, qui est pour vous. Faites cela en mémoire de moi. » ²⁵ Après le repas, il fit de même avec la coupe, en disant : « Cette coupe est la nouvelle Alliance* en mon sang*. Chaque fois que vous en boirez, faites cela en mémoire de moi. »

²⁶ Ainsi donc, chaque fois que vous mangez ce pain et que vous buvez à cette coupe, vous proclamez la mort du Seigneur, jusqu'à ce qu'il vienne. ²⁷ Et celui qui mangera le pain ou boira la coupe du Seigneur sans savoir ce qu'il fait aura à répondre du corps et du sang du Seigneur. ²⁸ On doit donc s'examiner soi-même avant de manger de ce pain et boire à cette coupe. ²⁹ Celui qui mange et qui boit mange et boit son propre jugement s'il ne discerne pas le corps. ³⁰ C'est pour cela qu'il y a chez vous beaucoup de malades et d'infirmes et qu'un certain nombre sont morts. ³¹ Si nous avions du discernement envers nous-mêmes, nous ne serions pas jugés. ³² Mais les jugements* du Seigneur sont pour nous une leçon, afin que nous ne soyons pas condamnés avec le monde*.

³³ Ainsi donc, mes frères, quand vous vous réunissez pour ce repas, ayez soin de vous attendre les uns les autres ; ³⁴ si quelqu'un a faim, qu'il mange à la maison, pour que vos réunions ne vous attirent pas le jugement du Seigneur. Quant au reste, je le réglerai quand je viendrai.

Je vous le demande donc, mes frères : quand vous vous réunissez pour ce repas, ayez soin de vous attendre les uns les autres.

Les manifestations de l'Esprit Saint

Les dons de Dieu organisent dans l'unité l'Église, Corps du Christ

12 ¹ Frères, au sujet des phénomènes spirituels, je ne veux pas vous laisser dans l'ignorance. ² Vous le savez bien : quand vous étiez païens, vous étiez entraînés sans contrôle vers les idoles

---

11, 34 : « du Seigneur », *add.*

muettes. ³ C'est pourquoi je vous le rappelle : Si l'on parle sous l'action de l'Esprit de Dieu, personne ne dit : « Jésus est un maudit » ; et personne n'est capable de dire : « Jésus est le Seigneur » sans l'action de l'Esprit Saint.

⁴ Les dons de la grâce sont variés, mais c'est toujours le même Esprit. ⁵ Les fonctions dans l'Église sont variées, mais c'est toujours le même Seigneur*. ⁶ Les activités sont variées, mais c'est toujours le même Dieu qui agit en tous. ⁷ Chacun reçoit le don de manifester l'Esprit* en vue du bien de tous. ⁸ À celui-ci est donné, grâce à l'Esprit, le langage de la sagesse* de Dieu ; à un autre, toujours par l'Esprit, le langage de la connaissance* de Dieu ; ⁹ un autre reçoit, dans l'esprit, le don de la foi* ; un autre encore, des pouvoirs de guérison dans l'unique Esprit ; ¹⁰ un autre peut faire des miracles*, un autre est un prophète*, un autre sait reconnaître ce qui vient vraiment de l'Esprit ; l'un reçoit le don de dire toutes sortes de paroles mystérieuses, l'autre le don de les interpréter. ¹¹ Mais celui qui agit en tout cela, c'est le même et unique Esprit : il distribue ses dons à chacun, selon sa volonté.

¹² Prenons une comparaison : notre corps forme un tout, il a pourtant plusieurs membres ; et tous les membres, malgré leur nombre, ne forment qu'un seul corps. Il en est ainsi pour le Christ*. ¹³ Tous, Juifs ou païens, esclaves ou hommes libres, nous avons été baptisés dans l'unique Esprit pour former un seul corps. Tous nous avons été désaltérés par l'unique Esprit.

¹⁴ Le corps humain se compose de plusieurs membres, et non pas d'un seul. ¹⁵ Le pied aura beau dire : « Je ne suis pas la main, donc je ne fais pas partie du corps », il fait toujours partie du corps. ¹⁶ L'oreille aura beau dire : « Je ne suis pas l'œil, donc je ne fais pas partie du corps », elle fait toujours partie du corps. ¹⁷ Si, dans le corps, il n'y avait que les yeux, comment pourrait-on entendre ? S'il n'y avait que les oreilles, comment pourrait-on sentir les odeurs ? ¹⁸ Mais, dans le corps, Dieu a disposé les différents membres comme il l'a voulu. ¹⁹ S'il n'y en avait qu'un seul, comment cela ferait-il un corps ? ²⁰ Il y a donc à la fois plusieurs membres, et un seul corps. ²¹ L'œil ne peut pas dire à

12, 5 : « dans l'Église », *add.*
12, 12 (début) : *litt.* « De même que notre corps forme un tout ».

la main : « Je n'ai pas besoin de toi » ; la tête ne peut pas dire aux pieds : « Je n'ai pas besoin de vous. »

²²Bien plus, les parties du corps qui paraissent les plus délicates sont indispensables. ²³Et celles qui passent pour moins respectables, c'est elles que nous traitons avec le plus de respect ; celles qui sont moins décentes, nous les traitons plus décemment ; ²⁴pour celles qui sont décentes, ce n'est pas nécessaire. Dieu a organisé le corps de telle façon qu'on porte plus de respect à ce qui en est le plus dépourvu ; ²⁵il a voulu qu'il n'y ait pas de division dans le corps, mais que les différents membres aient tous le souci les uns des autres. ²⁶Si un membre souffre, tous les membres partagent sa souffrance ; si un membre est à l'honneur, tous partagent sa joie.

²⁷Or, vous êtes le corps du Christ et, chacun pour votre part, vous êtes les membres de ce corps. ²⁸Parmi ceux que Dieu a placés ainsi dans l'Église*, il y a premièrement des apôtres, deuxièmement des prophètes, troisièmement ceux qui sont chargés d'enseigner, puis ceux qui font des miracles, ceux qui ont le don de guérir, ceux qui ont la charge d'assister leurs frères ou de les guider, ceux qui disent des paroles mystérieuses. ²⁹Tout le monde évidemment n'est pas apôtre, tout le monde n'est pas prophète, ni chargé d'enseigner ; tout le monde n'a pas à faire des miracles, ³⁰à guérir, à dire des paroles mystérieuses, ou à les interpréter.

Hymne à la charité, don de Dieu par excellence

³¹Parmi les dons de Dieu, vous cherchez à obtenir ce qu'il y a de meilleur. Eh bien, je vais vous indiquer une voie supérieure à toutes les autres.

13 ¹J'aurais beau parler toutes les langues de la terre et du ciel, si je n'ai pas la charité, s'il me manque l'amour*, je ne suis qu'un cuivre qui résonne, une cymbale retentissante. ²J'aurais beau être prophète, avoir toute la science des mystères* et toute la connaissance* de Dieu, et toute la foi* jusqu'à transporter les

---

13, 1 : « si je n'ai pas la charité », *add.* pour marquer l'équivalence, ici, entre charité et amour.

montagnes, s'il me manque l'amour, je ne suis rien. ³J'aurais beau distribuer toute ma fortune aux affamés, j'aurais beau me faire brûler vif, s'il me manque l'amour, cela ne me sert à rien.

⁴L'amour prend patience ; l'amour rend service ; l'amour ne jalouse pas ; il ne se vante pas, ne se gonfle pas d'orgueil ; ⁵il ne fait rien de malhonnête ; il ne cherche pas son intérêt ; il ne s'emporte pas ; il n'entretient pas de rancune ; ⁶il ne se réjouit pas de ce qui est mal, mais il trouve sa joie dans ce qui est vrai ; ⁷il supporte tout, il fait confiance en tout, il espère tout, il endure tout.

⁸L'amour* ne passera jamais. Un jour, les prophéties disparaîtront, le don des langues cessera, la connaissance que nous avons de Dieu disparaîtra. ⁹En effet, notre connaissance est partielle, nos prophéties sont partielles. ¹⁰Quand viendra l'achèvement, ce qui est partiel disparaîtra. ¹¹Quand j'étais un enfant, je parlais comme un enfant, je pensais comme un enfant, je raisonnais comme un enfant. Maintenant que je suis un homme, j'ai fait disparaître ce qui faisait de moi un enfant. ¹²Nous voyons actuellement une image obscure dans un miroir ; ce jour-là, nous verrons face à face. Actuellement ma connaissance est partielle ; ce jour-là, je connaîtrai vraiment, comme Dieu m'a connu. ¹³Ce qui demeure aujourd'hui, c'est la foi*, l'espérance et la charité* ; mais la plus grande des trois, c'est la charité.

Les phénomènes charismatiques dans les assemblées doivent être au service de la construction de l'Église

14 ¹Faites tout pour avoir la charité. Recherchez les phénomènes spirituels, surtout le don de prophétie. ²Celui qui parle en langues ne parle pas pour les hommes, mais pour Dieu ; personne ne saisit, car, sous le coup de l'inspiration, il dit des choses mystérieuses. ³Mais celui qui a le don de prophète* parle pour les hommes : il construit, il réconforte, il encourage. ⁴Celui qui parle en langues ne le fait que pour sa construction personnelle, tandis que celui qui prophétise construit l'Église.

13, 8 : « que nous avons de Dieu », *add.*

⁵Je souhaite que vous parliez tous en langues, mais surtout que vous ayez le don de prophétie. Car prophétiser vaut mieux que parler en langues, à moins qu'on n'interprète ce qu'on dit en langues : ainsi, on aide à la construction de l'Église. ⁶Eh bien, frères, si j'arrive chez vous pour parler en langues, en quoi vous rendrai-je service si ma parole ne vous apporte ni révélation, ni connaissance de Dieu, ni prophétie, ni enseignement ? ⁷Ainsi, quand des objets inanimés comme la flûte ou la cithare produisent des sons, s'ils ne donnent pas des notes distinctes, comment reconnaître l'air joué par l'instrument ? ⁸Et si la trompette produit des sons confus, qui pourra se préparer au combat ? ⁹Vous de même, si par votre langue vous ne produisez pas un message intelligible, comment reconnaître ce qui est dit ? Vous ne serez que des gens qui parlent pour le vent. ¹⁰Il y a dans le monde je ne sais combien d'espèces de mots, et aucune n'est sans signification. ¹¹Or si je ne connais pas la valeur du mot, je serai un barbare pour celui qui parle et il le sera pour moi. ¹²Alors, vous, puisque vous recherchez les phénomènes spirituels, recherchez-les en vue de construire l'Église, de manière à progresser.

¹³Et donc, celui qui parle en langues, qu'il prie pour être capable d'interpréter. ¹⁴Si je prie dans une langue inconnue, mon esprit a beau être en prière, mon intelligence ne produit rien. ¹⁵Que vais-je donc faire ? Je vais prier avec mon esprit, mais aussi avec mon intelligence, chanter avec mon esprit, mais aussi avec mon intelligence. ¹⁶En effet, si tu dis une prière de bénédiction avec ton esprit seulement, alors celui qui est là et n'y connaît rien, comment va-t-il répondre « Amen* » à ton action* de grâce, puisqu'il ne sait pas ce que tu dis ? ¹⁷Toi, bien sûr, tu fais une belle action de grâce, mais ce n'est pas constructif pour l'autre. ¹⁸Je parle en langues plus que vous tous, et j'en rends grâce à Dieu ; ¹⁹mais, quand l'Église est rassemblée, je préfère dire cinq paroles avec mon intelligence de manière à instruire les autres, plutôt que d'en dire dix mille en langues. ²⁰Frères, pour le bon sens, ne soyez pas des enfants ; oui, pour le mal, soyez des petits

---

14, 5 : « ce qu'on dit en langues », *add.*
14, 14 : « inconnue », *add.*

enfants, mais pour le bon sens, soyez des adultes. ²¹ Dans la Loi*, il est écrit ceci : *C'est par des hommes de langue étrangère, par des lèvres d'étrangers, que je parlerai à ce peuple ; et même ainsi ils ne m'écouteront pas, dit le Seigneur**.

²² Cela veut dire que les langues sont un signe qui rend manifestes non pas ceux qui croient, mais ceux qui ne veulent pas croire, alors que la prophétie rend manifestes non pas ceux qui ne veulent pas croire, mais ceux qui croient. ²³ Quand donc l'Église tout entière est rassemblée, si tous parlent en langues, et qu'il arrive des gens qui n'y connaissent rien ou des incroyants, ne vont-ils pas dire que vous êtes fous ? ²⁴ Si au contraire tous prophétisent, et qu'il arrive un incroyant ou un homme qui n'y connaît rien, il se sent dénoncé par tous, jugé par tous, ²⁵ ses pensées secrètes sont mises au grand jour : il tombera la face contre terre pour adorer Dieu, en proclamant : « C'est vrai que Dieu est parmi vous ! »

²⁶ Alors, frères, quand vous vous réunissez, chacun apporte un cantique, ou un enseignement, ou une révélation, ou une intervention en langues, ou une interprétation ; mais il faut que tout cela serve à la construction de l'Église*. ²⁷ Si on parle en langues, qu'il y en ait deux à chaque réunion, ou trois au plus, et chacun à son tour, et qu'il y en ait un pour interpréter. ²⁸ Mais s'il n'y a pas d'interprète, qu'on se taise dans l'assemblée de l'Église, qu'on se parle à soi-même et à Dieu. ²⁹ Quant aux prophètes*, que deux ou trois prennent la parole, et que les autres discernent ce qui vient de l'Esprit*. ³⁰ Mais si quelqu'un d'autre dans l'assistance reçoit une révélation, que le premier se taise. ³¹ Vous pouvez tous prophétiser, l'un après l'autre, pour que tous en retirent instruction et réconfort. ³² Les inspirations des prophètes sont sous le contrôle des prophètes, ³³ car Dieu n'est pas un Dieu de désordre, mais de paix*.

Comme cela se fait dans toutes nos Églises, ³⁴ que les femmes gardent le silence dans les assemblées, car elles n'ont pas la permission de parler ; mais qu'elles restent dans la soumission, comme le dit la Loi*. ³⁵ Et si elles veulent se faire instruire, qu'elles

---

14, 21 : cf. Is **28,** 11-12.
14, 29 : « ce qui vient de l'Esprit », *add.* (cf. **12,** 10).

interrogent leur mari à la maison. Car pour une femme c'est une honte de parler dans l'assemblée. ³⁶ La parole* de Dieu serait-elle venue de chez vous ? Ne serait-elle arrivée que chez vous ?

³⁷ Si quelqu'un croit être prophète ou inspiré par l'Esprit, qu'il reconnaisse en ce que je vous écris un commandement du Seigneur*. ³⁸ S'il ne le reconnaît pas, il n'est pas reconnu.

³⁹ Ainsi, mes frères, recherchez le don de prophétie, et n'empêchez pas de parler en langues, ⁴⁰ mais que tout se passe dans la dignité et dans l'ordre.

La résurrection des morts

Au cœur de la foi de l'Église : le Christ mort et ressuscité

15 ¹ Frères, je vous rappelle la Bonne Nouvelle que je vous ai annoncée ; cet Évangile, vous l'avez reçu, et vous y restez attachés, ² vous serez sauvés par lui si vous le gardez tel que je vous l'ai annoncé ; autrement, c'est pour rien que vous êtes devenus croyants. ³ Avant tout, je vous ai transmis ceci, que j'ai moi-même reçu : le Christ est mort pour nos péchés*, conformément aux Écritures*, ⁴ et il a été mis au tombeau ; il est ressuscité le troisième jour conformément aux Écritures ; ⁵ et il est apparu à Pierre*, puis aux Douze ; ⁶ ensuite il est apparu à plus de cinq cents frères à la fois – la plupart sont encore vivants, et quelques-uns sont morts – ⁷ ensuite il est apparu à Jacques, puis à tous les Apôtres. ⁸ Et en tout dernier lieu, il est même apparu à l'avorton que je suis.

⁹ Car moi, je suis le plus petit des Apôtres, je ne suis pas digne d'être appelé Apôtre, puisque j'ai persécuté l'Église de Dieu. ¹⁰ Mais ce que je suis, je le suis par la grâce* de Dieu, et la grâce dont il m'a comblé n'a pas été stérile. Je me suis donné de la peine plus que tous les autres ; à vrai dire, ce n'est pas moi, c'est la grâce de Dieu avec moi.

¹¹ Bref, qu'il s'agisse de moi ou des autres, voilà notre message, et voilà votre foi*.

La résurrection du Christ et notre propre résurrection sont inséparables

¹² Nous proclamons que le Christ est ressuscité d'entre les

morts ; alors, comment certains d'entre vous peuvent-ils affirmer qu'il n'y a pas de résurrection des morts ?[13] Mais, s'il n'y a pas de résurrection des morts, le Christ, lui non plus, n'est pas ressuscité.[14] Et si le Christ n'est pas ressuscité, notre message est sans objet, et votre foi est sans objet ;[15] nous voilà reconnus comme de faux témoins* de Dieu, pour avoir témoigné en contradiction avec Dieu en disant qu'il a ressuscité le Christ, alors qu'il ne l'a pas ressuscité s'il est vrai que les morts ne ressuscitent pas.[16] Si les morts ne ressuscitent pas, le Christ non plus n'est pas ressuscité.[17] Et si le Christ n'est pas ressuscité, votre foi ne mène à rien, vous n'êtes pas libérés de vos péchés* ;[18] et puis, ceux qui sont morts dans le Christ* sont perdus.[19] Si nous avons mis notre espoir dans le Christ pour cette vie seulement, nous sommes les plus à plaindre de tous les hommes.

[20] Mais non ! le Christ est ressuscité d'entre les morts, pour être parmi les morts le premier ressuscité.[21] Car, la mort étant venue par un homme, c'est par un homme aussi que vient la résurrection*.[22] En effet, c'est en Adam que meurent tous les hommes ; c'est dans le Christ que tous revivront,[23] mais chacun à son rang : en premier, le Christ ; et ensuite, ceux qui seront au Christ lorsqu'il reviendra.[24] Alors, tout sera achevé, quand le Christ remettra son pouvoir royal à Dieu le Père, après avoir détruit toutes les puissances du mal.[25] C'est lui en effet qui doit régner jusqu'au jour où *il aura mis sous ses pieds tous ses ennemis*.[26] Et le dernier ennemi qu'il détruira, c'est la mort,[27] car *il a tout mis sous ses pieds*. Mais quand il dira : « Tout est soumis désormais », c'est évidemment à l'exclusion de Celui qui lui a soumis toutes choses.[28] Alors, quand tout sera sous le pouvoir du Fils, il se mettra lui-même sous le pouvoir du Père qui lui aura tout soumis, et ainsi, Dieu sera tout en tous.

[29] Autrement, que pourraient obtenir ceux qui se font baptiser pour les morts ? Si vraiment les morts ne ressuscitent pas, pourquoi se faire baptiser pour eux ?[30] Et pourquoi nous aussi courons-nous des dangers à chaque instant ?[31] Chaque jour ma mort est là, aussi vrai que vous, frères, vous êtes mon orgueil dans le

---

15, 25 : cf. Ps **109** (110), 1.
15, 27 : cf. Ps **8**, 7.

Christ Jésus notre Seigneur*. ³² S'il n'y avait eu que de l'humain dans mon combat contre les bêtes à Éphèse, à quoi cela m'aurait-il servi ? Si les morts ne ressuscitent pas, *mangeons et buvons, car demain nous mourrons.* ³³ Ne vous y trompez pas : *Les mauvaises compagnies corrompent les bonnes mœurs.* ³⁴ Reprenez vos esprits, et cessez de pécher : en effet, certains d'entre vous ont une fausse connaissance de Dieu. Je vous dis cela pour vous faire honte.

La transformation glorieuse de nos corps par la résurrection

³⁵ L'un de vous peut demander : « Comment les morts ressuscitent-ils ? avec quelle sorte de corps reviennent-ils ? » – ³⁶ Réfléchis donc ! Quand tu sèmes une graine, elle ne peut pas donner vie sans mourir d'abord ; ³⁷ et tu ne sèmes pas le corps de la plante qui va pousser, tu sèmes une graine toute nue : du blé ou autre chose. ³⁸ Et Dieu lui donne un corps comme il le veut : à chaque semence un corps particulier. ³⁹ Les espèces de chair* sont différentes : il y a celle des hommes, celle des bestiaux, celle des oiseaux, celle des poissons. ⁴⁰ Il y a des corps célestes et des corps terrestres, mais autre est l'éclat des célestes, autre celui des terrestres ; ⁴¹ il y a l'éclat du soleil, celui de la lune, celui des étoiles ; et les étoiles ont les unes et les autres un éclat différent. ⁴² Il en sera de même quand les morts ressusciteront. Ce qui est semé dans la terre est périssable, ce qui ressuscite est impérissable ; ⁴³ ce qui est semé n'a plus de valeur, ce qui ressuscite est plein de gloire* ; ce qui est semé est faible, ⁴⁴ ce qui ressuscite est puissant ; ce qui est semé est un corps humain, ce qui est ressuscité est un corps spirituel ; puisqu'il existe un corps humain, il existe aussi un corps spirituel.

⁴⁵ L'Écriture* dit : *Le premier Adam était un être humain qui avait reçu la vie ;* le dernier Adam – le Christ – est devenu l'être spirituel qui donne la vie*. ⁴⁶ Ce qui est apparu d'abord, ce n'est pas l'être spirituel, c'est l'être humain, et ensuite seu-

---

15, 32 : cf. Is **22,** 13.
15, 33 : vers du poète Ménandre.
15, 45 : cf. Gn **2,** 7 ; « le Christ », *add.*

lement, le spirituel. ⁴⁷ Pétri de terre, le premier homme vient de la terre* ; le deuxième homme, lui, vient du ciel*. ⁴⁸ Puisque Adam est pétri de terre, comme lui les hommes appartiennent à la terre ; puisque le Christ est venu du ciel, comme lui les hommes appartiennent au ciel. ⁴⁹ Et de même que nous sommes à l'image de celui qui est pétri de terre, de même nous serons à l'image de celui qui vient du ciel.

⁵⁰ Je le déclare, frères : la chair et le sang* ne sont pas capables d'avoir part au royaume* de Dieu, et ce qui est périssable n'a point part au monde impérissable.

⁵¹ C'est une chose mystérieuse que je vous annonce : même si nous ne mourons pas tous, nous serons tous transformés, ⁵² et cela instantanément, en un clin d'œil, quand retentira le signal au dernier jour*. Il retentira, en effet, et les morts ressusciteront, impérissables, et nous serons transformés.

⁵³ Car il faut que ce qui est périssable en nous devienne impérissable ; il faut que ce qui est mortel revête l'immortalité. ⁵⁴ Et quand ce qui est périssable en nous deviendra impérissable, quand ce qui est mortel revêtira l'immortalité, alors se réalisera la parole de l'Écriture* : *La mort* a été engloutie dans la victoire.* ⁵⁵ *Ô Mort, où est ta victoire ? Ô Mort, où est ton dard venimeux ?*

⁵⁶ Le dard de la mort, c'est le péché* ; ce qui renforce le péché, c'est la Loi*.

⁵⁷ Rendons grâce* à Dieu qui nous donne la victoire par Jésus Christ*, notre Seigneur*. ⁵⁸ Ainsi, mes frères bien-aimés, soyez fermes, soyez inébranlables, prenez une part toujours plus active à l'œuvre du Seigneur, car vous savez que, dans le Seigneur, la peine que vous vous donnez ne sera pas stérile.

Pour la vie des Églises

La collecte pour Jérusalem

16 ¹ Au sujet de la collecte pour les fidèles de Jérusalem, suivez,

---

15, 54 : cf. Is **25**, 8 (grec).
15, 55 : cf. Os **13**, 14.
16, 1 : « de Jérusalem », *add.*

vous aussi, les règles que j'ai établies pour les Églises du pays galate. ² Le premier jour de la semaine, chacun mettra de côté ce qu'il a réussi à épargner ; ainsi, quand je viendrai, on pourra en faire la collecte. ³ Quand je serai là, ce sont des personnes jugées aptes par vous que j'enverrai avec des lettres porter à Jérusalem votre don généreux. ⁴ S'il vaut la peine que j'y aille aussi, ils iront avec moi.

Projets de Paul

⁵ Je viendrai chez vous après avoir traversé la Macédoine, car je dois la traverser. ⁶ Je séjournerai peut-être chez vous, ou même j'y passerai l'hiver, afin que vous, vous m'aidiez pour me rendre où je voudrai aller. ⁷ Car je ne veux pas cette fois vous voir seulement en passant, et j'espère rester quelque temps chez vous si le Seigneur le permet. ⁸ Mais je resterai à Éphèse jusqu'à la Pentecôte, ⁹ car une porte s'est ouverte toute grande pour moi en vue d'un travail efficace, et les adversaires sont nombreux.

¹⁰ Si Timothée vient, veillez à ce qu'il n'ait rien à craindre chez vous, car il travaille à l'œuvre du Seigneur tout comme moi. ¹¹ Que personne donc ne le méprise. Aidez-le pour qu'il reparte en paix vers moi, car je l'attends avec les frères. ¹² Au sujet d'Apollos notre frère, je l'ai fortement exhorté à venir chez vous avec les frères ; mais il n'y avait absolument pas l'accord nécessaire pour qu'il vienne maintenant. Il viendra donc quand ce sera le bon moment.

Exhortations et salutations

¹³ Veillez, tenez bon dans la foi*, soyez des hommes, soyez forts. ¹⁴ Que tout chez vous se passe dans l'amour*.

¹⁵ Frères, voici encore une exhortation. Vous savez que Stéphanas et les gens de sa maison ont été dans votre province les premiers à croire, et se sont engagés au service des fidèles : ¹⁶ à votre tour, soyez soumis à de tels hommes et à tous ceux qui collaborent et peinent avec eux. ¹⁷ Je suis heureux de la présence de Stéphanas, de Fortunatus et d'Achaïcus, eux qui ont compensé votre absence ; ¹⁸ en effet, ils ont tranquillisé mon esprit et le vôtre. Sachez donc apprécier de tels hommes.

¹⁹Les Églises de la province d'Asie vous saluent. Aquilas et Prisca vous saluent bien dans le Seigneur, avec l'Église qui se rassemble chez eux. ²⁰Tous les frères vous saluent. Saluez-vous les uns les autres en échangeant le baiser de paix*.

²¹La salutation est de ma propre main à moi Paul. ²²Si quelqu'un n'aime pas le Seigneur*, qu'il soit exclu. « Maranatha ! » (notre Seigneur, viens !) ²³Que la grâce* du Seigneur Jésus soit avec vous. ²⁴Mon amour* avec vous tous dans le Christ* Jésus.

16, 22 : « (notre Seigneur, viens !) », *add.*

Seconde lettre aux Corinthiens

Paul salue les Corinthiens et bénit Dieu qui réconforte l'Apôtre pour qu'il puisse réconforter les autres

1 ¹ Moi, Paul, Apôtre du Christ Jésus par la volonté de Dieu, avec Timothée notre frère, je m'adresse à vous qui êtes à Corinthe l'Église* de Dieu, ainsi qu'aux fidèles qui sont par toute la Grèce. ² Que la grâce et la paix* soient avec vous, de la part de Dieu notre Père et de Jésus Christ le Seigneur.

³ Béni soit Dieu, le Père de notre Seigneur Jésus Christ, le Père plein de tendresse, le Dieu de qui vient tout réconfort. ⁴ Dans toutes nos détresses, il nous réconforte ; ainsi, nous pouvons réconforter tous ceux qui sont dans la détresse, grâce au réconfort que nous recevons nous-mêmes de Dieu. ⁵ De même que nous avons largement part aux souffrances du Christ, de même, par le Christ, nous sommes largement réconfortés. ⁶ Quand nous sommes dans la détresse, c'est pour que vous obteniez le réconfort et le salut* ; quand nous sommes réconfortés, c'est encore pour que vous obteniez le réconfort, et cela vous permet de supporter avec persévérance les mêmes souffrances que nous. ⁷ En ce qui vous concerne, nous avons de solides raisons d'espérer, car nous le savons : puisque vous connaissez comme nous la souffrance, vous obtiendrez comme nous le réconfort.

⁸ Nous ne voulons pas vous le laisser ignorer, frères : la détresse où nous nous sommes trouvés dans la province d'Asie nous a accablés excessivement au-delà de nos forces, au point de ne

même plus savoir si nous resterions en vie. ⁹Mais nous avions accueilli en nous-mêmes cet arrêt de mort, si bien que notre confiance n'était plus en nous-mêmes, mais en Dieu qui ressuscite les morts. ¹⁰C'est lui qui nous a arrachés d'une mort si terrible et qui nous en arrachera ; en lui nous avons mis notre espérance : il nous en arrachera encore, ¹¹avec l'aide que vous nous apportez en priant pour nous ; ainsi, par l'intervention d'un grand nombre de personnes, la grâce* que nous avons reçue permettra à beaucoup de rendre grâce pour nous.

Le ministère apostolique

Paul défend sa mission, justifie son absence, pardonne à son offenseur

¹²Ce qui fait notre orgueil, c'est le témoignage de notre conscience ; nous avons vécu en ce monde, et particulièrement avec vous, dans la simplicité et la sincérité qui viennent de Dieu, non pas selon une sagesse purement humaine, mais selon la grâce de Dieu.

¹³Nos lettres ne contiennent vraiment rien d'autre que ce que vous pouvez lire et comprendre. J'espère que vous comprendrez entièrement, ¹⁴puisque vous avez déjà partiellement compris ce que nous voulons dire : c'est nous qui sommes votre orgueil comme vous serez le nôtre au jour du Seigneur Jésus.

¹⁵Fort de cette assurance, je voulais d'abord aller chez vous pour que vous receviez une nouvelle grâce, ¹⁶puis par chez vous me rendre en Macédoine, revenir de Macédoine chez vous, et recevoir votre aide pour gagner la Judée. ¹⁷Vouloir cela, était-ce faire preuve de légèreté ? Ou bien mes projets ne sont-ils que des projets purement humains, si bien qu'il y aurait chez moi en même temps « oui, oui » et « non, non » ? ¹⁸J'en prends à témoin le Dieu fidèle : le langage que nous vous parlons n'est pas à la fois « oui » et « non ». ¹⁹Le Fils de Dieu, le Christ* Jésus, que nous avons annoncé parmi vous, Silvain, Timothée et moi, n'a pas été à la fois « oui » et « non » ; il n'a jamais été que « oui ». ²⁰Et toutes les promesses de Dieu ont trouvé leur

« oui » dans sa personne. Aussi est-ce par le Christ que nous disons « amen* », notre « oui », pour la gloire* de Dieu. [21] Celui qui nous rend solides pour le Christ dans nos relations avec vous, celui qui nous a consacrés, c'est Dieu ; [22] il a mis sa marque sur nous, et il nous a fait une première avance sur ses dons : l'Esprit* qui habite nos cœurs*.

[23] Quant à moi, j'en prends Dieu à témoin sur ma vie : c'est pour vous ménager que je ne suis pas revenu à Corinthe. [24] Il ne s'agit pas d'exercer un pouvoir sur votre foi*, mais de collaborer à votre joie, car pour la foi vous tenez bon.

2 [1] J'ai pris la décision de ne pas retourner chez vous dans un climat de contrariété. [2] Car si moi je vous contrarie, qui me mettra le cœur en fête ? Celui que j'aurai contrarié ? [3] C'est bien ce que je vous ai écrit, pour éviter qu'en arrivant je reçoive de la contrariété de ceux qui auraient dû me donner de la joie ; car je suis convaincu par rapport à vous tous que ma joie est celle de vous tous. [4] Ainsi, c'est le cœur plein de détresse et d'angoisse que je vous ai écrit, et en versant beaucoup de larmes, non pas pour que vous soyez contrariés, mais pour que vous sachiez quel immense amour j'ai pour vous. [5] Si quelqu'un cause de la contrariété, ce n'est pas à moi qu'il la cause, mais pour une part, sans vouloir exagérer, c'est à vous tous. [6] Pour un tel individu, la sanction infligée par la majorité doit suffire, [7] si bien qu'au contraire vous devez plutôt lui faire grâce et le réconforter, pour éviter que cet homme soit englouti par un excès de contrariété. [8] Je vous exhorte donc à opter pour l'amour*. [9] Car en vous écrivant, je voulais vérifier si votre obéissance était totale. [10] Si vous faites grâce, moi aussi ; et moi, quand j'ai fait grâce, si je l'ai fait c'était à cause de vous sous le regard du Christ, [11] pour ne pas nous laisser vaincre par Satan*, dont nous connaissons bien les intentions.

[12] En arrivant à Troas pour annoncer l'Évangile du Christ, j'ai trouvé la porte grande ouverte dans le Seigneur* ; [13] mais je n'ai pas pu avoir l'esprit tranquille, car je n'avais pas retrouvé Tite

---

1, 20 : « notre "oui" », *add.*

mon frère ; alors j'ai fait mes adieux, et je suis parti pour la Macédoine.
¹⁴Rendons grâce* à Dieu qui nous entraîne sans cesse dans son cortège triomphal dans le Christ*, et qui répand par nous en tous lieux le parfum de sa connaissance. ¹⁵Car nous sommes pour Dieu la bonne odeur du Christ, pour ceux qui vont vers leur salut* comme pour ceux qui vont vers leur perte ; ¹⁶pour les uns, c'est un parfum qui de la mort* conduit vers la mort ; pour les autres, de la vie* vers la vie. Et qui a donc capacité pour cela ? ¹⁷En effet, nous ne sommes pas comme tous ces gens qui font du trafic avec la parole* de Dieu ; au contraire, c'est avec sincérité, c'est de la part de Dieu, devant Dieu, dans le Christ, que nous proclamons la Parole.

Faibles, mais pleins d'assurance, les Apôtres sont les ministres de la nouvelle Alliance, bien plus glorieuse que l'ancienne

3 ¹Sommes-nous encore en train de nous recommander nous-mêmes ? Ou bien avons-nous besoin pour cela, comme certaines personnes, d'un document écrit qu'il faudrait vous présenter ou vous demander ? ²C'est vous-mêmes qui êtes ce document écrit dans nos cœurs, et que tous les hommes peuvent lire et connaître. ³De toute évidence, vous êtes ce document venant du Christ, confié à notre ministère, écrit non pas avec de l'encre, mais avec l'Esprit* du Dieu vivant, non pas, comme la Loi*, sur des tables de pierre, mais dans des cœurs de chair. ⁴Et si nous avons tant d'assurance devant Dieu grâce au Christ, ⁵ce n'est pas à cause d'une capacité personnelle dont nous pourrions nous attribuer le mérite. ⁶Notre capacité vient de Dieu : c'est lui qui nous a rendus capables d'être les ministres d'une Alliance nouvelle, une Alliance qui n'est pas celle de la lettre de la Loi, mais celle de l'Esprit du Dieu vivant ; car la lettre tue, mais l'Esprit donne la vie.
⁷Pourtant le ministère de la Loi gravée dans la pierre, ce ministère de mort, avait déjà une telle gloire que les fils d'Israël ne pouvaient pas fixer le visage de Moïse rayonnant d'une gloire

---

3, 3 : « comme la Loi », *add.*
3, 6 : « de la Loi », *add.* ; « du Dieu vivant », *add.*

dont l'éclat ne durait pas ; ⁸ alors, quelle gloire bien plus grande aura le ministère de l'Esprit ! ⁹ Ce qui allait vers la condamnation avait déjà un ministère rayonnant de gloire ; alors, ce qui fait de nous des justes* aura un ministère infiniment plus glorieux ! ¹⁰ Non, vraiment, ce qui a été si glorieux ne l'est plus du tout, parce qu'il y a maintenant une gloire* qui dépasse tout. ¹¹ Ce qui ne durait pas rayonnait déjà de gloire ; alors, ce qui demeure aura infiniment plus de gloire.

¹² Et donc, puisque nous avons une telle espérance, nous sommes pleins d'assurance ; ¹³ nous ne sommes pas comme Moïse qui mettait un voile sur son visage pour empêcher les fils d'Israël de voir disparaître ce rayonnement qui ne durait pas. ¹⁴ Mais leurs pensées se sont endurcies. Car jusqu'à ce jour le même voile demeure pour la lecture des livres de l'ancienne Alliance ; il n'est pas enlevé parce que c'est en Christ qu'il disparaît ; ¹⁵ et aujourd'hui encore, quand les fils d'Israël lisent les livres de Moïse, un voile leur recouvre le cœur. ¹⁶ Quand on se convertit au Seigneur*, le voile tombe. ¹⁷ Or, le Seigneur, c'est l'Esprit*, et là où l'Esprit du Seigneur est présent, là est la liberté. ¹⁸ Et nous, les Apôtres, qui n'avons pas, comme Moïse, un voile sur le visage, nous reflétons tous la gloire du Seigneur, et nous sommes transfigurés en son image avec une gloire de plus en plus grande, par l'action du Seigneur qui est Esprit.

4 ¹ C'est pourquoi nous ne perdons pas courage, puisque Dieu, dans sa miséricorde, nous a confié un si grand ministère ; ² et même, comme nous n'avons aucun motif de honte, nous ne voulons rien cacher ; nous n'employons pas n'importe quel procédé, et nous ne falsifions pas la parole* de Dieu. Au contraire, c'est en manifestant la vérité* que nous cherchons à gagner la confiance de tous les hommes en présence de Dieu. ³ Et si la Bonne Nouvelle que nous annonçons reste encore voilée, elle n'est voilée que pour ceux qui vont à leur perte, ⁴ pour les incrédules dont

---

3, 15 : « les fils d'Israël », *add.*
3, 16 : cf. Ex **34**, 34.
3, 18 : « les Apôtres », *add.* ; « comme Moïse », *add.*
4, 4 : « (Satan) », *add.*

l'intelligence a été aveuglée par le dieu de ce monde* (Satan*) : il les empêche de voir resplendir dans l'Évangile la gloire* du Christ*, lui qui est l'image de Dieu. ⁵En effet ce que nous proclamons, ce n'est pas nous-mêmes ; c'est ceci : Jésus Christ est Seigneur*, et nous sommes vos serviteurs*, à cause de Jésus. ⁶Car le Dieu qui a dit : *La lumière* brillera au milieu des ténèbres**, a lui-même brillé dans nos cœurs* pour faire resplendir la connaissance de sa gloire qui rayonne sur le visage* du Christ.

⁷Mais ce trésor, nous, les Apôtres, nous le portons en nous comme dans des poteries sans valeur ; ainsi, on voit bien que cette puissance extraordinaire ne vient pas de nous, mais de Dieu. ⁸À tout moment, nous subissons l'épreuve*, mais nous ne sommes pas écrasés ; nous sommes désorientés, mais non pas désemparés ; ⁹nous sommes pourchassés, mais non pas abandonnés ; terrassés, mais non pas anéantis. ¹⁰Partout et toujours, nous subissons dans notre corps la mort de Jésus, afin que la vie de Jésus, elle aussi, soit manifestée dans notre corps. ¹¹En effet, nous, les vivants, nous sommes continuellement livrés à la mort* à cause de Jésus, afin que la vie* de Jésus, elle aussi, soit manifestée dans notre existence mortelle. ¹²Ainsi la mort fait son œuvre en nous, et la vie en vous.

¹³L'Écriture* dit : *J'ai cru, c'est pourquoi j'ai parlé.*

Et nous, les Apôtres, animés de cette même foi*, nous croyons, nous aussi, et c'est pourquoi nous parlons. ¹⁴Car, nous le savons, celui qui a ressuscité* le Seigneur Jésus nous ressuscitera, nous aussi, avec Jésus, et il nous placera près de lui avec vous. ¹⁵Et tout ce qui nous arrive, c'est pour vous, afin que la grâce plus abondante, en vous rendant plus nombreux, fasse monter une immense action* de grâce pour la gloire de Dieu.

¹⁶C'est pourquoi nous ne perdons pas courage, et même si en nous l'homme extérieur va vers sa ruine, l'homme intérieur se renouvelle de jour en jour. ¹⁷Car nos épreuves du moment présent sont légères par rapport au poids extraordinaire de gloire éternelle qu'elles nous préparent. ¹⁸Et notre regard ne s'attache

---

4, 6 : cf. Gn **1**, 3 ; Is **9**, 1.
4, 7 : « les Apôtres », *add.*
4, 13 : cf. Ps **115** (116), 10 ; « les Apôtres », *add.*

pas à ce qui se voit, mais à ce qui ne se voit pas ; ce qui se voit est provisoire, mais ce qui ne se voit pas est éternel.

5 ¹ Nous le savons, en effet, le corps*, qui est notre demeure sur la terre, doit être détruit, mais Dieu construit pour nous dans les cieux* une demeure éternelle qui n'est pas l'œuvre des hommes. ² En effet, actuellement nous crions notre souffrance, à cause de notre ardent désir de revêtir notre demeure céleste par-dessus l'autre, ³ si toutefois le Seigneur doit nous trouver vêtus de notre corps, et non pas dévêtus. ⁴ En effet, nous qui sommes dans cette demeure, nous sommes accablés et nous crions notre souffrance, car nous ne voudrions pas nous dévêtir, mais revêtir un vêtement* par-dessus l'autre, pour que notre être mortel soit absorbé par la vie. ⁵ Celui qui nous a faits pour cet avenir-là, c'est Dieu, lui qui nous a donné l'Esprit* comme première avance sur ses dons. ⁶ Ainsi, nous avons pleine confiance, tout en sachant que nous sommes en exil loin du Seigneur tant que nous habitons dans ce corps ; ⁷ en effet, nous cheminons dans la foi*, nous cheminons sans voir. ⁸ Oui, nous avons confiance, et nous aimerions mieux être en exil loin de ce corps pour habiter chez le Seigneur. ⁹ Que nous soyons chez nous ou en exil, notre ambition, c'est de plaire au Seigneur. ¹⁰ Car il nous faudra tous apparaître à découvert devant le tribunal du Christ, pour que chacun reçoive ce qu'il a mérité, soit en bien soit en mal, pendant qu'il était dans son corps.

Les Apôtres, serviteurs souffrants de l'amour et de la réconciliation

¹¹ Sachant donc ce qu'est la crainte du Seigneur, nous cherchons à convaincre les hommes, et nous sommes pleinement à découvert devant Dieu. J'espère bien être aussi pleinement à découvert pour votre conscience. ¹² Il ne s'agit pas de nous recommander à vous une fois de plus, mais de vous donner l'occasion de vous enorgueillir à notre sujet, en ayant de quoi répondre à ceux qui mettent leur orgueil dans les apparences, et non dans la réalité profonde. ¹³ Si nous avons perdu la tête, c'est pour Dieu ; si nous avons été raisonnables, c'est pour vous. ¹⁴ En effet, l'amour du Christ nous saisit quand nous pensons qu'un seul est mort pour

tous, et qu'ainsi tous ont passé par la mort. ¹⁵ Car le Christ* est mort pour tous, afin que les vivants n'aient plus leur vie centrée sur eux-mêmes, mais sur lui, qui est mort et ressuscité* pour eux. ¹⁶ Désormais nous ne connaissons plus personne à la manière humaine : si nous avons compris le Christ à la manière humaine, maintenant nous ne le comprenons plus ainsi. ¹⁷ Si donc quelqu'un est en Jésus Christ, il est une créature nouvelle. Le monde ancien s'en est allé, un monde nouveau est déjà né. ¹⁸ Tout cela vient de Dieu : il nous a réconciliés avec lui par le Christ, et il nous a donné pour ministère de travailler à cette réconciliation. ¹⁹ Car c'est bien Dieu qui, dans le Christ, réconciliait le monde* avec lui ; il effaçait pour tous les hommes le compte de leurs péchés*, et il mettait dans notre bouche la parole de la réconciliation. ²⁰ Nous sommes donc les ambassadeurs du Christ, et par nous c'est Dieu lui-même qui, en fait, vous adresse un appel. Au nom du Christ, nous vous le demandons, laissez-vous réconcilier avec Dieu. ²¹ Celui qui n'a pas connu le péché, Dieu l'a pour nous identifié au péché des hommes, afin que, grâce à lui, nous soyons identifiés à la justice* de Dieu.

6 ¹ Et puisque nous travaillons avec lui, nous vous invitons encore à ne pas laisser sans effet la grâce* reçue de Dieu. ² Car il dit dans l'Écriture* : *Au moment favorable, je t'ai exaucé, au jour* du salut* je suis venu à ton secours.*

Or, c'est maintenant le moment favorable, c'est maintenant le jour du salut.

³ Pour que notre ministère ne soit pas exposé à la critique, nous veillons à ne choquer personne en rien, ⁴ mais au contraire nous nous présentons comme de vrais ministres de Dieu par notre vie entière : toute notre persévérance, les détresses, les difficultés et les angoisses, ⁵ les coups de bâton, la prison et les émeutes, les fatigues, les nuits sans dormir et les journées sans manger, ⁶ la chasteté, la connaissance* de Dieu, la patience, la bonté, la sainteté de l'esprit, la sincérité de l'amour, ⁷ la loyauté de la parole, la puissance qui vient de Dieu ; nous nous présentons avec les armes

---

6, 2 : cf. Is **49**, 8.
6, 7 : « nous nous présentons », *add*.

des justes* pour attaquer et pour nous défendre,⁸ dans la gloire et le mépris, dans la bonne et la mauvaise réputation. On nous traite de menteurs, et nous disons la vérité ;⁹ de gens obscurs, et nous sommes très connus ; on nous croit mourants, et nous sommes bien vivants ; on nous punit, mais sans nous faire mourir ;¹⁰ on nous croit tristes, et nous sommes toujours joyeux ; pauvres, et nous faisons tant de riches ; démunis de tout, et nous possédons tout.

¹¹ Pour vous, Corinthiens, notre bouche s'est exprimée franchement, notre cœur* a été grand ouvert ;¹² vous n'êtes pas à l'étroit chez nous, c'est dans vos sentiments que vous êtes à l'étroit.¹³ Je vous le demande parce que vous êtes mes enfants : payez-nous de retour, ouvrez votre cœur vous aussi.

Refusez les compromissions

¹⁴ Ne formez pas d'attelage boiteux avec des non-croyants : quel point commun peut-il y avoir entre la fidélité à Dieu et l'impiété ? quelle communion pour la lumière* avec les ténèbres* ?¹⁵ quel accord du Christ avec Satan* ? ou quel partage pour un croyant avec un non-croyant ?¹⁶ quelle entente pour le temple* de Dieu avec les idoles ? Car nous sommes, nous, le temple du Dieu vivant, comme Dieu l'a dit lui-même : *Je demeurerai et je marcherai avec eux, je serai leur Dieu et ils seront mon peuple.*¹⁷ *Sortez donc du milieu de ces gens-là et séparez-vous, dit le Seigneur* ; ne touchez à rien d'impur*, et moi je vous accueillerai.*¹⁸ *Je serai pour vous un père, et vous serez pour moi des fils et des filles, dit le Seigneur tout-puissant.*

7 ¹ Ayant reçu de telles promesses, mes bien-aimés, purifions-nous donc de toute souillure de la chair* et de l'esprit ; achevons de nous sanctifier dans la crainte* de Dieu.

6, 15 : « Satan », *litt.* « Béliar ».
6, 16-18 : cf. Lv **26**, 11-12 ; Is **52**, 11 (grec) ; Ez **20**, 34 (grec) ; 2 S **7**, 14.

Les nouvelles que Tite apporte de Corinthe rendent à Paul la confiance

² Accueillez-nous largement : nous n'avons fait de mal à personne, nous n'avons ruiné personne, nous n'avons exploité personne. ³ Je ne le dis pas pour vous condamner : j'ai déjà dit et redit que vous êtes dans nos cœurs à la vie et à la mort. ⁴ Devant vous j'ai une grande assurance, pour vous j'ai un grand sentiment d'orgueil, je me sens pleinement réconforté, je déborde de joie au milieu de toutes nos détresses.

⁵ En fait, à notre arrivée en Macédoine, nous n'avons pu trouver aucune tranquillité, mais c'était à tout moment la détresse : au-dehors, des conflits, et au-dedans, des craintes. ⁶ Pourtant, le Dieu qui réconforte les humbles nous a réconfortés par la venue de Tite, ⁷ et non seulement par sa venue, mais par le réconfort qu'il avait trouvé chez vous : il nous a fait part de votre grand désir de nous revoir, de votre désolation, de votre amour ardent pour moi, et cela m'a donné encore plus de joie.

⁸ En effet, même si je vous ai contrariés par ma lettre, je ne le regrette pas ; et même si j'ai pu le regretter (car je vois bien que cette lettre vous a contrariés, au moins pour un moment), ⁹ je m'en réjouis maintenant, non pas à cause de votre contrariété, mais parce que cette contrariété vous a conduits au repentir. Car c'était une contrariété selon la volonté de Dieu, si bien que vous n'avez rien perdu à cause de nous. ¹⁰ Car une contrariété selon la volonté de Dieu produit un repentir qui mène au salut*, et l'on n'a jamais à le regretter ; mais la contrariété engendrée par ce monde* ne produit que la mort*. ¹¹ Et cette même contrariété selon Dieu, voyez ce qu'elle a produit chez vous comme empressement, comme excuses, comme indignation, comme crainte, comme désir, comme ardeur, comme sévérité envers le coupable. En tout cas, vous avez prouvé que vous étiez innocents dans cette affaire. ¹² Bref, si je vous ai écrit, ce n'est pas à cause de l'offenseur ni à cause de l'offensé, mais pour rendre manifeste à vos yeux devant Dieu l'empressement que vous avez pour nous. ¹³ Voilà ce qui fait notre réconfort.

7, 7 : « de nous revoir », *add.*
7, 11 : « envers le coupable », *add.*

En plus de ce réconfort, nous nous sommes réjouis encore bien davantage à voir la joie de Tite : son esprit a été pleinement tranquillisé par vous tous. ¹⁴ Si je lui ai montré combien je mets mon orgueil en vous, je n'en ai pas eu honte ; mais de même que nous vous avons toujours parlé en vérité, de même nous avons été dans la vérité en faisant voir à Tite cet orgueil. ¹⁵ Et sa tendresse à votre égard grandit encore quand il se souvient de votre obéissance à tous, et de votre accueil marqué de crainte et de respect. ¹⁶ Quelle joie pour moi d'avoir pleine confiance en vous !

La collecte pour l'Église de Jérusalem

Donner généreusement à l'imitation du Christ

8 ¹ Frères, nous voulons vous faire connaître la grâce* que Dieu a accordée aux Églises de Macédoine. ² Dans les multiples détresses qui les mettaient à l'épreuve*, leur joie a été sans mesure, et leur extrême pauvreté a produit d'abondantes richesses de générosité toute simple. ³ Ils y ont mis tous leurs moyens, et même plus, j'en suis témoin, ⁴ en nous demandant spontanément, comme une grâce et avec grande insistance, de s'unir à nous pour venir en aide aux fidèles de Jérusalem. ⁵ Au-delà même de nos espérances, ils se sont eux-mêmes offerts d'abord au Seigneur*, et ensuite à nous, car c'était la volonté de Dieu. ⁶ C'est pourquoi, puisque Tite avait commencé le travail, nous lui avons demandé avec insistance de vous faire mener jusqu'à son terme cet acte de générosité. ⁷ Puisque vous avez reçu largement tous les dons : la foi*, la Parole* et la connaissance de Dieu, cette ardeur et cet amour* que vous tenez de nous, que votre geste de générosité soit large, lui aussi. ⁸ Ce n'est pas un ordre que j'exprime ; mais je vous parle de l'ardeur des autres Églises pour que vous me prouviez l'authenticité de votre charité*. ⁹ Vous connaissez en effet la générosité de notre Seigneur Jésus Christ : lui qui est riche,

---

8, 4 : « de Jérusalem », *add.* ; cf. Ac **11**, 29-30.

8, 8 : « Églises », *add.*

il est devenu pauvre* à cause de vous, pour que vous deveniez riches par sa pauvreté.

¹⁰Pour cette collecte, je n'ai à vous donner qu'un simple avis : avec vous, il n'en faut pas plus, puisque c'est vous qui avez pris l'initiative non seulement de la réaliser, mais, dès l'an dernier, de la décider. ¹¹Maintenant, allez jusqu'au bout de la réalisation ; ainsi, comme vous avez mis votre cœur* à décider, vous irez jusqu'au bout selon vos possibilités. ¹²Quand on y met tout son cœur, on est accepté pour ce que l'on a ; peu importe ce que l'on n'a pas. ¹³Il ne s'agit pas de vous mettre dans la gêne en soulageant les autres, il s'agit d'égalité. ¹⁴En cette occasion, ce que vous avez en trop compensera ce qu'ils ont en moins, pour qu'un jour ce qu'ils auront en trop compense ce que vous aurez en moins, et cela fera l'égalité, ¹⁵comme dit l'Écriture* à propos de la manne* : *Celui qui en avait ramassé beaucoup n'a rien eu de plus, et celui qui en avait ramassé peu n'a manqué de rien.*

¹⁶Je rends grâce* à Dieu qui a mis le même empressement à votre égard dans le cœur de Tite : ¹⁷il a accueilli notre demande insistante, et il a été tellement empressé qu'il est parti chez vous spontanément. ¹⁸Nous avons envoyé avec lui le frère dont toutes les Églises* chantent la louange à cause de son service de l'Évangile ; ¹⁹bien plus, il nous a également été désigné par les Églises comme compagnon de voyage, dans ce service de générosité que nous accomplissons pour rendre gloire* à Dieu et suivre l'élan de notre cœur. ²⁰Il s'agissait là pour nous d'éviter tout reproche à cause des grosses sommes dont nous assurons le service ; ²¹en effet nous nous appliquons à bien agir, non seulement aux yeux du Seigneur, mais aux yeux de tous les hommes. ²²Nous avons encore envoyé avec eux notre frère dont nous avons souvent vérifié en bien des cas l'empressement, un empressement encore plus fort aujourd'hui à cause de la grande confiance qu'il vous fait. ²³Tite, c'est mon compagnon et mon collaborateur auprès de vous ; et nos frères, ils sont les envoyés des Églises, ils sont

---

8, 10 : « collecte », *add.*
8, 15 : « à propos de la manne », *add.* ; cf. Ex **16**, 18.

la gloire du Christ. ²⁴ Ainsi, à la face des Églises, vous leur donnerez la preuve de votre amour, ce qui fait mon orgueil à votre sujet.

Les fruits merveilleux de la générosité

9 ¹ Quant au service en faveur des fidèles de Jérusalem*, je n'ai plus besoin de vous écrire, ² car je connais l'élan de vos cœurs, et j'en tire orgueil devant les Macédoniens. Je leur dis que l'Achaïe se tient prête depuis l'an dernier, et votre ardeur a stimulé la plupart d'entre eux. ³ Je vous envoie les frères pour que l'orgueil que je mets en vous ne soit pas vidé de son sens sur ce point. Il faut donc que vous vous teniez prêts comme je le disais ; ⁴ si jamais des Macédoniens arrivaient avec moi et ne vous trouvaient pas prêts, nous serions couverts de honte – sans parler de vous ! – dans une telle circonstance. ⁵ J'ai donc estimé nécessaire d'inviter les frères à nous devancer chez vous, et à organiser d'avance la bienfaisance que vous avez promise depuis longtemps : ainsi, quand elle sera préparée, ce sera une vraie bienfaisance, et non une misérable aumône.

⁶ Rappelez-vous le proverbe : *À semer trop peu, on récolte trop peu ; à semer largement, on récolte largement.*

⁷ Chacun doit donner comme il a décidé dans son cœur, sans regret et sans contrainte ; car Dieu aime celui qui donne joyeusement. ⁸ Et Dieu est assez puissant pour vous donner toute grâce en surabondance, afin que vous ayez en toute chose et toujours tout ce qu'il vous faut, et que vous ayez encore du superflu pour faire toute sorte de bien. ⁹ L'Écriture dit en effet : *L'homme qui donne aux pauvres* à pleines mains demeure juste* pour toujours.*

¹⁰ Dieu, qui fournit la semence au semeur et le pain* pour la nourriture, vous fournira la graine ; il la multipliera, il donnera toujours plus de fruit à ce que vous accomplirez dans la justice. ¹¹ Il vous enrichira en tout pour que vous soyez généreux, avec cette

---

9, 1 : « de Jérusalem », *add.* cf. **8**, 4.

9, 6 : cf. Pr **11**, 14 ; **22**, 8.

9, 7 : cf. Pr **22**, 8.

9, 9 : cf. Ps **111** (112), 9.

simplicité qui, par nous, monte vers Dieu en action* de grâce. ¹²Car notre collecte, qui est un ministère, ne doit pas seulement combler les besoins des fidèles de Jérusalem* ; elle doit encore susciter envers Dieu une multitude d'actions de grâce. ¹³Les fidèles apprécieront ce ministère à sa valeur, et ils rendront gloire* à Dieu pour cette soumission avec laquelle vous professez l'Évangile du Christ*, et pour votre générosité dans le partage fraternel avec eux et avec tous. ¹⁴Et, en priant pour vous, ils vous manifesteront leur attachement à cause de la grâce immense que Dieu vous a faite. ¹⁵Rendons grâce à Dieu pour ses bienfaits extraordinaires.

Défense personnelle de Paul

Dans son amour jaloux pour les Corinthiens qui l'attaquent, Paul défend l'authenticité de son ministère

10 ¹Moi-même, Paul, je vous exhorte par la douceur et la bonté du Christ, moi qui me fais si petit quand je suis en face de vous, et qui ai tant d'assurance à votre égard quand je ne suis pas là. ²Je demande à ne pas avoir à manifester, quand je serai là, l'assurance et l'audace dont je prétends bien faire preuve contre ceux qui prétendent que nous avons une conduite purement humaine. ³Notre conduite est bien une conduite d'homme, mais nous ne combattons pas de manière purement humaine. ⁴En effet les armes de notre combat ne sont pas purement humaines, elles ont, de par Dieu, la puissance qui détruit les forteresses. Nous détruisons les raisonnements fallacieux ⁵et tout ce qui s'élève de manière hautaine contre la connaissance de Dieu, et nous capturons toute pensée pour la conduire à l'obéissance selon le Christ. ⁶Nous sommes prêts à sévir contre toute désobéissance, dès que votre obéissance sera parfaite.

⁷Regardez les choses en face. Si quelqu'un est convaincu d'appartenir au Christ, qu'il se rende compte encore de ceci : si lui, il appartient au Christ, nous aussi. ⁸Même si je tire un

---

9, 12 : « de Jérusalem », *add.*

peu trop d'orgueil du pouvoir que le Seigneur* nous a donné sur vous pour construire et non pour détruire, je n'en aurai pas honte. ⁹ Je ne veux pas avoir l'air de vous effrayer par mes lettres. ¹⁰ « Les lettres, dit-on, ont du poids et de la force, mais sa présence physique est sans vigueur, et sa parole est nulle. » ¹¹ Qu'on se rende alors bien compte de ceci : tels nous sommes en paroles par nos lettres quand nous ne sommes pas là, tels nous serons encore en actes quand nous y serons.

¹² Nous n'oserions pas nous égaler ou nous comparer à des gens qui se donnent à eux-mêmes une recommandation. Lorsqu'ils se prennent eux-mêmes comme unité de mesure et se comparent à eux-mêmes, ils sont sans intelligence. ¹³ Nous, nous n'aurons pas un orgueil démesuré, mais nous garderons la mesure du domaine que Dieu nous a attribué, à savoir de parvenir même jusqu'à vous. ¹⁴ En effet nous ne dépassons pas nos limites comme si nous n'avions pas à parvenir chez vous, car chez vous nous sommes arrivés les premiers pour annoncer l'Évangile du Christ. ¹⁵ Nous ne tirons pas du labeur des autres un orgueil démesuré, mais, avec la croissance de votre foi*, nous avons l'espoir de grandir chez vous de plus en plus en respectant notre domaine, ¹⁶ et de porter l'Évangile au-delà de chez vous, sans tirer orgueil de travaux tout faits dans le domaine des autres. ¹⁷ *Celui qui veut s'enorgueillir, qu'il mette son orgueil dans le Seigneur.* ¹⁸ L'homme dont on reconnaît la mission, ce n'est pas celui qui se donne à lui-même une recommandation, c'est celui que le Seigneur recommande.

11 ¹ Pourriez-vous supporter que je sois un peu fou dans mes paroles ? Oui, vous allez le supporter, ² à cause de mon amour jaloux qui est l'amour même de Dieu pour vous. Car je vous ai fait rencontrer le seul Époux : vous êtes l'épouse vierge et sainte que j'ai présentée au Christ. ³ Mais ne faites pas comme Ève qui s'est laissée séduire par la ruse du serpent ; j'ai bien peur que, de la même façon, votre intelligence des choses ne se corrompe en perdant la simplicité qu'on doit avoir envers le Christ. ⁴ En effet, si le premier venu vous annonce un autre Jésus,

---

10, 17 : cf. Jr **9**, 23.

que nous n'avons jamais annoncé ; si l'on vous fait recevoir un esprit différent, que vous n'avez jamais reçu ; s'il s'agit d'un Évangile différent, que vous n'avez jamais accueilli, vous le supportez fort bien. ⁵ Je ne m'estime pourtant absolument pas inférieur à tous ces super-apôtres. ⁶ Je ne vaux peut-être pas grand-chose pour les discours, mais pour la connaissance de Dieu, c'est différent : nous vous l'avons manifesté en toute occasion devant tout le monde.

⁷ Est-ce que je dois me reprocher de m'être abaissé pour vous élever ? de vous avoir annoncé l'Évangile de Dieu gratuitement ? ⁸ J'ai appauvri d'autres Églises* en recevant d'elles l'argent nécessaire pour me mettre à votre service. ⁹ Quand j'étais chez vous, et que j'ai été dans le besoin, je n'ai été à charge à personne ; en effet, pour m'apporter ce dont j'avais besoin, des frères sont venus de Macédoine. Je me suis bien gardé d'être une charge pour vous, et je m'en garderai toujours. ¹⁰ Par la vérité du Christ* qui est en moi, on ne m'empêchera pas de proclamer ce motif d'orgueil à travers toute la Grèce. ¹¹ Pourquoi ai-je dit cela ? Serait-ce parce que je ne vous aime pas ? Mais si ! Et Dieu le sait.

¹² Ce que je fais, je le ferai encore, afin d'enlever tout prétexte à ceux qui en cherchent un pour se faire reconnaître comme nos égaux dans les raisons de s'enorgueillir. ¹³ Ces sortes de gens sont des faux apôtres, des fraudeurs, qui se déguisent en apôtres du Christ. ¹⁴ Cela n'a rien d'étonnant : Satan* lui-même se déguise en ange* de lumière*. ¹⁵ Il n'est donc pas surprenant que ses serviteurs* se déguisent en serviteurs de la justice* de Dieu ; ils auront la fin qui correspond à leurs actes.

Face aux faux apôtres, Paul rappelle ses titres de gloire : souffrances, grâces reçues, loyauté... et faiblesses

¹⁶ Je le dis encore : qu'on ne me prenne pas pour un insensé ; sinon, accueillez-moi du moins comme un insensé, pour que moi aussi, je puisse m'enorgueillir un peu. ¹⁷ Ce que je vais dire, je ne le dirai pas de la part du Seigneur*, mais comme un insensé, avec les motifs que j'ai de m'enorgueillir.

11, 15 : « de Dieu », *add.*

¹⁸Puisque tant d'autres ont des motifs d'orgueil purement humains, je vais donner, moi aussi, mes motifs d'orgueil. ¹⁹Vous supportez avec plaisir les insensés, alors que vous êtes sensés ; ²⁰vous supportez d'être traités en esclaves, d'être dévorés, d'être dépouillés, d'être regardés de haut, d'être frappés au visage. ²¹J'ai honte de le dire : c'est à croire que nous avons été bien faibles avec vous. Si les faux apôtres ont de l'audace – je suis insensé de dire cela – moi aussi j'aurai de l'audace. ²²Ils sont Hébreux ? Moi aussi. Ils sont Israélites ? Moi aussi. Ils sont de la descendance d'Abraham ? Moi aussi. ²³Ils sont ministres du Christ ? Je le suis plus qu'eux, même si j'ai l'air fou de dire cela. La fatigue, je l'ai connue plus qu'eux ; la prison, plus qu'eux ; les coups, bien davantage ; le danger de mort, très souvent. ²⁴Cinq fois, j'ai reçu des Juifs les trente-neuf coups de fouet ; ²⁵trois fois, j'ai subi la bastonnade ; une fois, j'ai été lapidé ; trois fois, j'ai fait naufrage et je suis resté vingt-quatre heures perdu en mer. ²⁶Souvent à pied sur les routes, avec les dangers des fleuves, les dangers des bandits, les dangers venant des Juifs, les dangers venant des païens, les dangers de la ville, les dangers du désert, les dangers de la mer, les dangers des faux frères. ²⁷J'ai connu la fatigue et la peine, souvent les nuits sans sommeil, la faim et la soif, les journées sans manger, le froid et le manque de vêtements, ²⁸sans compter tout le reste : ma préoccupation quotidienne, le souci de toutes les Églises*. ²⁹Si quelqu'un faiblit, je partage sa faiblesse ; si quelqu'un vient à tomber, cela me brûle. ³⁰Alors, s'il faut des motifs d'orgueil, c'est dans les signes de ma faiblesse que je mettrai mon orgueil. ³¹Dieu, le Père du Seigneur Jésus, sait que je ne mens pas, lui qui est béni pour les siècles. ³²À Damas, le représentant du roi Arétas faisait garder la ville pour s'emparer de moi ; ³³dans un panier, on m'a fait descendre par une fenêtre de l'autre côté du rempart, et j'ai échappé à ses mains.

12 ¹Il faut donc des motifs d'orgueil ! Alors, bien que ce soit inutile, j'en viendrai aux visions et aux révélations reçues du

---

11, 21 : « faux apôtres », *add.* d'après le v. 13.

Seigneur. ² Je connais un fidèle du Christ qui, voici quatorze ans, a été enlevé jusqu'au troisième ciel – je ne sais pas si c'était avec son corps ou si c'était une vision, Dieu seul le sait. ³ Cet homme que je connais bien a été enlevé jusqu'au paradis – je ne sais pas si c'était avec son corps ou si c'était une vision, Dieu seul le sait – ⁴ et cet homme a entendu des paroles inexprimables, qu'on n'a pas le droit de redire. ⁵ Pour cet homme-là, je pourrai m'enorgueillir, mais pour moi-même, je ne mettrai mon orgueil que dans mes faiblesses. ⁶ Donc, si je voulais m'enorgueillir, ce ne serait pas de la folie, car je ne dirais que la vérité. Mais j'évite de le faire, pour qu'on n'ait pas sur mon compte une idée plus favorable qu'en me voyant ou en m'écoutant.

⁷ Et les révélations que j'ai reçues sont tellement exceptionnelles que, pour m'empêcher de me surestimer, j'ai dans ma chair une écharde, un envoyé de Satan* qui est là pour me gifler, pour m'empêcher de me surestimer. ⁸ Par trois fois, j'ai prié le Seigneur* de l'écarter de moi. ⁹ Mais il m'a déclaré : « Ma grâce* te suffit : ma puissance donne toute sa mesure dans la faiblesse. » Je n'hésiterai donc pas à mettre mon orgueil dans mes faiblesses, afin que la puissance du Christ* habite en moi. ¹⁰ C'est pourquoi j'accepte de grand cœur pour le Christ les faiblesses, les insultes, les contraintes, les persécutions et les situations angoissantes. Car, lorsque je suis faible, c'est alors que je suis fort.

¹¹ Me voilà devenu insensé : c'est vous qui m'y avez forcé. J'aurais dû plutôt être recommandé par vous ; en effet je n'ai rien eu de moins que ces super-apôtres, bien que je ne sois rien. ¹² Les signes* auxquels on reconnaît l'apôtre ont été à l'œuvre chez vous : tant de persévérance, tant de signes, de prodiges et de miracles*. ¹³ Que vous a-t-il manqué par rapport aux autres Églises, sinon que moi, je ne vous ai pas été à charge ? Pardonnez-moi cette injustice.

¹⁴ Me voici prêt à venir chez vous pour la troisième fois, et je ne vous serai pas à charge : ce que je cherche, ce ne sont pas vos biens, c'est vous-mêmes. Car les enfants n'ont pas à amasser pour leurs parents, mais les parents pour leurs enfants. ¹⁵ Pour moi, je serai très heureux de dépenser et de me dépenser tout entier pour vous. Si je vous aime davantage, faut-il que je sois moins aimé ? ¹⁶ Oui, d'après certains, je n'ai pas été une charge pour vous, mais je ne suis qu'un fourbe, et je

vous ai pris par ruse. [17] Ceux que je vous ai envoyés, vous ai-je exploités par l'un d'eux ? [18] J'ai fait appel à Tite, et j'ai envoyé le frère avec lui : Tite vous a-t-il donc exploités ? N'avons-nous pas marché dans le même esprit ? sur les mêmes traces ?

Paul invite les Corinthiens à s'examiner eux-mêmes

[19] Depuis un bon moment, vous pensez que nous sommes devant vous à présenter notre défense. C'est devant Dieu, dans le Christ, que nous parlons. Et tout cela, mes bien-aimés, est fait pour vous construire. [20] Car j'ai peur qu'en arrivant je ne vous trouve pas comme je voudrais, et que vous ne me trouviez pas comme vous voudriez ; j'ai peur qu'il n'y ait querelles, jalousie, colère, envie, médisance, commérages, insolence, désordre ; [21] j'ai peur qu'à ma prochaine arrivée mon Dieu ne m'humilie devant vous, et que je n'aie à pleurer sur bien des gens qui ont été naguère dans le péché*, et qui ne se sont pas repentis de ce qu'ils ont fait comme impureté, débauche et obscénité.

13 [1] Voici la troisième fois que je vais chez vous. Toute affaire sera réglée sur la parole de deux ou trois témoins. [2] J'ai déjà prévenu et je préviens encore ceux qui ont péché autrefois et tous les autres, maintenant que je ne suis pas là, comme la deuxième fois quand j'étais là : si je reviens, j'agirai sans ménagement, [3] puisque vous cherchez à vérifier si le Christ parle authentiquement en moi ; lui, il n'est pas faible à votre égard, mais il montre sa puissance parmi vous. [4] Certes, il a été crucifié à cause de sa faiblesse, mais il est vivant à cause de la puissance de Dieu. Et nous, nous sommes faibles en union avec lui. Mais nous serons bien vivants avec lui à cause de la puissance de Dieu à votre égard.

[5] Soumettez-vous donc vous-mêmes à l'épreuve* pour savoir si vous êtes dans la foi*, vérifiez votre propre authenticité. Mais peut-être ne reconnaissez-vous pas que le Christ Jésus est en vous : alors votre foi n'est pas authentique. [6] Ce n'est pas la nôtre qui n'est pas authentique, j'espère que vous vous en rendrez

---

13, 1 : cf. Dt **19**, 15.

compte. ⁷ Dans notre prière, nous demandons que vous ne fassiez le mal en aucune façon : notre but n'est pas de mettre en évidence notre authenticité, c'est que vous fassiez le bien, même si cela devait mettre en cause notre propre authenticité. ⁸ Car si nous avons quelque pouvoir, ce n'est pas contre la vérité*, c'est pour la vérité. ⁹ En effet, nous nous réjouissons chaque fois que nous sommes faibles, mais que vous êtes forts. Ce que nous demandons dans notre prière, c'est que vous avanciez vers la perfection. ¹⁰ Voilà pourquoi je vous écris cela, moi qui ne suis pas là : ainsi, quand je serai là, je n'aurai pas à utiliser avec rigueur le pouvoir que le Seigneur* m'a donné pour construire et non pour détruire.

Derniers souhaits et conseils

¹¹ En définitive, frères, soyez dans la joie, cherchez la perfection, encouragez-vous, soyez d'accord entre vous, vivez en paix*, et le Dieu d'amour* et de paix sera avec vous. ¹² Exprimez votre amitié en échangeant le baiser de paix. Tous les fidèles vous disent leur amitié.

¹³ Que la grâce* du Seigneur Jésus Christ*, l'amour de Dieu et la communion de l'Esprit* Saint* soient avec vous tous.

Lettre aux Galates

L'Évangile que Paul annonce, il l'a reçu du Christ lui-même et l'a confirmé en rencontrant les autres Apôtres

1 ¹ Moi, Paul, qui suis Apôtre, envoyé non par les hommes, ni par un intermédiaire humain, mais par Jésus Christ et par Dieu le Père qui l'a ressuscité* d'entre les morts : ² avec tous les frères qui m'accompagnent, je m'adresse à vous, les Églises* du pays galate. ³ Que la grâce et la paix soient avec vous de la part de Dieu notre Père et du Seigneur Jésus Christ, ⁴ qui s'est donné pour nos péchés* afin de nous arracher à ce monde mauvais, selon la volonté de Dieu notre Père ⁵ à qui soit la gloire* pour les siècles des siècles. Amen*.

⁶ Je trouve vraiment étonnant que vous abandonniez si vite celui qui vous a appelés par la grâce du Christ, et que vous passiez à un autre Évangile. ⁷ En fait, il n'y en a pas d'autre : il y a seulement des gens qui jettent le trouble parmi vous et qui veulent renverser l'Évangile du Christ. ⁸ Eh bien ! si un jour quelqu'un, même nous, même un ange* du ciel*, vient annoncer un Évangile différent de l'Évangile que nous vous avons annoncé, qu'il soit maudit ! ⁹ Nous l'avons déjà dit, et je le répète encore : si quelqu'un vient vous annoncer un Évangile différent de celui que vous avez reçu, qu'il soit maudit ! ¹⁰ Est-ce que, maintenant, je veux me faire approuver par les hommes*, ou bien par Dieu ? Est-ce que c'est aux hommes que je cherche à plaire ? Si j'en étais encore à plaire aux hommes, je ne serais pas serviteur* du Christ.

¹¹ Frères, il faut que vous le sachiez, l'Évangile que je proclame n'est pas une invention humaine. ¹² Ce n'est pas non plus un homme qui me l'a transmis ou enseigné : mon Évangile vient d'une révélation de Jésus Christ*.

¹³ Vous avez certainement entendu parler de l'activité que j'avais dans le judaïsme : je menais une persécution effrénée contre l'Église* de Dieu, et je cherchais à la détruire. ¹⁴ J'allais plus loin dans le judaïsme que la plupart des gens de mon peuple qui avaient mon âge, et, plus que les autres, je défendais avec une ardeur jalouse les traditions de mes pères. ¹⁵ Mais Dieu m'avait mis à part dès le sein de ma mère, dans sa grâce* il m'avait appelé, ¹⁶ et, un jour, il a trouvé bon de mettre en moi la révélation de son Fils, pour que moi, je l'annonce parmi les nations païennes. Aussitôt, sans prendre l'avis de personne, ¹⁷ sans même monter à Jérusalem* pour y rencontrer ceux qui étaient Apôtres avant moi, je suis parti pour l'Arabie ; de là, je suis revenu à Damas. ¹⁸ Puis, au bout de trois ans, je suis monté à Jérusalem pour faire la connaissance de Pierre*, et je suis resté quinze jours avec lui. ¹⁹ Je n'ai vu aucun des autres Apôtres sauf Jacques, le frère du Seigneur*. ²⁰ En écrivant cela, je ne mens pas, je vous le déclare devant Dieu. ²¹ Ensuite, je me suis rendu dans les régions de Syrie et de Cilicie. ²² Mais pour les Églises du Christ qui sont en Judée, mon visage restait inconnu ; ²³ elles avaient simplement entendu dire ceci : « L'homme qui nous persécutait naguère annonce aujourd'hui la foi* qu'il cherchait alors à détruire. » ²⁴ Et ces Églises rendaient gloire* à Dieu à mon sujet.

2 ¹ Au bout de quatorze ans, je suis de nouveau monté à Jérusalem ; j'étais avec Barnabé, et j'avais aussi emmené Tite. ² J'y montais à la suite d'une révélation, et l'Évangile que je proclame au milieu des nations païennes, je l'ai exposé à la communauté, et aussi, en privé, aux personnages les plus importants ; car je ne voulais pas risquer de courir pour rien, ni avoir couru jusqu'à présent pour rien. ³ Eh bien ! Tite, mon compagnon, qui était païen, n'a même pas été obligé de recevoir la circoncision*. ⁴ Il y avait pourtant les faux-frères, ces intrus, qui s'étaient infiltrés comme des espions pour voir quelle liberté nous avons dans le Christ Jésus, et nous ramener ainsi à l'esclavage : ⁵ pas un instant nous n'avons accepté de nous soumettre à eux, afin de maintenir pour vous la vérité* de l'Évangile. ⁶ Quant aux personnages importants – peu m'importe ce qu'ils étaient, le Seigneur ne fait pas de différence entre les hommes – ces personnages ne m'ont pas ajouté d'obligation, ⁷ mais au contraire, ils constatèrent que Dieu m'avait confié l'annonce de l'Évangile pour les païens, comme il l'avait confiée à Pierre pour les Juifs. ⁸ En effet, si l'action de Dieu a fait de Pierre l'Apôtre des Juifs, elle a fait de moi l'Apôtre des païens. ⁹ Ayant reconnu la grâce qui m'a été donnée, Jacques, Pierre et Jean, qui sont considérés dans l'Église comme les colonnes, nous ont tendu la main, à Barnabé et à moi, en signe de communion : ainsi nous irions vers les païens, et eux vers les Juifs. ¹⁰ Ils nous demandèrent seulement de penser aux pauvres* de leur communauté, ce que j'ai toujours fait de mon mieux.

¹¹ Mais quand Pierre est venu à Antioche, je me suis opposé à lui ouvertement, parce qu'il était dans son tort. ¹² En effet, il prenait ses repas avec les frères d'origine païenne jusqu'au moment où arrivèrent de Jérusalem des amis de Jacques. Mais quand ils furent là, Pierre prit l'habitude de se retirer et de se tenir à l'écart, par peur des frères d'origine juive. ¹³ Tous les autres frères juifs jouèrent la même comédie que lui, si bien que Barnabé lui-même s'y laissa entraîner. ¹⁴ Mais alors, quand je vis que ceux-ci ne marchaient pas droit selon la vérité de l'Évangile, je dis à Pierre devant tout le monde : « Toi, tout juif que tu es, il t'arrive de suivre les coutumes des païens et non celles des Juifs ; alors, pourquoi forces-tu les païens à faire comme les Juifs ? »

¹⁵ Nous, nous sommes Juifs de naissance, nous ne sommes pas de ces pécheurs que sont les païens ; ¹⁶ cependant nous le savons bien, ce n'est pas en observant la Loi* que l'homme devient juste* devant Dieu, mais seulement par la foi en Jésus Christ ; c'est pourquoi nous avons cru en Jésus Christ pour devenir des justes par la foi au Christ, mais non par la pratique de la loi de Moïse, car personne ne devient juste en pratiquant la Loi. ¹⁷ S'il était vrai qu'en cherchant à être des justes* grâce au Christ*,

---

2, 9 : « dans l'Église », *add.*

2, 10 : « de leur communauté », *add.*

2, 12 : « frères », *add.* ; « de Jérusalem », *add.*

2, 13 : « frères », *add.*

2, 16 ; **3,** 2 et 5 : « de Moïse », *add.*

nous serions redevenus nous aussi des pécheurs, alors le Christ serait au service du péché*. Il n'en est rien, bien sûr ! ¹⁸ Au contraire, si je revenais à la Loi* que j'ai rejetée, c'est alors que je me mettrais dans la désobéissance. ¹⁹ Grâce à la Loi (qui a fait mourir le Christ) j'ai cessé de vivre pour la Loi afin de vivre pour Dieu. Avec le Christ, je suis fixé à la croix : ²⁰ je vis, mais ce n'est plus moi, c'est le Christ qui vit en moi. Ma vie aujourd'hui dans la condition humaine, je la vis dans la foi au Fils de Dieu qui m'a aimé et qui s'est livré pour moi. ²¹ Il n'est pas question pour moi de rejeter la grâce* de Dieu. En effet, si c'était par la Loi qu'on devient juste, alors le Christ serait mort pour rien.

Ce qui nous sauve, ce n'est pas la Loi, mais la foi ; c'est elle qui nous fait tous ensemble fils de Dieu et vraie descendance d'Abraham

3 ¹ Pauvres fous de Galates, qui donc vous a ensorcelés ? Je vous avais pourtant présenté Jésus Christ, le Crucifié. ² Je n'ai qu'une question à vous poser : l'Esprit* Saint*, l'avez-vous reçu pour avoir observé la loi de Moïse, ou pour avoir écouté le message de la foi ? ³ Comment pouvez-vous être aussi fous ? Au commencement, vous comptiez sur l'Esprit, allez-vous finir maintenant en comptant sur la chair* ? ⁴ Auriez-vous vécu de si grandes choses pour rien ? Certainement pas pour rien ! ⁵ Si Dieu vous fait don de l'Esprit, s'il réalise des miracles parmi vous, est-ce parce que vous avez observé la loi de Moïse, ou parce que vous avez écouté le message de la foi ? ⁶ *Abraham eut foi en Dieu, et de ce fait, Dieu estima qu'il était juste.* ⁷ Comprenez-le donc : les vrais fils d'Abraham, ce sont les croyants. ⁸ D'ailleurs l'Écriture* avait prévu, au sujet des nations païennes, que Dieu en ferait des justes par la foi ; c'est pourquoi on y trouve cette bonne nouvelle annoncée à Abraham : *En toi seront bénies toutes les nations**.

2, 18 : *litt.* « si je rebâtis ce que j'ai renversé ».
2, 19 : « (qui a fait mourir le Christ) », *add.*
3, 6 : cf. Gn **15**, 6.
3, 7 : « vrais », *add.*
3, 8 : cf. Gn **12**, 3.

ceux qui sont croyants sont bénis avec Abraham le [...] Quant à ceux qui se réclament de l'obéissance à la loi [...], ils sont tous atteints par la malédiction dont parle [...] quand elle dit : *Maudit soit celui qui ne s'attache pas [...] en pratique tout ce qui est écrit dans le livre de la [...]*

[...] est d'ailleurs clair que par la Loi personne ne devient [...] auprès de Dieu, puisque l'Écriture dit : *C'est par la foi que [...] juste vivra.*

¹²La Loi, c'est tout autre chose que la foi, puisque la Loi dit : *Celui qui met en pratique les commandements vivra à cause d'eux.*

¹³Quant à cette malédiction de la Loi, c'est le Christ qui nous en a rachetés en devenant objet de malédiction, pour nous sauver, car l'Écriture déclare : *Maudit soit celui qui est pendu au bois du supplice.*

¹⁴C'était pour que la bénédiction d'Abraham s'étende aux nations païennes dans le Christ Jésus, et qu'ainsi nous recevions, grâce à la foi, l'Esprit promis par Dieu.

¹⁵Frères, j'emploie ici un langage humain. Quand un homme a fait un testament en bonne et due forme, personne ne peut l'annuler ou lui ajouter des clauses. ¹⁶Or Abraham a reçu les promesses pour lui et pour sa descendance ; l'Écriture ne dit pas « et à tes descendants », comme pour plusieurs, mais *et à ta descendance*, comme pour un seul, qui est le Christ. ¹⁷Alors je dis ceci : le testament* fait par Dieu en bonne et due forme n'est pas révoqué par la Loi intervenue quatre cent trente ans après, ce qui détruirait la promesse. ¹⁸Car si l'héritage* s'obtient par la Loi, ce n'est plus par la promesse. Or Abraham, c'est par la promesse que Dieu lui a accordé cette grâce. ¹⁹Alors pourquoi la Loi ? Elle a été ajoutée à cause des désobéissances jusqu'à la venue de la descendance à qui ont été faites les promesses,

---

3, 10 : « de Moïse », *add.* ; cf. Dt **27**, 26.
3, 11 : « l'Écriture dit », *add.* ; cf. Ha **2**, 4.
3, 12 : « la Loi dit », *add.* ; cf. Lv **18**, 5.
3, 13 : cf. Dt **21**, 23 ; « du supplice », *add.*
3, 16 : cf. Gn **12**, 7.
3, 19 : « de Moïse », *add.*

⁹ Ainsi, ceux qui sont croyants sont bénis avec Abraham le croyant. ¹⁰ Quant à ceux qui se réclament de l'obéissance à la loi de Moïse, ils sont tous atteints par la malédiction dont parle l'Écriture quand elle dit : *Maudit soit celui qui ne s'attache pas à mettre en pratique tout ce qui est écrit dans le livre de la Loi.*

¹¹ Il est d'ailleurs clair que par la Loi personne ne devient juste auprès de Dieu, puisque l'Écriture dit : *C'est par la foi que le juste vivra.*

¹² La Loi, c'est tout autre chose que la foi, puisque la Loi dit : *Celui qui met en pratique les commandements vivra à cause d'eux.*

¹³ Quant à cette malédiction de la Loi, c'est le Christ qui nous en a rachetés en devenant objet de malédiction, pour nous sauver, car l'Écriture déclare : *Maudit soit celui qui est pendu au bois du supplice.*

¹⁴ C'était pour que la bénédiction d'Abraham s'étende aux nations païennes dans le Christ Jésus, et qu'ainsi nous recevions, grâce à la foi, l'Esprit promis par Dieu.

¹⁵ Frères, j'emploie ici un langage humain. Quand un homme a fait un testament en bonne et due forme, personne ne peut l'annuler ou lui ajouter des clauses. ¹⁶ Or Abraham a reçu les promesses pour lui et pour sa descendance ; l'Écriture ne dit pas « et à tes descendants », comme pour plusieurs, mais *et à ta descendance*, comme pour un seul, qui est le Christ. ¹⁷ Alors je dis ceci : le testament* fait par Dieu en bonne et due forme n'est pas révoqué par la Loi intervenue quatre cent trente ans après, ce qui détruirait la promesse. ¹⁸ Car si l'héritage* s'obtient par la Loi, ce n'est plus par la promesse. Or Abraham, c'est par la promesse que Dieu lui a accordé cette grâce. ¹⁹ Alors pourquoi la Loi ? Elle a été ajoutée à cause des désobéissances jusqu'à la venue de la descendance à qui ont été faites les promesses,

---

3, 10 : « de Moïse », *add.* ; cf. Dt **27**, 26.
3, 11 : « l'Écriture dit », *add.* ; cf. Ha **2**, 4.
3, 12 : « la Loi dit », *add.* ; cf. Lv **18**, 5.
3, 13 : cf. Dt **21**, 23 ; « du supplice », *add.*
3, 16 : cf. Gn **12**, 7.
3, 19 : « de Moïse », *add.*

et elle a été communiquée par des anges* avec l'intervention d'un médiateur, Moïse. ²⁰ Or celui-ci n'est pas le médiateur d'un seul, et Dieu, lui, est un seul. ²¹ La Loi* est-elle donc contre les promesses ? Absolument pas. Si une Loi avait été donnée pour nous faire vivre, effectivement ce serait la Loi qui rendrait juste* ; ²² mais d'après l'Écriture*, tout a été enfermé sous la domination du péché*, et ainsi c'est l'accomplissement de la promesse qui a été donnée aux croyants par la foi* en Jésus Christ*.

²³ Avant que vienne le temps de la foi, nous étions des prisonniers, enfermés sous la domination de la loi de Moïse, en attendant l'heure où la foi serait révélée. ²⁴ Ainsi, pour que nous devenions des justes par la foi, la Loi, comme un surveillant, nous a menés jusqu'au Christ. ²⁵ Et maintenant qu'est venu le temps de la foi, nous ne sommes plus sous la domination de ce surveillant. ²⁶ Car en Jésus Christ, vous êtes tous fils de Dieu par la foi. ²⁷ En effet, vous tous que le baptême a unis au Christ, vous avez revêtu le Christ ; ²⁸ il n'y a plus ni juif ni païen, il n'y a plus ni esclave ni homme libre, il n'y a plus l'homme et la femme, car tous, vous ne faites plus qu'un dans le Christ Jésus. ²⁹ Et si vous appartenez au Christ, c'est vous qui êtes la descendance d'Abraham ; et l'héritage* que Dieu lui a promis, c'est à vous qu'il revient.

4 ¹ Je m'explique. Tant que l'héritier est un petit enfant, il ne diffère en rien d'un esclave, alors qu'il est le maître de toute la maison ; ² mais il est sous la domination des tuteurs et des gérants jusqu'à la date fixée par le père. ³ De même nous aussi, quand nous étions des petits enfants, nous étions en situation d'esclaves, sous la domination des forces qui régissent le monde. ⁴ Mais lorsque les temps* furent accomplis, Dieu a envoyé son Fils ; il est né d'une femme, il a été sous la domination de la loi de Moïse ⁵ pour racheter ceux qui étaient sous la domination de la Loi et pour faire de nous des fils. ⁶ Et voici la preuve que vous êtes des fils : envoyé par Dieu, l'Esprit* de son Fils est

---

3, 23 ; **4,** 4 : « de Moïse », *add.*

deux fils, l'un né d'une esclave, et l'autre d'une femme libre. ²³ Le fils d'Agar, l'esclave, eut une origine purement humaine ; celui de Sara, la femme libre, naquit à cause de la promesse de Dieu. ²⁴ Ces événements ont un sens symbolique : les deux femmes sont les deux Alliances*. La première Alliance, celle du mont Sinaï, met au monde des enfants esclaves : c'est Agar. ²⁵ Or Agar, c'est le mont Sinaï en Arabie, qui correspond à la Jérusalem* actuelle : elle est esclave ainsi que ses enfants, ²⁶ tandis que la Jérusalem d'en haut est libre, et c'est elle notre mère. ²⁷ L'Écriture* dit en effet : *Réjouis-toi, femme stérile, toi qui n'avais pas d'enfants ; éclate en cris de joie, toi qui n'avais pas éprouvé les douleurs de l'enfantement, car la femme abandonnée a maintenant plus d'enfants que celle qui avait son mari.*

²⁸ Et vous, frères, comme Isaac, c'est par suite de la promesse de Dieu que vous êtes nés. ²⁹ Mais autrefois l'enfant dont l'origine était purement humaine persécutait celui qui était né selon l'Esprit* ; il en est de même aujourd'hui. ³⁰ Or, que dit l'Écriture ? *Renvoie cette esclave et son fils, car le fils de l'esclave ne doit pas partager l'héritage* avec le fils de la femme libre.*

³¹ Par conséquent, frères, nous ne sommes pas les enfants d'une esclave, nous sommes ceux de la femme libre.

La vraie liberté chrétienne dans la charité ; chair et esprit

5 ¹ Si le Christ* nous a libérés, c'est pour que nous soyons vraiment libres. Alors tenez bon, et ne reprenez pas les chaînes de votre ancien esclavage. ² Moi, Paul, je vous le déclare : Si vous recevez la circoncision*, le Christ ne vous servira plus à rien. ³ Et je l'atteste encore une fois : tout homme qui reçoit la circoncision est obligé de mettre en pratique la loi* de Moïse tout entière. ⁴ Vous qui pensez devenir des justes* en pratiquant la Loi, vous vous êtes séparés du Christ, vous êtes déchus de la grâce*. ⁵ Mais c'est par l'Esprit, en vertu de la foi*, que nous attendons de voir se réaliser pour nous l'espérance des justes. ⁶ En effet, dans le Christ

---

4, 23 : « Agar », « Sara », *add.* ; cf. Gn **21**.
4, 27 : cf. Is **54**, 1.
4, 30 : cf. Gn **21**, 10.
5, 3 : « de Moïse », *add.*

Jésus, peu importe qu'on ait reçu ou non la circoncision : ce qui importe, c'est la foi agissant par la charité.

⁷ Votre course partait bien ; qui vous a détournés d'obéir à la vérité* ? ⁸ Cette influence ne vient pas de Celui qui vous appelle. ⁹ Un peu de levain suffit pour que toute la pâte fermente. ¹⁰ Mais grâce au Seigneur*, j'ai confiance pour vous : vous n'allez pas prendre une autre orientation. Quant à celui qui met le trouble chez vous, il en portera la responsabilité, quel qu'il soit. ¹¹ Et moi, frères, si je prêche encore la circoncision, on n'a plus de raison de me persécuter ; alors, cela détruit le scandale de la Croix. ¹² Ils devraient se faire mutiler tout à fait, ceux qui sèment le désordre chez vous.

¹³ Or vous, frères, vous avez été appelés à la liberté. Mais que cette liberté ne soit pas un prétexte pour satisfaire votre égoïsme ; au contraire, mettez-vous, par amour*, au service les uns des autres. ¹⁴ Car toute la Loi atteint sa perfection dans un seul commandement, et le voici : *Tu aimeras ton prochain comme toi-même.*

¹⁵ Si vous vous mordez et vous dévorez les uns les autres, prenez garde : vous allez vous détruire les uns les autres. ¹⁶ Je vous le dis : vivez sous la conduite de l'Esprit de Dieu ; alors vous n'obéirez pas aux tendances égoïstes de la chair. ¹⁷ Car les tendances de la chair s'opposent à l'esprit, et les tendances de l'esprit s'opposent à la chair. En effet, il y a là un affrontement qui vous empêche de faire ce que vous voudriez. ¹⁸ Mais en vous laissant conduire par l'Esprit, vous n'êtes plus sujets de la Loi.

¹⁹ On sait bien à quelles actions mène la chair : débauche, impureté*, obscénité, ²⁰ idolâtrie, sorcellerie, haines, querelles, jalousie, colère, envie, divisions, sectarisme, ²¹ rivalités, beuveries, gloutonnerie et autres choses du même genre. Je vous préviens, comme je l'ai déjà fait : ceux qui agissent de cette manière ne recevront pas en héritage le royaume* de Dieu.

²² Mais voici ce que produit l'Esprit : amour, joie, paix*, patience, bonté, bienveillance, foi, ²³ humilité et maîtrise de soi.

5, 14 : cf. Lv 19, 18 ; Mt 22, 39 et parallèles.

Face à tout cela, il n'y a plus de loi qui tienne. ²⁴Ceux qui sont au Christ Jésus ont crucifié en eux la chair, avec ses passions et ses tendances égoïstes. ²⁵Puisque l'Esprit nous fait vivre, laissons-nous conduire par l'Esprit.

La loi du Christ au quotidien

²⁶Ne cédons pas à la vanité : pas de provocation entre nous, pas de rivalité.

6 ¹Frères, si quelqu'un est pris en train de commettre une faute, vous, les spirituels, remettez-le dans le droit chemin en esprit de douceur ; mais prenez garde à vous-mêmes : vous pourriez être tentés vous aussi. ²Portez les fardeaux les uns des autres : ainsi vous accomplirez la loi du Christ. ³Si quelqu'un pense être quelque chose alors qu'il n'est rien, il se fait illusion sur lui-même. ⁴Que chacun examine sa propre action ; ainsi il trouvera ses motifs d'orgueil en lui-même et non pas en se comparant aux autres. ⁵Chacun doit porter le poids de sa propre existence.

⁶Celui qui reçoit la catéchèse, qu'il donne à celui qui la lui transmet une part de tous ses biens.

⁷Ne vous égarez pas : Dieu ne se laisse pas narguer. Ce que l'on a semé, on le récoltera : ⁸des semailles purement humaines aboutissent à une récolte purement humaine, la dégradation définitive ; des semailles spirituelles aboutissent à une récolte spirituelle, la vie* éternelle. ⁹Ne nous lassons pas de faire le bien, car, le moment venu, nous récolterons si nous ne nous décourageons pas. ¹⁰Puisque nous tenons le bon moment, travaillons au bien de tous, spécialement dans la famille des croyants.

¹¹Voyez les grosses lettres que je trace pour vous de ma propre main.

La croix du Christ, orgueil du chrétien

¹²Tous ceux qui veulent se faire bien voir à un plan purement humain, ce sont eux qui veulent vous obliger à la circoncision* ; c'est seulement afin d'éviter d'être persécutés pour la croix du Christ. ¹³Car ceux qui reçoivent la circoncision n'observent pas eux-mêmes la Loi ; ils veulent seulement vous imposer la cir-

concision pour avoir dans votre corps un motif d'orgueil. ⁱ⁴ Mais pour moi, que la croix de notre Seigneur* Jésus Christ reste mon seul orgueil. Par elle, le monde* est à jamais crucifié pour moi, et moi pour le monde. ¹⁵ Ce qui compte, ce n'est pas d'avoir ou de ne pas avoir la circoncision, c'est la création nouvelle. ¹⁶ Pour tous ceux qui suivent cette règle de vie et pour le véritable Israël de Dieu, paix* et miséricorde*. ¹⁷ Dès lors, que personne ne vienne me tourmenter. Car moi, je porte dans mon corps la marque des souffrances de Jésus. ¹⁸ Frères, que la grâce* de notre Seigneur Jésus Christ soit avec votre esprit. Amen*.

Lettre aux Éphésiens

Le mystère du salut universel dans le Christ

Le grand dessein de Dieu : rassembler toute la création dans le Christ, qui est la tête de l'Église

1 ¹Moi Paul, Apôtre du Christ Jésus par la volonté de Dieu, je m'adresse à vous, les membres du peuple saint* qui êtes à Éphèse, vous les fidèles dans le Christ Jésus. ²Que la grâce* et la paix* soient avec vous de la part de Dieu notre Père et de Jésus Christ le Seigneur*.

> ³ Béni soit Dieu, le Père de notre Seigneur Jésus Christ.
> Dans les cieux*, il nous a comblés
> de sa bénédiction spirituelle en Jésus Christ.
>
> ⁴ En lui,
> il nous a choisis avant la création du monde*,
> pour que nous soyons, dans l'amour*,
> saints et irréprochables sous son regard.
> ⁵ Il nous a d'avance destinés
> à devenir pour lui des fils par Jésus Christ :
> voilà ce qu'il a voulu dans sa bienveillance
> ⁶ à la louange de sa gloire*,
> de cette grâce dont il nous a comblés

en son Fils bien-aimé,
⁷ qui nous obtient par son sang* la rédemption,
le pardon* de nos fautes.
Elle est inépuisable, la grâce
⁸ par laquelle Dieu nous a remplis de sagesse* et d'intelligence
⁹ en nous dévoilant le mystère de sa volonté,
de ce qu'il prévoyait dans le Christ
pour le moment où les temps* seraient accomplis ;
dans sa bienveillance,
¹⁰ il projetait de saisir l'univers entier,
ce qui est au ciel* et ce qui est sur la terre*,
en réunissant tout sous un seul chef, le Christ.

¹¹ En lui,
Dieu nous a d'avance destinés à devenir son peuple ;
car lui, qui réalise tout ce qu'il a décidé,
¹² il a voulu que nous soyons
ceux qui d'avance avaient espéré dans le Christ,
à la louange de sa gloire.
¹³ Dans le Christ, vous aussi,
vous avez écouté la parole de vérité*,
la Bonne Nouvelle de votre salut ;
en lui, devenus des croyants,
vous avez reçu la marque de l'Esprit* Saint.
Et l'Esprit que Dieu avait promis,
¹⁴ c'est la première avance qu'il nous a faite
sur l'héritage* dont nous prendrons possession
au jour* de la délivrance finale,
à la louange de sa gloire.

¹⁵ Puisque j'ai entendu parler de la foi* que vous avez dans le Seigneur Jésus, et de votre amour pour tous les fidèles, ¹⁶ je ne cesse pas de rendre grâce, moi aussi, quand je fais mention de vous dans ma prière : ¹⁷ Que le Dieu de notre Seigneur Jésus Christ, le Père dans sa gloire, vous donne un esprit de sagesse pour le découvrir et le connaître* vraiment. ¹⁸ Qu'il ouvre votre cœur à sa lumière, pour vous faire comprendre l'espérance que donne son appel, la gloire sans prix de l'héritage que vous partagez avec les fidèles, ¹⁹ et la puissance infinie qu'il déploie pour nous,

les croyants. C'est la force même, le pouvoir, la vigueur, ²⁰qu'il a mis en œuvre dans le Christ* quand il l'a ressuscité* d'entre les morts et qu'il l'a fait asseoir à sa droite dans les cieux*. ²¹ Il l'a établi au-dessus de toutes les puissances et de tous les êtres qui nous dominent, quel que soit leur nom, aussi bien dans le monde présent que dans le monde à venir. ²² Il lui a tout soumis et, le plaçant plus haut que tout, il a fait de lui la tête de l'Église* ²³qui est son corps*, et l'Église est l'accomplissement total du Christ, lui que Dieu comble totalement de sa plénitude.

L'amour de Dieu nous a fait passer de la mort à la vie dans le Christ Jésus

2 ¹Et vous, autrefois vous étiez des morts, à cause des fautes et des péchés* ²dans lesquels vous viviez, soumis au cours de ce monde, soumis au prince du mal qui s'interpose entre le ciel et nous, et qui continue d'inspirer activement ceux qui désobéissent à Dieu. ³Et nous aussi, nous étions tous de ceux-là, quand nous vivions suivant les tendances égoïstes de notre chair*, cédant aux caprices de notre chair et de nos raisonnements ; et nous étions, de nous-mêmes, voués à la colère comme tous les autres.

⁴Mais Dieu est riche en miséricorde* ; à cause du grand amour dont il nous a aimés, ⁵nous qui étions des morts par suite de nos fautes, il nous a fait revivre avec le Christ : c'est bien par grâce* que vous êtes sauvés. ⁶Avec lui, il nous a ressuscités ; avec lui, il nous a fait régner aux cieux, dans le Christ Jésus. Par sa bonté pour nous dans le Christ Jésus, ⁷il voulait montrer, au long des âges futurs, la richesse infinie de sa grâce. ⁸C'est bien par la grâce que vous êtes sauvés, à cause de votre foi*. Cela ne vient pas de vous, c'est le don de Dieu. ⁹Cela ne vient pas de vos actes, il n'y a pas à en tirer orgueil. C'est Dieu qui nous a faits, ¹⁰il nous a créés en Jésus Christ, pour que nos actes soient vraiment bons, conformes à la voie que Dieu a tracée pour nous et que nous devons suivre.

2, 2 : « du mal », *add.* ; « entre le ciel et nous », *litt.* « dans les airs ».

Le mystère de la réconciliation de tous les hommes en un seul corps par l'Évangile, dont Paul est le ministre

¹¹ Souvenez-vous donc de ce que vous étiez autrefois, marqués comme païens dans votre corps, traités de « non-circoncis » par ceux qui se disent circoncis à cause d'une opération faite dans leur corps par les hommes. ¹² Souvenez-vous qu'en ce temps-là vous n'aviez pas de Messie* à attendre, vous n'aviez pas droit de cité dans le peuple* de Dieu, vous étiez étrangers aux alliances* et à la promesse, vous n'aviez pas d'espérance, et, dans le monde*, vous étiez sans Dieu.

¹³ Mais maintenant, en Jésus Christ, vous qui étiez loin, vous êtes devenus proches par le sang* du Christ. ¹⁴ C'est lui, le Christ, qui est notre paix* : des deux, Israël et les païens, il a fait un seul peuple ; par sa chair crucifiée, il a fait tomber ce qui les séparait, le mur de la haine, ¹⁵ en supprimant les prescriptions juridiques de la loi de Moïse. Il voulait ainsi rassembler les uns et les autres en faisant la paix, et créer en lui un seul Homme* nouveau. ¹⁶ Les uns comme les autres, réunis en un seul corps, il voulait les réconcilier avec Dieu par la croix : en sa personne, il a tué la haine. ¹⁷ Il est venu annoncer *la bonne nouvelle de la paix, la paix pour* vous qui étiez *loin, la paix pour ceux qui étaient proches.*

¹⁸ Par lui, en effet, les uns et les autres, nous avons accès auprès du Père, dans un seul Esprit*. ¹⁹ Et donc, vous n'êtes plus des étrangers ni des gens de passage, vous êtes citoyens du peuple saint*, membres de la famille de Dieu, ²⁰ car vous avez été intégrés dans la construction qui a pour fondation les Apôtres et les prophètes* ; et la pierre* angulaire c'est le Christ Jésus lui-même. ²¹ En lui, toute la construction s'élève harmonieusement pour devenir un temple* saint dans le Seigneur*. ²² En lui, vous êtes, vous aussi, des éléments de la construction pour devenir par l'Esprit* Saint la demeure de Dieu.

2, 12 : « à attendre », *add.*
2, 14 : « Israël et les païens », *add.* ; « crucifiée », *add.*
2, 15 : « de Moïse », *add.*
2, 17 : cf. Is **57,** 19.

3 ¹C'est pourquoi moi, Paul, qui suis en prison à cause du Christ* Jésus pour vous, les gens des nations* païennes, je tombe à genoux... ²Vous avez appris en quoi consiste la grâce* que Dieu m'a donnée pour vous : ³par révélation, il m'a fait connaître le mystère* du Christ, dont je vous ai déjà parlé dans ma lettre. ⁴En la lisant, vous pouvez vous rendre compte que j'ai l'intelligence du mystère du Christ. ⁵Ce mystère, il ne l'avait pas fait connaître aux hommes des générations passées, comme il l'a révélé maintenant par l'Esprit* à ses saints Apôtres et à ses prophètes*. ⁶Ce mystère, c'est que les païens sont associés au même héritage*, au même corps, au partage de la même promesse, dans le Christ Jésus, par l'annonce de l'Évangile.

⁷De cet Évangile je suis devenu ministre par le don de la grâce* que Dieu m'a accordée dans la force de sa puissance. ⁸Moi qui suis le dernier de tous les fidèles, j'ai reçu la grâce d'annoncer aux nations païennes la richesse insondable du Christ, ⁹et de mettre en lumière le contenu du mystère tenu caché depuis toujours en Dieu, le créateur de toutes choses ; ¹⁰ainsi, désormais, les forces invisibles elles-mêmes connaîtront, grâce à l'Église*, les multiples aspects de la Sagesse* de Dieu. ¹¹C'est le projet éternel que Dieu a réalisé dans le Christ Jésus notre Seigneur*. ¹²Et c'est notre foi* au Christ qui nous donne l'audace d'accéder auprès de Dieu en toute confiance. ¹³Je vous supplie donc de ne pas perdre courage devant les épreuves* que j'endure pour vous : elles sont votre gloire.

¹⁴C'est pourquoi je tombe à genoux devant le Père, ¹⁵qui est la source de toute paternité au ciel* et sur la terre*. ¹⁶Lui qui est si riche en gloire*, qu'il vous donne la puissance par son Esprit, pour rendre fort l'homme intérieur. ¹⁷Que le Christ habite en vos cœurs* par la foi ; restez enracinés dans l'amour*, établis dans l'amour. ¹⁸Ainsi vous serez capables de comprendre avec tous les fidèles quelle est la largeur, la longueur, la hauteur, la profondeur... ¹⁹Vous connaîtrez l'amour du Christ qui surpasse tout ce qu'on peut connaître. Alors vous serez comblés jusqu'à

3, 1 : « je tombe à genoux », *add.* d'après v. 14.
3, 3 : « du Christ », *add.*
3, 20 : « Gloire », *add.*

entrer dans la plénitude de Dieu.[20] Gloire à celui qui a le pouvoir de réaliser en nous par sa puissance infiniment plus que nous ne pouvons demander ou même imaginer,[21] gloire à lui dans l'Église et dans le Christ Jésus pour toutes les générations dans les siècles des siècles. Amen*.

La vie nouvelle dans l'unité du Christ

Dans la diversité de ses dons, Dieu construit et organise le corps du Christ

4[1] Moi qui suis en prison à cause du Seigneur, je vous encourage à suivre fidèlement l'appel que vous avez reçu de Dieu ;[2] ayez beaucoup d'humilité, de douceur et de patience, supportez-vous les uns les autres avec amour ;[3] ayez à cœur de garder l'unité dans l'Esprit par le lien de la paix*.[4] Comme votre vocation vous a tous appelés à une seule espérance, de même il n'y a qu'un seul Corps et un seul Esprit.[5] Il n'y a qu'un seul Seigneur, une seule foi, un seul baptême,[6] un seul Dieu et Père de tous, qui règne au-dessus de tous, par tous, et en tous.

[7] Chacun d'entre nous a reçu le don de la grâce comme le Christ nous l'a partagée.[8] C'est pourquoi l'Écriture* dit : *Il est monté sur la hauteur, emmenant des prisonniers, il a fait des dons aux hommes.*

[9] Que veut dire : *Il est monté* ? — Cela veut dire qu'il était d'abord descendu jusqu'en bas sur la terre.[10] Et celui qui était descendu est le même qui est monté au plus haut des cieux pour combler tout l'univers.[11] Et les *dons qu'il a faits aux hommes*, ce sont d'abord les Apôtres, puis les prophètes et les missionnaires de l'Évangile, et aussi les pasteurs et ceux qui enseignent.[12] De cette manière, le peuple* saint est organisé pour que les tâches du ministère soient accomplies, et que se construise le corps du Christ.[13] Au terme, nous parviendrons tous ensemble à l'unité dans la foi et la vraie connaissance du Fils de Dieu, à l'état de l'Homme* parfait, à la plénitude de la stature du Christ.

4, 8 : cf. Ps **67** (68), 19.

¹⁴ Alors, nous ne serons plus comme des enfants, nous laissant secouer et mener à la dérive par tous les courants d'idées, au gré des hommes, eux qui emploient leur astuce à nous entraîner dans l'erreur. ¹⁵ Au contraire, en vivant dans la vérité de l'amour*, nous grandirons dans le Christ* pour nous élever en tout jusqu'à lui, car il est la Tête. ¹⁶ Et par lui, dans l'harmonie et la cohésion, tout le corps poursuit sa croissance, grâce aux connexions internes qui le maintiennent, selon l'activité qui est à la mesure de chaque membre. Ainsi le corps se construit dans l'amour.

L'existence transformée par le baptême

¹⁷ Je vous le dis, je vous l'affirme au nom du Seigneur* : vous ne devez plus vous conduire comme les païens qui se laissent guider par le néant de leur pensée. ¹⁸ Ils ont l'intelligence remplie de ténèbres*, ils sont étrangers à la vie de Dieu, à cause de l'ignorance qui est en eux, à cause de l'endurcissement de leur cœur ; ¹⁹ ayant perdu le sens moral, ils se sont livrés à la débauche au point de s'adonner sans retenue à toutes sortes d'impuretés.

²⁰ Lorsque vous êtes devenus disciples du Christ, ce n'est pas cela que vous avez appris, ²¹ si du moins c'est bien lui qu'on vous a annoncé et enseigné, selon la vérité* de Jésus lui-même. ²² Il s'agit de vous défaire de votre conduite d'autrefois, de l'homme ancien qui est en vous, corrompu par ses désirs trompeurs. ²³ Laissez-vous guider intérieurement par un esprit renouvelé. ²⁴ Adoptez le comportement de l'homme* nouveau, créé saint* et juste* dans la vérité, à l'image de Dieu.

²⁵ Débarrassez-vous donc du mensonge, et dites tous la vérité à votre prochain, parce que nous sommes membres les uns des autres. ²⁶ *Si vous êtes en colère, ne tombez pas dans le péché** ; avant le coucher du soleil mettez fin à votre emportement. ²⁷ Ne donnez pas prise au démon. ²⁸ Que le voleur cesse de voler ; qu'il se donne plutôt de la peine pour travailler honnêtement de ses mains, afin d'avoir de quoi partager avec celui qui est dans le besoin. ²⁹ Aucune parole mauvaise ne doit sortir de votre bouche ; mais, s'il en est besoin, dites une parole bonne et constructive,

---

4, 26 : cf. Ps **4,** 5.

bienveillante pour ceux qui vous écoutent. ³⁰ En vue du jour de votre délivrance, vous avez reçu en vous la marque du Saint Esprit* de Dieu : ne le contristez pas. ³¹ Faites disparaître de votre vie tout ce qui est amertume, emportement, colère, éclats de voix ou insultes, ainsi que toute espèce de méchanceté. ³² Soyez entre vous pleins de générosité et de tendresse. Pardonnez-vous les uns aux autres, comme Dieu vous a pardonné dans le Christ.

5 ¹ Oui, cherchez à imiter Dieu, puisque vous êtes ses enfants bien-aimés. ² Vivez dans l'amour comme le Christ nous a aimés et s'est livré pour nous en offrant à Dieu le sacrifice* qui pouvait lui plaire. ³ Comme il convient à des membres du peuple* saint, la débauche, l'impureté sous toutes ses formes et l'appétit de jouissance sont des choses qu'on ne doit même plus évoquer chez vous ; ⁴ pas davantage de propos grossiers, stupides ou scabreux – tout cela est déplacé – mais plutôt des actions* de grâce. ⁵ Sachez-le bien : ni les débauchés, ni les dépravés, ni les jouisseurs (qui sont de vrais idolâtres) ne reçoivent d'héritage* dans le royaume* du Christ et de Dieu ; ⁶ ne laissez personne vous égarer par des paroles creuses. Tout cela attire la colère* de Dieu sur ceux qui désobéissent. ⁷ N'ayez donc rien de commun avec ces gens-là.

⁸ Autrefois, vous étiez ténèbres ; maintenant, dans le Seigneur*, vous êtes devenus lumière* ; vivez comme des fils de la lumière – ⁹ or la lumière produit tout ce qui est bonté, justice* et vérité* – ¹⁰ et sachez reconnaître ce qui est capable de plaire au Seigneur. ¹¹ Ne prenez aucune part aux activités des ténèbres, elles ne produisent rien de bon ; démasquez-les plutôt. ¹² Ce que ces gens-là font en cachette, on a honte d'en parler. ¹³ Mais quand ces choses-là sont démasquées, leur réalité apparaît grâce à la lumière, ¹⁴ et tout ce qui apparaît ainsi devient lumière. C'est pourquoi l'on chante :

> Réveille-toi, ô toi qui dors,
> relève-toi d'entre les morts,
> et le Christ t'illuminera.

¹⁵ Prenez bien garde à votre conduite : ne vivez pas comme des fous, mais comme des sages. ¹⁶ Tirez parti du temps présent, car nous traversons des jours mauvais. ¹⁷ Ne soyez donc pas irréfléchis, mais comprenez bien quelle est la volonté du

Seigneur*. ¹⁸Ne vous enivrez pas, car le vin porte à la débauche. Laissez-vous plutôt remplir par l'Esprit* Saint*. ¹⁹Dites entre vous des psaumes, des hymnes et de libres louanges, chantez le Seigneur et célébrez-le de tout votre cœur. ²⁰À tout moment et pour toutes choses, rendez grâce* à Dieu le Père, au nom de notre Seigneur Jésus Christ*.

Les relations humaines à la lumière du mystère du Christ

²¹Par respect pour le Christ, soyez soumis les uns aux autres ; ²²les femmes, à leur mari, comme au Seigneur Jésus ; ²³car, pour la femme, le mari est la tête, tout comme, pour l'Église*, le Christ est la tête, lui qui est le Sauveur* de son corps. ²⁴Eh bien ! si l'Église se soumet au Christ, qu'il en soit toujours de même pour les femmes à l'égard de leur mari.

²⁵Vous, les hommes, aimez votre femme à l'exemple du Christ : il a aimé l'Église, il s'est livré pour elle ; ²⁶il voulait la rendre sainte en la purifiant par le bain du baptême et la Parole de vie ; ²⁷il voulait se la présenter à lui-même, cette Église, resplendissante, sans tache, ni ride, ni aucun défaut ; il la voulait sainte et irréprochable. ²⁸C'est comme cela que le mari doit aimer sa femme : comme son propre corps. Celui qui aime sa femme s'aime soi-même. ²⁹Jamais personne n'a méprisé son propre corps : au contraire, on le nourrit, on en prend soin. C'est ce que fait le Christ pour l'Église, ³⁰parce que nous sommes les membres de son corps. Comme dit l'Écriture* : ³¹*À cause de cela, l'homme quittera son père et sa mère, il s'attachera à sa femme, et tous deux ne feront plus qu'un.*

³²Ce mystère est grand : je le dis en pensant au Christ et à l'Église.

³³Pour en revenir à vous, chacun doit aimer sa propre femme comme lui-même, et la femme doit avoir du respect pour son mari.

5, 26 : « du baptême », *litt.* « d'eau » ; « de vie », *add.*
5, 30 : « Comme dit l'Écriture », *add.*
5, 31 : cf. Gn **2**, 24.

6 ¹ Vous, les enfants, obéissez à vos parents dans le Seigneur, c'est cela qui est juste : ² *Honore ton père et ta mère,* c'est le premier commandement assorti d'une promesse : ³ *ainsi tu seras heureux et tu auras longue vie sur la terre.*

⁴ Et vous, les parents, ne poussez pas à bout vos enfants, mais élevez-les en leur donnant une éducation et des avertissements inspirés par le Seigneur.

⁵ Vous, les esclaves, obéissez à vos maîtres d'ici-bas comme au Christ, avec crainte et tremblement, dans la simplicité de votre cœur, ⁶ sans chercher à vous faire remarquer par souci de plaire aux hommes. Au contraire, conduisez-vous comme des esclaves du Christ qui accomplissent la volonté de Dieu de tout leur cœur, ⁷ qui font leur travail d'esclaves volontiers, pour le Seigneur et non pour les hommes. ⁸ Car vous savez bien que tout homme, esclave ou libre, recevra du Seigneur sa récompense selon ce qu'il aura fait de bien. ⁹ Et vous, les maîtres, agissez de même avec vos esclaves, n'utilisez pas les menaces. Car vous savez bien que, pour eux comme pour vous, il y a un Maître dans le ciel*, et qu'il ne fait pas de différence entre les hommes.

Le combat chrétien. Salutation finale

¹⁰ Enfin, puisez votre énergie dans le Seigneur et dans la vigueur de sa force. ¹¹ Revêtez l'équipement de Dieu pour le combat, afin de pouvoir tenir contre les manœuvres du démon. ¹² Car nous ne luttons pas contre des hommes, mais contre les forces invisibles, les puissances des ténèbres* qui dominent le monde*, les esprits du mal qui sont au-dessus de nous. ¹³ Pour cela, prenez l'équipement de Dieu pour le combat ; ainsi, quand viendra le jour du malheur, vous pourrez tout mettre en œuvre pour résister et tenir debout. ¹⁴ Tenez donc, ayant autour des reins le ceinturon de la vérité*, portant la cuirasse de la justice*, ¹⁵ les pieds chaussés de l'ardeur à annoncer l'Évangile de la paix*, ¹⁶ et ne quittant jamais le bouclier de la foi*, qui vous permettra d'arrêter toutes les flèches enflammées du Mauvais. ¹⁷ Prenez le casque du salut* et l'épée de l'Esprit*, c'est-à-dire la parole* de Dieu.

6, 2 et 3 : cf. Ex **20,** 12.

¹⁸En toute circonstance, que l'Esprit* vous donne de prier et de supplier. Restez éveillés afin de persévérer dans la prière pour tous les fidèles. ¹⁹Priez aussi pour moi : que Dieu mette la parole dans ma bouche pour que je fasse connaître* avec assurance le mystère* de l'Évangile ²⁰dont je suis l'ambassadeur enchaîné. Priez donc afin que je trouve dans l'Évangile l'assurance nécessaire pour parler comme je le dois.

²¹Et vous, vous saurez ce que je deviens et ce que je fais, car Tychique, le frère bien-aimé, le fidèle ministre dans le Seigneur*, vous informera de tout. ²²Je l'envoie spécialement auprès de vous afin que vous ayez de mes nouvelles et qu'il vous réconforte le cœur. ²³Que Dieu le Père et le Seigneur Jésus Christ* donnent à tous les frères la paix* et l'amour* avec la foi*. ²⁴Que la grâce* soit avec tous ceux qui aiment notre Seigneur Jésus Christ d'un amour impérissable.

Lettre aux Philippiens

Paul salue les Philippiens, ses disciples bien-aimés ; il rend grâce et prie pour eux

1 ¹ Nous, Paul et Timothée, serviteurs* du Christ Jésus, nous nous adressons à tous les fidèles du Christ Jésus qui vivent à Philippes, en union avec les responsables et ministres de l'Église*. ² Que la grâce et la paix soient avec vous de la part de Dieu notre Père et du Seigneur Jésus Christ.

³ Je rends toujours grâce à mon Dieu quand je fais mention de vous : ⁴ chaque fois que je prie pour vous tous, c'est toujours avec joie, à cause de ce que vous avez fait pour l'Évangile en communion avec moi, ⁵ depuis le premier jour jusqu'à maintenant. ⁶ Et puisque Dieu a si bien commencé chez vous son travail, je suis persuadé qu'il le continuera jusqu'à son achèvement au jour où viendra le Christ Jésus. ⁷ Il est donc juste que j'aie de telles dispositions à votre égard, car je vous porte dans mon cœur, puisque vous communiez tous à la grâce qui m'est faite de justifier et d'affermir l'annonce de l'Évangile jusque dans ma prison. ⁸ Oui, Dieu est témoin de mon attachement pour vous tous dans la tendresse du Christ Jésus.

⁹ Et, dans ma prière, je demande que votre amour vous fasse progresser de plus en plus dans la connaissance vraie et la parfaite clairvoyance ¹⁰ qui vous feront discerner ce qui est plus important. Ainsi, dans la droiture, vous marcherez sans trébucher vers le jour du Christ* ; ¹¹ et vous aurez en plénitude la justice* obtenue grâce à Jésus Christ, pour la gloire* et la louange de Dieu.

1, 1 : « de l'Église », *add.*

Le combat de Paul pour l'Évangile, exemple pour ses disciples

¹²Je veux que vous le sachiez, frères : ce qui m'arrive finit par tourner plutôt au progrès de l'Évangile ; ¹³ainsi donc, dans tout le palais et partout ailleurs, ma détention manifeste mon lien avec le Christ, ¹⁴et la plupart des frères, à qui ma détention donne une ferme confiance dans le Seigneur*, trouvent une audace nouvelle pour annoncer sans crainte la Parole*.

¹⁵Les uns proclament le Christ en esprit de jalousie et de concurrence ; d'autres le font avec une volonté droite. ¹⁶Ceux-ci annoncent le Christ par amour, sachant que je suis là pour défendre l'Évangile ; ¹⁷ceux-là le font en intrigants, sans intention pure, pensant aviver ainsi l'épreuve de ma détention. ¹⁸Qu'importe ! De toute façon le Christ est annoncé, que ce soit avec des arrière-pensées ou avec sincérité : alors je m'en réjouis, et je m'en réjouirai toujours. ¹⁹Je sais en effet que tout ce qui m'arrive tournera à mon salut*, grâce à votre prière et à l'assistance de l'Esprit* de Jésus Christ. ²⁰C'est ce que j'attends avec impatience, et c'est ce que j'espère. Je n'aurai donc rien à regretter ; au contraire, je garde toute mon assurance, maintenant comme toujours ; soit que je vive, soit que je meure, la grandeur du Christ sera manifestée dans mon corps.

²¹En effet, pour moi, vivre c'est le Christ, et mourir est un avantage. ²²Mais si, en vivant en ce monde, j'arrive à faire un travail utile, je ne sais plus comment choisir. ²³Je me sens pris entre les deux : je voudrais bien partir pour être avec le Christ, car c'est bien le meilleur ; ²⁴mais, à cause de vous, demeurer en ce monde est encore plus nécessaire. ²⁵J'en suis fermement convaincu ; je sais donc que je resterai, et que je continuerai à être avec vous tous pour votre progrès et votre joie dans la foi*. ²⁶Ainsi, quand je serai de retour parmi vous, vous aurez en moi un nouveau motif d'orgueil dans le Christ Jésus.

²⁷Quant à vous, menez une vie digne de l'Évangile du Christ. Soit que je vienne vous voir, soit que de loin j'entende parler de vous, il faut que vous teniez bon dans un seul esprit : luttez ensemble, d'un seul cœur, pour la foi en l'Évangile. ²⁸Ne vous laissez pas intimider par les adversaires : vous donnerez ainsi la preuve de leur perte et de votre salut. Et tout cela vient de Dieu

²⁹ qui, pour le Christ, vous a fait la grâce non seulement de croire en lui mais aussi de souffrir pour lui. ³⁰ Ce combat que vous soutenez, vous m'avez vu le mener moi aussi, et vous savez que je le mène encore.

Que la communauté vive à l'image du Christ dans son mystère pascal

2 ¹ S'il est vrai que, dans le Christ, on se réconforte les uns les autres, si l'on s'encourage dans l'amour*, si l'on est en communion dans l'Esprit*, si l'on a de la tendresse et de la pitié, ² alors, pour que ma joie soit complète, ayez les mêmes dispositions, le même amour, les mêmes sentiments ; recherchez l'unité. ³ Ne soyez jamais intrigants ni vantards, mais ayez assez d'humilité pour estimer les autres supérieurs à vous-mêmes. ⁴ Que chacun de vous ne soit pas préoccupé de lui-même, mais aussi des autres.

⁵ Ayez entre vous les dispositions que l'on doit avoir dans le Christ Jésus :

⁶ lui qui était dans la condition de Dieu,
il n'a pas jugé bon de revendiquer son droit
d'être traité à l'égal de Dieu ;
⁷ mais au contraire, il se dépouilla lui-même
en prenant la condition de serviteur*.
Devenu semblable aux hommes
et reconnu comme un homme à son comportement,
⁸ il s'est abaissé lui-même
en devenant obéissant jusqu'à mourir,
et à mourir sur une croix.
⁹ C'est pourquoi Dieu l'a élevé au-dessus de tout ;
il lui a conféré le Nom*
qui surpasse tous les noms,
¹⁰ afin qu'au Nom de Jésus,
aux cieux*, sur terre* et dans l'abîme,
tout être vivant tombe à genoux,
¹¹ et que toute langue proclame :
« Jésus Christ* est le Seigneur* »,
pour la gloire* de Dieu le Père.

¹² Ainsi, mes bien-aimés, vous qui avez toujours obéi, travaillez à votre salut* dans la crainte* de Dieu et en tremblant ; ne le faites pas seulement quand je suis là, mais encore bien plus quand je n'y suis pas. ¹³ Car c'est l'action de Dieu qui produit en vous la volonté et l'action, parce qu'il veut votre bien. ¹⁴ Faites tout sans récriminer et sans discuter ; ¹⁵ ainsi vous serez irréprochables et purs, vous qui êtes des enfants de Dieu sans tache au milieu d'une génération égarée et pervertie où vous brillez comme les astres dans l'univers, ¹⁶ en tenant fermement la parole de vie. Alors je pourrai m'enorgueillir quand viendra le jour* du Christ : je n'aurai pas couru pour rien ni peiné pour rien. ¹⁷ Et si je dois verser mon sang pour l'ajouter au sacrifice* que vous offrez à Dieu par votre foi*, je m'en réjouis et je partage ma joie avec vous tous. ¹⁸ Et vous, de même réjouissez-vous et partagez votre joie avec moi.

Deux bons serviteurs de l'Église

¹⁹ Confiant dans le Seigneur Jésus, j'espère vous envoyer rapidement Timothée, pour me donner à moi aussi la joie d'avoir de vos nouvelles. ²⁰ Je n'ai en effet personne d'autre qui partage véritablement avec moi le souci de ce qui vous concerne. ²¹ Car ce qui les préoccupe tous, ce sont leurs affaires à eux, et non celles de Jésus Christ. ²² Lui, au contraire, vous savez que sa valeur est éprouvée : comme un fils avec son père, il s'est mis avec moi au service de l'Évangile. ²³ J'espère donc vous l'envoyer dès que je verrai clair sur ma situation. ²⁴ J'ai d'ailleurs la ferme confiance dans le Seigneur que je reviendrai moi-même rapidement.

²⁵ J'ai aussi jugé nécessaire de vous renvoyer Épaphrodite, mon frère, mon compagnon de travail et de combat. Il était votre envoyé, pour me rendre les services dont j'avais besoin, ²⁶ mais il avait un grand désir de vous revoir tous, et il se tourmentait parce que vous aviez appris sa maladie. ²⁷ Car il a été malade, et bien près de la mort, mais Dieu a eu pitié de lui, et pas seulement de lui, mais aussi de moi, en m'évitant d'avoir un chagrin de plus. ²⁸ Je m'empresse donc de vous le renvoyer : ainsi vous retrouverez votre joie en le voyant, et moi j'aurai moins de chagrin. ²⁹ Dans le Seigneur faites-lui donc un accueil vraiment

joyeux, et sachez apprécier les hommes tels que lui : ³⁰ c'est pour l'œuvre du Christ qu'il a failli mourir ; il a risqué sa vie pour me rendre, à votre place, les services que vous ne pouviez me rendre vous-mêmes.

Paul oublie tout ce qui est en arrière pour rejoindre le Christ

3 ¹ Enfin, mes frères, soyez dans la joie du Seigneur. Je vous écris toujours les mêmes choses : pour moi, ce n'est pas pénible, et pour vous c'est plus sûr. ² Prenez garde à ces chiens, à ces mauvais ouvriers, avec leur fausse circoncision*. ³ Car la vraie circoncision, c'est nous qui l'avons reçue, nous qui adorons Dieu selon son Esprit*, nous qui mettons notre orgueil dans le Christ Jésus et qui ne plaçons pas notre confiance dans les valeurs charnelles. ⁴ J'aurais pourtant, moi aussi, des raisons de placer ma confiance dans les valeurs charnelles. Si quelqu'un pense avoir des raisons de le faire, moi, j'en ai bien davantage. ⁵ J'ai reçu la circoncision quand j'avais huit jours ; je suis de la race d'Israël, de la tribu de Benjamin, Hébreu fils d'Hébreux ; pour la Loi*, j'étais un pharisien* ; ⁶ pour l'ardeur jalouse, j'étais un persécuteur de l'Église* ; pour la justice* que donne la Loi, j'étais irréprochable. ⁷ Mais tous ces avantages que j'avais, je les ai considérés comme une perte à cause du Christ. ⁸ Oui, je considère tout cela comme une perte à cause de ce bien qui dépasse tout : la connaissance du Christ Jésus, mon Seigneur. À cause de lui, j'ai tout perdu ; je considère tout comme des balayures, en vue d'un seul avantage, le Christ, ⁹ en qui Dieu me reconnaîtra comme juste*. Cette justice ne vient pas de moi-même – c'est-à-dire de mon obéissance à la loi de Moïse – mais de la foi au Christ : c'est la justice qui vient de Dieu et qui est fondée sur la foi. ¹⁰ Il s'agit de connaître* le Christ, d'éprouver la puissance de sa résurrection* et de communier aux souffrances de sa passion, en reproduisant en moi sa mort ¹¹ dans l'espoir de parvenir, moi aussi, à ressusciter d'entre les morts. ¹² Certes, je ne suis pas encore arrivé, je ne suis pas encore au bout, mais je poursuis ma course pour saisir tout cela, comme j'ai moi-même été saisi par le Christ*

3, 3 : « vraie », *add.*
3, 9 : « de Moïse », *add.*

Jésus. ¹³ Frères, je ne pense pas l'avoir déjà saisi. Une seule chose compte : oubliant ce qui est en arrière, et lancé vers l'avant, ¹⁴ je cours vers le but pour remporter le prix auquel Dieu nous appelle là-haut dans le Christ Jésus.

¹⁵ Nous tous qui sommes adultes dans la foi*, nous devons tendre dans cette direction ; et, si vous tendez dans une autre direction, Dieu vous révélera le vrai but. ¹⁶ En tout cas, étant donné le point que nous avons déjà atteint, restons dans la même ligne.

Vivons déjà la vie nouvelle du Christ qui transformera notre corps

¹⁷ Frères, prenez-moi tous pour modèle, et regardez bien ceux qui vivent selon l'exemple que nous vous donnons. ¹⁸ Car je vous l'ai souvent dit, et maintenant je le redis en pleurant : beaucoup de gens vivent en ennemis de la croix du Christ. ¹⁹ Ils vont tous à leur perte. Leur dieu, c'est leur ventre, et ils mettent leur gloire dans ce qui fait leur honte ; ils ne tendent que vers les choses de la terre*. ²⁰ Mais nous, nous sommes citoyens des cieux* ; c'est à ce titre que nous attendons comme sauveur* le Seigneur* Jésus Christ, ²¹ lui qui transformera nos pauvres corps à l'image de son corps glorieux, avec la puissance qui le rend capable aussi de tout dominer.

4 ¹ Ainsi, mes frères bien-aimés que je désire tant revoir, vous, ma joie et ma récompense, tenez bon dans le Seigneur, mes bien-aimés.

² J'exhorte Évodie, et aussi Syntykhé, à se mettre d'accord dans le Seigneur. ³ Oui, je te le demande à toi aussi, mon vrai compagnon, viens-leur en aide, à elles qui ont lutté avec moi pour l'annonce de l'Évangile, ainsi que Clément et mes autres collaborateurs, dont les noms sont dans le livre de vie.

Rechercher la joie dans le Seigneur et cultiver les vraies valeurs humaines

⁴ Soyez toujours dans la joie du Seigneur ; laissez-moi vous le redire : soyez dans la joie. ⁵ Que votre sérénité soit connue de tous les hommes. Le Seigneur est proche. ⁶ Ne soyez inquiets de rien, mais, en toute circonstance, dans l'action* de grâce priez et suppliez pour faire connaître à Dieu vos demandes. ⁷ Et la paix*

de Dieu, qui dépasse tout ce qu'on peut imaginer, gardera votre cœur et votre intelligence dans le Christ Jésus.

⁸ Enfin, mes frères, tout ce qui est vrai et noble, tout ce qui est juste* et pur*, tout ce qui est digne d'être aimé et honoré, tout ce qui s'appelle vertu et qui mérite des éloges, tout cela, prenez-le à votre compte. ⁹ Ce que vous avez appris et reçu, ce que vous avez vu et entendu de moi, mettez-le en pratique. Et le Dieu de la paix sera avec vous.

Détaché de tout, Paul accepte cependant avec joie l'aide des Philippiens

¹⁰ J'ai éprouvé une grande joie dans le Seigneur à voir refleurir vos bonnes dispositions pour moi : elles étaient bien vivantes, mais vous n'aviez pas occasion de les montrer. ¹¹ Ce n'est pas le dénuement qui me fait parler ainsi, car j'ai été formé à me contenter de ce que j'ai. ¹² Je sais vivre de peu, je sais aussi avoir tout ce qu'il me faut. Être rassasié et avoir faim, avoir tout ce qu'il me faut et manquer de tout, j'ai appris cela de toutes les façons. ¹³ Je peux tout supporter avec celui qui me donne la force.

¹⁴ Cependant, vous avez bien fait de m'aider tous ensemble quand j'étais dans la gêne. ¹⁵ Vous, les Philippiens, vous le savez : dans les premiers temps où vous avez reçu l'Évangile, au moment où je quittais la Macédoine, je n'ai eu ma part dans les recettes et dépenses d'aucune Église*, excepté la vôtre. ¹⁶ À Thessalonique déjà, vous m'avez envoyé, et même deux fois, ce dont j'avais besoin. ¹⁷ Je ne recherche pas les dons ; ce que je recherche, c'est le bénéfice qui s'ajoutera à votre compte. ¹⁸ J'ai d'ailleurs tout reçu, j'ai tout ce qu'il me faut, je suis comblé depuis qu'Épaphrodite m'a remis votre envoi : c'est un sacrifice* que Dieu trouve agréable et qu'il accepte parce qu'il lui plaît. ¹⁹ Et mon Dieu subviendra magnifiquement à tous vos besoins selon sa richesse, dans le Christ Jésus.

²⁰ Gloire* à Dieu notre Père pour les siècles des siècles. Amen*.

²¹ Saluez chacun des fidèles dans le Christ Jésus. Les frères qui sont avec moi vous saluent. ²² Tous les fidèles vous saluent, spécialement ceux de l'administration impériale.

²³ La grâce* du Seigneur Jésus Christ soit avec votre esprit.

Lettre aux Colossiens

Paul salue les Colossiens et rend grâce à Dieu pour leur foi et leur amour

1 ¹ Moi, Paul, Apôtre du Christ* Jésus par la volonté de Dieu, avec Timothée notre frère, je m'adresse à vous, ² frères dans le Christ qui êtes à Colosses, membres fidèles du peuple* saint* : que Dieu notre Père vous donne la grâce et la paix*.

³ Nous rendons grâce à Dieu, le Père de notre Seigneur* Jésus Christ, en priant pour vous à tout instant. ⁴ Nous avons entendu parler de votre foi dans le Christ Jésus et de l'amour que vous avez pour tous les fidèles ⁵ dans l'espérance de ce qui vous attend au ciel* ; vous en avez déjà reçu l'annonce par la parole de vérité*, ⁶ la Bonne Nouvelle qui est parvenue jusqu'à vous. Elle qui porte du fruit et progresse dans le monde entier, elle le fait de même chez vous, depuis le jour où vous avez reçu l'annonce et la connaissance de la grâce de Dieu, dans toute sa vérité, ⁷ par l'enseignement d'Épaphras. Lui, notre compagnon bien-aimé, qui nous représente fidèlement comme ministre du Christ, ⁸ il nous a décrit l'amour que vous vivez dans l'Esprit* Saint.

La vocation des croyants a sa source dans le Christ, sommet de tout le dessein de Dieu

⁹ Depuis le jour où nous avons entendu parler de votre vie dans le Christ, nous ne cessons pas de prier pour vous. Nous demandons à Dieu de vous combler de la vraie connaissance de sa volonté, en toute sagesse* et intelligence spirituelle.

¹⁰ Ainsi votre conduite sera digne du Seigneur, et capable de toujours lui plaire ; par tout ce que vous ferez de bien, vous porterez du fruit et vous progresserez dans la vraie connaissance de Dieu. ¹¹ Vous serez puissamment fortifiés par la puissance de sa gloire*, qui vous donnera la persévérance et la patience. ¹² Avec joie, vous rendrez grâce à Dieu le Père, qui vous a rendus capables d'avoir part, dans la lumière*, à l'héritage* du peuple saint. ¹³ Il nous a arrachés au pouvoir des ténèbres*, il nous a fait entrer dans le royaume* de son Fils bien-aimé, ¹⁴ par qui nous sommes rachetés et par qui nos péchés* sont pardonnés.

¹⁵ Il est l'image du Dieu invisible,
le premier-né* par rapport à toute créature,
¹⁶ car c'est en lui que tout a été créé
dans les cieux et sur la terre*,
les êtres visibles
et les puissances invisibles :
tout est créé par lui et pour lui.
¹⁷ Il est avant tous les êtres,
et tout subsiste en lui.
¹⁸ Il est aussi la tête du corps*,
c'est-à-dire de l'Église*.
Il est le commencement,
le premier-né d'entre les morts,
puisqu'il devait avoir en tout la primauté.
¹⁹ Car Dieu a voulu que dans le Christ
toute chose ait son accomplissement total.
²⁰ Il a voulu tout réconcilier par lui et pour lui,
sur la terre et dans les cieux,
en faisant la paix par le sang* de sa croix.

1, 9 : « de votre vie dans le Christ* », *add*. d'après 1, 4.

²¹ Et vous, vous étiez jadis étrangers à Dieu, vous étiez même ses ennemis, avec cette mentalité qui vous poussait à faire le mal. ²² Et voilà que, maintenant, Dieu vous a réconciliés avec lui, grâce au corps humain du Christ et par sa mort, pour vous introduire en sa présence, saints, irréprochables et inattaquables. ²³ Mais il faut que, par la foi*, vous teniez, solides et fermes ; ne vous laissez pas détourner de l'espérance que vous avez reçue en écoutant l'Évangile proclamé à toute créature sous le ciel, Évangile dont moi, Paul, je suis devenu ministre.

Le combat de l'Apôtre au service du Mystère

²⁴ Je trouve la joie dans les souffrances que je supporte pour vous, car ce qu'il reste à souffrir des épreuves* du Christ*, je l'accomplis dans ma propre chair, pour son corps qui est l'Église*. ²⁵ De cette Église, je suis devenu ministre, et la charge que Dieu m'a confiée, c'est d'accomplir pour vous sa parole, ²⁶ le mystère qui était caché depuis toujours à toutes les générations, mais qui maintenant a été manifesté aux membres de son peuple* saint. ²⁷ Car Dieu a bien voulu leur faire connaître en quoi consiste, au milieu des nations païennes, la gloire sans prix de ce mystère : le Christ est au milieu de vous, lui, l'espérance de la gloire* ! ²⁸ Ce Christ, nous l'annonçons : nous avertissons tout homme, nous instruisons tout homme avec sagesse*, afin d'amener tout homme à sa perfection dans le Christ. ²⁹ C'est pour cela que je m'épuise à combattre, avec toute la force du Christ dont la puissance agit en moi.

2 ¹ Je veux en effet que vous sachiez quel dur combat je mène pour vous, et aussi pour les fidèles de Laodicée et pour tant d'autres qui ne m'ont jamais rencontré personnellement. ² Je combats pour que leurs cœurs soient remplis de courage et qu'ils soient rassemblés dans l'amour*, afin d'acquérir toute la richesse de l'intelligence parfaite, et la vraie connaissance du mystère de Dieu. Ce mystère, c'est le Christ, ³ en qui se trouvent cachés tous les trésors de la sagesse et de la connaissance.

1, 26 : « membres de son peuple saint », *litt.* « ses saints ».

Par le baptême, nous passons de la mort à la vie nouvelle dans le Christ

⁴Je vous dis cela pour que personne ne vous égare par des arguments trop habiles. ⁵Car si je suis absent physiquement, je suis cependant moralement avec vous, et je me réjouis de voir votre bonne tenue et la fermeté de votre foi au Christ. ⁶Continuez donc à vivre dans le Christ Jésus, le Seigneur*, tel que nous vous l'avons transmis. ⁷Soyez enracinés en lui, construisez votre vie sur lui ; restez fermes dans la foi telle qu'on vous l'a enseignée, soyez débordants d'action* de grâce. ⁸Prenez garde à ceux qui veulent faire de vous leur proie par leur philosophie trompeuse et vide fondée sur la tradition des hommes, sur les forces qui régissent le monde, et non pas sur le Christ. ⁹Car en lui, dans son propre corps, habite la plénitude de la divinité. ¹⁰En lui vous avez tout reçu en plénitude, car il domine toutes les puissances de l'univers.

¹¹C'est en lui que vous avez reçu la vraie circoncision*, non pas celle que pratiquent les hommes, mais celle qui enlève les tendances égoïstes de la chair* ; telle est la circoncision qui vient du Christ. ¹²Par le baptême, vous avez été mis au tombeau avec lui, avec lui vous avez été ressuscités, parce que vous avez cru en la force de Dieu qui a ressuscité le Christ d'entre les morts. ¹³Vous étiez des morts, parce que vous aviez péché* et que vous n'aviez pas reçu de circoncision. Mais Dieu vous a donné la vie avec le Christ : il nous a pardonné tous nos péchés. ¹⁴Il a supprimé le billet de la dette qui nous accablait depuis que les commandements pesaient sur nous : il l'a annulé en le clouant à la croix du Christ. ¹⁵Ainsi, Dieu a dépouillé les puissances de l'univers ; il les a publiquement données en spectacle et les a traînées dans le cortège triomphal de la croix.

¹⁶Alors, que personne ne vous juge pour des questions de nourriture et de boisson, ou à propos de fête, de nouvelle lune ou de sabbat* : ¹⁷tout cela n'est que l'ombre de ce qui devait

---

2, 10 : « il domine toutes les puissances de l'univers », *litt.* « il est la tête des principautés et des puissances ».

2, 14 : « du Christ », *add.*

2, 15 : « de l'univers », *add.*

venir, mais la réalité, c'est le Christ. ¹⁸Ne vous laissez pas frustrer de votre récompense par quelqu'un qui veut vous humilier dans un culte des anges, qui s'évade dans des visions, qui se gonfle d'orgueil pour rien dans sa mentalité purement humaine. ¹⁹Un tel homme n'est pas en union avec la tête, par laquelle tout le corps, de par Dieu, poursuit sa croissance grâce aux connexions internes et aux articulations qui maintiennent sa cohésion.

²⁰Si vous êtes morts avec le Christ* aux forces qui régissent le monde*, pourquoi subir des règles comme si votre vie dépendait encore du monde : ²¹« Ne prends pas ceci, ne goûte pas cela, ne touche pas cela », ²²alors que toutes ces choses sont faites pour disparaître quand on s'en sert ! Ce ne sont là que des commandements et des enseignements humains, ²³qui ont des airs de sagesse, de religion personnelle, d'humilité et de maîtrise du corps, mais n'ont aucune valeur contre les exigences de la chair*.

La vie des croyants à la lumière de la résurrection

3 ¹Si donc vous êtes ressuscités avec le Christ, recherchez les réalités d'en haut : c'est là qu'est le Christ, assis à la droite de Dieu. ²Tendez vers les réalités d'en haut, et non pas vers celles de la terre*. ³En effet, vous êtes morts avec le Christ, et votre vie reste cachée avec lui en Dieu. ⁴Quand paraîtra le Christ, votre vie, alors vous aussi, vous paraîtrez avec lui en pleine gloire*.

⁵Faites donc mourir en vous ce qui appartient encore à la terre : débauche, impureté, passions, désir mauvais, et cet appétit de jouissance qui est un culte rendu aux idoles. ⁶Voilà ce qui provoque la colère* de Dieu, ⁷voilà quelle était votre conduite autrefois lorsque vous viviez dans ces désordres. ⁸Mais maintenant, débarrassez-vous de tout cela : colère, emportement, méchanceté, insultes, propos grossiers. ⁹Plus de mensonge entre vous ; débarrassez-vous des agissements de l'homme ancien qui est en vous, ¹⁰et revêtez l'homme nouveau, celui que le Créateur refait toujours neuf à son image pour le conduire à la vraie connaissance. ¹¹Alors, il n'y a plus de Grec et de Juif, d'Israélite et de païen, il n'y a pas de barbare, de sauvage, d'esclave, d'homme libre, il n'y a que le Christ : en tous, il est tout.

¹²Puisque vous avez été choisis par Dieu, que vous êtes ses fidèles et ses bien-aimés, revêtez votre cœur de tendresse et de

bonté, d'humilité, de douceur, de patience. ¹³Supportez-vous mutuellement, et pardonnez si vous avez des reproches à vous faire. Agissez comme le Seigneur : il vous a pardonné, faites de même. ¹⁴Par-dessus tout cela, qu'il y ait l'amour* : c'est lui qui fait l'unité dans la perfection. ¹⁵Et que, dans vos cœurs, règne la paix* du Christ à laquelle vous avez été appelés pour former en lui un seul corps.

Vivez dans l'action* de grâce. ¹⁶Que la parole du Christ habite en vous dans toute sa richesse ; instruisez-vous et reprenez-vous les uns les autres avec une vraie sagesse* ; par des psaumes, des hymnes et de libres louanges, chantez à Dieu, dans vos cœurs, votre reconnaissance. ¹⁷Et tout ce que vous dites, tout ce que vous faites, que ce soit toujours au nom du Seigneur* Jésus Christ, en offrant par lui votre action de grâce à Dieu le Père.

¹⁸Vous les femmes, soyez soumises à votre mari ; dans le Seigneur, c'est ce qui convient. ¹⁹Et vous les hommes, aimez votre femme, ne soyez pas désagréables avec elle.

²⁰Vous les enfants, en toutes choses écoutez vos parents ; dans le Seigneur, c'est cela qui est beau.

²¹Et vous les parents, n'exaspérez pas vos enfants ; vous risqueriez de les décourager.

²²Vous les esclaves, obéissez en toute chose à votre maître d'ici-bas, sans chercher à vous faire remarquer par souci de plaire aux hommes, mais dans la simplicité de votre cœur, parce que vous craignez le Seigneur. ²³Quel que soit votre travail, faites-le de bon cœur, pour le Seigneur et non pour plaire à des hommes : ²⁴vous savez bien qu'en retour le Seigneur fera de vous ses héritiers*. Le maître, c'est le Christ : vous êtes à son service. ²⁵Car celui qui fait le mal sera puni en fonction du mal qu'il a fait, et Dieu ne fait pas de différence entre les hommes.

4 ¹Vous les maîtres, assurez à vos esclaves la justice* et l'égalité, sachant que vous aussi vous avez un Maître dans le ciel*.

²Soyez fidèles à la prière ; qu'elle vous tienne éveillés dans l'action de grâce. ³Priez en même temps pour nous, afin que Dieu ouvre la voie à notre parole et que nous annoncions le mystère*

3, 23 : « pour plaire », *add.* d'après v. 22.

du Christ, pour lequel je suis en prison :⁴ que je le publie comme je me dois d'en parler.⁵ Conduisez-vous avec sagesse devant ceux du dehors, en tirant parti du temps présent.⁶ Que votre parole soit toujours bienveillante, pleine de force et de sel, sachant répondre à chacun comme il faut.

Nouvelles et messages personnels

⁷ Vous serez pleinement informés de ce que je deviens par Tychique, le frère bien-aimé, fidèle ministre et compagnon dans le Seigneur*.⁸ Je l'envoie spécialement auprès de vous afin que vous ayez de mes nouvelles et qu'il vous réconforte le cœur,⁹ ainsi qu'Onésime, le frère fidèle et bien-aimé, qui est de chez vous ; ils vous informeront de tout ce qui se passe ici.

¹⁰ Vous avez les salutations d'Aristarque qui est en prison avec moi, et celles de Marc, le cousin de Barnabé (vous avez reçu des instructions à son sujet : s'il vient chez vous, accueillez-le),¹¹ et aussi celles de Jésus dit Justus : ils sont tous trois Juifs d'origine et, seuls à travailler avec moi au règne* de Dieu, ils ont été pour moi une consolation.¹² Vous avez les salutations d'Épaphras, qui est de chez vous : un serviteur* de Jésus, qui mène sans cesse pour vous le combat de la prière, afin que vous teniez debout, comme des gens parfaits et pleinement accordés à la volonté de Dieu ;¹³ je lui rends ce témoignage qu'il se donne beaucoup de peine pour vous et pour ceux de Laodicée et de Hiérapolis.¹⁴ Vous avez la salutation de Luc, le médecin bien-aimé, et de Démas.

¹⁵ Saluez tous les frères de Laodicée, et aussi Nympha et l'Église* qui se rassemble chez elle.¹⁶ Et quand on aura lu cette lettre chez vous, faites en sorte qu'on la lise aussi dans l'Église de Laodicée ; lisez aussi vous-mêmes celle qui vous viendra de Laodicée.¹⁷ Enfin dites à Archippe : « Prends garde de bien accomplir le ministère que tu as reçu dans le Seigneur. »

¹⁸ La salutation est de ma main à moi Paul. N'oubliez pas que je suis en prison.

La grâce* soit avec vous.

Première lettre aux Thessaloniciens

Paul salue les Thessaloniciens et rend grâce pour leur conversion

1 ¹ Nous, Paul, Silvain et Timothée, nous nous adressons à vous, l'Église de Thessalonique qui est en Dieu et en Jésus Christ* le Seigneur. Que la grâce et la paix* soient avec vous.

² À tout instant, nous rendons grâce à cause de vous tous, en faisant mention de vous dans nos prières. ³ Sans cesse, nous nous souvenons que votre foi* est active, que votre charité* se donne de la peine, que votre espérance tient bon en notre Seigneur Jésus Christ, en présence de Dieu notre Père. ⁴ Nous le savons, frères bien-aimés de Dieu, vous avez été choisis par lui. ⁵ En effet, notre annonce de l'Évangile chez vous n'a pas été simple parole, mais puissance, action de l'Esprit* Saint*, certitude absolue : vous savez comment nous nous sommes comportés chez vous pour votre bien. ⁶ Et vous, vous avez commencé à nous imiter, nous et le Seigneur, en accueillant la Parole au milieu de bien des épreuves* avec la joie de l'Esprit Saint. ⁷ Ainsi vous êtes devenus un modèle pour tous les croyants de Macédoine et de toute la Grèce. ⁸ Et ce n'est pas seulement en Macédoine et dans toute la Grèce qu'à partir de chez vous la parole du Seigneur a retenti, mais la nouvelle de votre foi en Dieu s'est si bien répandue partout que nous n'avons plus rien à en dire.

⁹ En effet, quand les gens parlent de nous, ils racontent l'accueil que vous nous avez fait ; ils disent comment vous vous êtes

convertis* à Dieu en vous détournant des idoles, afin de servir le Dieu vivant et véritable, ¹⁰et afin d'attendre des cieux* son Fils qu'il a ressuscité d'entre les morts, Jésus, qui nous délivre de la colère qui vient.

La transmission de l'Évangile, œuvre d'amour et de gratuité

2 ¹Frères, vous le savez bien vous-mêmes, notre venue chez vous n'a pas été inutile. ²Nous venions de souffrir et d'être insultés à Philippes, comme vous le savez ; nous avons cependant trouvé en notre Dieu l'assurance qu'il fallait pour vous annoncer, au prix de grandes luttes, l'Évangile de Dieu. ³Et quand nous vous exhortions, nous n'étions pas au service de doctrines fausses, nous n'avions pas de motifs impurs, nous n'agissions pas par ruse. ⁴En effet, pour nous confier l'Évangile, Dieu nous a mis à l'épreuve* ; de même, aujourd'hui, il continue de mettre notre cœur* à l'épreuve, si bien que nous parlons pour plaire non pas aux hommes, mais à Dieu. ⁵Jamais, vous le savez, nous n'avons eu un mot de flatterie, jamais de motifs intéressés, Dieu en est témoin ; ⁶jamais nous n'avons recherché les honneurs, ni auprès de vous ni auprès des autres hommes, ⁷alors que nous aurions pu nous imposer en qualité d'Apôtres du Christ*. Au contraire, avec vous nous avons été pleins de douceur, comme une mère qui entoure de soins ses nourrissons. ⁸Ayant pour vous une telle affection, nous voudrions vous donner non seulement l'Évangile de Dieu, mais tout ce que nous sommes, car vous nous êtes devenus très chers. ⁹Vous vous rappelez, frères, nos peines et nos fatigues : c'est en travaillant nuit et jour, pour n'être à la charge d'aucun d'entre vous, que nous vous avons annoncé l'Évangile de Dieu. ¹⁰Vous pouvez témoigner, et Dieu aussi, de notre attitude si sainte, si juste et irréprochable envers vous, les croyants. ¹¹Et vous savez bien que nous avons été pour chacun de vous comme un père pour ses enfants ; ¹²nous vous avons exhortés et encouragés, nous vous avons suppliés d'avoir une conduite digne de Dieu, lui qui vous appelle à son Royaume* et à sa gloire*.

¹³Et voici pourquoi nous ne cessons de rendre grâce* à Dieu. Quand vous avez reçu de notre bouche la parole* de Dieu, vous l'avez accueillie pour ce qu'elle est réellement : non pas une parole d'hommes, mais la parole de Dieu qui est à l'œuvre en

vous, les croyants. ¹⁴En effet, frères, vous avez imité les Églises* de Dieu qui vivent en Judée dans le Christ* Jésus, parce que vous avez souffert de la part de vos compatriotes de la même manière qu'elles ont souffert de la part des Juifs. ¹⁵Ceux-ci ont tué le Seigneur* Jésus et les prophètes*; ils nous ont persécutés; ils déplaisent à Dieu; ils sont les adversaires de tous les hommes, ¹⁶puisqu'ils nous empêchent de proclamer la Parole aux païens pour qu'ils soient sauvés; ils continuent ainsi à mettre le comble à leurs péchés*. Mais la colère* de Dieu les a atteints de manière décisive.

Paul se réjouit des bonnes nouvelles qu'apporte Timothée

¹⁷Quant à nous, frères, arrachés à votre affection pour un moment – loin des yeux certes, mais non du cœur – nous avons tout fait pour revoir votre visage, tellement nous en avions le désir. ¹⁸Nous avons donc voulu aller chez vous – moi, Paul, j'ai essayé une fois, et même deux – mais Satan* nous en a empêchés. ¹⁹En effet, qu'est-ce qui nous donne l'espérance, la joie, l'orgueil qui sera notre couronne en présence de notre Seigneur Jésus lors de sa venue? N'est-ce pas vous? ²⁰Car vous êtes, vous, notre gloire et notre joie.

3 ¹C'est pourquoi, dans notre impatience, nous avons préféré rester seuls à Athènes, Silvain et moi, ²et nous vous avons envoyé Timothée, notre frère, le collaborateur de Dieu pour l'annonce de l'Évangile du Christ. C'était pour vous affermir et vous réconforter dans votre foi*, ³pour qu'aucun de vous ne soit ébranlé dans les détresses actuelles. Car vous savez que nous y sommes destinés. ⁴En effet, quand nous étions chez vous, nous vous annoncions la détresse toute proche, et c'est ce qui est arrivé, vous le savez bien. ⁵Voilà pourquoi, dans mon impatience, je vous ai envoyé Timothée pour savoir où en était votre foi, de peur que peut-être le Tentateur ne vous ait tentés, et que nous n'ayons pris de la peine pour rien.

⁶Mais il vient de nous arriver de chez vous, et il nous a apporté la bonne nouvelle de votre foi et de votre charité*; il

---

3, 1 : « Silvain et moi », *add.*

nous a dit que vous nous gardez toujours bien présents dans votre souvenir, et que vous avez le très vif désir de nous revoir comme nous l'avons à votre égard. 7C'est pourquoi, frères, au milieu de toutes nos difficultés et de notre détresse, les nouvelles reçues à votre sujet nous ont réconfortés à cause de votre foi*. 8Car maintenant nous revivons, puisque vous autres, vous tenez bon dans le Seigneur*. 9Comment pourrions-nous assez rendre grâce* à Dieu pour vous ? Nous avons en effet beaucoup de joie à cause de vous devant notre Dieu, 10et nous le prions avec ardeur, jour et nuit, qu'il nous fasse revoir votre visage pour compléter ce qui manque à votre foi.

Souhaits pour la vie de la communauté, et appel à de nouveaux progrès

11Que Dieu lui-même, notre Père, et que notre Seigneur Jésus nous tracent le chemin jusqu'à vous. 12Que le Seigneur vous donne, entre vous et à l'égard de tous les hommes, un amour* de plus en plus intense et débordant, comme celui que nous avons pour vous. 13Et qu'ainsi il vous établisse fermement dans une sainteté sans reproche devant Dieu notre Père, pour le jour où notre Seigneur Jésus viendra avec tous les saints.

4 1Pour le reste, vous avez appris de nous comment il faut vous conduire pour plaire à Dieu ; et c'est ainsi que vous vous conduisez déjà. Faites donc de nouveaux progrès, nous vous en prions, frères, nous vous le demandons dans le Seigneur Jésus.

2D'ailleurs, vous savez bien quelles instructions nous vous avons données de la part du Seigneur Jésus. 3La volonté de Dieu, c'est que vous viviez dans la sainteté, en vous gardant de la débauche, 4et en veillant à vous comporter chacun avec votre femme dans un esprit de sainteté et de respect, 5sans vous laisser entraîner par le désir comme font les païens qui ne connaissent pas Dieu. 6Dans ce domaine, il ne faut pas agir au détriment de ses frères ni leur causer du tort, car le Seigneur punit tout cela, comme nous vous l'avons déjà dit et affirmé. 7En effet, si Dieu nous a appelés, ce n'est pas pour que nous restions dans l'impureté,

---

3, 7 : « nouvelles reçues », *add.* d'après v. 6.

mais pour que nous vivions dans la sainteté. ⁸Ainsi donc celui qui rejette mes instructions, ce n'est pas un homme qu'il rejette, c'est Dieu lui-même, lui qui vous donne son Esprit* Saint*.

⁹Pour ce qui est de l'amour fraternel, vous n'avez pas besoin que je vous en parle, car vous avez appris vous-mêmes de Dieu à vous aimer les uns les autres, ¹⁰et c'est ainsi que vous agissez envers tous les frères de la province de Macédoine. Frères, nous vous encourageons à faire encore de nouveaux progrès : ¹¹ayez à cœur de vivre calmement, de faire chacun ce que vous avez à faire et de travailler de vos mains comme nous vous l'avons ordonné. ¹²Ainsi, votre conduite méritera le respect des gens du dehors, et vous n'aurez pas besoin du secours des autres.

La résurrection des morts et l'attente du Jour du Seigneur

¹³Frères, nous ne voulons pas vous laissez dans l'ignorance au sujet de ceux qui se sont endormis dans la mort* ; il ne faut pas que vous soyez abattus comme les autres, qui n'ont pas d'espérance. ¹⁴Jésus, nous le croyons, est mort et ressuscité* ; de même, nous le croyons, ceux qui se sont endormis, Dieu, à cause de Jésus, les emmènera avec son Fils.

¹⁵Car, sur la parole du Seigneur, nous vous déclarons ceci : nous les vivants, nous qui sommes encore là pour attendre le retour* du Seigneur, nous ne devancerons pas ceux qui se sont endormis. ¹⁶Au signal donné par la voix de l'archange, à l'appel de Dieu, le Seigneur lui-même descendra du ciel*, et les morts unis au Christ* ressusciteront d'abord. ¹⁷Ensuite, nous les vivants, nous qui sommes encore là, nous serons emportés sur les nuées* du ciel, en même temps qu'eux, à la rencontre du Seigneur. Ainsi, nous serons pour toujours avec le Seigneur.

¹⁸Retenez ce que je viens de dire, et réconfortez-vous les uns les autres.

Dans la joie de l'Esprit, soyons vigilants pour attendre le Jour du Seigneur

5 ¹Frères, au sujet de la venue du Seigneur, il n'est pas nécessaire

---

5, 1 : « au sujet de la venue du Seigneur », *add*.

qu'on vous parle de délais ou de dates. ²Vous savez très bien que le jour* du Seigneur* viendra comme un voleur dans la nuit. ³Quand les gens diront : « Quelle paix ! quelle tranquillité ! », c'est alors que, tout à coup, la catastrophe s'abattra sur eux, comme les douleurs sur la femme enceinte : ils ne pourront pas y échapper. ⁴Mais vous, frères, comme vous n'êtes pas dans les ténèbres*, ce jour ne vous surprendra pas comme un voleur. ⁵En effet, vous êtes tous des fils de la lumière*, des fils du jour ; nous n'appartenons pas à la nuit* et aux ténèbres. ⁶Alors, ne restons pas endormis comme les autres, mais soyons vigilants et restons sobres. ⁷Ceux qui dorment dorment la nuit ; ceux qui s'enivrent sont ivres la nuit, ⁸mais nous, qui sommes du jour, restons sobres ; mettons la cuirasse de la foi* et de l'amour* et le casque de l'espérance du salut*.

⁹Car Dieu ne nous a pas destinés à sa colère ; il nous a destinés à entrer en possession du salut par notre Seigneur Jésus Christ*, ¹⁰mort pour nous afin de nous faire vivre avec lui, que nous soyons encore éveillés ou déjà endormis dans la mort*. ¹¹Ainsi, réconfortez-vous les uns les autres et travaillez à vous construire mutuellement comme vous le faites déjà.

¹²Nous vous demandons, frères, de reconnaître ceux qui se donnent de la peine parmi vous, qui prennent soin de vous dans le Seigneur, qui vous donnent des avertissements ; ¹³estimez-les infiniment dans l'amour en raison de leur travail. Vivez en paix* entre vous.

¹⁴Nous vous en prions, frères : avertissez ceux qui vivent dans l'oisiveté, donnez du courage à ceux qui n'en ont pas beaucoup, soutenez les faibles, soyez patients envers tous. ¹⁵Prenez garde que personne ne rende le mal pour le mal, mais recherchez toujours ce qui est bien, entre vous et avec tout le monde.

¹⁶Soyez toujours dans la joie, ¹⁷priez sans relâche, ¹⁸rendez grâce* en toute circonstance : c'est ce que Dieu attend de vous dans le Christ Jésus. ¹⁹N'éteignez pas l'Esprit*, ²⁰ne repoussez pas les prophètes*, ²¹mais discernez la valeur de toute chose. Ce qui est bien, gardez-le ; ²²éloignez-vous de tout ce qui porte la trace du mal.

²³Que le Dieu de la paix lui-même vous sanctifie tout entiers, et qu'il garde parfaits et sans reproche votre esprit, votre âme

et votre corps, pour la venue de notre Seigneur Jésus Christ. ²⁴Il est fidèle, le Dieu qui vous appelle : tout cela, il l'accomplira.

²⁵Frères, priez aussi pour nous. ²⁶Saluez tous les frères en échangeant le baiser de paix. ²⁷Je vous en conjure au nom du Seigneur : que cette lettre soit lue à tous les frères.

Deuxième lettre aux Thessaloniciens

Paul salue les Thessaloniciens et les invite à une attente courageuse de la venue du Seigneur

1 ¹Nous, Paul, Silvain et Timothée, nous nous adressons à vous, l'Église *de Thessalonique qui est en Dieu notre Père et en Jésus Christ * le Seigneur. ²Que la grâce * et la paix * soient avec vous de la part de Dieu le Père et du Seigneur Jésus Christ.

³Frères, à tout instant nous devons rendre grâce à Dieu à cause de vous, et c'est bien juste, étant donné les grands progrès de votre foi *, et la croissance de l'amour * que chacun d'entre vous a pour tous les autres. ⁴C'est pourquoi vous êtes notre orgueil au milieu des Églises de Dieu, à cause de votre persévérance et de votre foi dans toutes les persécutions et les détresses que vous supportez. ⁵Elles sont un signe du juste jugement * de Dieu ; ainsi vous deviendrez dignes de son Royaume * pour lequel vous souffrez, ⁶car il est bien juste que Dieu rende la détresse à ceux qui vous l'infligent, ⁷et à vous qui subissez la détresse, le soulagement avec nous, quand le Seigneur Jésus se révélera du haut du ciel * avec les anges * messagers de sa puissance, ⁸dans le feu * flamboyant ; il tirera vengeance de ceux qui ne connaissent pas Dieu et de ceux qui n'obéissent pas à l'Évangile de notre Seigneur Jésus. ⁹Ceux-là subiront comme châtiment la ruine éternelle, loin de la face *du Seigneur et de sa force glorieuse, ¹⁰quand il viendra en ce jour-là pour être glorifié dans ses saints et admiré en tous ceux qui ont cru ; or vous, vous avez cru à notre témoignage *.

II THESSALONICIENS 2

¹¹ C'est pourquoi nous prions continuellement pour vous, afin que notre Dieu vous trouve dignes de l'appel qu'il vous a adressé ; par sa puissance, qu'il vous donne d'accomplir tout le bien que vous désirez, et qu'il rende active votre foi*. ¹² Ainsi, notre Seigneur Jésus aura sa gloire* en vous, et vous en lui ; voilà ce que nous réserve la grâce de notre Dieu et du Seigneur Jésus Christ.

Garder confiance dans les angoisses annonçant la venue du Seigneur

2 ¹ Frères, nous voulons vous demander une chose, au sujet de la venue de notre Seigneur Jésus Christ et de notre rassemblement auprès de lui : ² si l'on nous attribue une révélation, une parole ou une lettre prétendant que le jour* du Seigneur est arrivé, n'allez pas aussitôt perdre la tête, ne vous laissez pas effrayer. ³ Ne laissez personne vous égarer d'aucune manière. Il faut que vienne d'abord l'apostasie, et que se révèle l'homme de l'impiété, le fils de perdition, ⁴ celui qui s'oppose, et qui s'élève contre tout ce qui est appelé Dieu et à qui on rend un culte, allant jusqu'à siéger dans le temple* de Dieu en se faisant passer lui-même pour Dieu. ⁵ Ne vous souvenez-vous pas que je vous en ai parlé quand j'étais encore chez vous ? ⁶ Maintenant vous savez ce qui le retient, de manière qu'il se révèle seulement au temps fixé pour lui. ⁷ Car le mystère d'impiété est déjà à l'œuvre ; il suffit que soit écarté celui qui le retient à présent. ⁸ Alors sera révélé l'impie, que le Seigneur Jésus supprimera par le souffle* de sa bouche et fera disparaître par la manifestation de sa venue. ⁹ La venue de l'impie, elle, se fera par la force de Satan* avec une grande puissance, des signes* et des prodiges trompeurs, ¹⁰ avec toute la séduction du mal, pour tous ceux qui se perdent du fait qu'ils n'ont pas accueilli l'amour de la vérité* qui les aurait sauvés. ¹¹ C'est pourquoi Dieu leur envoie une force d'égarement qui les fait croire au mensonge ; ¹² ainsi seront jugés tous ceux qui n'ont pas cru à la vérité, mais qui se sont complu dans le mal.

Foi, prière, espérance : le Seigneur est fidèle

¹³ Quant à nous, nous devons toujours rendre grâce à Dieu pour vous, frères bien-aimés du Seigneur, puisque Dieu vous a

choisis les premiers pour être sauvés par l'Esprit * qui sanctifie et la foi * en la vérité *. ¹⁴C'est à cela que Dieu vous a appelés par notre proclamation de l'Évangile, pour que vous entriez en possession de la gloire * de notre Seigneur * Jésus Christ *. ¹⁵Ainsi donc, frères, tenez bon, et gardez ferme les traditions que nous vous avons enseignées, soit de vive voix, soit par lettre.

¹⁶Laissez-vous réconforter par notre Seigneur Jésus Christ lui-même et par Dieu notre Père, lui qui nous a aimés et qui, dans sa grâce *, nous a pour toujours donné réconfort et joyeuse espérance ; ¹⁷qu'ils affermissent votre cœur dans tout ce que vous pouvez faire et dire de bien.

3 ¹Priez aussi pour nous frères, afin que la parole du Seigneur poursuivre sa course, et qu'on lui rende gloire partout comme chez vous. ²Priez pour que nous échappions à la méchanceté des gens qui nous veulent du mal, car tout le monde n'a pas la foi. ³Le Seigneur, lui, est fidèle : il vous affermira et vous protégera du Mal. ⁴Et, dans le Seigneur, nous avons pleine confiance en vous : vous faites et vous continuerez à faire ce que nous vous ordonnons. ⁵Que le Seigneur vous conduise à l'amour de Dieu et à la persévérance pour attendre le Christ.

La loi du travail ; salutation finale

⁶Frères, au nom du Seigneur Jésus Christ, nous vous ordonnons d'éviter tous ceux d'entre vous qui vivent dans l'oisiveté et ne suivent pas la tradition que vous avez reçue de nous. ⁷Vous savez bien, vous, ce qu'il faut faire pour nous imiter. Nous n'avons pas vécu parmi vous dans l'oisiveté ; ⁸et le pain * que nous avons mangé, nous n'avons demandé à personne de nous en faire cadeau. Au contraire, dans la fatigue et la peine, nuit et jour, nous avons travaillé pour n'être à la charge d'aucun d'entre vous. ⁹Bien sûr, nous en aurions le droit ; mais nous avons voulu être pour vous un modèle à imiter.

¹⁰Et quand nous étions chez vous, nous vous donnions cette consigne : si quelqu'un ne veut pas travailler, qu'il ne mange pas non plus. ¹¹Or, nous apprenons que certains parmi vous vivent dans l'oisiveté, affairés sans rien faire. ¹²À ceux-là, nous adressons

dans le Seigneur Jésus Christ cet ordre et cet appel : qu'ils travaillent dans le calme pour manger le pain qu'ils auront gagné.

¹³ Mais vous, frères, ne vous lassez pas de faire le bien. ¹⁴ Si quelqu'un n'obéit pas à ce que nous disons dans cette lettre, signalez-le ; ne le fréquentez pas, pour qu'il soit couvert de confusion ; ¹⁵ et ne le considérez pas comme un ennemi, mais avertissez-le comme un frère.

¹⁶ Que le Seigneur de la paix* vous donne lui-même la paix, en tout temps et de toute manière. Et que le Seigneur soit avec vous tous.

¹⁷ La salutation est de ma main à moi, Paul. Je signe de cette façon toutes mes lettres, c'est mon écriture.

¹⁸ Que la grâce de notre Seigneur Jésus Christ soit avec vous tous.

Première lettre à Timothée

Paul salue Timothée et dénonce ceux qui dévient de l'Évangile

1 ¹Moi, Paul, qui suis Apôtre du Christ* Jésus par ordre de Dieu notre Sauveur* et du Christ Jésus notre espérance, ²je te souhaite à toi, Timothée, mon véritable enfant dans la foi*, grâce*, miséricorde* et paix* de la part de Dieu le Père et du Christ Jésus notre Seigneur*.

³N'oublie pas qu'en partant pour la Macédoine, je t'ai recommandé de rester à Éphèse, pour interdire à certains de dévier dans leur enseignement ⁴ou de s'attacher à des récits mythologiques et à des généalogies interminables : cela mène à des recherches sans fin, plutôt qu'au dessein de Dieu qui est affaire de foi. ⁵Le but de cette interdiction, c'est l'amour* qui vient d'un cœur pur, d'une conscience droite et d'une foi sincère. ⁶Certains, pour avoir dévié de ce chemin, n'ont abouti qu'à un bavardage creux ; ⁷ils veulent passer pour des spécialistes de la Loi*, alors qu'ils ne comprennent ni ce qu'ils disent, ni ce dont ils se portent garants. ⁸Or nous savons que cette Loi est bonne, à condition qu'on l'utilise comme une loi, ⁹qui est là, on le sait bien, non pas contre le juste*, mais contre les ennemis de la loi : insoumis, impies, pécheurs, sacrilèges, profanateurs, parricides, meurtriers, ¹⁰débauchés, homosexuels, trafiquants d'êtres humains, menteurs, parjures, et contre toute autre activité opposée à l'enseignement solide. ¹¹Voilà ce qui est conforme à l'Évangile qui m'a été confié, celui de la gloire* du Dieu bienheureux.

Rendant grâce pour sa propre vocation de pécheur pardonné : Paul invite Timothée au bon combat

¹² Je suis plein de reconnaissance pour celui qui me donne la force, Jésus Christ notre Seigneur, car il m'a fait confiance en me chargeant du ministère,¹³ moi qui autrefois ne savais que blasphémer, persécuter, insulter. Mais le Christ m'a pardonné : ce que je faisais, c'était par ignorance, car je n'avais pas la foi ;¹⁴ mais la grâce de notre Seigneur a été encore plus forte, avec la foi et l'amour dans le Christ Jésus.

¹⁵ Voici une parole sûre, et qui mérite d'être accueillie sans réserve : le Christ Jésus est venu dans le monde* pour sauver les pécheurs ; et moi le premier, je suis pécheur,¹⁶ mais si le Christ Jésus m'a pardonné, c'est pour que je sois le premier en qui toute sa générosité se manifesterait ; je devais être le premier exemple de ceux qui croiraient en lui pour la vie éternelle.

¹⁷ Honneur et gloire
au roi des siècles,
au Dieu unique, invisible et immortel,
pour les siècles des siècles. Amen*.

¹⁸ Voici les consignes que je te transmets, Timothée mon enfant : conformément aux paroles prononcées naguère sur toi par les prophètes*, mène le bon combat,¹⁹ appuyé sur la foi et sur la conscience droite ; certains, pour l'avoir rejetée, ont connu le naufrage de leur foi.²⁰ Tels étaient Hyménaios et Alexandre, que j'ai livrés à Satan* pour leur apprendre à ne plus blasphémer.

La prière universelle

2¹ J'insiste avant tout pour qu'on fasse des prières de demande, d'intercession et d'action* de grâce pour tous les hommes,² pour les chefs d'État et tous ceux qui ont des responsabilités, afin que nous puissions mener notre vie dans le calme et la sécurité, en hommes religieux et sérieux.³ Voilà une vraie prière, que Dieu, notre Sauveur*, peut accepter,⁴ car il veut que tous les hommes soient sauvés et arrivent à connaître* pleinement la vérité*.

⁵ En effet, il n'y a qu'un seul Dieu, il n'y a qu'un seul médiateur entre Dieu et les hommes* : un homme, le Christ Jésus,⁶ qui s'est donné lui-même en rançon* pour tous les hommes. Au temps

fixé, il a rendu ce témoignage* ⁷pour lequel j'ai reçu la charge de messager et d'Apôtre – je le dis en toute vérité – moi qui enseigne aux nations païennes la foi* et la vérité*.

Hommes et femmes dans le projet de Dieu

⁸Je voudrais donc qu'en tout lieu les hommes prient en levant les mains vers le ciel*, saintement, sans colère ni mauvaises intentions.

⁹De même les femmes : que leur beauté vienne de leur tenue convenable portée avec pudeur et simplicité, plutôt que de tresses, d'or, de perles ou de vêtements coûteux ; ¹⁰mais qu'elles vivent comme il convient à des femmes fières de leur piété envers Dieu : en faisant le bien. ¹¹Que la femme reçoive l'instruction dans le calme, en parfaite soumission. ¹²Je ne permets pas à une femme d'enseigner, ni de dominer son mari, mais qu'elle reste dans le calme. ¹³En effet Adam a été modelé le premier, et Ève ensuite. ¹⁴Et ce n'est pas Adam qui a été trompé par le serpent, c'est la femme qui s'est laissé tromper, et qui est tombée dans la transgression. ¹⁵Mais la femme sera sauvée en ayant des enfants, à condition de rester avec modestie dans la foi, la charité* et la recherche de la sainteté.

Comment l'Église doit-elle choisir ses ministres ?

3 ¹Voici une parole sûre : vouloir devenir responsable d'une communauté d'Église, c'est désirer une très belle tâche. ²Un responsable de communauté doit être irréprochable, époux d'une seule femme, homme mesuré, raisonnable et réfléchi, ouvrant sa maison à tous, capable d'enseigner, ³ni buveur ni violent, mais plein de sérénité, pacifique et désintéressé. ⁴Il faut qu'il mène bien sa propre famille, qu'il se fasse écouter et respecter par ses enfants. ⁵Car un homme qui ne sait pas mener sa propre famille, comment pourrait-il prendre en charge une Église de Dieu ? ⁶Il ne doit pas être un nouveau converti ; sinon il pourrait se gonfler d'orgueil, et tomber sous la même condamnation que le démon. ⁷Il faut

---

3, 1 : « d'Église », *add*.

aussi que les gens du dehors portent sur lui un bon témoignage, pour qu'il échappe au mépris des hommes et aux pièges du démon.

⁸ Les diacres doivent eux aussi mériter le respect, n'avoir qu'une parole, ne pas s'adonner à la boisson, refuser les profits malhonnêtes, ⁹ garder le mystère de la foi dans une conscience pure. ¹⁰ On les mettra d'abord à l'épreuve* ; ensuite, s'il n'y a rien à leur reprocher, on les prendra comme diacres. ¹¹ Pour les femmes, c'est la même chose : elles doivent mériter le respect, n'être pas médisantes, mais mesurées et fidèles en tout. ¹² On choisira comme diacre l'époux d'une seule femme, un homme qui mène bien ses enfants et sa propre famille. ¹³ Les diacres qui remplissent bien leur ministère sont très estimables et peuvent avoir beaucoup d'assurance grâce à leur foi au Christ* Jésus.

Hymne au Christ ressuscité

¹⁴ Je t'écris cette lettre avec l'espoir d'aller te voir bientôt. ¹⁵ Mais au cas où je tarderais, je veux que tu saches comment il faut se comporter dans la maison de Dieu, c'est-à-dire dans la communauté, l'Église du Dieu vivant, elle qui est le pilier et le soutien de la vérité.

¹⁶ Assurément, il est grand le mystère* de notre religion : c'est le Christ
    manifesté dans la chair*,
    justifié par l'Esprit*,
    apparu aux anges*,
    proclamé chez les païens,
    accueilli dans le monde* par la foi,
    enlevé au ciel* dans la gloire*.

Conseils à Timothée pour sa vie de ministre de l'Église

4 ¹ L'Esprit dit clairement qu'aux derniers temps* certains abandonneront la foi, pour s'attacher à des esprits trompeurs, à des enseignements de démons, ² à des contre-vérités hypocrites tenues par des hommes dont la conscience infâme est marquée au fer

---

3, 15 : « la communauté », *add.*
3, 16 : « c'est le Christ », *add.*

rouge ; ³ceux-ci empêchent les gens de se marier, ils disent de s'abstenir d'aliments que Dieu a créés pour qu'ils soient consommés dans l'action* de grâce par les croyants, eux qui ont la vraie connaissance de la vérité*. ⁴Or tout ce que Dieu a créé est bon, et rien n'est à rejeter si on le prend dans l'action de grâce, ⁵car c'est sanctifié par la parole* de Dieu et la prière.

⁶En exposant cela aux frères, tu seras un bon serviteur* du Christ* Jésus, nourri des paroles de la foi* et du bon enseignement que tu as toujours suivi. ⁷Quant aux récits mythologiques, ces racontars irréligieux de vieilles femmes, écarte-les. Cultive plutôt ta vie religieuse. ⁸En effet la culture physique n'est pas utile à grand-chose, mais la religion est utile à tout, car elle est promesse de vie pour maintenant et pour l'avenir. ⁹Voilà une parole sûre, et qui mérite d'être accueillie sans réserve : ¹⁰si nous nous donnons de la peine, si nous nous battons, c'est parce que nous avons mis notre espérance dans le Dieu vivant, qui est le Sauveur* de tous les hommes, surtout des croyants. ¹¹Voilà ce que tu dois prescrire et enseigner.

¹²Que personne n'ait lieu de te mépriser parce que tu es jeune ; au contraire, sois pour les croyants un modèle par ta façon de parler et de vivre, par ton amour et ta foi, par la pureté de ta vie. ¹³En attendant que je vienne, applique-toi à lire l'Écriture* aux fidèles, à les encourager et à les instruire. ¹⁴Ne néglige pas le don de Dieu qui est en toi, ce don que tu as reçu grâce à l'intervention des prophètes*, quand l'assemblée des Anciens* a imposé les mains sur toi. ¹⁵Tu dois prendre à cœur tout cela et t'y donner, afin que tous voient tes progrès. ¹⁶Sois attentif à ta conduite et à ton enseignement ; mets-y de la persévérance. En agissant ainsi, tu obtiendras le salut*, pour toi-même et pour ceux qui t'écoutent.

Une communauté où chacun et chacune tient sa place

5 ¹Avec un homme âgé, ne sois pas brutal, mais exhorte-le comme un père, les jeunes gens comme des frères, ²les femmes âgées

---

4, 13 : « aux fidèles », *add*.

comme des mères, et les jeunes femmes comme des sœurs, avec un grand respect.

³ Viens en aide aux veuves qui sont vraiment seules. ⁴ Si une veuve a des enfants ou des petits-enfants, ils doivent apprendre que c'est à eux d'abord d'exercer les vertus familiales et de rendre à leurs parents ce qu'ils ont reçu d'eux. Voilà un geste que Dieu peut accepter. ⁵ Mais la véritable veuve, celle qui reste seule, a mis son espérance en Dieu : elle ne cesse de prier et de supplier nuit et jour. ⁶ Quant à celle qui mène une vie de plaisirs, elle a beau vivre, elle est morte.

⁷ Insiste sur tout cela, pour qu'elles ne soient pas exposées aux critiques. ⁸ Et si quelqu'un ne s'occupe pas des siens, surtout des plus proches, il a déjà renié sa foi, il est pire qu'un incroyant.

⁹ Quant aux veuves qui ont une responsabilité dans l'Église*, voici les conditions pour qu'une femme soit inscrite dans leur groupe : être âgée d'au moins soixante ans, n'avoir eu qu'un seul mari, ¹⁰ avoir des témoins du bien qu'elle fait, avoir élevé des enfants, donné l'hospitalité aux voyageurs, humblement servi les fidèles, secouru les malheureux. Bref, il faut que, dans tous les domaines, elle se soit dévouée.

¹¹ Mais les veuves plus jeunes, écarte-les de cette responsabilité. En effet, quand la passion les détourne du Christ*, elles veulent se remarier, ¹² et se condamnent ainsi en rejetant l'engagement qu'elles avaient pris. ¹³ Et en même temps, elles s'habituent à ne rien faire, elles courent toutes les maisons, non seulement sans rien faire, mais bavardant, s'occupant de ce qui ne les regarde pas, parlant à tort et à travers. ¹⁴ Je veux donc que les plus jeunes se remarient, qu'elles aient des enfants, qu'elles tiennent leur maison, sans donner aucune prise à l'adversaire qui voudrait nous insulter. ¹⁵ Car déjà quelques-unes se sont détournées pour suivre Satan*. ¹⁶ Si une croyante a des veuves dans sa famille, qu'elle les assiste : ainsi l'Église ne sera pas surchargée et pourra assister les veuves qui sont vraiment seules.

5, 9 : « qui ont une responsabilité dans l'Église », *add.*
5, 10 : « humblement servi les fidèles », *litt.* « lavé les pieds des saints ».
5, 16 : « dans sa famille », *add.*

¹⁷Les Anciens* qui s'acquittent bien de leur responsabilité méritent qu'on leur attribue une double rémunération, surtout ceux qui se donnent de la peine pour la Parole et l'enseignement. ¹⁸Car l'Écriture* dit : *Tu ne mettras pas de muselière à un bœuf qui foule le grain,* et encore : *Le travailleur mérite son salaire.*

¹⁹Contre un Ancien n'accepte pas d'accusation, sauf s'il y a deux ou trois témoins. ²⁰Ceux qui sont pécheurs, dénonce-les devant tout le monde, pour faire peur aux autres. ²¹Devant Dieu et le Christ* Jésus et devant les anges* choisis par Dieu, je te le demande solennellement : observe tout cela sans parti pris, et ne fais rien par favoritisme. ²²Ne va pas décider trop vite d'imposer les mains à quelqu'un, et te rendre complice des péchés* d'autrui : garde-toi pur*.

²³Cesse de ne boire que de l'eau, mais prends un peu de vin, à cause de ton estomac et de tes fréquents malaises.

²⁴Il y a des gens dont les péchés sautent aux yeux avant même tout jugement* ; chez d'autres, ils n'apparaissent que plus tard. De même, ce qu'on fait de bien saute aux yeux, et s'il en est autrement, cela ne peut rester caché.

6 ¹Tous ceux qui sont sous le joug de l'esclavage doivent considérer leurs maîtres comme absolument dignes de respect, pour que le nom* de Dieu et notre enseignement ne soient pas calomniés. ²Et s'ils ont des maîtres croyants, qu'ils ne les méprisent pas, puisque ce sont des frères ; qu'ils les servent plutôt, étant alors les bienfaiteurs de croyants bien-aimés.

Le combat du ministre pour une Église authentiquement évangélique

Je t'ai dit ce que tu dois enseigner et recommander. ³Si quelqu'un enseigne autre chose, et ne s'attache pas aux paroles solides, celles de notre Seigneur* Jésus Christ, et à l'enseignement vraiment religieux, ⁴un tel homme est plein de lui-même, il ne sait rien, c'est un malade de la discussion et des querelles de mots. Il ne sort de tout cela que rivalités, discordes, insultes, soupçons malveillants, ⁵disputes interminables de gens à l'esprit corrompu,

---

5, 18 : cf. Dt **25**, 4 ; Mt **10**, 10.

qui, coupés de la vérité*, ne voient dans la religion qu'une source de profit.

⁶ Certes, il y a un grand profit dans la religion si l'on se contente de ce que l'on a. ⁷ De même que nous n'avons rien apporté dans ce monde, nous ne pourrons rien emporter. ⁸ Si nous avons de quoi manger et nous habiller, sachons nous en contenter. ⁹ Ceux qui veulent s'enrichir tombent dans le piège de la tentation* ; ils se laissent prendre par une foule de désirs absurdes et dangereux, qui précipitent les gens dans la ruine et la perdition. ¹⁰ Car la racine de tous les maux, c'est l'amour de l'argent*. Pour s'y être livrés, certains se sont égarés loin de la foi* et se sont infligé à eux-mêmes des tourments sans nombre.

¹¹ Mais toi, l'homme de Dieu, évite tout cela ; cherche à être juste* et religieux, vis dans la foi et l'amour*, la persévérance et la douceur. ¹² Continue à bien te battre pour la foi, et tu obtiendras la vie éternelle ; c'est à elle que tu as été appelé, c'est pour elle que tu as été capable d'une si belle affirmation de ta foi devant de nombreux témoins.

¹³ Et maintenant, en présence de Dieu qui donne vie à toutes choses, et en présence du Christ Jésus qui a témoigné devant Ponce Pilate par une si belle affirmation, voici ce que je t'ordonne : ¹⁴ Garde le commandement du Seigneur*, en demeurant irréprochable et droit jusqu'au moment où se manifestera notre Seigneur Jésus Christ. ¹⁵ Celui qui fera paraître le Christ au temps fixé,

> c'est le Souverain unique et bienheureux,
> le Roi des rois, le Seigneur des seigneurs,
> ¹⁶ le seul qui possède l'immortalité,
> lui qui habite la lumière* inaccessible,
> lui que personne n'a jamais vu,
> et que personne ne peut voir.
> À lui, honneur et puissance éternelle. Amen*.

¹⁷ Quant aux riches de ce monde, exhorte-les à ne pas céder à l'orgueil. Qu'ils mettent leur espérance non pas dans des richesses* incertaines, mais en Dieu, car il nous procure tout en abondance pour que nous en profitions. ¹⁸ Recommande-leur d'être généreux :

6, 14 : « du Seigneur », *add.*

que leur richesse* soit de faire le bien, qu'ils donnent de bon cœur et sachent partager. ¹⁹De cette manière, ils amasseront un trésor pour bien construire leur avenir et obtenir la vraie vie*.

²⁰Timothée, tu es le dépositaire de l'Évangile : garde-le bien. Évite les bavardages impies et les contestations de la soi-disant connaissance supérieure : ²¹en la professant, certains ont dévié par rapport à la foi*.

Que la grâce* soit avec vous.

6, 20 : « supérieure », *add*.

Deuxième lettre à Timothée

Paul salue Timothée son disciple et l'exhorte à être lui aussi un fidèle ministre de l'Évangile

1 ¹Moi, Paul, qui suis, par la volonté de Dieu, Apôtre du Christ* Jésus à cause de la promesse de la vie que nous avons en Jésus Christ, ²je te souhaite à toi, Timothée, mon enfant bien-aimé, grâce*, miséricorde* et paix* de la part de Dieu le Père et du Christ Jésus notre Seigneur*.

³Je suis plein de reconnaissance envers Dieu, que j'adore avec une conscience pure comme l'ont fait mes ancêtres ; je le prie sans cesse, nuit et jour, en me souvenant de toi. ⁴Je n'oublie pas tes larmes, et j'ai un très vif désir de te revoir pour être rempli de joie. ⁵J'évoque le souvenir de ta foi* sincère : c'était celle de Loïs, ta grand-mère, et d'Eunikè, ta mère, et je suis convaincu que c'est la même foi qui t'anime aussi. ⁶Voilà pourquoi je te rappelle que tu dois réveiller en toi le don de Dieu que tu as reçu quand je t'ai imposé les mains. ⁷Car ce n'est pas un esprit de peur que Dieu nous a donné, mais un esprit de force, d'amour et de raison. ⁸N'aie pas honte de rendre témoignage* à notre Seigneur, et n'aie pas honte de moi, qui suis en prison à cause de lui ; mais, avec la force de Dieu, prends ta part de souffrance pour l'annonce de l'Évangile. ⁹Car Dieu nous a sauvés, et il nous a donné une vocation sainte, non pas à cause de nos propres actes, mais à cause de son projet à lui et de sa grâce. Cette grâce nous avait été donnée par le Christ Jésus avant tous les

siècles, ¹⁰ et maintenant elle est devenue visible à nos yeux, car notre Sauveur*, le Christ Jésus, s'est manifesté en détruisant la mort*, et en faisant resplendir la vie* et l'immortalité par l'annonce de l'Évangile, ¹¹ pour lequel j'ai reçu la charge de messager, d'apôtre et d'enseignant. ¹² C'est pour cette raison que j'ai encore à souffrir ainsi ; mais je ne le regrette pas, car je sais en qui j'ai mis ma foi*, et je suis sûr qu'il est assez puissant pour sauvegarder jusqu'au jour de sa venue l'Évangile dont je suis le dépositaire.

¹³ Règle ta doctrine sur l'enseignement solide que tu as reçu de moi, dans la foi et dans l'amour que nous avons en Jésus Christ*. ¹⁴ Tu es le dépositaire de l'Évangile ; garde-le dans toute sa pureté, grâce à l'Esprit* Saint* qui habite en nous.

¹⁵ Tu sais bien que tous ceux de la province d'Asie se sont détournés de moi, et entre autres Phygèle et Hermogène. ¹⁶ Que le Seigneur* fasse miséricorde* à la famille d'Onésiphore qui m'a plusieurs fois rendu courage et qui n'a pas eu honte de me savoir en prison. ¹⁷ Arrivé à Rome, il s'est dépêché de me chercher, et il m'a trouvé. ¹⁸ Que le Seigneur lui donne de trouver miséricorde auprès de Dieu au dernier Jour*. Et tous les services qu'il a rendus à Éphèse, tu les connais mieux que personne.

2 ¹ Trouve donc ta force, mon enfant, dans la grâce qui est en Jésus Christ. ² Ce que tu m'as entendu dire devant de nombreux témoins, transmets-le à des hommes de confiance qui seront capables de l'enseigner aux autres à leur tour. ³ Prends ta part de souffrance comme un bon soldat du Christ Jésus. ⁴ Quand on est dans l'armée, on ne s'embarrasse pas des affaires de la vie ordinaire, afin de satisfaire son chef d'armée. ⁵ Dans une compétition sportive, on ne reçoit le prix que si l'on observe les règles de la compétition. ⁶ Le cultivateur qui se donne de la peine doit être le premier à recevoir une part de la récolte. ⁷ Réfléchis à ce que je dis, car le Seigneur te donnera de tout comprendre.

1, 12 et 14 : « l'Évangile », *add.*

Le mystère pascal

⁸ Souviens-toi de Jésus Christ
le descendant de David :
il est ressuscité d'entre les morts,
voilà mon Évangile. ⁹ C'est pour lui que je souffre, jusqu'à être enchaîné comme un malfaiteur. Mais on n'enchaîne pas la parole* de Dieu ! ¹⁰ C'est pourquoi je supporte tout pour ceux que Dieu a choisis, afin qu'ils obtiennent eux aussi le salut* par Jésus Christ, avec la gloire* éternelle.

¹¹ Voici une parole sûre :
Si nous sommes morts avec lui,
avec lui nous vivrons.
¹² Si nous supportons l'épreuve*,
avec lui nous régnerons.
Si nous le rejetons,
lui aussi nous rejettera.
¹³ Si nous sommes infidèles,
lui, il restera fidèle,
car il ne peut se rejeter lui-même.

¹⁴ Voilà ce que tu dois rappeler, en déclarant solennellement devant Dieu qu'il faut éviter les querelles de mots : elles ne servent à rien, sinon à démolir ceux qui les écoutent.

Être un bon serviteur du Christ dans la vérité, la foi, l'amour et la paix

¹⁵ Toi-même, efforce-toi de te présenter devant Dieu comme un homme qui a fait ses preuves, un ouvrier qui n'a pas à regretter ce qu'il a fait et qui trace tout droit le chemin de la parole de vérité. ¹⁶ Fuis les discours vides et irréligieux ; leurs auteurs progressent sans cesse en impiété ¹⁷ et leur parole se propage comme la gangrène. Tels sont Hyménaios et Philète, ¹⁸ qui ont dévié par rapport à la vérité en prétendant que la résurrection* est déjà arrivée, et ils bouleversent la foi de certains. ¹⁹ Cependant le fon-

---

2, 8 : on a interverti deux stiques pour la clarté.
2, 19 : cf. Si **17,** 26 ; Is **26,** 13.

dement solide posé par Dieu tient bon, avec cette inscription qui l'authentifie : *Le Seigneur* connaît les siens,* et : *Qu'il se détourne de l'injustice,* tout homme qui prononce le nom du Seigneur. ²⁰ En effet, dans une grande maison, il n'y a pas seulement des instruments d'or et d'argent, mais il y en a aussi en bois et terre cuite, les premiers pour ce qui est honorable, et les autres pour ce qui est vulgaire. ²¹ Si donc quelqu'un se purifie de ces choses-là, il sera un instrument pour ce qui est honorable, sanctifié, utile au Maître, équipé pour faire tout ce qui est bien.

²² Fuis les passions de la jeunesse. Cherche à vivre dans la justice*, la foi*, l'amour* et la paix*, avec ceux qui invoquent le Seigneur d'un cœur pur. ²³ Évite les discussions folles et absurdes : tu sais qu'elles finissent par des querelles. ²⁴ Or un serviteur* du Seigneur ne doit pas être querelleur ; il doit être plein de bonté envers tous, capable d'enseigner et de supporter la malveillance ; ²⁵ il doit reprendre avec douceur les opposants, car Dieu leur donnera peut-être de se convertir et de connaître la vérité* : ²⁶ ils retrouveront alors leur bon sens, et ils se dégageront des pièges du démon qui les a pris et soumis à sa volonté.

Les moments difficiles des derniers temps

3 ¹ Sache-le bien : dans les derniers jours* surviendront des moments difficiles. ² En effet les hommes seront égoïstes, cupides, prétentieux, orgueilleux, calomniateurs, rebelles à leurs parents, ingrats, sacrilèges, ³ sans cœur, sans pitié, médisants, intempérants, intraitables, ennemis du bien, ⁴ traîtres, emportés, pleins d'eux-mêmes, amis du plaisir plutôt que de Dieu ; ⁵ ils auront les apparences d'une vie religieuse, mais ils rejetteront ce qui en fait la force. Détourne-toi aussi de ces gens-là ! ⁶ Parmi eux, il y en a qui s'introduisent dans les maisons et retiennent captives des bonnes femmes pleines de péchés*, entraînées par toutes sortes de désirs, ⁷ toujours en train d'apprendre et jamais capables d'arriver à une vraie connaissance de la vérité. ⁸ De la même façon que Jannès et Jambrès se sont opposés à Moïse, ceux-là aussi

---

3, 8 : « Jannès et Jambrès », noms donnés aux magiciens d'Ex **7**, 11.22.

s'opposent à la vérité ; ce sont des hommes à l'intelligence faussée, dont la foi n'est pas sûre. ⁹Cependant ils n'iront plus bien loin, car tout le monde constatera qu'ils sont insensés, comme on l'a fait pour les deux autres.

Au soir de sa vie, Paul exprime sa confiance et fait à Timothée ses dernières recommandations

¹⁰Mais toi, tu as suivi pas à pas mon enseignement, ma manière de vivre et mes projets, ma foi, ma patience, ma charité* et ma persévérance, ¹¹les persécutions et les souffrances, tout ce qui m'est arrivé à Antioche, à Iconium et à Lystres, toutes les persécutions que j'ai subies. Et de tout cela le Seigneur m'a délivré. ¹²D'ailleurs, tous ceux qui veulent vivre en hommes religieux dans le Christ* Jésus subiront la persécution. ¹³Quant aux hommes mauvais et aux charlatans, ils iront toujours plus loin dans le mal, ils seront à la fois trompeurs et trompés.

¹⁴Mais toi, tu dois en rester à ce qu'on t'a enseigné : tu l'as reconnu comme vrai, sachant bien quels sont les maîtres qui te l'ont enseigné. ¹⁵Depuis ton plus jeune âge, tu connais les textes sacrés : ils ont le pouvoir de te communiquer la sagesse*, celle qui conduit au salut* par la foi que nous avons en Jésus Christ. ¹⁶Tous les textes de l'Écriture* sainte sont inspirés par Dieu ; celle-ci est utile pour enseigner, dénoncer le mal, redresser, éduquer dans la justice ; ¹⁷grâce à elle, l'homme de Dieu sera bien armé, il sera pourvu de tout ce qu'il faut pour faire un bon travail.

4 ¹Devant Dieu, et devant le Christ Jésus qui doit juger les vivants et les morts, je te le demande solennellement, au nom de sa manifestation et de son Règne* : ²proclame la Parole, interviens à temps et à contretemps, dénonce le mal, fais des reproches, encourage, mais avec une grande patience et avec le souci d'instruire. ³Un temps viendra où l'on ne supportera plus l'enseignement solide ; mais, au gré de leur caprice, les gens iront chercher une foule de maîtres pour calmer leur démangeaison d'entendre du nouveau. ⁴Ils refuseront d'entendre la vérité pour se tourner vers des récits mythologiques. ⁵Mais toi, en toute chose garde ton bon sens, supporte la souffrance, travaille à l'annonce de l'Évangile, accomplis jusqu'au bout ton ministère.

⁶ Car moi, me voici déjà offert en sacrifice*, le moment de mon départ est venu. ⁷ Je me suis bien battu, j'ai tenu jusqu'au bout de la course, je suis resté fidèle. ⁸ Je n'ai plus qu'à recevoir la récompense du vainqueur : dans sa justice*, le Seigneur*, le juge impartial, me la remettra en ce jour-là, comme à tous ceux qui auront désiré avec amour sa manifestation dans la gloire*.

⁹ Viens me rejoindre le plus vite possible, ¹⁰ car Démas m'a abandonné par amour de ce monde*, et il est parti pour Thessalonique ; Crescens est parti chez les Galates, et Tite en Dalmatie. ¹¹ Luc est seul avec moi. Amène Marc avec toi, il m'est très utile pour le ministère. ¹² J'ai envoyé Tychique à Éphèse.

¹³ En venant, rapporte-moi le manteau que j'ai laissé à Troas chez Carpos. Apporte-moi aussi mes livres, surtout les parchemins.

¹⁴ Alexandre, le forgeron, m'a fait beaucoup de mal. Il recevra du Seigneur le salaire de ses actes. ¹⁵ Toi aussi, prends garde à lui, car il s'est violemment opposé à nos paroles.

¹⁶ La première fois que j'ai présenté ma défense, personne ne m'a soutenu : tous m'ont abandonné. Que Dieu ne leur en tienne pas rigueur. ¹⁷ Le Seigneur, lui, m'a assisté. Il m'a rempli de force pour que je puisse annoncer jusqu'au bout l'Évangile et le faire entendre à toutes les nations païennes. J'ai échappé à la gueule du lion ; ¹⁸ le Seigneur me fera encore échapper à tout ce qu'on fait pour me nuire. Il me sauvera et me fera entrer au ciel*, dans son Royaume*. À lui la gloire pour les siècles des siècles. Amen.

¹⁹ Salue Prisca et Aquilas, ainsi que ceux de chez Onésiphore. ²⁰ Éraste est resté à Corinthe. J'ai laissé Trophime à Milet ; il était malade. ²¹ Dépêche-toi de venir avant l'hiver. Eubule et Pudens te saluent, ainsi que Lin, Claudia et tous les frères.

²² Que le Seigneur soit avec ton esprit. Que la grâce* soit avec vous.

Lettre à Tite

Paul salue Tite et lui fait des recommandations pour l'organisation et la vie de l'Église

1 ¹Moi, Paul, serviteur* de Dieu, je m'adresse à toi, Tite, mon véritable enfant selon la foi* qui nous est commune, moi qui suis Apôtre de Jésus Christ*, chargé de conduire ceux que Dieu a choisis vers la foi et la connaissance de la vérité* dans une religion vécue. ²Je m'appuie sur l'espérance de la vie éternelle, promise depuis toujours par Dieu qui ne ment pas ; ³au temps fixé, il a manifesté sa parole dans le message qui m'a été confié par ordre de Dieu notre Sauveur*. ⁴Je te souhaite grâce* et paix* de la part de Dieu le Père et du Christ Jésus notre Sauveur.

⁵Si je t'ai laissé en Crète, c'est pour que tu finisses de tout organiser et que, dans chaque ville, tu institues des Anciens* comme je te l'ai commandé. ⁶L'Ancien doit être un homme sans reproche, époux d'une seule femme, père de famille dont les enfants soient croyants, et inattaquables pour leur conduite et leur obéissance. ⁷Il faut en effet que le responsable d'une communauté d'Église soit un homme sans reproche, puisqu'il est l'intendant de Dieu ; il ne doit être ni arrogant, ni coléreux, ni buveur, ni violent, ni avide de propos malhonnêtes ; ⁸il doit ouvrir sa maison à tous, être ami du bien, raisonnable, juste, saint, maître de lui. ⁹Il doit être attaché à la parole sûre et conforme à la doctrine, pour

---

1, 1 : on a anticipé, pour la clarté, le début du v. 4.

être capable, à la fois, d'exhorter les autres en leur donnant un enseignement solide, et de répondre aux opposants.

¹⁰ Car il y a beaucoup d'insoumis, au discours creux et trompeur, surtout parmi ceux qui viennent du judaïsme. ¹¹ Il faut fermer la bouche à ces gens qui bouleversent des maisons entières, en enseignant ce qu'il ne faut pas, pour faire des profits malhonnêtes. ¹² Car l'un d'entre eux, leur propre prophète*, l'a bien dit : *Crétois toujours menteurs, méchantes bêtes, gloutons fainéants !* ¹³ Ce témoignage est vrai. C'est une raison pour toi de les dénoncer catégoriquement, afin qu'ils retrouvent la santé de la foi*, ¹⁴ au lieu de s'attacher aux récits mythologiques des Juifs et à des préceptes de gens qui se détournent de la vérité*. ¹⁵ Pour les purs, tout est pur* ; mais pour ceux qui sont souillés et qui refusent de croire, rien n'est pur : leur esprit et leur conscience sont souillés. ¹⁶ Ils proclament qu'ils connaissent Dieu, mais ils le renient par leurs actes, abominables qu'ils sont, indociles et inaptes à rien faire de bien.

Conseils pour diverses catégories de chrétiens dans l'attente du Christ

2 ¹ Proclame ce qui est conforme à l'enseignement solide. ² Dis aux hommes âgés d'être sobres, dignes de respect, raisonnables, et solides dans la foi, la charité* et la persévérance.

³ Quant aux femmes âgées, dis-leur de mener une vie sainte, de ne pas dire du mal des autres, de ne pas être esclaves de la boisson, de donner de bons conseils ; ⁴ qu'elles apprennent aux jeunes femmes à aimer leur mari et leurs enfants, ⁵ à être raisonnables et pures, bonnes ménagères, aimables, soumises chacune à son mari, afin que la parole* de Dieu ne soit pas exposée au mépris.

⁶ Exhorte aussi les jeunes à être raisonnables en toutes choses. ⁷ Toi-même, sois un modèle dans ta façon de bien agir : par le sérieux et la pureté de ton enseignement, ⁸ par la solidité inattaquable de ta parole, pour la plus grande confusion de l'adversaire qui ne trouvera aucune critique à faire sur nous.

1, 12 : citation du *Traité des oracles*, d'Épiménide.

⁹Les esclaves doivent être soumis à leur maître en toutes choses, aimables, ni agressifs, ¹⁰ni voleurs, mais manifestant une parfaite fidélité, pour faire honneur en tout à l'enseignement de Dieu notre Sauveur*.

¹¹Car la grâce* de Dieu s'est manifestée pour le salut* de tous les hommes. ¹²C'est elle qui nous apprend à rejeter le péché* et les passions d'ici-bas, pour vivre dans le monde présent en hommes raisonnables, justes* et religieux, ¹³et pour attendre le bonheur que nous espérons avoir quand se manifestera la gloire* de Jésus Christ, notre grand Dieu et notre Sauveur. ¹⁴Car il s'est donné pour nous afin de nous racheter de toutes nos fautes, et de nous purifier pour faire de nous son peuple, un peuple ardent à faire le bien. ¹⁵Voilà comment tu dois parler, exhorter et réfuter en toute autorité. Que personne ne puisse te mépriser.

Vivre dans le monde en hommes renouvelés par le baptême

3 ¹Rappelle à tous qu'ils doivent être soumis aux gouvernants et aux autorités, qu'ils doivent leur obéir et être prêts à faire tout ce qui est bien ; ²qu'ils n'insultent personne, ne soient pas batailleurs, mais pleins de sérénité, faisant preuve d'une douceur constante à l'égard de tous les hommes.

³Car nous aussi, autrefois, nous étions insensés, révoltés, égarés, esclaves de toutes sortes de désirs et de plaisirs ; nous vivions dans la méchanceté et les rivalités, nous étions odieux et remplis de haine les uns pour les autres. ⁴Mais lorsque Dieu, notre Sauveur, a manifesté sa bonté et sa tendresse pour les hommes, ⁵il nous a sauvés. Il l'a fait dans sa miséricorde*, et non pas à cause d'actes méritoires que nous aurions accomplis par nous-mêmes. Par le bain du baptême, il nous a fait renaître et nous a renouvelés dans l'Esprit* Saint*. ⁶Cet Esprit, Dieu l'a répandu sur nous avec abondance, par Jésus Christ notre Sauveur ; ⁷ainsi, par sa grâce, nous sommes devenus des justes, et nous possédons dans l'espérance l'héritage* de la vie éternelle.

⁸Voilà une parole sûre, et je veux que tu t'en portes garant, afin que ceux qui ont mis leur foi en Dieu s'efforcent d'être au

---

3, 5 : « du baptême », *add.*

premier rang pour faire le bien : c'est cela qui est bon et utile pour les hommes. ⁹ Fuis les recherches folles, les généalogies, les disputes et les controverses sur la Loi*, car elles sont inutiles et vaines. ¹⁰ Quant à l'hérétique, écarte-le après un premier et un second avertissement, ¹¹ sachant qu'un tel homme est perverti et pécheur : il se condamne lui-même.

Recommandations finales

¹² Quand je t'aurai envoyé Artémas ou Tychique, dépêche-toi de venir me rejoindre à Nicopolis : c'est là que j'ai décidé de passer l'hiver. ¹³ Donne bien à Zénas le juriste et à Apollos ce qu'il faut pour leur voyage afin qu'ils ne manquent de rien. ¹⁴ Que ceux de chez nous apprennent aussi à être au premier rang pour faire le bien et répondre aux nécessités urgentes : ainsi ils ne manqueront pas de produire du fruit.

¹⁵ Ceux qui sont avec moi te saluent tous. Salue nos amis dans la foi*. Que la grâce* soit avec vous tous.

Lettre à Philémon

Quand l'esclave devient un frère

¹ Moi, Paul, qui suis en prison pour le Christ* Jésus, avec Timothée notre frère, je m'adresse à toi Philémon, notre bien-aimé et notre collaborateur, ² ainsi qu'à Apphia notre sœur, à Archippe notre compagnon de combat, et à l'Église* qui se rassemble chez toi. ³ Que la grâce et la paix* soient avec vous de la part de Dieu le Père et de notre Seigneur* Jésus Christ.

⁴ À tout instant je rends grâce à mon Dieu, en faisant mention de toi dans mes prières. ⁵ J'ai entendu parler de l'amour* et de la foi* que tu as pour le Seigneur Jésus et pour tous les fidèles. ⁶ Que la foi à laquelle tu communies devienne efficace en te faisant connaître vraiment tout le bien qui est en nous pour le Christ. ⁷ En effet, ta charité* m'a déjà apporté beaucoup de joie et d'encouragement, car grâce à toi, le cœur des fidèles a été réconforté.

⁸ Certes, j'aurais largement le droit dans le Christ de te dicter ce que tu dois faire, ⁹ mais je préfère, au nom de la charité, t'adresser une demande : Moi Paul, qui suis un vieil homme, moi qui suis aujourd'hui en prison à cause du Christ Jésus, ¹⁰ j'ai quelque chose à te demander pour Onésime, mon enfant à qui, dans ma prison, j'ai donné la vie du Christ. ¹¹ Cet Onésime, dont le nom signifie « utile », ne t'a pas été bien utile dans le passé, mais il l'est maintenant pour toi comme pour moi. ¹² Je te le

---

10 : « du Christ », *add.*
11 : « dont le nom signifie "utile" », *add.*

renvoie, lui qui est une part de moi-même. ¹³ Je l'aurais volontiers gardé auprès de moi, pour qu'il me rende des services en ton nom, à moi qui suis en prison à cause de l'Évangile. ¹⁴ Mais je n'ai rien voulu faire sans ton accord, pour que tu accomplisses librement ce qui est bien, sans y être plus ou moins forcé. ¹⁵ S'il a été éloigné de toi pendant quelque temps, c'est peut-être pour que tu le retrouves définitivement, ¹⁶ non plus comme un esclave, mais, bien mieux qu'un esclave, comme un frère bien-aimé : il l'est vraiment pour moi, il le sera plus encore pour toi, aussi bien humainement que dans le Seigneur*.

¹⁷ Donc, si tu penses être en communion avec moi, accueille-le comme si c'était moi. ¹⁸ S'il t'a fait du tort ou s'il te doit quelque chose, mets cela sur mon compte. ¹⁹ Moi, Paul, j'écris ces mots de ma propre main : je te rembourserai. Je n'ajouterai pas que tu as aussi une dette envers moi, et que cette dette, c'est toi-même. ²⁰ Oui, frère, fais-moi cette joie dans le Seigneur, réconforte mon cœur dans le Christ*.

²¹ Je t'écris en comptant sur ton obéissance, et en sachant que tu feras plus encore que je ne dis. ²² En même temps, prévois aussi mon logement, car j'espère que, grâce à vos prières, je vous serai rendu. ²³ Épaphras, mon compagnon de captivité en Jésus Christ, te salue, ainsi que ²⁴ Marc, Aristarque, Démas et Luc, mes collaborateurs.

²⁵ Que la grâce* du Seigneur Jésus Christ soit avec votre esprit.

Lettre aux Hébreux

Le Fils, reflet de la gloire de Dieu et frère des hommes

Place privilégiée du Fils dans l'histoire du salut et dans la création

1 ¹ Souvent, dans le passé, Dieu a parlé à nos pères par les prophètes* sous des formes fragmentaires et variées ; ² mais, dans les derniers temps, dans ces jours où nous sommes, il nous a parlé par ce Fils qu'il a établi héritier* de toutes choses et par qui il a créé les mondes. ³ Reflet resplendissant de la gloire du Père, expression parfaite de son être, ce Fils, qui porte toutes choses par sa parole puissante, après avoir accompli la purification des péchés*, s'est assis à la droite de la Majesté divine au plus haut des cieux* ; ⁴ et il est placé bien au-dessus des anges*, car il possède par héritage* un nom bien plus grand que les leurs.

⁵ En effet, Dieu n'a jamais dit à un ange : *Tu es mon Fils, aujourd'hui je t'ai engendré.* Ou bien encore : *Je serai pour lui un père, il sera pour moi un fils.*

1, 5 : cf. Ps **2,** 7 ; 2 S **7,** 14.

⁶ Au contraire, au moment d'introduire le Premier-né* dans le monde à venir, il dit : *Que tous les anges* de Dieu se prosternent devant lui.*

⁷ Il dit encore pour les anges : *Celui qui fait de ses anges des esprits, et de ses serviteurs* des flammes ardentes,* ⁸ et pour le Fils : *Ton trône, ô Dieu, est pour les siècles des siècles, ton sceptre royal est sceptre de droiture ;* ⁹ *tu aimes la justice*, tu réprouves le mal, c'est pourquoi, ô Dieu, ton Dieu t'a consacré d'une onction* de joie, de préférence à tes compagnons ;* ¹⁰ et encore : *C'est toi, Seigneur*, qui au commencement as fondé la terre*, et le ciel* est l'ouvrage de tes mains ;* ¹¹ *ils passeront, mais toi tu demeures ; ils s'useront l'un et l'autre comme un habit,* ¹² *comme un manteau tu les enrouleras, comme un vêtement tu les remplaceras ; toi, tu es le même, et tes années n'auront pas de fin.*

¹³ Dieu n'a jamais dit à l'un des anges : *Siège à ma droite, jusqu'à ce que je fasse de tes ennemis ton marchepied.*

¹⁴ Les anges ne sont-ils pas tous des esprits chargés d'une fonction, que Dieu envoie pour le service de ceux qui doivent avoir en héritage le salut* ?

Pour libérer les hommes de la mort, Jésus est venu partager totalement leur condition

2 ¹ Il nous faut donc d'autant plus prêter attention à ce que nous avons entendu, pour ne pas partir à la dérive. ² En effet, si la parole communiquée par des anges s'est trouvée confirmée, et si toute transgression ou désobéissance a reçu une juste sanction, ³ comment nous tirerons-nous d'affaire si nous négligeons un pareil salut ? Celui-ci a eu son commencement avec les paroles du Seigneur, il a été confirmé pour nous par ceux qui les avaient entendues, ⁴ et Dieu leur a ajouté en témoignage signes*, prodiges, multiples miracles* et dons de l'Esprit* Saint* selon sa volonté.

1, 6 : « à venir », *add.* d'après **2,** 5 ; cf. Ps **97** (98), 7.
1, 7 : cf. Ps **103** (104), 4.
1, 8-9 : cf. Ps **44** (45), 7-8.
1, 10-12 : cf. Ps **101** (102), 1.
1, 13 : cf. Ps **109** (110), 1.

⁵À qui Dieu a-t-il soumis le monde à venir ? Ce n'est pas à des anges, ⁶puisque l'auteur d'un psaume déclare ceci : *Ô Dieu, qu'est-ce que l'homme, pour que tu penses à lui, le fils de l'homme, pour t'occuper de lui ? ⁷Tu l'as abaissé un peu au-dessous des anges, tu l'as couronné de gloire* et d'honneur ; ⁸tu as mis sous ses pieds toutes choses.*

Quand Dieu lui a tout soumis, il n'a rien exclu de cette soumission. Cependant en fait nous ne voyons pas encore que tout lui soit soumis.

⁹Mais Jésus avait été abaissé un peu au-dessous des anges, et maintenant nous le voyons couronné de gloire et d'honneur à cause de sa Passion et de sa mort. Si donc il a fait l'expérience de la mort*, c'est, par grâce* de Dieu, pour le salut de tous.

¹⁰En effet, puisque le créateur et maître de tout voulait avoir une multitude de fils à conduire jusqu'à la gloire, il était normal qu'il mène à sa perfection, par la souffrance, celui qui est à l'origine du salut de tous. ¹¹Car Jésus qui sanctifie, et les hommes qui sont sanctifiés, sont de la même race ; et, pour cette raison, il n'a pas honte de les appeler ses frères, ¹²quand il dit : *Je proclamerai ton nom* devant mes frères, je te louerai en pleine assemblée,* ¹³et encore : *Je mettrai toute ma confiance en lui,* et encore : *Me voici avec les enfants que Dieu m'a donnés.*

¹⁴Ainsi donc, puisque les hommes ont tous une nature de chair* et de sang, Jésus a voulu partager cette condition humaine : ainsi, par sa mort, il a pu réduire à l'impuissance celui qui possédait le pouvoir de la mort, c'est-à-dire le démon, ¹⁵et il a rendu libres ceux qui, par crainte de la mort, passaient toute leur vie dans une situation d'esclaves. ¹⁶Car ceux qu'il vient aider, ce ne sont pas les anges, ce sont les fils d'Abraham. ¹⁷Il lui fallait donc devenir en tout semblable à ses frères, pour être, dans leurs rela-

---

2, 5 : « le monde à venir », *om.* « dont nous parlons ».
2, 6 : « psaume », « Ô Dieu », *add.* ; cf. Ps **8**, 5-7 (grec).
2, 9 : cf. Ps **8**, 6 (grec).
2, 12 : cf. Ps **21** (22), 23.
2, 13 : cf. Is **8**, 17-18.
2, 14 : « humaine », *add.*

tions avec Dieu, un grand prêtre* miséricordieux et digne de confiance, capable d'enlever les péchés* du peuple. ¹⁸ Ayant souffert jusqu'au bout l'épreuve de sa Passion, il peut porter secours à ceux qui subissent l'épreuve*.

Le Christ, grand prêtre digne de confiance et proche des hommes

Jésus et Moïse

3 ¹ Ainsi donc, frères saints, vous qui participez à une vocation céleste, considérez Jésus, apôtre et grand prêtre pour notre confession de foi*, ² lui qui est digne de confiance pour celui qui l'a institué, tout comme Moïse, sur toute sa maison. ³ Or lui, il a été jugé digne d'une plus grande gloire* que Moïse, dans la mesure où le constructeur de la maison reçoit plus d'honneur que la maison elle-même. ⁴ Car toute maison est construite par quelqu'un, et celui qui a tout construit, c'est Dieu. ⁵ D'une part Moïse a été digne de confiance dans toute la maison de Dieu comme intendant, pour attester ce qui allait être dit. ⁶ D'autre part le Christ, lui, est digne de confiance comme Fils à la tête de sa maison ; et sa maison, c'est nous, à condition de maintenir l'assurance et la fierté de l'espérance.

Méditation sur le Psaume 94 : attentifs à la parole de Dieu, devenons dignes d'entrer dans le bonheur de son repos

⁷ *C'est pourquoi, comme le dit le Saint-Esprit* dans un psaume : Aujourd'hui, si vous entendez la voix du Seigneur*, ⁸ n'endurcissez pas votre cœur comme au temps de la révolte, au jour où, dans le désert*, ⁹ vos pères m'ont mis à l'épreuve et défié. Alors, pendant quarante ans, ils m'ont vu à l'œuvre ; ¹⁰ c'est ainsi que je me suis emporté contre cette génération-là, et j'ai dit : « Leur cœur s'égare toujours », ces gens-là n'ont pas trouvé mes*

3, 6 : « est digne de confiance », *add.* d'après le v. 5.
3, 7 : « dans un psaume », *add.* ; cf. Ps **94** (95), 7-11.

chemins*.* ¹¹ *Alors, dans ma colère, je l'ai juré : On verra bien s'ils entreront dans mon repos !*

¹² Frères, veillez à ce que personne d'entre vous n'ait un cœur perverti par l'incrédulité au point d'abandonner le Dieu vivant. ¹³ Au contraire, aussi longtemps que dure l'« aujourd'hui » de ce psaume, encouragez-vous les uns les autres jour après jour, pour que personne parmi vous ne s'endurcisse en se laissant tromper par le péché*. ¹⁴ Car nous sommes devenus les compagnons du Christ, mais à condition de maintenir fermement, jusqu'à la fin, notre engagement premier, alors qu'il est dit : ¹⁵ *Aujourd'hui, si vous entendez la voix du Seigneur, n'endurcissez pas votre cœur comme au temps de la révolte.*

¹⁶ Quels sont ceux qui ont entendu et se sont révoltés ? N'est-ce pas tous ceux que Moïse avait fait sortir d'Égypte ? ¹⁷ Contre qui s'est-il emporté pendant quarante ans ? N'est-ce pas contre ceux qui avaient péché, et dont les cadavres sont tombés dans le désert* ? ¹⁸ À qui a-t-il juré qu'ils n'entreraient pas dans son repos, sinon à ceux qui avaient désobéi ? ¹⁹ Nous constatons qu'ils n'ont pas pu entrer à cause de leur manque de foi.

4 ¹ Dieu a bien promis de nous faire entrer dans le lieu de son repos et cette promesse demeure ; mais nous devons redouter que tel ou tel d'entre vous n'y arrive trop tard. ² Certes, nous avons reçu la Bonne Nouvelle, tout comme ceux qui étaient sortis d'Égypte ; cependant, la parole qu'ils ont entendue ne leur servit à rien, parce qu'ils l'ont entendue sans la recevoir en eux avec foi. ³ Mais nous qui sommes croyants, nous entrons dans ce lieu de repos. Dieu dit en effet : *Dans ma colère je l'ai juré : On verra bien s'ils entreront dans mon repos !*

Certes, son œuvre était terminée depuis la création du monde, ⁴ comme l'Écriture* le dit à propos du septième jour : *Et Dieu se reposa le septième jour de toute l'œuvre qu'il avait faite.*

3, 13 : « de ce psaume », *add.*
4, 2 : « qui étaient sortis d'Égypte », *add.* d'après **3,** 16.
4, 3 et 5 : Ps **94** (95), 11.
4, 4 : cf. Gn **2,** 2.

⁵Or, dans le psaume, il reprend : *On verra bien s'ils entreront dans mon repos !*

⁶Puisqu'il reste assuré que certains doivent y entrer, et que les premiers à avoir reçu la bonne nouvelle n'y sont pas entrés à cause de leur désobéissance, ⁷il fixe de nouveau un jour, un aujourd'hui, en disant bien longtemps après le psaume de David : *Aujourd'hui, si vous entendez la voix du Seigneur*, n'endurcissez pas votre cœur.*

⁸Car si Josué leur avait donné le repos, David ne parlerait pas après cela d'un autre jour. ⁹Ainsi, un repos sabbatique reste assuré pour le peuple* de Dieu. ¹⁰Car celui qui est entré dans son repos s'est reposé lui aussi de son ouvrage, comme Dieu s'est reposé du sien. ¹¹Efforçons-nous donc d'entrer dans ce repos, afin que plus personne ne tombe en suivant l'exemple de ceux qui ont désobéi.

La Parole vivante qui nous juge

¹²Elle est vivante, la parole* de Dieu, énergique et plus coupante qu'une épée à deux tranchants ; elle pénètre au plus profond de l'âme, jusqu'aux jointures et jusqu'aux moelles ; elle juge des intentions et des pensées du cœur*. ¹³Pas une créature n'échappe à ses yeux, tout est nu devant elle, dominé par son regard ; nous aurons à lui rendre des comptes.

Ayons pleine assurance grâce à notre grand prêtre

¹⁴En Jésus, le Fils de Dieu, nous avons le grand prêtre par excellence, celui qui a pénétré au-delà des cieux* ; tenons donc ferme l'affirmation de notre foi*. ¹⁵En effet, le grand prêtre que nous avons n'est pas incapable, lui, de partager nos faiblesses ; en toutes choses, il a connu l'épreuve* comme nous, et il n'a pas péché*. ¹⁶Avançons-nous donc avec pleine assurance vers le Dieu tout-puissant qui fait grâce*, pour obtenir miséricorde* et recevoir, en temps voulu, la grâce de son secours.

4, 7 : « le psaume de », *add.*
4, 16 : « vers Dieu tout-puissant qui fait grâce », *litt.* « vers le Trône de la grâce ».

Par son obéissance et ses souffrances, Jésus est le grand prêtre proche des hommes

5 ¹ En effet, le grand prêtre est toujours pris parmi les hommes, et chargé d'intervenir en faveur des hommes dans leurs relations avec Dieu ; il doit offrir des dons et des sacrifices* pour les péchés. ² Il est en mesure de comprendre ceux qui pèchent par ignorance ou par égarement, car il est, lui aussi, rempli de faiblesse ; ³ et, à cause de cette faiblesse, il doit offrir des sacrifices pour ses propres péchés comme pour ceux du peuple. ⁴ On ne s'attribue pas cet honneur à soi-même, on le reçoit par appel de Dieu, comme Aaron.

⁵ Il en est bien ainsi pour le Christ* : quand il est devenu grand prêtre, ce n'est pas lui-même qui s'est donné cette gloire* ; il l'a reçue de Dieu, qui lui a dit : *Tu es mon Fils, moi aujourd'hui, je t'ai engendré,* ⁶ et qui déclare dans un autre psaume : *Tu es prêtre pour toujours selon le sacerdoce de Melkisédek*.*

⁷ Pendant les jours de sa vie mortelle, il a présenté, avec un grand cri et dans les larmes, sa prière et sa supplication à Dieu qui pouvait le sauver de la mort ; et, parce qu'il s'est soumis en tout, il a été exaucé. ⁸ Bien qu'il soit le Fils, il a pourtant appris l'obéissance par les souffrances de sa Passion ; ⁹ et, ainsi conduit à sa perfection, il est devenu pour tous ceux qui lui obéissent la cause du salut* éternel. ¹⁰ Car Dieu l'a proclamé *grand prêtre selon le sacerdoce de Melkisédek.*

Progresser dans la foi sans défaillance

¹¹ Sur ce point, nous aurions à dire bien des choses difficiles à expliquer, puisque vous êtes devenus durs d'oreille. ¹² Depuis le temps, vous devriez être capables d'enseigner, et vous avez encore besoin qu'on vous enseigne les tout premiers éléments des paroles* de Dieu ; vous en êtes arrivés à avoir besoin de lait, et non de nourriture solide. ¹³ Tous ceux qui en sont au lait

---

5, 5 : cf. Ps **2,** 7.
5, 6 et 10 : cf. Ps **109** (110), 4 ; « psaume », *add.*

ne peuvent comprendre la parole de justice*, car ce sont des petits enfants. ¹⁴ Aux adultes, la nourriture solide, eux qui ont des sens exercés par la pratique et savent discerner ce qui est bon de ce qui est mal.

6 ¹ Laissons donc de côté l'enseignement élémentaire sur le Christ*, élevons-nous à la perfection d'adultes, au lieu de recommencer à poser les fondements : conversion* pour rejeter les œuvres mortes et foi* en Dieu, ² instructions sur les baptêmes et imposition des mains, résurrection* des morts et jugement* définitif. ³ Et voilà ce que nous allons faire si Dieu le permet.

⁴ Quand des hommes ont reçu une fois la lumière*, qu'ils ont goûté au don du ciel*, participé à l'Esprit* Saint*, ⁵ goûté à la parole* merveilleuse de Dieu et aux puissances du monde à venir, ⁶ et qu'ils sont retombés, il est impossible de les admettre à une nouvelle conversion, alors que pour leur compte ils crucifient de nouveau et bafouent le Fils de Dieu.

⁷ Quand la terre a absorbé la pluie qui tombe fréquemment sur elle, et a produit des plantes utiles à ceux pour qui on les cultive, elle reçoit de Dieu sa part de bénédiction. ⁸ Mais quand elle donne des épines et des ronces, elle est sans valeur et bien près d'être maudite : elle finira par être brûlée.

⁹ En ce qui vous concerne, frères bien-aimés, nous sommes convaincus que vous êtes dans une situation meilleure et proche du salut*, malgré ce que nous disons là. ¹⁰ Car Dieu ne peut pas commettre d'injustice : il n'oublie pas votre action ni l'amour que vous avez manifesté à son égard, puisque vous vous êtes mis au service des fidèles, et que vous y êtes encore. ¹¹ Notre désir est que chacun d'entre vous manifeste le même empressement, pour que votre espérance se réalise pleinement jusqu'au bout ; ¹² ne vous laissez pas aller, imitez ceux qui, par la foi et la persévérance, obtiennent l'héritage* que Dieu nous a promis.

Le sacrifice du Christ grand prêtre

Notre espérance est fondée sur la promesse de Dieu

¹³ Quand Dieu fit à Abraham la promesse, comme il ne pouvait

jurer par personne de plus grand, il jura par lui-même,¹⁴ et il dit : *Je te comblerai de bénédictions, je multiplierai ta descendance à l'infini.*

¹⁵ Et ainsi, par sa persévérance, Abraham a obtenu ce que Dieu lui avait promis.¹⁶ Les hommes jurent par le nom d'un plus grand qu'eux, et le serment est entre eux une garantie qui met fin à toute discussion ;¹⁷ Dieu a donc pris le moyen du serment quand il a voulu prouver aux héritiers* de la promesse, de manière encore plus claire, que sa décision était irrévocable.

¹⁸ Dieu est ainsi engagé doublement de façon irrévocable, et il ne peut absolument pas mentir. Cela nous encourage fortement, nous qui avons tout abandonné pour tenir fermement l'espérance qui nous est proposée.¹⁹ Pour notre âme, cette espérance est sûre et solide comme une ancre fixée au-delà du rideau du Temple*, dans le Sanctuaire même²⁰ où Jésus est entré pour nous en précurseur, lui qui est devenu *grand prêtre pour toujours selon le sacerdoce de Melkisédek*.

Le Christ grand prêtre à la manière de Melkisédek et non du sacerdoce lévitique

7¹ En effet, *Melkisédek, roi de Salem, prêtre du Dieu Très-Haut, vint à la rencontre d'Abraham quand celui-ci rentrait de son expédition contre les rois ; il le bénit,*² et Abraham *lui fit hommage du dixième de tout ce qu'il avait pris.* C'est que, premièrement, Melkisédek porte un nom qui veut dire « roi de justice* » ; de plus, il était roi de Salem, c'est-à-dire roi « de paix* »,³ et puis il n'est pas question de son père, ni de sa mère, ni de ses ancêtres, ni du début de son existence ni de la fin de sa vie ; tout cela le fait ressembler au Fils de Dieu : il demeure prêtre à jamais.

⁴ Regardez comme il est grand, celui à qui Abraham a donné la dîme de son meilleur butin, lui le père de notre race.⁵ Or, conformément à la Loi*, ceux des fils de Lévi qui reçoivent le sacerdoce ont l'ordre de soumettre à la dîme le peuple, bien que ce soient leurs frères, issus du corps d'Abraham.⁶ Celui qui n'était

---

6, 14 : cf. Gn **22**, 16-17.
6, 20 : cf. Ps **109** (110), 4.
7, 1-2 : cf. Gn **14**, 18.20.

pas dans la lignée de leurs ancêtres a soumis Abraham à la dîme, et il a béni celui qui possédait les promesses. ⁷Or il est indiscutable que c'est toujours le supérieur qui bénit l'inférieur. ⁸D'ordinaire, ceux qui perçoivent la dîme sont des hommes qui meurent, et là, on atteste que c'est quelqu'un qui reste en vie. ⁹À travers Abraham, la dîme est perçue pour ainsi dire sur Lévi, qui perçoit normalement la dîme ; ¹⁰car il était en germe dans le corps de l'aïeul quand Melkisédek* vint à la rencontre de celui-ci.

¹¹S'il y avait une réalisation parfaite avec le sacerdoce lévitique, sur lequel repose la législation du peuple, y aurait-il besoin que se lève un autre prêtre* selon le sacerdoce de Melkisédek, et non selon le sacerdoce d'Aaron ? ¹²Or s'il y a changement de sacerdoce, il y a forcément changement de loi. ¹³Celui dont il s'agit ici appartient à une autre tribu, dont aucun membre n'a jamais été au service de l'autel. ¹⁴En effet, il est clair que notre Seigneur* a surgi de la tribu de Juda, pour laquelle rien n'est dit quand Moïse parle des prêtres. ¹⁵Les choses sont encore plus claires si cet autre prêtre se lève à la ressemblance de Melkisédek. ¹⁶Il est devenu prêtre, non pas selon les règles d'une loi humaine, mais par la puissance d'une vie indestructible. ¹⁷Car voici le témoignage* de l'Écriture* : *Tu es prêtre pour toujours selon le sacerdoce de Melkisédek.*

¹⁸Voilà d'une part l'abrogation du commandement précédent, à cause de sa faiblesse et de son inutilité – car la Loi* n'a rien mené à la perfection – ¹⁹et d'autre part l'introduction d'une espérance meilleure qui nous fait approcher de Dieu.

²⁰Et tout cela n'est pas arrivé sans un serment : tandis que les prêtres ont été institués sans aucun serment, ²¹celui-là fait l'objet d'un serment de celui qui lui a dit : *Le Seigneur* l'a juré dans un serment irrévocable ; tu es prêtre pour toujours.*

²²C'est bien la preuve que Jésus est devenu le garant d'une alliance* meilleure. ²³Dans l'ancienne Alliance, un grand nombre de prêtres se sont succédé parce que la mort les empêchait de durer toujours. ²⁴Jésus, lui, puisqu'il demeure éternellement, pos-

---

7, 9 : « normalement », *add.*
7, 17 et 21 : cf. Ps **109** (110), 4.
7, 23 : « Dans l'ancienne Alliance », *add.*

sède le sacerdoce qui ne passe pas. ²⁵ C'est pourquoi il est en mesure de sauver d'une manière définitive ceux qui s'avancent vers Dieu grâce à lui, car il vit pour toujours, afin d'intercéder en leur faveur.

²⁶ C'était bien le grand prêtre qu'il nous fallait : saint*, sans tache, sans aucune faute ; séparé maintenant des pécheurs, il est désormais plus haut que les cieux*. ²⁷ Il n'a pas besoin, comme les autres grands prêtres, d'offrir chaque jour des sacrifices*, d'abord pour ses péchés* personnels, puis pour ceux du peuple ; cela, il l'a fait une fois pour toutes en s'offrant lui-même. ²⁸ Dans la loi de Moïse, ce sont des hommes remplis de faiblesse qui sont désignés comme grands prêtres. Mais plus tard, quand Dieu s'engage par serment, il désigne son Fils qu'il a pour toujours mené à sa perfection.

En s'offrant lui-même une fois pour toutes, le Christ entre pour toujours dans le sanctuaire du ciel et devient le médiateur de la nouvelle Alliance

8 ¹ Et voici l'essentiel de ce que nous voulons dire : c'est bien ce grand prêtre-là que nous avons, lui qui s'est assis à la droite de Dieu et qui règne avec lui dans les cieux, ² après avoir accompli le service du véritable Sanctuaire, et de la véritable Tente dressée par le Seigneur et non par un homme. ³ Le grand prêtre a toujours été chargé d'offrir des dons et des sacrifices ; il fallait donc que Jésus ait lui aussi quelque chose à offrir. ⁴ S'il était sur la terre, il ne serait même pas prêtre, puisqu'il y a déjà des prêtres pour offrir les dons conformément à la Loi. ⁵ Mais ils rendent leur culte dans un sanctuaire qui n'est qu'une pâle évocation de celui du ciel. En effet, au moment où il allait construire la Tente, Moïse fut averti par Dieu, qui lui dit : *Prends soin de tout faire suivant le modèle que je t'ai montré sur la montagne**.

⁶ Quant à Jésus, le service qu'il doit assurer est d'autant plus élevé que l'Alliance dont il est médiateur est plus parfaite et repose sur des promesses plus parfaites.

7, 28 : « de Moïse », *add.*
8, 5 : cf. Ex 25, 40.

⁷En effet, si la première Alliance* avait été irréprochable, il n'y aurait pas eu lieu de la remplacer par une deuxième. ⁸Or, c'est bien un reproche que Dieu fait à son peuple quand il dit : *Voici venir des jours, déclare le Seigneur*, où j'établirai avec la maison d'Israël et avec la maison de Juda une Alliance nouvelle.* ⁹*Ce ne sera pas comme l'Alliance que j'ai faite avec leurs pères, le jour où je les ai pris par la main pour les faire sortir d'Égypte : ils ne sont pas restés dans mon Alliance, alors moi, je ne me suis plus occupé d'eux, déclare le Seigneur.* ¹⁰*Mais voici quelle sera l'Alliance que je conclurai avec la maison d'Israël quand ces jours-là seront passés, déclare le Seigneur. Je mettrai mes lois dans leur pensée ; je les inscrirai dans leur cœur*. Je serai leur Dieu et ils seront mon peuple.* ¹¹*Ils n'auront plus besoin d'instruire chacun son concitoyen ni chacun son frère en disant :* « *Apprends à connaître* le Seigneur !* » *Car tous me connaîtront, des plus petits jusqu'aux plus grands.* ¹²*Je serai indulgent pour leurs fautes, je ne me rappellerai plus leurs péchés*.*

¹³En parlant d'Alliance nouvelle, Dieu a fait de la première une Alliance ancienne ; or ce qui devient ancien et qui vieillit est près de disparaître.

9 ¹La première Alliance avait donc des règles pour le culte et le Lieu saint de cette terre. ²Une première tente y était disposée, où il y avait le chandelier à sept branches et la table avec les pains de l'offrande ; c'était ce qu'on nomme le Lieu saint. ³Derrière le second rideau, il y avait la tente appelée le Saint* des saints, ⁴contenant un brûle-parfum en or et l'arche d'Alliance entièrement recouverte d'or, dans laquelle se trouvait un vase d'or contenant la manne*, le bâton d'Aaron qui avait fleuri, et les tables de l'Alliance ; ⁵au-dessus de l'arche, les chérubins de gloire couvraient de leur ombre la plaque d'or appelée propitiatoire. Mais il n'y a pas lieu maintenant d'entrer dans les détails.

⁶Les choses étant ainsi disposées, les prêtres* entrent continuellement dans la première tente quand ils célèbrent le

---

8, 8-12 : cf. Jr **31,** 31-34.
9, 2 : « à sept branches », *add.*

culte. ⁷ Mais dans la deuxième tente, le grand prêtre entre tout seul une fois par an, et il ne le fait pas sans offrir du sang pour lui-même et pour les fautes que le peuple a commises par ignorance. ⁸ L'Esprit* Saint veut montrer ainsi que le chemin du sanctuaire n'est pas encore ouvert tant que la première tente reste debout ; ⁹ c'est un symbole pour le temps actuel : les offrandes et les sacrifices* qui sont présentés ne sont pas capables de mener à la perfection dans sa conscience celui qui célèbre le culte ; ¹⁰ reposant seulement sur des aliments, des boissons et des ablutions diverses, ce sont des préceptes purement humains, valables jusqu'au temps du relèvement. ¹¹ Le Christ*, lui, est le grand prêtre du bonheur qui vient. La tente de son corps est plus grande et plus parfaite que celle de l'ancienne Alliance ; elle n'a pas été construite par l'homme, et n'appartient donc pas à ce monde*. ¹² C'est par elle qu'il est entré une fois pour toutes dans le sanctuaire du ciel* en répandant, non pas le sang des animaux, mais son propre sang : il a obtenu ainsi une libération définitive. ¹³ S'il est vrai qu'une simple aspersion avec du sang d'animal, ou avec de l'eau sacrée, rendait à ceux qui s'étaient souillés une pureté extérieure pour qu'ils puissent célébrer le culte, ¹⁴ le sang* du Christ, lui, fait bien davantage : poussé par l'Esprit éternel, Jésus s'est offert lui-même à Dieu comme une victime sans tache ; et son sang purifiera notre conscience des actes qui mènent à la mort pour que nous puissions célébrer le culte du Dieu vivant. ¹⁵ Voilà pourquoi il est le médiateur d'une Alliance nouvelle, d'un Testament* nouveau : puisqu'il est mort pour le rachat des fautes commises sous le premier Testament, ceux qui sont appelés peuvent recevoir l'héritage* éternel déjà promis. ¹⁶ Or, là où il y a un testament, il est nécessaire que soit prouvée la mort de son auteur. ¹⁷ Car un testament n'est valable qu'après la mort, alors qu'il est sans effet tant que l'auteur est en vie. ¹⁸ C'est pourquoi le premier Testament n'a pas été inauguré sans qu'il y ait du sang : ¹⁹ lorsque Moïse eut proclamé chaque comman-

---

9, 11 : « de son corps », *add.* ; « que celle de l'ancienne Alliance », *add.*

9, 12 : « du ciel », *add.* ; « animaux », *litt.* « taureaux et boucs ».

9, 13 : « eau sacrée », *litt.* « cendre de génisse aspergée », cf. Nb **19**, 2-10 ; « pour qu'ils puissent célébrer le culte », *add.* d'après le v. 14.

9, 15 : « d'un Testament nouveau », *add.*

dement à tout le peuple conformément à la Loi*, il prit le sang de veaux et de boucs avec de l'eau, de la laine écarlate et de l'hysope, et il en aspergea le livre lui-même et tout le peuple, ²⁰ en disant : *Ceci est le sang de l'Alliance* que Dieu a prescrite pour vous.*

²¹ Puis il aspergea de même avec le sang la tente et tout ce qui servait au culte. ²² D'après la Loi, on purifie presque tout avec du sang, et s'il n'y a pas de sang versé, il n'y a pas de pardon*.

²³ Il est donc nécessaire que les images de ce qui est au ciel* soient purifiées par ces rites, mais les réalités célestes elles-mêmes doivent l'être par des sacrifices* bien meilleurs que ceux d'ici-bas. ²⁴ Car le Christ* n'est pas entré dans un sanctuaire construit par les hommes, qui ne peut être qu'une copie du sanctuaire véritable ; il est entré dans le ciel même, afin de se tenir maintenant pour nous devant la face* de Dieu. ²⁵ Il n'a pas à recommencer plusieurs fois son sacrifice, comme le grand prêtre* qui, tous les ans, entrait dans le sanctuaire en offrant du sang qui n'était pas le sien ; ²⁶ car alors, le Christ aurait dû plusieurs fois souffrir la Passion depuis le commencement du monde. Mais c'est une fois pour toutes, au temps de l'accomplissement, qu'il s'est manifesté pour détruire le péché* par son sacrifice. ²⁷ Et, comme le sort des hommes est de mourir une seule fois, puis de comparaître pour le jugement*, ²⁸ ainsi le Christ, après s'être offert une seule fois pour enlever les péchés de la multitude, apparaîtra une seconde fois, non plus à cause du péché, mais pour le salut* de ceux qui l'attendent.

Le sacrifice du Christ est le seul efficace pour enlever les péchés

10 ¹ L'ancienne Alliance ne présente que l'ébauche du bonheur à venir, et non pas l'image exacte des réalités. Elle est donc absolument incapable de mener à leur perfection ceux qui viennent prendre part à ses sacrifices qui sont toujours les mêmes, offerts indéfiniment chaque année. ² Autrement, si ce culte avait purifié les gens une fois pour toutes, ils ne se sentiraient plus coupables

---

9, 20 : cf. Ex **24,** 8.
10, 1 : « L'ancienne Alliance », *litt.* « La Loi ».

d'aucun péché, et l'on aurait cessé d'offrir les sacrifices.³ Mais ceux-ci, au contraire, comportent chaque année un rappel du péché.

⁴ Il est impossible, en effet, que le péché soit enlevé par le sang des animaux.⁵ Aussi, en entrant dans le monde, le Christ dit, d'après le Psaume : *Tu n'as pas voulu de sacrifices ni d'offrandes, mais tu m'as fait un corps.*⁶ *Tu n'as pas accepté les holocaustes ni les expiations pour le péché ;*⁷ *alors, je t'ai dit : Me voici, mon Dieu, je suis venu pour faire ta volonté, car c'est bien de moi que parle l'Écriture*.*

⁸ Le Christ commence donc par dire : *Tu n'as pas voulu ni accepté les sacrifices et les offrandes, les holocaustes et les expiations pour le péché* que la Loi prescrit d'offrir.⁹ Puis il déclare : *Me voici, je suis venu pour faire ta volonté.* Ainsi, il supprime l'ancien culte pour établir le nouveau.¹⁰ Et c'est par cette volonté de Dieu que nous sommes sanctifiés, grâce à l'offrande que Jésus Christ a faite de son corps*, une fois pour toutes.

¹¹ Dans l'ancienne Alliance, les prêtres étaient debout dans le Temple* pour célébrer une liturgie quotidienne, et pour offrir à plusieurs reprises les mêmes sacrifices, qui n'ont jamais pu enlever les péchés.¹² Jésus Christ, au contraire, après avoir offert pour les péchés un unique sacrifice, s'est assis pour toujours à la droite de Dieu.¹³ Il attend désormais que ses ennemis soient mis sous ses pieds.¹⁴ Par son sacrifice unique, il a mené pour toujours à leur perfection ceux qui reçoivent de lui la sainteté.¹⁵ C'est bien le témoignage* que rend l'Esprit* Saint* dans l'Écriture ; car, après avoir dit :¹⁶ *Voici quelle sera l'Alliance que je conclurai avec eux, quand ces jours-là seront passés,* le Seigneur* déclare : *Je mettrai mes lois dans leur cœur*, je les inscrirai dans leurs pensées,*¹⁷ *et je ne me rappellerai plus leurs péchés* ni leurs fautes.*¹⁸ Or, quand le pardon* est accordé, on n'offre plus le sacrifice* pour les péchés.

10, 5 : « d'après le Psaume », *add.*

10, 5-9 : cf. Ps **39** (40), 6-8 (grec).

10, 9 : « culte », *add.*

10, 11 : « Dans l'ancienne Alliance », *add.* ; « dans le Temple », *add.*

10, 13 : cf. Ps **109** (110), 1.

10, 15 : « dans l'Écriture », *add.*

10, 16-17 : cf. Jr **31**, 33-34 ; cf. He **8**, 8-10.

En suivant la voie ouverte par le Christ grand prêtre, les chrétiens peuvent éviter la trahison et tenir ferme dans les épreuves

¹⁹Frères, c'est avec pleine assurance que nous pouvons entrer au sanctuaire du ciel* grâce au sang* de Jésus : ²⁰nous avons là une voie nouvelle et vivante qu'il a inaugurée en pénétrant au-delà du rideau du Sanctuaire, c'est-à-dire de sa condition humaine. ²¹Et nous avons le grand prêtre par excellence, celui qui est établi sur la maison de Dieu. ²²Avançons-nous donc vers Dieu avec un cœur sincère, et dans la certitude que donne la foi*, le cœur purifié de ce qui souille notre conscience, le corps lavé par une eau pure. ²³Continuons sans fléchir d'affirmer notre espérance, car il est fidèle, celui qui a promis. ²⁴Soyons attentifs les uns aux autres pour nous stimuler à aimer et à bien agir. ²⁵Ne délaissons pas nos assemblées, comme certains en ont pris l'habitude, mais encourageons-nous, d'autant plus que vous voyez s'approcher le Jour* du Seigneur*.

²⁶Car si nous péchons volontairement après avoir reçu la vraie connaissance de la vérité*, il ne reste plus pour les péchés aucun sacrifice, ²⁷mais une attente redoutable du jugement* et l'ardeur d'un feu* qui va dévorer les rebelles. ²⁸Si quelqu'un enfreint la loi* de Moïse, il est *mis à mort sans pitié sur la parole de deux ou trois témoins.* ²⁹À votre avis, quelle peine plus grave méritera celui qui aura foulé aux pieds le Fils de Dieu, tenu pour profane le sang de l'Alliance* par lequel il a été sanctifié, et insulté l'Esprit* qui donne la grâce* ? ³⁰Car nous connaissons celui qui a dit : *C'est à moi de faire justice**, *c'est moi qui rendrai à chacun ce qui lui revient ;* et encore : *Le Seigneur jugera son peuple.*

³¹Il est redoutable de tomber entre les mains du Dieu vivant !

³²Souvenez-vous de ces premiers jours où vous veniez de recevoir la lumière* du Christ : vous avez soutenu alors le dur combat de la souffrance, ³³tantôt donnés en spectacle sous les injures et les vexations, tantôt solidaires de ceux qu'on traitait ainsi. ³⁴En

---

10, 19 : « du ciel », *add.*
10, 28 : cf. Dt **17**, 6 ; « de Moïse », *add.*
10, 30 : cf. Dt **32**, 35-36.

effet, vous avez partagé la souffrance de ceux qui étaient en prison ; vous avez accepté avec joie qu'on vous arrache vos biens, car vous étiez sûrs de posséder un bien encore meilleur, et qui durera toujours. ³⁵ Ne perdez pas votre confiance ; grâce à elle vous serez largement récompensés. ³⁶ Car vous avez bien besoin d'endurance pour accomplir la volonté de Dieu et obtenir ainsi la réalisation des promesses.

³⁷ En effet, encore *un peu, très peu de temps, et celui qui doit venir arrivera, il ne tardera pas.* ³⁸ *Par sa fidélité, l'homme qui est juste à mes yeux obtiendra la vie ; mais s'il abandonne, je ne lui accorderai plus mon amour**.

³⁹ Or nous ne sommes pas, nous, les hommes de l'abandon, pour notre perte, mais les hommes de la foi, pour la sauvegarde de notre âme.

La foi et l'endurance

La foi en action au cours de la marche du peuple de Dieu

11 ¹ La foi est le moyen de posséder déjà ce qu'on espère, et de connaître des réalités qu'on ne voit pas. ² Et quand l'Écriture* rend témoignage aux Anciens*, c'est à cause de leur foi.

³ Grâce à la foi, nous comprenons que les mondes ont été organisés par la parole* de Dieu, si bien que l'univers visible provient de ce qui n'apparaît pas au regard.

⁴ Grâce à la foi, Abel offrit à Dieu un sacrifice meilleur que celui de Caïn ; à cause de sa foi, il fut déclaré juste : Dieu lui-même rendait ainsi témoignage à ses offrandes ; à cause de sa foi, bien qu'il soit mort, il parle toujours.

⁵ Grâce à la foi, Hénok fut enlevé de ce monde*, et il ne connut pas la mort* ; personne ne le retrouva parce que Dieu l'avait enlevé. L'Écriture* témoigne en effet qu'avant d'être enlevé il était agréable à Dieu. ⁶ Or, sans la foi*, c'est impossible d'être

---

10, 37-38 : cf. Is **26**, 20 (grec) ; Ha **2**, 3-4 (grec).
11, 2 : « l'Écriture », *add.*
11, 5 : cf. Gn **5**, 21-24.

agréable à Dieu ; car, pour s'avancer vers lui, il faut croire qu'il existe et qu'il assure la récompense à ceux qui le cherchent.

⁷Grâce à la foi, Noé, averti de ce qu'on ne voyait pas encore, prit au sérieux la parole* de Dieu : il construisit une arche pour le salut* de sa famille. Sa foi condamnait le monde, et il reçut de Dieu la justice* qui s'obtient par la foi.

⁸Grâce à la foi, Abraham obéit à l'appel de Dieu : il partit vers un pays qui devait lui être donné comme héritage*. Et il partit sans savoir où il allait. ⁹Grâce à la foi, il vint séjourner comme étranger dans la Terre* promise ; c'est dans un campement qu'il vivait, ainsi qu'Isaac et Jacob, héritiers* de la même promesse que lui, ¹⁰car il attendait la cité qui aurait de vraies fondations, celle dont Dieu lui-même est le bâtisseur et l'architecte.

¹¹Grâce à la foi, Sara, elle aussi, malgré son âge, fut rendue capable d'avoir une descendance parce qu'elle avait pensé que Dieu serait fidèle à sa promesse. ¹²C'est pourquoi, d'un seul homme, déjà marqué par la mort, ont pu naître des hommes aussi nombreux que les étoiles dans le ciel et les grains de sable au bord de la mer, que personne ne peut compter.

¹³C'est dans la foi qu'ils sont tous morts sans avoir connu la réalisation des promesses ; mais ils l'avaient vue et saluée de loin, affirmant que, sur la terre, ils étaient des étrangers et des voyageurs. ¹⁴Or, parler ainsi, c'est montrer clairement qu'on est à la recherche d'une patrie. ¹⁵S'ils avaient pensé à celle qu'ils avaient quittée, ils auraient eu la possibilité d'y revenir. ¹⁶En fait, ils aspiraient à une patrie meilleure, celle des cieux*. Et Dieu n'a pas refusé d'être invoqué comme leur Dieu, puisqu'il leur a préparé une cité céleste.

¹⁷Grâce à la foi, quand il fut soumis à l'épreuve*, Abraham offrit Isaac en sacrifice*. Et il offrait le fils unique, alors qu'il avait reçu les promesses ¹⁸et entendu cette parole : *C'est d'Isaac que naîtra une descendance qui portera ton nom.* ¹⁹Il pensait en effet que Dieu peut aller jusqu'à ressusciter les morts : c'est pourquoi son fils lui fut rendu ; et c'était prophétique.

11, 18 : cf. Gn 21, 12.

²⁰ Grâce à la foi encore, Isaac bénit Jacob et Ésaü en vue de l'avenir. ²¹ Grâce à la foi, Jacob mourant bénit chacun des fils de Joseph, et il se prosterna, appuyé sur l'extrémité de son bâton. ²² Grâce à la foi, Joseph, à la fin de sa vie, évoqua l'exode des fils d'Israël et donna des ordres au sujet de ses ossements.

²³ Grâce à la foi, Moïse, après sa naissance, fut caché pendant trois mois par ses parents, car ils avaient vu que l'enfant était beau, et ils n'eurent pas peur du décret du roi. ²⁴ Grâce à la foi, Moïse, devenu grand, renonça au titre de fils de la fille du Pharaon. ²⁵ Choisissant d'être maltraité avec le peuple* de Dieu plutôt que de connaître la jouissance éphémère du péché*, ²⁶ il considéra l'humiliation du Christ* comme une richesse plus grande que les trésors de l'Égypte : en effet, il avait les yeux fixés sur la récompense. ²⁷ Grâce à la foi, il quitta l'Égypte sans craindre la colère du roi ; il tint ferme, comme s'il voyait Celui qui est invisible. ²⁸ Grâce à la foi, il a institué la Pâque* et le rite du sang*, pour que l'Exterminateur des premiers-nés ne touche pas ceux d'Israël. ²⁹ Grâce à la foi, ils passèrent à travers la mer Rouge comme sur une terre sèche, alors que les Égyptiens, essayant d'en faire autant, furent engloutis.

³⁰ Grâce à la foi, les murailles de Jéricho tombèrent après qu'on eut fait le tour pendant sept jours. ³¹ Grâce à la foi, Rahab la prostituée ne périt pas avec ceux qui avaient résisté, car elle avait accueilli pacifiquement les hommes envoyés en reconnaissance.

³² Que dire encore ? Le temps me manquerait pour donner des précisions sur Gédéon, Barak, Samson, Jephté, David, Samuel et les prophètes*. ³³ Par leur foi, ils ont vaincu des royaumes, pratiqué la justice, obtenu ce que Dieu promettait. Ils ont fermé la gueule des lions, ³⁴ éteint la flamme des brasiers, échappé au tranchant de l'épée, retrouvé leurs forces après la maladie, montré du courage à la guerre, mis en fuite des armées étrangères. ³⁵ Des femmes ont retrouvé, ressuscités, leurs enfants qui étaient morts. Mais certains autres ont été torturés et n'ont pas accepté leur libération, car ils voulaient obtenir quelque chose de meilleur : la résurrection*. ³⁶ D'autres ont subi l'épreuve de la moquerie et

---

11, 35 : « leurs enfants qui étaient morts », *litt.* « leurs morts » ; cf. 1 R **17**, 23 ; 2 R **4**, 36.

des coups de fouet, des chaînes et de la prison. ³⁷ Ils ont été lapidés, sciés en deux, massacrés à coups d'épée. Ils ont mené une vie errante, vêtus de peaux de moutons ou de toisons de chèvres, manquant de tout, harcelés et maltraités – ³⁸ mais en fait, c'était le monde qui n'était pas digne d'eux ! – Ils vivaient çà et là dans les déserts et les montagnes, dans les grottes et les cavernes. ³⁹ Et, bien qu'ils aient tous reçu le témoignage* de Dieu à cause de leur foi*, ils n'ont pas connu la réalisation de la promesse. ⁴⁰ En effet, pour nous Dieu avait prévu mieux encore, et il ne voulait pas les faire arriver sans nous à la perfection.

Supportons avec endurance les épreuves, qui sont pour nous des leçons données par Dieu

12 ¹ Ainsi donc, cette foule immense de témoins est là qui nous entoure. Comme eux, débarrassons-nous de tout ce qui nous alourdit, et d'abord du péché* qui nous entrave si bien ; alors nous courrons avec endurance l'épreuve qui nous est proposée, ² les yeux fixés sur Jésus, qui est à l'origine et au terme de la foi. Renonçant à la joie qui lui était proposée, il a enduré, sans avoir de honte, l'humiliation de la croix, et, assis à la droite de Dieu, il règne avec lui. ³ Méditez l'exemple de celui qui a enduré de la part des pécheurs une telle hostilité, et vous ne serez pas accablés par le découragement. ⁴ Vous n'avez pas encore résisté jusqu'au sang dans votre lutte contre le péché, ⁵ et vous avez oublié cette parole de réconfort, qui vous est adressée comme à des fils : *Mon fils, ne néglige pas les leçons du Seigneur*, ne te décourage pas quand il te fait des reproches. ⁶ Quand le Seigneur aime quelqu'un, il lui donne de bonnes leçons ; il corrige tous ceux qu'il reconnaît comme ses fils.*

⁷ Ce que vous endurez est une leçon. Dieu se comporte envers vous comme envers des fils ; et quel est le fils auquel son père ne donne pas des leçons ? ⁸ Si vous êtes privés des leçons que reçoivent tous les autres, c'est que vous êtes des étrangers et non des fils.

12, 5-6 : cf. Pr **3,** 11-12 (grec).

⁹ D'ailleurs, nos parents d'ici-bas nous faisaient la leçon, et nous les respections. Ne devons-nous pas encore plus nous soumettre au Père du ciel* pour avoir la vie* ? ¹⁰ Les leçons que nos parents nous donnaient en croyant bien faire n'avaient qu'un effet passager. Mais celles de Dieu sont vraiment pour notre bien, et il veut nous faire partager sa sainteté. ¹¹ Quand on vient de recevoir une leçon, on ne se sent pas joyeux, mais plutôt triste. Par contre, quand on s'est repris grâce à la leçon, plus tard, on trouve la paix* et l'on devient juste*. ¹² C'est pourquoi il est écrit : *Redonnez de la vigueur aux mains défaillantes et aux genoux qui fléchissent,* ¹³ et : *Nivelez la piste pour y marcher.*

Ainsi, celui qui boite ne se tordra pas le pied ; bien plus, il sera guéri.

Le chemin de la sainteté et de la paix

Rester fidèles à la grâce

¹⁴ Recherchez activement la paix avec tout le monde, et la sainteté sans laquelle personne ne verra le Seigneur. ¹⁵ Soyez sur vos gardes : que personne ne se dérobe à la grâce de Dieu, qu'il ne pousse chez vous aucune plante aux fruits amers, cela causerait du trouble, et le poison atteindrait tout le monde ; ¹⁶ que personne ne soit débauché, ou ne manque de respect, comme Ésaü qui céda son droit d'aînesse en échange d'un seul plat. ¹⁷ Vous savez qu'ensuite, quand il voulut recevoir en héritage la bénédiction, il fut rejeté, car il ne lui fut donné aucune possibilité de changement, bien qu'il l'eût réclamée en pleurant.

Nous célébrons déjà la fête éternelle sur la montagne de la nouvelle Alliance

¹⁸ Quand vous êtes venus vers Dieu, il n'y avait rien de matériel comme au Sinaï, pas de feu* qui brûle, pas d'obscurité, de

---

12, 12 : « il est écrit », *add.* ; cf. Is **35,** 3.
12, 13 : cf. Pr **4,** 26 (grec).
12, 18 : « vers Dieu », *add.* ; « comme au Sinaï », *add.*

ténèbres*, ni d'ouragan, ⁱ⁹ pas de son de trompettes, pas de paroles prononcées par cette voix que les fils d'Israël demandèrent à ne plus entendre. ²⁰ Car ils ne supportaient pas cette interdiction : *Qui touchera la montagne, même si c'est un animal, sera lapidé.* — ²¹ Le spectacle était si terrifiant que Moïse dit : *Je suis terrifié et tremblant.*

²² Mais vous êtes venus vers la montagne de Sion* et vers la cité du Dieu vivant, la Jérusalem* céleste, vers des milliers d'anges* en fête ²³ et vers l'assemblée des premiers-nés dont les noms sont inscrits dans les cieux*. Vous êtes venus vers Dieu, le juge de tous les hommes, et vers les âmes des justes* arrivés à la perfection. ²⁴ Vous êtes venus vers Jésus, le médiateur d'une Alliance nouvelle, et vers son sang* répandu sur les hommes, son sang qui parle plus fort que celui d'Abel.

²⁵ Prenez garde de ne pas rejeter celui qui vous parle ; car si les fils d'Israël n'ont pas échappé au châtiment quand ils ont rejeté celui qui les avertissait sur la terre, à plus forte raison nous non plus, si nous nous détournons de celui qui nous parle du haut des cieux. ²⁶ Sa voix a jadis ébranlé la terre. Maintenant il fait cette annonce solennelle : *Une dernière fois, je ferai trembler,* non seulement *la terre,* mais encore *le ciel.* ²⁷ Ces mots *une dernière fois* indiquent le bouleversement de ce qui sera ébranlé parce que ce sont des choses créées, afin que subsiste ce qui est inébranlable. ²⁸ C'est pourquoi, nous qui recevons une royauté inébranlable, soyons reconnaissants et servons Dieu d'une manière qui lui soit agréable, avec soumission et crainte. ²⁹ Car notre Dieu est un feu dévorant.

La vie de la communauté chrétienne dans la sainteté

13¹ Persévérez dans l'amour fraternel. ² N'oubliez pas l'hospitalité : elle a permis à certains, sans le savoir, de recevoir chez

---

12, 19 : cf. Ex **20,** 19 ; « les fils d'Israël », *add.*
12, 20 : cf. Ex **19,** 12.
12, 21 : cf. Dt **9,** 19.
12, 24 : cf. Gn **4,** 10.
12, 26 : cf. Ag **2,** 6.
13, 2 : cf. Gn **18,** 1-8.

eux des anges. ³ Souvenez-vous de ceux qui sont en prison, car vous partagez leur épreuve. Souvenez-vous de ceux qui sont maltraités, car vous aussi, vous avez un corps. ⁴ Que le mariage soit respecté par tous, que l'union conjugale ne soit pas profanée, car les débauchés et les adultères* seront jugés par Dieu. ⁵ Que votre vie ne soit pas menée par l'amour de l'argent* : contentez-vous de ce que vous avez, car Dieu lui-même a dit : *Jamais je ne te lâcherai, jamais je ne t'abandonnerai.*

⁶ C'est pourquoi nous pouvons dire en toute assurance : *Le Seigneur* est mon secours, je n'ai rien à craindre ! Contre moi, que feraient les hommes ?*

⁷ Souvenez-vous de ceux qui vous ont dirigés : ils vous ont annoncé la parole* de Dieu. Méditez sur l'aboutissement de la vie qu'ils ont menée, et imitez leur foi*. ⁸ Jésus Christ*, hier et aujourd'hui, est le même, il l'est pour l'éternité. ⁹ Ne vous laissez pas égarer par toutes sortes de doctrines étrangères. C'est par la grâce* qu'il convient de refaire nos forces, et non par des aliments rituels qui n'ont jamais profité à leurs adeptes.

¹⁰ Sur l'autel que nous avons, la victime offerte ne doit pas servir de nourriture aux prêtres* de l'ancienne Alliance. ¹¹ En effet, quand le grand prêtre portait dans le sanctuaire le sang des animaux pour l'expiation du péché*, c'est en dehors de l'enceinte que leurs corps étaient brûlés. ¹² C'est pourquoi Jésus, lui aussi, voulant sanctifier le peuple par son propre sang, a souffert sa Passion en dehors de l'enceinte de la ville. ¹³ Eh bien ! pour aller à sa rencontre, sortons en dehors de l'enceinte, en portant la même humiliation que lui. ¹⁴ Car la cité que nous avons ici-bas n'est pas définitive : nous attendons la cité future.

¹⁵ En toute circonstance, offrons à Dieu, par Jésus, un sacrifice* de louange, c'est-à-dire l'acte de foi* qui sort de nos lèvres en l'honneur de son nom. ¹⁶ Ne manquez pas d'être généreux et de partager. C'est cela qu'il faut offrir à Dieu pour lui plaire. ¹⁷ Faites confiance à ceux qui vous dirigent et soyez-leur soumis ; en effet, ils sont là pour veiller sur vos âmes, et ils auront à rendre des

---

13, 5 : cf. Dt **31**, 6.
13, 6 : cf. Ps **117** (118), 6.
13, 10 : « de l'ancienne Alliance », *add.*
13, 11 : « expiation », *add.*

comptes. Ainsi, ils accompliront leur tâche avec joie, sans avoir à se plaindre, ce qui ne vous serait d'aucun profit.

¹⁸ Priez pour nous ; d'ailleurs, nous sommes convaincus d'avoir une conscience pure, puisque nous voulons en toute circonstance nous conduire comme il faut. ¹⁹ Je vous y exhorte tout particulièrement, pour que je vous sois rendu assez vite.

²⁰ Que le Dieu de la paix*, lui qui a fait remonter d'entre les morts le berger des brebis, Pasteur par excellence, grâce au sang de l'Alliance* éternelle, notre Seigneur* Jésus, ²¹ que ce Dieu vous munisse de tout ce qui est bon pour accomplir sa volonté, qu'il réalise en nous ce qui plaît à ses yeux, par Jésus Christ*, à qui appartient la gloire* pour les siècles des siècles. Amen*.

Mot d'envoi

²² Je vous invite, frères, à accepter ces paroles d'exhortation. D'ailleurs, je ne vous envoie que quelques mots. ²³ Sachez que notre frère Timothée est libéré. J'irai vous voir avec lui s'il vient assez vite. ²⁴ Saluez tous vos dirigeants et tous les fidèles. Ceux d'Italie vous saluent.

²⁵ La grâce* soit avec vous tous.

Lettre de saint Jacques

La joie et la persévérance dans l'épreuve

1 ¹ Moi, Jacques, serviteur* de Dieu et du Seigneur* Jésus Christ*, je vous salue joyeusement, vous qui appartenez aux douze tribus d'Israël dispersées dans le monde*.

² Mes frères, quand vous butez sur toutes sortes d'épreuves, pensez que c'est une grande joie. ³ Car l'épreuve, qui vérifie la qualité de votre foi*, produit en vous la persévérance, ⁴ et la persévérance doit vous amener à une conduite parfaite ; ainsi vous serez vraiment parfaits, il ne vous manquera rien.

⁵ Mais s'il manque à l'un de vous la sagesse*, qu'il la demande à Dieu : lui qui donne à tous avec simplicité et sans faire de reproches, il la lui donnera. ⁶ Mais qu'il demande avec foi, sans la moindre hésitation, car celui qui hésite est semblable au va-et-vient des flots de la mer agités par le vent. ⁷ Qu'il ne s'imagine pas, cet homme-là, qu'il recevra du Seigneur quoi que ce soit, ⁸ s'il est partagé, instable dans tout ce qu'il fait.

⁹ Parmi les frères, l'homme de basse condition pourra s'enorgueillir de ce que Dieu l'élève, ¹⁰ et le riche de ce que Dieu l'abaisse, car il passera comme l'herbe en fleur. ¹¹ Quand le soleil est monté, avec sa chaleur brûlante, l'herbe a séché, sa fleur est tombée, et l'éclat de sa beauté s'en est allé ; ainsi le riche se flétrira avec toutes ses entreprises.

¹² Heureux l'homme qui supporte l'épreuve avec persévérance, car, une fois vérifiée sa qualité, il recevra la couronne de la vie* comme la récompense promise à ceux qui aiment Dieu.

¹³ Dans l'épreuve de la tentation*, que personne ne dise : « Ma tentation vient de Dieu ». Dieu en effet ne peut être tenté de faire le mal, et lui-même ne tente personne. ¹⁴ Chacun est tenté par ses propres désirs qui l'entraînent et le séduisent. ¹⁵ Puis le désir engendre et met au monde le péché*, et le péché, parvenu à sa maturité, enfante la mort*.

Mettre la Parole en pratique

¹⁶ Ne vous y trompez pas, frères bien-aimés, ¹⁷ les dons les meilleurs, les présents merveilleux, viennent d'en haut, ils descendent tous d'auprès du Père de toutes les lumières*, lui qui n'est pas, comme les astres, sujet au mouvement périodique ni aux éclipses passagères. ¹⁸ Il a voulu nous donner la vie par sa parole de vérité*, pour faire de nous les premiers appelés de toutes ses créatures.

¹⁹ Frères bien-aimés, chacun devrait être toujours prêt à écouter, lent à parler, lent à se mettre en colère, ²⁰ car la colère de l'homme n'accomplit pas ce que Dieu attend du juste*. ²¹ C'est pourquoi vous devez rejeter tout ce qui salit, tout ce qu'il vous reste de méchanceté, pour accueillir humblement la parole* de Dieu semée en vous ; elle est capable de vous sauver. ²² Mettez la Parole en application, ne vous contentez pas de l'écouter : ce serait vous faire illusion. ²³ Car écouter la Parole sans la mettre en application, c'est ressembler à un homme qui se regarde dans une glace, ²⁴ et qui, aussitôt après, s'en va en oubliant de quoi il avait l'air. ²⁵ Au contraire, l'homme qui se penche sur la loi parfaite, celle de la liberté*, et qui s'y tient, celui qui ne l'écoute pas pour l'oublier, mais l'applique dans ses actes, heureux sera-t-il d'agir ainsi. ²⁶ Si quelqu'un croit être un homme religieux, alors qu'il ne sait pas mettre un frein à sa langue, il se trompe lui-même, sa religion ne mène à rien.

²⁷ Devant Dieu notre Père, la manière pure et irréprochable de pratiquer la religion, c'est de venir en aide aux orphelins et aux veuves dans leur malheur, et de se garder propre au milieu du monde.

1, 17 : « comme les astres », *add*.
1, 21 : « de Dieu », *add*.

La dignité des pauvres dans l'Église

2 ¹ Mes frères, ne mêlez pas des considérations de personnes avec la foi* en Jésus Christ*, notre Seigneur* de gloire*. ² Imaginons que, dans votre assemblée, arrivent en même temps un homme aux vêtements rutilants, portant des bagues en or, et un homme pauvre aux vêtements sales. ³ Vous vous tournez vers l'homme qui porte des vêtements rutilants et vous lui dites : « Prends ce siège, et installe-toi bien » ; et vous dites au pauvre : « Toi, reste là debout », ou bien : « Assieds-toi par terre à mes pieds. » ⁴ Agir ainsi, n'est-ce pas faire des différences entre vous, et juger selon des valeurs fausses ?

⁵ Écoutez donc, mes frères bien-aimés ! Dieu, lui, n'a-t-il pas choisi ceux qui sont pauvres aux yeux du monde ? Il les a faits riches de la foi, il les a faits héritiers* du Royaume* qu'il a promis à ceux qui l'auront aimé. ⁶ Mais vous, vous avez privé le pauvre de sa dignité. Ne voyez-vous pas que ce sont les riches qui vous oppriment, et vous traînent devant les tribunaux ? ⁷ Ce sont eux qui blasphèment le beau nom du Seigneur qui a été prononcé sur vous. ⁸ Certes, vous avez raison quand vous appliquez la loi* du Royaume, celle qui est dans l'Écriture* : *Tu aimeras ton prochain comme toi-même*. ⁹ Mais quand vous marquez des différences entre les personnes, vous commettez un péché, et cette Loi vous dénonce comme coupables.

Observer toute la Loi

¹⁰ En effet, si quelqu'un observe toute la Loi, mais s'il est en faute sur un seul point, le voilà en infraction par rapport à l'ensemble de la Loi. ¹¹ En effet, si Dieu a dit : *Tu ne commettras pas d'adultère**, il a dit aussi : *Tu ne commettras pas de meurtre*. Donc, si tu ne commets pas d'adultère mais si tu commets un meurtre, te voilà coupable par rapport à la Loi. ¹² Parlez et agissez comme des gens qui vont être jugés par une loi de liberté. ¹³ Car le jugement* est sans miséricorde* pour celui qui n'a pas fait miséricorde, mais la miséricorde se moque du jugement.

2, 8 : cf. Lv **19**, 18.
2, 11 : cf. Ex **20**, 13-14.

Pas de vraie foi sans les actes

¹⁴ Mes frères, si quelqu'un prétend avoir la foi, alors qu'il n'agit pas, à quoi cela sert-il ? Cet homme-là peut-il être sauvé par sa foi ?

¹⁵ Supposons que l'un de nos frères ou l'une de nos sœurs n'aient pas de quoi s'habiller, ni de quoi manger tous les jours ; ¹⁶ si l'un de vous leur dit : « Rentrez tranquillement chez vous ! Mettez-vous au chaud, et mangez à votre faim ! » et si vous ne leur donnez pas ce que réclame leur corps, à quoi cela sert-il ? ¹⁷ Ainsi donc, celui qui n'agit pas, sa foi est bel et bien morte, ¹⁸ et on peut lui dire : « Tu prétends avoir la foi, moi je la mets en pratique. Montre-moi donc ta foi qui n'agit pas ; moi, c'est par mes actes que je te montrerai ma foi. ¹⁹ Tu crois qu'il y a un seul Dieu ? Tu as raison. Les démons, eux aussi, le croient, mais ils tremblent de peur.

²⁰ Pauvre homme, veux-tu une preuve que la foi sans les œuvres ne sert à rien ? ²¹ Regarde Abraham notre père : Dieu a fait de lui un juste* à cause de ses actes, quand il a offert sur l'autel son fils Isaac. ²² Tu vois bien que sa foi était à l'œuvre avec ses actes, et ses actes ont rendu sa foi parfaite. ²³ Ainsi s'est accomplie la parole de l'Écriture* : *Abraham eut foi en Dieu, et de ce fait Dieu estima qu'il était juste,* et il reçut le nom d'ami de Dieu. »

²⁴ Vous le constatez : l'homme devient juste à cause de ses actes, et pas seulement par sa foi.

²⁵ Il en fut de même pour Rahab, la prostituée ; n'est-ce pas à cause de ses actes qu'elle est devenue juste, en accueillant les envoyés de Josué et en les faisant repartir par un autre chemin ? ²⁶ En effet, comme le corps qui ne respire plus est mort, la foi qui n'agit pas est morte.

2, 21 : cf. Gn **22**.
2, 23 : cf. Gn **15**, 6 ; Is **41**, 8.
2, 25 : « de Josué », *add.* ; cf. Jos **2**, 1-21.

Puissance irrésistible et redoutable de la parole humaine

3 ¹ Mes frères, ne croyez pas avoir tous la mission d'enseigner : vous le savez bien, nous qui enseignons, nous serons jugés plus sévèrement. ² Car nous commettons tous beaucoup de fautes. Si quelqu'un ne commet pas de fautes en paroles, c'est un homme parfait, capable de mettre un frein à tous les instincts de son corps. ³ En mettant un frein dans la bouche des chevaux pour qu'ils nous obéissent, nous dirigeons tout leur corps. ⁴ Voyez aussi les navires : quelles que soient leur taille et la force des vents qui les poussent, ils sont dirigés par un tout petit gouvernail au gré de celui qui tient la barre. ⁵ De même notre langue, qui est une si petite partie de notre corps : elle peut se vanter de faire de grandes choses. Voyez encore : une toute petite flamme peut mettre le feu à une grande forêt. ⁶ La langue aussi est un feu, elle est le monde de la méchanceté ; cette langue est une partie de nous-mêmes, et c'est elle qui contamine le corps tout entier, elle met le feu à toute notre existence, un feu qu'elle tient de l'enfer*.

⁷ Les humains sont arrivés à dompter et à domestiquer toutes les espèces de bêtes et d'oiseaux, de reptiles et de poissons ; ⁸ mais la langue, aucun homme n'est arrivé à la dompter, vraie peste, toujours en mouvement, remplie d'un venin mortel. ⁹ Elle nous sert à bénir le Seigneur* notre Père, elle nous sert aussi à maudire les hommes, eux qui ont été créés à l'image de Dieu. ¹⁰ Bénédiction et malédiction sortent de la même bouche. Mes frères, il ne doit pas en être ainsi. ¹¹ Une source donne-t-elle par le même orifice de l'eau amère et de l'eau douce ? ¹² Mes frères, un figuier peut-il donner des olives ? Une vigne peut-elle donner des figues ? Une source d'eau salée ne peut pas davantage donner de l'eau pure.

La vraie sagesse engendre la paix ; la jalousie et l'orgueil engendrent la guerre

¹³ Y a-t-il parmi vous un homme de sagesse et d'expérience ?

3, 1 : « nous qui enseignons », *add.*
3, 2 : « les instincts », *add.*

Qu'il prouve par sa vie exemplaire que la douceur de la sagesse inspire ses actes. ¹⁴ Mais si vous avez dans le cœur la jalousie amère et l'esprit de rivalité, ne soyez pas, contre toute vérité, pleins d'orgueil et de mensonge. ¹⁵ Cette prétendue sagesse ne vient pas de Dieu ; au contraire, elle est terrestre, purement humaine, diabolique. ¹⁶ Car la jalousie et les rivalités mènent au désordre et à toutes sortes d'actions malfaisantes. ¹⁷ Au contraire, la sagesse* qui vient de Dieu est d'abord droiture, et par suite elle est paix*, tolérance, compréhension ; elle est pleine de miséricorde* et féconde en bienfaits, sans partialité et sans hypocrisie. ¹⁸ C'est dans la paix qu'est semée la justice*, qui donne son fruit aux artisans de la paix.

4 ¹ D'où viennent les guerres, d'où viennent les conflits entre vous ? N'est-ce pas justement de tous ces instincts qui mènent leur combat en vous-mêmes ? ² Vous êtes pleins de convoitises et vous n'obtenez rien, alors vous tuez ; vous êtes jaloux et vous n'arrivez pas à vos fins, alors vous entrez en conflit et vous faites la guerre. ³ Vous n'obtenez rien parce que vous ne priez pas ; vous priez, mais vous ne recevez rien parce que votre prière est mauvaise : vous demandez des richesses pour satisfaire vos instincts. ⁴ Créatures adultères* ! Vous savez bien que l'amour pour les choses du monde est hostilité contre Dieu ; donc celui qui veut aimer les choses du monde se pose en ennemi de Dieu. ⁵ Vous pensez bien que l'Écriture* ne parle pas pour rien quand elle dit : *Dieu veille jalousement sur l'Esprit* qu'il a fait habiter en nous*. ⁶ Mais il nous donne une grâce* plus grande encore ; c'est ce que dit l'Écriture : *Dieu s'oppose aux orgueilleux, aux humbles il accorde sa grâce*.

⁷ Soumettez-vous donc à Dieu, et résistez au démon : il s'enfuira loin de vous. ⁸ Approchez-vous de Dieu, et lui s'approchera de vous. Pécheurs, enlevez la souillure de vos mains ; hommes partagés, purifiez vos cœurs. ⁹ Affligez-vous, lamentez-vous et pleurez ; que votre rire se change en lamentations et votre joie en tristesse. ¹⁰ Abaissez-vous devant le Seigneur*, et il vous élèvera.

4, 5 : référence inconnue.
4, 6 : cf. Pr **3**, 34 (grec).

¹¹Frères, cessez de dire du mal les uns des autres ; dire du mal de son frère ou juger son frère, c'est dire du mal de la Loi* et juger la Loi. Or, si tu juges la Loi, tu n'en es plus le fidèle sujet, tu en es le juge. ¹²Un seul est à la fois législateur et juge, celui qui a le pouvoir de sauver et de perdre. Pour qui te prends-tu donc, toi qui juges ton prochain ?

Folie et aveuglement des riches

¹³Écoutez-moi ! Vous dites : « Aujourd'hui ou demain nous irons dans telle ou telle ville, nous y passerons l'année, nous ferons du commerce et nous gagnerons de l'argent* », ¹⁴alors que vous ne savez même pas ce que sera votre vie demain ! Vous n'êtes qu'un peu de fumée, qui paraît un instant puis disparaît. ¹⁵Vous devriez dire au contraire : « Si le Seigneur le veut bien, nous serons en vie pour faire ceci ou cela. » ¹⁶Et voilà que vous mettez votre orgueil dans des projets prétentieux. Tout cet orgueil est mauvais ! ¹⁷Être en mesure de faire le bien, et ne pas le faire, c'est un péché*.

5 ¹Écoutez-moi, vous, les gens riches ! Pleurez, lamentez-vous, car des malheurs vous attendent. ²Vos richesses* sont pourries, vos vêtements sont mangés des mites, ³votre or et votre argent sont rouillés. Cette rouille vous accusera, elle dévorera vos chairs comme un feu. Vous avez amassé de l'argent, alors que nous sommes dans les derniers temps* ! ⁴Des travailleurs ont moissonné vos terres, et vous ne les avez pas payés ; leur salaire crie vengeance, et les revendications des moissonneurs sont arrivées aux oreilles du Seigneur de l'univers. ⁵Vous avez recherché sur terre le plaisir et le luxe, et vous avez fait bombance pendant qu'on massacrait des gens. ⁶Vous avez condamné le juste* et vous l'avez tué, sans qu'il vous résiste.

Attendre dans la patience la venue du Seigneur

⁷Frères, en attendant la venue du Seigneur, ayez de la patience. Voyez le cultivateur : il attend les produits précieux de la terre avec patience, jusqu'à ce qu'il ait fait la première et la dernière récolte. ⁸Ayez de la patience vous aussi, et soyez fermes, car la

venue du Seigneur est proche. ⁹ Frères, ne gémissez pas les uns contre les autres, ainsi vous ne serez pas jugés. Voyez : le Juge est à notre porte.

¹⁰ Frères, prenez pour modèles d'endurance et de patience les prophètes* qui ont parlé au nom du Seigneur*. ¹¹ Voyez : nous proclamons heureux ceux qui tiennent bon. Vous avez entendu dire comment Job a tenu bon, et vous avez vu ce qu'à la fin le Seigneur a fait pour lui, car le Seigneur est tendre et miséricordieux.

¹² Et avant tout, mes frères, ne faites pas de serment : ne jurez ni par le ciel* ni par la terre*, ni d'aucune manière ; que votre « oui » soit un « oui », que votre « non » soit un « non », ainsi vous ne risquerez pas d'être condamnés.

La prière qui guérit les corps et les âmes

¹³ Si l'un de vous est dans la souffrance, qu'il prie ; si quelqu'un est dans la joie, qu'il chante le Seigneur. ¹⁴ Si l'un de vous est malade, qu'il appelle ceux qui exercent dans l'Église* la fonction d'Anciens* : ils prieront sur lui après lui avoir fait une onction* d'huile au nom du Seigneur. ¹⁵ Cette prière inspirée par la foi* sauvera le malade : le Seigneur le relèvera et, s'il a commis des péchés, il recevra le pardon*. ¹⁶ Reconnaissez vos péchés les uns devant les autres, et priez les uns pour les autres afin d'être guéris, car la supplication du juste* agit avec beaucoup de puissance. ¹⁷ Le prophète Élie n'était qu'un homme comme nous ; pourtant, lorsqu'il a prié avec insistance pour qu'il ne pleuve pas, il n'a pas plu pendant trois ans et demi ; ¹⁸ puis il pria encore une fois, et le ciel donna la pluie, et la terre produisit sa récolte.

¹⁹ Mes frères, si l'un de vous s'égare loin de la vérité* et si quelqu'un l'amène à se convertir, ²⁰ alors, sachez-le : celui qui ramène un pécheur du chemin où il s'égarait se sauvera lui-même et couvrira une multitude de péchés.

5, 11 : cf. Ex **34**, 6 ; Ps **102** (103), 8 ; **110** (111), 4.
5, 14 : « ceux qui exercent », « la fonction », *add*.
5, 17 : cf. 1 R **17**, 1.
5, 18 : cf. 1 R **18**, 41-45.

Première lettre de saint Pierre

En marche vers l'accomplissement du salut annoncé par les prophètes

1 ¹ Moi, Pierre*, Apôtre du Christ* Jésus, à vous qui êtes comme en exil, dispersés dans les provinces du Pont, de Galatie, de Cappadoce, d'Asie et de Bithynie, ² choisis selon le plan de Dieu le Père, dans l'Esprit* qui sanctifie, pour obéir à Jésus Christ et être purifiés par son sang*. Que la grâce* et la paix* vous soient accordées en abondance.

³ Béni soit Dieu,
le Père de Jésus Christ notre Seigneur* :
dans sa grande miséricorde*,
il nous a fait renaître grâce à la résurrection* de Jésus Christ
pour une vivante espérance,
⁴ pour l'héritage* qui ne connaîtra
ni destruction, ni souillure, ni vieillissement.
Cet héritage vous est réservé dans les cieux*,
⁵ à vous que la puissance de Dieu garde par la foi*,
en vue du salut qui est prêt à se manifester
à la fin des temps*.
⁶ Vous en tressaillez de joie,
même s'il faut que vous soyez attristés,
pour un peu de temps encore, par toutes sortes d'épreuves* ;
⁷ elles vérifient la qualité de votre foi
qui est bien plus précieuse que l'or

1, 7 : « à Dieu », *add.*

(cet or voué pourtant à disparaître,
qu'on vérifie par le feu).
Tout cela doit donner à Dieu louange, gloire* et honneur
quand se révélera Jésus Christ*,
⁸ lui que vous aimez sans l'avoir vu,
en qui vous croyez sans le voir encore ;
et vous tressaillez d'une joie inexprimable
qui vous transfigure,
⁹ car vous allez obtenir votre salut*
qui est l'aboutissement de votre foi*.

¹⁰ Sur ce salut, les prophètes* ont réfléchi et médité, et ils ont annoncé la grâce* que vous deviez recevoir. ¹¹ Ils cherchaient à savoir de quels temps* et de quelles circonstances voulait parler l'Esprit* du Christ présent en eux, quand il prédisait les souffrances du Messie* et la gloire* qui suivrait sa Passion. ¹² Dieu leur révéla que l'accomplissement de leurs prophéties n'était pas pour leur temps, mais pour le vôtre. Et maintenant, cet accomplissement vous a été proclamé par ceux qui vous ont apporté l'Évangile sous l'action de l'Esprit Saint* envoyé du ciel*, alors que les anges* eux-mêmes voudraient bien pouvoir scruter ce message.

¹³ Préparez donc votre esprit pour l'action, restez sobres, mettez toute votre espérance dans la grâce que vous devez recevoir lorsque Jésus Christ se révélera. ¹⁴ Soyez comme des enfants obéissants, cessez de modeler vos désirs sur ceux que vous aviez autrefois, quand vous étiez dans l'ignorance. ¹⁵ Mais, à l'image du Dieu saint qui vous a appelés, soyez saints, vous aussi, dans toute votre conduite, ¹⁶ puisque l'Écriture* dit : *Soyez saints, car moi, je suis saint.*

Rachetés par le sang du Christ et régénérés par la Parole

¹⁷ Vous invoquez comme votre Père celui qui ne fait pas de différence entre les hommes, mais qui les juge chacun d'après ses actes ; vivez donc, pendant votre séjour sur terre, dans la crainte* de Dieu. ¹⁸ Vous le savez : ce qui vous a libérés de la

---

1, 13 : « Préparez votre esprit pour l'action », *litt.* « ceignez donc les reins de votre esprit ».
1, 16 : cf. Lv **19**, 2.

vie sans but que vous meniez à la suite de vos pères, ce n'est pas l'or et l'argent*, car ils seront détruits ; ¹⁹c'est le sang précieux du Christ, l'Agneau* sans défaut et sans tache. ²⁰Dieu l'avait choisi dès avant la création du monde, et il l'a manifesté à cause de vous, en ces temps qui sont les derniers. ²¹C'est par lui que vous croyez en Dieu, qui l'a ressuscité d'entre les morts et lui a donné la gloire ; ainsi vous mettez votre foi et votre espérance en Dieu.

²²En obéissant à la vérité*, vous vous êtes purifiés pour vous aimer sincèrement comme des frères. D'un cœur pur, aimez-vous intensément les uns les autres, ²³car Dieu vous a fait renaître, non pas d'une semence périssable, mais d'une semence impérissable : sa parole vivante qui demeure. ²⁴C'est pourquoi l'Écriture dit : *Toute créature est comme l'herbe, toute sa gloire est comme la fleur des champs ; l'herbe s'est desséchée et la fleur s'est fanée,* ²⁵*mais la parole du Seigneur* demeure pour toujours.*

Or, cette parole, c'est l'Évangile qui vous a été annoncé.

Le nouveau peuple de Dieu

2 ¹Débarrassez-vous donc de toute méchanceté et de toute fausseté, de vos hypocrisies, de vos jalousies, de toutes vos médisances, ²et, comme des enfants nouveau-nés, soyez avides de la Parole, ce lait non falsifié qui vous fera grandir pour arriver au salut*, ³puisque *vous avez goûté combien le Seigneur est bon.* ⁴Approchez-vous de lui : il est la pierre* vivante que les hommes ont éliminée, mais que Dieu a choisie parce qu'il en connaît la valeur. ⁵Vous aussi, soyez les pierres vivantes qui servent à construire le Temple* spirituel, et vous serez le sacerdoce saint, présentant des offrandes spirituelles que Dieu pourra accepter à cause du Christ Jésus. ⁶On lit en effet dans l'Écriture : *Voici que je pose en Sion* une pierre angulaire, une pierre choisie et de grande valeur ; celui qui lui donne sa foi ne connaîtra pas la honte.*

1, 20 : « ces », « qui sont », *add.*
1, 24-25 : cf. Is **40,** 6-8.
2, 3 : cf. Ps **33** (34), 9.
2, 6 : cf. Is **28,** 16.

⁷ Ainsi donc, honneur à vous qui avez la foi*, mais, pour ceux qui refusent de croire, l'Écriture* dit : *La pierre* éliminée par les bâtisseurs est devenue la pierre d'angle,* ⁸ *une pierre sur laquelle on bute, un rocher qui fait tomber.*

Ces gens-là butent en refusant d'obéir à la Parole*, et c'est bien ce qui devait arriver. ⁹ Mais vous, vous êtes la race choisie, le sacerdoce royal, la nation sainte, le peuple* qui appartient à Dieu ; vous êtes donc chargés d'annoncer les merveilles de celui qui vous a appelés des ténèbres* à son admirable lumière*. ¹⁰ Car autrefois vous n'étiez *pas son peuple*, mais aujourd'hui vous êtes le *peuple de Dieu*. Vous étiez *privés d'amour**, mais aujourd'hui Dieu vous *a montré son amour*.

¹¹ Mes bien-aimés, puisque vous êtes ici-bas des gens de passage et des voyageurs, je vous exhorte à fuir les tendances égoïstes de la chair* qui mènent leur combat contre l'âme. ¹² Ayez au milieu des païens une conduite excellente ; ainsi, alors même qu'ils vous calomnient en vous traitant de malfaiteurs, ils auront devant les yeux vos actions excellentes, et ils rendront gloire* à Dieu, le jour* où il viendra visiter son peuple.

¹³ Soyez soumis à toute institution humaine, à cause du Seigneur* : ¹⁴ et à l'empereur, qui est le souverain, et aux gouverneurs, qui sont ses délégués pour punir les malfaiteurs et reconnaître les mérites des gens de bien. ¹⁵ Car la volonté de Dieu, c'est que les gens de bien fassent taire les insensés qui parlent sans savoir. ¹⁶ Soyez des hommes libres, sans dissimuler votre méchanceté derrière cette liberté* ; soyez plutôt les esclaves de Dieu. ¹⁷ Respectez tout le monde, aimez la communauté des frères, craignez Dieu, respectez l'empereur.

¹⁸ Vous les serviteurs*, soyez soumis en toute crainte* de Dieu à vos maîtres, non seulement ceux qui sont bons et doux, mais aussi ceux qui sont désagréables.

2, 7 : « l'Écriture dit », *add.* ; cf. Ps **117** (118), 22.
2, 8 : cf. Is **8**, 14.
2, 10 : cf. Os **1**, 6-9 ; **2**, 25.
2, 11 : « ici-bas », *add.*
2, 12 : « son peuple », *add.*

I PIERRE 3

Endurer la persécution à l'exemple du Christ

¹⁹ En effet, c'est une grâce* de supporter, en ayant conscience d'obéir à Dieu, des choses pénibles souffertes injustement. ²⁰ Quel mérite y a-t-il à supporter des coups en ayant commis une faute ? Mais si on supporte la souffrance en ayant fait le bien, c'est une grâce aux yeux de Dieu. ²¹ C'est bien à cela que vous avez été appelés, puisque le Christ lui-même a souffert pour vous et vous a laissé son exemple afin que vous suiviez ses traces, ²² lui qui n'a jamais commis de péché* ni proféré de mensonge : ²³ couvert d'insultes, il n'insultait pas ; accablé de souffrances, il ne menaçait pas, mais il confiait sa cause à Celui qui juge avec justice* . ²⁴ Dans son corps, il a porté nos péchés sur le bois de la croix, afin que nous puissions mourir à nos péchés et vivre dans la justice : c'est par ses blessures que vous avez été guéris. ²⁵ Vous étiez errants comme des brebis ; mais à présent vous êtes revenus vers le berger qui veille sur vous.

Le mariage et les autres relations humaines à la lumière de la foi

3 ¹ Quand les femmes sont soumises à leurs maris, s'il arrive que certains refusent de croire à la parole de Dieu, ils seront gagnés, sans paroles, par la conduite de leur femme, ² en ayant devant les yeux cette attitude pure* et pleine de respect.

³ Femmes, ce qu'il vous faut, ce n'est pas seulement la beauté extérieure – raffinements de coiffure, bijoux d'or, belles toilettes – ⁴ mais, au fond de vous-mêmes, une âme qui ne perd jamais sa douceur et son calme : voilà ce qui est précieux aux regards de Dieu. ⁵ C'est cela qui faisait la beauté des femmes d'autrefois : elles, qui espéraient en Dieu, étaient soumises à leurs maris ; ⁶ Sara, par exemple, obéissait à Abraham, qu'elle appelait son seigneur. Vous êtes devenues ses filles ; faites donc ce qui est bien, sans crainte et sans aucun trouble.

2, 22 : cf. Is **53**, 9.
2, 24 : « de la croix », *add.* ; cf. Is **53**, 5.
2, 25 : cf. Is **53**, 6.
3, 6 : cf. Gn **18**, 12.

⁷À votre tour, vous les hommes, sachez comprendre, dans la vie commune, que les femmes sont des êtres plus délicats ; traitez-les avec respect, puisqu'elles héritent, au même titre que vous, de la grâce* qui donne la vie*. Ainsi, rien ne viendra contrarier vos prières.

⁸Enfin, que tout le monde vive parfaitement uni, plein de sympathie, d'amour fraternel, de tendresse, de simplicité. ⁹Ne rendez pas le mal pour le mal, ni l'insulte pour l'insulte ; au contraire, appelez sur les autres la bénédiction puisque, par vocation, vous devez recevoir en héritage* les bénédictions de Dieu. ¹⁰En effet, *Celui qui aime la vie et désire connaître des jours heureux, qu'il garde sa langue du mal et ses lèvres de tout mensonge ;* ¹¹*qu'il évite le mal et pratique le bien, qu'il recherche la paix*, qu'il la poursuive.* ¹²*Car le Seigneur* regarde les justes*, il écoute, attentif à leurs appels. Mais le Seigneur affronte les méchants.*

Savoir souffrir pour la justice avec le Christ qui nous a sauvés par le baptême

¹³Et qui vous fera du mal, si vous cherchez le bien avec ardeur ? ¹⁴S'il vous arrivait de souffrir pour la justice, heureux seriez-vous ! Comme dit l'Écriture* : *N'ayez aucune crainte de ces gens-là, ne vous laissez pas troubler.*

¹⁵C'est le Seigneur, le Christ, que vous devez reconnaître dans vos cœurs comme le seul saint*. Vous devez toujours être prêts à vous expliquer devant tous ceux qui vous demandent de rendre compte de l'espérance qui est en vous ; ¹⁶mais faites-le avec douceur et respect. Ayez une conscience droite, pour faire honte à vos adversaires au moment même où ils calomnient la vie droite que vous menez dans le Christ. ¹⁷Car il vaudrait mieux souffrir pour avoir fait le bien, si c'était la volonté de Dieu, plutôt que pour avoir fait le mal.

¹⁸C'est ainsi que le Christ est mort pour les péchés*, une fois pour toutes ; lui, le juste, il est mort pour les coupables afin de vous introduire devant Dieu. Dans sa chair*, il a été mis à mort ;

3, 10-12 : cf. Ps **33** (34), 12-16.
3, 14 : cf. Is **8**, 12.

dans l'esprit*, il a été rendu à la vie. ¹⁹ C'est ainsi qu'il est allé proclamer son message à ceux qui étaient prisonniers de la mort. ²⁰ Ceux-ci, jadis, s'étaient révoltés au temps où se prolongeait la patience de Dieu, quand Noé construisit l'arche, dans laquelle un petit nombre de personnes, huit en tout, furent sauvées à travers l'eau. ²¹ C'était une image du baptême qui vous sauve maintenant : être baptisé, ce n'est pas être purifié de souillures extérieures, mais s'engager envers Dieu avec une conscience droite, et participer ainsi à la résurrection* de Jésus Christ ²² qui est monté au ciel*, au-dessus des anges* et de toutes les puissances invisibles, à la droite de Dieu.

À la suite du Christ, en finir avec une vie païenne, dans l'attente du Jugement

4 ¹ Donc, puisque le Christ a souffert dans sa chair, vous aussi armez-vous de la même conviction que lui : celui qui a souffert dans sa chair en a fini avec le péché, ² et il vivra le reste de son existence charnelle, non plus selon les convoitises humaines mais selon la volonté de Dieu. ³ Vous avez passé naguère bien assez de temps à mener vos actions dans la ligne des païens : dévergondages, convoitises, ivrogneries, goinfreries, beuveries, idolâtries désordonnées. ⁴ Alors ils sont déroutés parce que vous ne courez plus avec eux vers les mêmes débordements d'inconduite, et ils vous insultent. ⁵ Ils auront des comptes à rendre à Celui qui se prépare à juger les vivants et les morts. ⁶ Car si la Bonne Nouvelle a été portée aussi aux morts, c'est afin qu'ils aient de par Dieu la vie selon l'esprit, alors qu'ils ont été jugés par les hommes selon la chair.

Être de bons gérants de la grâce de Dieu jusque dans l'épreuve

⁷ La fin de toutes choses est proche. Soyez donc sobres et raisonnables pour être prêts à la prière. ⁸ Avant tout, ayez entre vous une charité* intense, car *la charité couvre la multitude des péchés**. ⁹ Pratiquez l'hospitalité entre vous sans récriminer. ¹⁰ Ce

---

3, 19 : « de la mort », *add.*
4, 8 : cf. Pr **10,** 12.

que chacun de vous a reçu comme don de la grâce*, mettez-le au service des autres, comme de bons gérants de la grâce de Dieu sous toutes ses formes : ¹¹ si quelqu'un a le don de parler, qu'il dise la parole* de Dieu ; s'il a le don du service, qu'il s'en acquitte avec la force que Dieu communique. Ainsi, en toute chose, Dieu recevra sa gloire* par Jésus Christ*, car c'est à lui qu'appartiennent la gloire et la puissance pour les siècles des siècles. Amen*.

¹² Mes bien-aimés, ne vous laissez pas dérouter : vous êtes mis à l'épreuve par les événements qui ont éclaté chez vous comme un incendie ; ce n'est pas quelque chose de déroutant qui vous arrive. ¹³ Mais, puisque vous communiez aux souffrances du Christ, réjouissez-vous, afin d'être dans la joie et l'allégresse quand sa gloire se révélera. ¹⁴ Si l'on vous insulte à cause du nom du Christ, heureux êtes-vous, puisque l'Esprit* de gloire, l'Esprit de Dieu, repose sur vous. ¹⁵ Si l'on fait souffrir l'un de vous, que ce ne soit pas comme meurtrier, voleur, malfaiteur, ou comme dénonciateur. ¹⁶ Mais si c'est comme chrétien*, qu'il n'ait pas de honte, et qu'il rende gloire à Dieu à cause de ce nom de chrétien. ¹⁷ Car voici le temps* du Jugement* : il va commencer par la famille de Dieu. Or, si cela débute par nous, comment finiront-ils, ceux qui refusent d'obéir à l'Évangile de Dieu ? ¹⁸ Et, *si le juste* est sauvé à grand-peine, où donc se retrouvera l'homme impie et pécheur* ? ¹⁹ Ainsi, ceux qui ont à souffrir pour avoir fait la volonté de Dieu, qu'ils continuent à bien agir en confiant leur vie au Créateur, qui est fidèle.

Exhortation aux Anciens

5 ¹ Je m'adresse à ceux qui exercent parmi vous la fonction d'Anciens, car moi aussi je fais partie des Anciens, je suis témoin de la passion du Christ, et je communierai à la gloire qui va se révéler. ² Soyez les bergers du troupeau de Dieu qui vous est confié ; veillez sur lui, non par contrainte mais de bon cœur,

---

4, 12 : « les événements », *add.*
4, 16 : « de chrétien », *add.*
4, 18 : cf. Pr **11,** 31 (grec).
5, 1 : « exercent la fonction d' », *add.*

comme Dieu le veut ; non par une misérable cupidité mais par dévouement ;³ non pas en commandant en maîtres à ceux dont vous avez reçu la charge, mais en devenant les modèles du troupeau. ⁴ Et, quand se manifestera le berger suprême, vous remporterez la couronne de gloire qui ne se flétrit pas.

Exhortations diverses et dernières salutations

⁵ De même, vous les jeunes gens, soyez soumis aux plus anciens. Et tous, comme on met un vêtement de travail, revêtez l'humilité dans vos rapports les uns avec les autres. En effet *Dieu s'oppose aux orgueilleux, aux humbles il accorde sa grâce.* ⁶ Tenez-vous donc humblement sous la main puissante de Dieu, pour qu'il vous élève quand le jugement viendra. ⁷ Déchargez-vous sur lui de tous vos soucis, puisqu'il s'occupe de vous. ⁸ Soyez sobres, soyez vigilants : votre adversaire, le démon, comme un lion qui rugit, va et vient, à la recherche de sa proie. ⁹ Résistez-lui avec la force de la foi*, car vous savez que tous vos frères, de par le monde, sont en butte aux mêmes souffrances. ¹⁰ Dieu, qui donne toute grâce, lui qui vous a appelés dans le Christ à sa gloire éternelle, vous rétablira, après que vous aurez souffert un peu de temps ; il vous affermira, vous fortifiera, vous rendra inébranlables. ¹¹ À lui la puissance pour tous les siècles. Amen.

¹² Je vous écris ces quelques mots par Silvain, que je considère comme un frère digne de confiance, pour vous encourager, et pour attester que c'est vraiment la grâce de Dieu qui est avec vous ; restez-y fidèles. ¹³ La communauté qui est à Babylone, élue de Dieu comme vous, vous salue, ainsi que Marc, mon fils. ¹⁴ Exprimez votre amour mutuel en échangeant le baiser de paix*. Paix à vous tous, qui êtes dans le Christ.

5, 5 : cf. Pr 3, 34 (grec).
5, 7 : cf. Ps 54 (55), 23.

Seconde lettre de saint Pierre

Répondre au don de Dieu par un effort généreux

1 ¹Moi, Simon Pierre *, serviteur * et Apôtre de Jésus Christ *, je m'adresse à vous, que notre Dieu et Sauveur * Jésus Christ, dans sa justice *, a gratifiés de la foi *, précieuse pour vous comme pour nous. ²Que la grâce * et la paix * vous soient accordées en abondance par la véritable connaissance de Dieu et de Jésus notre Seigneur *.

³En effet, sa puissance divine nous a fait don de tout ce qu'il faut pour vivre en hommes religieux, grâce à la véritable connaissance de Celui qui nous a appelés par la gloire * et la force qui lui appartiennent. ⁴Ainsi, Dieu nous a fait don des grandes richesses promises, et vous deviendrez participants de la nature divine, en fuyant la dégradation que le désir produit dans le monde. ⁵Et pour ces motifs, faites tous vos efforts pour unir à votre foi la vertu, à la vertu la connaissance de Dieu, ⁶à la connaissance de Dieu la maîtrise de vous-mêmes, à la maîtrise de vous-mêmes la persévérance, à la persévérance la piété, ⁷à la piété la fraternité, à la fraternité l'amour *. ⁸Si vous avez tout cela en abondance, vous ne vous trouverez pas inefficaces ni impuissants pour connaître * vraiment notre Seigneur Jésus Christ. ⁹Mais celui qui en est dépourvu a la vue si courte qu'il en est aveugle : il oublie qu'il a été purifié de ses péchés * d'autrefois. ¹⁰C'est pourquoi, frères, redoublez d'efforts pour confirmer l'appel et le choix

dont vous avez bénéficié ; en agissant ainsi, vous ne risquez pas de tomber. ¹¹ C'est ainsi que vous sera généreusement accordée l'entrée dans le royaume* éternel de notre Seigneur et Sauveur Jésus Christ.

La foi fondée sur le témoignage des Apôtres, qui confirme la parole des prophètes

¹² Voilà pourquoi je tiendrai toujours à vous rappeler ces choses, bien que vous les sachiez, et que vous soyez déjà affermis dans la vérité* que nous avons. ¹³ Et il me paraît juste, tant que je suis dans cette demeure terrestre, de vous tenir éveillés par ces rappels, ¹⁴ car je sais que bientôt j'abandonnerai cette demeure, comme notre Seigneur Jésus Christ me l'a prédit. ¹⁵ Mais je ferai tout pour qu'après mon départ vous puissiez en toute occasion faire mémoire de tout cela.

¹⁶ En effet, pour vous faire connaître la puissance et la venue de notre Seigneur Jésus Christ, nous n'avons pas eu recours aux inventions des récits mythologiques, mais nous l'avons contemplé lui-même dans sa grandeur. ¹⁷ Car il a reçu du Père l'honneur et la gloire quand est venue sur lui, de la gloire rayonnante de Dieu, une voix qui disait : *Celui-ci est mon Fils bien-aimé, en lui j'ai mis tout mon amour.*

¹⁸ Cette voix venant du ciel*, nous l'avons entendue nous-mêmes quand nous étions avec lui sur la montagne* sainte. ¹⁹ Et ainsi se confirme pour nous la parole des prophètes ; vous avez raison de fixer votre attention sur elle, comme sur une lampe brillant dans l'obscurité jusqu'à ce que paraisse le jour et que l'étoile du matin se lève dans vos cœurs.

²⁰ Car vous savez cette chose essentielle : pour aucune prophétie de l'Écriture* il ne peut y avoir d'interprétation individuelle, ²¹ puisque ce n'est jamais la volonté d'un homme qui a porté une prophétie : c'est portés par l'Esprit* Saint* que des hommes ont parlé de la part de Dieu.

1, 17 : cf. Mc **1**, 11.

Aujourd'hui comme depuis toujours, se détourner des ennemis de Dieu qui vont à leur perte

2 ¹ Mais il y a eu aussi dans le peuple de faux prophètes*, comme il y aura parmi vous de faux enseignants, qui introduiront des options ruineuses et renieront le maître qui les a rachetés. Ils se préparent pour bientôt la ruine. ² Beaucoup de gens les suivront dans leur débauche ; à cause d'eux, le chemin* de vérité* sera outragé, ³ et dans leur cupidité, ils vous exploiteront par des discours fabriqués ; leur condamnation est depuis longtemps à l'œuvre, et leur ruine est en alerte.
⁴ Car Dieu n'a pas épargné les anges* qui avaient péché*, mais il les a livrés aux cavernes infernales des ténèbres*, où ils sont réservés pour le Jugement*. ⁵ Il n'a pas non plus épargné le vieux monde*, mais quand il a fait venir le déluge sur le monde des impies, il a protégé huit survivants, dont Noé qui proclamait ce qui est juste*. ⁶ Il a condamné les villes de Sodome et Gomorrhe à la catastrophe en les réduisant en cendres, faisant ainsi un exemple pour les impies de l'avenir, ⁷ et il a délivré Lot, le juste, accablé par la vie de débauche de ces gens dévoyés : ⁸ en effet, avec ce qu'il voyait et entendait, ce juste, habitant au milieu d'eux, sentait son âme juste torturée jour après jour par leurs actions contraires aux lois. ⁹ Le Seigneur* sait donc délivrer de la tentation* les hommes religieux, et réserver pour la punition au jour* du Jugement les injustes, ¹⁰ surtout quand ils suivent dans leurs désirs charnels la passion qui les souille, et dédaignent la souveraineté de Dieu. Trop sûrs d'eux, arrogants, ils ne craignent pas d'outrager les êtres glorieux, ¹¹ alors que les anges, qui leur sont pourtant supérieurs en force et en puissance, ne portent pas contre ceux-ci un jugement outrageant de la part du Seigneur.
* ¹² Ces gens-là sont comme des bêtes sans raison, que la nature a mises au monde pour être capturées et pourrir ; ils outragent ce qu'ils ignorent, ils pourriront donc avec les animaux ; ¹³ ils récolteront le malheur comme salaire du malheur qu'ils auront causé. Ils croient trouver leur bonheur dans les plaisirs qu'ils prennent en plein jour, ils ne sont que tache et souillure avec leurs plaisirs et les tromperies qu'ils emploient quand ils s'empiffrent avec vous. ¹⁴ Tous leurs regards, tournés vers les femmes adultères*, sont en permanence avides de pécher. Ils

séduisent les âmes sans solidité, ils ont le cœur exercé à la cupidité, ce sont des enfants de malédiction. 15 Abandonnant le droit chemin, ils se sont égarés, ils se sont engagés sur le chemin de Balaam fils de Bosor ; heureux de recevoir le salaire du malheur, 16 celui-ci a pourtant reçu une leçon pour sa transgression : une bête de somme sans voix s'est mise à parler avec une voix humaine et s'est opposée à la folie du prophète. 17 Ces gens-là sont des sources sans eau, des nuées emportées par la tempête ; l'obscurité des ténèbres leur est réservée. 18 Ils profèrent des énormités pleines de vide, ils séduisent, par leurs passions charnelles et leur débauche, ceux qui viennent tout juste de quitter les gens qui vivent dans l'égarement. 19 Ils leur promettent la liberté*, alors qu'eux-mêmes sont esclaves de la pourriture : car l'homme est esclave de ce qui le domine. 20 Si en effet les hommes ont quitté les souillures du monde* pour connaître en vérité notre Seigneur et Sauveur* Jésus Christ*, et qu'ils s'y retrouvent dominés et enlacés, leur situation finale devient pire que celle du début. 21 Il aurait mieux valu pour eux ne pas avoir connu le chemin de justice* que de l'avoir connu et de s'être détournés du saint commandement qui leur avait été transmis. 22 Il leur arrive ce que dit en vérité le proverbe : *Le chien retourne à son vomissement*, et : *La truie, aussitôt lavée, se vautre dans la boue.*

Si le Jour du Seigneur tarde, c'est que Dieu est patient

3 1 Mes bien-aimés, c'est déjà la deuxième lettre que je vous écris pour vous tenir en éveil, en vous rappelant comment penser droitement 2 et vous souvenir des paroles prononcées depuis longtemps par les saints prophètes, et du commandement du Seigneur et Sauveur, que vous avez reçu de vos apôtres. 3 Sachez d'abord que dans les derniers jours viendront, avec leurs railleries, des railleurs menés par leurs passions impies, 4 qui diront : « Où en est la promesse de sa venue ? Car depuis que les pères sont morts, tout reste pareil depuis le début de la création. » 5 En prétendant cela, ils oublient que jadis, il y avait un ciel*, ainsi qu'une terre*, sortie de l'eau et subsistant au milieu de l'eau grâce à la parole*

2, 22 : 1ʳᵉ citation, cf. Pr **26**, 11 ; 2ᵉ citation, *origine inconnue.*

de Dieu. ⁶Par ces mêmes causes, le monde d'alors disparut dans les eaux du déluge. ⁷Quant au ciel* et à la terre* de maintenant, la même parole les garde et les réserve pour le feu*, en vue du jour* où les hommes impies seront jugés et détruits.

⁸Mes bien-aimés, il y a une chose que vous ne devez pas oublier : pour le Seigneur*, un seul jour est comme mille ans, et mille ans sont comme un seul jour. ⁹Le Seigneur n'est pas en retard pour tenir sa promesse, comme le pensent certaines personnes ; c'est pour vous qu'il patiente : car il n'accepte pas d'en laisser quelques-uns se perdre ; mais il veut que tous aient le temps de se convertir*. ¹⁰Pourtant, le jour du Seigneur viendra comme un voleur. Alors les cieux disparaîtront avec fracas, les éléments en feu seront détruits, la terre, avec tout ce qu'on y a fait, sera brûlée. ¹¹Ainsi, puisque tout cela est en voie de destruction, vous voyez quels hommes vous devez être, quelle sainteté de vie, quel respect de Dieu vous devez avoir, ¹²vous qui attendez avec tant d'impatience la venue du jour de Dieu (ce jour où les cieux embrasés seront détruits, où les éléments en feu se désagrégeront). ¹³Car ce que nous attendons, selon la promesse du Seigneur, c'est un ciel nouveau et une terre nouvelle où résidera la justice*.

¹⁴Dans l'attente de ce jour, frères bien-aimés, faites donc tout pour que le Christ* vous trouve nets et irréprochables, dans la paix*. ¹⁵Et si notre Seigneur montre une telle patience, croyez bien que c'est pour votre salut*, comme vous l'a écrit aussi Paul, notre frère bien-aimé, avec la sagesse* qui lui a été donnée. ¹⁶C'est ce qu'il dit également dans toutes ses lettres, quand il parle de ces sujets : on y trouve des textes difficiles à comprendre, que des gens sans instruction et sans solidité torturent, comme ils le font pour le reste des Écritures* : cela les mène à leur propre perdition. ¹⁷Alors, mes bien-aimés, vous voilà prévenus ; prenez-y garde : ne vous laissez pas entraîner dans les égarements d'hommes dévoyés, et ne perdez pas la position solide qui est la vôtre. ¹⁸Mais continuez à grandir dans la grâce* et la connaissance de Jésus Christ, notre Seigneur et notre Sauveur*.

À lui la gloire*, dès maintenant et jusqu'au jour de l'éternité. Amen*.

Première lettre de saint Jean

Nous témoignons de la Parole de vie pour que vous soyez en communion avec le Père

1 ¹ Ce qui était depuis le commencement,
ce que nous avons entendu,
ce que nous avons contemplé de nos yeux,
ce que nous avons vu et que nos mains ont touché,
c'est le Verbe*, la Parole* de la vie*.
² Oui, la vie s'est manifestée,
nous l'avons contemplée,
et nous portons témoignage* :
nous vous annonçons
cette vie éternelle qui était auprès du Père
et qui s'est manifestée à nous.
³ Ce que nous avons contemplé,
ce que nous avons entendu,
nous vous l'annonçons à vous aussi
pour que, vous aussi, vous soyez en communion avec nous.
Et nous, nous sommes en communion avec le Père
et avec son Fils, Jésus Christ*.
⁴ Et c'est nous qui écrivons cela,
afin que nous ayons la plénitude de la joie.

1, 1 : « la Parole », *add.*

Marcher dans la lumière

Première condition : éviter le péché

⁵ Voici le message que Jésus Christ* nous a fait entendre
et que nous vous annonçons :
Dieu est lumière,
il n'y a pas de ténèbres* en lui.
⁶ Si nous disons que nous sommes en communion avec lui,
alors que nous marchons dans les ténèbres,
nous sommes des menteurs,
nous n'agissons pas selon la vérité* ;
⁷ mais, si nous marchons dans la lumière,
comme il est lui-même dans la lumière,
nous sommes en communion les uns avec les autres,
et le sang* de Jésus son Fils nous purifie de tout péché.
⁸ Si nous disons que nous n'avons pas péché,
nous nous égarons nous-mêmes
et la vérité n'est pas en nous.
⁹ Si nous reconnaissons nos péchés,
lui qui est fidèle et juste*
nous pardonnera nos péchés
et nous purifiera de tout ce qui nous oppose à lui.
¹⁰ Si nous disons que nous ne sommes pas pécheurs,
nous faisons de lui un menteur
et sa parole n'est pas en nous.

2 ¹ Mes petits enfants,
je vous écris pour que vous évitiez le péché.
Mais, si l'un de nous vient à pécher,
nous avons un défenseur devant le Père :
Jésus Christ, le Juste.
² Il est la victime offerte pour nos péchés,
et non seulement pour les nôtres,
mais encore pour ceux du monde entier.

Deuxième condition : observer les commandements, surtout celui de l'amour

³ Et voici comment nous pouvons savoir

que nous le connaissons :
c'est en gardant ses commandements.
⁴ Celui qui dit : « Je le connais »,
et qui ne garde pas ses commandements,
est un menteur,
la vérité n'est pas en lui.
⁵ Mais en celui qui garde fidèlement sa parole,
l'amour de Dieu atteint vraiment la perfection :
voilà comment nous reconnaissons que nous sommes en lui.
⁶ Celui qui déclare demeurer en lui
doit marcher lui-même
dans la voie où lui, Jésus, a marché.

⁷ Mes bien-aimés, ce que je vous écris
n'est pas un commandement nouveau,
mais un commandement ancien
que vous aviez dès le début.
Ce commandement ancien,
c'est la parole que vous avez entendue.
⁸ Et pourtant, ce commandement que je vous écris est nouveau,
il l'est vraiment en Jésus et en vous,
puisque les ténèbres sont en train de disparaître,
et que déjà brille la vraie lumière.
⁹ Celui qui déclare être dans la lumière
et qui a de la haine contre son frère
est encore maintenant dans les ténèbres.
¹⁰ Celui qui aime son frère demeure dans la lumière,
et il n'y a pour lui aucune occasion de chute.
¹¹ Mais celui qui a de la haine contre son frère
est dans les ténèbres :
il marche dans les ténèbres sans savoir où il va,
parce que les ténèbres l'ont rendu aveugle.

Troisième condition : se garder du monde et des anti-christs

¹² Je vous le dis, mes petits enfants :
« Vos péchés sont pardonnés à cause du nom de Jésus. »

2, 6 : « Jésus », *add*.

¹³ Je vous le dis à vous, les plus anciens :
« Vous connaissez
celui qui existe depuis le commencement. »
Je vous le dis à vous, les plus jeunes :
« Vous avez vaincu le Mauvais. »
¹⁴ Je vous l'ai dit à vous, mes enfants :
« Vous connaissez le Père. »
Je vous l'ai dit à vous, les plus anciens :
« Vous connaissez
celui qui existe depuis le commencement. »
Je vous l'ai dit à vous, les plus jeunes :
« Vous êtes forts,
la parole* de Dieu demeure en vous,
vous avez vaincu le Mauvais. »

¹⁵ N'ayez pas l'amour du monde*,
ni de ce qui est dans le monde.
Si quelqu'un aime le monde,
il n'a pas en lui l'amour* du Père.
¹⁶ Tout ce qu'il y a dans le monde
– les désirs égoïstes de la nature humaine,
les désirs du regard, l'orgueil de la richesse –
tout cela ne vient pas du Père, mais du monde.
¹⁷ Or, le monde avec ses désirs est en train de disparaître.
Mais celui qui fait la volonté de Dieu
demeure pour toujours.
¹⁸ Mes enfants,
nous sommes à la dernière heure*.
L'Anti-Christ*, comme vous l'avez appris, doit venir :
or, il y a dès maintenant beaucoup d'anti-christs ;
nous savons ainsi que nous sommes à la dernière heure.
¹⁹ Ils sont sortis de chez nous
mais ils n'étaient pas des nôtres ;
s'ils avaient été des nôtres,
ils seraient restés avec nous.
Mais pas un d'entre eux n'est des nôtres,
et cela devait être manifesté.
²⁰ Quant à vous,
celui qui est saint* vous a consacrés par l'onction*,

et ainsi vous avez tous la connaissance.
²¹ Je ne vous dis pas que vous ignorez la vérité*,
mais je vous dis :
« Vous la connaissez »,
et la vérité ne produit aucun mensonge.
²² Le menteur n'est-il pas celui qui refuse d'admettre
que Jésus est le Christ ?
C'est celui-là l'Anti-Christ :
il refuse à la fois le Père et le Fils,
²³ car celui qui refuse le Fils
se sépare du Père,
et celui qui reconnaît le Fils
trouve en même temps le Père.

²⁴ Pour vous, gardez en vous-mêmes
ce que vous avez entendu depuis le commencement.
Si ce que vous avez entendu depuis le commencement
demeure en vous,
vous aussi vous demeurerez dans le Fils et dans le Père.
²⁵ Et ce que le Fils lui-même nous a promis,
c'est la vie éternelle.
²⁶ Voilà ce que j'avais à vous dire
au sujet de ceux qui cherchent à vous égarer.
²⁷ Mais elle demeure en vous,
l'onction par laquelle il vous a consacrés,
et vous n'avez pas besoin qu'on vous instruise.
Vous êtes instruits de tout par cette onction,
qui est vérité et non pas mensonge :
suivant ce qu'elle vous a enseigné,
vous demeurez en lui.
²⁸ Et maintenant, mes petits enfants, demeurez en lui ;
ainsi, quand il paraîtra, nous aurons de l'assurance,
et nous serons sans honte devant lui,
lors de sa venue.

2, 25 : « le Fils », *add*.

Vivre en enfants de Dieu

Première condition : vivre selon la justice et éviter le péché

²⁹ Puisque vous savez que Dieu est juste,
reconnaissez aussi que tout homme
qui vit selon la justice de Dieu
est vraiment né de lui.

3 ¹ Voyez comme il est grand,
l'amour* dont le père nous a comblés :
il a voulu que nous soyons appelés enfants de Dieu
— et nous le sommes.
Voilà pourquoi le monde* ne peut pas nous connaître :
puisqu'il n'a pas découvert Dieu.
² Bien-aimés,
dès maintenant, nous sommes enfants de Dieu,
mais ce que nous serons ne paraît pas encore clairement.
Nous le savons : lorsque le Fils de Dieu paraîtra,
nous serons semblables à lui
parce que nous le verrons tel qu'il est.
³ Et tout homme qui fonde sur lui une telle espérance
se rend pur* comme lui-même est pur.
⁴ Tout homme qui commet le péché lutte contre Dieu ;
car le péché, c'est la lutte contre Dieu.
⁵ Or, vous savez que lui, Jésus,
est apparu pour enlever les péchés,
et qu'il n'y a pas de péché en lui.
⁶ Quand un homme demeure en lui, il ne pèche pas ;
quand il pèche,
c'est qu'il ne l'a pas vu et ne le connaît pas.

⁷ Mes petits enfants, ne vous laissez égarer par personne :
celui qui vit selon la justice

2, 29 : « de Dieu », *add*.
3, 2 : « le Fils de Dieu », *add*.
3, 5.7 : « Jésus », *add*.

est juste comme lui, Jésus, est juste ;
⁸ celui qui commet le péché appartient au diable.
car, depuis le commencement, le diable est pécheur.
C'est pour détruire les œuvres du diable
que le Fils de Dieu est apparu.
⁹ L'homme qui est né de Dieu
ne commet pas le péché,
car ce qui a été semé par Dieu demeure en lui ;
il ne peut donc pas pécher,
puisqu'il est né de Dieu.
¹⁰ Voici comment on distingue les enfants de Dieu
et les enfants du diable :
celui qui ne vit pas selon la justice
n'appartient pas à Dieu,
et pas davantage celui qui n'aime pas son frère.

Deuxième condition : observer le commandement de l'amour à la suite de Jésus

¹¹ Voici ce que vous avez entendu annoncer
depuis le commencement :
il faut nous aimer les uns les autres.
¹² Ne soyons pas comme Caïn :
il appartenait au Mauvais
et il égorgea son frère.
Et pourquoi l'a-t-il égorgé ?
Parce que ses œuvres étaient mauvaises :
au contraire, celles de son frère étaient justes.
¹³ Ne soyez pas étonnés, frères,
si le monde a de la haine contre vous.
¹⁴ Parce que nous aimons nos frères,
nous savons que nous sommes passés de la mort* à la vie*.
Celui qui n'aime pas
reste dans la mort.
¹⁵ Tout homme qui a de la haine contre son frère
est un meurtrier,
et vous savez qu'un meurtrier
n'a jamais la vie éternelle demeurant en lui.

¹⁶ Voici à quoi nous avons reconnu l'amour* :
lui, Jésus, a donné sa vie pour nous.
Nous aussi, nous devons donner notre vie pour nos frères.
¹⁷ Celui qui a de quoi vivre en ce monde*,
s'il voit son frère dans le besoin
sans se laisser attendrir,
comment l'amour de Dieu pourrait-il demeurer en lui ?
¹⁸ Mes enfants,
nous devons aimer
non pas avec des paroles et des discours,
mais par des actes et en vérité*.
¹⁹ En agissant ainsi,
nous reconnaîtrons que nous appartenons à la vérité,
et devant Dieu nous aurons le cœur en paix* ;
²⁰ notre cœur* aurait beau nous accuser,
Dieu est plus grand que notre cœur,
et il connaît toutes choses.

²¹ Mes bien-aimés,
si notre cœur ne nous accuse pas,
nous nous tenons avec assurance devant Dieu.
²² Tout ce que nous demandons à Dieu,
il nous l'accorde,
parce que nous sommes fidèles à ses commandements,
et que nous faisons ce qui lui plaît.
²³ Or, voici son commandement :
avoir foi* en son Fils Jésus Christ*,
et nous aimer les uns les autres
comme il nous l'a commandé.
²⁴ Et celui qui est fidèle à ses commandements
demeure en Dieu,
et Dieu en lui ;
et nous reconnaissons qu'il demeure en nous,
puisqu'il nous a donné son Esprit*.

3, 16 : « Jésus », add.

Troisième condition : se garder des anti-christs et du monde

4 ¹ Mes bien-aimés, ne croyez pas n'importe quel inspiré,
mais examinez les inspirations
pour voir si elles viennent de Dieu,
car beaucoup de faux prophètes* se sont répandus
dans le monde.
² Voici comment vous saurez si l'Esprit de Dieu les inspire :
tout inspiré qui proclame que Jésus Christ
est venu parmi nous dans la chair*,
celui-là appartient à Dieu.
³ Tout inspiré qui refuse de proclamer Jésus,
celui-là n'appartient pas à Dieu :
il a l'esprit de l'Anti-Christ,
dont on vous a annoncé la venue
et qui est dans le monde dès maintenant.
⁴ Vous, mes petits enfants, vous appartenez à Dieu,
et vous avez vaincu ces gens-là ;
car Celui qui est en vous
est plus grand que celui qui est dans le monde.
⁵ Eux, ils appartiennent au monde ;
voilà pourquoi ils parlent le langage du monde,
et le monde les écoute.
⁶ Nous, nous appartenons à Dieu ;
celui qui connaît Dieu nous écoute ;
celui qui n'appartient pas à Dieu ne nous écoute pas.
C'est ainsi que nous discernons
l'esprit de la vérité et l'esprit de l'erreur.

Aux sources de l'amour et de la foi

À quoi se reconnaît l'amour

⁷ Mes bien-aimés,
aimons-nous les uns les autres,
puisque l'amour vient de Dieu.

4, 2 : « parmi nous », *add*.

Tous ceux qui aiment
sont enfants de Dieu,
et ils connaissent Dieu.
⁸ Celui qui n'aime pas ne connaît pas Dieu,
car Dieu est amour*.

⁹ Voici comment Dieu a manifesté son amour parmi nous :
Dieu a envoyé son Fils unique dans le monde*
pour que nous vivions par lui.
¹⁰ Voici à quoi se reconnaît l'amour :
ce n'est pas nous qui avons aimé Dieu,
c'est lui qui nous a aimés,
et il a envoyé son Fils
qui est la victime offerte pour nos péchés*.

¹¹ Mes bien-aimés,
puisque Dieu nous a tant aimés,
nous devons aussi nous aimer les uns les autres.
¹² Dieu, personne ne l'a jamais vu.
Mais si nous nous aimons les uns les autres,
Dieu demeure en nous,
et son amour atteint en nous sa perfection.
¹³ Nous reconnaissons que nous demeurons en lui,
et lui en nous,
à ce qu'il nous donne part à son Esprit.
¹⁴ Et nous qui avons vu,
nous attestons
que le Père a envoyé son Fils
comme Sauveur* du monde.
¹⁵ Celui qui proclame que Jésus est le Fils de Dieu,
Dieu demeure en lui,
et lui en Dieu.
¹⁶ Et nous, nous avons reconnu et nous avons cru
que l'amour de Dieu est parmi nous.
Dieu est amour :
celui qui demeure dans l'amour
demeure en Dieu,
et Dieu en lui.

¹⁷ Voici comment l'amour, parmi nous, atteint sa perfection :

il nous donne de l'assurance pour le jour* du jugement*.
Car ce que nous sommes dans ce monde
est à l'image de ce que Jésus est lui-même.
¹⁸ Il n'y a pas de crainte dans l'amour,
l'amour parfait chasse la crainte ;
car la crainte est liée au châtiment,
et celui qui reste dans la crainte
n'a pas atteint la perfection de l'amour.
¹⁹ Nous aimons
parce que Dieu lui-même nous a aimés le premier.
²⁰ Si quelqu'un dit : « J'aime Dieu »,
alors qu'il a de la haine contre son frère,
c'est un menteur.
En effet, celui qui n'aime pas son frère,
qu'il voit,
est incapable d'aimer Dieu,
qu'il ne voit pas.
²¹ Et voici le commandement que nous avons reçu de lui :
celui qui aime Dieu,
qu'il aime aussi son frère.

5 ¹ Tout homme qui croit que Jésus est le Christ*,
celui-là est vraiment né de Dieu ;
tout homme qui aime le Père
aime aussi celui qui est né de lui.
² Nous reconnaissons que nous aimons les enfants de Dieu
lorsque nous aimons Dieu
et que nous accomplissons ses commandements.
³ Car l'amour de Dieu, c'est cela :
garder ses commandements.
Ses commandements ne sont pas un fardeau,
⁴ puisque tout être qui est né de Dieu est vainqueur du monde.
Et ce qui nous a fait vaincre le monde,
c'est notre foi*.
⁵ Qui donc est vainqueur du monde ?
N'est-ce pas celui qui croit
que Jésus est le Fils de Dieu ?
⁶ C'est lui, Jésus Christ,
qui est venu par l'eau et par le sang :

pas seulement l'eau,
mais l'eau et le sang*.
Et celui qui rend témoignage*, c'est l'Esprit*,
car l'Esprit est la vérité*.
⁷ Ils sont trois qui rendent témoignage,
⁸ l'Esprit, l'eau et le sang,
et tous les trois se rejoignent en un seul témoignage.
⁹ Nous acceptons bien le témoignage des hommes ;
or, le témoignage de Dieu a plus de valeur,
et le témoignage de Dieu, c'est celui qu'il rend à son Fils.
¹⁰ Celui qui met sa foi* dans le Fils de Dieu
possède en lui-même ce témoignage.
Celui qui ne croit pas Dieu, celui-là fait de Dieu un menteur,
puisqu'il ne croit pas au témoignage
que Dieu rend à son Fils.
¹¹ Et ce témoignage, le voici :
Dieu nous a donné la vie éternelle,
et cette vie est dans son Fils.
¹² Celui qui a le Fils possède la vie ;
celui qui n'a pas le Fils de Dieu ne possède pas la vie.

¹³ Je vous ai écrit tout cela
pour vous faire savoir que vous avez la vie éternelle,
vous qui mettez votre foi dans le nom du Fils de Dieu.

La prière pour les pécheurs

¹⁴ Ce qui nous donne de l'assurance devant Dieu,
c'est qu'il nous écoute
quand nous faisons une demande conforme à sa volonté.
¹⁵ Et, puisque nous savons qu'il écoute toutes nos demandes,
nous savons aussi que nous possédons
tout ce que nous lui avons demandé.

¹⁶ Si quelqu'un voit son frère commettre un péché*

5, 7-8 : texte de la Vulgate différent des manuscrits grecs : « *Ils sont trois qui rendent témoignage dans le ciel* : le Père, le Verbe* et l'Esprit, et ces trois sont un ; et il y en a trois qui rendent témoignage sur terre : l'Esprit, l'eau et le sang, et ces trois sont un.* »

qui ne conduit pas à la mort,
   il priera, et Dieu rendra la vie au pécheur,
   puisque son péché ne conduit pas à la mort.
   Il y a un péché qui conduit à la mort,
   ce n'est pas pour celui-là que je dis de prier.
¹⁷ Tout ce qui nous oppose à Dieu est péché,
   mais il y a des péchés qui ne conduisent pas à la mort.

Conclusion

¹⁸ Nous le savons :
   l'homme qui est né de Dieu ne commet pas le péché ;
   le Fils qui est né de Dieu le protège
   et le Mauvais ne peut pas l'atteindre.
¹⁹ Nous savons que nous appartenons à Dieu,
   alors que le monde entier est dominé par le Mauvais.
²⁰ Nous savons aussi
   que le Fils de Dieu est venu nous donner l'intelligence
   pour nous faire connaître Celui qui est vrai,
   et nous sommes en Celui qui est vrai,
   dans son Fils Jésus Christ*.
   C'est lui qui est le Dieu vrai, et la vie éternelle.

²¹ Mes petits enfants,
   prenez garde de ne pas vous mettre au service du mensonge.

5, 18 : « le Fils », *add*.
5, 21 : *litt*. « prenez garde aux idoles » (aux fausses doctrines).

Deuxième et troisième lettres de saint Jean

Deuxième lettre

La fidélité à l'Église

¹ Moi, l'Ancien*, je m'adresse à celle qui est la reine choisie par Dieu, et à ses enfants que j'aime dans la vérité* – pas seulement moi, mais aussi tous ceux qui ont connaissance de la vérité – ² grâce à cette vérité qui demeure en nous et qui sera avec nous pour toujours. ³ Et avec nous seront la grâce*, la miséricorde*, la paix*, de la part de Dieu le Père et de Jésus Christ*, le Fils du Père, dans la vérité et dans l'amour*.

⁴ J'ai eu beaucoup de joie à trouver parmi tes enfants des hommes qui vivent dans la vérité selon le commandement que nous avons reçu du Père. ⁵ Et maintenant, reine, je t'adresse une demande. – Ce que je t'écris n'est pas un nouveau commandement, c'est celui que nous avions dès le début. – Je te le demande : aimons-nous les uns les autres. ⁶ Et l'amour, c'est que nous vivions selon ses commandements ; et ce commandement, comme vous l'avez appris dès le début, c'est que vous viviez dans l'amour.

⁷ Beaucoup d'imposteurs se sont répandus dans le monde, eux qui ne professent pas la foi* en Jésus Christ venu dans la chair* : celui qui agit ainsi, c'est l'imposteur et l'Anti-Christ. ⁸ Prenez garde à vous-mêmes, pour ne pas perdre le fruit de votre travail, mais recevoir intégralement votre salaire. ⁹ Celui qui va de l'avant sans

rester attaché à l'enseignement du Christ, celui-là se sépare de Dieu. Mais celui qui reste attaché à l'enseignement, celui-là trouve le Père et le Fils. ¹⁰ Si quelqu'un vient chez vous sans apporter cet enseignement, ne l'accueillez pas dans votre maison et ne lui adressez pas votre salutation ; ¹¹ car celui qui le salue ainsi participe à ses œuvres mauvaises.

¹² J'aurais eu beaucoup de choses à vous dire ; je n'ai pas voulu le faire avec du papier et de l'encre, mais j'espère bien me rendre chez vous et vous parler de vive voix, pour que nous soyons comblés de joie.

¹³ Les enfants de ta sœur, elle aussi choisie par Dieu, te saluent.

Troisième lettre

De vrais fidèles au service de leurs frères

¹ Moi, l'Ancien, je m'adresse à Gaïus, le bien-aimé, que j'aime dans la vérité.

² Bien-aimé, je souhaite qu'en toutes choses tu te portes bien et que tu sois en bonne santé, comme c'est déjà le cas pour ton âme.

³ J'ai eu beaucoup de joie quand les frères sont venus et ont rendu témoignage* à la vérité qui est en toi : ils ont dit comment tu vis dans la vérité. ⁴ Rien ne me donne plus de joie que d'apprendre que mes enfants vivent dans la vérité.

⁵ Mon bien-aimé Gaïus, tu agis en vrai fidèle dans ce que tu fais pour les frères, qui sont pourtant des étrangers. ⁶ Ils ont rendu témoignage à ta charité* devant la communauté de l'Église ; tu agiras bien en facilitant leur voyage d'une manière qui plaise à Dieu. ⁷ Car c'est pour le nom du Fils de Dieu qu'ils se sont mis en route sans rien recevoir des païens. ⁸ Nous devons donc, nous, accueillir de tels hommes afin de coopérer à l'action de la vérité en nous.

⁹ J'ai écrit une lettre à l'Église ; mais Diotréphès, lui qui est si content d'être à leur tête, ne nous accueille pas. ¹⁰ Alors si je

---

3, Jn 5 : « Gaïus », *add.* d'après v. 1.

viens, je dénoncerai ce qu'il fait : il nous calomnie avec un flot de paroles méchantes ; non content de cela, il n'accueille pas les frères ; bien plus, il s'oppose à ceux qui voudraient le faire, et les chasse de l'Église*.

¹¹ Bien-aimé, ne suis pas les mauvais exemples, mais les bons. Celui qui fait le bien appartient à Dieu ; celui qui fait le mal n'a jamais vu Dieu.

¹² Quant à Démétrius, il reçoit un bon témoignage* de tous, et de la vérité* elle-même ; nous aussi, nous lui rendons témoignage, et tu sais que notre témoignage est vrai.

¹³ J'aurais beaucoup de choses à te dire, mais je ne veux pas le faire avec l'encre et la plume. ¹⁴ J'espère te voir bientôt, et nous nous entretiendrons de vive voix.

¹⁵ Paix à toi ! Les amis te saluent. Et toi, salue les amis, chacun par son nom.

Lettre de Saint Jude

Combattre pour la foi contre ses adversaires que toute l'Écriture condamne

¹Moi, Jude, serviteur* de Jésus Christ* et frère de Jacques, je m'adresse à vous, les appelés, bien-aimés de Dieu le Père et réservés pour Jésus Christ : ²que la miséricorde*, la paix* et l'amour* vous soient accordés en abondance.

³Mes bien-aimés, j'étais bien décidé à vous écrire au sujet du salut* qui nous est commun ; or me voici forcé de vous écrire pour vous exhorter à combattre pour la foi qui a été transmise aux fidèles une fois pour toutes. ⁴Car il s'est infiltré parmi vous des individus que l'Écriture condamne depuis longtemps pour ce qu'ils font, des impies qui confondent la grâce* de notre Dieu avec le droit de se livrer à la débauche, et qui renient Jésus Christ, notre seul maître et Seigneur*.

⁵Bien que vous sachiez déjà tout, je veux vous rappeler ceci : le Seigneur, qui avait sauvé une fois pour toutes son peuple en le faisant sortir du pays d'Égypte, a pourtant supprimé ensuite ceux qui ont refusé de croire ; ⁶quant aux anges* qui ne se sont pas maintenus dans leur dignité, mais ont quitté la demeure qui était la leur, le Seigneur les maintient éternellement enchaînés dans l'obscurité en vue du jugement* du grand jour* ; ⁷de même encore, Sodome et Gomorrhe et les villes d'alentour qui se sont livrées à la débauche de la même façon que les anges : en voulant

---

7 : cf. Gn **19**.

aller avec des êtres d'une autre nature qu'eux, elles sont soumises pour l'exemple au châtiment du feu* éternel.

⁸ Et pourtant, ces individus, dans leurs chimères, font la même chose : ils souillent leur corps, ils méprisent la souveraineté de Dieu, ils outragent les anges* glorieux. ⁹ Or l'archange Michel, discutant avec le démon dans la querelle au sujet du corps de Moïse, n'osa pas porter contre lui un jugement outrageant ; il lui dit seulement : *Que le Seigneur* te punisse !* ¹⁰ Eux, au contraire, tout ce qu'ils ne connaissent pas, ils l'outragent ; et tout ce qu'ils savent les corrompt, car ils ne le saisissent que par l'instinct, comme des bêtes sans raison. ¹¹ Malheureux sont-ils ! Ils sont partis sur le chemin de Caïn ; pour de l'argent, ils se sont laissé emporter par l'égarement de Balaam ; ils ont péri avec la révolte de Coré au temps de Moïse. ¹² Ces individus sont l'écueil de vos agapes, ils s'empiffrent sans pudeur, ils ne se préoccupent que d'eux-mêmes : nuages sans eau emportés par le vent ; arbres de fin d'automne sans fruits, deux fois morts, déracinés ; ¹³ flots sauvages de la mer*, crachant l'écume de leur propre honte ; astres errants, pour lesquels est réservée à jamais l'obscurité des ténèbres*. ¹⁴ C'est encore pour eux qu'a prophétisé Hénok, le septième patriarche depuis Adam, qui disait : *Voici que le Seigneur, avec ses saints anges par dizaines de milliers,* ¹⁵ *vient siéger pour le jugement* universel et accuser tous les hommes pour tous les actes d'impiété qu'ils ont commis, et pour toutes les paroles intolérables que les pécheurs impies ont prononcées contre lui.*

¹⁶ Ce sont des gens qui récriminent, qui protestent contre leur sort, qui s'en vont au gré de leurs passions ; leur bouche profère des énormités, ils n'ont d'égard pour les gens qu'en fonction de leur intérêt.

Se maintenir dans la foi et l'amour pour rendre gloire à Dieu

¹⁷ Mais vous, mes bien-aimés, souvenez-vous de ce qui vous a été prédit par les Apôtres de notre Seigneur Jésus Christ*. ¹⁸ Ils

---

9 : épisode inconnu de la Bible, cf. Za, 3, 2.
11 : cf. Nb **24** ; Nb **16** ; « au temps de Moïse », *add*.
14-15 : cf. livre d'Hénok (apocryphe) **1**, 9 ; sur Hénok cf. He **11**, 5.

vous disaient en effet qu'aux derniers temps*, il y aura des railleurs, menés par leurs passions impies. ¹⁹Ce sont des fauteurs de divisions, ils ne dépassent pas l'humain, ils ne possèdent pas l'Esprit*. ²⁰Mais vous, mes bien-aimés, que votre foi très sainte soit le fondement de la construction que vous êtes vous-mêmes. Priez dans l'Esprit Saint*, ²¹maintenez-vous dans l'amour de Dieu, attendant la miséricorde* de notre Seigneur Jésus Christ en vue de la vie éternelle. ²²Ceux qui sont hésitants, prenez-les en pitié, ²³sauvez-les en les arrachant au feu* ; quant aux autres, prenez-les aussi en pitié, mais avec crainte, en détestant jusqu'au vêtement souillé par leur corps.

²⁴Gloire* à Dieu, qui a le pouvoir de vous préserver de la chute et de vous rendre irréprochables et pleins d'allégresse, pour comparaître devant sa gloire : ²⁵au Dieu unique, notre Sauveur*, par notre Seigneur Jésus Christ, gloire, majesté, force et puissance, avant tous les siècles, maintenant et pour tous les siècles. Amen*.

---

24 : « Gloire à Dieu », *add.* tirée du v. 25.

Apocalypse

Présentation du livre et de ses thèmes

1 ¹ Apocalypse (ou Révélation) de Jésus Christ*,
à qui Dieu l'a confiée
pour montrer à ses serviteurs*, les fidèles,
ce qui doit arriver bientôt.
Il l'a fait connaître* à son serviteur Jean,
en lui envoyant son Ange*.
² Jean atteste comme parole* de Dieu
et témoignage* de Jésus Christ
tout ce qu'il a vu.
³ Heureux celui qui lit,
heureux ceux qui écoutent
les paroles de cette prophétie
et gardent fidèlement son contenu,
car le temps* est proche.

⁴ Moi, Jean, je m'adresse aux sept Églises*
qui sont en Asie Mineure.
Que la grâce* et la paix* vous soient données,
de la part de Celui qui est, qui était et qui vient,
de la part des sept esprits qui sont devant son trône,
⁵ de la part de Jésus Christ, le témoin fidèle,
le premier-né* d'entre les morts,
le souverain des rois de la terre.

1, 1 : « (ou Révélation) », « les fidèles », *add.*
1, 4 : « Mineure », *add.*

À lui qui nous aime,
qui nous a délivrés de nos péchés* par son sang*,
⁶ qui a fait de nous
le royaume* et les prêtres* de Dieu son Père,
à lui gloire* et puissance
pour les siècles des siècles. Amen*.
⁷ Voici qu'il vient parmi les nuées*,
et tous les hommes le verront,
même ceux qui l'ont transpercé ;
et, en le voyant, toutes les tribus de la terre se lamenteront.
Oui, vraiment ! Amen !

⁸ Je suis l'alpha et l'oméga,
dit le Seigneur* Dieu,
je suis celui qui est, qui était et qui vient,
le Tout-Puissant.

Le Fils de l'homme apparaît à Jean et lui ordonne d'écrire aux Églises

⁹ Moi, Jean,
votre frère et compagnon
dans la persécution, la royauté et l'endurance avec Jésus,
je me trouvais dans l'île de Patmos
à cause de la parole* de Dieu
et du témoignage* pour Jésus.
¹⁰ C'était le jour* du Seigneur ;
je fus inspiré par l'Esprit*,
et j'entendis derrière moi une voix puissante,
pareille au son d'une trompette.
¹¹ Elle disait :
« Ce que tu vois, écris-le dans un livre
et envoie-le aux sept Églises :
à Éphèse, à Smyrne, à Pergame, à Thyatire,
à Sardes, à Philadelphie et à Laodicée. »

¹² Je me retournai pour voir qui me parlait.
Quand je me fus retourné,
je vis sept chandeliers d'or ;

¹³ et au milieu d'eux comme un fils d'homme,
vêtu d'une longue tunique ;
une ceinture d'or lui serrait la poitrine ;
¹⁴ sa tête et ses cheveux blancs étaient
comme de la laine blanche,
comme la neige,
et ses yeux comme une flamme ardente ;
¹⁵ ses pieds ressemblaient à du bronze précieux
affiné au creuset,
et sa voix était comme la voix des océans ;
¹⁶ il avait dans la main droite sept étoiles ;
de sa bouche sortait un glaive acéré à deux tranchants.
Son visage brillait comme le soleil dans toute sa puissance.
¹⁷ Quand je le vis,
je tombai comme mort à ses pieds,
mais il posa sur moi sa main droite, en disant :
« Sois sans crainte.
Je suis le Premier et le Dernier,
¹⁸ je suis le Vivant :
j'étais mort,
mais me voici vivant pour les siècles des siècles,
et je détiens les clés de la mort et du séjour des morts.
¹⁹ Écris donc ce que tu auras vu :
ce qui arrive maintenant,
et ce qui arrivera ensuite.
²⁰ Voilà le sens secret des sept étoiles
que tu as vues dans ma main droite
et des sept chandeliers d'or :
les sept étoiles sont les Anges* des sept Églises*,
et les sept chandeliers sont les sept Églises. »

1, 19 : « maintenant », *add*.

Lettres aux Églises

Lettre à l'Église d'Éphèse

2 ¹ Tu écriras ceci
à l'Ange* de l'Église qui est à Éphèse :
Ainsi parle celui qui tient les sept étoiles
dans sa main droite,
qui marche au milieu des sept chandeliers d'or :
² Je connais ta conduite, ton labeur, ta persévérance,
je sais que tu ne peux supporter les méchants ;
tu as mis à l'épreuve* ceux qui se disent apôtres,
et ne le sont pas ;
tu as constaté qu'ils étaient des menteurs.
³ Tu ne manques pas de persévérance,
car tu as beaucoup supporté pour mon nom,
sans jamais te lasser.

⁴ Mais j'ai contre toi
que tu as perdu ton amour* des premiers temps.
⁵ Rappelle-toi donc d'où tu es tombé,
convertis-toi, reviens à ta conduite première.
Sinon je vais venir à toi
et je déplacerai ton chandelier, si tu ne te convertis pas.
⁶ Pourtant ce que tu as de bon,
c'est que tu détestes les agissements des Nicolaïtes,
que je déteste moi aussi.

⁷ Celui qui a des oreilles, qu'il entende
ce que l'Esprit* dit aux Églises.
Le vainqueur, je lui donnerai à manger
du fruit de l'arbre de vie
qui est dans le Paradis de Dieu.

Lettre à l'Église de Smyrne

⁸ Tu écriras encore ceci
à l'Ange de l'Église qui est à Smyrne :

Ainsi parle celui qui est le premier et le dernier,

celui qui était mort et qui est revenu à la vie :
⁹ Je connais ta détresse et ta pauvreté ;
pourtant tu es riche.
Je connais les calomnies de ceux qui se disent Juifs :
ils ne le sont pas vraiment, c'est une synagogue de Satan*.
¹⁰ Sois sans aucune crainte pour ce que tu vas souffrir.
Voici que le démon va jeter en prison certains des vôtres
pour vous mettre à l'épreuve,
et vous serez dans la détresse pendant dix jours.
Sois fidèle jusqu'à la mort,
et je te donnerai la couronne de la vie.
¹¹ Celui qui a des oreilles,
qu'il entende ce que l'Esprit* dit aux Églises*.
Au vainqueur, la seconde mort ne pourra faire aucun mal.

Lettre à l'Église de Pergame

¹² Tu écriras encore ceci
à l'Ange* de l'Église qui est à Pergame :

Ainsi parle celui qui a le glaive acéré à deux tranchants :
¹³ Je sais où tu demeures,
c'est là que Satan a son trône ;
mais tu tiens ferme à mon nom,
et tu n'as pas renié la foi* en moi,
même dans les jours où Antipas, mon témoin fidèle,
a été mis à mort chez vous,
là où Satan demeure.

¹⁴ Mais j'ai quelque chose contre toi :
tu as là des gens attachés à la doctrine de Balaam,
qui enseignait à Balak le moyen de tendre un piège
aux fils d'Israël,
pour qu'ils mangent des viandes offertes aux idoles
et qu'ils se prostituent.
¹⁵ De même,
tu as toi aussi des gens attachés à la doctrine des Nicolaïtes.
¹⁶ Convertis-toi donc :
sinon je viens à toi sans tarder,
et je les combattrai avec le glaive qui sort de ma bouche.

APOCALYPSE 2

¹⁷ Celui qui a des oreilles,
qu'il entende ce que l'Esprit dit aux Églises.
Au vainqueur je donnerai de la manne* cachée ;
je lui donnerai aussi une pierre* blanche,
avec, écrit sur cette pierre,
un nom nouveau que personne ne connaît
sauf celui qui la reçoit.

Lettre à l'Église de Thyatire

¹⁸ Tu écriras encore ceci
à l'Ange de l'Église qui est à Thyatire :

Ainsi parle le Fils de Dieu,
celui qui a les yeux comme une flamme ardente
et les pieds semblables au bronze précieux :
¹⁹ Je connais ta conduite,
ton amour*, ta foi*, ton sens du service, ta persévérance,
et ta conduite plus active ces derniers temps qu'au début.

²⁰ Mais j'ai quelque chose contre toi :
tu laisses faire Jézabel,
cette femme qui se dit prophétesse,
et qui égare mes serviteurs*
en leur enseignant à se prostituer
et à manger des viandes offertes aux idoles.
²¹ Je lui ai donné du temps pour se convertir,
mais elle ne veut pas se convertir de sa prostitution.
²² Voici que je vais la mettre au lit,
ainsi que ceux qui ont commis l'adultère* avec elle ;
ils seront dans une grande détresse,
à moins qu'ils ne se convertissent
de la conduite qu'elle leur a fait mener.
²³ Je vais aussi mettre à mort ses enfants,
et toutes les Églises sauront que moi,
je scrute les reins et les cœurs*,
et je vous donnerai à chacun
selon votre conduite.

²⁴ Et vous, les autres membres de l'Église* de Thyatire,
vous tous qui ne suivez pas cette doctrine
et qui ne connaissez pas
les prétendues « profondeurs de Satan* »,
je vous déclare
que je ne vous imposerai pas de nouveau fardeau ;
²⁵ mais tenez fermement ce que vous avez,
jusqu'à ce que je vienne.

²⁶ Le vainqueur,
celui qui garde jusqu'à la fin la conduite que je prescris,
je lui donnerai pouvoir sur les nations ;
²⁷ *il les mènera avec un sceptre de fer,*
il les brisera comme un vase de potier
²⁸ – de même que moi aussi, j'ai reçu pouvoir de mon Père –
et je lui donnerai l'étoile du matin.

²⁹ Celui qui a des oreilles,
qu'il entende ce que l'Esprit* dit aux Églises.

Lettre à l'Église de Sardes

3 ¹ Tu écriras encore ceci
à l'Ange* de l'Église qui est à Sardes :

Ainsi parle celui qui a les sept esprits de Dieu
et les sept étoiles :
Je connais ta conduite :
tu as la réputation d'être vivant,
et tu es mort.
² Sois vigilant, raffermis ce qui te reste
et qui est en train de mourir,
car je n'ai pas trouvé que ta conduite soit parfaite
devant mon Dieu.
³ Rappelle-toi donc comment tu as reçu et entendu la Parole* ;

2, 27 : cf. Ps **2,** 9.

garde-la fidèlement et convertis-toi.
Si tu ne veilles pas,
je viendrai comme un voleur
et tu ne sauras pas
à quelle heure je viendrai te surprendre.

4 Mais chez toi, à Sardes,
il y en a quelques-uns qui n'ont pas sali leurs vêtements ;
habillés de blanc, ils marcheront avec moi,
car ils l'ont bien mérité.
5 C'est ainsi que le vainqueur portera des vêtements* blancs.
Jamais je n'effacerai son nom du livre de la vie ;
je me prononcerai pour lui
devant mon Père et devant ses anges.

6 Celui qui a des oreilles,
qu'il entende ce que l'Esprit dit aux Églises.

Lettre à l'Église de Philadelphie

7 Tu écriras encore ceci
à l'Ange de l'Église qui est à Philadelphie :

Ainsi parle le Saint*, le Véritable,
celui qui a la clef de David,
celui qui ouvre et personne ne fermera,
celui qui ferme et personne ne peut ouvrir :
8 Je connais ta conduite ;
voici que j'ai mis devant toi une porte ouverte
que personne ne peut fermer,
parce qu'avec le peu de forces que tu possèdes,
tu as gardé ma parole et tu n'as pas renié mon nom.
9 Voici que je vais te donner
des gens de la synagogue de Satan,
eux qui se disent Juifs et qui ne le sont pas,
mais qui mentent.
Voici que je les ferai venir et se prosterner à tes pieds,
et ils reconnaîtront que moi,
je t'ai aimé.

¹⁰ Puisque tu as gardé ma consigne de persévérance,
moi aussi je te garderai de l'heure d'épreuve*
qui va venir sur le monde entier
pour éprouver les habitants de la terre*.
¹¹ Je viens sans tarder :
tiens fermement ce que tu as,
pour que personne ne te prenne ta couronne.

¹² Le vainqueur, j'en ferai une colonne
dans le temple* de mon Dieu ;
il n'en sortira plus jamais,
et j'écrirai sur lui le nom* de mon Dieu
et celui de la cité de mon Dieu,
la nouvelle Jérusalem*
qui descend du ciel*
d'auprès de mon Dieu,
ainsi que mon propre nom nouveau.

¹³ Celui qui a des oreilles,
qu'il entende ce que l'Esprit* dit aux Églises*.

Lettre à l'Église de Laodicée

¹⁴ Tu écriras encore ceci
à l'Ange* de l'Église qui est à Laodicée :

Ainsi parle le témoin fidèle et véridique,
celui qui est « Amen* »,
celui qui est le commencement de la création de Dieu :
¹⁵ Je connais ta conduite :
tu n'es ni froid ni brûlant
— mieux vaudrait que tu sois ou froid ou brûlant —
¹⁶ Aussi, puisque tu es tiède
— ni froid ni brûlant —
je vais te vomir.
¹⁷ Tu dis : « Je suis riche,

3, 14 : stiques intervertis pour la clarté, à la fin du v.

je me suis enrichi, je ne manque de rien »,
et tu ne sais pas que tu es malheureux, pitoyable,
pauvre, aveugle et nu !

¹⁸ Alors je te donne un conseil :
viens acheter chez moi de l'or purifié au feu,
pour devenir riche,
des vêtements blancs pour te couvrir
et cacher la honte de ta nudité,
un remède pour te frotter les yeux
afin de voir clair.
¹⁹ Tous ceux que j'aime,
je leur montre leurs fautes, et je les châtie.
Sois donc fervent et convertis-toi.
²⁰ Voici que je me tiens à la porte,
et je frappe.
Si quelqu'un entend ma voix et ouvre la porte,
j'entrerai chez lui ;
je prendrai mon repas avec lui,
et lui avec moi.
²¹ Le vainqueur, je le ferai siéger près de moi sur mon Trône,
comme moi-même, après ma victoire,
je suis allé siéger près de mon Père sur son Trône.

²² Celui qui a des oreilles,
qu'il entende ce que l'Esprit dit aux Églises.

Ce qui doit arriver

La liturgie solennelle devant le Créateur tout-puissant

4 ¹ J'ai vu une porte ouverte dans le ciel.
Et la voix, que j'avais déjà entendue,
pareille au son de la trompette,
me disait :
 « Monte jusqu'ici, et je te ferai voir
 ce qui doit arriver par la suite. »

² Aussitôt je fus saisi par l'Esprit.
Un trône était dressé dans le ciel,
et sur le Trône siégeait quelqu'un.
³ Celui qui siège ainsi
a l'aspect du jaspe ou de la cornaline ;
et tout autour du Trône, il y a un halo de lumière,
avec des reflets d'émeraude.
⁴ Tout autour de ce Trône, vingt-quatre trônes,
où siègent vingt-quatre Anciens*,
portant des vêtements blancs et des couronnes d'or.
⁵ Et du Trône sortent des éclairs,
des clameurs, des coups de tonnerre,
et sept torches enflammées brûlent devant le Trône :
ce sont les sept esprits de Dieu.
⁶ Devant le Trône, il y a comme une mer,
aussi transparente que du cristal.

En face du Trône et autour de lui,
quatre Vivants,
ayant des yeux innombrables en avant et en arrière.
⁷ Le premier Vivant ressemble à un lion,
le deuxième à un jeune taureau,
la figure du troisième est comme celle d'un homme,
le quatrième ressemble à un aigle en plein vol.
⁸ Les quatre Vivants ont chacun six ailes,
avec des yeux innombrables au-dehors et au-dedans.
Et ils ne cessent pas de proclamer jour et nuit :
« Saint* ! Saint ! Saint, le Seigneur*,
le Dieu tout-puissant,
celui qui était, qui est et qui vient. »

⁹ Chaque fois que les Vivants
rendent gloire*, honneur et action* de grâce
à celui qui siège sur le Trône,
à celui qui vit pour les siècles des siècles,
¹⁰ les vingt-quatre Anciens tombent à genoux
devant celui qui siège sur le Trône,
et ils adorent celui qui vit pour les siècles des siècles ;

ils jettent leur couronne devant le Trône
en disant :
¹¹ « Notre Seigneur et notre Dieu,
tu es digne de recevoir gloire*, honneur et puissance
puisque c'est toi qui as créé toutes choses :
par ta volonté elles existent et elles ont été créées. »

L'histoire du monde est remise au pouvoir du Christ, Agneau immolé et glorifié

5 ¹ J'ai vu,
dans la main droite de celui qui siège sur le Trône céleste,
un Livre en forme de rouleau,
écrit à l'intérieur et à l'extérieur,
scellé de sept sceaux.
² Puis j'ai vu un ange* imposant,
qui proclamait d'une voix puissante :
« Qui donc est digne d'ouvrir le Livre
et d'en briser les sceaux ? »
³ Mais personne, au ciel*, sur terre* ou sous la terre,
n'était capable d'ouvrir le Livre et d'en regarder le texte.
⁴ Et moi, je pleurais beaucoup,
parce que personne n'avait été trouvé digne
d'ouvrir le Livre et d'en regarder le texte.
⁵ Mais l'un des Anciens me dit :
« Ne pleure pas.
Voilà qu'il a remporté la victoire,
le lion de la tribu de Juda,
le descendant de David :
il ouvrira le Livre aux sept sceaux. »

⁶ Et voici ce que j'ai vu encore :
en face du Trône, en face des quatre Vivants et des Anciens,
il y avait un Agneau :
il se tenait debout, et il était comme immolé ;
ses cornes étaient au nombre de sept,

5, 1 : « en forme de rouleau », *add.*

ainsi que ses yeux,
qui sont les sept esprits de Dieu
en mission sur toute la terre.
⁷ Il s'avança et reçut le Livre,
que lui donna de la main droite
celui qui siégeait sur le Trône.
⁸ Quand l'Agneau* eut reçu le Livre,
les quatre Vivants et les vingt-quatre Anciens*
se prosternèrent devant lui.
Chacun tenait une harpe.
⁹ et des coupes d'or pleines de parfums
qui sont les prières des saints.
Ils chantaient ce cantique nouveau :
« Tu es digne de recevoir le Livre scellé
et de l'ouvrir,
car tu as été immolé ;
par ton sang*, tu as racheté pour Dieu
des hommes de toutes races, langues, peuples et nations,
¹⁰ et tu en as fait pour notre Dieu
un royaume de prêtres* qui régneront sur la terre*. »

¹¹ Alors, dans ma vision,
j'ai entendu la voix d'une multitude d'anges*
qui entouraient le Trône, les Vivants et les Anciens :
ils étaient des millions, des centaines de millions.
¹² Ils criaient à pleine voix :
« Lui, l'Agneau immolé, il est digne
de recevoir puissance et richesse*,
sagesse* et force,
honneur, gloire* et bénédiction. »
¹³ Et j'entendis l'acclamation de toutes les créatures
au ciel, sur terre, sous terre et sur mer ;
tous les êtres qui s'y trouvent proclamaient :
« À celui qui siège sur le Trône, et à l'Agneau,
bénédiction, honneur, gloire et domination
pour les siècles des siècles. »
¹⁴ Et les quatre Vivants disaient : « Amen* ! »
et les Anciens se prosternèrent pour adorer.

APOCALYPSE 6

Images tragiques pour évoquer l'histoire de l'humanité

6 ¹ Alors, dans ma vision,
quand l'Agneau a ouvert l'un des sept sceaux du Livre,
j'ai entendu l'un des quatre Vivants
dire avec une voix comme celle du tonnerre :
« Viens ! »
² Et j'ai vu,
et voilà un cheval blanc ;
celui qui le montait tenait un arc,
une couronne lui fut donnée,
et il sortit en vainqueur et pour vaincre encore.

³ Et quand il a ouvert le deuxième sceau,
j'ai entendu le deuxième Vivant dire :
« Viens ! »
⁴ Alors sortit un autre cheval, couleur de feu,
et à celui qui le montait
il fut donné d'enlever de la terre la paix,
pour que les gens s'entre-tuent,
et une grande épée lui fut donnée.

⁵ Et quand il a ouvert le troisième sceau,
j'ai entendu le troisième Vivant dire :
« Viens ! »
Et j'ai vu,
et voilà un cheval noir,
et celui qui le montait tenait à la main une balance.
⁶ Et j'ai entendu comme une voix
au milieu des quatre Vivants ;
elle disait :
« Un litre de blé pour une journée de travail !
Trois litres d'orge pour une journée de travail !
Ne changez pas le prix de l'huile et du vin ! »

6, 1 : « du Livre », *add.*

⁷ Et quand il a ouvert le quatrième sceau,
j'ai entendu la voix du quatrième Vivant qui disait :
« Viens ! »
⁸ Et j'ai vu,
et voilà un cheval verdâtre ;
celui qui montait dessus, son nom était la Mort*,
et le Séjour des morts l'accompagnait.
Et il leur fut donné pouvoir sur un quart de la terre
pour tuer par le glaive, la famine, la mort,
et par les fauves de la terre.

⁹ Et quand il a ouvert le cinquième sceau,
j'ai vu sous l'autel
les âmes de ceux qui ont été immolés
à cause de la parole* de Dieu
et du témoignage* qu'ils portaient.
¹⁰ Ils crièrent d'une voix forte :
« Jusqu'à quand, Maître saint et véritable,
resteras-tu sans juger
et sans tirer vengeance des habitants de la terre
pour avoir versé notre sang ? »
¹¹ Et il leur fut donné à chacun une robe blanche,
et il leur fut dit de demeurer encore quelque temps en repos,
jusqu'à ce que soient au complet
leurs compagnons et leurs frères,
qui devaient être tués comme eux.

¹² Et j'ai vu :
quand il a ouvert le sixième sceau,
il y eut un grand tremblement de terre,
le soleil devint noir
comme un vêtement de deuil en étoffe de crin,
la lune devint comme du sang,
¹³ et les étoiles du ciel tombèrent sur la terre
comme lorsqu'un figuier secoué par le vent
laisse tomber ses fruits.
¹⁴ Le ciel disparut comme un document qu'on enroule ;
toutes les montagnes et les îles
furent arrachées de leur place.

¹⁵ Les rois de la terre, les dignitaires, les chefs d'armée,
les riches et les puissants,
tous, l'esclave aussi bien que l'homme libre,
se sont cachés dans les cavernes
et parmi les rochers des montagnes ;
¹⁶ Et ils disent aux montagnes et aux rochers :
« Tombez sur nous, et cachez-nous
pour nous protéger
du regard de celui qui siège sur le Trône
et de la colère de l'Agneau*.
¹⁷   Car il est venu, le grand jour* de leur colère,
et qui peut tenir debout ? »

Le reste d'Israël et les convertis des nations constituent le nouveau peuple rassemblé pour affronter le tragique de l'histoire

7 ¹ Après cela,
j'ai vu quatre anges* debout aux quatre coins de la terre,
maîtrisant les quatre vents de la terre,
pour empêcher le vent de souffler sur la terre
ou sur la mer ou sur aucun arbre.
² Puis j'ai vu un ange
qui montait du côté où le soleil se lève,
avec le sceau qui imprime la marque du Dieu vivant ;
d'une voix forte, il cria aux quatre anges
qui avaient reçu le pouvoir de dévaster la terre et la mer :
³   « Ne dévastez pas la terre, ni la mer, ni les arbres,
avant que nous ayons marqué du sceau
le front des serviteurs* de notre Dieu. »
⁴ Et j'entendis le nombre
de ceux qui étaient marqués du sceau :
ils étaient cent quarante-quatre mille,
de toutes les tribus des fils d'Israël.
⁵ De la tribu de Juda, douze mille marqués du sceau ;
de la tribu de Ruben, douze mille ;
de la tribu de Gad, douze mille ;
⁶ de la tribu d'Aser, douze mille ;

de la tribu de Nephtali, douze mille ;
de la tribu de Manassé, douze mille ;
⁷ de la tribu de Siméon, douze mille ;
de la tribu de Lévi, douze mille ;
de la tribu d'Issakar, douze mille ;
⁸ de la tribu de Zabulon, douze mille ;
de la tribu de Joseph, douze mille ;
de la tribu de Benjamin, douze mille marqués du sceau.

⁹ Après cela, j'ai vu une foule immense,
que nul ne pouvait dénombrer,
une foule de toutes nations, races, peuples et langues.
Ils se tenaient debout devant le Trône et devant l'Agneau*,
en vêtements blancs,
avec des palmes à la main.
¹⁰ Et ils proclamaient d'une voix forte :
« Le salut* est donné par notre Dieu,
lui qui siège sur le Trône,
et par l'Agneau ! »
¹¹ Tous les anges* qui se tenaient en cercle autour du Trône,
autour des Anciens* et des quatre Vivants,
se prosternèrent devant le Trône, la face contre terre,
pour adorer Dieu.
¹² Et ils disaient :
« Amen* !
Louange, gloire*, sagesse* et action* de grâce,
honneur, puissance et force
à notre Dieu, pour les siècles des siècles ! Amen ! »

¹³ L'un des Anciens prit alors la parole et me dit :
« Tous ces gens vêtus de blanc,
qui sont-ils, et d'où viennent-ils ? »
¹⁴ Je lui répondis :
« C'est toi qui le sais, mon seigneur*. »
Il reprit :
« Ils viennent de la grande épreuve* ;
ils ont lavé leurs vêtements*,
ils les ont purifiés dans le sang* de l'Agneau.

APOCALYPSE 8

¹⁵ C'est pourquoi ils se tiennent devant le trône de Dieu,
et le servent jour et nuit dans son temple*.
Celui qui siège sur le Trône
habitera parmi eux
¹⁶ *Ils n'auront plus faim, ils n'auront plus soif,
la brûlure du soleil ne les accablera plus,*
¹⁷ puisque l'Agneau qui se tient au milieu du Trône
sera leur pasteur
pour les conduire vers les eaux de la source de vie.
Et Dieu essuiera toute larme de leurs yeux. »

Les prières des fidèles persécutés présentées au Seigneur

8 ¹ Et quand il a ouvert le septième sceau,
il y eut dans le ciel un silence d'environ une demi-heure.
² Et j'ai vu les sept anges
qui se tiennent en face de Dieu,
et il leur fut donné sept trompettes.
³ Un autre ange vint se placer près de l'autel ;
il portait un encensoir d'or ;
il reçut des parfums en abondance
pour les offrir, avec les prières de tous les saints,
sur l'autel d'or qui est en face du Trône de Dieu.
⁴ Et l'ange fit monter devant Dieu
la fumée des parfums, avec les prières des saints.
⁵ Puis l'ange prit l'encensoir et le remplit du feu* de l'autel
qu'il jeta sur la terre :
il y eut des coups de tonnerre,
des fracas, des éclairs et un tremblement de terre.

Les malheurs se déchaînent sur le monde sans que les pécheurs se convertissent

⁶ Puis les sept anges
qui avaient les sept trompettes

7, 15 : cf. Jn **1**, 14.
7, 16 : cf. Is **49**, 10.
7, 17 : cf. Is **25**, 8.

se préparèrent à sonner de la trompette.
⁷ Le premier sonna de la trompette,
et il y eut de la grêle et du feu mêlés de sang,
qui furent jetés sur la terre,
et un tiers de la terre flamba,
et un tiers des arbres flambèrent,
et toute l'herbe verte flamba.

⁸ Le deuxième ange sonna de la trompette,
et dans la mer fut jetée comme une montagne en flammes,
et un tiers de la mer donna du sang,
⁹ et un tiers des créatures vivantes
qui étaient dans la mer moururent,
et un tiers des bateaux furent détruits.

¹⁰ Le troisième ange sonna de la trompette,
et il tomba du ciel une grande étoile,
qui flambait comme une torche ;
elle tomba sur un tiers des fleuves
et sur les sources d'eau.
¹¹ Et le nom de l'étoile est « Poison » ;
un tiers des eaux devint du poison,
et beaucoup de gens moururent
à cause des eaux devenues amères.

¹² Le quatrième ange sonna de la trompette,
et un tiers du soleil fut frappé,
ainsi qu'un tiers de la lune
et un tiers des étoiles,
de telle sorte qu'un tiers d'entre eux furent obscurcis,
que le jour perdit un tiers de sa clarté
et la nuit de même.
¹³ Et dans ma vision
j'ai entendu un aigle volant en plein ciel,
qui disait d'une voix forte :
« Malheur ! Malheur !
¹⁴   Malheur pour ceux qui habitent sur la terre,
quand viendra le reste des sonneries
avec les trois anges

qui doivent encore sonner de la trompette ! »

9 ¹ Le cinquième ange* sonna de la trompette,
et j'ai vu une étoile
qui était tombée du ciel* sur la terre*,
et il lui fut donné la clef du puits de l'abîme.
² Elle ouvrit le puits de l'abîme,
et du puits monta une fumée
comme celle d'une grande fournaise ;
le soleil et l'air
furent obscurcis par la fumée du puits.
³ Et de la fumée sortirent vers la terre des sauterelles,
et un pouvoir leur fut donné
comme le pouvoir qu'ont les scorpions de la terre.
⁴ Et il leur fut dit de ne pas dévaster l'herbe de la terre,
ni aucune verdure, ni aucun arbre,
mais seulement les hommes
qui n'ont pas sur le front la marque du sceau de Dieu.
⁵ Il ne leur fut pas donné de les tuer,
mais ils devaient être torturés pendant cinq mois,
et cette torture serait comme celle d'un homme
attaqué par un scorpion.
⁶ Et en ces jours-là,
les hommes chercheront la mort
et ne la trouveront pas ;
ils désireront mourir
et la mort les fuira.
⁷ Ces sortes de sauterelles étaient semblables
à des chevaux équipés pour la guerre ;
sur la tête, elles avaient comme des couronnes dorées,
et leurs visages étaient comme des visages humains.
⁸ Elles avaient des cheveux comme des cheveux de femmes,
et leurs dents étaient comme celles des lions.
⁹ Leurs poitrails étaient comme des cuirasses de fer,
et le bruit de leurs ailes
était comme celui de chars à plusieurs chevaux
courant au combat.
¹⁰ Elles ont des queues comme celles des scorpions,
ainsi que des dards.

C'est dans leur queue que se trouve le pouvoir
de faire du mal aux hommes
pendant cinq mois.
[11] Elles ont comme roi à leur tête
l'ange de l'abîme ;
il s'appelle en hébreu *Abaddôn*
et en grec *Apollyôn*
(ce qui veut dire : Destructeur).
[12] Le premier « Malheur » est passé ;
voici que deux « Malheurs » vont encore arriver.

[13] Le sixième ange* sonna de la trompette,
et j'entendis une voix
venant des quatre cornes de l'autel d'or
qui est devant Dieu ;
[14] elle disait au sixième ange
qui avait sa trompette :
 « Libère les quatre anges
  qui sont enchaînés au bord du grand fleuve, l'Euphrate. »
[15] Alors furent libérés les quatre anges
qui étaient préparés pour cette heure de ce jour
de ce mois et de cette année,
afin de tuer un tiers de l'humanité.
[16] L'effectif des troupes de cavalerie
était de deux cents millions :
j'ai entendu ce chiffre.
[17] Et ainsi, dans ma vision,
j'ai vu les chevaux et ceux qui les montaient :
ils avaient des cuirasses couleur de feu,
d'hyacinthe et de soufre ;
les têtes des chevaux étaient comme des têtes de lion,
et de leur bouche sortaient du feu,
de la fumée et du soufre.
[18] Par ces trois fléaux
fut tué un tiers de l'humanité :
le feu, la fumée et le soufre sortant de leur bouche.

9, 11 : « ce qui veut dire : Destructeur », *add*.

¹⁹ Car le pouvoir des chevaux se trouve dans leurs bouches,
ainsi que dans leurs queues.
En effet leurs queues sont semblables à des serpents,
et elles ont des têtes
avec lesquelles elles font du mal.

²⁰ Et le reste des hommes,
ceux qui n'avaient pas été tués par ces fléaux,
ne se sont même pas convertis
en renonçant aux œuvres de leurs mains,
à l'adoration des démons
et des idoles d'or, d'argent, de bronze,
de pierre et de bois,
qui ne peuvent ni voir, ni entendre, ni marcher.
²¹ Ils ne se sont pas convertis
en renonçant à leurs meurtres,
ni à leurs sorcelleries, ni à leurs débauches, ni à leurs vols.

Vision du petit livre : annonce du jugement des nations

10 ¹ Et j'ai vu un autre ange, puissant, descendant du ciel*,
avec une nuée* pour manteau
et un halo de lumière sur la tête ;
son visage était comme le soleil,
et ses jambes comme des colonnes de feu.
² Il tenait à la main un petit livre ouvert.
Il posa le pied droit sur la mer,
et le gauche sur la terre ;
³ il cria d'une voix forte,
comme un lion qui rugit.
Et quand il cria,
les sept tonnerres parlèrent et firent entendre leur voix.
⁴ Et quand les sept tonnerres parlèrent,
j'allais me mettre à écrire ;
alors j'ai entendu une voix venant du ciel qui disait :
« Garde sous le sceau du secret
les paroles des sept tonnerres,
ne les écris pas ! »
⁵ Et l'ange que j'avais vu

debout sur la mer et sur la terre
leva la main droite vers le ciel,
6 et fit ce serment :
« Par celui qui est vivant pour les siècles des siècles,
et qui a créé le ciel* et tout ce qu'il contient,
la terre* et tout ce qu'elle contient,
la mer* et tout ce qu'elle contient,
il n'y aura plus de délai ;
7 mais dans les jours où se fait entendre le septième ange*,
au moment où il va sonner de la trompette,
alors est accompli le mystère* de Dieu,
selon la bonne nouvelle qu'il a annoncée
à ses serviteurs* les prophètes*. »

8 Et la voix venant du ciel,
que j'avais déjà entendue,
me parla de nouveau ; elle me dit :
« Va prendre le petit livre ouvert
dans la main de l'ange
qui se tient debout sur la mer et sur la terre. »
9 Je m'avançai vers l'ange
pour lui demander de me donner le petit livre.
Il me dit :
« Prends, et mange-le ;
il remplira tes entrailles d'amertume,
mais dans ta bouche il sera doux comme le miel. »
10 Je reçus le petit livre de la main de l'ange,
et je le mangeai.
Dans ma bouche il était doux comme le miel,
mais, quand je l'eus avalé,
il remplit mes entrailles d'amertume.
11 Alors on me dit :
« Il faut que tu reprennes ta mission de prophète ;
tu parleras sur un grand nombre de peuples,
de nations, de langues et de rois. »

10, 9-11 : cf. Ez **3,** 1-4.

APOCALYPSE 11

Dieu assure le triomphe final de ses témoins qui ont échappé à la ruine de Jérusalem

11 ¹ Puis il me fut donné un roseau, une sorte de baguette, avec cette parole :

« Lève-toi, et mesure le temple* de Dieu,
l'autel, et les adorateurs qui sont là.
² Mais la cour à l'extérieur du Temple,
laisse-la de côté, et ne la mesure pas,
car elle est donnée aux nations païennes,
et elles fouleront aux pieds la ville sainte
pendant quarante-deux mois.
³ Et je donnerai à mes deux témoins*
de porter le message prophétique
pendant mille deux cent soixante jours,
habillés de vêtements de deuil. »

⁴ Ce sont eux les deux oliviers, les deux chandeliers,
qui se tiennent debout devant le Seigneur* de la terre.
⁵ Si l'on veut leur faire du mal,
un feu jaillit de leur bouche et dévore leurs ennemis ;
oui, ceux qui voudront leur faire du mal,
c'est ainsi qu'ils doivent mourir.
⁶ Ces deux témoins ont (comme le prophète* Élie)
le pouvoir de fermer le ciel, pour qu'il ne pleuve pas
pendant le temps fixé par leur prophétie.
Ils ont aussi (comme Moïse)
le pouvoir de changer l'eau en sang
et de frapper la terre de toute sorte de plaies,
chaque fois qu'ils voudront.

⁷ Mais, quand ils auront achevé de rendre leur témoignage*,
la Bête qui sort de l'abîme leur fera la guerre,
les vaincra et les fera mourir.
⁸ Leurs cadavres resteront sur la place de la grande ville,
à laquelle on donne les noms symboliques

11, 6 : « (comme le prophète Élie) », *add.* ; cf. 1 R **17**, 1 ; Lc **4**, 25 ; « (comme Moïse) », *add.* ; cf. Dt **34**, 11.

de Sodome et d'Égypte ;
c'est bien là que leur Seigneur* a été crucifié.
⁹ Des hommes de tous peuples, races, langues et nations
viendront voir leurs cadavres pendant trois jours et demi,
sans qu'il soit permis de les mettre au tombeau.
¹⁰ Les habitants de la terre en seront heureux,
ils s'en réjouiront, ils échangeront des présents,
parce que ces deux prophètes*
auront tourmenté les habitants de la terre.

¹¹ Mais, après ces trois jours et demi,
l'Esprit* de vie, qui vient de Dieu, est entré en eux
et ils se sont dressés sur leurs pieds.
Alors une grande crainte est tombée
sur ceux qui les regardaient,
¹² et les deux témoins ont entendu une voix puissante,
venant du ciel*,
qui leur disait :
   « Montez jusqu'ici ! »
Ils sont montés au ciel dans la nuée*,
et leurs ennemis les regardaient.
¹³ Et à cette heure-là,
il y eut un grand tremblement de terre,
et un dixième de la ville tomba,
et dans le tremblement de terre
furent tuées sept mille personnes.
Les survivants furent pris de peur
et rendirent gloire* au Dieu du ciel.

¹⁴ Le deuxième « Malheur » est passé ;
voici que le troisième « Malheur » vient sans tarder.

Voici le règne de Dieu : le peuple qui a donné naissance au Messie continue à affronter Satan

¹⁵ Le septième ange* sonna de la trompette,
et il y eut dans le ciel des voix fortes qui disaient :

11, 12 : « les deux témoins », *add.*

« Voici le règne sur le monde de notre Seigneur
et de son Christ*,
et il régnera pour les siècles des siècles. »
¹⁶ Et les vingt-quatre Anciens*
qui siègent sur leurs trônes devant Dieu
se prosternèrent, la face contre terre,
et adorèrent Dieu en disant :
¹⁷ « À toi, nous rendons grâce*,
Seigneur, Dieu de l'univers,
toi qui es, toi qui étais !
Tu as saisi ta grande puissance
et pris possession de ton règne.
¹⁸ Les peuples s'étaient mis en colère,
alors, ta colère est venue
et le temps* du jugement* pour les morts,
le temps de récompenser tes serviteurs*,
les prophètes, les saints*,
ceux qui craignent ton nom,
les petits et les grands,
le temps de détruire
ceux qui détruisent la terre.

¹⁹ Le Temple* qui est dans le ciel s'ouvrit,
et l'arche de l'Alliance* du Seigneur
apparut dans son Temple,
et il y eut des éclairs, des fracas, des coups de tonnerre,
un tremblement de terre et une terrible grêle.

12 ¹ Un signe grandiose apparut dans le ciel :
une Femme,
ayant le soleil pour manteau,
la lune sous les pieds,
et sur la tête une couronne de douze étoiles.
² Elle était enceinte et elle criait,
torturée par les douleurs de l'enfantement.
³ Un autre signe apparut dans le ciel :
un énorme dragon, rouge feu,
avec sept têtes et dix cornes,
et sur chaque tête un diadème.

⁴ Sa queue balayait le tiers des étoiles du ciel*,
et les précipita sur la terre*.
Le Dragon se tenait devant la femme qui allait enfanter,
afin de dévorer l'enfant dès sa naissance.
⁵ Or, la Femme mit au monde un fils, un enfant mâle,
celui qui sera le berger de toutes les nations,
les menant avec un sceptre de fer.
L'enfant fut enlevé auprès de Dieu et de son Trône,
⁶ et la Femme s'enfuit au désert*,
où Dieu lui a préparé une place,
pour qu'elle y soit nourrie
pendant mille deux cent soixante jours.

⁷ Il y eut alors un combat dans le ciel :
celui de Michel et de ses anges* contre le Dragon.
⁸ Le Dragon, lui aussi, combattait avec l'aide des siens,
mais ils furent les moins forts
et perdirent leur place dans le ciel.
⁹ Oui, il fut rejeté, le grand Dragon,
le serpent des origines,
celui qu'on nomme Démon et Satan*,
celui qui égarait le monde entier.
Il fut jeté sur la terre,
et ses anges avec lui.
¹⁰ Alors j'entendis dans le ciel une voix puissante,
qui proclamait :
   « Voici maintenant le salut*,
   la puissance et la royauté de notre Dieu,
   et le pouvoir de son Christ* !
   Car l'accusateur de nos frères a été rejeté,
   lui qui les accusait jour et nuit devant notre Dieu.
¹¹   Et eux, ils l'ont vaincu
   par le sang de l'Agneau* et le témoignage* de leur parole.
   Dépassant l'amour d'eux-mêmes,
   ils sont allés jusqu'à la mort.
¹²   Ciel, sois donc dans la joie,

12, 5 : cf. Ps **2,** 9.
12, 9 : cf. Gn **3**.

ainsi que vous tous qui demeurez aux cieux.
Mais malheur pour la terre et pour la mer*,
parce que le démon est descendu vers vous
en grande fureur,
sachant qu'il lui reste peu de temps. »

¹³ Et quand le Dragon vit qu'il était jeté sur la terre,
il se mit à poursuivre la Femme
qui avait mis au monde l'enfant mâle.
¹⁴ Alors furent données à la Femme
les deux ailes du grand aigle
pour s'envoler au désert,
où elle a sa place pour être nourrie
pendant un temps,
deux temps et la moitié d'un temps,
loin de la présence du Serpent.

¹⁵ Puis le Serpent projeta de sa bouche
derrière la Femme
comme un fleuve d'eau
pour qu'elle soit emportée par le fleuve.
¹⁶ Mais la terre vint au secours de la Femme :
la terre ouvrit sa bouche
et engloutit le fleuve
que le Dragon avait projeté de sa bouche.
¹⁷ Alors le Dragon se mit en colère contre la Femme,
et s'en alla faire la guerre
contre le reste de sa descendance,
ceux qui observent les commandements de Dieu
et qui gardent le témoignage pour Jésus.
¹⁸ Et il s'arrêta sur le rivage de la mer.

La séduction des puissances terrestres

13 ¹ Alors, j'ai vu monter de la mer
une Bête ayant dix cornes et sept têtes,

12, 14 : « deux temps », *litt.* « des temps » ; cf. Dn **7**, 25.

avec sur les cornes dix diadèmes
et sur les têtes des noms blasphématoires.
² Et la Bête que j'ai vue ressemblait à une panthère ;
ses pattes étaient comme celles d'un ours,
et sa gueule comme celle d'un lion.
Le Dragon lui donna sa puissance et son trône,
et un grand pouvoir.
³ Elle avait une de ses têtes comme blessée à mort,
mais sa plaie mortelle fut guérie.

La terre entière, prise d'admiration,
marcha derrière la Bête,
⁴ et l'on se prosterna devant le Dragon
parce qu'il avait donné le pouvoir à la Bête,
et l'on se prosterna devant la Bête en disant :
  « Qui est semblable à la Bête,
  et qui peut lui faire la guerre ? »
⁵ Et il lui fut donné une bouche
qui tenait des propos délirants et blasphématoires,
et il lui fut donné pouvoir d'agir
pendant quarante-deux mois.
⁶ Elle ouvrit la bouche
pour proférer des blasphèmes contre Dieu,
pour blasphémer contre son nom et sa demeure,
et ceux qui demeurent au ciel.
⁷ Et il lui fut donné de faire la guerre aux saints
et de les vaincre,
et il lui fut donné pouvoir
sur toute race, peuple, langue et nation.
⁸ Et tous les habitants de la terre l'adoreront,
ceux dont le nom n'est pas inscrit
depuis la création du monde
dans le livre de vie de l'Agneau* immolé.

⁹ Si quelqu'un a des oreilles, qu'il entende.
¹⁰ Si quelqu'un est destiné à la captivité,
il part en captivité ;
si quelqu'un doit être tué par l'épée,
il est tué par l'épée.

C'est là qu'on voit la persévérance et la foi* des saints*.

¹¹ Puis, j'ai vu monter de la terre une autre Bête ;
elle avait deux cornes comme un agneau,
et elle parlait comme un dragon.
¹² Elle exerce tout le pouvoir de la première Bête
en sa présence,
et elle fait en sorte que la terre et tous ceux qui l'habitent
adorent la première Bête,
dont la plaie mortelle a été guérie.
¹³ Elle fait de grands miracles*,
si bien qu'elle fait même tomber le feu* du ciel*
sur la terre*
sous le regard des hommes,
¹⁴ et qu'elle égare les habitants de la terre
par les miracles qu'il lui a été donné de faire
en présence de la Bête :
elle dit aux habitants de la terre
de dresser une image en l'honneur de la Bête,
qui a été blessée par l'épée
et qui a repris vie.

¹⁵ Il lui a été donné d'animer l'image de la Bête,
au point qu'elle se mette à parler,
et qu'elle fasse tuer tous ceux qui ne se prosternent pas
devant l'image de la Bête.
¹⁶ Et pour tous, petits et grands,
riches et pauvres, libres et esclaves,
elle fait en sorte qu'on leur mette une marque
sur la main ou sur le front,
¹⁷ et que personne ne puisse acheter ou vendre,
sauf celui qui porte cette marque :
le nom de la Bête ou le chiffre de son nom.
¹⁸ Ici il faut être sage.
Celui qui est intelligent,
qu'il fasse des calculs sur le chiffre de la Bête,
car c'est le chiffre d'un homme,
et ce chiffre est six cent soixante-six.

Le chant des disciples fidèles

14 ¹ Alors j'ai vu l'Agneau* debout sur la montagne* de Sion*,
et avec lui les cent quarante-quatre mille
qui portent, inscrits sur leur front,
le nom de l'Agneau et celui de son Père.
² Et j'ai entendu une voix venant du ciel
comme la voix des océans
ou celle d'un grand coup de tonnerre ;
mais cette voix que j'entendais
était aussi comme celle des musiciens
qui chantent en jouant de la harpe.

³ Ils chantaient un chant nouveau devant le Trône,
et devant les quatre Vivants et les Anciens*.
Personne ne pouvait apprendre ce chant,
sinon les cent quarante-quatre mille,
les rachetés de la terre.
⁴ Ils ne se sont pas souillés avec des femmes,
ils sont restés vierges.
Ce sont eux qui suivent l'Agneau partout où il va ;
ils ont été rachetés du milieu des hommes
pour être offerts les premiers à Dieu et à l'Agneau.
⁵ Ils n'ont jamais proféré de mensonge ;
ils sont irréprochables.

Annonce du Jugement : malheur des impies, bonheur des justes

⁶ Puis j'ai vu un autre ange volant en plein ciel,
porteur d'une bonne nouvelle éternelle
pour l'annoncer à ceux qui résident sur la terre,
à toute nation, race, langue et peuple.
⁷ Il disait d'une voix forte :
« Craignez Dieu et rendez-lui gloire*,
car elle est venue, l'heure* où il doit juger ;
prosternez-vous devant celui qui a fait le ciel,
la terre, la mer et les sources d'eau. »

⁸ Un autre ange*, un deuxième, vint à sa suite ;

il disait :
>« Elle est tombée, elle est tombée, Babylone la Grande,
> elle qui a donné à boire à toutes les nations
> du vin de la fureur,
> celui de sa prostitution. »

⁹ Un autre ange*, un troisième, vint à leur suite ;
il disait d'une voix forte :
>« Si quelqu'un adore la Bête et son image,
> et reçoit la marque sur le front ou sur la main,
>¹⁰ lui aussi boira du vin de la fureur de Dieu,
> versé sans mélange dans la coupe de sa colère ;
> il sera torturé par le feu* et le soufre
> devant les anges saints et devant l'Agneau*.
>¹¹ Et la fumée de ces tortures
> monte pour les siècles des siècles.
> Ils n'ont de repos ni jour ni nuit,
> ceux qui adorent la Bête et son image,
> et quiconque reçoit la marque de son nom. »

¹² C'est là qu'on voit la persévérance des saints,
ceux qui gardent les commandements de Dieu
et la foi* de Jésus.

¹³ Alors j'ai entendu une voix qui venait du ciel*.
Elle me disait d'écrire ceci :
>« Heureux désormais
> les morts qui s'endorment dans le Seigneur*.
> Oui, dit l'Esprit* de Dieu,
> qu'ils se reposent de leurs peines,
> car leurs actes les suivent. »

Le Fils de l'homme va juger les nations

¹⁴ Alors j'ai vu une nuée* blanche ;
et sur cette nuée, quelqu'un siégeait,
semblable à un fils d'homme.
Il avait sur la tête une couronne d'or,
et à la main une faucille aiguisée.

¹⁵ Un autre ange sortit du Temple*,
   criant d'une voix puissante à celui qui siégeait sur la nuée :
      « Prends ta faucille et moissonne,
      l'heure de la moisson est venue,
      car elle est mûre, la moisson de la terre. »
¹⁶ Alors, celui qui siégeait sur la nuée*
   lança la faucille sur la terre,
   et la terre fut moissonnée.

¹⁷ Puis un autre ange* sortit du Temple qui est dans le ciel* ;
   il avait lui aussi une faucille aiguisée.

¹⁸ Un autre ange encore arriva d'auprès de l'autel ;
   il avait pouvoir sur le feu*.
   Il interpella d'une voix puissante
   celui qui avait la faucille aiguisée :
      « Prends ta faucille aiguisée,
      et vendange les grappes de la vigne de la terre,
      car les raisins sont mûrs. »
¹⁹ L'ange lança la faucille sur la terre,
   vendangea la vigne de la terre,
   et jeta le raisin
   dans le grand pressoir de la colère* de Dieu.
²⁰ On le foula hors de la ville,
   et du pressoir il sortit du sang
   qui gicla jusqu'au mors des chevaux
   sur une distance de dix jours de marche.

Les vainqueurs du nouvel exode chantent leur action de grâce

15 ¹ Alors j'ai vu dans le ciel un autre signe*,
   grandiose et admirable :
   sept anges qui détiennent sept fléaux ;
   ce sont les derniers,
   puisqu'ils marquent l'accomplissement de la colère* de Dieu.
² J'ai vu comme une mer transparente, et pleine de flammes ;

14, 20 : *litt.* 1 600 stades.

et, debout au bord de cette mer transparente,
il y avait tous ceux qui ont remporté la victoire sur la Bête,
sur son image,
et le chiffre contenu dans les lettres de son nom.
Ils tiennent en main les harpes de Dieu,
³ et ils chantent le cantique de Moïse, le serviteur* de Dieu,
le cantique de l'Agneau* :
   « Grandes et admirables tes œuvres,
   Seigneur Dieu, le Tout-Puissant !
   Justes* et vrais tes chemins*,
   Roi des nations !
⁴ Qui ne te craindrait, Seigneur* ?
   À ton nom qui ne rendrait gloire* ?
   Seul tu es saint* !
   Toutes les nations*
   viendront se prosterner devant toi,
   car voici manifestés tes jugements* ! »

Les fléaux s'abattent sur la Bête et les siens

⁵ Et après cela,
j'ai vu s'ouvrir le Temple*
où se trouve la tente de la charte de l'Alliance*,
dans le ciel,
⁶ et les sept anges aux sept fléaux sortirent du Temple,
habillés de lin pur et éclatant
avec des ceintures d'or leur serrant la poitrine.
⁷ L'un des quatre Vivants donna aux sept anges
sept coupes d'or remplies de la fureur du Dieu
qui est vivant pour les siècles des siècles.
⁸ Et le Temple fut rempli de la fumée par la gloire de Dieu
et sa puissance,
et personne ne pouvait pénétrer dans le Temple
jusqu'à l'accomplissement des sept fléaux des sept anges.

16 ¹ Puis j'ai entendu une voix forte venant du Temple,
qui disait aux sept anges :
   « Allez-vous-en répandre sur la terre
   les sept coupes de la fureur de Dieu. »

² Le premier partit et répandit sa coupe sur la terre :
alors un ulcère malin et pernicieux apparut
sur les hommes qui portaient la marque de la Bête,
et sur ceux qui se prosternaient devant son image.

³ Le deuxième répandit sa coupe sur la mer :
ce fut du sang comme celui d'un cadavre,
et tous les êtres vivants qui étaient dans la mer moururent.

⁴ Le troisième répandit sa coupe
sur les fleuves et les sources d'eau :
ce fut du sang.
⁵ Alors j'ai entendu l'ange* des eaux qui disait :
   « Tu es juste*, toi qui es et qui étais, toi le Saint*,
   parce que tu as rendu ce jugement.
⁶   Ils ont versé le sang des saints et des prophètes* ;
   tu leurs as donné du sang à boire : ils le méritent bien ! »
⁷ Puis j'ai entendu l'autel qui disait :
   « Oui, Seigneur*, Dieu tout-puissant,
   tes jugements sont vrais et justes. »

⁸ Le quatrième ange répandit sa coupe sur le soleil ;
il lui fut donné de brûler les hommes par son feu.
⁹ Les hommes furent brûlés de brûlures terribles,
et ils blasphémèrent le nom du Dieu
qui a ces fléaux en son pouvoir,
au lieu de se convertir* pour rendre gloire* à Dieu.

¹⁰ Le cinquième répandit sa coupe sur le trône de la Bête :
son royaume fut plongé dans l'obscurité ;
les gens se mordaient la langue de douleur
¹¹ et blasphémaient le Dieu du ciel
pour leurs douleurs et leurs ulcères,
au lieu de se convertir de leur conduite.

¹² Le sixième répandit sa coupe sur le grand fleuve, l'Euphrate :
ses eaux furent taries
pour préparer la route des rois venant de l'Orient.

¹³ Puis j'ai vu sortir de la bouche du Dragon,
de celle de la Bête et de celle du faux prophète,
trois esprits impurs*, comme des grenouilles :
¹⁴ ce sont, en effet, des esprits démoniaques
qui font des miracles*,
et qui s'en vont chez les rois du monde entier
pour les rassembler en vue de la bataille
du grand jour* du Dieu tout-puissant.
¹⁵ (Voici que je viens comme un voleur.
Heureux celui qui veille et qui garde ses vêtements
pour ne pas aller nu en laissant voir sa honte.)
¹⁶ Et ils les rassemblèrent au lieu
appelé en hébreu Harmaguédon.

¹⁷ Le septième ange répandit sa coupe dans les airs :
une voix forte venant du trône sortit du Temple* ;
elle disait :
« C'en est fait ! »
¹⁸ Il y eut des éclairs, des fracas, des coups de tonnerre ;
il y eut aussi un grand tremblement de terre :
depuis que l'homme est sur la terre,
il n'y a jamais eu pareil tremblement de terre.
¹⁹ La grande cité se brisa en trois,
et les cités des nations s'écroulèrent.
Et le souvenir de Babylone la grande
fut rappelé devant Dieu
afin de lui donner à boire le vin de sa furieuse colère.
²⁰ Toutes les îles s'enfuirent,
et on ne trouva plus de montagne.
²¹ Des grêlons d'un poids énorme
tombèrent du ciel sur les hommes,
qui blasphémèrent Dieu
à cause du fléau de la grêle,
car elle représentait un fléau terrible.

16, 21 : énorme, *litt.* : environ d'un talent (34 kg).

Terrible écroulement de la cité du mal

17 ¹ L'un des sept anges* aux sept coupes vint me parler :
« Viens, dit-il,
je te montrerai le jugement de la grande prostituée
qui réside au bord des eaux puissantes ;
² les rois de la terre ont partagé sa prostitution,
et les habitants de la terre se sont enivrés
du vin de sa prostitution. »
³ Il me transporta en esprit au désert.

Là, j'ai vu une femme montant une bête écarlate,
couverte de noms blasphématoires,
qui avait sept têtes et dix cornes.
⁴ Cette femme était vêtue de pourpre et d'écarlate,
et chamarrée d'or, de pierreries et de perles ;
elle avait à la main un gobelet d'or rempli d'abominations,
avec les souillures de sa prostitution.
⁵ Sur son front un nom était inscrit, mystérieux :
« Babylone la grande,
mère des prostituées et des abominations de la terre ».
⁶ Et j'ai vu la femme ivre du sang des saints*
et de celui des témoins* de Jésus.
En la voyant,
j'ai été saisi d'un étonnement extraordinaire.

⁷ Et l'ange me dit :
« Pourquoi es-tu étonné ?
Moi, je vais t'expliquer le mystère de la femme
et de la Bête qui la porte,
avec ses sept têtes et ses dix cornes.
⁸ La Bête que tu as vue était,
mais elle n'est plus ;
elle va monter de l'abîme pour s'en aller à la perdition.
Et les habitants de la terre
dont le nom n'est pas inscrit depuis la création du monde
dans le livre de la vie
seront étonnés en voyant la Bête,
car elle était, n'est plus, et reparaîtra.

⁹ Ici, il faut l'intelligence éclairée par la sagesse*.
Les sept têtes sont sept collines
sur lesquelles réside la femme,
et ce sont sept rois :
¹⁰ cinq sont tombés,
un est là actuellement,
le dernier n'est pas encore venu,
et quand il viendra,
il faudra qu'il ne demeure que peu de temps.
¹¹ Et la Bête qui était et qui n'est plus,
c'est elle qui occupe la huitième place,
mais elle fait partie des sept ;
elle s'en va à la perdition.

¹² Les dix cornes que tu as vues sont dix rois
qui n'ont pas encore régné,
mais ils recevront le pouvoir comme rois
pendant une heure avec la Bête.
¹³ Ceux-ci ont tous un dessein unique :
donner leur puissance et leur pouvoir à la Bête.
¹⁴ Ils feront la guerre à l'Agneau*,
et l'Agneau les vaincra
– car il est Seigneur* des seigneurs et Roi des rois –
avec ses compagnons appelés, élus* et fidèles. »

¹⁵ Puis il me dit :
« Les eaux que tu as vues,
là où réside la prostituée,
ce sont des peuples, des foules, des nations et des langues.
¹⁶ Et les dix cornes que tu as vues
ainsi que la Bête haïront la prostituée
et la laisseront dépouillée et nue ;
ils mangeront ses chairs et la brûleront au feu.
¹⁷ Car Dieu leur a mis au cœur de réaliser son dessein,
de réaliser tous un unique dessein :
remettre à la Bête leur pouvoir royal
jusqu'à ce que s'accomplissent les paroles* de Dieu.
¹⁸ La femme que tu as vue,
c'est la grande cité qui détient le pouvoir royal
sur les rois de la terre. »

18 ¹ J'ai vu encore un ange* qui descendait du ciel* ;
il avait reçu une autorité si grande
que la terre fut illuminée de sa gloire*.
² Et il s'écria d'une voix puissante
  « Elle est tombée, elle est tombée,
  Babylone la Grande !
  La voilà devenue une tanière de démons,
  un repaire de tous les esprits impurs*,
  un repaire de tous les oiseaux impurs,
  un repaire de toutes les bêtes impures et répugnantes !
³   Car toutes les nations
  ont bu du vin de sa fureur de prostitution ;
  les rois de la terre ont partagé sa prostitution,
  et les marchands de la terre
  se sont enrichis de la profusion de son luxe. »
⁴ Puis j'ai entendu une voix venant du ciel
qui disait :
  « Sortez de la cité, vous mon peuple,
  pour ne pas participer à ses péchés*
  et ne rien recevoir des fléaux qui la frapperont.
⁵   Car ses péchés ont atteint jusqu'au ciel,
  et Dieu s'est souvenu de ses iniquités.
⁶   Traitez-la comme elle vous a traités,
  rendez-lui le double de ce qu'elle a fait ;
  dans la coupe qu'elle a préparée,
  préparez-lui le double.
⁷   Autant elle a recherché gloire et luxe,
  autant donnez-lui torture et deuil.
  Car elle dit dans son cœur :
  "Je trône, je suis reine,
  je ne suis pas veuve,
  et jamais je ne verrai le deuil."
⁸   C'est pourquoi
  en un seul jour viendront pour elle ces fléaux :
  mort, deuil, famine,
  et elle sera brûlée au feu,
  car il est puissant, le Seigneur* Dieu qui l'a jugée. »
⁹ Alors pleureront et se lamenteront sur elle
les rois de la terre

qui ont partagé sa prostitution et son luxe,
quand ils verront la fumée de son incendie ;
¹⁰ mais ils resteront à distance par peur de ses tortures,
et ils diront :
« Malheur ! Malheur !
Grande cité,
Babylone cité puissante,
en une heure est survenu ton jugement* ! »

¹¹ Et les marchands de la terre
pleurent et prennent le deuil à cause d'elle,
puisque personne n'achètera plus leur cargaison :
¹² cargaison d'or, d'argent, de pierreries et de perles,
de lin fin, de pourpre, de soie et d'écarlate ;
de toutes sortes de bois de senteur,
d'objets en ivoire, d'objets en bois précieux,
en bronze, en fer et en marbre ;
¹³ cannelle, épices, parfums, essences odorantes et encens,
vin, huile, fleur de farine et blé,
bœufs et moutons, chevaux et chars,
esclaves et marchandise humaine.
¹⁴ « Les fruits mûrs que tu aimais tant
sont partis loin de toi,
tout ce qui était raffiné et brillant a disparu de chez toi,
rien de tout cela ne se retrouvera plus. »
¹⁵ Les marchands qui s'enrichissaient en lui vendant tout cela
resteront à distance par peur de ses tortures,
pleurant et prenant le deuil ;
¹⁶ ils diront :
« Malheur ! Malheur !
Grande cité,
vêtue de lin fin, de pourpre et d'écarlate,
chamarrée d'or, de pierreries et de perles,
¹⁷ en une heure elle a été dépouillée de tant de richesses. »

Tous les capitaines de navires
et ceux qui font le cabotage,
les marins et tous les travailleurs de la mer
restaient à distance,

¹⁸ et ils criaient en voyant la fumée de l'incendie ;
ils disaient :
« Qu'y avait-il de comparable à cette grande cité ? »
¹⁹ Ils se jetaient de la poussière sur la tête
et criaient, pleurant et prenant le deuil ;
ils disaient :
« Malheur ! Malheur !
Grande cité,
par elle, grâce à son opulence,
s'enrichissaient tous ceux qui avaient des bateaux en mer,
en une heure elle a été dépouillée ! »

²⁰ Ciel*, sois dans la joie à cause d'elle,
ainsi que vous, les saints*, les apôtres et les prophètes*,
car Dieu en la jugeant vous a rendu justice*.

²¹ Alors un ange* puissant prit une pierre
pareille à une grande meule,
et la précipita dans la mer, en disant :
« C'est ainsi que sera précipitée avec violence
Babylone, la grande cité,
et on ne la retrouvera jamais plus.
²² La musique des joueurs de harpes et d'autres instruments,
des joueurs de flûte et de trompette,
chez toi ne s'entendra jamais plus.
Aucun artisan d'aucun métier
chez toi ne se trouvera jamais plus,
et le bruit de la meule
chez toi ne s'entendra jamais plus.
²³ La lumière de la lampe
chez toi ne brillera jamais plus.
Le chant du jeune époux et de son épouse
chez toi ne s'entendra jamais plus.
Pourtant, tes marchands étaient les grands de la terre,
et tes sortilèges égaraient toutes les nations !
²⁴ On a trouvé dans la ville
le sang des prophètes et des saints,
et de tous ceux qui ont été immolés sur la terre. »

APOCALYPSE 19

Action de grâce dans le ciel : annonce des noces de l'Agneau

19 ¹ Après cela, j'ai entendu dans le ciel
comme une voix puissante,
celle d'une foule immense qui proclamait :
« Alléluia* !
C'est à notre Dieu qu'appartiennent
le salut*, la gloire* et la puissance,
² car ses jugements sont vrais et justes.
Il a jugé la grande prostituée
qui corrompait la terre par sa prostitution,
il l'a frappée pour venger le sang de ses serviteurs*. »
³ Et cette foule reprit :
« Alléluia !
La fumée de l'incendie
s'élève pour les siècles des siècles. »
⁴ Les vingt-quatre Anciens* et les quatre Vivants
tombèrent à genoux
et adorèrent le Dieu qui siège sur le trône, en disant :
« Amen* ! Alléluia ! »
⁵ Et du Trône venait une voix qui disait :
« Chantez les louanges de notre Dieu,
vous tous qui le servez et le craignez,
des plus petits jusqu'aux plus grands. »
⁶ Alors j'entendis comme la voix d'une foule immense,
comme la voix des océans,
ou celle de violents coups de tonnerre.
Elle proclamait :
« Alléluia !
Le Seigneur* notre Dieu a pris possession de sa royauté,
lui le Tout-Puissant.
⁷ Soyons dans la joie, exultons, rendons-lui gloire,
car voici les noces de l'Agneau.
Son épouse a revêtu ses parures,
⁸ Dieu lui a donné un vêtement en fin tissu de lin,
pur et resplendissant,
qui est la sainteté des justes*. »

⁹ Un ange* me dit alors :
« Écris ceci :
Heureux les invités
au repas* des noces* de l'Agneau* ! »
Et il ajouta :
« Ce sont les paroles véritables de Dieu. »

¹⁰ Je me jetai à ses pieds pour me prosterner devant lui.
Il me dit :
« Ne fais surtout pas cela !
Je suis un serviteur* comme toi
et tes frères qui gardent le témoignage* pour Jésus.
Prosterne-toi devant Dieu !
Car c'est le témoignage de Jésus
qui inspire les prophètes*. »

Le Vainqueur

¹¹ Puis j'ai vu le ciel ouvert,
et voici un cheval blanc :
celui qui le monte s'appelle Fidèle et Véritable,
il juge et fait la guerre avec justice.
¹² Ses yeux sont comme une flamme ardente,
il a plusieurs diadèmes sur la tête
et un nom écrit
que personne ne connaît sauf lui-même.
¹³ Il est habillé d'un vêtement trempé de sang,
et le nom qu'il porte est « le Verbe* de Dieu ».
¹⁴ Les armées célestes le suivaient sur des chevaux blancs,
vêtues de lin fin blanc et pur.
¹⁵ De sa bouche sort un glaive acéré à deux tranchants,
pour en frapper les nations* ;
il les mènera avec un sceptre de fer
et lui-même il foule le pressoir du vin
de la furieuse colère* du Dieu tout-puissant ;

19, 15 : cf. Ps **2,** 9.

¹⁶ sur son vêtement et sur sa cuisse il a un nom écrit :
« Roi des rois et Seigneur* des seigneurs ».

L'enchaînement de Satan, le règne des fidèles, le jugement universel et la destruction de la mort

¹⁷ Puis j'ai vu un ange* debout dans le soleil ;
il cria d'une voix forte
à tous les oiseaux qui volent en plein ciel :
« Venez, rassemblez-vous pour le grand repas* de Dieu,
¹⁸ pour manger la chair des rois,
celle des chefs d'armée, celle des puissants,
celle des chevaux et de ceux qui les montent,
celle de tous les esclaves et hommes libres,
des petits et des grands. »
¹⁹ Et j'ai vu la Bête,
les rois de la terre, et leurs armées,
rassemblés pour faire la guerre au cavalier et à son armée.
²⁰ La Bête fut capturée,
et avec elle le faux prophète,
celui qui a fait devant elle les miracles*
qui ont égaré ceux qui portent la marque de la Bête,
et ceux qui se prosternent devant son image.
Tous les deux furent jetés vivants
dans l'étang de feu embrasé de soufre.
²¹ Les autres furent tués par le glaive du cavalier,
celui qui sort de sa bouche,
et tous les oiseaux se rassasièrent de leurs chairs.

20 ¹ Alors j'ai vu un ange qui descendait du ciel* ;
il tenait à la main la clé de l'abîme
et une énorme chaîne.
² Il s'empara du Dragon, le serpent des origines
— c'est-à-dire le Démon ou Satan* —
et il l'enchaîna pour une durée de mille ans.
Il le précipita dans l'abîme,
³ qu'il referma sur lui ;
puis il mit les scellés
pour l'empêcher d'égarer les nations*
jusqu'à ce que les mille ans soient écoulés.

Après cela, il faut qu'il soit relâché
pour un peu de temps.
⁴ Puis j'ai vu des trônes,
et ceux qui vinrent y siéger
reçurent le pouvoir de juger.
J'ai encore vu les âmes
de ceux qui ont été décapités
à cause du témoignage* pour Jésus,
et à cause de la parole* de Dieu,
eux qui n'ont pas adoré la Bête et son image,
et qui n'ont pas reçu sa marque sur le front ou sur la main.
Ils revinrent à la vie,
et ils régnèrent avec le Christ* pendant mille ans.
⁵ Le reste des morts ne revint pas à la vie
jusqu'à ce que les mille ans soient écoulés.
C'est la première résurrection*.

⁶ Heureux et saint*,
celui qui a part à la première résurrection !
Sur ceux-là, la seconde mort n'a pas de pouvoir,
mais ils seront prêtres* de Dieu et du Christ,
et ils régneront avec lui pendant les mille ans.
⁷ Et quand les mille ans seront écoulés,
Satan sera relâché de sa prison,
⁸ il sortira pour égarer les nations
qui sont aux quatre coins de la terre,
Gog et Magog,
afin de les rassembler pour la guerre ;
ils seront aussi nombreux que le sable de la mer.

⁹ Ils montèrent sur toute l'étendue de la terre,
ils encerclèrent le camp des saints
et la Cité bien-aimée,
mais un feu* descendit du ciel* et les dévora.
¹⁰ Et le démon qui les égarait
fut jeté dans l'étang de feu et de soufre,
où sont aussi la Bête et le faux prophète ;
ils y seront torturés jour et nuit
pour les siècles des siècles.

¹¹ Puis j'ai vu un grand trône blanc,
et celui qui siégeait sur ce trône.
Devant sa face, le ciel et la terre s'enfuirent
sans laisser de trace.
¹² J'ai vu aussi les morts, les grands et les petits,
debout devant le trône.
On ouvrit des livres, puis encore un autre livre,
le livre de la vie.
Les morts furent jugés selon ce qu'ils avaient fait,
d'après ce qui était écrit dans les livres.
¹³ La mer rendit les morts qu'elle contenait ;
la Mort* et le séjour des morts
rendirent aussi ceux qu'ils retenaient chez eux,
et chacun fut jugé selon ce qu'il avait fait.

¹⁴ Puis la Mort et le séjour des morts
furent précipités dans un étang de feu
(cet étang de feu, c'est la seconde mort).
¹⁵ Et tous ceux qu'on ne trouva pas inscrits
sur le livre de la vie
furent précipités dans l'étang de feu.

Le monde nouveau et la Jérusalem nouvelle, épouse de l'Agneau

21 ¹ Alors j'ai vu un ciel* nouveau et une terre* nouvelle,
car le premier ciel et la première terre avaient disparu,
et il n'y avait plus de mer.
² Et j'ai vu descendre du ciel, d'auprès de Dieu,
la cité sainte, la Jérusalem nouvelle,
toute prête, comme une fiancée parée pour son époux.
³ Et j'ai entendu la voix puissante
qui venait du Trône divin ;
elle disait :
« Voici la demeure de Dieu avec les hommes ;
il demeurera avec eux,
et ils seront son peuple,
Dieu lui-même sera avec eux.

⁴ Il essuiera toute larme de leurs yeux,
et la mort n'existera plus ;
et il n'y aura plus de pleurs, de cris, ni de tristesse ;
car la première création aura disparu. »

⁵ Alors celui qui siégeait sur le Trône déclara :
« Voici que je fais toutes choses nouvelles.
Écris ces paroles :
elles sont dignes de foi et véridiques. »
⁶ Puis il ajouta :
« Tout est réalisé désormais.
Je suis l'alpha et l'oméga,
le commencement et la fin.
Moi, je donnerai gratuitement
à celui qui a soif
l'eau de la source de vie :
⁷ tel sera l'héritage* réservé au vainqueur ;
*je serai son Dieu,
et il sera mon fils.* »
⁸ Mais les lâches,
les incrédules, les abominables, les meurtriers,
les débauchés, les sorciers, les idolâtres
et tous les menteurs,
leur place est dans l'étang embrasé de feu et de soufre,
qui est la seconde mort. »

⁹ Alors arriva l'un des sept anges*
qui détiennent les sept coupes remplies
des sept dernières plaies,
et il me parla ainsi :
« Viens, je te montrerai la Fiancée,
l'épouse de l'Agneau*. »
¹⁰ Il m'entraîna par l'esprit
sur une grande et haute montagne ;

21, 4 : « création », *add.*
21, 7 : cf. 2 S 7, 14.

il me montra la cité sainte, Jérusalem*,
qui descendait du ciel, d'auprès de Dieu.
¹¹ Elle resplendissait de la gloire* de Dieu,
elle avait l'éclat d'une pierre très précieuse,
comme le jaspe cristallin.
¹² Elle avait une grande et haute muraille,
avec douze portes gardées par douze anges ;
des noms y étaient inscrits :
ceux des douze tribus des fils d'Israël.
¹³ Il y avait trois portes à l'orient,
trois au nord,
trois au midi,
et trois à l'occident.
¹⁴ La muraille de la cité reposait sur douze fondations
portant les noms des douze Apôtres de l'Agneau.

¹⁵ Celui qui parlait avec moi avait un roseau d'or
pour mesurer la cité, ses portes, et sa muraille.
¹⁶ La cité est disposée en carré :
sa longueur est égale à sa largeur.
Il mesura la cité avec le roseau :
douze mille stades ;
sa longueur, sa largeur et sa hauteur sont égales.
¹⁷ Puis il mesura sa muraille :
cent quarante-quatre coudées,
suivant les mesures communes des hommes
qu'employait l'ange.
¹⁸ Le matériau de la muraille était du jaspe,
et la cité était en or pur
semblable à du cristal pur.
¹⁹ Les assises de la muraille de la cité
étaient ornées de toutes sortes de pierreries.
La première assise était de jaspe,
la deuxième de saphir,
la troisième de calcédoine,

21, 16 : 12 000 stades, soit environ 2 200 km.
21, 17 : 144 coudées, soit environ 65 m.

la quatrième d'émeraude,
²⁰ la cinquième de sardoine,
la sixième de cornaline,
la septième de chrysolithe,
la huitième de béryl,
la neuvième de topaze,
la dixième de chrysoprase,
la onzième d'hyacinthe,
la douzième d'améthyste.
²¹ Les douze portes étaient douze perles,
chaque porte faite d'une seule perle,
et la place de la cité était d'or pur
comme du cristal transparent.

²² Dans la cité, je n'ai pas vu de temple,
car son Temple*,
c'est le Seigneur*, le Dieu tout-puissant,
et l'Agneau.
²³ La cité n'a pas besoin de la lumière du soleil ni de la lune,
car la gloire* de Dieu l'illumine,
et sa source de lumière, c'est l'Agneau.
²⁴ Les nations* marcheront à sa lumière*,
et les rois de la terre apporteront ce qui leur fait gloire.
²⁵ Les portes ne se fermeront pas tant qu'il fera jour ;
or il n'y fera plus jamais nuit.
²⁶ On apportera dans la cité
ce qui fait la gloire et le prestige des nations.
²⁷ Il n'y entrera jamais rien de souillé,
ni personne qui commette abomination ou mensonge,
mais seulement ceux qui sont inscrits
dans le livre de vie de l'Agneau.

22 ¹ Puis l'ange me montra l'eau de la vie :
un fleuve resplendissant comme du cristal,
qui jaillit du trône de Dieu et de l'Agneau.
² Au milieu de la place de la ville,

22, 1-2 : cf. Ez **47**, 1-12.

entre les deux bras du fleuve,
il y a un arbre de vie qui donne son fruit douze fois :
chaque fois il produit son fruit ;
et les feuilles de cet arbre
sont un remède pour les nations païennes.
³ Il n'y aura plus aucune malédiction.
Le trône de Dieu et de l'Agneau* sera dans la ville,
et les serviteurs* de Dieu lui rendront un culte ;
⁴ ils verront son visage, et son nom sera écrit sur leur front.
⁵ La nuit n'existera plus,
ils n'auront plus besoin de la lumière d'une lampe
ni de la lumière du soleil,
parce que le Seigneur* Dieu les illuminera,
et ils régneront pour les siècles des siècles.

Épilogue

Le Seigneur Jésus vient sans tarder

⁶ Puis l'ange* me dit :
« Ces paroles sont sûres et vraies :
le Seigneur, le Dieu qui inspire les prophètes*
a envoyé son ange
pour montrer à ses serviteurs ce qui doit arriver bientôt.
⁷ Voici que je viens sans tarder.
Heureux celui qui garde les paroles
de la prophétie écrite dans ce livre. »

⁸ C'est moi Jean qui entendais et qui voyais ces choses.
Et les ayant entendues et vues,
je me jetai aux pieds de l'ange qui me montrait cela,
pour me prosterner devant lui.
⁹ Il me dit :
« Ne fais surtout pas cela !
Je suis un serviteur comme toi et tes frères,
les prophètes* et ceux qui gardent les paroles de ce livre.
Prosterne-toi devant Dieu ! »

¹⁰ Puis il me dit :
 « Ne garde pas sous le sceau du secret
 les paroles de ce livre de prophétie,
 car le temps* est proche.
¹¹ Que celui qui fait le mal continue à faire le mal,
 et que l'homme souillé continue à se souiller ;
 que le juste* continue à pratiquer la justice,
 et que le saint* continue à se sanctifier.
¹² Voici que je viens sans tarder,
 et j'apporte avec moi le salaire
 que je vais donner à chacun selon ce qu'il aura fait.
¹³ Je suis l'alpha et l'oméga, le premier et le dernier,
 le commencement et la fin.
¹⁴ Heureux ceux qui lavent leurs vêtements*
 pour avoir droit aux fruits de l'arbre de vie,
 et pouvoir franchir les portes de la cité.
¹⁵ Dehors les chiens, les sorciers,
 les débauchés, les meurtriers, les idolâtres,
 et tous ceux qui aiment et pratiquent le mensonge !
¹⁶ Moi, Jésus, j'ai envoyé mon ange*
 vous apporter ce témoignage* au sujet des Églises*.
 Je suis le descendant, le rejeton de David,
 l'étoile resplendissante du matin. »

¹⁷ L'Esprit* et l'Épouse disent :
 « Viens ! »
 Celui qui entend, qu'il dise aussi :
 « Viens ! »
 Celui qui a soif, qu'il approche.
 Celui qui le désire, qu'il boive l'eau de la vie, gratuitement.

¹⁸ Et moi, je témoigne
 devant tout homme qui écoute les paroles de la prophétie
 écrite dans ce livre :
 si quelqu'un inflige une addition à ce message,
 Dieu lui infligera les fléaux dont parle ce livre ;
¹⁹ et si quelqu'un enlève des paroles à ce livre de prophétie,
 Dieu lui enlèvera sa part des fruits de l'arbre de vie
 et sa place dans la cité sainte dont parle ce livre.

²⁰ Et celui qui témoigne de tout cela déclare :
« Oui, je viens sans tarder. »
– Amen *! Viens, Seigneur * Jésus !
²¹ Que la grâce * du Seigneur Jésus soit avec tous les hommes.

PEUPLE DES SAINTS

Les noms écrits en petites capitales sont ceux des saints canonisés par l'Église. Pour connaître la date à laquelle ils sont fêtés, se reporter à la table de la page 705.

L'ÂGE APOSTOLIQUE
(Des années 30 à 70)

Les premiers chrétiens furent donc des Juifs. L'Église fut d'abord cette petite communauté frileuse confinée à Jérusalem. Soudain c'est la Pentecôte. Là naît la première communauté que nous décrivent les Actes des Apôtres. Elle rassemble très tôt des gens différents : les uns sont originaires de Palestine, les autres sont de langue et de culture grecques (*Actes* 6). C'est pour ces derniers que les Apôtres instituèrent les diacres. Ils étaient sept, et parmi eux ÉTIENNE qui était un Juif d'origine grecque. Dès les années 36, le Sanhédrin * se réunit pour juger Étienne qu'il accuse de sacrilège pour avoir prêché que Jésus est le Fils de Dieu. Étienne est lapidé.

Il est le premier martyr chrétien, c'est peut-être la raison qui a fait placer sa fête dès le lendemain de Noël, mais c'est aussi le signe que les premiers chrétiens voyaient dans le martyre une naissance. En tout cas, le martyre d'Étienne fera prendre une grande place aux Juifs d'origine grecque à l'intérieur de la première communauté chrétienne.

Les Apôtres

Très vite l'Église éclate hors de Jérusalem. PIERRE, à Césarée, baptise le centurion Corneille. PAUL, le persécuteur converti, part au loin avec BARNABÉ qu'il quittera ensuite, chacun continuant de son côté la tâche de l'Évangile.

Paul travaillera avec d'autres compagnons, et parmi eux TIMOTHÉE, à qui les anciens avaient imposé les mains et à qui Paul écrivit par deux fois parce qu'il était responsable d'une communauté, et TITE que Paul estimait comme un collaborateur particulièrement doué pour l'action. Paul lui écrivit aussi une lettre pastorale (voir p. 371). L'action de Paul auprès des païens ne tarde pas à provoquer des conflits que résout l'Assemblée de Jérusalem *(Actes* 15). C'est la rupture avec le judaïsme, mais c'est aussi la coupure du cordon ombilical. L'Église quitte la Terre promise.

Désormais c'est le vaste empire de Rome qui devient la patrie du christianisme. Le christianisme naissant va emprunter le réseau serré des « voies romaines », les routes dallées qui permettaient de se rendre de Rome aux quatre coins de l'Europe, de traverser l'Afrique du Nord et de parcourir l'Asie mineure. L'activité des ports va servir à transporter la bonne nouvelle de l'Évangile. Ce n'est pas un hasard si les premiers lieux du christianisme sont Antioche, carrefour des caravanes ; Éphèse, le grand port d'Asie mineure ; Thessalonique, la porte ouverte sur la Macédoine ; Corinthe, le passage entre la mer Égée et la mer Adriatique ; Rome, le cœur de l'Empire.

Pierre et Paul vont à Rome puisque c'est alors la capitale du monde : là se fait la civilisation de ce temps.

Mais très vite l'Empire romain s'inquiète de cette religion nouvelle. La foi des chrétiens remet trop de choses en question. L'Empire se croit menacé dans son unité et dans son principe même par le « royaume de Dieu ». Déjà Pierre a été mis à mort vers 64 à Rome, dans le cirque de Néron, au Vatican. Paul a été décapité vers 67, sur la route qui sort de Rome en direction d'Ostie.

Quant aux autres Apôtres, il est bien difficile de retrouver à coup sûr leurs traces. Beaucoup de légendes se sont mêlées à l'histoire. La tradition veut ainsi qu'ANDRÉ soit parti pour la Grèce ; il est en tout cas devenu le grand apôtre de l'Église d'Orient. JEAN, auquel la tradition attribue l'Évangile, des lettres et l'Apocalypse, fut exilé à Patmos et mourut sans doute à Éphèse. JACQUES, son frère, fut le premier des

Apôtres à donner sa vie pour le Christ. Il est décapité dès l'an 44 sur ordre d'Hérode Agrippa; beaucoup plus tard son culte s'est fixé à Compostelle en Espagne. THOMAS dont la tradition veut qu'il soit allé prêcher l'Évangile jusqu'en Inde; PHILIPPE dut mourir dans l'actuelle Turquie; l'autre JACQUES, le plus jeune, peut-être celui qui écrivit la lettre qui porte son nom, devint le premier évêque de Jérusalem; BARTHÉLEMY, qui est sans doute celui que l'Évangile appelle Nathanaël, fut condamné à être écorché vif, peut-être en Perse ou en Mésopotamie; MATTHIEU, ce Lévi percepteur d'impôts, qui est à l'origine de l'Évangile qui porte son nom, fut peut-être le missionnaire de l'Éthiopie (qu'il ne faut pas confondre avec l'Éthiopie actuelle, beaucoup plus au sud); SIMON le Zélote, nous dirions aujourd'hui le « guerillero », et JUDE, appelé aussi THADDÉE, dont le nom sert de patronyme à une courte lettre : tous deux figures assez effacées de l'Évangile et dont la tradition n'a même pas retenu le lieu de leur mission.

Ils ne sont que le début d'une longue procession, litanie anonyme, dont l'histoire au passage n'a eu le temps de reconnaître que quelques visages.

LE TEMPS DES SEMENCES

(Les trois premiers siècles)

Les martyrs

Dans la nuit du 18 au 19 juillet 64, la ville de Rome est dévastée aux trois quarts par un incendie. L'opinion attribue le sinistre — probablement à tort — à la folie de Néron. L'empereur accusé cherche des coupables. Mal connus, objets des « on dit », tenus pour des athées, soupçonnés de rites mystérieux, les chrétiens étaient tout désignés. La nuit du 15 août 64, les jeux du cirque de Néron sont éclairés par une multitude de chrétiens transformés pour la circonstance en torches vivantes de poix et de résine.

Plus tard, à la fin du premier siècle, c'est la raison d'État qui pousse l'empereur Domitien (81-96) à frapper les chrétiens : ils prenaient une trop grande place. La foule a toujours été lâche envers les minorités et les gens recherchés par la police. De l'empereur Trajan (98-117) à Dioclétien (284-305), les persécutions reprendront sporadiquement comme des incendies. Le rescrit de Septime-Sévère (202) interdit non seulement de se faire chrétien, mais de faire des chrétiens.

Il serait illusoire de vouloir dénombrer les martyrs. Les plus anciens récits ont souvent été transformés pour devenir des sortes d'histoires en bandes dessinées avec le méchant empereur, le proconsul débauché, le bourreau dont la main tremble, et l'abus du merveilleux. Ainsi les actes de sainte CÉCILE, de sainte THÈCLE, saint CHRISTOPHE, saint EUSTACHE, saint SÉBASTIEN sont parmi les plus célèbres de ces histoires romancées.

Mais à côté de la légende, l'Église est riche de documents de première main, qui garantissent l'authenticité et le courage des martyrs chrétiens devant la mort.

En 177, par exemple, une lettre circulaire adressée par les Églises de Lyon et de Vienne aux Églises d'Asie fournit un récit rigoureux, une sorte de rapport du martyre de l'évêque POTHIN et de ses quarante-sept compagnons dont ATTALE qui fut décapité, et l'esclave BLANDINE qui fut jetée aux bêtes avec tous les autres. Ainsi la foi avait-elle trouvé son chemin d'Asie jusqu'à Lyon. Ce sont des Orientaux qui y ont implanté la première Église de Gaule, au IIe siècle. Pothin et la moitié de ses compagnons portent des noms grecs. Ils ont été les semailles de l'Église de France.

A peine les tombes des martyrs étaient-elles fermées que d'autres frères et d'autres sœurs se levaient pour porter le témoignage au prix de leur sang. Le sang des martyrs fut bien une semence de chrétiens. Le mot martyr veut dire témoin. Il n'y a certes aucune relique du Christ ressuscité, il n'y a aucune preuve matérielle, mais il y a ce long peuple des martyrs qui ont témoigné par le don de leur sang.

Parmi eux, les premiers successeurs de Pierre qui plantèrent l'Église de Rome dans leur propre sang. LIN qui reprit le flambeau de la main même de Pierre, CLET, CLÉMENT DE ROME qui a « vu les Apôtres et vécu avec eux... », SIXTE, CORNEILLE à qui son ami Cyprien écrivait : « Prions l'un et l'autre, et si Dieu fait à l'un de nous la grâce de mourir bientôt et de précéder l'autre, que notre amitié continue près du Seigneur... »

L'Église de Rome a voulu graver le nom de ses premiers papes dans le texte même de sa prière eucharistique, appelée justement le canon romain (prière eucharistique n°1). Tout un peuple est là, des évêques comme de jeunes esclaves, des diacres et de riches Romaines, des soldats et des prêtres, des Romains et des Africains, des vieillards et des enfants.

Parmi tous ces visages ressort celui de LAURENT, un des diacres chargés de l'administration des biens de l'Église, qui fut torturé par le feu avec la volonté de lui faire livrer l'argent des pauvres. Et ceux de VINCENT, un diacre de Valence en Espagne, martyrisé sous Dioclétien (plus tard un jeu de mots sur son nom en fit le patron des vignerons); de FABIEN, qui fut élu pape alors qu'il était encore laïc; de CÔME et de DAMIEN, deux frères qui exerçaient peut-être la profession de médecins et furent martyrisés près d'Alep en Syrie; de GERVAIS et de PROTAIS, martyrs milanais; d'AGNÈS, la jeune adolescente romaine de douze ans devenue patronne de sa ville.

« Ce sont ceux qui viennent de la grande épreuve » et que l'Apôtre Jean voyait déjà dans son Apocalypse (7, *14*) : « Ils ont lavé leurs robes et les ont blanchies dans le sang de l'Agneau... »

Mais dans la vision de Jean, il n'y a pas seulement la bête de la mer (*Apocalypse* 13, *1*), la Méditerranée romaine, l'empire de Rome qui persécute les disciples du Christ, voici qu'arrive la bête de la terre (*Apocalypse* 13, *11*), l'autre bête, celle qui vient de la terre d'Asie et qui personnifie tous les faux prophètes, tous les schismes et toutes les hérésies.

C'est pourquoi les premiers chrétiens ne se sont pas contentés de témoigner par leur sang dans la persécution, ils ont aussi risqué leur parole dans la lutte contre l'hérésie et les faux prophètes.

Souvent ils furent les deux : martyrs et docteurs de la foi.

Les docteurs de la foi

Pour être fidèle à la Parole, IGNACE D'ANTIOCHE écrivit sept lettres. Elles furent rapidement écrites, au hasard des escales, alors qu'il faisait partie d'un convoi de prisonniers amené d'Antioche, la ville dont il était l'évêque, à Rome où il était destiné aux bêtes. C'est tout ce que l'histoire a conservé de saint Ignace. Mais ces quelques feuillets sont comme son testament. C'est à la fois une vision, un message et un cri. La vision, c'est celle de l'évêque qui bientôt sera livré « pour être moulu par la dent des fauves et devenir le pain du Christ ». Le message, c'est celui de l'unité : « Vous ne devez avoir avec votre évêque qu'une seule et même pensée. » Le cri, le voici : « Il est bon de mourir pour le Christ Jésus... Il y a une eau vive qui murmure au-dedans de moi et me dit : Viens vers le Père... » Vers 110, Ignace atteste sa parole par son sang. Il ne fut pas le seul.

POLYCARPE, évêque de Smyrne, aujourd'hui en Turquie, fut le dernier témoin de l'âge apostolique : dans sa jeunesse, il s'était entretenu avec saint Jean et les autres disciples qui avaient vu le Seigneur. A quatre-vingt-six ans, Polycarpe fut conduit au martyre dans l'amphithéâtre de Smyrne ; il y marcha dans l'action de grâce : « Je te bénis, Seigneur, de m'avoir jugé digne de ce jour. » La lettre par laquelle les chrétiens de Smyrne communiquèrent le récit de cette mort nourrira la ferveur de plusieurs générations de chrétiens d'Asie, montrant ainsi que l'Église qui parle ne véhicule pas seulement une théologie, mais répand une vie.

Très vite aussi, l'Église parlera la philosophie en dialogue avec le monde incroyant. Un nouvel âge naît, celui des chrétiens qui exposent leur foi et leur morale : ils seront appelés apologètes. JUSTIN, philosophe païen converti, consacra sa vie à rapprocher la foi chrétienne et la pensée grecque. Fidèle à ses origines palestiniennes, il fut hanté par le problème juif, mais surtout il travailla à défendre l'Église contre les calomnies de ses persécuteurs. « Lorsqu'on taille à une vigne les rameaux qui ont porté du fruit, disait-il aux païens, d'autres tiges poussent, fleurissent et portent des fruits ; il en est de même de nous. » Justin aussi mourut martyr.

En Asie, en Syrie, en Égypte, la « gnose » se développe comme une peste. Elle prétend que l'esprit n'a rien à voir avec la chair, refusant ainsi de croire à l'incarnation et à la mort du Christ. C'est IRÉNÉE qui se lève. C'est un Grec devenu évêque de Lyon pour succéder à Pothin. Il écrit un livre vigoureux contre les gnostiques : « Là où est l'Église, là est l'Esprit de Dieu ; où est l'Esprit de Dieu, là sont l'Église et toute grâce et l'Esprit est vérité... » coupant ainsi court à cette volonté de mettre d'un côté l'Esprit et de l'autre le Corps du Christ.

Mais c'est à Alexandrie et en Afrique que la jeune Église a ses défenseurs les plus brillants.

CYPRIEN avait déjà une situation importante à Carthage quand il y reçut le baptême et devint l'évêque de sa cité vers 248. « Pape de l'Afrique », il s'acquit une autorité incontestée sur la centaine d'évêques africains. C'était dans toute la splendeur du mot un homme d'Église : « Nul, a-t-il dit, ne peut avoir Dieu pour Père, qui n'a pas l'Église pour mère. »

Vers 195, d'autres disciples de la Parole fondèrent une école de catéchèse à Alexandrie. Beaucoup y furent des intelligences remarquables mais ne furent pas forcément des saints.

Clément d'Alexandrie, voulant démontrer l'accord de la sagesse antique et de l'Évangile, est arrivé à tenir des propos étranges sur la gnose. Dans son œuvre « Le Pédagogue », il présente le Christ comme l'éducateur des croyants. Origène, qui dirigeait une sorte d'université à Alexandrie, a sans doute ouvert le chemin à toutes les sciences sacrées. Son œuvre est colossale, mais elle comportait des erreurs qui furent condamnées en 553 par le 2^c concile de Constantinople, concernant notamment l'éternité de la matière et la préexistence des âmes.

HIPPOLYTE, spécialiste de la Bible, entra en conflit avec le Pape CALLIXTE à qui il reprochait sa trop grande indulgence. Le Pape et lui se réconcilièrent en se retrouvant dans le même lieu de déportation en Sardaigne où ils moururent. D'Hippolyte nous avons conservé le texte d'une prière eucharistique (prière eucharistique n°2).

Ainsi, à côté de ce long cortège des martyrs, et parfois dedans, des défenseurs de la foi permettent à l'Église de prendre la parole jusque dans leurs ambiguïtés et malgré leurs erreurs.

Les penseurs chrétiens firent prendre l'Église au sérieux par les païens qui ne la regardaient encore que comme une secte de « cardeurs, de savetiers et de blanchisseurs », alors que les documents que nous ont laissés justement Origène, Clément d'Alexandrie ou Hippolyte sur la vie chrétienne nous montrent des chrétiens qui ne se distinguaient des autres hommes par aucun détail extérieur, mais vivaient seulement l'Évangile au quotidien.

Les chrétiens anonymes

Au début du deuxième siècle un auteur anonyme parle des chrétiens dans une lettre adressée à son ami Diognète, et voici son point de vue :

« Les chrétiens ne se distinguent pas des autres hommes ni par le pays, ni par le langage ni par les vêtements. Ils n'habitent pas de villes qui leur soient propres, leur genre de vie n'a rien de particulier. Ils se répartissent dans les cités grecques et barbares suivant le lot échu à chacun, ils se conforment aux usages locaux pour le vêtement, la nourriture et la manière de vivre... Toute terre étrangère leur est une patrie et toute patrie une terre étrangère. Ils se marient comme tout le monde, ils ont des enfants mais ils n'abandonnent pas leurs nouveaux-nés. Ils partagent la même table. Ils sont dans la chair, mais ne vivent pas selon la chair ; ils passent leur vie sur la terre, mais sont citoyens du ciel...

On les insulte et ils bénissent. On les outrage et ils honorent. Ne faisant que le bien, ils sont châtiés comme des scélérats. Châtiés, ils sont dans la joie comme s'ils naissaient à la vie.
En un mot ce que l'âme est dans le corps, les chrétiens le sont dans le monde... » A cette époque, les évêques fondateurs de nouvelles Églises meurent souvent martyrs : ainsi DENIS qui évangélise Lutèce.

A l'origine, les chrétiens se réunissaient dans une salle mise à leur disposition par l'un des leurs. Au IIIᵉ siècle, des lieux de culte autonomes ont commencé à se construire.

Dès le IIᵉ siècle, les chrétiens disposaient de cimetières distincts en surface, puis dans des galeries souterraines appelées catacombes. Les corps des martyrs sont ensevelis avec un très grand respect. On prend l'habitude de les associer au sacrifice eucharistique en célébrant la messe sur leur tombe, au jour anniversaire de leur mort.

Peu à peu, la hiérarchie de l'Église se forme : l'évêque élu par le peuple, les prêtres et les diacres ordonnés par l'évêque, les acolytes, les lecteurs, les exorcistes et les portiers qui sont des auxiliaires. L'évêque de Rome est regardé comme le successeur de Pierre. L'initiation au baptême comptait trois étapes, d'abord la catéchèse, enseignement qui se traduisait dans un vécu, l'élection qui concluait la mise à l'épreuve et enfin le baptême par immersion dans la nuit de Pâques, suivi par l'imposition des mains (la confirmation). La réconciliation des pécheurs publics était une épreuve qui durait tout le carême et exigeait force et humilité ; elle était comme un second baptême et se célébrait aussi la nuit de Pâques.

Les chrétiens des premiers siècles vivaient en communautés où les rites de rassemblement jouaient un rôle capital : la prière eucharistique présidée par l'évêque entouré de ses prêtres, les assemblées quotidiennes de catéchèse avec la lecture de la parole de Dieu, l'homélie et les agapes fraternelles.

A côté de la hiérarchie, l'Église des premiers temps accordait une place privilégiée aux chrétiens qui avaient été emprisonnés pour leur foi, aux veuves, aux diaconesses et aux vierges.

En partageant le repas du Seigneur et en faisant mémoire de lui jusqu'à son retour, les chrétiens se faisaient une joie d'accueillir les frères de passage, de partager les nouvelles de toutes les Églises et de recevoir les pauvres comme le Seigneur lui-même.

LE TEMPS DU POUVOIR

(IVᵉ siècle)

Au début du IVᵉ siècle, l'empire de Rome se déchire. Plusieurs empereurs le revendiquent, des luttes implacables opposent leurs fils. Le 28 octobre 312, venu de Gaule, Constantin écrase et tue Maxence sous les murs mêmes de Rome. Alors se réalise un miracle que jamais personne n'aurait cru possible : Rome a un empereur chrétien. Après l'édit de Milan, sous le règne de Constantin, les persécutions cessent.

Mais déjà un nouveau ver se met dans le fruit : Constantin, l'empereur chrétien, se déclare lui-même « l'évêque du dehors », c'est lui qui convoque et préside le premier concile œcuménique de Nicée en 325. C'est lui qui décide des mesures à prendre à l'égard des hérétiques... Jusqu'à nos jours, l'Église reste marquée par cette expérience de la chrétienté constantinienne. L'Église se coula dans l'armature administrative de l'État. Le mot « diocèse » est un vieux terme hérité de l'empire romain. Le diocèse était une circonscription administrative.

Grâce aux largesses de l'Empereur, le pape et les évêques transforment ou construisent des basiliques — ces grandes maisons « royales » qui servaient à la fois de palais de justice, de marchés couverts ou de maison du peuple pour les activités publiques —. Dans ce cadre grandiose, orné de marbres et de mosaïques, la célébration de l'Eucharistie, du mystère de Pâques, du baptême, prend une ampleur considérable : c'est « l'âge d'or de la liturgie. »

Jusqu'alors, les martyrs et eux seuls étaient reconnus comme « saints » par le peuple de Dieu. Les persécutions terminées, ne trouvant plus à imiter le Christ dans le mystère de sa mort, les chrétiens, conscients des dangers de la fadeur — le christianisme est devenu la religion officielle et protégée —, voulurent garder « salé le sel » de la foi : ils savaient que la foi a moins à craindre de la mort que des honneurs. Ils cherchèrent à retrouver les conditions intransigeantes du choix chrétien : « Va, vends tout ce que tu possèdes et suis-moi... » Ils se retirèrent dans les déserts, vivant en solitaires et en ascètes : ce furent les premiers moines. Ils sont la seconde génération de saints.

PEUPLE DES SAINTS

Moines et ascètes

Voici ANTOINE : né d'une famille aisée de Haute-Égypte, il prit l'Évangile au sérieux : « Si tu veux être parfait, va, vends ce que tu as, donne-le aux pauvres et puis viens et suis-moi... » Il partit pour le désert où le démon lui-même lui mena la vie dure ; mais, disait-il, « Satan redoute par-dessus tout la pureté du cœur ». Dès 306, autour d'Antoine, se rassemblent de nombreux ascètes qui vivent en ermites tout en suivant les directives de leur maître spirituel.

Vers 320, PACÔME, en Thébaïde, fait profiter des milliers de moines de sa sagesse. Sa règle axée sur l'obéissance, la pauvreté et le travail marque encore la vie monastique d'aujourd'hui en Occident. BASILE LE GRAND, appelé ainsi non à cause de sa taille qu'il avait petite, mais à cause de son caractère, moine en Cappadoce (l'actuelle Turquie), écrit des règles monastiques pour ses disciples. Il meurt en 379. C'est HONORAT qui ouvre la voie de la vie monastique communautaire en Occident en fondant l'abbaye de Lérins, avant de devenir évêque d'Arles.

En même temps commence patiemment la christianisation des campagnes. Souvent les paysans passèrent à l'Évangile avec leurs superstitions confondant assez facilement les saints avec les dieux qu'ils remplaçaient.

MARTIN était soldat, originaire des rives du Danube. Il quitte l'armée à 22 ans pour se faire ermite sous la conduite d'Hilaire, évêque de Poitiers. Il garde de son éducation militaire un sens de l'organisation qui semble la marque propre de son génie spirituel. Il fonde le monastère de Ligugé. Devenu évêque de Tours en 371, il rassemble un groupe de moines autour de lui à Marmoutiers. Ce « moutier » fut le premier séminaire missionnaire d'où les moines partirent évangéliser les campagnes. Martin lui-même partit comme missionnaire. La Touraine, le Berry, l'Auvergne, la Saintonge et même Paris le verront passer, annonçant la foi, fondant des paroisses, créant des monastères, bâtissant des églises. Lorsqu'il meurt à Candes, dans la campagne de Tours, il laisse un clergé monastique missionnaire pour continuer son œuvre.

Martin est un des saints les plus populaires de France, où l'on dénombre au moins deux cent vingt communes qui portent son nom. On ne peut pas compter les églises qui lui sont dédiées, les miracles qu'on lui prête et les légendes qu'il a inspirées.

L'Église a mérité la paix, mais elle va connaître la lutte du mal au-dedans d'elle-même jusqu'au déchirement. L'hérésie, cette douleur de l'enfantement, sera aussi pour le peuple de Dieu le temps des grands docteurs de la foi, ceux que l'on a appelés les « Pères de l'Église ».

Les grands évêques

AMBROISE, né à Trèves (Allemagne), était gouverneur de Ligurie (Italie du Nord) lorsqu'en 374 l'acclamation populaire le choisit comme évêque de Milan à 34 ans. Il fut « l'évêque » et rien que l'évêque, père de son peuple, homme de la charité universelle ; capable de prendre ses responsabilités, il sut allier la tendresse à la fermeté. Soucieux de son peuple, il le nourrit de la liturgie dont il entreprend une réforme pour mieux permettre la participation aux chants des hymnes et des psaumes.

JÉRÔME était venu étudier à Rome. Il fut ensuite moine en Syrie, puis secrétaire du pape DAMASE qui lui demanda de traduire la Bible en latin : de 391 à 406, il s'attela à cette œuvre considérable qui donna à l'Église la Bible latine dite « Vulgate ». Enfin, il se retira comme ermite à Bethléem, près de la crèche du Seigneur. C'était un saint au tempérament fougueux, un géant de l'exégèse et un fervent commentateur de la Bible.

AUGUSTIN, le fils de MONIQUE, né en Algérie à Thagaste (Souk-Ahras), se convertit après une jeunesse désordonnée qui avait tant désolé sa mère... Converti par Ambroise, l'évêque de Milan, il se fait baptiser en compagnie de son fils en 354. Devenu évêque d'Hippone (Annaba), il écrit entre autres les « Confessions », la « Cité de Dieu », le « Traité de la Grâce », un commentaire de saint Jean, etc. Augustin, c'est la parole rigoureuse et pourtant de feu :
« Qu'est-ce donc que l'âme désire avec plus de force que la vérité ? Donne-moi quelqu'un qui aime, il sent ce que je dis ; donne-moi un homme de désir, un homme affamé, un homme errant dans le désert de cette vie, un homme assoiffé et qui aspire aux eaux éternellement jaillissantes de la patrie céleste ; donne-moi cet homme, il sait ce que je dis. Si je parle à un tiède, il ne comprend rien à mes paroles. »

Augustin l'Africain, Ambroise l'évêque de Milan furent, à cette époque, avec le moine Jérôme, les trois colonnes de l'humanisme chrétien en Occident. Ces hommes ont vu s'écrouler un monde, mais ils se sont dressés comme des lampes allumées sorties de sous le boisseau alors que l'Église elle-même est dans la nuit.

Mis en question par Arius qui nie la divinité de Jésus (hérésie arienne), par Manès qui oppose le bien et le mal (hérésie manichéenne) ou par Nestorius qui prétendait que Jésus n'était ni vraiment Dieu ni vraiment homme (hérésie nestorienne), le peuple de Dieu sent alors la nécessité de mieux formuler sa foi en fonction des problèmes du temps. L'Église se réunit en concile à Nicée en 325, à Constantinople en 381 et à Éphèse en 431. Et, à chaque moment difficile de son histoire, l'Église voudra ainsi tenir conseil.

C'est alors que se dresse ATHANASE, devenu évêque d'Alexandrie, qui connaîtra cinq exils pour la foi lors de ses discussions avec les ariens : « Si le Christ n'avait été Dieu que par emprunt, s'il n'avait pas été lui-même l'image substantielle du Père, jamais il n'aurait pu diviniser personne. Le Verbe s'est fait homme pour que nous fussions divinisés... » Athanase d'Alexandrie meurt en 373.

GRÉGOIRE DE NAZIANCE (aujourd'hui Nenizi en Turquie), ami de Basile, devint évêque de Constantinople. Pour Grégoire, la clé du mystère réside en celui qu'il appelait « mon Christ » : « lui qui a pris mon corps pour me faire Dieu ». Il meurt vers 390.

De 398 à 404, JEAN, patriarche de Constantinople, était un si grand orateur qu'il fut surnommé « CHRYSOSTOME », c'est-à-dire « bouche d'or ». Sa parole ne plaisant pas à tout le monde, il fut envoyé deux fois en exil et mourut en Arménie sur le chemin de la déportation. « Dites-moi, que craignez-vous ? avait-il dit à ses fidèles amis avant de partir, la mort ? Le Christ est ma vie et la mort est une victoire... »

HILAIRE, dont Martin fut le disciple, devient évêque de Poitiers en pleine hérésie arienne. Exilé en Asie mineure à cause de sa fidélité à la foi, il en profite pour prendre de nombreux contacts avec les Églises d'Orient. De retour à Poitiers, il écrit d'importants ouvrages sur la divinité du Christ et meurt en 367.

L'évangélisation n'est pas encore au bout de sa peine. Appelé à tenir tête à l'empereur, Ambroise, l'évêque de Milan depuis 374, sut affirmer la place du pape dans les relations de l'Église et de l'État : « Là où est Pierre, là est l'Église. » Ambroise exige la pénitence publique de l'empereur Théodose qui venait, tout chrétien qu'il fût, de faire massacrer 7.000 habitants de Thessalonique. « L'empereur est dans l'Église, écrit Ambroise, et non au-dessus de l'Église. »

L'empire entre en décadence.

LE TEMPS DES BARBARES

(V^e-VIIe siècle)

Le centre de l'Empire se déplace vers l'Orient. Byzance prend le nom de l'empereur : Constantinople devient la nouvelle Rome. Abandonnée par ses empereurs, Rome décline lentement. Les légions ne peuvent plus tenir les frontières débordées par la poussée de peuples entiers en marche vers le sud dans un gigantesque mouvement de migration, eux aussi voulant une place au soleil. Rome est envahie, occupée, pillée, saccagée. C'est la stupeur !

Les gardiens de la foi

L'Empire se partage en deux à la fin du IVe siècle entre l'Orient et l'Occident. Le patriarche de Constantinople prend le premier rang après l'évêque de Rome. Alors commence une longue suite d'incompréhensions, de malentendus et parfois de rivalités où les questions de personnes jouent un trop grand rôle. La foi elle-même se laisse prendre aux querelles.

Au début du Ve siècle déferlent les Goths, les Vandales et les Suèves poussant devant eux les Burgondes : tous fuyaient les Huns. Les Francs sont sur la Somme, les Burgondes s'installent de la Savoie à la Saône, les Vandales chassés d'Espagne par les Wisigoths ravagent l'Afrique chrétienne.

L'Église allait-elle être entraînée dans la débâcle ? Au contraire, elle fut le seul corps capable de dominer le drame de l'Occident et de lui donner un sens. L'invasion barbare ayant bousculé et détruit les ressorts de l'administration romaine, le pape et les évêques prennent en main les pouvoirs publics. Ils font relever les ruines, accueillir les réfugiés, soigner les blessés et les malades : les villes se tournent vers l'Église. Le droit romain n'existe plus, il n'y a plus de lois, la vie d'un homme est à vil prix. C'est un temps de violence qui glorifie la vengeance, la justice au gré du vainqueur, l'exécution arbitraire : les pauvres se tournent vers l'Église. Il n'y a plus d'autorité, ce sont les ravages de l'anarchie : l'Occident se tourne vers l'Église.

Voici NICAISE à Reims, AIGNAN à Orléans, PAULIN à Nole, EUCHER à Lyon qui font front aux Barbares, les arrêtent aux portes de leur ville, sauvent leur peuple et quelquefois en meurent. Et voici une femme, GENEVIÈVE, consacrée à Dieu dès sa jeunesse, qui défend les Parisiens contre les Huns.

Mais c'est LÉON Ier, pape de 440 à 461, qui demeure la figure la plus attachante de ces temps terribles. En 452, avec un courage tranquille, il va trouver Attila et parvient à l'arrêter près de Mantoue; mais en 455, il doit assister impuissant au pillage de Rome par les Vandales après avoir négocié jusqu'au bout pour sauver au moins les vies humaines. Dans le malheur, il est l'âme de son peuple. Pendant ce temps, l'Orient cède à l'hérésie d'Eutychès qui met en péril l'Incarnation. Au concile de Chalcédoine, en 451, Léon tient une position doctrinale ferme qui est acclamée par tous les évêques : « Pierre a parlé par la bouche de Léon ! — Qu'en mon humble personne, répond Léon, on discerne et on honore celui en qui se perpétue la sollicitude de tous les pasteurs et dont la dignité ne disparaît pas lorsqu'elle tombe aux mains d'un indigne successeur. »

Dans les campagnes, l'action des évêques se lie à celle des moines. Lérins devint une « île de saints » et une pépinière d'évêques, comme HILAIRE D'ARLES donné aux pauvres, mais qui en 455 se voit soupçonné d'autonomie gallicane, c'est-à-dire préférant les intérêts de la Gaule à ceux de Rome.

Voici ailleurs SIDOINE APOLLINAIRE à Clermont, PIERRE CHRYSOLOGUE à Ravenne, dont on a retenu le refrain : « Celui qui veut rire avec le diable ne peut pas se réjouir avec le Christ. » ISIDORE qui devient évêque de Séville en 601, historien, auteur d'une encyclopédie du savoir profane et religieux, théologien moraliste et bibliste dans un monde enfoncé dans la nuit ; ARNOUL à Metz ; RÉMI, évêque de Reims, dont le nom est indissolublement lié à un grand événement de l'histoire de l'Église en France : le baptême de Clovis sous l'influence de sa femme CLOTILDE. A Noël 498 ou 499, le baptême de Clovis et de son armée par Rémi est le signe concret que l'Église ne s'est pas enfermée dans la nostalgie de sa gloire passée, au sein de l'Empire romain. Elle a pris le parti de l'avenir : elle est passée aux Barbares. De cet événement considérable, les témoins ont senti toute la portée. AVIT, de Vienne, écrivait à Clovis : « Tu ouvres une carrière immense à tes descendants en voulant régner dans le Christ. Tu es né pour le Christ comme le Christ pour le monde... » C'est pour avoir baptisé Clovis que saint Rémi mérita d'être appelé « apôtre des Francs ».

« Qui sait ? Peut-être les Barbares n'ont-ils pu pénétrer dans l'Empire romain qu'afin que partout, en Orient et en Occident, les Églises du Christ fussent pleines de Huns, de Suèves, de Vandales, de Burgondes, et d'autres peuples innombrables de croyants. Ne faudrait-il pas alors louer et célébrer la miséricorde divine, puisque grâce à notre ruine, tant de nations ont eu connaissance de la vérité, avec laquelle elles n'auraient pas été en contact autrement ? » écrivait Orose au V^c siècle.

Dans cet univers qui bascule tout entier d'une civilisation dans une autre, au cœur de cette révolution culturelle, l'Église demeure comme le seul roc solide.

Des conciles provinciaux se multiplient pour faire face à l'avenir, en Espagne (à Tolède), en Provence (Arles ou Vaison).

Le rôle de la France, de l'Espagne et de l'Italie se dessine dans l'Église d'Occident, tandis que Rome s'enfonce dans le désarroi et la misère. Les moutons et les vaches sont au pâturage sur les ruines des forums et des splendeurs passées.

Pour défendre leur autonomie et leur liberté, les papes sont amenés à prendre en charge la cité des hommes en vue de bâtir la cité de Dieu. Les papes devront porter le poids de cette ambiguïté pendant un millénaire.

Les nouveaux missionnaires

GRÉGOIRE LE GRAND est le premier moine à devenir pape. Il le fut de 590 à 604. C'est lui qui le premier se désigna par l'expression : « Serviteur des serviteurs de Dieu. » Il fut avec magnificence, ainsi que le note son épitaphe, un pape « consul de Dieu » : capable de réformer la liturgie, de veiller au ravitaillement en blé de la ville de Rome, de négocier avec les Lombards, tout en codifiant le chant d'église (le grégorien), de mener de front la composition de ses Dialogues et de ses Homélies, l'expédition d'une immense correspondance et la préparation d'une équipe de missionnaires pour l'Angleterre. Quand il mourut, il avait jeté les fondements de la chrétienté médiévale.

Au VIe siècle, l'axe de l'Occident s'est déplacé vers l'Ouest. Avec le ralliement des Francs au christianisme et un nouvel élan des relations avec les Germains, le pouvoir s'est porté vers les rives de la Seine et de la Meuse. La société est devenue rurale ; le peuple, ce sont « les serfs » décimés par les conditions du travail, l'écrasement des taxes, les épidémies, les famines et les guerres.

C'est l'époque des « maires du Palais », querelleurs, buveurs et violents. Ils n'étaient pas tendres, et c'est l'un d'eux qui assassina LÉGER, l'évêque d'Autun, en 678.

ÉLOI, le Limousin, fut, lui, l'orfèvre et le trésorier de Dagobert, le fondateur de l'abbaye de Solignac et, en 641, il succéda à MÉDARD comme évêque de Noyon-Tournai.

A l'époque mérovingienne, les campagnes se sont couvertes d'abbayes, lieux de refuge et de sécurité, mais aussi d'audace et d'invention de l'avenir, lieux du défrichement de la terre, mais aussi lieux de recherche des sciences, chantiers de pierres et de foi : Saint-Germain-des-Prés, Saint-Médard de Soissons, Saint-Denis, Sainte-Croix de Poitiers, Stavelot, Murbach... Mais c'est de la brumeuse Irlande que surgit un nouveau type de moines et de missionnaires.

Grâce à PATRICK, depuis 432, l'Irlande était passée du druidisme à l'Évangile. Alors commence l'extraordinaire épopée des moines irlandais qui, bravant les dangers de toute sorte, franchissent les mers. Ainsi COLOMBAN passe en Gaule, fonde la célèbre abbaye de Luxeuil en 592, gagne la Suisse où, avec son disciple GALLUS, il fonde l'abbaye connue aujourd'hui sous le nom de Saint-Gall ; il passe en Italie pour fonder l'abbaye de Bobbio. On le vit partout : à Jumièges, Saint-Bertin, Saint-Riquier, toutes abbayes nées sous les pas des moines irlandais. En 563, Colomban fonde aussi le couvent d'Iona d'où partirent les évangélisateurs de l'Armorique dont tant de villes bretonnes portent le nom : Saint-MALO, Saint-BRIEUC, Saint-GUÉNOLÉ ou Saint-GILDAS.

Mais c'est d'un pays de soleil, la Sabine proche de Rome, que l'Esprit fit surgir celui qui allait être le Père des moines d'Occident.

C'est au Mont-Cassin, en 529, que BENOIT put enfin réaliser son grand dessein : mettre la vie religieuse à la portée de tous. Mariant le sens romain de l'ordre à l'esprit des Béatitudes, Benoît fit naître cette « paix » dont il a su faire comme la grâce et le signe de sa famille bénédictine. A partir de la règle de saint Benoît, l'état religieux ne varie plus en Occident dans ses éléments essentiels : la recherche de la perfection par la pratique des conseils évangéliques. Les vœux de pauvreté, de chasteté et d'obéissance, ou engagements solennels de vivre les conseils évangéliques expriment la volonté de se lier à Dieu par un don total. La vie commune est devenue une condition essentielle de l'état religieux : la recherche de la perfection suppose un soutien fraternel ; le but de la vie religieuse est la charité et la construction de la cité de Dieu.

SCHOLASTIQUE, la sœur jumelle de Benoît, se consacre elle aussi à Dieu dans la vie monastique, et les Bénédictines la vénèrent comme leur mère.

Ce fut un moine bénédictin, AUGUSTIN, qui quitta Rome pour aller porter la bonne nouvelle de l'Évangile en Angleterre ; il fonda l'archevêché de Cantorbéry en 596.

Dès la fin du VIIe siècle, l'Angleterre est une terre de sainteté et de culture chrétienne.

Le plus célèbre de cette époque fut BÈDE LE VÉNÉRABLE qui toute sa vie travailla d'arrache-pied à transmettre aux Barbares les trésors de la culture antique en en sauvant l'essentiel... Ce moine du monastère de Jarrow en Angleterre « trouva son plaisir à apprendre, à enseigner et à écrire... », comme il disait lui-même. Il mourut en 735.

C'est encore l'Angleterre qui fournit les missionnaires pour les régions germaniques encore barbares du continent... Ce fut WILLIBRORD qui rayonna sur toute la Hollande, et, en 695, devint évêque d'Utrecht ; BONIFACE qui fut d'abord un moine anglais du nom de Winfried. C'est le pape qui l'envoya en Allemagne et lui donna à cette occasion le nom de Boniface : « celui qui fait le bien. » Devenu évêque de Mayence, il fut martyrisé par les Frisons avec cinquante-deux de ses moines en 753 ; plus tard, il reçut le titre « d'apôtre de l'Allemagne ».

Pendant ce temps, en Méditerranée, l'Église se divisait selon les contours du partage de l'Empire : Rome livrée aux Barbares, et la « nouvelle Rome », la Rome orientale, Constantinople. C'étaient désormais deux mondes différents dont le dialogue s'est toujours avéré difficile et qui, dès le Ve siècle, se sont éloignés l'un de l'autre. D'un côté le pape, de l'autre le basileus (l'empereur) ; d'un côté le latin, de l'autre le grec ; le grégorien ici, et là les icônes ; la théologie aussi se sépare. Deux continents partent à la dérive : l'Église d'Orient et l'Église d'Occident, Rome et Byzance.

Mais c'est d'ailleurs que monte une vague formidable qui menace la foi chrétienne. Le 24 septembre 622, Mahomet, porteur d'un message divin, quitte sa ville natale de La Mecque : une ère nouvelle s'ouvre. Sur tout un pan du monde allait s'effacer jusqu'au souvenir de la résurrection du Christ. L'Islam était né.

LE SACERDOCE ET L'EMPIRE

(VIIIe-Xe siècle)

Un homme s'est levé à la fin du VIIIe siècle en Occident, un roi franc, une manière de génie qui se considérait comme le représentant de Dieu sur terre, qui feignait de ne pas voir de différence entre le pouvoir politique et le pouvoir spirituel, et qui voulut réaliser le rêve de la « Cité de Dieu » cher à saint Augustin : Charlemagne. Législateur, il voulut que chaque monastère ait son école, confondant culture et cléricature. Il ne fut pas un saint, mais pendant trente années se tailla un empire : le nouvel empire d'Occident.

En 800, à Noël, c'est le pape Léon III lui-même qui, à Saint-Pierre de Rome, sacre Charlemagne empereur romain, lui donnant son appui et son autorité et en faisant ainsi le successeur de Constantin. Mais du même coup, l'Église se prépare à souffrir de certains souverains qui confondront la cause de la foi avec celle de leurs ambitions, la gloire de Dieu avec la leur, l'ardeur de l'Évangile avec l'ardeur militaire.

A l'époque de Charlemagne, la poussée missionnaire arrive jusqu'en Moravie et en Bohème avec CYRILLE et MÉTHODE. C'étaient deux Grecs de Thessalonique envoyés en Moravie comme missionnaires de l'Évangile. Ils comprirent qu'ils ne pourraient évangéliser les Moraves qu'en leur traduisant la Bible et en célébrant la messe dans leur langue. Comme celle-ci n'avait pas encore d'expression littéraire, ils créèrent un alphabet dit « cyrillique » qui est demeuré celui des Slaves et que les Russes, en particulier, continuent d'utiliser pour l'essentiel.

Charlemagne mort en 814, les Vikings et les Normands débarquèrent sur les côtes de l'Europe occidentale. C'est le début des siècles noirs. Déjà les Sarrasins remontent les vallées alpines sans rencontrer de résistance, les hordes hongroises poussent jusqu'à Orléans.

L'autorité royale s'étant effondrée, le pouvoir appartient à des clans de guerriers. La terre étant la seule richesse, ils la possèdent. Les villes se vident. La hiérarchie devient celle des forts, les suzerains, sur des faibles, les vassaux. La féodalité était née.

Les féodaux mettent la main sur les monastères et les élections épiscopales. La misère pullule. Rome n'est plus qu'un trafic d'influences. On achète la fonction de pape, on étouffe, on égorge, on massacre.

Ce fut pourtant de ce grand corps malade que jaillit une source nouvelle. Alors que Rome est en ruines, le printemps naît dans un vallon de Bourgogne. L'épopée de Cluny commence.

Les fondateurs d'Ordre

C'est en 909 que le monastère de Cluny est fondé par Guillaume d'Aquitaine. Pour le garder libre, son fondateur rattache directement l'abbaye à Rome. ODON (927-942), AYMARD (942-954), MAYEUL (954-994), ODILON (994-1048) et HUGUES (1049-1109) sont les premiers grands abbés de Cluny, qui représentent cent cinquante ans de responsabilités indissociablement liées au rayonnement de l'illustre abbaye. Au temps de sa grandeur, l'abbaye compta jusqu'à trois cents moines et, constitué en Ordre, Cluny régnait sur plus de dix mille moines établis sur l'Europe entière. Les monastères clunisiens devinrent le refuge des pauvres. Ils furent aussi le lieu d'une architecture chrétienne, popularisant l'art roman avec ses chapiteaux sculptés, ses portails imagés et la splendeur de ses fresques. Cluny donna de grands papes à l'Église : LÉON IX (1049-1054) et, surtout, GRÉGOIRE VII (1073-1085) qui fut sans doute le plus grand pontife du Moyen Age.

Hildebrand était entré chez les Bénédictins sous le nom de Grégoire. De ses origines toscanes, il garda toujours la simplicité du paysan. Devenu pape, il fit face aux tentatives du pouvoir qui voulait utiliser l'Église. « Sachez bien qu'avec l'aide de Dieu, aucun homme n'a jamais pu et ne pourra jamais me détourner du droit chemin. » Tout Grégoire VII tient en ces mots. Défenseur acharné de la liberté et de l'honneur de l'Église, c'est lui qui, en 1077, reçut à Canossa l'empereur germanique Henri IV venu implorer son pardon ; ce fut la victoire de l'esprit sur la force. Grégoire VII a su arracher l'Église à l'étreinte féodale et lui rendre son indépendance spirituelle.

Mais alors que l'Église prenait enfin la mesure de la société féodale, le fossé qui séparait Rome de Constantinople s'élargissait brusquement. L'Église connaît une douloureuse déchirure : en 1054, c'est le schisme qui, du peuple de Dieu, va faire des clans ennemis. C'est le divorce et la haine entre les chrétiens de Rome et les chrétiens de Constantinople.

LES CROISADES

(XIᵉ-XIIᵉ siècle)

C'était tout le peuple féodal que l'Église s'efforçait d'élever au niveau de l'Évangile. Le clergé séculier n'avait souvent aucune formation ; il n'existait pas de séminaire, et la catéchèse était très élémentaire. Alors naissent, dans la tradition de saint Augustin, des « collèges de prêtres » vivant en communauté, chanoines réguliers dont les plus célèbres sont ceux de NORBERT qui, se rendant compte des insuffisances d'un apostolat individuel, fonda en 1120, dans la vallée de Prémontré, près de Laon, un monastère d'un type particulier. Les Prémontrés sont des prêtres paroissiaux vivant en communauté. Anselme, père abbé du Bec-Hellouin, homme de prière, de pensée et d'action, devint en 1093 archevêque de Cantorbéry : ce qui établit des relations durables entre cette abbaye normande et l'Angleterre.

BRUNO, lui, se retira en 1084 avec six compagnons dans le désert de la Chartreuse (Isère). Ainsi naquirent les Chartreux, un ordre qui, au dire d'Innocent IX, « n'a jamais eu besoin d'être réformé parce qu'il n'a jamais été déformé ».

L'Église prêche le respect de Dieu par le repos dominical, le respect des pauvres, le respect de la femme auquel le culte de la Vierge n'était pas étranger. L'Église développe un mouvement en faveur de la paix : la paix de Dieu qui protégeait les non-combattants, et la trêve de Dieu qui limitait la guerre à certains jours. Parallèlement, la législation du mariage se met peu à peu en place. L'Église entoure le pacte conjugal de rites solennels. La chevalerie, qui était une caste de guerriers à cheval, se transforma peu à peu en un corps privilégié voué à un idéal religieux. Enfin, le 10 mars 1123, s'ouvrait à Rome le premier concile du Latran qui codifia tout le travail de réforme amorcé depuis un siècle.

Rois, moines, chevaliers et croisés

Deux jeunes royaumes chrétiens venaient de naître : la Pologne de Boleslas Iᵉʳ dont le premier évêché est érigé à Poznan en 968, et la Hongrie d'Étienne. Baptisé en 985, ÉTIENNE transforma des clans semi-nomades en un peuple uni. Il implanta le christianisme, fonda des diocèses, bâtit des églises et appela des moines de Cluny en son lointain pays tandis que, par les armes, il défendait ses frontières.

C'est alors que des sectes de « pauvres », intransigeantes, virulentes et souvent insolites, proliférèrent sur cette terre d'Europe. Ils se révoltaient contre les trafics d'argent jusqu'au pied de l'autel, contre les luttes d'influence des grands, des papes et des évêques ; ils protestaient contre les misères du clergé, ils réclamaient une Église de « purs ». L'Europe retentit ainsi des malédictions d'un prêtre de Brescia, de l'austérité des « Humiliés » lombards, de la dissidence de Pierre Valdo, un Lyonnais qui, en 1176, créa le mouvement vaudois qu'on appela les pauvres de Lyon, de l'anabaptisme des pays du Nord et surtout du grand mouvement des Cathares, qui apparaît en 1140, dont la ville d'Albi était le centre et qu'on appela ainsi « les Albigeois ». Ces « parfaits » étaient héritiers de courants de pensée qui venaient de Bulgarie et qui soutenaient une conception dualiste du monde fait de deux forces opposées, celle du bien et celle du mal. Cela conduisit les Cathares au rejet de l'Incarnation et de la Résurrection du Christ, et au refus des sacrements. Ils rejetaient l'Église corrompue depuis Constantin. Les Cathares soulevèrent l'enthousiasme du petit peuple avec leur doctrine simple et leur morale qui répondait au désir du renouveau religieux.

L'Église et les rois capétiens se sentirent menacés. Une terrible croisade contre les Cathares foudroya le Midi de Béziers à Marmande sous la conduite de Simon de Montfort. L'Église, elle, recourut à l'Inquisition qui donnait aux juges d'Église le pouvoir de livrer les hérétiques au « bras séculier », c'est-à-dire à l'autorité civile. Née en 1232, l'Inquisition voulait que les hérétiques ne soient pas seulement condamnés sur dénonciation, mais activement recherchés. C'est le temps des bûchers. Les hérétiques condamnés doivent être exécutés dans les huit jours.

Mais tout au long de cette période de déchirements et d'erreurs, une voix se fait entendre de l'intérieur de l'Église. Elle est rude et ne ménage personne ; elle apostrophe les prélats : « Ils crient, ceux qui sont nus ! Ils crient, ceux qui ont faim et ils vous demandent : 'Dites-nous, pontifes, que vient faire cet or au mors de vos chevaux ? Lorsque le froid et la faim nous tourmentent, que nous font ces habits de rechange suspendus dans les garde-robes ou soigneusement pliés dans les besaces ? C'est notre bien que vous dissipez, et ce que vous dépensez nous est volé ! ' »

Et cependant, cette voix reste toujours celle d'un fils aimant de sa mère l'Église : c'est celle de BERNARD de Clairvaux. Né en 1091, près de Dijon, il fut d'abord moine à Cîteaux, l'austère abbaye fondée en 1098 par saint ROBERT en réaction contre la richesse de Cluny. En 1115, Bernard fonde l'abbaye de Clairvaux. Bernard a été associé à toute la vie religieuse et sociale de son temps : réformateur monastique, prédicateur de la croisade, conseiller des papes et des rois, grand manieur de foules, le père abbé de Clairvaux a su faire entendre à tous la parole de justice. Bernard resta avant tout un contemplatif connu pour sa tendre dévotion à la Vierge Marie et pour son énergie de fondateur.

L'ordre de Cîteaux se développa au XIIe siècle de manière considérable. L'Europe occidentale se couvrit d'abbayes cisterciennes qui vivaient dans la prière et la pénitence et défrichaient des terres abandonnées. Cîteaux imposa un style d'architecture austère et, de bonne heure, les moines architectes adoptèrent l'ogive dont la diffusion en Europe semble pouvoir leur être attribuée.

Pendant ce temps, en Orient, l'Islam avançait ses conquêtes. Jérusalem, la ville sainte, le tombeau du Christ venaient de tomber aux mains de l'Islam. Depuis l'an 1000, les chrétiens avaient l'espoir que le retour du Christ aurait lieu à Jérusalem, et leur foi les poussait dans ce pèlerinage qui, étant donné les conditions de voyage de l'époque, ne pouvait qu'être très dur. Ce n'était pas du tourisme. Peu à peu, l'idée d'une guerre sainte contre les musulmans chemine en Occident. Lors de son voyage en France, le Pape Urbain II réunit le concile de Clermont, en 1095, où fut décidée la première croisade.

Quatre armées se formèrent, alimentées par toute la féodalité occidentale et la chevalerie française. Leur signe de ralliement était la croix (qui a donné le mot croisade). En 1099, Jérusalem tombait aux mains des Croisés.

C'est Bernard lui-même qui, en 1146, à Vézelay, prêcha la seconde croisade. La tradition a retenu le nombre de huit croisades, mais certaines ne furent que des razzias ou de tristes opérations de pillage et de mise à sac. A côté de la générosité de Pierre l'Ermite, un moine picard qui conduisit une croisade du peuple, il y eut les calculs, les bénéfices, les intérêts et les profits des Vénitiens. A côté de saint Louis, il y eut le commerce des Gênois et leurs trafics d'armes. A côté de l'enthousiasme de milliers de jeunes de France et d'Allemagne qui s'embarquèrent en 1212 pour la croisade (croisade des enfants), il y a les navigateurs qui les vendent sur le marché d'esclaves à Alexandrie.

Pour faire face à la guerre, l'Église dut créer de nouveaux impôts ; les papes se lièrent un peu plus à l'argent. La guerre n'est jamais belle,

XIᵉ-XIIᵉ SIÈCLE

même quand elle est sainte. Mais les croisades feront aussi naître des moines chevaliers et des hospitaliers pour accueillir les pèlerins pauvres : Chevaliers du Temple ou Hospitaliers de Saint-Jean de Jérusalem. RAYMOND DE PENYAFORT et PIERRE NOLASQUE, de leur côté, fondèrent l'ordre de Notre-Dame de la Merci pour répondre à la grande misère des prisonniers chrétiens tombés entre les mains des musulmans.

Après l'échec des croisades, le monde turc se referma sur les lieux saints et la brisure fut encore plus grande entre Rome et les Églises orientales.

A cela s'est ajouté le conflit entre le pape Alexandre III et l'empereur Frédéric Barberousse, « deux glaives » dressés l'un contre l'autre. En 1179, le pape convoque le IIIᵉ Concile du Latran qui renforce ses pouvoirs en entérinant la paix entre l'empereur et lui. Le « népotisme » s'installe à Rome : c'est ainsi que seront désignés le pouvoir abusif et la faveur excessive que certains papes accordaient à leurs parents, et en particulier à leurs neveux.

L'autorité du pape ne tarda pas à devoir s'exercer avec l'affaire de THOMAS BECKET qui était l'ami de Henri II Plantagenet, roi d'Angleterre. Devenu archevêque de Cantorbéry, Thomas Becket refusa de se plier à la politique du roi, son ami, qui voulait limiter la juridiction ecclésiastique et les possibilités d'en appeler à Rome. Cela coûta la vie à l'archevêque. Ce fut le meurtre dans la cathédrale où Thomas Becket fut assassiné par les glaives des chevaliers du roi en 1170. Henri II dut se soumettre à une dure pénitence publique. Nul ne pouvait plus braver l'autorité du pape. L'Occident entrait en chrétienté.

En 1291, la conquête par les musulmans de Saint-Jean-d'Acre, la dernière forteresse aux mains des chrétiens, marque la fin du temps des croisades.

LA CHRÉTIENTÉ

(XIIᵉ-XIIIᵉ siècle)

Le temps des croisades est lié au nom de LOUIS IX, roi de France. Il fut la plus haute figure de ce XIIIᵉ siècle. « Fontaine de justice », il vécut son difficile métier de roi à la lumière de l'Évangile. C'est au nom de cette fidélité qu'il rendait à Vincennes une justice bonne et loyale. C'est ce sens supérieur de la justice qui devait régler ses relations internationales et qui lui fit entreprendre une croisade pour délivrer le tombeau du Christ de la domination des infidèles. En hommage au lieu de son baptême, en 1214, il s'appelait lui-même « Louis de Poissy », et son sens de l'Église lui fit favoriser la vie monastique dans le royaume. Chaque nouvelle abbaye servait autant le rayonnement de la foi que le développement économique de la France rurale. Louis ne trouva pas la sainteté malgré ses charges de chef d'État, mais il la chercha et la vécut au cœur même de ses responsabilités politiques. Après sa victoire sur les Anglais à Taillebourg, il décida de rendre au roi d'Angleterre les provinces françaises du sud-ouest, que sa victoire venait justement de lui permettre de réoccuper. Ce fut de l'indignation. Pour Louis, c'était un acte mûri dans la confrontation de l'Évangile et du politique. Ce qui apparaissait d'abord comme une folie s'est d'ailleurs avéré par la suite politiquement juste. Saint Louis eut le sentiment de l'unité de la règle morale s'appliquant aussi bien aux sujets qu'aux rois et aux États. Il considérait le métier de roi comme celui de « ministre de Dieu ».

« Cet homme pur de cœur et de corps », disait de lui Innocent IV, est lié à la silhouette de la Sainte-Chapelle qu'il fit construire pour accueillir à Paris les reliques de la couronne d'épines qu'il ramenait de Terre Sainte. Le gothique identifié souvent avec le style de la chrétienté doit beaucoup à saint Louis.

L'Europe se couvre de cathédrales. La paix des cathédrales reflète la paix de Dieu. Tout y est ordre et harmonie. L'histoire des hommes s'inscrit dans l'histoire du Christ. Le monde est alors comme un enfant, sa vie est toute simple, rythmée par les saisons, les jours et les nuits, les labours et les semailles, les vendanges et les moissons. Le peuple de Dieu découvre ce monde comme on ouvre un livre et il apprend à y lire Dieu. Il n'y a alors ni vacances, ni congés payés, mais de nombreuses fêtes viennent rompre la dureté du travail : la fête du saint patron, la fête des semailles, celle de la moisson et la kermesse. Toute l'activité humaine est ainsi sanctifiée, célébrée dans la foi.

Peu à peu, les États nationaux prennent conscience d'eux-mêmes. Les cathédrales témoignent de l'éveil des villes. Les « communes » remplacent le château. Les chartes abolissent le servage, les corvées et toutes les servitudes qui ne se comprenaient que dans le domaine rural. En même temps que la ville s'entoure de remparts, le vieux lien de « la foi jurée » qui unissait le seigneur et son vassal est remplacé par « le serment » de solidarité de la commune. Peu à peu le commerce, la route, la navigation et la banque prennent leur revanche sur la terre. La dignité du travail est proclamée, et sa sainteté est confirmée par des lois et vécue par les corporations dont chacune se range sous la bannière d'un saint.

Les patrons des corporations

JEAN BAPTISTE prend une place considérable, les tailleurs et les travailleurs du cuir le choisissent comme patron à cause du vêtement de peau de bête dont il était vêtu. Les travailleurs de la laine aussi puisque c'est le Baptiste qui désigna l'Agneau de Dieu ; les prisonniers à cause de sa captivité, les couteliers à cause de sa tête tranchée, sans compter les chanteurs et les musiciens puisque les notes de la gamme ont été empruntées aux premières syllabes de l'hymne de saint Jean Baptiste.

GEORGES, dont le culte fut répandu par les croisés, fut choisi par Richard Cœur de Lion comme patron de l'Angleterre. Les avocats et les gens de justice en appelèrent à saint YVES, curé, juge et avocat en Bretagne ; les dentellières et les couturières se rangèrent sous la protection de sainte ANNE, mère de la Vierge Marie ; les cuisiniers sous celle de saint LAURENT, martyr sur le gril. Saint FIACRE, ermite, patronna les jardiniers ; saint ARNOUL, chevalier, puis évêque, les brasseurs ; saint EUSTACHE, martyr, les chasseurs et les forestiers ; saint CRÉPIN, martyr, les cordonniers ; saint WINNOC, moine, les meuniers ; sainte BARBE, martyre, les artilleurs et les mineurs, et saint NICOLAS, évêque et annonciateur de la parole de Dieu, les écoliers, les tonneliers et les marins d'eau douce.

Ainsi chaque corporation avait-elle sa fête chômée où elle célébrait son saint patron. Chacun voulut avoir son saint protecteur : les amoureux choisirent saint VALENTIN, évêque ; les voyageurs saint CHRISTOPHE, martyr, et les prisonniers saint LÉONARD, ermite. Des lieux, des villes et des villages se réclamaient d'un saint ou d'une sainte : Sainte-FOY, martyre, Saint-FLOUR, Saint-FLORENTIN ou Saint-AMOUR, ermite, qui donna Rocamadour. Saint BLAISE, évêque, était prié pour les maux de gorge ; saint DONAT, évêque, contre les orages, ou saint MATHURIN pour les fous.

C'était la chrétienté : l'Église et le monde se compénétraient dans toutes leurs structures. Les principes chrétiens revendiquaient d'inspirer toutes les réalités temporelles. Le royaume de la terre est une préfiguration du royaume du ciel. Les saints comptaient les jours. Saint

MÉDARD craignait la pluie le jour de sa fête ; à la Sainte-LUCE, les jours augmentaient ; la Saint-MICHEL était jour de foire où se fixaient les fermages et les embauches.

Le peuple de Dieu, cherchant le nouveau visage de sa foi, entreprend de longs pèlerinages aux lieux saints : à Rome, aux tombeaux de Pierre et de Paul, ou à Compostelle depuis que les lieux saints sont aux mains des infidèles. Pendant des siècles, les chemins de Saint-Jacques ont remplacé le pèlerinage à Jérusalem. Comme de nouvelles preuves de la foi, les pèlerins rapportent des reliques où la piété se mêle à l'imagination, au désir de croire et au commerce.

Les saints qu'on honorait n'avaient pas forcément tous les labels de l'histoire, mais la dévotion populaire mêlée à la foi qui s'y est attachée pendant des siècles leur ont donné comme une seconde naissance plus vraie que la première. Le peuple élisait ses saints. Certains n'ont peut-être jamais existé, mais ils ont vécu une telle présence dans la conscience du peuple de Dieu que ceci est aussi une histoire sainte.

Les mendiants

Mais dans cette société chrétienne, le goût de l'argent, la passion des honneurs, prix nécessaire du pouvoir, envahissaient l'Église... En réponse à ces plaies du temps, l'Esprit de Dieu suscita FRANÇOIS D'ASSISE, « les Frères Mineurs » (Franciscains), et les ordres mendiants.

François, né en 1181 à Assise, fils d'un drapier aisé, choisit en 1208 la plus grande pauvreté possible et l'annonce itinérante de l'Évangile. Les saints viennent toujours comme des signes de contradiction révéler les blessures profondes d'une époque en réveillant le désir. En un siècle où l'argent avait tous les droits, François donna la parole à Dame Pauvreté ; il vécut cette folie de Jésus Christ en Ombrie (Italie), un pays lumineux. En 1226, il devait mourir sur la terre nue en chantant le psaume 141 : « Toi, Dieu, tu es ma maison et ma part de terre. » Son humilité lui avait fait refuser le sacerdoce : François d'Assise était diacre. Les frères de saint François, à l'origine, étaient une fraternité de laïcs, préoccupés avant tout de l'imitation parfaite de l'Évangile dans la pauvreté. Ils vivaient souvent en ermites. Petit à petit, ils reçurent une organisation plus stricte et devinrent un corps sacerdotal alliant les observances monastiques, la prédication et l'apostolat missionnaire. François fut le cri de joie d'un homme entièrement dépouillé qui, au moment où il connaissait dans son corps la passion du Christ, écrivit le Cantique du Soleil.

En 1212, CLAIRE, originaire d'Assise, se consacra au Christ à 18 ans entre les mains de saint François, et c'est sur ses conseils qu'elle constitua à son tour l'ordre des Pauvres Dames, ou Clarisses.

Tandis que François fondait les Frères Mineurs, DOMINIQUE, originaire d'Espagne, fondait en 1215, près de Toulouse, l'ordre des Frères Prêcheurs ou Dominicains, afin de lutter efficacement contre l'hérésie des Albigeois, qui ravageait le midi de la France. Bien convaincu que les causes profondes de l'hérésie étaient l'ignorance du peuple chrétien et la trop grande richesse du clergé, ses armes préférées furent une science très sûre de la doctrine de la foi et une longue contemplation de la parole de Dieu. Les Dominicains se répandirent très vite en Europe. « Le grain pourrit quand on l'enterre, disait Dominique, il porte du fruit quand on le sème. »

L'Europe est en train de changer, les cathédrales sont les œuvres d'un peuple, les chartes garantissent les droits des communes, les corporations lient la solidarité, les croisades traduisent l'élan d'une foule, mendiants et prêcheurs témoignent d'un ordre neuf.

Les intellectuels

L'école elle-même sort des monastères pour pratiquer la libre discussion autour des maîtres : c'est l'Université ou association des maîtres et des élèves. Paris devient «la très noble cité de toute vie de l'esprit». Ainsi, à la fin du XIIIe siècle, l'Église possédera le même langage architectural, la même expression d'une foi commune, une unité morale et un même moule pour la pensée chrétienne : le thomisme. D'abord ce fut ALBERT LE GRAND, jeune seigneur allemand qui se sentait aussi bien chez lui à Padoue où il entendit l'appel à la vie dominicaine, qu'à Paris où il étudia la théologie, qu'à Cologne où il enseigna et dont il devint l'évêque. Cette charge lui pesant trop, il demanda à en être déchargé au bout de deux ans. Tandis qu'il enseignait à Paris, il poursuivit le grand dessein de rendre Aristote compréhensible, soucieux d'éviter une coupure entre la sagesse et la foi chrétienne. Il mourut en 1280.

Suivant le chemin frayé par son maître, THOMAS D'AQUIN voulut bâtir la synthèse théologique des vérités révélées et la synthèse philosophique des vérités accessibles à la raison : ce sont les deux Sommes de saint Thomas. Cet Italien avait étudié à Naples, à Cologne et à Paris, où il enseigna de 1256 à 1261 et de 1269 à 1272. La vie même de Thomas fut dans la douceur, l'humilité et la fidélité aux tâches quotidiennes. On l'appelait « le Docteur angélique », l'illustration vivante de ce double appétit de l'esprit et du cœur.

Dans le même temps, le sens missionnaire de l'Église se précise et s'affirme ; il lui faut se dégager de l'argument de la force et des armes. François d'Assise s'en va chez le Sultan du Maroc en 1219 et obtient l'autorisation de prêcher en terre d'Islam ; d'autres partent vers l'Asie et l'Afrique.

ANTOINE DE PADOUE, originaire du Portugal, entré chez les Franciscains qui lui confièrent la prédication populaire, connut vite un grand succès au Maroc, en Italie, en France où il séjourna quelque temps à Brive, et enfin à Padoue où il mourut brusquement à la fin d'un carême qui avait bouleversé la région, en 1231. Il avait 36 ans. Autrefois Padoue s'appelait Pave, entre « Pave » et « épaves » le jeu de mot a suffi à faire de saint Antoine celui qu'on invoque pour retrouver les épaves, c'est-à-dire les objets perdus.

Ainsi en ce XIIIe siècle, toutes les forces de la nature et la grâce vont-elles tenter de participer à la construction d'un système de pensée chrétienne. Cependant ce siècle n'était pas mort que déjà l'homme était tenté de dissocier le monde de la nature du monde de la grâce. Ce même monde où tout paraît si simple ne va pas tarder à être secoué jusqu'au fond de lui-même.

LE TEMPS DES GRANDES PEURS

(XIVe-XVe siècle)

C'est la voix pathétique de Dante qui retentit.

La « Divine Comédie » est une protestation de l'unité de la chrétienté menacée par le luxe, le lucre, le trafic et la médiocrité. En 1339, commence la guerre de cent ans entre la France et l'Angleterre. En 1348, la Peste noire sème la terreur en Europe et tue le tiers à peu près de la population. En Alsace et en Autriche, des milliers de Juifs sont massacrés.

XIVᵉ-XVᵉ SIÈCLE

Les mystiques

Alors, autour des années 1350, une grande clameur se lève partout en Europe.

Des groupes de moines en haillons se dressèrent spontanément, réclamant l'absolu de l'Évangile et le dépouillement total. Mystiques voisins de la sorcellerie, ils parcouraient une Europe angoissée : Frères du Libre-Esprit, Fraticelles, Bégards, flagellants et pénitents.

Cependant, dans la paix des couvents nordiques, aux Pays-Bas et en Rhénanie, se développa un courant mystique qui n'était pas angoisse. L'ordre de saint Dominique y contribua beaucoup avec Maître Eckart qui fut au cœur de cet immense mouvement. Professeur de théologie à Paris, Strasbourg et Cologne à partir de 1311, il invitait ses disciples à se faire « amis de Dieu ». Au premier rang de ceux-ci fut Jean Tauler, dominicain prédicateur à Strasbourg (mort en 1361); mais aussi Henri Suso, dominicain à Constance et à Ulm (mort en 1366); et JAN VAN RUYSBROEK, auteur des « Noces spirituelles », prêtre et chanoine près de Bruxelles (mort en 1381). Eckart écrivit en bas-allemand, Dante en toscan, Oresme en français, Ruysbroek en moyen-néerlandais.

Le monde changeait : la littérature avait perdu son latin. La laïcisation venait de commencer. Elle trouve son expression politique avec Philippe le Bel, petit-fils de saint Louis, roi de France de 1285 à 1314. Il combattit vigoureusement la suprématie temporelle du pape. Le roi s'appuya sur des légistes spécialistes du droit romain, ce vieux droit antique qui — et pour cause — ne faisait aucune place à l'Église dans l'État... puisque l'Église n'existait pas à l'époque où il fut élaboré !

A la mort du pape Boniface VIII, la lutte entre les Caetani, la famille du pape défunt, et les Colonna, une autre famille intrigante, oblige le nouveau pape Benoît XI à se réfugier à Pérouse. Son successeur, Clément V, se dirigea vers Avignon et y demeura. De 1309 à 1377, Avignon devint le siège de la papauté. Ce fut « la captivité de Babylone » de l'Église. La papauté devait rester absente de Rome pendant cent vingt-deux ans.

A peine rentrée à Rome, la papauté se déchira. Urbain VI invectivant les cardinaux coupables à ses yeux de vivre en princes fastueux vit son élection invalidée par le « parti français » et fut remplacé par Clément VII. L'Église avait deux papes. Vaincu par les armes, Clément VII se retira en Avignon. Le grand schisme d'Occident commençait ; il devait durer de 1378 à 1429. L'Église était déchirée. De partout prières, processions, complaintes criaient la souffrance des chrétiens. Pour tenter de mettre tout le monde d'accord un troisième pape est élu à Pise, mais les deux premiers refusèrent de démissionner. Un concile, réuni à Constance, tenta de faire du concile une institution régulière de l'Église et une instance de contrôle du pape.

Plus qu'un concile de l'Église, le concile de Constance de 1414 à 1418 préfigura peut-être une première assemblée des Nations. Ce sont les royaumes qui tentèrent d'unir leurs efforts pour reconstituer l'unité ecclésiale. Le concile de Constance dépose les trois papes, élit Martin V et décrète qu'il doit obéissance au concile. Les autres papes continuent de se réclamer de leur bon droit. De concile de Pavie en concile de Florence, de concile de Sienne en concile de Ferrare, des papes continuaient d'errer sur les chemins de l'Europe sans que plus personne ne sache quel était le vrai. Finalement, en 1439, le concile de Bâle dépose Eugène IV et élit Félix V. Celui-ci, se sentant isolé, démissionne. En 1449, le concile élit Nicolas V, par une opération purement formelle puisque Nicolas V est déjà pape. Cependant lorsque s'ouvrit le jubilé de 1450 et que la foule des pèlerins acclamait Nicolas V, le pape retrouvé, le premier pape de la Renaissance, rien n'avait été réglé. La paix n'était pas faite avec l'Église d'Orient ; au contraire, la cassure s'était élargie encore. Aucune réforme n'avait été opérée à l'intérieur de l'Église, et de plus en plus les Églises nationales n'en faisaient qu'à leur tête. Le temps était aux princes.

En Bohème, la haine que les Tchèques éprouvaient à l'égard des Allemands qui les envahissaient se reporta sur l'Église romaine qu'ils considérèrent comme complice. C'est alors que Jean Hus prit la parole à Prague. Sa prédication évangélique colorée d'esprit révolutionnaire touche profondément les petites gens. Condamné par le concile de Constance et livré au bûcher en 1415, Jean Hus fut considéré par les siens comme un martyr.

En France, les interventions de Jean Gerson et Pierre d'Ailly aboutissent en 1438 à la Pragmatique Sanction de Bourges qui réglait unilatéralement les rapports du Saint-Siège et de l'Église de France en renforçant l'autorité royale et le courant de « gallicanisme », cette doctrine à la fois politique et religieuse qui affirme les droits de l'Église nationale de France par rapport à Rome. La Pragmatique sera en fait, et jusqu'en 1789, la charte de l'Église gallicane.

Ainsi à l'idéal de saint Louis se substituaient Machiavel, les Médicis et Louis XI. Les hommes de ce temps avaient peur : les guerres, les épidémies, l'atroce peste noire de 1348, la misère, le brigandage, la révolte des pauvres sont un face à face quotidien avec la mort. Alors tournèrent les danses macabres, les « mystères » dérivant des « passions ». La dévotion populaire se retrouva dans les chemins de croix, les Christs de pitié et les Vierges de douleurs. Le gothique devint flamboyant.

Une floraison de saints et de saintes se leva comme si justement la sainteté ne poussait bien que dans les déserts. Le franciscain JEAN DE CAPISTRAN souleva les foules et les entraîna dans une croisade contre les Turcs. BERNARDIN DE SIENNE, un autre franciscain, développa l'habitude de graver, de peindre ou de broder le sigle IHS, premières lettres des mots latins signifiant « Jésus Sauveur des Hommes ». FRANÇOIS DE PAULE fonda l'ordre des Minimes. VINCENT FERRIER, un dominicain, parcourut l'Espagne, l'Italie et la France, annonçant partout que le royaume de Dieu était proche. Les « missions » à l'intérieur étaient nées.

Contemplatives et actives

Mais ce temps fut surtout un siècle de saintes. Comme si les hommes étant à leurs querelles, les femmes avaient pris le relais de l'Évangile. COLETTE DE CORBIE qui ne fut pas étrangère à la spiritualité dont vécut Jeanne d'Arc; BRIGITTE DE SUÈDE qui, d'accord avec son mari, se retira au monastère, travailla à la réforme de l'Église et reçut des révélations sur la passion du Seigneur. CATHERINE DE SIENNE, entrée dans le tiers-ordre dominicain, et à qui Dieu confia le soin de ramener les papes à Rome. Elle n'eut pas peur de crier au pape ses quatre vérités et travailla avec passion à la sainteté du clergé : cette femme est docteur de l'Église. FRANÇOISE ROMAINE qui se retrouva très à l'aise, aussi bien dans ses responsabilités d'épouse, de mère de famille — elle avait trois enfants — que dans sa grande expérience mystique. ANGÈLE DE FOLIGNO, elle aussi une mystique. Sans oublier celle qui, en France, est la plus connue : JEANNE D'ARC, qui manifeste l'intervention de Dieu au cœur de cette grande pitié qu'était pour la France la guerre de cent ans.

Destinée étrange que celle de l'humble paysanne lorraine, devenue malgré elle chef de guerre par amour pour son pays en détresse, vivant dans la familiarité de Dieu et des saints, hardie dans ses projets, mais tendre et accueillante à tous, même à ses ennemis, restant pure et vivant sa foi dans l'atmosphère des corps de garde. De Domremy où elle naquit à Orléans qu'elle délivra, d'Orléans à Reims où elle fit sacrer roi le dauphin Charles VII, de Reims à Compiègne où elle fut livrée à l'ennemi, de Compiègne à Rouen où elle fut jugée dans une parodie de procès, un seul amour la guide : « Jésus, Maria » qu'elle fit broder sur son étendard. Elle fut brûlée vive à Rouen en 1431.

Jeanne d'Arc fut guidée au long de son épopée par sainte MARGUERITE, dont la légende devint prière dans le cœur de Jeanne, saint MICHEL l'archange de la lutte contre le mal et sainte CATHERINE, elle aussi martyre légendaire, mais qui fut l'objet d'une grande dévotion tout au long du Moyen Âge.

Alors un moine secoue Florence de ses sermons en feu, Savonarole : « Dans les premiers temps de l'Église, les calices étaient en bois et les prélats en or ; aujourd'hui, l'Église a des calices d'or et des prélats de bois... » Le moine blanc impose à la capitale des Médicis une véritable dictature de la pénitence. Mais ses excès ne tardèrent pas à le conduire à l'excommunication avant de le mener au bûcher, en 1498.

De 1492 à 1503, suivant en cela l'exemple d'Innocent VIII son prédécesseur, le pape Alexandre VI marie ses enfants naturels à des princes afin d'étendre les États pontificaux. Il était temps que la vieille Église retrouve son Évangile. On comprend pourquoi l'esprit des chrétiens était hanté par l'idée de réforme.

LA RENAISSANCE ET LA RÉFORME

(XVᵉ-XVIᵉ siècle)

Dans la seconde moitié du XVᵉ siècle, un monde nouveau naît. Passionnément, il vient de redécouvrir l'univers antique, il rêve de Platon, médite Cicéron, plagie Plotin, emprunte aux Grecs et aux Latins leurs idées, leurs images et leurs mythes ; un nouvel humanisme est en train de naître : c'est la Renaissance. Elle naît en Italie un siècle en avance sur le reste de l'Europe. Pétrarque, le grand humaniste italien, vécut de 1304 à 1374. Rome consacre alors plus de temps à se refaire une beauté qu'à se refaire une âme. Ses voisines sont encore toutes dévorées par la guerre.

Ainsi, dans un cadre encore chrétien, se développent des pensées et des attitudes pratiquement païennes. Ce monde chrétien par tradition engendre notre monde moderne et laïque. Pour la première fois, l'Église est confrontée non plus à des hommes d'une religion païenne, mais à des athées. C'est la première rencontre de la foi et de l'incroyance. L'émancipation des esprits fait de rapides progrès, les sciences revendiquent leur autonomie, les valeurs de la vie profane sont exaltées...

C'est la Florence des Médicis, la Rome des Papes, Paris et son Collège de France. Avec l'invention de l'imprimerie en 1450 par Gutenberg, la culture circule plus vite et cesse d'être la spécialité des clercs. La Bible est traduite et multipliée.

Malheureusement l'Église n'est pas en état de répondre aux interrogations de ce temps. Certes, elle ouvre toutes grandes ses portes à la culture nouvelle, trop facilement peut-être, car elle se laisse prendre au jeu et laisse assimiler sa grandeur à celle d'un royaume terrestre : à la grande réforme humaniste, elle n'a pas su correspondre par une égale réforme spirituelle. Les États européens prennent de plus en plus de consistance : Angleterre, France, Espagne, Portugal, Autriche s'affrontent désormais sans cesse ; on ne peut plus parler d'unité de la chrétienté. François Ier s'affirme comme souverain face au pape, auquel il impose en 1516 un Concordat : désormais le pape ne fera que confirmer les évêques et les abbés nommés par le roi de France. Ces postes vont être confiés à des courtisans qui ne se soucient guère de leur responsabilité religieuse. En particulier, des protégés du roi reçoivent comme cadeau, « en commende », des abbayes auxquelles ils ne s'intéressent que pour en toucher les revenus. Et à l'extérieur, ce même François Ier n'hésite pas à conclure un traité avec les Turcs musulmans, qui pourtant venaient de conquérir la Hongrie et avaient failli prendre Vienne.

La papauté n'avait pourtant pas perdu tout prestige. Au moment où Espagnols et Portugais découvrent le « nouveau monde » des « Indes occidentales » (l'Amérique du Sud), c'est Alexandre VI qui les départagea en délimitant les zones de leur influence respective.

Mais l'Église alors se tourne plus vers ses palais que vers la pauvreté. Certes il n'est pas sans grandeur que l'Église ait assumé cet épanouissement de tous les arts. Ses églises, ses costumes, ses fastes, ses mœurs mêmes sont bien de leur temps ; mais ainsi résolue à accompagner l'homme sur sa nouvelle route, elle n'a peut-être pas su l'aider à inventer pour son temps le nouveau sens de sa foi.

La foi pourtant ne manque pas. JEANNE DE FRANCE en est un témoin. Fille de Louis XI, épouse de Louis XII qui la répudie, elle se retire à Bourges où elle fonde l'ordre des Annonciades.

Et cet humanisme en plein foisonnement est encore bien un humanisme chrétien avec l'extraordinaire Pic de la Mirandole, l'italien Ficin, le cardinal allemand Nicolas de Cuse qui dépassa l'explication littérale de la Bible, Jean Reuchlin, un autre Allemand initiateur de l'étude de l'hébreu, ou John Colet en Angleterre. Mais c'est au génial hollandais Erasme qu'il est donné de proposer l'humanisme chrétien comme programme de rénovation à l'Europe entière.

Pendant ce temps, les papes sont devenus des princes séculiers. Pour faire face à leurs besoins d'argent, ils vendent les emplois d'Église aux plus offrants ; on voit des cardinaux de treize ans et des conclaves devenus des marchés aux affaires. En augmentant les taxes, les décimes et les impôts, les papes se rendent de jour en jour plus odieux dans l'Europe entière. Entre les Pazzi et les Borgia, le pape Jules II est l'homme fort. Ce chef d'armée est un mécène intelligent. Rome voit alors Michel-Ange travaillant à son Jugement dernier ; Bramante commence le chantier d'où jaillira Saint-Pierre, et Raphaël décore la chambre de la Signature. Pour financer la construction de Saint-Pierre de Rome, Jules II, en 1506, proclame une indulgence, c'est-à-dire une possibilité d'acquérir une remise des peines dues aux péchés après leur pardon. Il convoque le Ve concile du Latran qui, entièrement composé d'évêques italiens tous à la dévotion du pape, ne soulève même pas la question de la réforme de l'Église.

Bien sûr, la Bibliothèque vaticane contient 3.500 volumes, Botticelli et le Pérugin sont à Rome, le Vatican est un palais, la chapelle Sixtine une merveille, mais lorsque les Pères du concile se séparent, il ne se passe que sept mois avant le 31 octobre 1517 ; ce jour-là, à la porte du château de Wittenberg, Martin Luther affiche ses quatre-vingt-quinze thèses contre les abus auxquels donnaient lieu les indulgences.

En 1517, tel un marchand ambulant, le dominicain Tetzel, délégué de l'archevêque électeur Albert de Brandebourg, prêche une indulgence dont les revenus doivent servir à financer l'achèvement de Saint-Pierre de Rome. Les florins tombent en abondance dans les caisses de Tetzel, car il affirmait, en les tarifant, que les indulgences en faveur des âmes du purgatoire sont efficaces indépendamment de l'état de grâce et qu'elles s'appliquent automatiquement. C'est alors que Martin Luther, moine augustin allemand, professeur de théologie à l'université de Wittenberg, utilisant un procédé très courant dans le monde universitaire de l'époque, prend publiquement position contre les indulgences. Convoqué à Augsbourg en 1518, devant le cardinal Cajetan, légat du pape, Luther refuse de renoncer à ses doctrines.

Dans les thèses affichées par Luther, on pouvait lire : « Il faut exhorter les fidèles à entrer au ciel par beaucoup de tribulations plutôt que de se reposer sur la sécurité d'une fausse paix... » La vraie paix, ce moine tourmenté l'a trouvée justement dans la lecture de la Bible à qui il reconnaît la seule autorité. C'est grâce à la Bible qu'il répond à la question de savoir comment Dieu peut être à la fois miséricordieux et juste. En 1512, commentant l'épitre aux Romains, il disait : « Le chrétien se sait toujours pécheur, toujours juste et toujours repentant. »

Ainsi, c'est dans la miséricorde que naît la Réforme. Luther prétend que l'Église n'a qu'un chef : le Christ. Dénoncé à Rome, condamné par les universités de Paris, de Cologne et de Louvain, sommé de se soumettre à Rome, Luther est excommunié en 1520. Il réplique par un « appel à tous les chrétiens » qui oppose le sacerdoce universel des baptisés aux prétentions dominatrices de Rome, rappelant que « la vraie réformation » doit se faire dans le cœur de l'homme.

C'est la Confession d'Augsbourg, en 1530 qui forme la base de la doctrine luthérienne. A la mort de Luther en 1546, la chrétienté a changé d'autant plus que la réforme luthérienne venait à point pour être utilisée par les ambitions politiques des princes allemands.

A la seconde diète de Spire, en 1529, les princes de Saxe, de Brunswick, de Brandebourg signent une « protestation » pour défendre la réforme de Luther, et qui est à l'origine du nom : « protestant ».

Beaucoup plus tard, Newman écrira : « Il est impossible que le protestantisme dure depuis trois cents ans sans une grande vérité ou une grande part de vérité. »

Victimes des luttes fratricides

Pendant ce temps, Genève devient le champ d'expérience d'un laïc, Calvin, né à Noyon en 1509, qui réclame une Église prêchant la parole de Dieu et un État qui fasse régner l'ordre. Après Wittenberg et Zurich, Genève en 1536 devient ainsi le troisième centre de la Réformation. Le protestantisme entre en France par les milieux d'artisans et de marchands avant de gagner la noblesse. Il atteint aussi les Pays-Bas. En Angleterre, le roi Henry VIII, n'ayant pu obtenir son divorce du pape, entraîne dans le schisme, en 1534, l'Église de son royaume. THOMAS MORE, chancelier du royaume, et JOHN FISHER, cardinal, évêque de Rochester, avec beaucoup d'autres, paient de leur vie leur fidélité à Rome. Par une seconde réforme, le successeur d'Henry VIII,

Edouard VI, oriente le schisme vers le calvinisme. Trois « bills » votés en 1559 affirment la suprématie totale de la couronne anglaise sur l'Église.

Quand Calvin meurt à Genève en 1564, il a, en fait, fondé une civilisation. Mais pour des siècles, protestants et catholiques deviennent des frères ennemis. Entre eux les cadavres ne tardent pas à s'amonceler. Le massacre dit de « la Saint-Barthélemy » a lieu dans la nuit du 24 août 1572.

Dix-sept ans plus tard, c'est un prince protestant, Henri de Navarre, qui devient roi de France. Il doit pour cela se convertir au catholicisme, mais il prend en 1598 une décision surprenante pour l'époque : par l'édit de Nantes, Henri IV donne aux protestants un statut officiel dans la France catholique. C'est reconnaître la division comme un fait acquis, mais c'est un espoir de paix.

En 1556, Charles-Quint, empereur, avait démissionné, n'ayant pas réussi à reconstituer l'unité de la foi et à assurer l'avenir de l'empire chrétien qui lui était confié. Certes les rois et les princes accordent encore un certain intérêt aux sentiments religieux de leurs sujets, mais ce sont désormais la loi des marchés et les lois économiques qui préparent une nouvelle conception de l'État.

LA CONTRE-RÉFORME OU LA RÉFORME CATHOLIQUE

(XVIᵉ-XVIIᵉ siècle)

Vint Paul III en 1534. Ce pape de la Renaissance, prince Farnèse, avait dû son avancement à sa sœur, maîtresse du futur Alexandre VI. Ayant eu lui-même quatre enfants et pratiquant le « népotisme » en plaçant sa famille aux postes clés des nations, il interdit pourtant, sous peine d'excommunication, l'esclavage dans le Nouveau Monde, trouvant aux Indiens une âme aussi immortelle que celle des Blancs. Il eut un pontificat décisif en mettant sa ténacité à promouvoir une réforme que, de pape en pape, on remettait toujours au lendemain.

Après bien des reports et des avatars, Paul III réunit un concile à Trente (Italie du nord) en 1545. Le concile de Trente conduisit parallèlement la définition des dogmes catholiques et la réforme de l'Église. Il dura 18 ans et définit que les traditions apostoliques devaient être acceptées avec le même respect que l'Écriture. La « Vulgate », traduction latine de la Bible par saint Jérôme, servira de référence. La doctrine catholique sur la justification est précisée en insistant sur la collaboration de la volonté humaine avec la grâce sanctifiante.

En 1551, Jules III, le nouveau pape, reprit les travaux interrompus : la transsubstantiation est définie, l'extrême-onction est déclarée sacrement, la confession orale est proclamée nécessaire. Les problèmes de « la commende » (voir p. 675) sont enfin abordés, ainsi que celui du costume clérical.

Pie IV, en 1562, convoque de nouveau les Pères du concile à Trente. Ils adoptent une « réforme » en quarante-deux articles, définissant la nomination et le devoir des cardinaux, l'organisation des synodes et des séminaires diocésains, les réformes monastiques, les conditions de validité du mariage, le purgatoire, les indulgences et le culte des saints.

Un catéchisme du concile de Trente fut publié, le bréviaire et le missel réformés, le calendrier et le martyrologe refondus.

Si le mot « contre-réforme » a fait fortune, c'est qu'effectivement l'Église a tenté de colmater les brèches faites par le protestantisme et de reconquérir les terres protestantes. Mais ceci ne devrait pas masquer la réelle « réforme catholique » qui inspira le concile de Trente, mais aussi tout le jaillissement et la ferveur d'un véritable printemps de la foi.

Pour la première fois depuis trois cents ans, un pape est canonisé : PIE V qui régna de 1562 à 1572 et qui s'attela à faire appliquer les décisions du concile de Trente.

Les réformateurs de l'Église

Désormais l'Église ne manqua plus de pasteurs vigoureux et fervents : THOMAS DE VILLENEUVE, évêque de Valence en Espagne, qui laisse le souvenir d'un « père des pauvres », et surtout CHARLES BORROMÉE, archevêque de Milan, qui fut l'homme du concile de Trente : réformateur du clergé par ses synodes et ses visites pastorales, restaurateur de la liturgie, promoteur de l'enseignement méthodique du catéchisme et des séminaires, il créa véritablement un style d'évêque.

Les grandes facultés de théologie deviennent des foyers de réforme et des centres de formation sacerdotale. De nouvelles sociétés religieuses prennent corps qui tentent de maintenir l'esprit monastique lié à un apostolat au cœur d'un monde en pleine mutation. Ce sont les Théatins fondés par GAÉTAN DE TIENNE et Pierre Caraffa, les Barnabites fondés par ANTOINE-MARIE ZACCARIA, les Somasques hospitaliers de JÉRÔME ÉMILIEN, les Camilliens serviteurs des infirmes, fondés par CAMILLE DE LELLIS, les Frères de la Miséricorde de JEAN DE DIEU, les clercs réguliers pour l'enseignement des enfants du peuple fondés par JOSEPH CALASANZ.

Mais c'est à IGNACE DE LOYOLA que revint de créer la plus célèbre communauté de clercs réguliers, la Compagnie de Jésus. Cet officier espagnol, né en 1491 au château de Loyola au pays basque, et rêvant d'exploits chevaleresques, découvrit un jour que Jésus méritait seul un don total ; dès lors, il orienta vers lui ses enthousiasmes et se mit à son service. Ermite à Manrèse, pèlerin en Terre Sainte, étudiant à Paris, enfin prêtre, il communiqua sa passion à d'autres étudiants. Aussitôt ses Jésuites, au service du pape, furent d'admirables artisans de la réforme catholique.

Par une méthode nouvelle, « les Exercices », Ignace a voulu mettre la méditation à la portée de tous. « Se promener, marcher, courir sont des exercices corporels ; de même, préparer l'âme à se défaire de ses défauts et régler sa vie sur la volonté de Dieu, cela s'appelle des exercices spirituels » (saint Ignace).
Les Jésuites furent confirmés dans la vocation que leur avait tracé Ignace par le pape Paul III, en 1540.

Une autre forme d'imagination pour un nouveau clergé fut celle proposée par un prêtre dont la gaieté communicative, la verve et le sens de l'humour ne faisaient qu'un avec son goût pour Dieu. A Rome, PHILIPPE NÉRI invitait des jeunes à venir partager l'Évangile dans un grenier : « l'oratoire » qui, en 1564, devait donner son nom à une nouvelle société de prêtres.

Tandis que l'antique ordre du Carmel était, comme d'autres, atteint par la décadence, une carmélite espagnole décida de réagir et à Avila, au cœur de la Castille en Espagne, fonda le premier couvent des carmélites déchaussées. THÉRÈSE D'AVILA, religieuse passionnée et si joyeuse, est une contemplative assoiffée d'être « seule avec le Seul », une mystique que le Christ honore de ses révélations et que la maladie ne quitte guère ; mais c'est aussi une femme d'action incomparable : en 1562, elle décide de fonder un nouveau monastère retrouvant l'austérité originelle du Carmel. Elle fonda de son vivant plus de vingt maisons.

C'est en réformant le Carmel que Thérèse travailla de l'intérieur à la réforme de l'Église. Femme à la mesure de son temps, elle part à la découverte du monde intérieur avec la même passion que les « conquistadors » de l'Espagne partaient pour s'emparer du continent sud-américain. Tandis que Magellan vient de découvrir le passage du sud de l'Amérique, Thérèse explore les voies de Dieu. « Mère Thérèse » devint ainsi « la Mère des spirituels », la maîtresse d'oraison des mystiques chrétiens. Elle mourut à Albe de Tormes (Castille), en 1582, d'une mort qui fut belle comme sa vie : « Il est temps de nous voir, mon bien-aimé Seigneur », disait-elle la veille au soir. En 1970, avec Catherine de Sienne, Thérèse reçut le titre de docteur de l'Église, titre qui jusqu'alors n'était attribué qu'aux hommes.

La réforme gagna aussi les Carmes. Le premier qui en prit l'habit et la règle fut JEAN DE LA CROIX. Ce pèlerin de « l'absolu », cet assoiffé de Dieu était sur le point de se faire chartreux quand la Mère Thérèse l'entraîna dans la réforme du Carmel. Ce mystique et ce poète possède la rigueur de la pensée philosophique et la précision théologique qui l'ont fait proclamer docteur de l'Église. Il avait dit : « Au soir de la vie, nous serons jugés sur l'amour... »

Alors en Italie naît l'art baroque, expression esthétique de la réforme catholique. Art d'imagination, de somptuosité, de contrastes, le baroque cherche à faire contrepoids à l'austérité voulue du protestantisme.

Mais « Réforme » et « Contre-réforme », ce fut aussi la guerre atroce entre frères, l'Évangile armé ; c'étaient les guerres de religion où chacun des camps eut ses martyrs. Inquisition, massacres, sectarismes incendièrent l'Europe ; mais heureusement la reconquête catholique usait quelquefois d'armes plus pacifiques comme, par exemple, celle des jésuites PIERRE CANISIUS, hollandais, missionnaire infatigable et audacieux en Allemagne et en Suisse, et ROBERT BELLARMIN, italien, théologien et cardinal.

Les hommes du nouveau monde

Dans le même temps, un autre jésuite, un Basque espagnol, FRANÇOIS XAVIER, un des premiers compagnons d'Ignace, débarquait à Goa. Ce fut le début d'un vaste périple qui, à partir de 1542, devait le mener à travers les Indes, Ceylan, l'Indonésie, le Japon jusqu'aux portes de la Chine. Mais pour lui : « endurer tous les labeurs pour celui-là seul pour qui nous devons les porter, voilà de grandes joies », écrivait-il.

Ainsi, dès que les progrès techniques permettent de se lancer à la découverte des « nouveaux mondes », le peuple de Dieu élargit lui aussi l'horizon de sa mission. Sur la route des épices et de la soie, l'Église embarque ses missionnaires pour que ces nouveaux hommes, que l'on découvre là-bas au bout du monde, deviennent eux aussi des hommes nouveaux dans le Christ. Pour le peuple de Dieu, voici encore le signe de Jonas. L'Amérique, l'Afrique, les Indes sont explorées et évangélisées toujours plus avant.

Au Japon déjà la persécution fait rage. PAUL MIKI et vingt-six chrétiens, jésuites, franciscains et laïcs furent condamnés à mort. Vingt-six croix furent dressées sur la « montagne sainte » de Nagasaki où ils furent crucifiés. C'est cette même Nagasaki qui, en août 1945, devait recevoir la seconde bombe atomique.

En Amérique, le dominicain Bartolomé de Las Casas se fait le défenseur des Indiens face aux colonisateurs espagnols. Le jésuite PIERRE CLAVER, lui, est l'apôtre plein de tendresse des esclaves noirs emmenés aux Amériques. Le Père Matteo Ricci se faisait « chinois parmi les Chinois », le Père de Nobili « brahme parmi les brahmes ». L'idée d'un clergé indigène n'était pas concevable dans la mentalité coloniale de l'époque. La religion chrétienne arrivait trop souvent dans les fourgons des militaires, elle faisait partie d'un système économico-social.

Dès la fin du XVIᵉ siècle, les Jésuites créèrent en Uruguay, au Paraguay et au Brésil des « réductions », des villages qu'ils dirigeaient eux-mêmes pour protéger les Indiens contre la corruption des colons espagnols ou portugais. Le problème de la rencontre originale du christianisme et des nouvelles civilisations est posé une fois de plus.

LE GRAND SIÈCLE

(XVIIᵉ siècle)

Un nouvel ordre va régir le monde : ce goût de l'équilibre et de la splendeur, cette façade un peu froide, cette étiquette minutieuse, cette harmonie qui pénètre toutes choses : la politesse et le discours, la tragédie et la politique.

Mais pour l'heure, la France est en guerre pour trente ans. En 1624, c'est un cardinal, Richelieu, qui est nommé principal ministre de Louis XIII. Après la chute de la Rochelle, place forte protestante, en 1628, et la révocation de l'édit de Nantes (voir p. 678), en 1685, 200.000 protestants quittent la France. Descartes meurt en 1650 et Spinoza en 1677 ; avec eux le rationalisme est né, qui vient séparer la foi et la connaissance, la raison et la révélation.

Le peuple de Dieu habite ce temps d'une spiritualité nouvelle, toute pétrie d'équilibre elle aussi. C'est un temps fort de la recherche spirituelle. On aime aller aux sermons qui sont tout aussi bien les preuves d'une foi bien tenue que celle d'une grande tenue dans l'éloquence. C'est Fénelon et Bossuet, Massillon et Mascaron, Fléchier et Le Camus.

« Qu'est-ce que l'homme ? Un néant capable de Dieu » enseignent les maîtres de l'École française : Bérulle, Condren, Olier.

« Qu'est-ce que l'homme ? » reprend Pascal. Attiré par le jansénisme, participant à la querelle, il finira par se retirer avec le projet d'une grande œuvre apologétique qu'il n'aura pas le temps de mener à terme et dont il nous reste les « Pensées » : « ... Il faut parier... ce n'est pas volontaire... vous êtes embarqués... »

En 1638, le roi Louis XIII consacrait son royaume à MARIE le jour de l'Assomption (15 août). Notre-Dame de l'Assomption est désormais patronne principale de la France.

Si le français utilisé est volontiers fleuri, « l'humanisme dévot » n'est pas mièvrerie. FRANÇOIS DE SALES sous sa gentillesse cachait une grande solidité. Il était sénateur de Savoie quand, en 1602, il devint évêque de Genève, réfugié à Annecy. Il se fit l'apôtre du catholicisme dans les vallées des Alpes gagnées au protestantisme ; pour les laïcs dont il était soucieux d'éduquer la vie spirituelle, il écrivit l'« Introduction à la Vie Dévote » qu'il définissait ainsi : « C'est vouloir faire la volonté de Dieu et la faire gaiement. »

A Paris, François de Sales fréquentait le cercle tenu par une de ses pénitentes, Mme Acarie, qui devait entrer au premier carmel réformé de Paris, sous le nom de MARIE DE L'INCARNATION.

JEANNE FRANÇOISE DE CHANTAL, originaire de Bourgogne, mariée et mère de quatre enfants, ayant perdu son mari dans un accident de chasse, s'en remit aux conseils de François de Sales pour vivre en parfaite chrétienne son état de veuve avant de fonder à Annecy, en 1610, l'ordre de la Visitation (les Visitandines) dont la définition tient en ces mots : « Que toute leur vie soit pour s'unir à Dieu et aider l'Église. »

Il s'agit aussi de réhabiliter le prêtre aux yeux des chrétiens. Pour cela, en 1611, Pierre de Bérulle jette les bases de l'Oratoire de France. Il s'agit d'un véritable retour aux sources. Dès l'Église primitive, écrivait Bérulle, « le clergé portait hautement gravé en soi-même l'autorité de Dieu, la sainteté de Dieu, la lumière de Dieu... tellement que les premiers prêtres étaient et les saints et les docteurs de l'Église ». Bourdoise forma la communauté paroissiale de Saint-Nicolas du Chardonnet où en dix ans se formèrent plus de cinq cents prêtres. M. Olier élargit l'expérience de Bourdoise dans le séminaire de Saint-Sulpice à Paris. Le séminaire des Missions Étrangères fut fondé à Paris, en 1664. Claude Poullard des Places fonda le séminaire du Saint-Esprit pour former un clergé adapté aux régions les plus pauvres.

JEAN EUDES devait quitter l'Oratoire pour fonder, en 1643, la congrégation de Jésus et Marie (Eudistes), orientée vers la formation des prêtres et l'éducation des jeunes. Il fonda également l'ordre de Notre-Dame de Charité pour aider les jeunes filles en difficultés morales. Jean Eudes fut « le père, l'apôtre et le docteur du culte des Sacrés Cœurs de Jésus et de Marie ».

Ce sont de nouveaux monastères qui s'ouvrent à la contemplation. La congrégation de Saint-Maur dont le centre sera l'abbaye de Saint-Germain-des-Prés, l'abbaye cistercienne de Notre-Dame de la Trappe en Normandie, transformée en 1664 par Armand de Rancé en foyer d'austérité, d'où le nom de « Trappistes » donné aux Cisterciens réformés.

De partout affluent les Carmes, les Ursulines, les Filles de saint Thomas, les Théatins ou les Feuillantines. Sur les 118 communautés qui sont installées à Paris en 1789, 82 ont été fondées au XVIIe siècle : nouvelles congrégations adonnées à l'éducation, à l'accueil des pauvres, aux soins des malades, à l'évangélisation des campagnes.

VINCENT DE PAUL, popularisé sous le nom de « Monsieur Vincent », était un petit berger landais. Devenu prêtre, il fut curé de Clichy (Hauts-de-Seine), puis de Châtillon-les-Dombes (Ain). A partir de 1617, il se consacra à tous ceux qui étaient abandonnés par la société. Il devint ainsi missionnaire dans les campagnes, aumônier des galères, conseiller des rois de France, fondateur des Prêtres de la Mission qu'il installa d'abord, en 1625, au prieuré de Saint-Lazare (d'où leur nom de

Lazaristes), fondateur aussi, avec LOUISE DE MARILLAC, en 1639, des Filles de la Charité (Sœurs de Saint-Vincent-de-Paul), animateur de sociétés en faveur des pauvres et des enfants abandonnés, organisateur des premiers séminaires et des premières sessions de prêtres ; il ne devait être déchargé de ses activités multiples que par la mort. Le secret de son action, il l'a donné un jour : « Dieu ne refuse rien à l'oraison et il n'accorde rien sans oraison ; non, rien ; pas même l'extension de son Évangile et ce qui intéresse le plus sa gloire. »

En 1609, une Anglaise, Mary Ward, fonda une société de femmes nobles en s'appuyant sur la règle des Jésuites. Il en naîtra la congrégation des « dames anglaises » attachées à l'éducation.

JEAN LÉONARDI devint prêtre et fonda à Lucques (Italie) la congrégation des Clercs Réguliers de la Mère de Dieu pour l'évangélisation des masses par la prédication et la confession... L'hostilité de certains de ses compatriotes l'obligea à se réfugier à Rome. C'est là qu'il fonda avec le cardinal Vivès le Collège de la Propagation de la Foi pour la formation des futurs missionnaires. C'est à Rome qu'il mourut au service des pestiférés. Avec Jean Léonardi commença à se préciser l'idée que les missions sont affaire de toute l'Église et que les missionnaires lointains ne doivent pas rester des francs-tireurs isolés. En 1622, le pape Grégoire XV fonda le ministère de la Propagation de la Foi pour diriger les missions lointaines.

Spirituels, pasteurs et fondateurs

LOUIS-MARIE GRIGNION, né à Montfort en Bretagne, en 1673, fut poussé par une irrésistible vocation de missionnaire et parcourut tout l'ouest de la France dont il évangélisa en profondeur les campagnes. Louis-Marie Grignion de Montfort voulait avant tout faire connaître Jésus et Marie et, pour continuer son œuvre, il fonda trois congrégations : les Montfortains, les Filles de la Sagesse et les Frères qui allaient devenir les Frères de saint Gabriel. Grignion de Montfort aimait faire chanter la vie chrétienne sur les derniers airs à la mode.

Les villages avaient, pour éduquer les filles, leurs « bonnes sœurs », un vocable devenu souvent ironique ou méprisant, mais qui à l'époque se prenait à la lettre. Pour les garçons, JEAN-BAPTISTE DE LA SALLE a créé une pédagogie aussi pratique que possible. Né à Reims en 1651, ce prêtre fonda l'institut des Frères des Écoles Chrétiennes et créa en France l'enseignement populaire et gratuit. Pédagogue génial, il remplaça dans l'enseignement le latin par le français, il eut l'idée de grouper les élèves en classes distinctes selon leur âge et leurs capacités.

A l'époque, on naît chrétien comme on naît français : la culture est imprégnée par la foi. Pierre Corneille lit le bréviaire. Mme de Sévigné est plongée dans les ouvrages de dévotion.

MARGUERITE-MARIE ALACOQUE, une religieuse visitandine de Paray-le-Monial, aimait se tenir de longues heures devant le Saint-Sacrement « comme une toile préparée se tient devant le peintre en attendant son inspiration ». Le Seigneur daigna lui apparaître et lui faire connaître l'amour de son cœur pour le monde entier. Dès lors, la vie de Marguerite-Marie n'eut qu'un objectif : répandre la dévotion au Sacré-Cœur, obtenir l'institution d'une fête en son honneur et instaurer la pratique du premier vendredi du mois. Elle meurt en 1690.

Mais la sainteté est à l'œuvre dans le monde entier. A Nagasaki au Japon, en 1622, INÈS TAKEYO est arrêtée et décapitée avec vingt-neuf autres chrétiens. En Amérique du Nord, RENÉ GOUPIL meurt martyr des Iroquois en même temps que huit missionnaires jésuites au Canada ou en Amérique du Nord. MARTIN DE PORRÈS au siècle d'or de l'Église péruvienne est le premier saint mulâtre indien. Il devint rapidement un symbole pour toute l'Amérique latine. ROSE DE LIMA fut la première sainte du Nouveau Monde. C'est son teint qui lui a valu ce surnom. En réalité, elle s'appelait Isabelle d'Oliva et prit délibérément le parti des Indiens maltraités par les envahisseurs européens.

Mais depuis 1633, l'attitude des Jésuites qui acceptent dans l'Église les coutumes traditionnelles des Chinois, commence à être suspectée. Les « rites chinois » ont été interdits par Benoît XIV en 1742.

Deux crises graves vont alors secouer l'Église de France par l'intérieur : le Jansénisme et le Gallicanisme.

Cornelius Jansenius, professeur à Louvain, devenu évêque d'Ypres, composa « l'Augustinus », une vaste somme qui rouvrait la querelle sur la grâce, opposant la totale corruption de la nature humaine et la grâce irrésistible de Dieu. Jansenius fut interdit en 1643. A Paris, Jean Duvergier de Hauranne, abbé de Saint-Cyran, était directeur spirituel du monastère cistercien de Port-Royal dont Angélique Arnaud était l'abbesse; celle-ci, après avoir réformé son monastère, l'avait transporté de Port-Royal des Champs, près de Chevreuse, à Paris. Pour les religieuses de Port-Royal de Paris, avides de sainteté, l'abbé de Saint-Cyran tira de « l'Augustinus » une spiritualité très tendue, centrée sur la « guerre cruelle » que se livrent en nous les deux hommes. L'abbé de

Saint-Cyran déplut à Richelieu qui le fit emprisonner à Vincennes où il mourut ; mais le plus jeune frère d'Angélique prit le relais, et en 1643, il publia le « Traité de la fréquente communion » où il combattait le laisser-aller des Jésuites en la matière, et où il présentait la communion comme une récompense acquise à coups de mortifications. Les ennemis des Jésuites y applaudirent et ainsi se cristallisa autour de Port-Royal de Paris un « parti janséniste » qui menait une vie exigeante et rigoureuse, mais, sans doute aussi, orgueilleuse et sûre d'elle-même. Blaise Pascal leur apporta son soutien en publiant, de 1656 à 1657, les dix-huit « Lettres Provinciales » qui reprochaient aux Jésuites d'accommoder la foi aux vices du siècle.

Mazarin et le jeune Louis XIV, estimant que tout ce monde portait ombrage au pouvoir royal, firent expulser les religieuses de Port-Royal de Paris qui se regroupèrent « aux champs » dans leur ancien monastère en 1648. Ce fut le temps brillant de « Port-Royal des Champs » et des « Granges » avec ses grands solitaires : Lancelot, Nicole, Hamon, Le Maistre de Sacy. Ces « Messieurs de Port-Royal » fondèrent les « Petites Écoles » dont Racine fut un élève.

Mais Louis XIV, devenu âgé, supporta de moins en moins les bravades contre son pouvoir. Les religieuses de Port-Royal excommuniées furent expulsées et dispersées en 1709 et le monastère de Port-Royal des Champs rasé en 1710.

« L'esprit janséniste » ne mourut pas pour autant et continua à marquer les mentalités. Cette religion de l'austérité, de la sévérité, la communion considérée comme une récompense continuent de hanter des chrétiens imaginant qu'il faut être contre l'Homme afin d'être pour Dieu et que tout ce qui est donné à l'Homme ne peut l'être qu'au détriment de Dieu.

Pendant ce temps, « l'indépendance absolue du roi en matière temporelle » fut alors une doctrine à laquelle se réfèrent et les Parlements du roi et le clergé de France qui veille à ce que les libertés de l'Église de France soient protégées par le roi contre l'absolutisme de la papauté. C'est le « gallicanisme ». En 1682, Louis XIV fit rédiger par Bossuet une déclaration en quatre articles qui proclamait cette indépendance du roi vis-à-vis de Rome, mais aussi la supériorité des conciles œcuméniques sur le pape. Cette déclaration acceptée par l'assemblée du clergé, le roi en ordonna l'enseignement dans tous les séminaires. Devant les protestations du pape Innocent XI, le roi transforme les quatre articles en loi et oblige tous les candidats à l'épiscopat à y souscrire. En réponse, Rome refuse de nommer les évêques, et en six ans, trente-cinq diocèses français sont sans titulaire. Dix ans plus tard, Louis XIV se rétracta, mais le gallicanisme n'était pas mort. Le clergé gallican était souvent savant, mais toujours chicaneur, regimbant contre une société qui ne lui offrait pas le rôle auquel il prétendait. Ce clergé fut un agent actif de la révolution de 1789 qui se préparait déjà dans les mentalités. Diderot dira plus tard : « Nous avons eu des contemporains sous Louis XIV. »

LE SIÈCLE DES LUMIÈRES

(XVIIIe siècle)

C'est le siècle de Voltaire ; la foi dans le progrès de l'homme, la désacralisation du monde, la haine des dogmes, la critique de l'autorité, le non-conformisme tissèrent les idées nouvelles. Peu à peu le « prud'homme », l'homme loyal, laissa la place à « l'honnête homme » qui lui-même s'effaça devant le « philosophe », amateur de sagesse et de « lumières ».

Aux yeux des philosophes, le temps de la religion est révolu. Voltaire invite à « écraser l'infâme », c'est-à-dire la superstition et l'intolérance. A la religion se substitue « la sèche croyance en un Dieu simple et sans visage ». C'est l'Être suprême ou le grand Architecte de l'Univers. La religion devient naturelle, la charité se fait bienveillance, la raison est promue en règle universelle, la physique remplace la révélation et les prêtres deviennent des « officiers de morale ». Deux siècles plus tard, ce moralisme marquera encore nos mentalités.

La religion se fait déisme. Les évêques sont à la cour, les diocèses sont distribués en prime, les abbayes servent de monnaie d'échange. Être Évêque, ou abbé, n'est plus une mission, mais un bénéfice.

Les signes de contradiction

Et pourtant, dans ces mêmes temps de désert, la sainteté reste en fleur. Elle s'est obstinée à répondre aux signes des temps.

ALPHONSE-MARIE DE LIGUORI, ayant renoncé à une brillante carrière d'avocat, mit au service de l'Église une exceptionnelle connaissance du droit. Devenu prêtre, prédicateur et confesseur réputé, il fonda les

Rédemptoristes en 1732, afin de développer l'œuvre des missions populaires. Nommé évêque, il s'attacha à l'enseignement de la théologie morale pour libérer les consciences de l'emprise janséniste. Contre le rigorisme de Port-Royal, il aimait présenter Dieu comme le Père qui écoute ses enfants, et la Vierge comme une Mère très bonne. « Il n'est pas vrai, écrivait-il, que pour les âmes le chemin le plus étroit soit toujours le plus sûr... »

En 1748, BENOIT-JOSEPH LABRE naquit à Amette (Pas-de-Calais) au temps des raffinements. Ayant entendu le secret appel à la dernière place et à l'abjection, on le vit parcourir les routes de France, d'Espagne et d'Italie, se mêlant aux mendiants et passant ses journées en adoration devant le Saint-Sacrement. Ce pouilleux, dont les enfants se moquaient, achevait ainsi dans sa chair « ce qui manque à la passion du Christ pour son corps qui est l'Église ». Mais il fut aussi une vivante protestation contre les folies de son temps.

Deux autres mystiques ont marqué ce temps : LÉONARD LE RÉCOLLET, de Port-Maurice, et surtout PAUL DE LA CROIX qui vécut la passion du Christ dans ce XVIII siècle sceptique et voluptueux. Né la même année que Voltaire, François Danei (c'était son nom) avait centré toute sa vie sur le mystère de la croix : pour mieux l'honorer, il fonda en Italie, avec son frère Jean, l'ordre des Passionistes.

Temps marqué aussi par des humbles religieux plantés comme des échardes dans la chair de ce siècle des lumières, ainsi JOSEPH DE COPERTINO, né comme Jésus dans une étable, pauvre religieux sans moyens, prêtre tout juste capable de faire un cuisinier de couvent ; Dieu lui manifesta sa sainteté par des dons extraordinaires qu'il accepta avec candeur. D'autre part, l'œuvre entreprise par M. Olier, par Jean Eudes ou Vincent de Paul commence à porter ses fruits : des séminaires ainsi nouvellement fondés sort un excellent clergé. C'est le « bas clergé » qu'on opposera longtemps au « haut clergé ».

En 1748, avec « L'Esprit des Lois », Montesquieu condamne implicitement l'alliance du trône et de l'autel et réclame l'indépendance de l'homme. De 1750 à 1780, Diderot, l'homme-orchestre du « siècle des lumières », un athée farouche, fait de son Encyclopédie un manifeste de la liberté de penser.

Emmanuel Kant, le philosophe allemand, comparable à saint Thomas d'Aquin, structure la pensée moderne en un nouveau système.

En 1717, la franc-maçonnerie se constitue en grande loge à Saint-Paul de Londres, se donnant pour but le soin de l'humanité et de la fraternité. Mozart, Voltaire ou Benjamin Franklin deviennent francs-maçons.

En 1775, commencent les guerres d'indépendance des colonies nord-américaines. En 1762, Jean-Jacques Rousseau, dans le «Contrat social», pose les fondements de l'Etat démocratique.

Face à une papauté insignifiante, les gouvernants de l'Europe vont se constituer en «despotes éclairés»: despotes, car prétendant ne dépendre que de Dieu et d'eux-mêmes; éclairés, car le progrès de l'humanité supposait un gouvernement fort. C'est Frédéric II de Prusse, Catherine II de Russie ou Gustave III de Suède. Joseph II d'Autriche donne son nom à une politique religieuse visant à limiter l'action de Rome au seul domaine des dogmes: «le Joséphisme». Signe des temps, la Pologne fut dépecée par trois princes appartenant à trois confessions chrétiennes: le Habsbourg catholique, le Romanov orthodoxe et le Hohenzollern protestant. Le pape n'esquisse pas un geste. La surprise fut à son comble quand, en 1773, on apprit que, sous la pression des cours princières, le pape Clément XIV, par le bref «Dominus ac Redemptor» avait aboli la Compagnie de Jésus qui comptait alors vingt-trois mille membres. C'était assez dire l'état de faiblesse de la papauté.

C'est alors que la Révolution française, de 1789 à 1814, veut rassembler l'Europe entière autour de trois idées généreuses: la liberté, l'égalité et la fraternité. La «Déclaration des Droits de l'Homme» de 1789 est sans doute la condamnation des anciens abus, c'est aussi un nouveau catéchisme.

Le peuple de Dieu aura beaucoup de mal à aborder ces idées nouvelles. Une fois encore, les chrétiens sont divisés contre eux-mêmes. Ils ont une grande difficulté à ne pas mélanger leur foi avec la politique... Ici des prêtres bénissent des arbres de la liberté, et là d'autres prêtres disent que la Révolution est l'œuvre du diable; ceux-ci pensent que le peuple de Dieu peut fort bien vivre en république, ceux-là affirment que le royaume de Dieu exige un roi sur la terre.

Les nouveaux martyrs

Bientôt la Révolution assiégée de partout ne trouve son salut que dans la Terreur. On déprêtrisa, sécularisa le quotidien et le calendrier, les prénoms et les fêtes. Les héros remplacèrent les saints, les prêtres et les religieux furent menés à l'échafaud.

Quoi qu'il en soit, mis en demeure de choisir entre Dieu et le monde, un grand nombre des prélats de cour, des abbés de luxe, de ces religieux médiocres et de ces religieuses coquettes ont opté pour leur foi.

Les MARTYRS DE SEPTEMBRE en 1792 sont trois évêques, cent quatre-vingt-sept prêtres et un laïc qui furent massacrés dans diverses prisons de Paris pour avoir refusé de prêter serment à la Constitution civile du clergé. En refusant de prêter serment, ils ont aussi scellé de leur sang la fidélité de l'Église de France au pape et gardé les catholiques de France dans l'unité de l'Église. Parmi eux, il y avait ARMAND DE PONT-BRIAND, vicaire général d'Arles et un capucin suisse, APOLLINAIRE DE POSAT, qui était vicaire chargé des Allemands à la paroisse Saint-Sulpice.

Ailleurs, JEAN-BAPTISTE TURPIN DU CORMIER, curé à Laval, fut décapité avec treize autres prêtres. NOËL PINOT, curé dans le Maine-et-Loire, fut guillotiné à Angers ; il monta à l'échafaud en récitant le psaume 42 : « Je monterai jusqu'à l'autel de Dieu... » qui était à l'époque le psaume commençant la messe. MADELEINE FONTAINE, FRANÇOISE LANEL, THÉRÈSE FANTOU et JEANNE GÉRARD, quatre Filles de la Charité, guillotinées à Arras. CHARLOTTE, THÉRÈSE DE SAINT-AUGUSTIN et leurs onze compagnes, les Carmélites de Compiègne, décapitées à Paris sur la place de la Nation en chantant le psaume 116 : « Louez le Seigneur... ». MARIE-CLOTILDE et ses dix compagnes Ursulines décapitées à Valenciennes.

Malgré ces semences des martyrs, la Révolution laissera l'Église de France en ruines, autant matérielles que spirituelles. La déchristianisation de la France est devenue un mal profond. Les laïcs se retrouvant sans prêtres sont promus aux fonctions sacerdotales par la volonté de la communauté et célèbrent des « messes blanches ». Sous la Restauration encore, de tels offices existaient dans les paroisses sans prêtres.

L'Église de France est écartelée entre deux clergés, les jureurs ralliés à la Révolution et les réfractaires qui avaient refusé le serment. De plus en plus, les chrétiens font profession de garder la neutralité entre les deux clergés. La conséquence en est que les enfants grandissent sans instruction, sans confession, sans première communion et qu'ils se marient sans bénédiction nuptiale. Les troupes françaises occupent Rome. Le pape Pie VI meurt prisonnier à Valence (Drôme) en 1799.

AU TEMPS DU LIBÉRALISME
(XIXᵉ siècle)

Pie VII est élu pape en 1800. Le 15 juillet 1801 est signé à Paris un concordat qui rend à la France le libre exercice des cultes, rétablit la hiérarchie de l'Église et manifeste la primauté du pape.

Le libéralisme sortait cependant tout armé de la Révolution. La bourgeoisie était le grand vainqueur de la Révolution française.

La foi pourtant n'était pas morte, et ce début du XIXᵉ siècle est aussi une période de renouveau.

De nombreuses congrégations voient le jour. Comme le laïcat n'avait pas encore trouvé sa définition d'Église, l'engagement des chrétiens dans la société sur les questions de ce temps se traduisait par la naissance d'une nouvelle congrégation.

Religieux et religieuses au service du monde

Ce sont les Pères Blancs et Sœurs Blanches du Cardinal Lavigerie en Afrique du Nord, les Pères du Saint-Esprit de Libermann, les Missions Africaines de Lyon, les Oblats de Marie-Immaculée, les Sœurs de Saint-Joseph de Cluny, fondées par Mère Javouhey, les Salvatoriens fondés à Rome pour la propagation de la foi par la parole et les écrits, les Dames du Sacré-Cœur pour l'éducation des jeunes filles, les prêtres du Sacré-Cœur de Bétharram, les Sœurs de la Miséricorde pour l'éducation chrétienne des jeunes filles... et un très grand nombre de congrégations destinées soit aux missions lointaines, soit à l'éducation des jeunes dont les fondateurs ont été pour la plupart canonisés par l'Église.

En 1814, Pie VII rétablit la Compagnie de Jésus. En peu de temps, l'ordre connaît un puissant essor.

Mais le XIXᵉ siècle voit arriver une autre révolution. La machine à vapeur bouscule toutes les habitudes. Des villes nouvelles naissent comme des champignons autour des mines de charbon. Les grosses fabriques avec des milliers d'ouvriers remplacent les petites échoppes des artisans. Les enfants entrent à l'usine dès l'âge de cinq ans. Les ouvriers prennent conscience qu'ils forment un immense prolétariat. Ils se sentent frères, de la même classe. Il y a les grèves, les taudis, la tuberculose, les syndicats.

Le peuple de Dieu découvre brutalement le problème social, de nouvelles réalités économiques, mais il se réveillera trop tard... Devant des chrétiens trop souvent muets, complices de l'argent et du pouvoir, la classe ouvrière cherche son espoir dans le marxisme. Plus tard, le pape Pie XI dira : « L'Église a perdu la classe ouvrière... »

Un prêtre breton, Félicité de Lamennais, refusa d'être coincé entre deux sectarismes, l'Église des princes et celle de la révolution. Il prétendait qu'il y avait place pour une Église libre et vivante. Son journal « L'Avenir », souleva l'enthousiasme des jeunes dont beaucoup seront les bâtisseurs de l'Église de France contemporaine. Les dénonciations ne tardèrent pas à pleuvoir à Rome et Lamennais, désavoué par le pape Grégoire XVI en 1832, quitta l'Église.

Le fantôme de la Révolution rejeta vers Rome le clergé français qui obligea les évêques à respecter pointilleusement les décisions de Rome. C'est l'« ultramontanisme » (Rome, pour les Français, est en effet au-delà des montagnes des Alpes). Ce fut auprès des curés de campagne que « L'Univers », le journal ultramontain de Louis Veuillot, trouva ses plus fidèles lecteurs. Cependant un noyau d'opposition à l'ultramontanisme demeurait, animé en particulier par Affre, Sibour et Darboy, qui furent tous trois archevêques de Paris.

Paradoxalement, ce furent les disciples de Lamennais qui jouèrent un rôle déterminant pour le rapprochement de l'Église gallicane et de Rome. Dom Guéranger restaura l'ordre bénédictin en France et, devenu abbé de Solesmes, milita pour la liturgie romaine et le chant grégorien. Ozanam, Rohrbacher, Montalembert, comme historiens, travaillèrent à orienter vers Rome les courants du passé. Lacordaire, qui restaura en France l'ordre dominicain, affronta le premier, ue la chaire de Notre-Dame, un public voltairien.

Les humbles et les pauvres

Cependant un autre prédicateur, bien différent, attirait lui aussi les foules.

JEAN-MARIE VIANNEY, curé d'Ars, avait beaucoup peiné pour devenir prêtre : mais ses prières, ses efforts, ses sacrifices lui obtinrent la grâce de trouver le chemin des cœurs. En chaire, au catéchisme et au confessionnal, il convertit non seulement ses paroissiens, mais encore des milliers de pèlerins. En un siècle où la science parle haut et la raison prétend juger de tout, c'est un pauvre curé sachant tout juste ce qu'il faut de latin qui fait courir le monde entier. En un temps où le sacerdoce a perdu son rôle de notable, le curé d'Ars affirme de toute sa foi : « Oh ! que le prêtre est quelque chose de grand ! Le prêtre ne se comprendra bien que dans le ciel. Si on avait la foi, on verrait Dieu caché dans le prêtre comme une lumière derrière un verre, comme du vin mêlé avec de l'eau... » A une époque où les chrétiens sont de plus en plus hésitants devant le sacrement de pénitence, le curé d'Ars passe ses jours et ses nuits au fond d'un confessionnal qui ne désemplit pas de pèlerins en quête de la véritable liberté. Lorsqu'il meurt en 1859, Ars était déjà devenu un lieu de pèlerinage.

En 1830, la Vierge apparaît à CATHERINE LABOURÉ, fille de la Charité, dans la chapelle de la rue du Bac, à Paris, apparition dont le souvenir est gardé par la médaille miraculeuse.

BERNADETTE SOUBIROUS est la voyante de Lourdes, la confidente de l'Immaculée. Mais ce ne sont pas les dix-huit apparitions de 1858 qui sont la preuve de la sainteté de cette adolescente toute simple des Pyrénées. Devenue Sœur Marie-Bernard, une religieuse comme les autres au couvent de Saint-Gildard de Nevers, elle sut garder, au milieu d'épreuves de santé et d'humiliations, ce sourire dont la Vierge lui avait donné le secret. Elle mourut en 1879.

Outre les apparitions de Lourdes en 1858, la Vierge en ce siècle scientiste est aussi apparue à La Salette en 1846, pour lancer un appel à la conversion, à Pontmain pour lancer un cri d'espérance : « Mes enfants, priez, mon Fils se laisse toucher... » Nous sommes alors en l'année terrible de 1871.

C'est comme si la Vierge Marie, la petite fille de Nazareth, s'était plu par ses multiples apparitions au XIXe siècle à venir jouer des tours aux esprits forts qui, en ce temps-là, citaient Dieu à comparaître devant leur science.

L'Église est encore en ce siècle affrontée au bouillonnement des idées. En 1854, Pie IX proclame le dogme de l'Immaculée Conception (8 décembre). En 1864, il publie le « Syllabus » condamnant « quatre-vingts principales erreurs des temps » et il convoque le premier concile du Vatican « pour rechercher les remèdes nécessaires aux maux qui affligent l'Église ». En 1870, à peine commencé, ce concile est interrompu par la guerre franco-allemande, mais il a eu pourtant le temps de proclamer l'infaillibilité pontificale, qui précise que le pape ne peut pas se tromper quand il parle en tant que pasteur et docteur suprême de toute l'Église. Les troupes françaises qui gardaient les États pontificaux les ayant quittés pour rejoindre les champs de bataille en France, Rome est prise par les troupes du jeune royaume d'Italie, qui la revendique comme capitale.

C'est la fin du pouvoir temporel des papes. Prisonnier volontaire du Vatican, le pape retrouve du même coup sa véritable liberté et sa grandeur spirituelle. La popularité réelle des papes liée à leur charme personnel porta jusqu'au culte l'admiration et le respect que certains éprouvaient à l'égard du souverain pontife. Renan parle d'« une sorte de lamaïsme » et les protestants de « papolâtrie ». La tentative anticatholique du « Kulturkampf » de Bismarck, qui dénonçait le pape comme « anarchiste » et « dangereux pour la sécurité des États », se solda par le triomphe du pape.

En France, après l'éphémère « printemps des peuples » de 1848 et l'explosion du mécontentement ouvrier qui rejeta dans la réaction les évêques et les catholiques, l'alliance du « trône » et de « l'autel » se renoua autour de « l'homme fort » Louis-Napoléon, devenu empereur le 2 décembre 1852.

Nourrie de Kant, monta toute une génération d'anticléricaux militants : Gambetta, Ferry, Clemenceau, tenants du néo-positivisme d'Auguste Comte, de Littré, de Taine, renforcé par le rationalisme scientifique, le scientisme — ou religion de la science — de Boucher de Perthes, de Lamarck ou de Darwin. L'influence de Sainte-Beuve, de Claude Bernard, d'un Berthelot, d'un Michelet, d'un Quinet, d'un Hugo fut sans commune mesure dans les milieux de la pensée avec celle des prêtres. Cette importance peut se mesurer au nombre de rues qui, dans les villes françaises, portent leurs noms. Renan publia sa « Vie de Jésus » en 1863 et provoqua le scandale du siècle. Une francmaçonnerie républicaine et rationaliste se développa en France. Le matérialisme de Le Dantec et le nihilisme de Nietzsche collaboraient. A la chute de l'empire, en 1870, c'est cette génération de libres-penseurs qui s'emparera du pouvoir républicain et développera une cité libérale, laïque et anticléricale basée sur une école détachée de l'Église.

En Prusse, en 1873, les « lois de Mai » instituent une cour royale de justice pour traiter les affaires ecclésiastiques : onze évêques de Prusse, ayant refusé ces lois, se retrouvent en prison. En 1874, la Prusse institue l'obligation du mariage civil.

En 1830, aux États-Unis, Joe Smith publie le « Livre de Mormon », base d'une communauté qui attend le royaume de mille ans du Christ. En 1844, William Miller annonce la fin du monde pour cette même année ; l'événement n'ayant pas eu lieu, il en reste les « Adventistes du 7ᵉ Jour » qui attendent le retour imminent du Christ. En 1872, aux États-Unis, Charles Russel fonde les « Témoins de Jéhovah », prenant tous les mots de la Bible au pied de la lettre, et en 1878, à Londres, William Booth fonde l'« Armée du Salut ». Tout ce bouillonnement témoigne des inquiétudes du monde et de la revendication de la liberté face à la religion centralisatrice. Les temps étaient en pleine révolution.

L'industrie soumettait l'ouvrier à un véritable esclavage de temps, de cadences, de machines dangereuses, d'usures, de chômage, pour un maigre salaire considéré comme un élément du prix de revient et soumis au marché de l'offre et de la demande. Guizot lança à la bourgeoisie son fameux : « Enrichissez-vous ! »

L'inégalité sociale allait de soi dans l'esprit de certains prédicateurs. L'un d'eux prêchait à Lille en 1841 : « L'inégale répartition des fortunes est nécessaire pour maintenir le bonheur sur la terre ; le pauvre travaille pour le riche, le riche assiste le pauvre et l'harmonie de la société résulte de cette différence !... »

Après Saint-Simon, Fournier et Blanqui, Marx était venu fonder la théorie du socialisme scientifique. Marx prétendait que la « mort de Dieu » était la condition même de la libération et de la promotion de l'homme.

Les catholiques sociaux réagirent, les « abbés démocrates », tels Naudet, Gayraud, Lemire, et à leur suite l'Association Catholique de la Jeunesse Française, la Chronique Sociale de Lyon... mais il était déjà fort tard.

Le pape Léon XIII refusa de prononcer des anathèmes et voulut aller à la rencontre de son temps. Dans ses encycliques « Rerum Novarum » en 1891, « Immortale Dei » en 1885, comme dans « Libertas » en 1888, le pape définit la place légitime de la liberté et descendit résolument sur le terrain social. L'Église peut quitter ses ghettos. En 1890, le « toast » du cardinal Lavigerie à Alger annonçait le ralliement des catholiques à la République.

Les disciples de l'enfance

JEAN BOSCO, né en 1815, fut un pauvre berger piémontais qui avait eu beaucoup de difficultés à devenir prêtre. « Je consacrerai ma vie aux enfants, je les aimerai et je m'en ferai aimer. » C'était le programme du jeune prêtre, il l'a accompli. Pour eux, il fonda la congrégation des Salésiens et celle des Sœurs de Marie-Auxiliatrice. Don Bosco fut le saint d'une génération qui devait voir naître un nouveau type sacerdotal : l' « abbé de patronage ».

JOSEPH-BENOIT COTTOLENGO, mort en 1842, était un ami de Jean Bosco qui fut préoccupé du sort des enfants martyrs.

DOMINIQUE SAVIO fut un élève de Don Bosco. Il mourut à 15 ans, en 1857, mais sa vie apostolique annonçait déjà celle des militants d'Action Catholique. Né en 1828, LÉONARD MURIALDO, lui, fut l'ami de Don Bosco ; il fonda une société de jeunes et fut le promoteur de la presse ouvrière et des éditions populaires, tandis que, de son côté, le Père Chevrier fondait l'œuvre du Prado à Lyon.

PHILIPPINE DUCHÊNE, religieuse du Sacré Cœur, partit pour les Amériques où elle fonda une école gratuite à la Nouvelle-Orléans financée par le travail manuel des sœurs. Elle mourut en 1852. GABRIEL DE LA VIERGE DOULOUREUSE, passioniste, qui pratiqua la voie d'enfance spirituelle, meurt tuberculeux en 1862. Sans oublier ANNE-MARIE TAIGI, une mère de famille pour qui le quotidien d'une ménagère de Rome fut le chemin de la sainteté. Elle mourut en 1837.

THÉRÈSE DE L'ENFANT JÉSUS : la « petite » Thérèse de Lisieux, devenue carmélite à 15 ans ; Alençon où elle est née, les Buissonnets de Lisieux où elle a passé son enfance, le carmel de Lisieux sont familiers à tous les chrétiens. Sa route est simple en apparence : c'est la « voie d'enfance », toute d'amour humble et confiant, dans l'esprit des Béatitudes. Mais en lisant son autobiographie, « Histoire d'une âme », on comprend ce qu'elle suppose de courage héroïque. Les grilles du carmel ne l'ont pas isolée de la mission de l'Église, au contraire : « Je voudrais être missionnaire, non seulement pendant quelques années, mais je voudrais l'avoir été depuis la création du monde et continuer de l'être jusqu'à la consommation des siècles... »

La jeune carmélite devait mourir de tuberculose en 1897. Elle avait 24 ans. « Jésus, je vous aime... » Ce furent ses derniers mots. Sainte Thérèse de l'Enfant Jésus est patronne des missions. Car ce XIXᵉ siècle a été le grand siècle des missions, et la France y a joué un rôle tout particulier.

Semences d'Églises lointaines

En 1900, les deux tiers des missionnaires catholiques dans le monde étaient français. Sur cent dix-neuf prêtres mis à mort dans les missions au XIXᵉ siècle, quatre-vingt-quinze sont nés en France et ont été martyrisés en Océanie, Chine, Corée, Indochine...

Mais déjà la semence des martyrs avait porté ses fruits. Les jeunes Églises naissantes sont baptisées dans le sang de leurs propres martyrs. Le Tonkin voit les Bienheureux FRANÇOIS-XAVIER MAU, DOMINIQUE VY, THOMAS DE, AUGUSTIN MOI et ÉTIENNE VINH, tous laïcs chrétiens martyrisés pour leur foi en 1839, et « aspirant à ce bonheur comme un voyageur altéré soupire après une source rafraîchissante ». Des chrétiens chinois sont martyrisés en 1856 en Chine, en 1866 en Corée. CHARLES LWANGA et ses compagnons, martyrs de l'Ouganda en 1886, catholiques et anglicans mêlés, tous jeunes pages du roi Mwango sont exécutés pour leur foi. TRACH DOAI, dominicain vietnamien, est martyrisé au cours de la persécution de Minh-Mang en 1840... Et il faudrait en ajouter tant et tant d'autres !

C'est pour susciter l'intérêt de tous les catholiques en faveur des Missions que Pauline Jaricot fonda à Lyon, en 1819, l'« Œuvre de la Propagation de la Foi ».

L'Exposition universelle de 1900 ouvre ses portes à Paris, la prospérité bourgeoise règne en Europe, le machinisme est sans limite, l'automobile est là, l'avion est prêt, le gouvernement du petit père Combes fait régner l'anticléricalisme en France. La société est laïcisée. Un siècle s'achève, le monde y a peut-être plus changé qu'il n'avait bougé d'Abraham à la Révolution française.

AUJOURD'HUI

(XXᵉ siècle)

MARIETTA (MARIA GORETTI) est née à Corinaldo en 1890, dans une famille dont la pauvreté rappelle celle des Soubirous. Elle venait de faire sa première communion à Nettuno, près de Rome, quand un garçon essaya de l'entraîner au mal. « Non, répondit-elle, Dieu ne veut pas... Alexandre, c'est un péché. » Celui-ci se jeta sur elle et la perça de quatorze coups de poinçon. Avant de mourir, le 6 juillet 1902, Maria eut la force de dire : « Pour l'amour de Jésus, je lui pardonne et je veux qu'il soit avec moi au paradis. » Ce fut un fait divers dans les journaux d'hier. Mais, en 1950, Alexandre, converti, assistait à la canonisation de Maria Goretti.

Le temps quitte donc le recul de l'histoire pour entrer dans l'actualité. Ce temps est le nôtre.

Ce XXe siècle commença en France par un drame : la séparation de l'Église et de l'État, en 1905. Les congrégations religieuses sont expulsées. Les biens de l'Église sont nationalisés et l'Église n'est plus reconnue comme corps social dans le droit public. En 1911, le Portugal suit l'exemple de la France. Ce fut une véritable guerre religieuse.

Une autre crise ne tarde pas à atteindre l'Église de France : le modernisme. Déjà les chrétiens étaient divisés entre progressistes et intégristes, mais au début de ce siècle ce sont les conservateurs qui donnaient le ton à l'Église de France. « La crise moderniste est née de la rencontre brutale de l'enseignement ecclésiastique traditionnel avec les jeunes sciences religieuses. » En effet, des exégètes, des théologiens se mettent à appliquer les méthodes positives dans leurs recherches et à traiter leur domaine propre comme objet de science distinct de l'objet de la foi. En un mot, il devenait possible d'être un excellent exégète, tout en étant un athée convaincu.

Quatre pays furent touchés de plein fouet : l'Italie, la Grande-Bretagne, l'Allemagne et la France. En France, c'est l'exégète Albert Loisy, professeur à l'Institut Catholique de Paris, qui met hardiment en œuvre les méthodes modernes dans son enseignement et ses publications. Il conçoit un Jésus historique distinct du Christ de la foi. Loisy est privé de sa chaire et est excommunié en 1908. Mgr Duchêne est également poursuivi, le père Lucien Laberthonnière, Marcel Hébert sont traqués. Car tout ceci se passe dans un climat de délation.

Par le décret « Lamentabili sane exitu » complété par l'encyclique « Pascendi » en 1907, le pape PIE X condamnait le modernisme.

Joseph Sarto, petit paysan de Riese (Italie) fut successivement vicaire et curé de campagne, évêque, cardinal, avant de devenir en 1903, le pape Pie X. Toute sa vie, il garda une âme transparente et simple, soucieux de protéger la foi, réformateur de la liturgie et du chant, apôtre de la communion fréquente et du droit pour les enfants de communier alors que la mentalité janséniste avait dressé tant de barrières à l'accès à l'eucharistie. Pie X affirma avec intransigeance les droits de l'Église face au modernisme et au laïcisme. C'est dans la contemplation qu'il puisait la force d'entreprendre pour l'Église les projets les plus hardis.

Engagés dans le monde

La condamnation du modernisme ne désarme pas les intégristes qui continuent à dénoncer à Rome, sous le couvert du modernisme, toutes les formes du progrès. Et pourtant cette crise moderniste n'empêche pas l'extraordinaire mouvement de retour à l'Évangile de nombreux jeunes intellectuels : philosophes comme Blondel, Boutroux ; écrivains comme Brunetière, Bourget, Bazin ou Barrès ; universitaires comme Goyau, Brunhes, Termier, Massis, Fonsegrive, Imbard de la Tour et Joseph Lotte, convertis comme Péguy, Bloy, Maritain, Huysmans, Psichari, Claudel, Charles de Foucauld. Ce dernier, jeune officier sans souci, devint ermite au Sahara et suscita un immense mouvement spirituel de contemplation et de recherche de la pauvreté pour le Christ.

Face à la vague antisémite provoquée par l'affaire Dreyfus et amplifiée par l'Action Française de Maurras ou la Civiltà Cattolica des Jésuites romains, se dressa un petit groupe de catholiques qui réagirent contre l'injustice dont étaient victimes les Juifs. Le dialogue judéo-chrétien était amorcé.

De son côté, le catholicisme social tenta de dissocier le mouvement ouvrier de la collusion entre l'anticléricalisme et la démocratie. L'Action Populaire fut fondée en 1903, les Semaines Sociales en 1904, les Secrétariats Sociaux en 1906. Les anciens élèves des écoles chrétiennes lancent un mouvement syndical qui deviendra la CFTC, la Confédération Française des Travailleurs Chrétiens, en 1919. Mais dès 1912, en Allemagne, le pape avait fini par accepter des syndicats chrétiens non confessionnels.

Un certain nombre de catholiques sociaux avec Marc Sangnier développent dans le « Sillon » les idées d'une démocratie chrétienne, inquiets qu'ils sont de voir l'Église « perdre la classe ouvrière ». Le « Sillon » est condamné par Rome en 1910. Ses militants, douloureux, acceptent de se soumettre. Pie X souffrira personnellement de ces longues discordes avec la France, « la fille aînée de l'Église ». Ces condamnations sans nuances, ce retour au conservatisme retardent pour des dizaines d'années les recherches bibliques, théologiques ou politiques de l'Église.

C'est sous Benoît XV que l'Europe est mise à feu et à sang par la guerre de 1914. Les prêtres partent sac au dos et la fraternité des tranchées impose un autre visage de l'Église. Le clergé cesse d'apparaître comme une classe privilégiée. Le curé devient sympathique et chacun en connaît « un qui n'est pas comme les autres » puisqu'il est capable d'être un homme et de comprendre. C'est « l'Union sacrée ».

Le Père DANIEL BROTTIER, missionnaire au Sénégal, mais revenu pour être aumônier militaire, a consacré la fin de sa vie à l'Oeuvre des Orphelins Apprentis d'Auteuil, fondée au début du siècle par l'abbé Roussel, dans l'esprit de Don Bosco et de Joseph Cottolengo. Tandis que FRANÇOISE-XAVIÈRE CABRINI fonde les Sœurs Missionnaires du Sacré Cœur et se voue aux Italiens émigrés aux Amériques. Femme d'action, elle n'hésite pas à sillonner le monde. Sur son passage naissent les orphelinats, les hôpitaux, les centres d'accueil, les dispensaires...

C'est en 1919 que s'est tenue la première réunion des Cardinaux et Archevêques de France. En 1920, la France reprend ses relations diplomatiques avec le Saint-Siège.

La Fédération Nationale Catholique du général de Castelnau naît en 1924. L'Association Catholique de la Jeunesse Française (A.C.J.F.) forme les futurs cadres de la Démocratie chrétienne. Eugène Duthoit à Lille dirige l'Union d'études des Catholiques sociaux ; Francisque Gay lance la « Vie catholique » et Champetier de Ribes fonde le parti démocrate populaire.

En 1922, par l'encyclique « Ubi Arcano », Pie XI dessine les grandes lignes de l'Action Catholique ; Cardijn lance la J.O.C. en Belgique en 1924 ; la Jeunesse Ouvrière Chrétienne gagne la France en 1926. La J.A.C., la J.E.C., la J.I.C. et la J.M.C. ne devaient pas tarder à suivre. Une Action Catholique Générale vise à constituer d'authentiques communautés paroissiales ; des mouvements de jeunes foisonnent : les Scouts de France et les Guides de France, catholiques, les Cœurs Vaillants, les fédérations sportives. Pendant que l'Action Catholique spécialisée des adultes se met en place, prenant en compte la notion de classes sociales que les mouvements appelleront des « milieux ».

Pape des missions, Pie XI met tous ses soins à la création et au développement d'un clergé indigène ; en 1923 il sacre le premier évêque indien, en 1926 les six premiers évêques chinois.

L'œcuménisme s'affirme avec le Père Couturier, promoteur de la « Semaine de prière pour l'Unité des chrétiens ».

L'Italie est sous le joug de Mussolini, l'Allemagne sous celui de Hitler depuis 1933. L'Espagne entre dans une longue guerre civile en 1936. Pie XI condamne l'Action Française en 1926. Sensible au progrès, il crée Radio-Vatican et l'Académie pontificale des sciences. En mars 1937, à cinq jours d'intervalle, Pie XI condamne le communisme athée par l'encyclique « Divini Redemptoris » et le national-socialisme, raciste, étatiste et païen par l'encyclique « Mit brennender Sorge », en rappelant les droits de l'homme en tant que personne.

Six mois après la mort de Pie XI, en 1939, c'est à nouveau la guerre. Elle est totale jusque dans l'horreur des camps de concentration. MAXIMILIEN KOLBE, prêtre franciscain polonais, s'offre pour mourir à la place d'un père de cinq enfants dans le bunker de la faim d'un camp de concentration nazi, près d'Auschwitz. C'était en 1941.

« France pays de mission ? » des abbés Godin et Daniel pose la question de la déchristianisation de la France. Déjà la « Mission de France » est créée sous l'impulsion du cardinal Suhard par une décision de l'Assemblée des Cardinaux et Archevêques de France en 1941, suivie par la « Mission de Paris ». Embarqués en Allemagne pour le service du travail obligatoire, un certain nombre de prêtres français et de séminaristes font l'expérience concrète de la vie ouvrière ; ils en reviennent convaincus qu'un mur sépare l'Église de la masse des hommes. Les prêtres ouvriers le franchiront.

Le renouveau jaillit de partout : pastorale paroissiale, liturgie, catéchèse. Teilhard de Chardin tente la réconciliation de la foi et de la science, le mouvement biblique anime la théologie et la vie, la prière et la célébration. Emmanuel Mounier invite l'Église à se faire peuple.

Le pape Pie XII accueille la montée d'un laïcat qui désormais trouvera son expression dans les structures mêmes du Vatican.

En 1958, Jean XXIII est élu pape. En 1961, il consacre une encyclique aux questions sociales : « Mater et Magistra » et en 1963 l'encyclique « Pacem in terris » est accueillie comme l'encyclique de la Paix. « La paix entre tous les peuples exige la vérité comme fondement, la justice comme règle, l'amour comme moteur, la liberté comme climat. » En 1962, l'« église de la réconciliation » catholique et protestante est inaugurée à Taizé.

La conscience des hommes a tenté de s'élargir au fur et à mesure que reculaient les horizons de l'univers : la lune toute proche, la télévision mettant la Chine dans notre salle de séjour, quelques heures d'avion supersonique nous séparant de l'Amérique ; c'est alors que le monde est apparu moins comme un livre à lire que comme un immense chantier. Une nouvelle forme de culture interpelle la foi du peuple de Dieu. C'est pour tenter de convertir sa foi à cet aujourd'hui du dessein de

Dieu que l'Église s'est une fois encore réunie en concile. C'est le second concile du Vatican, convoqué par le pape Jean XXIII, et qui s'est réuni de 1962 à 1965.

L'Église s'y définit comme le peuple de Dieu. L'Église est un corps « qui vit, qui pense, qui parle, qui grandit, qui se construit ». C'est l'aggiornamento, un printemps plein d'espérance. Le pluralisme est reconnu à l'intérieur de l'Église, la liberté religieuse affirmée, la confiance est donnée à l'homme, la collégialité est élargie, une anthropologie nouvelle est élaborée, l'autonomie du temporel se précise, une voie est ouverte à une participation de plus en plus active du laïcat avec la création du conseil pontifical pour les laïcs.

C'est sous le pontificat de Paul VI, commencé en 1963, que le concile s'est achevé. On parle désormais d'une Église post-conciliaire. L'Église ayant pris conscience de la faim dans le monde et de l'inégalité nord-sud, le pape Paul VI lance l'appel au développement de tout l'homme et de tous les hommes par l'encyclique « Populorum progressio ».

Le pape se fait pèlerin à Bethléem sur la terre de Jésus déchirée par la guerre entre Juifs et Arabes. En 1964, Paul VI rencontre le Patriarche de Constantinople Athénagoras. C'est la première rencontre des deux Églises à ce niveau depuis 1439. Il se fait voyageur pour aller crier : « Plus jamais la guerre ! » devant l'Assemblée des Nations-Unies en 1966. Paul VI va à Bombay, au cœur même de la faim, à Ankara, en Colombie ; l'Ouganda, l'Asie du sud-est, l'Océanie reçoivent tour à tour sa visite. Un secrétariat pour les non-croyants est créé ; « Justice et Paix » prend place en chaque pays, attentif aux injustices, à la torture, à l'arbitraire, aux ventes d'armes et au surarmement. L'œcuménisme entre au Vatican avec la visite du Dr Ramsey, primat de la communion anglicane, en 1966. Paul VI visite le Conseil œcuménique des Églises en 1969.

La messe se célèbre face au peuple et dans sa langue. Paul VI disait de la catholicité qu'elle est « universalité, destination à tous les peuples, offrande à toutes les langues, invitation à toutes les civilisations, présence à toute la terre, question posée à toute l'histoire... » En mai 1964 est créé le secrétariat pour les non-chrétiens, prélude à un dialogue avec le monde.

En 1978, le pape Jean Paul Ier n'a le temps que de laisser le souvenir d'une simplicité souriante.

La même année, Jean Paul II, le premier pape polonais, fait du monde entier sa paroisse.

LE TEMPS DE LA SAINTETÉ

(Le passé, racine de l'avenir)

Quels visages de la sainteté se cachent aujourd'hui parmi nous ? Quels saints pour demain sont déjà parmi nos enfants ? Il nous reste à écrire notre page de l'histoire du peuple de Dieu, avec notre vécu, nos grands jours et nos humbles gestes, nos choix, nos actes, notre fidélité tournée vers l'avenir, notre capacité à inventer des réponses à la taille des événements de notre temps. Cette histoire est sainte parce qu'elle est le rendez-vous quotidien de Dieu et des hommes, de l'Église et du monde.

Ce n'est pas à cause de ses mérites que le peuple de Dieu est un peuple saint : c'est l'Esprit de Dieu qui fait de nous « une race élue, un sacerdoce royal, une nation sainte, un peuple que Dieu s'est acquis... » *(1 Pierre 2, 9)*.

La sainte Église est aussi un peuple de pécheurs. Il ne faut donc pas se scandaliser si, à certains moments de son histoire, le peuple de Dieu s'est montré si décevant, si lent à comprendre, plus attaché à ses idées, à ses schémas, à ses habitudes que disponible au souffle de l'Esprit.

Lorsque nous sommes tentés de juger la conscience de ceux qui nous ont précédés, n'oublions jamais qu'ils étaient dépendants de leur civilisation et de leur culture comme nous dépendons nous-mêmes des nôtres. Nous ne pouvons pas juger l'attitude d'un chrétien du Moyen Age par comparaison avec celle que nous poursuivons aujourd'hui. Nous ne pouvons pas attendre la même expression de la foi d'un chrétien d'Occident et d'un chrétien d'Afrique ou d'Asie.

Les saints sont ceux qui ont vécu passionnément l'Évangile dans leur monde et à leur époque. Ils sont saints pour avoir pris part, avec foi, à la mort et à la résurrection du Seigneur. Ainsi, « les fêtes des saints proclament les merveilles du Christ chez ses serviteurs et offrent aux fidèles des exemples à imiter... » (Vat. II, décret sur la liturgie).

C'est pour n'oublier aucun de ces saint inconnus, qui sont dans la lumière de Dieu, que chaque année l'Église réunit dans la même fête, la fête de tous les saints, la TOUSSAINT, cette immense foule anonyme de ceux qui, ayant été unis au Christ dans la vie et la mort, le sont maintenant dans la gloire auprès du Père.

TABLE DES SAINTS

Cette table regroupe les principaux saints célébrés chaque année, avec l'indication de la date de leur fête.

A

Abraham, *20 décembre :* 20
Agnès, *21 janvier :* 647
Aignan, *17 novembre :* 656
Albert, *15 novembre :* 669
Alphonse, *1er août :* 688
Ambroise, *7 décembre :* 653
Amos, *31 mars :* 26
Amour, *20 août :* 667
André, *30 novembre :* 644
Angèle de Foligno, *4 janvier :* 673
Anne, Anita, Annabelle, Annick, Anouchka, Anouck,
   26 juillet : 667
Anne-Marie Taïgi, *9 juin :* 697
Anselme, *21 avril :* 662
Antoine, Anthony, *17 janvier :* 652
Antoine de Padoue, *13 juin :* 670
Antoine-Marie Zaccaria,
   5 juillet : 680
Apollinaire de Posat,
   2 septembre : 691
Armand de Pontbriand,
   2 septembre : 691
Arnold, Arnould, *14 août :* 667
Arnoul, *18 juillet :* 656
Athanase, *2 mai :* 654
Attale, *2 juin :* 646

Augustin, *28 août :* 654
Augustin de Cantorbéry,
   27 mai : 659
Augustin Moï, *19 décembre :* 698
Avit, *6 février :* 656
Aymard, *11 mai :* 661

B

Barbe, Barbara, *4 décembre:* 667
Barnabé, *11 juin :* 644
Barthélemy, *24 août :* 645
Bartolomé, *24 août*
Basile, *2 janvier :* 652
Bède, *25 mai :* 659
Benoît, *11 juillet :* 658
Benoît-Joseph, *16 avril :* 689
Bernadette, *18 février :* 694
Bernard, *20 Août :* 663
Bernardin, *20 mai :* 673
Blaise, *3 février :* 667
Blandine, *2 juin :* 646
Boniface, *5 juin :* 659
Brieuc, *1er mai :* 658
Brigitte, *23 juillet :* 673
Bruno, *6 octobre :* 662

C

Callixte, *14 octobre* : 649
Camille, *14 juillet* : 680
Catherine Labouré,
  25 novembre : 694
Catherine de Sienne,
  29 avril : 673
Catherine de Suède, *24 mars*
Cécile, Célia, *22 novembre* : 646
Charles Borromée,
  4 novembre : 679
Charles Lwanga, *3 juin* : 698
Charlotte, *17 juillet* : 691
Christophe, *25 juillet* : 646, 667
Claire, *11 août* : 669
Clément, *23 novembre* : 646
Clet, *26 avril* : 646
Clotilde, *4 juin* : 656
Colette, *6 mars* : 673
Colomban, *23 novembre* : 658
Côme, *26 septembre* : 647
Corneille, *16 septembre* : 646
Crépin, *25 octobre* : 667
Cyprien, *16 septembre* : 648
Cyrille, *18 mars* : 660

D

Damase, *11 décembre* : 653
Damien, *26 septembre* : 647
Daniel, *11 décembre* : 32
Daniel Brottier, *28 février* : 701
David, *29 décembre* : 23
Denis, *9 octobre* : 650
Dominique, *8 août* : 669
Dominique Savio, *9 mars* : 697
Dominique Vy, *19 décembre* : 698
Donat, *7 août* : 667

E

Éloi, *1ᵉʳ décembre* : 658
Étienne, Stéphane, Fanny,
  26 décembre : 643
Étienne de Hongrie, *16 août* : 662
Étienne Vinh, *19 décembre* : 698
Eucher, *16 novembre* : 656
Eustache, *20 septembre* : 646, 667
Ezékiel, *10 avril* : 29

F

Fabien, *20 janvier* : 647
Fiacre, *30 août* : 667
Florentin, *24 octobre* : 667
Flour, *4 novembre* : 667
Foy, *6 octobre* : 667
François d'Assise, *4 octobre* : 668
François de Paule, *2 avril* : 673
François de Sales, *24 janvier* : 683
François Xavier, *3 décembre* : 681
François-Xavier Mau,
  19 décembre : 698
Françoise-Xavière Cabrini,
  22 décembre : 701
Françoise Lanel, *26 juin* : 691
Françoise Romaine, *9 mars* : 673

G

Gabriel de la Vierge
Douloureuse, *27 février* : 697
Gaétan, *7 août* : 680
Gall, *16 octobre* : 658

TABLE DES SAINTS

Geneviève, *3 janvier* : 656
Georges, Georgine, *23 avril* : 667
Gervais, *19 juin* : 647
Gildas, *29 janvier* : 658
Gontran, *28 mars*
Grégoire le Grand, Grégory,
   3 septembre : 657
Grégoire de Naziance,
   2 janvier : 654
Grégoire VII, *25 mai* : 661
Guénolé, *3 mars* : 658

H

Hilaire d'Arles, *5 mai* : 656
Hilaire de Poitiers, *13 janvier* : 654
Hippolyte, *13 août* : 649
Honorat, *16 janvier* : 652
Hugues, Huguette, *11 mai* : 661

I

Ignace d'Antioche, *17 octobre* : 647
Ignace de Loyola, *31 juillet* : 680
Inès, *10 septembre* : 686
Irénée, *28 juin* : 648
Isidore, *4 avril* : 656

J

Jacques, *25 juillet* : 644
Jacques, James, *3 mai* : 645
Jan Ruysbroek, *2 décembre* : 671
Jean, Apôtre, *27 décembre* : 644
Jean Bosco, *31 mai* : 697
Jean de Capistran,
   23 octobre : 673
Jean Chrysostome,
   13 septembre : 654

Jean de Dieu, *8 mars* : 680
Jean de la Croix,
   14 décembre : 681
Jean Eudes, *19 août* : 684
Jean Léonardi, *9 octobre* : 685
Jean Baptiste, *24 juin*
   et *29 août* : 48, 667
Jean-Baptiste de la Salle,
   7 avril : 685
Jean-Baptiste Turpin
   du Cormier, *21 janvier* : 691
Jean-Marie Vianney, *4 août* : 693
Jeanne d'Arc, *8 et 30 mai* : 673
Jeanne de France, *4 février* : 675
Jeanne-Françoise de Chantal,
   12 décembre : 683
Jeanne Gérard, *26 juin* : 691
Jeannine, Jenny, voir Jeanne
Jérémie, *1er mai* : 27
Jérôme, *30 septembre* : 653
Jérôme Emilien, *8 février* : 680
Joël, *13 juillet* : 30
John Fisher, Johnny, *22 juin* : 677
Joseph, José, Joséphine,
   Josette, Josiane, *19 mars* : 80, 186
Joseph Calasanz, *25 août* : 680
Joseph de Copertino,
   18 septembre : 689
Joseph-Benoît Cotolengo,
   30 avril : 697
Jude, *28 octobre* : 645
Justin, *1er juin* : 648

L

Laurent, Laure, Laurence, Laurie,
   10 août : 647, 667
Léger, *2 octobre* : 658
Léon IX, *19 avril* : 661

Léon le Grand, *10 novembre* : 656
Léonard, *6 novembre* : 667
Léonard Murialdo, *30 mars* : 697
Léonard de Port-Maurice,
 26 novembre : 689
Lin, *23 octobre* : 646
Louis, *25 août* : 665
Louis-Marie Grignion
 de Montfort, *28 avril* : 685
Louise de Marillac,
 15 mars : 685
Luc, Lucas, *18 octobre* : 64
Luce, Lucie, *13 décembre* : 668

M

Madeleine, *22 juillet* : 361, 363
Madeleine Fontaine, *26 juin* : 691
Malo, *15 novembre* : 658
Marc, *25 avril* : 56
Marguerite, *20 juillet* : 674
Marguerite-Marie,
 16 octobre : 686
Marie de l'Incarnation,
 18 avril : 683
Marie-Clotilde, *17 octobre* : 691
Marietta, *6 juillet* : 698
Marthe, *29 juillet* : 211, 343
Martin, *11 novembre* : 652
Martin de Porrès, *3 novembre* : 686
Martyrs de Rome, *30 juin* : 645
Martyrs de septembre 1792,
 2 septembre : 691
Mathurin, *1er novembre* : 667
Matthieu, *21 septembre* : 645
Maximilien, *14 août* : 702
Mayeul, *11 mai* : 661
Médard, *8 juin* : 658, 668

Michel, Micheline, Mikaël,
 29 septembre : 668, 674
Moïse, *4 septembre* : 20
Monique, *27 août* : 653

N

Nahum, *1er décembre* : 27
Nathanaël(le), *24 août* : 645
Nicaise, *14 décembre* : 656
Nicolas, Nicole, *6 décembre* : 667
Nicole, Nicoletta, *6 mars*
Noël, *25 décembre*
Noël Pinot, *21 février* : 691
Norbert, *6 juin* : 662

O

Odilon, *4 janvier* : 661
Odon, *11 mai* : 661

P

Pacôme, *9 mai* : 652
Patrice, Patrick, *17 mars* : 658
Paul, *29 juin* : 644
Paul de la Croix, *19 octobre* : 689
Paul Miki, *6 février* : 682
Paulin, *22 juin* : 656
Philippe, *3 mai* : 645
Philippe Néri, *26 Mai* : 680
Philippine Duchêne,
 18 novembre : 697
Pie V, *30 avril* : 679
Pie X, *21 août* : 651
Pierre, Pierrick, Peter, *29 juin* : 644
Pierre Canisius, *21 décembre* : 681
Pierre Chrysologue, *30 juillet* : 656
Pierre Claver, *9 septembre* : 682

Pierre Nolasque, *25 décembre* : 665
Polycarpe, *23 février* : 648
Pothin, *2 juin* : 646
Protais, *19 juin* : 647

R

Raymond, *7 janvier* : 665
Remi, *15 janvier* : 656
René, *19 octobre* : 686
Robert Bellarmin,
    17 septembre : 681
Rose, Rosita, Rozenn,
    23 août : 686

S

Samuel, *20 août* : 21
Scholastique, *10 février* : 659
Sébastien, *20 janvier* : 646
Sidoine Apollinaire, *21 août* : 656
Simon, *28 octobre* : 645
Sixte, *7 août* : 646
Sophie, *25 mai*

T

Thaddée, *28 octobre* : 645
Thècle, *24 septembre* : 646
Thérèse, *15 octobre* : 680
Thérèse de l'Enfant Jésus,
    1ᵉʳ octobre : 697
Thérèse Fantou, *26 juin* : 691
Thérèse de Saint-Augustin,
    17 juillet : 691
Thomas, Apôtre, *3 juillet* : 645
Thomas d'Aquin, *28 janvier* : 669
Thomas Becket,
    29 décembre : 665
Thomas De, *19 décembre* : 698
Thomas More, *22 juin* : 677
Thomas de Villeneuve,
    8 septembre : 679
Timothée, *26 janvier* : 644
Tite, *26 janvier* : 644
Toussaint(e), *1ᵉʳ novembre* : 704
Trach Doaï, *18 septembre* : 698

V-W

Valentin, *14 février* : 667
Vincent, *22 janvier* : 647
Vincent Ferrier, *5 avril* : 673
Vincent de Paul,
    27 septembre : 684
Willibrord, *7 novembre* : 659
Winnoc, *6 novembre* : 667

X-Y

Xavier, *3 décembre* : 681
Xavière, *22 décembre* : 701
Yves, Yvon, Yvonne, *19 mai* : 667

Fêtes de la bienheureuse Vierge Marie

Annonciation, *25 mars* : 184
Apparition à Lourdes,
    11 février : 694
Apparition à Pontmain,
    17 janvier : 694
Apparition à la Salette,
    19 septembre : 694
Assomption, *15 août* : 683
Immaculée conception,
    8 décembre : 694

Manifestation de la médaille miraculeuse, *27 novembre* : 694
Mère de Dieu, *1ᵉʳ janvier*
Notre-Dame de Lourdes, *11 février* : 694

VOCABULAIRE BIBLIQUE

Il a paru nécessaire d'employer, dans les traductions, des termes religieux que l'on ne comprend pas toujours parfaitement et qui, pourtant, ne peuvent être remplacés par d'autres. Ce « vocabulaire » précise le sens des plus usuels. Les * renvoient à un autre mot du présent vocabulaire.

ACTION DE GRÂCE. C'est reconnaître que tout ce que nous avons vient de Dieu, que « tout est grâce* ».

ADULTÈRE. Voir *Noces*.

AGNEAU DE DIEU. Jésus est à la fois l'agneau pascal dont le sang libère le peuple (Exode **12**) et l'agneau conduit à l'abattoir portant le péché de son peuple (Isaïe **53**). Voir aussi l'Agneau dans Apocalypse **5** (p.601).

ALLÉLUIA. En hébreu : « Louez le Seigneur ! » C'est l'acclamation pascale des chrétiens.

ALLIANCE. Dans la foi, le peuple de Dieu découvre que le Seigneur vient vers lui, établit des liens, donne des preuves à travers les événements. A ce don gratuit il faut répondre. Après les Alliances de l'Ancien Testament (pp. 21, 24, 39) Jésus donnant sa vie conclut l'Alliance nouvelle dont le signe est l'Eucharistie (p. 52).

AMEN. Pas seulement un souhait : « Ainsi soit-il ! », mais une affirmation, une approbation : « C'est vrai ! C'est ferme ! Ça tient ! ». C'est le mot de notre foi et de notre confiance en Dieu. Jésus emploie ce mot en tête de ses affirmations solennelles : « Amen, je vous le dis ... »

AMOUR. Le Dieu de la Bible aime les hommes (comme un père, comme une mère, comme un époux, disent les prophètes). En réponse, il attend d'être aimé (Deutéronome **6**). Il attend surtout que les hommes s'aiment entre eux. En Jésus, Dieu révèle les dimensions inouïes de son amour (Éphésiens **3**, 11-19) et l'absolu de son appel à l'amour (Jean **15**, 10-17), un amour sans limite qui va jusqu'à pardonner aux ennemis (Luc **6**, 27-35).

ANCIENS. Nom des responsables dans le monde antique. Le Nouveau Testament cite ceux du peuple juif (p. 46) et ceux des communautés chrétiennes (Actes **14** et **15**).

ANGE. Des êtres invisibles entourent Dieu. La Bible dit qu'il nous les envoie comme messagers ; en fait, les messages de Dieu sont souvent à lire à travers les événements de la vie. L'expression « Ange du Seigneur » désigne parfois Dieu lui-même se révélant dans la vie des hommes.

ARGENT. Voir *Richesse*.

BÉNIR. (BÉNÉDICTION) Le mot signifie « dire du bien », mais quand Dieu dit, sa parole est efficace. Dieu donne aux hommes ce qui est bon pour eux. Les hommes bénissent Dieu en accueillant ce don dans l'action* de grâce. Bénir une chose, c'est bénir Dieu qui nous la donne et le prier pour que nous sachions l'utiliser au service de son amour.

BRAS. Symbolise la puissance de Dieu intervenant dans l'histoire.

CANON. Liste officielle des livres reconnus par l'Église comme faisant partie de la Bible.

CHAIR ET SANG. 1) Cette expression désigne l'homme tout entier (« Celui qui mange ma chair et boit mon sang... »).
2) A l'intérieur de ce composé, le sang désigne le principe de vie ; les os et la chair désignent le corps. D'où, en un sens restreint, chair et sang signifient l'homme « extérieur » par opposition à l'homme « intérieur » appelé esprit, coeur.
3) Chair et sang désignent enfin l'homme laissé à ses propres forces. Chez saint Paul, la « chair » est souvent le contraire de l' « esprit » * c'est ce qui éloigne l'homme de Dieu (Galates **5**, p. 464).

CHARISME. Don particulier de la grâce * accordé par l'Esprit Saint à certains pour le service de la communauté.

CHARITÉ. Voir *Amour*.

CHEMIN. Voir *Marche*.

CHOISIR. Voir *Élu*.

CHRIST, CHRÉTIEN. Mot grec signifiant « oint » d'huile et traduisant le mot « *Messie* » *. Rois et grands prêtres de l'Ancien Testament étaient appelés oints du Seigneur et annonçaient Jésus, le Christ. Les Chrétiens sont les fidèles du Christ.

CIEL, CIEUX. Inaccessible pour l'homme d'autrefois, donnant à tous la lumière et la pluie fécondante, c'est l'image du Dieu « très-haut » et bienfaisant et du lieu où il veut rassembler tous ceux qu'il aime.

CIRCONCISION. A la naissance de tout garçon juif, cette opération marque son organe sexuel, porteur de la vie qu'il devra transmettre. C'est le signe de l'Alliance transmise en Israël de génération en génération. Mais le croyant doit surtout être marqué dans son coeur * (« circoncision du coeur », dit Jérémie). Le signe qui marque les chrétiens c'est le baptême ; ce qui compte ce n'est pas d'être circoncis, c'est « la foi agissant par la charité » (Galates **5**, 6).

CŒUR. Pour les Hébreux, il est le siège de la vie intellectuelle autant que de la vie sensible et morale.

COLÈRE DE DIEU. Dieu ne peut être bienveillant envers le péché : il doit l'exterminer. Cette colère de Dieu, l'homme la reconnaît à travers le désordre du monde (fléaux, guerres, etc…), comme la juste conséquence du péché. Mais le pécheur repentant et uni à Jésus sait que l'amour de Dieu aura le dernier mot. On dit : « Dieu d'amour », non pas : « Dieu de colère ». C'est l'amour et non la colère qui constitue le fond de Dieu.

CONNAÎTRE. Au sens biblique, ce n'est pas seulement un acte de l'intelligence, mais de tout l'être. Il suppose un contact, une rencontre personnelle. Dieu seul nous donne de connaître son mystère *.

CONSEIL. Sur le grand conseil des Juifs ou Sanhédrin, voir p. 46.

CONSOLER. (CONSOLATION) Pas seulement soulager par de bonnes paroles, mais « consolider », « réconforter », « rendre fort ».

CONVERSION. Ce mot, qui veut dire « retournement », est employé pour traduire un mot grec qui signifie « changement de mentalité ». Suivre le Christ, c'est changer sa manière de voir, c'est apprendre à regarder les choses comme lui, se faire un regard toujours neuf. Le chrétien est ainsi appelé à une conversion permanente.

CORPS. C'est tout l'homme, vu dans sa relation avec Dieu et avec ses frères. Dire que le corps ressuscite, c'est dire qu'après la mort nous aurons une vie de relation d'une richesse extraordinaire. L'Église * est corps du Christ (1 Corinthiens **12**, p. 425) : elle est faite de membres solidaires, et par elle le Christ est en relation avec le monde des hommes.

CRAINTE DE DIEU. A ne pas confondre avec la peur. C'est le saisissement qui envahit la créature visitée * par Dieu ; la réaction du pécheur qui veut fuir le Dieu saint * ; enfin l'attrait d'amour qu'exerce Dieu.

CROIRE. Voir *Foi*.

DÉSERT. Entre l'Égypte et la Terre promise, la route de l'Exode passe par le désert (p.21). Rude épreuve pour le peuple, mais aussi solitude où il peut accueillir et reconnaître Dieu. Notre marche vers le Seigneur passe de même par des déserts.

DOCTEURS DE LA LOI. Autre nom des scribes. Voir p. 46.

EAU. Il y a les eaux destructrices, celles qui détruisent les pécheurs (Déluge), qui font triompher la Gloire * de Dieu (mer rouge), qui purifient en détruisant la racine du péché grâce à l'Esprit qui a fécondé les eaux. Il y a surtout les eaux salutaires et gratuites, qui arrosent (rosée, pluie), qui abreuvent (dans le désert la source d'eau vive), qui fécondent en recréant par l'Esprit*.

ÉCRITURE - ÉCRIT. La Bible est la trace écrite des relations entre Dieu et son peuple. Elle éclaire la route de ce peuple. Dire qu'un événement est « selon les Écritures », c'est dire qu'on le lit à la lumière du projet de Dieu, c'est dire que la vie a un sens.

ÉGLISE. Mot grec signifiant assemblée (voir *Synagogue*). Assemblée de tous les chrétiens appelés par Dieu : elle est le Corps du Christ. Le même mot désigne le bâtiment qui rassemble la communauté et symbolise son unité (s'écrit en ce cas sans majuscule).

ÉLU. Abraham et sa postérité sont le peuple élu, choisi par Dieu. Le Christ, fleur d'Israël, est celui que Dieu a choisi, aimé, préféré, il est l'Élu par excellence. Unis à lui, et demeurant fidèles à leur vocation*, les chrétiens sont les élus de Dieu. Ce choix n'en fait pas des privilégiés supérieurs aux autres, mais des témoins chargés d'annoncer l'amour de Dieu pour tous les hommes.

ENFER ET ENFERS. Tantôt ce que nous appelons couramment « enfer » ; tantôt le « séjour des morts » où, selon les anciens et les Juifs avant qu'ils aient été éclairés par Dieu, les défunts, bons et méchants menaient une vie diminuée.

ÉPREUVE. Voir *Tentation*.

ESCHATOLOGIE. Mot qui désigne ce qui concerne les « derniers temps », l'achèvement du monde que Dieu prépare.

ESPRIT. Au sens du Nouveau Testament, n'équivaut pas exactement à l'âme, siège des facultés spirituelles, mais désigne la région secrète où l'Esprit Saint rencontre l'homme, demeure en lui et l'insère dans la vie de la sainte Trinité.

ESSÉNIENS. Voir p. 48.

EUCHARISTIE. Mot grec qui signifie « action* de grâce ». La grande action de grâce des chrétiens s'exprime en refaisant les gestes de Jésus à son dernier repas (p. 52).

FACE. Le visage chez l'homme exprime les sentiments profonds de son être. Contempler la face de Dieu, c'est être admis en sa présence et jouir de son intimité ; lui demander de montrer une face bienveillante, c'est le supplier de se montrer favorable. Prier, c'est chercher la face de Dieu.

FEU. Fascinant, mais inaccessible et redoutable, le feu est signe de la présence de Dieu. Tantôt vengeur et purifiant (foudre, Sinaï), tantôt éclairant (colonne de feu et cierge pascal), il symbolise la jalousie divine qui consume toute impureté et suggère l'amour transformant de Dieu.

FIDÉLITÉ. Caractéristique fondamentale du Dieu de la Bible : il est celui sur qui on peut compter quoi qu'il arrive (voir *Amen*).

FILS DE L'HOMME. Nom que Jésus se donne dans l'Évangile. Il évoque son enracinement dans l'humanité (un homme parmi les autres). Mais il se réfère aussi au personnage mystérieux de Daniel 7 à qui Dieu fait partager sa royauté. C'est le mystère même de Jésus : humilité et souffrance, puissance et gloire.

FOI. Adhésion de l'homme à la parole de Dieu et confiance en Dieu qui accomplira toutes ses promesses. Abraham est le modèle de la foi (p.20). Désigne aussi l'ensemble de la révélation chrétienne : synonyme d'Évangile.

GLOIRE. 1) Pas seulement le renom, mais ce qui, aux yeux des Hébreux le fonde et lui donne du poids : richesse, importance sociale.
2) *Le Dieu de gloire* est cet être riche et puissant, d'une telle plénitude qu'elle déborde, se diffuse, puissante et lumineuse, dans la création. Cette plénitude se concentre en Jésus Christ ; elle se répandra à nouveau dans les *corps glorieux*, à travers lesquels elle rejaillira inépuisable (Sinaï, Transfiguration, Résurrection). *La Gloire de Dieu*, c'est Dieu manifesté, c'est Jésus Christ.
3) *Rendre Gloire à Dieu*, c'est reconnaître qu'il est celui à qui convient parfaitement ce qui a été au paragraphe ci-dessus.

GRÂCE. Pas seulement la beauté ou la bienveillance, mais le don gratuit fait par Dieu en nous envoyant l'Esprit Saint qui nous sanctifie.

HÉRODIENS. Voir pp. 49 et 50.

HÉRITAGE, HÉRITIER. La Terre promise est l'héritage promis à Abraham et à ses descendants, héritage dont Israël, premier-né* de Dieu, entre en possession. Les chrétiens, Israël spirituel, sont héritiers de Dieu, héritiers avec le Christ.

HEURE. Expression par laquelle Jésus désigne l'Heure par excellence, le temps de sa glorification par la croix rédemptrice ; vers elle convergent tous les instants de sa vie.

HOLOCAUSTE. Sacrifice par lequel la victime était consumée entièrement par le feu sur l'autel. Au sens spirituel : don total de soi.

HOMME. 1) Pour la Bible, il est un tout. Parler d' « âme » ou de « corps » mais aussi de « bouche », de « bras », ou de tout autre partie du corps, c'est encore le désigner tout entier en insistant sur un certain aspect.
2) A la différence des Occidentaux, les Hébreux ne considèrent pas l'homme indépendamment de sa situation religieuse : l'homme est un être lié à Dieu par son souffle même, par son « esprit* ».
3) Il y a dans tout chrétien deux hommes qui vivent en lui : le « vieil homme » est tiré vers le mal, corps et âme ; mais « l'homme nouveau », créé par l'Esprit Saint, doit triompher du péché.

HOSANNA. Mot signifiant d'abord « au secours ! » et devenu ensuite une acclamation populaire. Elle fut poussée par la foule brandissant les rameaux lors de l'entrée triomphale de Jésus à Jérusalem. Elle équivaut à nos vivats: « Vive Jésus ! Vive Dieu ! ».

HUILE. Elle pénètre tout, même la pierre (Dédicace). D'où la divinité qui pénètre le Christ* (l'Oint), la sainteté* qui nous pénètre, le sacré qui pénètre la pierre d'autel: l'huile consacre, éclaire. Elle fortifie (huile des athlètes), elle guérit, elle nourrit, elle réjouit (par le parfum).

IMPUR. Voir *Pur.*

JÉRUSALEM. Ville que David conquit et choisit pour capitale de son royaume (p. 23). A travers la cité terrestre, l'Église entrevoit dans l'avenir la Jérusalem céleste ou Ciel* (Apocalypse **21**, p. 635).

JOUR. Désigne les interventions solennelles de Dieu au cours de l'histoire de son peuple, et plus spécialement celle qu'il fera au dernier jour de notre monde.

JUGEMENT. Voir *Visite.*

JUSTICE. (JUSTE) Pas seulement ce qui fait rendre à chacun ce qui lui revient, mais surtout ce qui « ajuste » l'homme au dessein de Dieu tel qu'il le découvre ; l'homme est ainsi « juste ce qu'il doit être ». Dieu, lui, est juste parce qu'il est fidèle avec lui-même, tenant toujours ses promesses, donnant toujours plus qu'on n'attend. Cette justice ne condamne pas : elle pardonne et fait vivre.

LIBÉRATION. Voir *Salut.*

LIBERTÉ. (LIBRE) L'homme est fait pour s'arracher à tout ce qui le rend esclave. La vraie liberté, c'est d'aimer comme Dieu aime, sans barrière qui arrête cet amour.

LOI. Celle de l'Ancien Testament (la Torah, p. 30) est à la fois rappel des événements qui éclairent la route et recueil des commandements qui balisent cette route. Libérés de la Loi par la foi au Christ (Galates **2**, p.458), nous sommes soumis au commandement de l'Amour qui accomplit la loi (Romains 13, 8-10, p. 399) : celle-ci comporte des exigences à découvrir pour tous les instants de la vie.

LUMIÈRE. Symbole du salut* messianique, de la vie* éternelle. Règle de la vie morale et de la justice. Le Christ, notre lumière, a triomphé des ténèbres et nous guide dans la nuit*. Par lui les chrétiens sont illuminés et peuvent rayonner dans le monde.

MANNE. Aliment merveilleux des Hébreux dans le désert (Éxode **16**). Symbole de la parole* divine, nourriture spirituelle. Annonce de l'Eucharistie.

MARCHE. Nous sommes en marche vers le ciel, comme les Hébreux vers la Terre promise. Jésus est notre compagnon de chemin. Bien plus, il est la seule route qui conduise au Père.

MELKISÉDEK. Roi et prêtre, il offre à Abraham du pain et du vin. L'Église y voit la figure du sacrifice offert par Jésus Christ, « prêtre à la manière de Melkisédek » (Genèse **14**)

MÉMOIRE Marqués par les événements où ils ont rencontré leur Dieu, les Israélites savent qu'ils doivent sans cesse « se souvenir » (Deutéronome **8**). Chaque année le « mémorial » de la Pâque (Éxode **12**) rend présente la force libératrice du Seigneur ; bien plus encore l'Eucharistie où nous refaisons les gestes de celui qui a dit : « Faites ceci en mémoire de moi » (Luc **22**, 19).

MER. Vue comme puissance redoutable, elle symbolise les forces du mal que Dieu seul sait maîtriser.

MESSIE. (MESSIANIQUE) Voir *Christ*. Le « messianisme » est l'attente du Messie entretenue dans le peuple d'Israël par la prédication des prophètes (voir p. 24).

MIRACLE. Voir *Signe*.

MISÉRICORDE. Traduit un mot qui évoque les « entrailles ». Émotion profonde face à la misère, qui pousse à la prendre en charge. « Soyez miséricordieux comme votre Père » (Luc **6**, 36).

MOISSON. Évoque la fin des temps, la rude purification qui sépare ce qui est mauvais de ce qui est bon, la joie de voir s'amasser le bon grain.

MONDE. Désigne soit la création, terre ou genre humain, soit cette même création en tant que détournée de Dieu et soumise à Satan*, « prince de ce monde ».

MONTAGNE. Lieu choisi de préférence par le Seigneur pour ses révélations (Sinaï, Thabor, mont des Béatitudes) et l'accomplissement de ses mystères (mont des Oliviers, Calvaire) ; lieu sacré qui paraissait aux anciens accessible à Dieu seul, marchepied de Dieu visitant* l'homme.

MORT. Symbole de tout ce qui est négatif, du mal, du péché. Mais Jésus, en l'assumant dans toute son horreur, en a fait un chemin vers la vie, où il nous appelle à le suivre. Le baptême nous plonge dans sa mort pour nous conduire à sa vie de Ressuscité (Romains **6**, p. 385).

MYSTÈRE. A la fois source de lumière qui illumine la raison et abîme insondable à la raison qui veut l'explorer et qui fragmente en « Mystères » le Mystère unique de Dieu. Dieu nous a révélé (retiré le voile sur) ses desseins secrets, en nous parlant par son Fils. La messe est par excellence « le mystère de foi ».

NATIONS. Par ce mot les Juifs désignaient les autres peuples.

NOCES. Révélant son amour pour les hommes, Dieu l'a comparé à l'amour de l'homme pour la femme dans les noces. La tradition a reconnu dans l'Incarnation les noces du Christ et de l'humanité. L'Église est l'épouse du Christ ; chaque âme est dans l'Église, épouse du Christ. Trahir l'amour de Dieu est, pour les prophètes, un « adultère ».

NOM. Le *nom* exprime le fond même de l'être ; dire le nom de quelqu'un, c'est le toucher en quelque sorte. D'où le respect du *nom de Dieu* : on le bénit, on l'admire, on le déclare saint. Invoquer le Nom de Dieu (dire « Au nom du Père »…), c'est avant tout rendre sacrée l'action qu'on va accomplir en y joignant la puissance de la personne invoquée. C'est aussi reconnaître qu'on appartient à celui qu'on invoque. La *vocation** (appel) donnée à quelqu'un est souvent signifiée par son nom : Jésus (Matthieu **1**, 21), Pierre*…

NUÉE. Désigne, sans en dévoiler le mystère, la présence de Dieu (Sinaï, Transfiguration). Parfois elle cache aux regards humains les régions célestes (Ascension) ou les indique comme le lieu d'où viendra le Christ à la fin des temps*.

NUIT. En attendant le Jour* du Seigneur, le chrétien demeure *dans* la nuit. Mais, parce que ce Jour est proche, il n'est pas un être *de* la nuit, il n'appartient plus au monde de l'immoralité : il veille contre l'Ennemi, il veille afin de n'être pas surpris par la venue de l'Époux (voir *Noces*).

ONCTION. Voir *Huile.*

PAIN. Nourriture de base, faite pour être partagée. Symbole de communion. Symbole des nourritures que Dieu veut partager entre tous ses enfants : sa Parole dans l'Écriture, sa Parole faite homme donnée dans le pain eucharistique (Jean **6**).

PAIX. Non seulement l'absence de guerre, mais la possession des biens, des richesses, du bonheur et avant tout de la santé. Formule de salut et de souhait.

PARDON. Élément essentiel de l'attitude des chrétiens (Matthieu **18**, 21-35). Pardonner n'est pas oublier le mal, mais aimer par-delà de ce mal.

PAROLE DE DIEU. N'est pas simplement un mot, mais une action de Dieu : quand Dieu parle, il crée. Jésus Christ est la Parole de Dieu incarnée. A travers la Bible, le chrétien doit écouter la Parole de Dieu. Voir aussi p. 35.

PAUVRES. Jésus a déclaré bienheureux les petits, les malheureux, les opprimés, les insatisfaits qui gardent confiance en Dieu et n'attendent que de lui leur secours. Leurs sentiments ont été exprimés dans les psaumes par les « pauvres d'Israël ». A la différence des riches, ils entrent de plain-pied dans le royaume de Dieu.

PÉCHÉ. Face à Dieu, à sa générosité, à ses exigences, le croyant sincère ne peut que reconnaître son insuffisance, son infidélité. Et s'il le reconnaît, Dieu est toujours prêt à lui pardonner. Mais Dieu ne peut pas être d'accord avec ceux qui se prennent pour des gens sans défaut et qui classent comme pécheurs toutes sortes de gens (Luc **15**, 1-32 ; **18**, 10-17).

PÉNITENCE. Voir *Conversion*.

PEUPLE. Devant Dieu, les croyants ne sont pas des individus isolés, mais un peuple qui doit vivre uni et répondre solidairement à l'appel du Seigneur. Israël est le peuple de Dieu de l'ancienne Alliance*, l'Église est le peuple de Dieu de la nouvelle Alliance.

PHARISIENS. Voir pp. 49 et 50.

PIERRE. *Dieu* est ferme comme une pierre ; il est le « Rocher », notre « refuge » contre le péril. *Jésus Christ* est la pierre d'angle sur laquelle on bâtit ou qui couronne le faîte de l'édifice. Il est aussi la pierre de scandale (à laquelle achoppent les incrédules). *L'apôtre Simon* est nommé par Jésus « Pierre » car il veut bâtir sur lui son Église. *Les chrétiens* sont les pierres vivantes qui constituent l'Église.

PREMIER-NÉ. Le Seigneur, le libérateur d'Israël, exigeait que les premiers-nés des hommes aussi bien que ceux des animaux lui fussent consacrés. Les lévites représentaient auprès de Dieu les premiers-nés des hommes. Jésus, premier-né de toute la création, présente avec lui les prémices de toutes les créatures.

PRÊTRES. Pour les prêtres juifs, voir p. 46. Selon le Nouveau Testament, le seul prêtre est désormais Jésus, qui a offert une fois pour toutes le sacrifice qui sauve définitivement les hommes (Hébreux **7**).

PROPHÈTES. *Hommes* choisis par Dieu pour « dire sa parole » et révéler le sens de l'histoire : passé, présent et avenir. *Jésus* est le Prophète par excellence : non seulement celui qui dit la parole, mais celui qui est la Parole* ou le Verbe*.

PUBLICAINS. Collecteurs d'impôts pour le service des Romains.

PUR-IMPUR. (PURETÉ - IMPURETÉ) Est impur pour l'Ancien Testament tout ce qui empêche un objet ou une personne d'être « saint », d'être en relation avec Dieu. Il faut se purifier grâce à un rite approprié. Jésus déclare que la seule impureté qui compte, c'est celle qui est dans le coeur* (Marc 7, 14-23).

RANÇON, RACHAT, RÉDEMPTION. Tel est le moyen que Dieu a choisi pour sauver les hommes et se les unir. Le terme signifie qu'on effectue la libération d'un esclave en le soustrayant à son premier maître et en l'attachant à son nouveau seigneur. Il ne signifie nullement pour nous que le Christ ait payé une rançon à qui que ce soit ; mais il rappelle l'oeuvre coûteuse que Jésus a réalisée en donnant sa vie.

RECONNAÎTRE. Voir *Connaître.*

RÈGNE DE DIEU. Voir *Royaume.*

REPAS. Voir *Pain.*

RÉSURRECTION. (RESSUSCITÉ) Jésus a ramené des morts à la vie (Jean **11**). Mais ce ne sont que des signes* annonçant sa propre résurrection qui est tout autre chose : le Crucifié est pour toujours le Vivant. Vainqueur de la mort, il est « avec nous tous les jours jusqu'à la fin du monde » (Matthieu **28**, 20). Nous le reconnaissons dans la lecture de l'Écriture* et le partage du pain* (Luc **24**, 13-35), mais aussi dans le service de nos frères les plus démunis (Matthieu **25**, 31-46).

RETOUR DU SEIGNEUR. Voir *Temps.*

RICHESSE. Ceux qui sont riches d'argent et de pouvoir risquent toujours d'écraser les pauvres* que Dieu aime (Jacques **5**, 1-6, p. 555), et d'être en fait repliés sur eux-mêmes et dépourvus de richesse spirituelle et d'amour. C'est en vue de cette vraie richesse que l'Évangile pousse les croyants à se détacher de l'argent.

ROCHER. Voir *Pierre*.

ROUTE. Voir *Marche*.

ROYAUME. A l'image de leurs rois et de ceux des autres peuples, les anciens Israélites imaginaient Dieu comme un roi infiniment juste*, défenseur des pauvres*, capable d'établir la paix* définitive. Ils attendaient le jour* où il instaurerait son règne et ferait de la terre entière son royaume. Jésus vient annoncer que le « règne de Dieu est tout proche » : sa présence l'établit dès maintenant, mais il est encore à venir tant que tous ne l'ont pas accueilli. Demander « que ton règne vienne », c'est lui ouvrir son coeur* c'est aussi s'engager à travailler pour le faire avancer. Voir p.51.

SABAOTH. Mot hébreu : multitude organisée, comme les étoiles ou une armée. « Dieu Sabaoth » est le Dieu tout-puissant qui a, à ses ordres, une « armée » céleste, les anges.

SABBAT. Chez les Israélites, jour de repos (samedi) où l'on cesse tout travail et rend hommage à Dieu.

SACRIFICE. Don joyeux qu'on fait à Dieu en signe d'amour et de reconnaissance. Au lieu des animaux, ou des aliments qu'offraient les Juifs (voir *Holocauste*), le Dieu de Jésus Christ attend l'offrande de nous-mêmes à son service et au service de nos frères, à la suite de Jésus qui « s'est livré pour nous en offrant à Dieu le sacrifice qui pouvait lui plaire » (Éphésiens **5**, 2, p. 475).

SADDUCÉENS. Voir p.50.

SAGESSE. En Dieu, elle est l'aspect sous lequel il dépasse infiniment notre intelligence ; dans l'homme, elle est un art de vivre conformément à l'expérience humaine et à la loi de Dieu. Toute sagesse véritable tire son origine de Dieu et ne trouve son accomplissement que dans le Verbe*. Dans la Bible, les *livres de Sagesse* (Proverbes, Écclésiaste, Cantique des Cantiques, Écclésiastique et Sagesse) traitent de cette sagesse divine et humaine. Voir pp. 32 et 33.

SAINT. Ne désigne pas d'abord un homme parfait, mais un être qui est consacré au *Dieu saint*, celui qui est Tout-Autre. L'Esprit Saint est, par excellence, celui qui donne la sainteté.

SALUT. Désigne la rédemption* ou la libération par notre Sauveur Jésus* de l'esclavage que font peser sur nous la mort et le péché.

SANG. Voir *Chair* et *Sang.*

SANHÉDRIN. Voir p. 46.

SATAN. Mot hébreu : l'Adversaire. Désigne plus particulièrement le démon, le Malin, le Tentateur.

SAUVER, SAUVEUR. Voir *Salut.*

SCRIBES Voir p. 46.

SEIGNEUR. Mot employé par la Bible grecque pour traduire Yahweh*. C'est aussi dans le monde grec le nom donné à l'empereur romain. Les chrétiens, en donnant ce titre à Jésus ressuscité, ont affirmé son exceptionnelle grandeur de roi de l'univers et de Fils de Dieu.

SÉJOUR DES MORTS. Voir *Enfers.*

SERVITEUR. Ce mot désigne toute une série de fonctions, depuis l'esclave jusqu'au ministre. Quand Dieu dit « mon serviteur », c'est là un titre d'honneur qui exprime l'appartenance personnelle à la Maison du Seigneur et convient spécialement à ceux qui sont envoyés en mission. Le serviteur de Yahweh* est la figure idéale du Messie rédempteur, entrevue aux jours de l'exil. Jésus, notre Seigneur, devenu le Serviteur de Dieu et des hommes, a daigné appeler *amis* ceux qui demeurent cependant ses serviteurs.

SIGNE. Nom donné fréquemment dans le Nouveau Testament à ce que nous appelons « miracles ». Alors que ce dernier mot souligne le côté étonnant, prodigieux, « signe » souligne l'aspect « significatif ». Jésus n'agit pas pour se faire admirer, mais pour nous faire savoir que le monde est changé, que le Royaume* vient, que Dieu nous aime.

SION. Colline sur laquelle était bâti le temple de Jérusalem ; d'où, par extension, la cité sainte elle-même. Donc synonyme de Jérusalem*.

SOUFFLE. Voir *Vent.*

SYNAGOGUE. Voir p. 47.

TÉMOINS. (TÉMOIGNAGE) Dans le grand jugement auquel est cité le monde*, Jésus et à sa suite les apôtres* et les disciples témoignent officiellement que le dessein de Dieu est accompli par la résurrection du Christ. Les témoins par excellence sont les martyrs*.

TEMPLE. Dans toute religion, le temple est le lieu sacré où on peut rencontrer la divinité et recevoir sa bénédiction *, en particulier en lui offrant des sacrifices* par l'intermédiaire des prêtres*. Le temple de Jérusalem, bâti par Salomon, détruit en 587 av. Jésus Christ, fut rebâti au retour de l'exil, embelli par Hérode, enfin détruit en l'an 70 de notre ère. Le corps du Christ est le nouveau Temple, édifié à sa résurrection. L'Église est le temple spirituel fait des pierres* vivantes que sont les fidèles baptisés.

TEMPS. On peut le concevoir comme le déroulement souvent monotone d'événements tristes ou joyeux qui se succèdent en désordre. Pour les chrétiens, ces mêmes événements sont habités par la présence de Dieu, qui y prépare mystérieusement son avènement, le retour du Christ, où toute l'attente des hommes sera réalisée. Par la foi* nous sommes déjà dans les « derniers temps », liés au Christ qui nous comble par sa présence. Voir p.53.

TÉNÈBRES. Voir *Nuit.*

TENTATION. (TENTÉ) 1) Dieu permet que l'homme passe par l'épreuve : c'est là que se découvre ce qui est au fond du coeur de chacun. En ce sens on peut dire que « Dieu tente l'homme ».
2) Au sens habituel du mot, si *l'homme est tenté* de renier Dieu il ne l'est pas par Dieu, mais à cause de sa faiblesse ou du démon ; uni au Christ qui a vaincu Satan*, le chrétien ne succombe pas.

TERRE. Pour les hébreux, ce n'est pas un globe mais une étendue plate. Sous elle est le grand abîme des eaux, les lieux « inférieurs » ou enfers*. Sur cette terre les hommes vivent, travaillent, peinent. Les croyants savent que tout cela les met en marche vers la « Terre Promise », vers le monde transfiguré et la fin des temps*.

TESTAMENT. Mot équivalent à Alliance *, soulignant l'aspect de don gratuit.

VEILLER. Voir *Nuit.*

VENDANGE. Voir *Moisson.*

VENT. Le même mot en hébreu et en grec signifie *esprit, souffle, vent.* Il y a les vents qui rafraîchissent et ceux qui punissent.

VERBE. Mot latin signifiant « parole ». Jésus est la Parole* de Dieu ou son Verbe (voir Jean **1**, 1).

VÉRITÉ. Dire que Dieu est « vrai », c'est dire qu'il nous révèle la vérité sur nous-mêmes et sur le monde ; il faut accueillir cette vérité. C'est dire aussi qu'il est sans mensonge et sans détour ; il nous faut l'imiter, traduire dans nos actes la vérité de notre coeur, « faire la vérité » Cette vérité n'existe pas sans amour.

VÊTEMENT. Il en dit long sur celui qui le porte. Changer de vêtements peut être le signe de changements profonds. Le baptisé est celui qui « a revêtu le Christ », qui a en quelque sorte adopté la personnalité du Seigneur qui s'est emparé de lui.

VIE. Selon la Bible, Dieu seul est « vivant » (voir p. 37) : les créatures ont reçu participation à cette vie unique. D'une certaine façon, la vie éternelle demeure pour nous dans l'avenir et ne sera donnée qu'à l'heure de la mort et de la résurrection. Mais, en Jésus Christ (« Je suis la vie »), le chrétien vit dès à présent la vie éternelle. Sa vie est dans les cieux, mais elle exerce son rayonnement sur l'existence terrestre au coeur de laquelle elle est placée comme son foyer.

VIGNE. Israël, vigne du Seigneur, est l'objet de la sollicitude divine, amoureuse mais déçue. Dieu attendait qu'elle produise de bons fruits, mais il n'en recueillit que du verjus (Isaïe **5**). Jésus est la vraie vigne (Jean **15**) sur laquelle doivent rester entés les sarments que sont les chrétiens, s'ils veulent vivre de sa vie*.

VIN. Appelé parfois « sang de la grappe ». Le bouillonnement de sa fermentation et le fait qu'il « réjouit le coeur » ou qu'il enivre paraissaient aux Hébreux mystérieux comme la vie. Le vin *eucharistique* nous fait réaliser la joie divine et la joie fraternelle.

VISAGE. Voir *Face*.

VISITER. Dans la Bible, on dit que Dieu visite son peuple quand il vient le juger et le réconforter, comme le pasteur rassemble son troupeau et sépare les brebis des boucs.

VOCATION. Mot signifiant appel en vue d'une mission. Voir *Nom*.

VOIR. Dieu est invisible, dit la Bible, et on mourrait si on le voyait. Mais sans cesse il nous donne à voir des signes*, et il est prêt à nous guérir si nous sommes aveugles face à ces signes. Viendra enfin un jour* où « nous le verrons tel qu'il est » (1 Jean 3, 1-3, p. 576)

YAHWEH ou YAHVÉ. Nom propre de Dieu : « Il est » (Exode 3). Veut indiquer par là non seulement l'éternité de Dieu : Dieu seul *est* (existe) de toute éternité : mais aussi et surtout la fidélité de Dieu à travers le temps ; Dieu est éternellement fidèle à ce qu'il *est* et à ce qu'il *veut*. Ce nom sacré, que les Juifs ne prononcent jamais, est traduit par « le Seigneur »*.

ZÉLOTES. Voir p. 50.

POUR SE RETROUVER DANS L'ÉVANGILE

Cette table a un but pratique : aider le lecteur à retrouver certains passages importants de l'Évangile. Elle ne remplace pas les tables ou ouvrages plus développés où on trouve toutes les références sur un thème ou un personnage ; on n'y a pas fait figurer les mots qui reviennent constamment. Pour chaque mot on donne une ou plusieurs références principales. Si un texte se trouve dans plusieurs évangiles, on n'en indique habituellement qu'un seul. Pour simplifier l'utilisation, on donne la page du livre et non la référence de l'Évangile.

Pages

A

Abba ! 176
Abraham 82, 225, 337, 338
Adultère (femme) 335
Agneau de Dieu 318
Agonie 135, 176, 238
Alliance (nouvelle) 237
Ami importun 211
Amour (commandement)
.... 210, 353
André 144, 172, 319, 346
Ane 121, 346
Ange du Seigneur 80, 81, 141
Anne (prophétesse) 188
Anne (grand prêtre) 358
Annonciation 184
Apparition du Ressuscité
.... 141, 181, 244, 363
Apôtres 96
Arbre dans la mer 225
Argent 223, 224
Ascension 181, 245
Aumône 88, 216
Aveugles guéris 159, 167
Aveugle-né 338

Pages

B

Banquet 124, 220, 221
Baptême de Jésus 83, 143
Barabbas 178
Béatitudes 85, 197
Béelzéboul 149
Benedictus 185
Berger 186, 341
Béthanie .. 167, 174, 246, 342, 345
Bethléem 80, 81, 182, 334
Bézatha 326
Blasphème 149, 177
Bon larron 242
Bon pasteur 222, 341
Bon samaritain 211
Brebis perdue 116, 222

C

Caïphe 136, 348, 358
Calvaire 139, 179, 241, 361
Cana 320, 326, 365
Cananéenne 110
Capharnaüm 84, 326, 332
Célibat 117
Cène 134, 237, 348

	Pages		Pages
Cène (discours après)	350-356	Discours en paraboles	104, 149
Centurions	92, 180	Discours dans la plaine	197
César (impôt à)	124	Divorce	164
Césarée (confession)	112, 160	Dix jeunes filles	131
Chasteté	87, 117	Drachme	222
Chemin	350		
Circoncision	185, 186, 187		

E

Commandement (grand)	125, 353
Communautaire (discours)	114
Confession de Pierre	112, 160, 206, 332
Conflit avec les Juifs	146, 147, 168-171, 332-335
Croix	179, 206, 361

Eau vive	324, 334
Eaux (marche sur les)	109, 329
Économe infidèle	223
Élie	160, 180, 183
Élisabeth	182-186
Emmanuel	80
Emmaüs	244
Enfant prodigue	222
Enfants (Jésus et les)	115, 118, 122
Ennemis (amour des)	198
Épis arrachés	196
Esprit Saint	80, 83, 97, 149, 185-186, 210, 322, 352, 364
Eunuques	118

D

Débiteur impitoyable	116-117
Dédicace (fête)	341
Démon : voir Béelzéboul, Possédés, Satan	
Derniers temps	128
Désert	83, 144
Deux fils	122, 222
Disciples (condition pour être)	160, 165
Discours après la Cène	350-356
Discours communautaire	114
Discours sur la fin des temps	128
Discours de mission	96
Discours sur la montagne	85
Discours sur le pain de vie	328

F

Femme adultère	335
Femme courbée	218
Femme autour de Jésus	202, 241, 243
Figuier desséché	122, 168
Filet	107
Fils prodigue	222
Fils (les deux)	122
Fin des temps	128, 142
Fruits	91, 352, 353

G

Gabriel 183
Généalogie de Jésus 79, 189
Gérasa (possédé de) 151
Gethsémani 135, 176
Gloria in excelsis 187
Golgotha 139, 179, 361
Grain qui pousse tout seul
.... 151

H

Hémorroïsse 153
Herbe des champs 90
Hérode le Grand 80, 182
Hérode Antipas
....................154, 189, 219, 240
Hérodiens 148, 170

I

Impôt à César 124
Impôt au Temple 114
Intendant infidèle 223
Invités de la noce 124
Invités au repas 220
Ivraie 105

J

Jacques 144, 161
166, 172, 208
Jaïre (fille de) 152
Jean Baptiste 99, 182-186
189, 317-318
322-323, 328
Jean (apôtre) 144, 161, 166
172, 208
Jéricho 167, 210, 229
Jérusalem 128, 166, 187-188,
208, 231, 324
Jeûne 89, 147
Jeunes filles (les dix) 131
Jeune homme riche 118
Jonas (signe de) 103, 213
Joseph (époux de Marie)
.... 80-82, 186
Joseph d'Arimathie ... 180, 362
Joug 100
Judas 134, 138, 174-176
236, 332, 345, 348-350
Juge inique 227
Jugement dernier 132, 328

L

Lampe 86, 89
Larron (bon) 242
Lavement des pieds 348
Lazare et le riche 224
Lazare (résurrection)
.... 343-345
Lépreux (guérison du) 145
Lépreux (les dix) 226
Levain dans la pâte 106
Levain des Pharisiens 112
Lévi 146
Lis des champs 216
Lumière du monde 86, 335

M

Mages 80
Magnificat 185
Main desséchée 147
Maison sur le roc 91
Marche sur les eaux ... 324, 334

	Pages
Mariage	118
Marie (mère de Jésus)	184, 185, 320, 361
Marie Madeleine	141, 202, 363
Marthe et Marie	211, 342-346
Matthieu (vocation de)	94
Mère et frères de Jésus	48-149
Mesure	198
Mines (pièces d'or)	230
Miracles (voir chacun à son nom)	
Mission (discours de)	96
Moïse	207, 328
Moisson	96, 105, 325
Montagne	84, 113, 122, 142
Montagne (discours sur la)	85
Montée à Jérusalem	166, 208
Moutarde (graine de)	106
Multiplication des pains	156, 158, 329

N

Naïm	200
Nathanaël	319, 365
Nazareth	82, 143, 153, 184, 192, 319
Nicodème	321, 335, 362
Ninive	213
Noces (parabole)	124, 220
Noces de Cana	320
Notre Père	89, 211
Nunc dimittis	188

O

Officier royal	326
Oliviers (mont des)	167, 172, 236, 238
Onction de Béthanie	174, 345
Onzième heure (ouvrier de la)	119
Ouvriers pour la moisson	96
Ouvriers de la vigne	119, 123

P

Paille et poutre	90
Pain de vie	330
Pains (multiplication)	156, 158, 329
Paraboles (voir chacune à son nom)	
Paraboles (discours en)	104, 149
Paralysé de Bézatha	326
Paralytique pardonné	146
Pardon des péchés	89, 116, 201, 364
Passion (annonces de la)	160, 163, 166
Passion (récits)	133, 174, 236, 357
Pasteur (bon)	341
Pêche miraculeuse	194, 365
Pécheresse pardonnée	201
Perle	107
Pharisiens (levain des)	112
Pharisiens (reproches aux)	126
Pharisien et publicain	228
Pierre (vocation)	144, 194, 319
Pierre (confession)	112, 160, 206, 332

Pierre (reniement)
.... 238, 239, 332
Pilate 189, 218
240, 359, 362
Porte (Jésus est la) 340
Porte étroite 91, 219
Possédés 145, 151
154, 181, 337
Présentation au Temple 187
Prière (enseignement sur) .. 88
90, 211
Prière de Jésus 100, 145
207, 211
Prière sacerdotale 356
Publicains 94, 123
222, 228, 229
Pur-impur 157

R

Rameaux 168, 346
Recensement 186
Repas chez les Pharisiens
.... 213, 220
Résurrection de Jésus
.... 141, 180, 243, 363
Riche (jeune homme) ... 118
Riche insensé 215
Rideau du Temple
.... 140, 242
Roc (bâtir sur) 92
Royaume parmi vous ... 226

S

Saba (reine de) 213
Sabbat 147, 148, 327
Sadducéens 170

Samaritain (bon) 211
Samaritains 208, 226, 337
Samaritaine 323
Satan 83, 113
144, 210, 236
238, 348, 349
Scandale 86, 113, 115
Scribes et pharisiens
.... 86, 101, 126
Sel de la terre 86
Semeur 149
Sénevé 106
Sept frères 170
Signes des temps 111
Siloé 218, 338
Simon de Cyrène 179
Soixante-douze disciples
.... 210
Sourd-muet 158
Syméon 188
Synagogue de Nazareth
.... 153, 192
Syro-phénicienne 158

T

Talents 132
Tempête apaisée 151
Temple 167, 168, 172
187, 188, 321
Tentation 83
Tentes (fête) 332
Thomas 343, 350, 365
Tombeau vide
.... 141, 181, 243, 363
Tour (parabole de la) 221
Transfiguration 161
Trésor caché 106
Trésor dans le ciel 89

V

Veiller 131, 174, 176
Vendeurs du Temple
.... 168, 321
Verbe 317
Verre d'eau 163
Veuve (fils de la) 200
Veuve pauvre dans le Temple
.... 172
Vierges (les dix) 131
Vigne (allégorie) 352
Vignerons homicides 169
Visitation 184
Vocation des Apôtres
.... 144, 146, 319

Z

Zacharie 182, 185
Zachée 229

Achevé d'imprimer par le
groupe Actis
en novembre 2006
n° édition : 03102
JMG/06094147